思考与探索

——凉山州党校系统优秀调研课题成果集（1）

主编／薛昌建　胡　澜　尚培霖

四川大学出版社

项目策划：徐　燕
责任编辑：张伊伊
责任校对：毛张琳
封面设计：墨创文化
责任印制：王　炜

图书在版编目（CIP）数据

思考与探索 ：凉山州党校系统优秀调研课题成果集．
1 / 薛昌建，胡澜，尚培霖主编．— 成都：四川大学出
版社，2020.3
　ISBN 978-7-5690-3231-4

　Ⅰ．①思… Ⅱ．①薛…②胡…③尚… Ⅲ．①区域经
济发展－凉山彝族自治州－文集②社会发展－凉山彝族自
治州－文集 Ⅳ．① F127.712-53

　中国版本图书馆 CIP 数据核字（2019）第 279200 号

书名　　思考与探索——凉山州党校系统优秀调研课题成果集（1）
　　　　SIKAOYUTANSUO——LIANGSHANZHOUDANGXIAOXITONGYOUXIUDIAOYANKETICHENGGUOJI（1）

主　编　薛昌建　胡　澜　尚培霖
出　版　四川大学出版社
地　址　成都市一环路南一段 24 号（610065）
发　行　四川大学出版社
书　号　ISBN 978-7-5690-3231-4
印前制作　四川胜翔数码印务设计有限公司
印　刷　四川盛图彩色印刷有限公司
成品尺寸　185mm×260mm
印　张　24.5
字　数　596 千字
版　次　2019 年 12 月第 1 版
印　次　2019 年 12 月第 1 次印刷
定　价　79.00 元

扫码加入读者圈

◈ 读者邮购本书，请与本社发行科联系。
　电话：(028)85408408/(028)85401670/
　(028)86408023　邮政编码：610065
◈ 本社图书如有印装质量问题，请寄回出版社调换。
◈ 网址：http://press.scu.edu.cn

四川大学出版社
微信公众号

目　录

思考 与 探索
凉山州党校系统优秀调研课题成果集（1）

对少数民族地区创新社会治理体制的调查研究
——以会理县为例①

中共会理县委党校课题组②

党的十八届三中全会第一次明确提出，"推进国家治理体系和治理能力现代化"是全面深化改革的总目标。"创新社会治理体制"是"推进国家治理体系"的重要组成部分。此次社会治理概念的提出，是对我国转型期众多社会矛盾、社会问题经验与教训的吸取和总结，是对以往理论的继承和发展。

近几年来，会理县积极探索社会治理创新，初步形成了"党委领导、政府负责、社会协同、公众参与、法治保障"的社会治理格局。这个格局在运行过程中，取得了积极的成效，但也还存在一些问题，需要进一步完善。经过深入调研，本文拟就如何完善这一格局提供一些参考意见。

一、会理县创新社会治理体制的总体情况

会理县是四川省南部一个以汉族为主的多民族杂居县，全县面积4 527.73平方千米。根据第六次全国人口普查，全县总人口457 890人，有汉族、彝族、藏族、白族、回族、傣族等22个世居民族。其中少数民族87 070人，占总人口的19.02%，少数民族聚居区占全县面积的三分之一。全县辖48个乡镇，303个行政村，8个社区，2 147个村民小组和居民小组。

同全国其他地方一样，会理县目前也处在矛盾多发期。会理地形差异大且发展不平衡、人口较多但分布不均、多民族杂居且文化差异大，同时工业矿业相对发达，各种矛盾纠纷和"涉稳"问题日益增多。这些矛盾纠纷都应在公平、正义和法治的基础上加以解决，通过创新社会治理体制，加强社会矛盾源头治理，妥善处理人民内部矛盾。近几年来，会理县积极探索社会治理创新，取得了初步的成效。

（一）党政主导下的"大调解"工作体系取得一定成效

2009年会理县成立了以政法委、法院、检察院、公安局、综治办、司法局、信访局、维稳办、县政府法制办为成员的推进"大调解"行动工作领导小组。六年来，会理

---

① 2015年度四川省党校系统优秀调研课题。
② 课题负责人：周雪娟。课题成员：杨平。

县基本形成了"大调解"的保障体系，建立完善了以委员会制、四级调解机制、联席会议机制、督查督办机制、协调配合机制、领导包案机制为主要内容的"大调解"十大工作机制，坚持"预防走在排查前，排查走在调解前，调解走在激化前"，通过对矛盾纠纷的全面排查、深入分析、准确研判，防止矛盾纠纷的发生和激化，真正实现"小纠纷不出村（社区）、大纠纷不出乡镇（街道）、疑难纠纷不出县"，"民转刑"案件、越级上访案件、涉法涉诉信访案件和疑难矛盾纠纷明显减少。据统计，"大调解"工作信息管理系统使用至今，全县共录入调解组织289个，专（兼）职调解员1 118人。2014年，全县共调解纠纷2 615件，调处成功2 557件，成功率达97.8%。排查纠纷768次，预防纠纷386件，其中，防止民间纠纷转化为刑事案件共13件594人，防止群体性上访共30件1 619人，防止群体性械斗共29件1 629人，未发生一起因矛盾纠纷调处不当而引起不良后果的事件，"大调解"体系真正起到了"为党分忧，为政府减压，为百姓解难，为信访分流"的良好效果。

（二）城镇网格化管理初步建立

网格化管理是一种扁平化的管理模式，将过去传统、被动、分散的管理转变为现代、主动、系统的管理，具有方便、快捷、高效等特点。自2013年9月会理县被列为凉山州平安建设网格管理信息化综合系统建设工作重点推进县以来，在县网格管理信息化综合系统建设领导小组的领导下，由县委政法委牵头，以城关镇为试点，在县民政局、县政务中心、城关镇的密切配合下，网格化管理工作稳步推进。

1. 人员配备。2014年1月，县民政局招聘40名网格员、6名网管员，交付城关镇使用。网格员、网管员工资按全县最低工资水平的两倍发放。3月，县政务中心下属的会理县网格服务管理监管中心建成并投入使用，全县考调的5名工作人员开始上岗工作。

2. 网格划分。城关镇3个街道办事处下属的6个社区按300~400户划分为一个网格的标准，共划分28个网格，农村以村为单位，一村一格，先行推进的鹿厂镇有10个网格，益门镇有5个网格，村网格员由村干部兼任，每月补助经费500元，镇网管员由镇上工作人员兼任。

3. 平台建设。在城区，根据实际情况，以城关镇为依托，搭建五级运行平台，即网格、社区服务站、办事处管理中心、城关镇监管分中心、县监管中心。在农村，搭建网格、村服务站、镇管理中心、县监管中心四级管理平台。城区网格员、网管员，监管中心工作人员为专职人员，其余城乡网格工作人员均为兼职人员。

4. 工作流程。网格员在网格内巡查，按职责要求主动将网格内发生的相关事件通过手持终端机报送，服务站网管员在电脑上接收后依权限进行处理，不能处理的通过专线逐级上报到县监管中心，县监管中心及时分流到相关权责单位，相关单位接收事件后在规定时限内办理完毕，最后由对应的网格员验证、评分。这样的工作流程实现了监督和处置互相分离，既方便服务又方便管理。

5. 推进情况。2014年8月，县人力资源和社会保障局、县卫生局、县民政局、县残联、县经信局五个县级部门首批开通网格化服务管理信息系统。2015年4月，会理县启动农村网格服务管理试点工作，确定在益门镇和鹿厂镇先行推进农村网格化服务管理工作。目前两镇手持终端机、电脑、专线已装配到位，待烤烟、石榴采收结束，将组织培训工作，2015年年底前录入相关数据，基本实现事件正常报送、办结。

6. 取得的成绩。一是数据采集方面。紧紧围绕"人、事、地、物、情、组织"六个社会要素，全面推进以网格为基础的社会服务管理信息数字化，建立动态更新的基础数据库。截至2015年9月2日，已录入人口信息69 305条，其中户籍人口24 289条，流动人口45 016条，总户数11 526户，特殊人群信息（刑释人员、精神病人、吸毒人员、重点上访人员、社区矫正人员、重点青少年）1 048条，关怀对象（老年人、残疾人、优抚对象、需求助人员、失业人员）52 233条；房屋信息9 239条，其中出租房2 386条，楼宇信息1 387条，重点场所信息1 264条。二是事件处理方面。依托各级平台，着力抓好网格内民生事项的发现、处置、上报、交办、办结、回访等环节，形成"分级管理，梯次互动"的工作合力。自2014年3月以来，城关镇28个网格共处理事件3 475件，6个社区服务站处理事件493件，3个办事处处理40件，县监管中心分流处理32件。通过具体事件的处理，实现了政府管理和政府公共服务的有效衔接，解决了基层反映的大量问题。例如，城关镇网格员在巡查中发现东明巷101-5号周道洋家墙脚被老鼠挖空，墙体不稳，有安全隐患，后逐级上报到县监管中心。县监管中心分流到规建局公房管理所。安全隐患排除后，网格员及时反馈了处理情况。网格管理就是在网格内以发现、立案、承办、结案、回馈的步骤形成一个闭环，建立一种监督和处置相互分离的形式，加强政府对城市的管理能力和处理速度。事实证明，通过网格化管理这个有效载体，政府搭建起了密切党群干群关系的"连心桥"，连通了为民谋福利的"民生网"，打造了为群众"最后一千米"的服务圈，得到了群众认可。

（三）社会组织积极参与

近几年来，会理县把城乡居民自我服务、社会组织参与服务和志愿者公益服务结合起来，大力推进社区工作社会化进程，社会组织在社会治理体制创新中发挥了积极的作用。

例如，大学生志愿服务在会理开展得如火如荼。2009年会理县委向团省委申请西部计划项目县，经团中央批准，会理县被全国大学生志愿服务西部计划项目管理办列入西部计划全国项目县，六年已接收了105名来自全国各地的大学生志愿者。六年来，志愿者们立足工作岗位，全力服务基层，开展了多次志愿服务活动。具体地说，开展"用心谱写温暖、用爱演绎希望——西部计划志愿者牵手特殊教育中心"活动，在特殊教育中心建立了大学生西部计划志愿者定点服务基地，签订了服务协议，每周六志愿者都会到特殊教育中心进行服务。组织开展"'麦田计划'走进会理""让爱走进大山"大型公益活动，将一个纯民间的助学公益组织引进会理；组织开展"城乡环境综合治理，西部计划志愿者在行动"活动；组织志愿者积极参加中国流动科技馆凉山巡展会理县展志愿服务活动；组织志愿者参加会理县第一、二届石榴节服务活动，等等。在活动中，志愿者们给群众留下了良好的印象，充分发挥了其在社会治理中的积极作用。

二、会理县创新社会治理体制存在的主要问题

（一）网格化管理有待加强

网格化服务管理工作在会理起步以来已有近2年的时间，现还存在以下一些困难和问题。

1. 事件分流考核机制不健全。这是目前网格化工作中最核心的问题。按照《中共凉山州委办公室 凉山州人民政府办公室关于印发〈关于进一步推进全州网格化服务管理工作的意见〉的通知》（凉委发〔2015〕14号），"各地要以县市网格化服务管理监管中心为龙头"，"各县市要明确由县市政府办公室承担监管中心职责，采取配备工作人员，组织人事、纪委（监察）、目督（标）办部门介入管理，政法综治部门业务指导等措施，保证监管中心有人员，有权限，有能力履行事件交办、跟踪督办、绩效考核等职能职责"。会理县监管中心还存在着较大的差距，虽有人员，有职责，但是因为县上没有出台监管中心考核各职能部门履行网格化管理工作职责的办法和措施，也没有组织人事、纪委（监察）、目督（标）办部门介入管理（督办相关部门，如约谈、问责、一票否决等），仅有政法综治部门进行机构的搭建和业务的指导，导致网格化服务管理最重要的工作环节"事件分流"患上"肠梗阻"，网格员上报的事件监管中心交办不了，更谈不上督办和考核责任单位。如此一来，网格员工作陷入被动，在群众中影响力下降，工作得过且过。没有考核奖惩机制，就不能实现任务交办与跟踪督办、考核评价同步推进，更不能实现"事事有回音，件件有着落"的服务目标。

2. 县级部门公共服务单位未全覆盖。目前专线接入的县级部门只有五家，县城乡规划建设和住房保障局（县城市管理局）、食品药品和工商质量监管局、安监局、国土局、水务局、环保局、教育局、公安局（包括县交警队）、文化广播新闻出版和体育旅游局等县级部门，电力公司、自来水公司、电信、移动、联通等涉及民生的公共服务单位未能全覆盖，网格化管理的服务职能未充分发挥。

3. 网格化事件的处理缺乏统筹协调机制。网格内的某些事件涉及多个部门及单位，需要县领导亲自挂帅，统筹协调，驱动各个部门齐抓共管。现有很多部门和单位对网格化工作知之甚少，县委政法委作为网格化管理工作推进的牵头单位，县政务中心作为监管中心所在的单位还未具备领导各部门会商解决事件的权限，这样分流交办的事件相关单位只会相互推诿。例如，居民房屋上的各种缆线，一遇房主施工，房屋上悬挂的缆线掀在一边影响过往群众安全，涉及文影新局、电力公司、电信公司、移动公司等，如果没有一个统筹协调机制，事件处理会拖很长的时间，民生诉求得不到高效解决。

4. 信息资源互通共享差。如网格化工作采集了人口信息，公安局的一标三实又采集一次信息，重复劳动，浪费人力、物力、财力。城区街道城管员在街上巡逻，由于跟网格员对接差，即便是发现了一些网格员没有看到的问题，也不能够及时传达信息。

5. 与治安防控体系结合差。网格内有流动人口、社区矫正人员及刑释人员、易肇事肇祸严重精神障碍人员、吸毒人员、重点青少年等特殊人群，要实现网格、社区、街

道平安和谐三联创，就要加强网格的治安防控。另外，网格化服务管理工作与基层党建工作的互动互补，网格化服务与公共服务（应急管理、政务服务热线、报警急救、咨询代理）的一体化，网格员的能力素质和工作水平的提高，网格化服务管理工作的群众知晓率和参与度的提升等都是将来需要不断完善的工作。

6. 开发和运行成本较高。网格化管理现仅在城关镇运行，为保证城关镇网格化管理的顺利运行，财政每年的投入是 120 多万元。在宏观经济下行、财政收支压力加大的背景下，会理县如果要在乡镇全面推行网格化管理，其成本太高，时机尚未成熟。

（二）农村信访问题比较突出

2014 年会理县农民人均纯收入达到 11 680 元，四川省农民人均纯收入是 8 803 元，应该说会理县农民生活水平比凉山州其他县市的农民生活水平高。但是，随着会理县建设事业的不断推进，农村信访量逐渐增多。目前农村信访问题主要表现在以下几个方面。

1. 涉及农村土地征迁赔偿及农村宅基地使用权的问题。目前，全县正在加快城市建设，推进城市改版升级及撤县建市工作，土地征用和房屋拆迁的规模在加大，范围在扩展，这就涉及农户的住房和土地。在征地拆迁过程中，一些农户对征地拆迁补偿政策标准感到不满意，阻挠职能部门依法征地拆迁；另外，农户在修建住房过程中，不顾及城市规划，擅自扩大宅基地使用范围，引发与职能部门的冲突；邻里之间因宅基地遗留的历史纠纷；房屋修建过程中发生摩擦引发矛盾纠纷；职能部门在依法行使职能时，执法不规范、行政审批程序烦琐等一系列原因，造成群众上访。

2. 厂社矛盾。会理县资源富集，矿产资源丰富、水能蕴藏量大。矿产资源、水能资源在县财政收入中占有举足轻重的地位。有厂矿的地方就是矛盾最大的地方。近些年来，农村与企业的矛盾在加大，这主要有几个原因：一是企业开发资源往往需要就地招聘民工，常引发拖欠民工工资、安全生产事故等问题。二是企业在开发资源的过程中，不注意保护当地的生态环境，影响了当地居民的生产生活。三是一些农户出于自身经济利益需求，往往煽动村民与企业制造摩擦，从中牟利。因此，处理厂社矛盾，往往牵涉到多方的利益，处理难度大，容易引发群体事件。

3. 农民对村干部作风不满引发的系列问题。改革开放以来，中国的农村事业取得前所未有的成就，农民生活水平逐渐提升，农民参政、议政的意识也在不断提高。目前，全县农民越级上访的原因主要有：一是对村干部工作作风和腐败行为的不满。我们常常能听到农民朋友诉说："党和国家关心农民，给农民的补助，怎么到了村上就变了，我们要到县上讨个说法。"二是对村级财务不公开、不透明的不满。三是对村委会换届选举产生的不满。

4. 农村土地流失及农村留守老人、留守儿童等问题。当前，随着会理县城镇化进程的不断加快，大量农村居民不断融入城市定居，农民工自发进入县城务工或选择外出大城市务工，造成农村土地短期内或长期无人耕种，土地退化进而荒芜。随着土地征迁，土地承包流转，出现了一些村民强占外出务工人员土地等问题。大量农村青年外出务工，乡村只剩下妇女、儿童及孤寡老人等弱势群体，这部分群体面临着养老、教育等问题。

5. 农村社会治安综合治理问题。随着人们利益的多元化、经济的高速发展，流动人口增多，一些违法犯罪活动呈现出由城市向农村转移的趋势，对当前社会治安提出了更高的要求。当前比较突出的问题是一些农村青年受到社会不良风气的影响，拉帮结派，从事打架斗殴、盗窃村民财产等违法犯罪活动，严重影响了当地的社会治安。

（三）社会治理的法治环境尚未形成

课题组在与基层干部座谈时，许多乡镇干部认为处理矛盾纠纷的难度比三十年前大，法治环境尚未形成。

突出表现为四个方面：一是信访制度亟须改革。1963 年 10 月由国务院发布的《国家机关处理人民来信和接待人民来访工作条例（草稿）》对信访功能做了归纳，信访是了解社情民意的渠道、群众监督的方法、思想政治教育的途径、调解矛盾的手段。现行《信访条例》由国务院于 2005 年制定，它将信访职能扩大为沟通、调解、监督、救济等。显然信访制度设计初衷源于公民政治参与和民主建设需求，一方面它可以反映社情民意，排解矛盾，另一方面可以借助这一信息渠道，起到监督和改进制度的作用。但"文化大革命"结束后，大量拨乱反正案件的信访使得信访制度权利救济、矛盾化解的功能被强化，随后信访制度也就更多地被用来解决争议和问题，被一些群众看作优于行政救济甚至司法救济的一种特殊救济，于是"信访是个筐，啥都往里装""有诉求找信访"等观念使得信访制度成为单纯的纠纷解决途径。从近年来会理县信访部门处理的信访事项来看，求决、举报类事项占信访总量的 90% 以上，意见建议很少。而求决类如办理户口、办理房产证、土地使用证等行政许可类的事项又占了近七成，这些事项都有明确的办理部门和相应的行政法规，人民群众在办理中完全可以通过行政复议和行政诉讼予以解决，但一些群众不愿通过法定渠道解决，第一选择是找信访找领导，而行政部门也不愿走法定程序，而是向上汇报向领导要批示，这才造成所有工作事项都往信访这个"大筐"里装的怪圈。于是无权直接解决问题的信访部门不堪重负，常常陷于被动和尴尬的处境。二是违法成本低，追责不严。一些"行政不作为""行政乱作为"引发的社会矛盾和纠纷，政府不得不花钱摆平，事后追责不严，责任单位、责任人没有负担和紧迫感。三是法制不健全，对非正常上访打击不力。虽然十八届三中全会明确提出把"涉法涉诉信访纳入法制轨道解决"，但目前信访终结机制仍不健全，对非法上访、扰乱信访秩序的行为尚未形成有效处理机制；对非正常上访打击力度不够，形成"大闹大解决、小闹小解决"的错误导向。四是各级领导干部解决矛盾思路少，缺乏法治思维。有的干部作风浮躁，不愿深入细致做思想工作，不会与群众交流对话；有的干部法律、政策水平低，又不愿学习，乱解释乱答复的"小辫"被上访群众抓住，加大事情解决难度。

三、对会理县创新社会治理体制的建议

笔者认为，加强社会治理体制创新的核心是加快构建现代法治社会，建设法治社会

是充分而有序地反映人民群众利益诉求的根本保障。目前，我们要运用法治思维和法治方式化解社会矛盾，把社会治理"谁来治理""治理什么""怎样治理"三大内容纳入法制轨道。各种社会治理创新的具体举措，都应当在法治的框架下展开，只有在法治框架内完成的社会治理创新，才是真正的创新，才会有持久的生命力。

（一）加强社会治理创新，关键是要提高公众参与程度，解决"谁来治理"的问题

社会治理是政府、社会组织、企事业单位、社区及个人等，通过平等的合作型伙伴关系，依法对社会事务、社会组织和社会生活进行规范和管理，最终实现公共利益最大化的过程。我国社会的良性治理，一定需要全体人民的共同参与。这种复杂的社会治理必须有相应的资源投入和相应的行动，然而光投钱还不够，参与社会治理的主体还要多元化。所以，公众的广泛参与既是现代社会治理的重要特征，也是社会治理的关键所在。

1. 坚持人民主体地位，通过人民群众的合作协商开创新形势下社会治理新局面。十八届三中全会明确要求"坚持系统治理，加强党委领导，发挥政府主导作用，鼓励和支持社会各方面参与，实现政府治理和社会自我调节、居民自治良性互动"。尊重人民群众在公共事务治理中的参与主体地位，是新的治理模式的核心。以人民群众为重要参与主体的新型治理模式要求我们，"充分尊重人民群众的主体地位，充分调动人民群众的积极性、主动性和创造性"，即充分发挥群众在公共政策决策、执行、评估及权力监督等方面的重要作用，这一过程强调合作与协商。

改革开放以来，社会上明显出现了利益多元化的趋势。由于社会、社区、小区中都存在不同的、众多的利益群体，有时候很难形成一致的意见。比如，某城市对于一个新的开发区的建设，不同的社会群体、不同部门因为处在不同的位置上，可能会持有完全不同的观点。城市经济工作部门会认为这是推进该地区经济发展的大好机遇，也会创造更多的就业机会。开发商们会认为这是一次很好的投资机会、盈利机会。但是，该开发区地域范围内的居民则面临着被拆迁改造的局面，很多人认为拆迁会对他们的生活产生重大影响，近来很多群体事件就是因拆迁改造引发的。而对于新建开发区这样的事情，环境保护者也往往持异议，认为某些产业开发会带来相应的环境问题。对此，历史文化保护者也常常持相似的观点，认为大规模的拆迁改造会破坏该地区的历史文化面貌。在多元利益的格局下，不同利益人群的观点会截然不同。

在这种情况下，社会治理中协商民主方法就是探索解决上述社会矛盾、社会冲突、社会纠纷、社会问题的制度性办法。用协商民主的方法去解决经济社会发展中的各种问题，去解决和群众切身利益相关的实际问题。协商民主具有明显的中国特色，该方式已经经过长期实践的考验。社会治理中协商民主方法的根本特征就是采取协商、商量、合作、协作的立场，通过听取多方面、各个群体意见的办法，统筹、协调处理社会问题，最后达成共识。

2. 坚持人民的主体地位，通过政府与公众的互动双向化，提升公众参与社会管理的效果。尽管各级党委政府处在决策的高端，有天然的决策优势，但是在当前的社会形

态下，我国社会管理的主体已经发生了变化。离开了公众的参与，社会管理决策很难施行。社会公众信息掌握不全、所处立场单一、看待问题角度片面，不利于形成最佳的科学决策。实现政府和公众互动双向化，有助于使双方在理性平和的协商中，通过彼此间的"问"与"答"，促使彼此以实现有效社会管理为共同目标进行换位思考，从而提升公众参与社会管理的效果。

例如，近年来，随着会理县社会经济快速发展，人民生活水平不断提高，城区各种车辆迅速增加，使得城市交通越来越拥堵，尤其是滨河路北延道路建成后，九洞桥以西形成五条道路交汇路口，该路口人流、车流较大，拥挤不堪，交通事故频发。据统计，2013 年该路口形成后共发生了 43 起交通事故，伤 28 人，经济损失达 30 余万元；广大人民群众和社会各界要求尽早在九洞桥路口安装交通信号灯，近两年交管、城管、规建部门共收到人大代表、政协委员要求在该路口设置交通信号灯的建议、意见和提案 23 件。

保障人民群众的交通安全是政府的职责所在，会理县城市管理局按县委、县政府安排，委托专业交通设施设计单位，会同交警、规建等部门现场查勘后，制定了初步解决方案，于 2014 年 1 月底在九洞桥路口安装了交通信号灯，经过近 3 个月的试运行，该路口未发生交通事故，交通秩序趋于正常。但是，试运行期间，顺城路有 20 多家商家和住户多次到县政府反映，该解决方案导致顺城路部分路段由原来的双向通行变为了单向通行，原来繁华的路段逐渐门可罗雀，影响了他们的经济收入，要求对解决方案进行修改，否则他们就要强行阻碍信号灯的安装、阻碍市政施工等。很明显，商户的诉求中有维护正当利益的部分，但由于其所处立场单一、看待问题角度比较片面，有部分要求纯属无理。

为寻求最佳的解决方案，县政府分管市政建设的副县长召集城管局、公安交警、设计单位、信访局等部门单位，以及有利益诉求的 20 多家商户代表，坐下来面对面交谈，通过彼此的"问"与"答"，促使大家进行换位思考。经过三轮以上的交流探讨，充分听取了社会各界人士和群众的建议，专业部门对信号灯配套路障设施方案进行多次优化，最后达成了双方都认同的解决方案，既保障了交通安全，也充分考虑了该段住户、商家的经营和出行。这个案例充分证明，现代社会治理关键在于不断深化公众参与程度，政府和公众互动双向化，有助于使双方在理性平和的协商中，形成最佳的科学决策，从而提升公众参与社会管理的效果。

3. 坚持人民主体地位，开辟多渠道沟通，扩大公众参与社会管理范围。习近平总书记强调："我们要随时随刻倾听人民呼声、回应人民期待，保证人民平等参与、平等发展权利，维护社会公平正义。"这就要求我们不断创造条件，建立健全人民群众表达利益诉求、解决现实问题的社会治理渠道。各级党政领导干部要以更加开放的姿态面对人民群众，加强与群众的平等交流，采取各种方式认真听取群众意见，调查研究群众诉求，鼓励群众参与制定社会公共政策，增强群众在议题设置、表决或否决机制中的知情权和话语权。

例如，目前，传统的专家论证会、听证会等"听取公众意见"的方式备受质疑，广大民众的意见往往被个别专家和极少数人代表，大部分民众都没有机会真正表达自己的意见和看法。因此，要真正实现民主决策，就要求各级党政部门要加快制度化渠道建设，以方便人民群众通过信息公开、政策咨询、社会公示、社会听证、开放论坛、公共传媒等渠道表达意见建议，参与社会公共治理；同时，也要积极向人民群众做好政策的宣传解释，增进群众对党的路线方针政策和自身权利义务的了解，方便群众采取科学、合理的方式参与相关社会事务。另外，还应特别重视新时代条件下互联网在公众参与方面的影响和作用。

（二）加强社会治理创新，突破口是深化社会治理体制改革，解决"治理什么"的问题

1. 改革信访制度。信访制度的改革是让信访回归本来的职能和功用，让其他政府职能部门依法行政，着力从源头上预防和减少信访问题的发生，这是信访工作的治本之策。要依法准确定位信访工作职能边界，坚决避免信访工作"包打天下"的局面。要厘清划定信访部门权责界限。目前，中央 37 个部委中已有 25 个规范性文件出台或基本形成清单，各个行政部门明确了自己的法定职责和办理事项的法定程序，让审批事项在阳光下运行，减少暗箱操作，这才是让群众找职能部门依法办事的根本途径。要进一步简化行政复议的程序和强化行政复议的权威，大大提高行政部门办理事项的效率和规范性。人民群众在职能部门就能办理好自己的事项或者能够得到清晰明确的答复，并且有简单明确的救济渠道，找法律胜过找领导，群众自然就不会去挤信访的"独木桥"了。

对信访部门来说，一要依法办理好群众来信来访，及时就地解决群众合理诉求。二要进一步增强信访工作完善政策、改进工作和给予处分三项建议职能，推动各级部门依法依规制定政策、执行政策和落实责任。三是维护司法权威。继续加大推进诉访分离改革力度，进一步建立健全相关工作衔接机制，着重解决好诉访"分而不离"的问题，引导和帮助群众通过司法途径解决合理诉求，在全社会形成办事依法、遇事找法、解决问题用法、化解矛盾靠法的法治良序。四是引导全民守法。全面实施普法规划，加大普法教育力度，教育引导全社会增强法制观念、养成守法习惯、善于依法维权。建立健全联动处置违法信访行为机制，依法规范信访秩序，引导群众依法逐级反映诉求，在全社会形成人人守法、依法办事的舆论氛围和正确导向。

2. 进一步完善网格化管理。针对会理县网格化管理中存在的问题，第一，按照凉委发〔2015〕14 号的要求，出台监管中心考核各职能部门履行网格化管理工作职责的办法和措施，确保组织人事、纪委（监察）、目督（标）办部门介入管理，完善考核奖惩机制，实现任务交办与跟踪督办、考核评价同步推进。第二，建议将更多的具有社会管理、公共服务职责的部门单位，如规建、国土、水务等部门，融入网格化服务管理平台，接受监管中心对其交办事件的考核监督，畅通诉求通道，及时回应和办理基层群众民生诉求和事件，提升网格化管理工作实效。第三，为加强网格化管理的统筹协调，可将县监管中心设在县政府办，由一位副县长分管，一位县政府办副主任兼任监管中心主任负责牵头协调。第四，要完善网格化服务管理信息平台，将具有社会管理、公共服务职责职能的部门单位的信息资源融入网格化服务管理信息平台，做到"一次采集、多次使用，一家采集，多家使用"。如，可将网格化信息平台与公安"天网"视频监控系统

整合"一体化"，科学规划公共安全视频监控建设，建立跨部门视频图像信息共享应用机制和安全使用监管制度，提高社会治安防控体系建设科技化水平，等等。

3. 大力推进基层社会自治。将社会组织和公民等管理对象变为管理主体，今后的实践应该将网格化管理逐渐纳入社区自治、居民自治的范畴。同时，大力培育社会组织，工青妇系统、工商联合会以及各类协会、学会都可以通过创新变为有活力的社会组织，关键是"加快实施政社分开"，充分发挥其在社会治理中的积极作用。

另外，加强社会治安的综合治理，实现国家长治久安、文明进步。比如，在废除劳教制度之后，近期亟须大批社会团体、民间组织及社会志愿者协助国家机关从事社区矫正。提高专业社工的能力和相关待遇，通过支付转移、服务外包等多种方式，支持社工机构大胆介入社区矫正事业。

（三）加强社会治理创新，核心是要加快构建现代法治社会，解决"怎么治理"的问题

习近平同志强调，推进国家治理体系和治理能力现代化，要高度重视法治问题，采取有力措施全面推进依法治国，建设社会主义法治国家，建设法治中国。他还强调，要强化法律在化解矛盾中的权威地位，使群众由衷感到权益受到了公平对待，利益得到了有效维护。这些重要论述突出强调了法治在社会治理中的重要作用，阐明了推进社会治理的实践路径。深化社会治理体制的进程必须在法治框架中进行。因此，无论面对怎样的矛盾纠纷，都必须按照法律政策的规定执行，不能采取"大闹大处理，小闹小处理"的办法和只求息事宁人、不求代价的做法。

例如，2010年10月29日晚，会理县太平镇双马村村民普某在途经会理县发电有限责任公司太平电站引水渠时，不慎落入渠中，溺水身亡。其亲友认为，太平电站未采取足以防范危险发生的安全保护措施，致使普某落入渠中，溺水身亡，要求会理县发电有限责任公司赔偿各项损失计人民币30万元。发电公司认为普某自身有一定的过错，死者家属要求赔偿30万元，纯属漫天要价，双方协商未果。在这种情况下，死者家属及亲友迅速聚集了近两百人到太平电站讨要说法。太平农业（生态）园区领导闻知此事后，认为事态严重，若不及时采取果断措施处置，极可能引发群体性事件，影响当地的社会稳定。于是，迅速召集相关部门工作人员到现场维护秩序，成立了以太平法庭为骨干，镇、村、社干部相配合的协调工作组。在坚持依照相关法律法规的前提下，工作组成员通过询问、座谈等方式了解情况和双方的思想动态后，在法治的框架下展开协商工作，经过七个多小时的努力，终于促成双方达成了由会理县发电有限责任公司赔偿死者家属各项损失计人民币10万元的协议，并于当天兑付了全部赔偿款。此次事件的圆满解决，得益于相关部门的及时处理，更得益于相关部门坚守了法律的底线，不仅维护了当地的社会稳定，也有力地维护了法律的权威。

因此，在社会治理中，法治是前提、基础和保障，这一点必须坚决维护。我们处理社会矛盾的依据是相关的法律、法规，如果某些人的行为本身就是违法的，那么不能因为他有权势就屈从于他。以前我们在处理一些棘手的问题上，有时候因为某些人"会闹"，就节节让步，其结果是老实人吃亏，刁钻者获益。这样处理问题的结果就变成所

有人都来闹，问题不但没得到解决，反而越闹越大。今后，要引导群众依法表达诉求、维护权益，涉法涉诉信访要纳入法制轨道解决，建立依法终结制度，让当事人切实感觉到依照法律程序就能公正有效地解决问题。

西昌市农业规模经营创新调研
——以西昌成才生态农业家庭农场为样本[①]

中共西昌市委党校课题组[②]

家庭农场是以专业大户为基础，以职业农民为主体，以家庭成员单位为主要劳动力，从事农业规模化、集约化、商品化生产经营，以农业收入为来源的新型农业经营主体。从2013年"家庭农场"概念在中央一号文件中首次出现后，西昌市农村注册了少数家庭农场，"西昌成才生态农业家庭农场"就是其中的典范。它不但是西昌市首家家庭农场，而且还是将种植、养殖和加工融为一体的生态农业家庭农场，这也促使我们对此家庭农场进行系统的调查研究。

一、"西昌成才生态农业家庭农场"的发展现状与路径

（一）基本现状

"西昌成才生态农业家庭农场"位于西昌市西乡乡株木树村七组，成立于2013年8月，注册资金1 400余万元。现有员工20余人，有水稻育秧流水线一条、插秧机3台、旋耕机2台、收割机2台、小四轮拖拉机5辆、收草机3台，生态种植区种植面积500余亩，生态养殖场一个。种植水稻年产值100余万元；年生产洋葱种子一万余斤，产值100余万元；生猪存栏3 000余头，年出栏生猪一万头，年产值1 600余万元；大米加工厂一个，日产大米50吨，年产值300余万元；年总产值2 100余万元。

（二）发展路径

1. 大学生励志要当农场主。我们在调研中得知，"西昌成才生态农业家庭农场"的法人代表何晓文是一个土生土长的农村娃娃，他知道"面朝黄土背朝天"的农民的苦，从小读书就很努力，他的愿望是通过考上大学跳出"农门"。2004年他以优异的成绩考上了四川外国语学院，成了一个名副其实的大学生。在大学四年的学习生活中，他不仅在所学专业上取得好的成绩，还获得了英语专业八级证书。大学毕业后，凭着学校的名气和自身学到的本领，他完全可以轻松地找到一个相当不错的工作，但他直接回家务农

---

① 2015年度四川省党校系统优秀调研课题。
② 课题负责人：蔡成斌。课题组成员：丁良才。

了。何晓文对我们说，虽然现在自己做的工作和英语没有任何关系，但大学的学习生活让他更加了解外面的世界，拓展了自己的思维。"在网上看到外国的家庭农场建得那么好，心里就想能不能在家里也建一个这样的农场。"他回到自己的家乡后，用所学到的知识，把父辈的产业接了过来，创办了家庭农场。

2. 创新经营方式发展生态农业。何晓文在大学学习期间一直关注父亲经营的 60 亩土地和仅有两台机器的稻米加工厂，还随时关注国家的"三农"发展政策、现代农业发展的方向、模式和技术，经常和父亲交流。大学毕业回乡后，他就参与稻米加工厂的经营，积累了经营和管理的经验。通过两年多时间的艰苦创业，他开始大胆尝试，开拓创新，在父老乡亲和当地乡党委政府、西昌学院及西昌市农牧局等部门的大力支持帮助下，他决定将种植业、养殖业和农副产品加工业三者有机结合，走"种—养—加"产业化发展道路，即将种植的水稻加工成优质品牌稻米，加工产生的米皮和米糠用于养猪，养殖产生的禽畜粪当作农作物的肥料。在整个循环农业生产中，粮食生产不用化肥农药（用禽畜粪），生猪、鸭养殖不用配方饲料（用米皮、米糠加少量玉米），完全按无公害绿色生态的农业生产方式进行生产。

3. 增大投入扩大产业规模。何晓文在注册家庭农场之前，他的父辈经营一个作坊式稻米加工厂，以收购稻谷赚取加工费，日加工大米 3 000 斤，年收入仅七八万。为了扩大产业规模，他们家投资 20 多万元，将稻米加工厂的老式机械全部换成流水线机器，机器更新换代后，日产量猛增到 50 吨。他们又投资 25 万元将养猪场扩大到 40 多亩，投资 200 万元建成多功能的遮阳式钢架大棚，先是引进 500 头仔猪，后又引进母猪 30 头，通过几年的自繁自养，目前猪场规模已经达到母猪 350 头，年出栏一万余头育肥猪。他们家还以每亩 800 斤大米的价格从村民手中流转 500 亩土地，大田种水稻，小田种洋葱和大小麦。

4. 注册生态家庭农场。经过几年的打拼和投入，何晓文家的农场价值已逾 1 400 万元。2013 年，"家庭农场"这个概念首次在中央一号文件出现后，根据《凉山州家庭农场注册登记暂行办法》规定，2013 年 8 月，何晓文就到西昌市工商局注册成立了"成才生态家庭农场"，性质为个体独资企业，经营范围包括种植、养殖和农产品初加工，成为凉山州首个注册的家庭农场。何晓文也名副其实地成了农场主。

二、"西昌成才生态农业家庭农场"取得的初步成效

（一）取得了可观的经济效益

"西昌成才生态农业家庭农场"经过几年的打拼，2014 年总产值已达 2 100 多万元。其中，在生猪养殖方面，引进优良的种猪科学饲养，现存栏 3 000 余头，生猪远销省内外，年产值达 1 600 余万元；在粮食加工方面，不断引进先进的大米加工设备，提高大米加工的质量，年产值达 300 余万元；在农作物种植方面，在粮食生产上实现了从育种、播种、管理、收割到烘干的全机械化，年产值达 100 余万元；积极争取与科研院所合作，大力发展洋葱制种产业，年生产洋葱种子一万余斤，产值达 100 余万元。

（二）增加了当地的农民收入

通过创新思路、稳步发展，家庭农场不仅实现了良性发展，保证了流转土地农民的收益，也解放了当地的剩余劳动力，带动了周边农户共同致富。一方面，家庭农场通过土地流转使农民得了50余万元的土地流转费；另一方面，家庭农场除需长期雇佣生产管理人员外，也为当地农村中的闲散劳动力提供了临时打工的机会，稳定增加了当地农民的收入，每年支付周边农户和员工务工工资80余万元。

（三）取得了较好的生态效益

一是秸秆回收减少了焚烧秸秆对空气的污染。"西昌成才生态家庭农场"的法人何晓文对我们说，"在我们农村，麦子、谷子收割完之后，如何处理秸秆就成了一个难题。通常的做法是放一把火烧掉，虽说不环保但省事"。何晓文又说，其实秸秆大有用处，不仅奶制品企业需要用，就连炼钢的企业都需要用秸秆。何晓文从网上了解到山东有收秸秆的机器后，便订购了两台。"收割机在前面收麦子，后面的秸秆机就将秸秆打捆收集起来，非常方便。西昌三牧乳业以前每年都需要从甘肃购买秸秆，不仅麻烦，而且成本高，每吨要1000元左右。我们的秸秆800元一吨，好卖得很，一个季度可以多收入7万多元。"

二是养殖产生的粪便用于种植业，增强了土壤肥力，减少了对环境的污染。西昌的农民种地为了节省劳力，基本都是使用化肥，不但造成土壤肥力不断下降，有的还对土壤造成了污染。何晓文的养猪场每天要产生大量猪粪，为了减少这些猪粪对环境造成的污染，农场将养殖产生的粪便通过沼气池发酵后用作水稻、小麦、玉米的肥料。不但减少了猪粪对环境的污染，增加了土壤肥力，还省去购买化肥的费用，同时也获得经济效益。

（四）提升了农产品的档次

"西昌成才生态农业家庭农场"采用的是"种—养—加"的循环农业模式。种植优良品种、实施机械化播收，采用生物治虫、人工除草、生物肥料等无公害种植手段，不仅实现丰产，稻米品质也得到极大提高，为广大的消费者提供了放心健康的大米，大米价格也有所提升。将生猪放到大棚敞养，以玉米、大小麦粉、米皮和米糠为饲料，不加任何化学添加剂，回归农村传统饲喂模式，虽然喂养周期比饲料喂猪多2～3个月，但猪肉质量好，利润也是饲料喂养的5倍。

（五）创业不忘回报社会

2008年正是何晓文的家庭农场创业的关键时期，"5·12"地震发生了，他家毅然从米厂调运了10000斤优质大米和10000元现金通过民政局送往灾区；在经营大米加工厂给周边村民带来便利的同时，他们家还帮助那些经济比较困难的群众，对贫困家庭、孤寡老人或残疾人免收加工费；去年12月，他们家举办了西昌首届年猪文化节，摆了50余桌坝坝宴，免费宴请当地村民和外来游客。他们家的付出得到了社会各界的肯定，

2010 年获凉山州"2010 年度全州粮食生产大户";何晓文 2011 年被凉山彝族自治州人民政府评为"凉山州第三批农村优秀人才"、2012 年被西昌市西乡乡人民政府评为"2012 年度乡土人才"、2013 年 3 月被四川省人民政府评为"全省就业创业成绩突出个人"、2014 年 9 月被中共凉山州委凉山州人民政府评为"凉山彝族自治州劳动模范"。何晓文的事迹曾被中央电视台第七套《致富经》栏目报道。

三、"西昌成才生态农业家庭农场"的经验与启示

（一）奋力打拼，加快原始积累，壮大经营规模

按照《凉山州家庭农场认定登记暂行办法》的认定标准，开办家庭农场必须达到"八有"条件，即"有资质、有技能、有规模、有设施、有标准、有品牌、有效益、有信誉"。而"西昌成才生态农业家庭农场"的前身只是一个家庭作坊式打米厂，仅靠收购稻谷加工赚钱。虽然一年有七八万元的收入，但经营范围单一，经营规模狭小。为使家庭式作坊变为家庭农场，就必须加快原始积累。何晓文家首先考虑的就是将家里的加工厂做大做强，他家花了 20 多万元，将老式机械全换成流水线机器。机器更新换代后，产量猛增，收入也从原来的七八万元增加到了 300 余万元。有了原始积累，何晓文家就着手考虑扩大规模问题。首先是投资 25 万元开办了养猪场。为了提高生猪品质，增强其市场竞争力，何晓文家又投资 200 万元，建成一个多功能的遮阳式钢架生猪放养大棚，实行农村传统饲喂模式（喂玉米、大小麦粉、米皮和米糠）。其次是他家以每年每亩 800 斤大米的价格从村民手中流转 500 亩耕地发展种植业。随着种植面积的扩大，他家又购置了一条水稻育秧流水线、三台插秧机、两台旋耕机、两台收割机、五辆小四轮拖拉机、三台收草机。在农作物种植方面，在水稻生产上实现了从育种、播种、管理、收割到烘干的全机械化。

何晓文的家庭农场经过几年的不断打拼，通过米厂加工带动养殖业，养殖业促进农作物种植，农作物种植为米厂提供优质原料，形成了生态种植、生态养殖和农产品加工三位一体的新型经营模式，实现了经营规模化、管理专业化、操作机械化。

（二）按程序流转土地，实现规模经营效益，促进农场和农户双盈

家庭农场要实现规模经营效益，必须要流转土地。目前农村集体耕地都被各家各户承包，由于没有规模效益，有的农户私下将土地流转，流转程序很不规范，同时也产生不少因土地流转的纠纷。而"西昌成才生态农业家庭农场"严格按照规范的土地流转程序，严格遵循双方自愿和平等互惠的原则，双方签订合同，约定承包的期限和收益，保障了流转出土地的农户既可以获得土地流转费，又可以务工挣钱。"西昌成才生态农业家庭农场"的法人何晓文向我们介绍说，"其他农户把土地流转给我们以后，有一些在我们的家庭农场中打工，这样既没有离开自己家的土地，又可以领到工资，乡亲们对家庭农场这种模式比较认可和满意"。每年，"西昌成才生态农业家庭农场"向当地农户支付土地流转资金 50 余万元，支付人工工资 80 万余元，不仅增加了当地农户的收入，还

为当地培养了大批的技术工人。

（三）变废为宝，发展循环高效生态农业

在我国农村，随着种植业和养殖业的不断增长，产生了大量的农作物秸秆和禽畜粪便，其实，农作物秸秆和禽畜粪便也是一种农业资源。但一些农村将秸秆就地焚烧了之，养殖业产生的粪便直接排放了事，这不仅浪费了农业资源，还给周边的水体、土壤与空气等造成严重污染，给环境保护也带来了较大的压力。"西昌成才生态农业家庭农场"同样面临这些问题。

一是大米加工能力的提升带来米糠难卖问题。"西昌成才生态农业家庭农场"法人何晓文向我们介绍："以前家里的米厂一天加工3 000斤，现在一天可加工50吨左右的大米，但大米加工后，米糠却不怎么好卖。"何晓文就琢磨，以前在农村，米糠都是最好的喂猪的饲料，何不建一个养猪场，将没人要的米糠变废为宝呢？说干就干，他自己动手修建起了养猪场，年出栏生猪上万头。

二是生猪规模扩大了，又面临环保问题：猪粪怎么办？何晓文告诉我们："猪粪卖给别人卖不了几个钱，不如自己利用来种地。我考虑过公司加农户的方式来建基地，但是种水稻不挣钱，谁都不愿意种，我就自己来。"

三是种植业的扩大产生大量秸秆的处理问题。何晓文对我们说："在我们农村，麦子、谷子收割完之后，如何处理秸秆就成了一个难题。通常的做法是放一把火烧掉，虽说不环保但省事。"为了处理好这些秸秆，使其变废为宝，何晓文订购了两台收秸秆机。何晓文说："收割机在前面收麦子，后面的秸秆机就将秸秆打捆收集起来，非常的方便。将秸秆打捆收集起来卖给奶牛养殖企业，一个季度还可以多收入7万多元。"

（四）大胆探索勇于创新，塑造生态农场绿色品牌

在我国许多注册的家庭农场中，绝大部分都以单一的种植、养殖或园林式为主，而"西昌成才生态农业家庭农场"法人何晓文从创业之初就敢于大胆探索和勇于创新，将种植、养殖和加工相结合，并以发展生态绿色农产品为目标，塑造生态农场绿色品牌。

何晓文的父母是土生土长的农民，掌握的知识和新技术不多，抗风险意识不强，同时传统生产方式根深蒂固，生产观念有待更新。何晓文掌管家庭产业后，进行了大胆的探索和创新，确立"种—养—加"循环生态农业发展模式，走无公害绿色生态农业的发展道路。为了塑造生态农场的绿色品牌，他对种植模式和养殖模式进行了大胆探索和创新。一是在种植模式上，选种优良品种、机械化播种收割。将猪粪尿通过沼气池发酵后变成有机肥，用在粮食和经济作物生产中。在水稻田里放养稻田鸭，何晓文说："鸭子可以将稻田里的害虫吃光，不仅节约了农药钱，还能给稻田松土、施肥，让水稻长得更好。"长大后的稻田鸭更是市场上的抢手货。采用生物治虫、人工除草、生物肥料等无公害种植手段，不仅实现丰产，稻米品质也得到极大提高，为广大的消费者提供了放心健康的大米。二是在养殖模式上，建成一个占地40亩的多功能的遮阳式钢架大棚，在大棚里种植青草，将生猪放到大棚里敞养，几百头猪在地里刨土、撒欢、啃食青草。"这是放养式养殖，是家庭农场立体循环农业的一个环节。现在毛猪价格12元/斤，每

头猪净挣1 000元，喂养周期比饲料喂猪多养2~3个月，利润却是5倍。"何晓文还说，采用传统纯粮食喂养模式，利用米厂副产物米糠、米皮、大麦小麦、玉米等粮食熟化喂养，让猪有自由活动的空间，啃食田间牧草，饲养周期长，让广大消费者品尝到儿时记忆中的肉香。

于是，田里种的生态水稻被送进米厂加工；精米用于销售，米糠则被送到了养猪场，当作猪饲料；猪场里的粪便肥了田地；稻田里放养了鸭子和鱼，构建起完整的生态农业循环模式，生产出了无公害的绿色农产品。

（五）培育现代化的农场主，造就一批新型职业农民

规模化、集约化经营是今后农业发展的新趋势，必须培养一批有文化、懂技术、善经营、会管理、思想新的新型农民来经营家庭农场。因此农民职业教育不但要培养有知识的农业生产者，还要培育具有创业精神、创新意识、商品意识和市场意识的经营者、组织者和管理者。也就是说，农场主不是一般的农民就能胜任的，需要有一定的专业知识、管理经验以及熟悉有关的法律法规知识，应具有较高的综合素质。家庭农场的现代化、专业化生产与商品化、品牌化经营离不开拥有科学生产技术和推广销售经验的高素质农场主，而这种高素质农场主必须是有文化、懂技术、会经营的职业农民。"西昌成才生态农业家庭农场"的农场主何晓文拥有大学学历，虽然所学专业与农业不对口，但他在上大学期间的很多业余时间都用在了解国家的"三农"发展政策，了解和掌握现代农业发展的方向、模式和技术上，不时地将自己了解的信息和想法与家里人交流。何晓文毕业回乡后直接参与经营和管理，不断积累经验，又通过网络学习技术和经验，在当地党委政府、西昌学院及西昌市农牧等部门的支持和帮助下，何晓文的创新思维和经营管理才能得到发挥。最让人称奇的是农场里的那套自动化喂猪系统，何晓文介绍说，他和父亲发明了这套系统，其流程为：用太阳能热水器将烧开的热水与玉米面放入机器里进行搅拌，而后将烫熟的猪食通过加压后，用管道直接输送到养猪场。何晓文又说："现在喂几百头猪只需要'半个工人'就可以了，要是按传统方式来喂，没有四五个人干不下来。"

可以说"西昌成才生态农业家庭农场"能在短短几年的时间里取得如此的成效，与何晓文的高文化素质及勤于探索的精神是密不可分的。同时，我们也看到一些家庭农场主在文化程度和技术水平上有待提高。所以，必须重视对农场主的技术培训，提高家庭农场主及成员的文化素质、技术素质和商品意识、市场意识和经营管理水平，培养一大批现代家庭农场主。

德昌县发展平地特色农业的调查与思考[①]

中共德昌县委党校课题组[②]

平地农业是相对于高山农业而言的。德昌县是一个农业县，隶属凉山彝族自治州，辖22个乡镇，其中有8个少数民族乡。作为地处边远的山区，彝区主要以花椒、核桃、烤烟、洋芋、玉米等为主要经济作物。大力发展平地特色农业是四川省倾力打造"美丽富饶文明和谐安宁河谷""建立特色农业示范片"和打造攀西地区"菜园子"战略特别关注的问题，也是破解德昌县农业发展瓶颈和解决好"三农问题"的关键。

一、德昌县农业生产现状

由于近年来传统农业生产效益低，农村大量青壮年劳动力外出务工，造成农田荒芜，农业增长缓慢，农民纯收入较低，这已成为德昌县农业经济发展的瓶颈。

1. 2014年德昌县农业增加值占全县地区生产总值的比重为26.76%，全年农林牧渔服务业总产值（现价）达到255 354万元，比去年增加19 777万元，增长8.4%。其中农业产值153 385万元，比去年增加15 360万元，增长11.1%；林业产值6 023万元，比去年增加506万元，增长9.2%；畜牧业产值84 881万元，比去年增加2 479万元，增长3.0%；渔业产值7 087万元，比去年增加1 135万元，增长19.0%；服务业产值3 978万元，比去年增加297万元，增长8.1%。现代农业加速提升，种植业稳步发展。全年粮食作物播种面积达16 242公顷，比上年增加132公顷；粮食总产90 999吨，比上年增加614吨，增长0.7%；其他主要农作物产量如下：油料930吨，比上年增长9.2%；产烟29.66万担；桑葚10 443吨；新建蔬菜大棚1 000亩，蔬菜复种10.07万亩；新种核桃、板栗等林果8万亩，新增农村专业合作组织30个，登记注册家庭农场13家。

2. 2014年平地农业和高山农业的比重及结构构成。14个汉族乡镇平地农业产值为175 121万元，主要以烤烟、桑葚、草莓、蒜薹、早熟蔬菜、林果业、建昌鸭等种植业和养殖业为主；8个彝族乡的高山农业产值为60 233万元，以烤烟、核桃等林果业为主。农业产业结构单一，产值不高，没有比较优势，竞争力不强。这也是德昌县农民人均纯收不高，外出务工青壮年比重大的原因。

3. 德昌县的平地农业占全县农业比重约80%，主要集中在安宁河谷流域及茨达河

---

① 2015年度四川省党校系统优秀调研课题。

② 课题组负责人：赵友俊。课题组成员：廖佳佳。

流域，是全县的经济发展区。该地区日照时间长，冬暖夏凉，气候条件优越，空气、土壤、河流无工业污染，但整个平地农业没有规划，生产单一化，缺少特色产品，可持续发展动力不足，仍然是传统意义上的农耕农业，受市场和价格波动的影响大，农民的生产积极性不稳定，农业发展无后劲。青壮年劳动力外出务工一月可抵农业生产一年的收成，大量青壮年特别是有一定技能或一定文化的青壮年外出务工，家里的农田不耕种，栽种果树也不管理，等国家征地拆迁来获得补偿；或者种"懒庄稼"，只种稻谷，只要够一家人一年的口粮就行。这些状况都严重地制约着我县农业经济的发展，在经济新常态下已成为阻碍德昌县经济发展的因素。

二、德昌县发展平地特色农业的优势分析

（一）德昌县气候优越，比较适宜平地特色种植和养殖

德昌县属亚热带高原季风气候，年均气温 18 摄氏度，年均降水 1 049 毫米，无霜期 300 天以上，常年日照数为 2 147 小时，自然条件得天独厚。夏无酷暑，冬无严寒，冬暖夏凉，四季如春，阳光充足，干湿度适宜。县域境内水资源丰富，森林覆盖率为 44%，大小河流有 50 余条，能为绿色种植和养殖提供较好的环境和水源保证。安宁河谷流域和茨达河地区气候类型多样，光热充足、环境优越、河流众多、水资源充足，土地资源丰富，易耕高产、集中连片，发展现代平地特色农业前景十分广阔。

（二）德昌县区位优势突出，农产品销路便捷

德昌县位于四川省西南部攀西经济走廊的腹心地带，是四川省都市群发展规划中攀西地区唯一的小城市。县城区位优势突出，地处川、滇、藏香格里拉自然生态旅游区交界处，北接西昌，南临攀枝花，农产品运输便捷、成本低。108 国道、京昆高速、成昆铁路横穿县城。德昌距西昌 53 千米，距攀枝花 146 千米，距雅安 379 千米，距成都 499 千米，距昆明 433 千米，因修建了高速公路，蔬菜、水果、禽类、水产类食品运输方便、快速、高效，而且大城市对绿色特色农产品的市场需求量更大，更能保证特色农产品的经济效益，增强德昌县发展特色优势农产品的信心。

（三）用有较好声誉的特色品牌带动更多的平地特色农产品的生产、消费

德昌县在省内外享有较好声誉的绿色农产品种类很多，如德昌香米、建昌板鸭、德昌早蒜薹、龙须菜、石花菜、鸡枞等野生菌类、草莓、樱桃、桑葚等，因此消费者容易接受德昌的农产品。2010 年曾被评为"西部博览会绿色产品最畅销奖"的"建昌板鸭"2014 年的外销量有 40 多万只，"童耳朵板鸭"每年的外销量也在 15 万只以上。每只板鸭的纯利润可达 30 元，农户的养殖积极性很高。德州镇沙坝村的大部分建昌鸭养殖户都表示，2015 年建昌鸭的养殖规模扩大了一倍以上，并进行绿色生态放养，把"建昌板鸭"的品牌做大、做强、做优，力争做到省内著名，省外知名，让广大消费者慕名而来，满意而归。德昌早蒜薹 2014 年的外销量为 2.3 万吨，主要销往成都、昆明、重庆、

贵阳、西安、武汉、上海等全国大中城市，每亩早蒜薹的纯收入在 2 万元以上。2014 年 11 月至 2015 年 5 月，德昌草莓鲜货外销量大约为 2 320 多吨，冻草莓外销量大约为 2 433 多吨。2015 年销往西昌、攀枝花的樱桃、桑葚在 65 吨以上，截至 2015 年 9 月底，王所乡的草莓种植面积比 2014 年增加了 340 亩，果桑种植面积也增加了 421 亩，德州镇、小高乡、巴洞乡等汉区乡镇的草莓、果桑种植面积也有大幅度的增加。

（四）德昌平地农业走访调研数据

1. 麻栗镇 2014 年生态放养大白鹅约为 9 万只，万只以上规模的共有 4 家，全年利润在 150 万元以上。每只大白鹅的规模养殖成本约为 70 元，成熟后销售均价约为 110 元/只，做成板鹅后均价约为 140 元/只；而普通养殖的鹅每只利润只有几元钱，有的甚至会亏本。截至 2015 年 9 月，麻栗镇生态大白鹅养殖规模上万的已达 5 家，其中 2 万只以上规模的有 2 家，全年大白鹅养殖有望达到 15 万只，全年利润可达 320 万元以上。

2. 截至 2015 年 8 月，德昌县境内建昌鸭已养殖近 200 万只，纯建昌鸭种达 8 000 只。建昌食品有限责任公司正致力于"公司＋基地＋农户"的产业模式，在德昌全县共成立了 50 个建昌鸭养殖小区，紧密型合作社成员 156 户，松散型养殖户 1 896 户。公司总经理邝冬芸粗略地估算了一下，实行"公司＋基地＋农户"的产业模式后，每个养殖户平均每年至少能增收 2 万元以上。阿月乡五大队二小队的建昌鸭养殖户卢德成，2014 年养殖了 3 000 只建昌鸭，销售收入为 18 万余元，纯收入至少也有 5 万余元；德州镇沙坝二队的建昌鸭养殖户李文学，2014 年养殖了 2 000 只建昌鸭，销售收入为 11 万余元，纯收入至少也有 4 万余元，2015 年已养建昌鸭 2 500 只，全年养殖可超过 4 000 只，实现纯收入 8 万元以上。

3. 全县 5 000 只规模以上的生态鸡放养户有 5 家，2014 年全县出产土鸡、生态鸡 10 万只以上，销售利润超过 200 万元。巴洞乡红旗村生态鸡养殖户陈平，2015 年共放养生态鸡 3 000 只，获利 6 万余元。德州镇大坪村土鸡养殖户韩映康，利用石榴园进行土鸡放养，2014 年共养土鸡 6 000 多只，出售 4 000 只左右，其余的自己消费，2015 年已销售土鸡 6 000 只，全年饲养的土鸡上万只。据养殖户介绍，每只放养鸡的成本为 60 至 80 元（主要包括饲养用的玉米、小麦、鸡苗及人工费），成熟的放养鸡重 5 斤左右，市场价为 20 元/斤，每只鸡可卖到 100 元以上，每只土鸡的利润在 20 元左右。

4. 德昌蒜薹种植基础好，常年种植面积在 2.3 万亩左右，蒜薹产量在 1 万吨以上，并且已摸索积累出一整套成功的经验和技术，有较好的工作基础、技术基础和生产基础。德昌县属典型的亚热带季风气候区，日照强，昼夜温差大，利于蒜薹的生长，再加上种植过程中只用农家肥，生产出的蒜薹色鲜嫩脆、蒜味浓纯、粗细适度，便于长途运输。德昌蒜薹上市季节早，从每年的 12 月中旬就开始陆续上市，拥有圣诞、元旦、春节市场。德昌早蒜薹销售市场广阔，由于上市早、质量优，每年蒜薹收获时，大量客商涌入德昌，把蒜薹销往成都、重庆、贵阳、西安、武汉、上海等全国大中城市。经过十多年的发展，大蒜生产已成为德昌县绿色农业优势产业之一。2014 年全县种植大蒜 2.67 万亩，蒜薹的收购工作自 2015 年 1 月中旬拉开序幕，到 3 月下旬结束，共收购蒜薹 13 400 吨，购销阶段蒜薹平均价格 12.00 元/公斤，蒜薹总收入 1.6 亿元。蒜头年产量在 0.6 万吨上下，每斤蒜头均价为 2 元，蒜头收入 2 400 万元。每亩蒜薹种植的毛利润在 8 000 元左右。2015 年全县十三个汉区乡镇的蒜薹种植近 2.9 万亩，年产蒜薹 1.8 万吨、蒜头 0.8 万吨。

5. 德昌县是果桑之乡。地处安宁河谷的德昌县，是典型的亚热带高原季风气候，年均气温 18 摄氏度，年均降水 1 049 毫米，无霜期 300 天以上，常年日照 2 147 小时。温暖的气候、丰富的雨水、充足的日照为果桑生长提供了良好的自然条件。2014 年 4 月四川省农业厅认定德昌县 21 个乡镇为四川省无公害粮油、蔬菜、水果产地。无污染的土壤、清新的空气、洁净的水源、农家肥的使用、物理防治病虫害的全面落实等，为栽种出高品质的果桑创造了条件。2015 年，德昌县果桑种植面积已达 3 万亩，投产 8 000 亩，产桑葚 1.5 万吨，综合产值 1.5 亿元。2015 年德昌县有 5 000 吨桑葚作为鲜果远销成都、重庆、北京、上海、昆明等地。为了保护桑农栽种桑树的积极性，桑农每卖一斤桑葚，德昌县财政就补助 8 角钱。村民杨再君家种植了一亩多桑树，他说："今年桑葚的价格好，刚成熟的时候，批发给水果客商都是 6 元钱一斤，大量上市后也能卖到 3 元左右。"据了解，杨再君的桑树种植面积在村里算是少的，最多的一户栽种了 7 亩多，按 2015 年的价格算，一亩桑葚收入超过 1 万元，全县桑葚销售收入超过 3 000 万元。据了解，2015 年德昌新鲜桑葚经过加冰、真空等包装后，采取出县汽车运、出州火车运、出省航空运的方法，每天有近 50 吨远销成都、上海、北京、乌鲁木齐等地。县委书记王顺云多次讲到，"中国果桑之乡"是德昌县果桑跨越奋进的新起点，德昌县将紧紧抓住"中国果桑之乡"这一大好机遇，充分利用好这块金字招牌，积极争取国家政策支持，进一步发挥德昌县的区位优势、气候优势，努力在规模化、标准化、品牌化、产业化发展上下功夫，积极创新组织形式，加大家庭农场、农民专业合作社、产业化龙头企业的培育力度，推动德昌果桑产业跨越发展，力争到 2020 年，全县果桑面积达到 5 万亩，桑果产量达到 15 万吨，产值达到 12 亿元。

6. 德昌草莓享誉省内外。由于德昌县特殊的光热资源和气候条件，独特的地理环境，德昌县出产的草莓具有个大、味甜、色红艳丽的特点，主要品种为鬼怒甘、甜查理。单果重 30~50 克，上市时间从当年的 11 月持续到次年的五月中旬左右。盛果期主要在 1—4 月。德昌草莓系纯天然无污染绿色食品，在每年的 6—7 月开始种植，在 10 月底就能成熟上市，比西昌、成都的草莓上市时间都早。德昌草莓个大、色鲜、味美，入口香甜，营养丰富，硬度高，耐贮运，集营养、药用、保健、观赏于一体，素有"水果皇后"之美誉，是理想的食用和馈赠佳品。德昌草莓主要在德州镇、王所乡、小高乡等地种植。2013 年德昌县种植草莓 1.2 万余亩，草莓鲜货外销量大约为 1 420 吨，冻草莓外销量大约为 1 700 吨，草莓进村收购价格约 3 元每斤，在市场上销售为 5~8 元每斤，全县亩产值从几年前的 2 000~3 000 元增至现在的 10 000~12 000 元，产值约为 3 700 万元。2014 年德昌县草莓种植面积约为 1.6 万亩，产值约为 4 500 万元，新增冻库 4 座，冻存量为 2.5 万吨，并签约保价收购，解决了草莓种植户销售的后顾之忧。

7. 德昌水果以无公害樱桃、德昌枇杷、无核黄果、晚蜜桃、石榴、德昌丰水梨、圆黄梨等为主的林果业品牌，具有地方特色，其果味、品质优于其他产地的同类产品，在全国各大城市都有较好的市场竞争力。而且每年的种植面积还在不断地增加，并且分布比较集中，呈成片发展的趋势。樱桃种植主要在德州镇的角半村、小高乡的联民村，2015 年 1 月赏樱桃花及樱桃节期间，据不完全统计，全县共接待游客 40 万人次，实现旅游收入 1 亿多元。德昌枇杷主要分布在王所乡响地村、德州镇角半村，无核黄果主要分布在阿月镇的黄家坝村，德昌丰水梨、圆黄梨主要分布在六所镇的新河村、幼山村，而且都是成片发展，30 亩以上规模的种植户就有 25 家，并且林果业逐渐与乡村旅游结合起来。丰水梨、圆黄梨现已成为六所镇农民增收的主要来源，亩产 10 000 斤左右，2015 年，全镇梨子的总产量 1 200 万余斤，产值可达 2 500～3 000 万元，加上旅游产值，可突破 3 500 万的产值。

8. 德昌县的西瓜种植以"口口脆"为主，主要分布于安宁河谷流域，由于日照时间长，雨水少，只施农家肥，"口口脆"西瓜含糖高、矿物质丰富，口感好，销路好，价格也好。2015 年，德昌县的西瓜种植为 1 200 亩，比 2014 年增加 200 多亩，尽管 2015 年西瓜价格受市场的影响，价格偏低，但"口口脆"西瓜均价仍保持在 1.5 元/斤，实现利润 1 300 万元。小高乡联盟村村主任陈登贵家 2015 年种了 5 亩"口口脆"西瓜，零售价格为 3 元/斤，批发价为 1.5 元/斤，每亩西瓜可卖到 10 000 元左右；小高乡莲峰村支书马发宗家 2015 年种植"口口脆"西瓜 7 亩，实现利润 6 万元。

三、德昌发展平地优势农业的意义

1. 2014 年全县地区生产总值 578 726 万元，比上年下降 0.7%。其中，第一产业增加值 154 879 万元，比上年增长 4.4%；第二产业增加值 260 050 万元，比上年下降 3.6%；第三产业增加值 163 797 万元，增长 0.6%。人均 GDP 达到 26 669 元，比上年下降 1.4%。经济结构略有调整，一、二、三产业占 GDP 的比重，由上年的 24.6：47.8：27.6 发展为 26.8：44.9：28.3。在经济新常态下，农业的发展空间，特别是平地特色农业的发展前景应该是很乐观的。

2. 农产品具有很强的季节性，受市场供求关系的影响，农产品价格波动大，容易挫伤农户的积极性，而特色优势农产品既具有很强的地方特色，又具有比较优势，能最大限度地避免供需关系带来的负面影响。因此只有做到"人无我有，人有我精"，确保优势农产品价格的稳定性和持久性，在市场竞争中才会有竞争优势，特色农业发展才有后劲，才有可能做到可持续发展。

3. 2015 年 1 月，四川德昌桑葚经质检总局批准成为地理标志保护产品，产地范围为德昌县永郎镇、锦川乡、老碾乡、乐跃镇等 13 个乡镇现辖行政区域。德昌县自然条件得天独厚，光热水利资源丰富，德昌桑葚以产果早、产量高、味甜汁多、甘美醇厚、营养丰富、绿色天然、防病保健等独特风格深受国内外广大消费者的喜爱，现已成为凉山州优势特色农产品的一张名片。2015 年，德昌县果桑面积拓展到了 5.5 万余亩，桑葚成熟时，每天有近 50 吨德昌桑葚远销成都、上海、北京、乌鲁木齐等地。德昌桑葚 2015 年收入为 9 千万元，较去年增加 2 777 万元。德昌元坤绿色果业有限公司主要生产桑葚汁，其产品已出口俄罗斯、美国、加拿大、韩国等国，2014 年实现销售收入 4 392 万元，出口创汇 600 万美元，成为凉山州出口创汇第二大民营企业。德昌桑葚已成为我县新兴的绿色支柱产业，已成为我县汉区农民收入的主要来源，为我县发展平地特色农业，推进平地特色农业产业化、多元化奠定了良好的基础，是农民增收、改善生活、生产的主要产业，也是我县财政收入的主要来源。

4. 平地特色农业发展起来以后，可以加快承包地有偿退出，加速土地的流转，让土地集中在少数想种地、能种地、会种地的人手中，减少土地撂荒情况，增加土地的利用率；也为平地特色农业产业化、多元化发展打下良好的资源基础，从而可以大力推动当地经济发展，增加地方可支配收入；也可让农民有地可种，有产业发展，有工可务，让农民工足不出户就能挣到比外出务工更多的钱，既增加农民的收益，又减少留守儿童及孤独老人的顾虑，让社会更加稳定和谐。

5. 发展平地特色农业，让特色农产品产业化、规模化、多元化，有利于转变农业生产、经营观念，吸收先进的经营理念，一方面可减轻社会就业的压力，缓减社会矛盾，另一方面可避免几十年后出现无人种地、无人务农的情况。

6. 特色平地农业发展成型后，农民收入稳步增加。以点带片，以平地带动山区，以汉区带动彝区，协调发展，均衡发展，同时可引导、发展新型农民，有利于从根本上解决我县的"三农"问题。

四、德昌平地农业存在的问题

（一）平地特色农业作为县域农业经济发展的核心不突出，农业规模化、品牌化、市场化能力弱，农业产业化经营水平低

1. 农业规模化水平弱，产业化水平低。作为德昌县支柱产业之一的烤烟产业，由于历年来都是以单个农户生产为主，很难成片规模种植，示范片建设、滴灌喷灌设施几乎没有，土地轮作不到位，土地老化严重，病虫害加剧。2015年烤烟种植前期严重缺水，造成烤烟大面积减产，农民的生产积极性受到重创。而在巴洞乡新增的一片近1 000亩的烤烟种植地，由于是土地流转进行的承包，经营权在一个人手里，规模化、标准化、市场化能力强，全年烤烟长势良好，喜获大丰收，每亩烤烟产值在4万元左右。

2. 农业品牌化意识弱，抵御市场风险能力不强。安宁河流域独特的温热条件（年均气温18摄氏度，年均降水1 049毫米，无霜期300天以上，常年日照数为2 147小时，秋冬季节早晚温差大）造就了优质的德昌草莓。德昌草莓具有上市早、个头圆润、色泽鲜艳、硬度高、含糖高、口感好、纯天然等特点，成为德昌县农产品的一张名片，远销成都、重庆、上海、西安、北京等地，甚至出口日本、新西兰等国，每年草莓销售及相关产业收入达3 480万元，已成为我县的新兴支柱产业，并且成为我县发展乡村旅游的新抓手。但由于草莓生产规模化、品牌化、合作化水平不高，农业产业化经营水平低，传统的小农生产依旧占主导，散种草莓种植户目光短浅。2014年，由于引导、宣传不到位，草莓上市早、价格高，部分草莓种植户违规使用膨大剂、杀虫农药等，被查出农药残留超标，损害了消费者的利益，违背了绿色农产品、绿色消费的承诺，一度禁止在超市上架，损害了德昌草莓的良好形象，造成大量草莓滞销、跌价。草莓种植户利益受损，德昌优质无公害草莓这张名片也受到质疑，对我县做大做强无公害绿色草莓造成不可估量的损失。

（二）农民专业合作经济组织服务功能不健全、机制不完善、管理不规范

1. 德昌县农民专业合作社数量少、规模小，小农意识占主导，农业抗风险能力弱。据不完全统计，截至 2015 年 9 月，全县经县、乡两级农业行政主管部门审查通过的农民专业合作社不超过 40 家。多数农民专业合作社以社为单位，并且参合的农户不足一半，规模稍微大一点的合作社是以村为单位，但数量少，只有两三家，比如德昌县沙坝傈僳旅游开发合作社（乐跃镇沙坝村）、德昌县优质桃专业合作社（六所乡解放村）、德昌县安宁村蔬菜专业合作社（小高乡安宁村），还有一个是以乡镇为单位的合作社：德昌县王所乡富民草莓专业合作社。没有成规模的农民专业合作社有很多，如德昌县河西片区草莓专业合作社、河东片区桑葚专业合作社、德昌县蒜薹种植专业合作社等较大规模的农民专合组织，他们仍以传统的农业经营模式为主，抵御市场风险的能力不强。

2. 农民专业合作经济组织服务功能不健全。缺失相应经济组织服务的功能，如市场风险的预测、评估，物资的储备、供应，资金的借贷，关键环节技术的指导，相应产业农业科普知识的讲解、普及等。现有专业合作社大多简单地销售种子、农药、肥料、地膜等农资产品，小范围地垄断回收农产品，造成了少部分人从专业合作社中获利，与让大多数的农户以本产业、本合作社为脱贫致富的抓手的目的背道而驰。

3. 农民专合组织机制不健全，管理不规范。德昌县农民专合组织最大的弊病是制度不健全、管理不规范、不科学，没有完备的管理制度、财经制度、奖惩制度等，没有参合条件的限制。农户没有交纳一定的资金作为保证金，仍然以单干为主，有的参合农户目光短浅，以各自利益为重，最典型的就是为缩短农作物生长周期，过度使用农药，甚至使用违禁药品膨大剂，导致农药残留超标，严重损害了广大绿色种植户的利益，破坏了德昌绿色农产品的声誉。

4. 农民专合组织产业链少，农产品附加值不高。德昌县农民专合组织仍然以从事特色农产品的种植为主要业务，只有简单的生产和销售，没有深加工的配套产业，附加值很低。在草莓成熟后，很多商贩就到种植地蹲点收购，草莓合作社对草莓质量价格和包装没有统一的要求，造成草莓市场混乱。德昌县没有草莓深加工的配套企业，三家从事速冻产业的冻库企业也只是简单地进行冷冻处理，没有生产新鲜草莓汁、草莓果酱、草莓饮品等配套企业，导致享有省内外声誉的德昌草莓市场竞争力不强，价格不高。而且在鲜草莓外销过程中，销量大的西昌、成都、重庆等大中城市没有直销点，而是由商贩低价收购，高价卖出，甚至很大一部分商贩以次充好，以外地草莓充当德昌草莓，损害了消费者的利益，诋毁了德昌草莓的声誉。

（三）农业生产缺少长远规划，未做到因地制宜、连片发展，标准化、规模化、集约化的现代农业产业基地少

1. 农业生产缺少长远规划，未做到因地制宜、连片发展。德昌县的平地特色农业

生产主要是以市场为导向，以价格波动为引导，农产品价格好的，次年发展生产的农户就多，反之就会减少，没有根据本地的水土、气候等条件发展特色现代化农业产业基地，减少市场无序的增长，及价格波动带来的负面影响。例如：2013年德昌蒜薹价格好，均价在8元/斤，蒜苗及蒜头一起可卖到3元/斤，种植一亩蒜的产值可达3万元左右，这就导致了2014年大蒜种植由原来的2.5万亩增加到3.2万亩，而2014年德昌蒜薹外销不理想，造成供大于求，价格大跌，且有很多新增种植大蒜的地区根本就不适宜蒜薹的生长，如茨达乡、小高乡、锦川乡、乐跃镇、永郎镇等大部分地区，有的地区大蒜种下去一段时间后就发病枯死，有的地区受气候影响蒜薹上市迟、产量低，给大蒜种植带来了很大的负面影响。

2. 标准化、规模化、集约化的现代农业产业基地少。德昌县目前建成的现代农业产业基地有两个：麻栗镇国家级烤烟示范基地和六所乡烤烟示范基地，德昌草莓、德昌桑葚、德昌蒜薹、德昌樱桃等特色农业没有示范基地或示范片，这也在一定程度上削弱了德昌特色平地农业的发展。

（四）特色农产品精深加工、产品分级、包装、储藏等产后处理不到位，产业链跟不上，关联产业发展不配套

1. 德昌县的优势农产品深加工、产品分级、包装、储藏等产后处理不到位。以德昌草莓为例，首先，没有利用好德昌绿色草莓、阳光草莓的品牌，没有使用印有"德昌草莓""绿色阳光草莓"等能体现德昌特色、绿色农产品字样的包装盒；其次，草莓的分级、包装处理简单低级，在销售过程中仅仅从大小上色泽上进行简单分类，没有就进行分类采摘、分类包装（如空运包装、长途汽车运输包装、托运包装等）；最后，草莓储藏只采用简单的速冻储藏方式，没有其他既能保质又能新鲜食用的储藏方式。

2. 德昌特色优势农产品产业链跟不上，关联产业发展不配套。德昌名优特色农产品没有统一的包装盒，没有专业的定点生产企业，农户或合作社要使用包装盒都是单独与某企业联系进行少量定做，这造成同一产品外包装不一样，农产品标识也不一致，很难发挥德昌名优农产品的品牌效益。此外一些不法商贩、目光短浅的农户购买外包装盒后以次充好，甚至销售农药残留超标的产品，损害了德昌县绿色农产品的声誉。再有就是产、供、销脱节，销售、运输环节严重滞后，销售信息不畅通、不明确；关联产业不配套或缺失，后续服务跟不上。

五、推进平地特色农业的几点思路

（一）以工业理念、工业技术发展农业

德昌县县委、县政府应进一步深化思想认识，坚持引导转变农业生产方式，加快推进现代农业发展，将工业化理念应用于农业发展。改造传统农业生产方式，把工业发展的理念用于生产环节、市场流通、体制机制创新、政策配套扶持等方面，实现农业生产规模化、高效化，加快农业现代化进程。推进平地特色农业又好又快发展，人才是关

键。要着力加强市场人才队伍建设，坚持将市场开拓摆在第一位，注重打造品牌，增创竞争优势，加强市场经纪人队伍建设，打通市场环节，拓展销售渠道，构建宽广的营销网络布局，实现丰产丰收；要着力加强科技人才队伍建设，注重新技术、新品种的研发和推广应用，用科技支撑农业农村发展；要着力加强管理人才队伍建设，运用现代先进理念和生产方式提高农业生产经营组织化水平，充分吸纳并用好各类资本和要素，为现代农业发展提供有力支持。在招商引资方面也要转变观念，不仅要引进工业企业，更要引进农业企业，引进特大型种植、养殖大户，做到工业强县与农业富县并举。

（二）对德昌县的特色农产品进行深加工，延长产业链，增加附加值

目前，德昌县的农产品深加工企业，只有生产桑葚果汁的元坤果业集团。如何延长产业链，增加附加值呢？

第一，我们可以有目的地引进或发展特色名优产品的深加工企业，如水果罐头加工企业、草莓酱、樱桃酱等加工企业，一方面解决了农户销售的后顾之忧，另一方面延长了产业链，增加附加值的同时扩大了就业，增加了县财政的收入，促进平地特色农业的发展。

第二，进一步发展冻库产业，尽可能地把新鲜农产品保鲜冷藏、冷冻，保证其原有的品质，适时外销。

第三，大力发展肉禽类深加工企业，把建昌板鸭、板鹅和德昌油坛肉品牌做大做强，可以借鉴凉山州名优品牌"思奇香"手撕牦牛肉的生产经营理念，除原有的产品外，可增加各类卤制品，力争做到省内著名、国内知名。

（三）发展农产品关联产业

可以引导发展德昌县特色农产品的外包装盒生产企业，在外包装盒上统一印上"绿色德昌""生态德昌"等字样。政府统一对农产品进行严格审查，检验合格后方可允许其使用统一包装。发现以次充好、以劣充优、严重损害德昌绿色农产品形象的合作社或农户，除扣除其保证金外，坚决取缔绿色产业的牌子，并5年内不得使用"绿色德昌"的包装盒，确保德昌县的绿色农业发展拥有良好环境。

（四）发展绿色名优产品，让产品变礼品

1. 重点推出德昌香米、德昌黄果、德昌樱桃、德昌枇杷、德昌桑果、德昌蒜薹、建昌板鸭、德昌板鹅、德昌油坛肉等礼品，所有礼品均冠名"德昌礼品"，注册"德昌礼"商标，实行母子商标管理，打响"德昌礼、礼天下"品牌，形成一批农产品加工基地，培育壮大一批农民专业合作社。

2. 精心设计农产品的外包装盒，并严格规范管理使用，杜绝有损消费者利益的行为。

3. 对外宣传德昌，让更多的人了解德昌，认识德昌的特色农产品，让旅游的、路过的人都带"德昌礼品"回去馈赠亲朋好友。

4. 让"德昌礼品"在省内大城市及重庆、昆明等地的超市上架，让更多的消费者

知道"绿色德昌"，认可"德昌礼品"。

（五）发展休闲农业，让农区变景区，劳动变运动

通过土地流转或农户以土地入股等形式，对已有经营规模的农牧果场进行改造和旅游项目建设，使之成为一个完整意义的旅游景区（点），能完成旅游接待和服务工，将手工艺、表演、服务、生产等形式纳入服务业，形成以点带面的农村休闲农业开发设计。在道路相对畅通的德州镇角半村发展大型的樱桃农庄，春节前后可赏樱花、桃花、莉花、杏花，5月可摘樱桃，游客在赏花、采摘樱桃的同时可以在小山丘上爬山，既领略了赏花、摘果的乐趣，又锻炼了身体。依托角半村冬暖夏凉的气候特点，在角半樱桃农庄修建避暑山庄、大型会议接待中心，真正把生产、服务、休闲、娱乐、康养融为一体，实现一年四季均可接待游客，避免樱桃季节性失客的尴尬。还可以将离城比较近的小高乡阿荣村发展成大型的草莓农庄，以社为单位发展农家乐，让游客自行采摘食用草莓，为游客备好农耕工具，游客可试种草莓、果蔬，也可认领一小块地，自己利用周末或节假日亲自耕种。

（六）壮大合作经济组织，促进规模经济发展

发展农民专业合作组织，有效提升平地特色农业专业化和规模化水平，充分发挥政府在农产品区域品牌创建中的积极引导作用，通过规划引领、整合项目资金、集中扶持建设的方式，推动农业与二、三产业联动发展，发展规模农业，做到因地制宜、连片发展，建设标准化、规模化、集约化的现代农业产业基地。沿108国道将麻栗镇打造成国家级烤烟示范片。将德州镇的阿荣村、小高乡、乐跃镇、锦川乡、永郎镇沿线打造成优质草莓、西瓜、桑葚示范片。德州镇的沙坝村、王所乡的大冯村、小冯村可发展葡萄种植示范片，德州镇的角半村、小高乡的联盟村可发建成樱桃、枇杷示范基地，六所乡以建设幼山梨、晚蜜桃水果示范片为重点，阿月乡大力发展德昌黄果示范区。政府积极引导土地流转，农户可以采用土地参股、土地外包或土地使用权有偿退出等方式，把土地经营权集中到少数种植大户手中，使社会闲置资金向农业生产领域流动，让农业产业规模化、集约化、现代化发展。失地农户可以根据自己的特长在农业示范区工作，也可以在附近的农家乐、休闲旅游区、特色农产品加工企业务工，年终还可以分红利。

（七）以旅游促产业，用旅游带动平地农业发展

政府积极引导土地流转，加大对德昌草莓、枇杷、樱桃、桑葚等绿色产品种植的规划。充分宣传德昌草莓、枇杷、樱桃自然日照时间长、味甜、果大的特点，让消费者认可、接受，吸引外地游客来德昌旅游。在德州镇的角半村、小高乡的联盟村等优质种植区进行规模化种植，在依山傍水的地方修建配套的农家乐或宾馆，让游客在水果时令季节享受亲手采摘新鲜水果的乐趣，夏可避暑，冬可享受攀西阳光、观看雪景，让更多的人慕名到德昌旅游、消费，促进德昌平地特色产业的发展。

凉山州学校食堂食品安全调查研究[①]

中共凉山州委党校课题组[②]

学校食品的卫生安全关系到学生的健康与学校的稳定发展。青少年是祖国的未来和希望，其营养状况不仅关系到个人的成长发育和全面发展，也关系到整个中华民族素质的养成和提升，其健康水平更是关系国家和民族的长远发展。作为实施农村义务教育阶段学生营养餐改善计划的重要一环，学校食品的卫生安全至关重要。

2005 年 5 月 12 日，国家质检总局正式发布实施了《食品安全管理体系要求》，这是我国应对 ISO 22000 标准的颁布和实施，加强食品安全管理的一项重要举措，标志着我国食品安全管理体系法制化、标准化建设取得了新进展。学校食堂的食品安全问题是学校和卫生行政部门十分关注的问题。推动学校食堂导入和实施 ISO 22000 标准，构建符合学校食堂特点的食品安全管理体系，为师生提供安全优质的饮食服务，应成为学校和政府卫生部门管理学校食堂食品安全的共同责任和重要手段。2014 年 7 月 9 日，由四川省食品药品监督管理局和省教育厅联合制定的《四川省学校食堂食品安全管理办法》正式出台，并于 8 月 10 日起开始实施。这是四川省首次出台专门针对学校食堂食品安全的管理办法，它的颁布和实施，对全面强化四川省学校食堂食品安全监管、保障广大师生饮食安全有着重要意义。

由于历史的原因，凉山彝族自治州的经济文化相对落后，特别是广大农村地区，贫困人口多、贫困面广、贫困程度深。即使我州农村义务教育阶段学生营养餐改善计划已深入实施三年，广大师生的饮食安全仍然面临不少威胁，这成为群众十分关心和迫切希望解决的问题。为此，笔者就凉山州学校食堂食品安全开展了调查研究，力求比较全面地了解现状，为进一步加强和改善食堂监管工作提供依据，让广大家长和社会各界人士放心。

一、凉山州学校食堂食品安全基本情况

学校是培养祖国未来人才的地方，而人才必须要有好的身体。良好的饮食则是维护学生成长的保证，餐饮伙食上的一次失误可能影响学生的一生。有资料显示，相当一部分食物中毒患者在以后的生活中有心理上的阴影，生理上的各项指标大不如前。在物质

[①] 2015 年度四川省党校系统调研课题。
[②] 课题负责人：李宇林。课题组成员：石一阿支、肖平、刘煜。

极大丰富的今天，昔日的"食"远非今日的"食"。昔日的"食"解决的是温饱，今日的"食"讲究的是"色、香、味、型、养"，已不可同日而语。学生食堂的食品安全与营养配比对学生的身体健康至关重要，食堂绝不可以片面追求利润，以"型""色"来招揽学生。造型奇异、色彩斑斓的食品，其潜在的不安全因素随之也加大。

截至 2014 年 8 月，全州共有各类食堂（包括托幼机构食堂）1 151 家，其中有餐饮服务许可证的 668 家，占总数的 58%，无餐饮服务许可证的 483 家，占总数的 42%。学校食堂 836 家，办理了餐饮服务许可证的 454 家，占总数的 54.3%；托幼食堂 315 家，有餐饮服务许可证 214 家，占 68%。

在上级部门的正确领导和社会各界的有力监督下，农村义务教育学生营养改善计划试点工作顺利展开，经过全州上下的不懈努力，全州没有因食用营养餐而发生任何一起安全事故，德昌县积极响应国家的要求，率先实现了全部食堂供餐模式，布拖县、金阳县食堂供餐比例分别达到 90.12% 和 82.14%，木里、会理、美姑食堂供餐比例分别达到 58.66%、58.58% 和 49.65%，远超过全州 34.37% 的食堂供餐平均水平。

笔者通过调查发现，随着近年来校园周边环境治理及学校食堂食品安全专项整治的深入开展，全州学校食堂食品安全状况逐步好转，但由于学校食堂的硬件投入不足以及广大师生食品安全意识淡薄，学校食堂食品安全状况并未得到根本改变，安全隐患仍较为突出。

二、凉山州学校食堂食品安全存在问题

通过调研发现，全州学校食堂食品安全总体状况良好，但由于地域位置的限制和经济条件的制约仍存在诸多安全隐患，主要问题可概况为以下几个方面。

（一）学校食堂建立率低、食堂获证率低

全州供餐的2 596所学校，仅有1 151所学校建立了学校食堂，学校食堂建立率仅44.3%，村小几乎没有建立学校食堂。全州有条件采取"食堂供餐模式"的学校仅占4成左右。

全州采用食堂供餐模式供餐的学校食堂有1 151个，其中有 483 个学校食堂达不到条件，未取得《餐饮服务许可证》，占总数的 4 成。无证经营现象严重，出现新开办的民办幼儿园在无资质的情况下擅自从事经营活动的情况；部分学校食堂餐饮许可证已过期，没有及时换证。

（二）学校食堂硬件条件差

许多学校供餐、储存设施设备条件差。学校食堂硬件投入严重不足。

一是部分学校食堂正在修建或改造，且进度缓慢，有的一两年还未竣工，修建改造期间学校在临时食堂供餐，食堂安全隐患多。如美姑县竹库乡目前学校食堂正在修建，学生在临时食堂就餐，非常不便。

二是多数学校食堂操作间面积狭小，与学校就餐人数不相匹配，布局不合理，功能

分区不清。如木里县列瓦乡由于学生人数较少，学校食堂操作间没有明确进行分区，一度出现学生在食堂操作间就餐的现象。

三是部分学校食堂简单的"三防"（防鼠、防蝇、防虫）设施都不齐全，甚至还有的学校食堂是露天操作或者临时搭建的工棚。如喜德县热柯依达乡学生一直在露天就餐，学校食堂形同虚设。

四是部分已修建、改造的学校食堂布局不合理，食堂没有明显的功能区域划分，不能满足加工、操作等要求，食品不能完全进行分类摆放。

五是设施设备不足。多数学校食堂特别是农村学校食堂无食品加工、贮存、保温、冷藏、冷冻、留样等设施设备。如越西县申果庄片区和德吉乡目前还没有电力供应，消毒和冷藏设施不能发挥作用。

（三）学校供餐管理水平亟待提高

1. 部分学校食堂已承包给单位或个人

学校对承包经营单位或个人缺少必要的监督和管理，致使部分学校食堂承包经营者唯利是图，采购不合格食品原料，降低供餐菜品质量，食品安全隐患明显。学校食堂食品原材料采购环节中存在的问题，在很大程度上决定了学校食品安全问题发生的概率。当今，随着各级学校在校人数逐年增加，大多数学校食堂来不及扩建，学校后勤管理工作和食堂就餐压力大增。为了缓解这种压力，出现盲目引进、以包代管的情况，少数不具备从事学校餐饮工作资质的社会机构或个人承包学校食堂，致使学校食堂食品的采购模式混乱。有些承包单位因为规模有限、技术力量不足，只能再次将食堂分包给个体经营者。这些个体经营者为降低成本，不执行统一采购的规定，为贪图便宜，私自采购一些腐败变质、霉变生虫、混有异物、掺假掺杂、感官性状异常以及超过保质期等法律法规禁止食用的食品。

2. 学校食品安全意识不强，责任不明确

一是学校食堂没有设置专职或兼职食品安全管理员。学校食堂工作范围广、责任重、工作烦琐、工作量大，大多数学校食品安全管理员没有编制，工作人员基本上都属兼职人员。笔者注意到，在县乡一级负责就餐工作的多为兼职人员，但他们的工作涉及资金安全和食品安全，专职或兼职人员的匮乏将成为长期持续发展的一大隐患。食品安全工作由老师兼管，会加重一线教师的工作量，由于没有相关政策，一线教师的待遇问题尚未解决，食品安全工作推进迟缓。米市镇米市中学初二（一）班班主任提及，现在食堂的监管员是上了年纪的老师兼顾，没有工资，只能凭着一份责任感。多数老师坦言："在这种情况下，我们原本还希望能够改进饭菜质量，给孩子们多一些口味的选择，但终究只能是一个想法。"在调查中发现，凉山州试点县中，仅有19.82%的学校有食堂，而80%以上的学校只能采取市场招标、企业介入、课间加餐的方式实现营养改善。且不说现有食堂的条件规模与标准化食堂要求有不小差距。在目前的建设推进和将来的持续运转上，都面临人力和财力的双重制约。

二是有的学校负责人食品安全意识不到位，落实食品安全工作管理制度情况不

理想。

三是食品从业人员素质差，流动性大，部分人员未及时办理或更新健康证明。

四是管理员和从业人员培训工作滞后，未建立完整的培训档案，处理食品安全问题多凭借以往经验，食品安全意识亟待提高。

五是未建立健全食品安全管理组织机构和管理制度，责任不明确。在操作过程中存在侥幸心理，食品安全索证索票、台账登记、食品安全制度不健全，餐饮具清洗消毒保洁、食品留样台账、餐厨废弃物处置台账等记录不完善、不规范。

3. 学校食堂管理混乱，存在严重的食品安全隐患

一是学校食堂饭菜存在安全隐患。首先是学校食堂饭菜原材料的安全隐患。市场经济条件下，不法商贩利欲熏心，对食品的原料进行掺假、造假，甚至超标加入添加剂。较常见的有作坊生产的火腿肠仿双汇火腿，舟山小黄鱼充北海大黄鱼，夹心肉充当腿肉等。其次是学校食堂饭菜加工过程存在的安全隐患。大多数高校食堂由自身经营向租赁、承包、托管等多元化模式发展。学校食堂的从业人员大多数来自农村，自身文化素质低，食品卫生安全意识淡薄，心理及情绪控制能力较差，并且部分食堂内的工作人员大多是只参加过临时或短期厨师培训班的学员，缺乏专业系统的烹调理论和饮食营养与卫生知识，使学校食堂的食品卫生安全存在很大的隐患。另外，目前学校食堂饭菜加工过程存在的安全隐患有：冷冻方法不当或加工不当，从而造成食品的变色、变味、变质等质量问题；不注意个人卫生，致使加工的食物出现交叉污染；夏天食堂防蝇措施不当，致使学生饭菜中经常有苍蝇。保存温度低于60℃或高于10℃、存放时间超过2小时的熟食品，再次利用时未充分加热。冷冻熟食品未彻底解冻充分加热。有些堂口将回收后的食品经加工后再次销售。多数学校食堂在供餐粗加工过程中动物性食品和植物性食品未分开；库房内食品存放较混乱，未立签立卡、离墙离地。餐厨操作间、储藏间脏、乱、差。食品留样不规范，未设有留样冰箱及留样盒。冷藏食品没有分类且生熟未分开储存，常温保存食品没有及时清理，存在经营标识不全乃至过期食品现象，极易造成二次污染及变质过期使用。

二是部分学校食堂餐饮具清洗消毒未严格做到"一清二洗三消毒"。餐具用具清洗消毒水池中，食品原料、清洁用具及接触非直接入口食品的工具、容器混用。使用的洗涤剂、消毒剂不符合《食品工具、设备用洗涤卫生标准》和《食品工具、设备用洗涤消毒剂卫生标准》等有关食品安全标准和要求。有些清洗、消毒、保洁人员素质低下，毫无职业道德；有些承包商为节约成本根本就不用消毒剂，也不进行高温消毒。

三是部分学校食堂餐厨废弃物处置没有按要求进行，有的食堂没有与收运者签订收运协议，没有登记处置台账。

（四）监管难度大

按《食品安全法》等相关法律法规，未办理《餐饮服务许可证》或硬件设施设备达不到办证要求的学校不得对学生供餐。但农村义务教育学生营养改善计划实施以来，我州所有学校都纳入了农村义务教育学生营养改善计划，除了极少数学校通过"蛋奶"模式供餐外，大部分学校在没有标准食堂的情况下都在向学生供餐。由于地方财政无钱来

修建、改造学校食堂，我州学校无证供餐情况普遍存在而且仍将持续下去。若食品安全监管部门依法取缔无证供餐的学校，会使国家的农村义务教育学生营养改善计划无法实施，并让全州几十万学生无法享受到国家的免费营养餐，引起社会矛盾；而不依法取缔无证供餐的学校将会让非法供餐的情况大量出现，一旦发生群体性中毒事件，将面临巨大的监管风险，被追究监管责任。学校食堂食品安全监管工作处于两难境地。

三、凉山州学校食堂食品安全的对策建议

加强学校食堂饮食安全管理，预防和控制食品安全事故的发生，保障师生身体健康和生命安全，是以人为本、构建和谐社会的需要，是有效推动学校教育教学工作的需要。笔者认为改善学校食堂管理、提高师生饮食质量、保证学校食品安全，主要应从以下几个方面着手。

（一）加强领导强化监管夯实学校食品安全工作基础

1. 各级政府和教育、卫生、食品药监等有关职能部门应高度重视，将《国务院关于进一步加强食品安全工作的决定》和各级政府制定的食品安全工作意见、工作制度贯彻落实到各级各类学校，强化学校的食品安全工作整体意识。

2. 教育、卫生、食品药监等部门要统一认识、相互配合，加强对学校食堂安全工作的领导和日常监督管理，应参照食品流通和消费领域的监管对学校食堂进行规范管理，强制推行学校食堂食品卫生量化分级管理，使食堂具备与其规模相适应的基础设施设备、管理制度和后勤服务队伍。对发生饮食安全事故的学校，应参照《国务院重大安全责任事故追究制度》和各级食品安全协调委员会制定的《食品安全责任追究制度》追究相关责任单位和责任人的责任。

3. 教育、财政部门应树立"兵马未动、粮草先行"的意识，将学校食堂建设作为学校教育教学不可分割的系统工作，把食堂建设作为最基础、最优先的基础设施建设项目，加大经费投入，完善食堂的各种硬件设施建设，确保食堂的功能齐备设施完善。

在日常监管中，重点要督促学校食堂认真贯彻《食品安全法》《餐饮服务食品安全监督管理办法》等相关法律法规和《四川省学校食堂食品安全管理办法》，全面执行《餐饮服务食品安全操作规范》，明确食品安全责任，落实岗位责任制，配备人员，制定相关管理制度和操作规程并在餐饮服务中严格执行，逐项消除食品安全隐患，全面提升餐饮服务水平。对在检查中发现存在安全隐患的学校食堂，除了向当地教育主管部门通报外，要责令限期整改，整改不到位的，要依法严厉处理，该罚款的罚款，该吊证的吊证。

（二）健全机制，完善管理，提高食堂管理效应

1. 学校应建立以校长为组长，分管体育、卫生的副校长为副组长，政教主任、校医（卫生管理员）、班主任、食堂工作人员、学生会干部代表和学生家长代表为成员的食品安全领导机构，落实食品安全工作责任制，做到领导到位、监管到位。

2. 建立完善、科学的食堂食品安全管理工作制度，特别是要建立与制度相对应的各项考核、奖惩细则，确保制度的实施和管理的实效。

3. 加强学校食堂内部管理。在涉及食堂食品卫生、安全方面的工作，学校必须主动介入，有专人认真参与管理，特别是在采购、储存、加工、制作等环节必须按工艺流程管理到位，避免食物（原料）的交叉污染、腐败变质，防止食物中毒。同时应严格控制私人性质的承包，尽量由学校的管理人员和工勤人员自主经营管理，尽量保持从业人员的相对稳定，即使是私人承包性质的食堂，在聘用人员时，也应通过学校审查备案。

4. 提高从业人员素质，有效促进整体服务水平。从业人员必须经过健康体检，并受到卫生常识、食物中毒的预防、中毒事件的应急处理以及相关业务知识、业务技能的培训。厨师应具备一定的专业技能，有条件的学校还应配备膳食营养师，保证学生成长发育的需要。

5. 严把食品原料采购关。尽量采购有"QS"质量安全标识和无公害的食品及原料，尚无标识食品和散装食品应在固定业主处购买，并签订质量保证协议。有条件的学校应直接从无公害禽、畜和蔬菜基地直接订购食品原料，坚持索票索证，做到逆向可追踪。学校要督导食品采购，特别是要参与质量验收。

6. 加强师生员工的食品安全意识教育，鄙弃"不干不净，吃了不得病"的传统习俗，培养卫生、科学、健康、安全的膳食习惯和自我保护意识，营造学校饮食卫生的良好氛围，优化学校育人环境。

（三）继续开展大规模餐饮服务单位食品安全管理和从业人员培训

坚持每年都组织开展全州学校食堂食品安全管理人员培训。学校要定期安排食堂从业人员接受食品卫生安全方面的专业培训，使之了解国家的食品卫生法律、法规，熟悉高校食堂食品卫生安全的相关要求，掌握必要的食品卫生安全专业知识，提高做好高校食堂食品卫生工作的能力；还要加强食堂从业人员的法制教育、职业道德教育，使其增强法律意识、责任意识和敬业精神，使其严格按照国家食品卫生法律法规的要求规范操作。学生的生命安全与身体健康都与学校食堂饭菜质量有着一定关系。食堂服务的每个环节都不允许出错，所以加强对所有食堂服务人员的责任意识培训非常重要。

培训不仅是餐厅也是个人的加油站，也是食堂提高服务质量的保证。因此，学校食堂后勤管理人员可经常组织专业技术比赛，经常参加技术比赛，进行技术交流。

（四）改善学校食堂的卫生条件，严防食品加工过程的交叉污染

各学校可根据实际情况加大经费投入，进一步改善学生食堂卫生设施与条件，使食堂建筑、设备与环境符合我国《食品卫生法》的要求，建立相对独立的食品原料存放间、食品加工操作间、食品出售场所及用餐场所。同时还要坚决做好学校食堂的清洁与消毒工作，严防食品加工过程中的交叉污染。另外，学校食堂从事餐饮的工作人员不得患有传染病（如肝炎、肺结核等）；不能有外伤、化妆、佩戴首饰；必须穿戴工作服、帽、口罩、鞋等，并及时洗手消毒。应持有效的健康证，执行体检计划并设有体检档案，有疾病、伤口或其他可能成为污染源的人员要及时隔离。

（五）建立责、权、利相结合的厨房内部运行管理机制，建立分配考核激励机制

由于学校食堂中大锅菜是主体，厨师往往有"萝卜多了不洗泥"的观念，这就势必影响饭菜的质量。因此，学校食堂应建立以厨师长为首的责、权、利相结合的厨房内部运行管理机制，厨师长按照厨师不同的熟练程度、知识水平、技术等级和责任心等各自负担不同岗位的职能。比如粗加工可让厨工来做，精加工如丁、丝、条、片、块原料由厨师来做。另外，厨师长应根据食堂的年度经营情况制订考核指标，对食堂实行独立核算，制订以"责、权、利"相结合的考核分配办法，以节能、降耗、增效为重点，把各项指标分解到班组甚至落实到每一个员工，每月进行责任考核并与经济利益挂钩，做到奖罚分明，杜绝浪费。

（六）继续深入推进学校食堂食品安全量化分级管理工作

凉山州学校食堂量化分级管理工作实施近两年了，但从目前掌握的情况看，各县市进度不一，特别是部分地方重视不够，开展量化分级管理工作的人员较少，监管人员对评定内容不熟悉，导致推进相对滞后，等级公示牌标识不统一。今后，要将监督量化分级管理作为日常监督检查的重要手段，继续深入推进学校食堂食品安全量化分级管理，定期对学校食堂食品安全进行动态等级评定。

（七）严格餐饮许可准入条件，逐步提高学校食堂持证率

按照"规范一批、提升一批"的要求，严格餐饮许可准入条件，进一步健全学校食堂餐饮服务许可制度，逐步提高学校食堂持证率和标准化管理水平。

（八）积极探索学校食堂改扩建设监管审核提前介入机制

在学校食堂新、改、扩建工程之初，对食堂设计、规划、布局提出合理化建议，从源头上规范学校食堂布局，提高餐饮服务许可审批效率。

学校食堂食品安全是学校教育的重要一环，也是需要长期坚持执行的一项重要工作。在过去的一个阶段里，有关部门按照上级部门的各项要求，努力落实，争创先进，在以后的日子里，我们也希望有关部门一如既往地坚持下去，并根据各年龄阶段的学生的特点，既普及食品安全的专业知识，又注重形式的活泼与多样，使学生健康成长！

凉山彝族婚姻制度优、缺点的调查与分析
——以布拖县为例①

中共布拖县委党校课题组②

我国民族众多，各民族的婚嫁习俗也异彩纷呈，凉山彝族的婚礼习俗极其特别、有趣。作为全人类文化的一个重要组成部分和彝族文化的重要表现，凉山彝族婚姻家庭制度与其他民族的婚姻家庭制度对少数民族地区经济文化和社会现实生活的发展有着重大的影响。近年来大凉山彝区婚嫁习俗中的高额彩礼现象十分突出，特别是以布拖县为代表的阿都聚居区因婚返贫现象越演越烈，引起社会各界高度关注，人民群众反映强烈。布拖县委、县政府高度重视这一问题，多次召开会议，强调一定要从根本上遏制这一不良风气。

为深入了解全县婚嫁习俗中高额彩礼问题现状、产生根源及造成的影响，本课题组就彝族婚姻制度中高价婚姻这一问题，紧紧围绕依法治国、依法治省（州、县）这条主线，从如何突破彝族婚姻制度弊端入手，拟定《调研方案》，认真开展调查研究。调研启动后，课题组成员深入基层，通过召开座谈会和进行问卷调查等方式，分批对全县1 245名不同性别、族别的司法干部代表、村组干部代表、"德古"（彝族中有威望的长者）代表、"夫嘎"（彝族媒人）代表，就彝族高价婚姻的发展现状、存在原因、造成影响、改进措施四大方面，以"您认为当前我县婚嫁习俗中高价彩礼程度如何？请对解决婚嫁习俗中高价彩礼问题提出建议"等9个问题进行了调研。结果显示，96%以上的干部群众认为布拖县婚嫁习俗中高额彩礼问题非常严重，93%以上的干部群众对婚嫁高额彩礼陋习表示反对，接近55%的干部群众对解决高价彩礼问题提出建议。根据反馈信息，课题组进行了梳理整合并提出改进措施，目的是让彝族婚姻在新的形势下能够扬长避短，更好地适应时代发展的需要，为布拖经济、社会发展做出应有的贡献，谱写彝族婚姻史新的篇章。

一、彝族高价婚姻发展现状

凉山彝族有种说法，叫"金子以贵为纯，女儿以贵为好"。自古以来，我国各民族在缔结婚姻时，就有男方向女方赠送聘金、聘礼的习俗，这种习俗一直延续至今。随着

---

① 2015 年度四川省党校系统调研课题。
② 课题负责人：乃古木呷，课题组成员：周雪梅。

时代的发展，彝族人的婚姻聘金价也随之变化。近年来，随着凉山经济社会快速发展，物价猛涨，婚姻聘金涨幅高达数十倍，从几千元一路攀升到四五十万元，婚嫁彩礼平均每年以5万元左右的速度增长，远超城乡居民收入增长幅度。彩礼的高低多以女方的学历、家境及容貌而定。城镇女孩的学历普遍高于农村女孩，家境也较农村女孩更殷实，因此城镇彩礼普遍在30~50万元之间，其中不乏70万元以上的"天价彩礼"，农村彩礼普遍在15~30万元之间，最高接近50万元。再婚女性的彩礼远远高于初婚女性。因彝族民间有"男人抛弃女人就分一半家产，女人嫌弃男人则双倍返还彩礼钱"的习惯，当女方提出离婚或毁婚时，依惯例需向男方成倍返还其结婚或订婚时收取的彩礼。女方再婚时，女方家庭一般会将这部分经济损失转嫁到再婚对象家庭。二婚女性所收彩礼往往是其初婚时的1倍以上，三婚、多婚则高至数倍。

二、彝族高价婚姻存在的原因

第一，受传统观念影响。彝族实行内部通婚、等级内婚、家支外婚、姨表不婚、转房、赘婚等婚姻制度，然而，随着时代的进步，自由恋爱观念被年轻一代接受，他们试图打破传统婚俗，这样势必会造成传统与现代婚姻价值观的矛盾，平衡冲突的直接办法就是抬高彩礼。

第二，受自然经济条件影响。布拖县是全国国定贫困县之一，受自然条件和生存环境的制约，贫困仍然困扰着绝大多数的山区农民。在封建传统观念的影响下，山区的农民通过女儿出嫁索要高额彩礼一方面是希望改变贫困的生活现状，另一方面是为给儿子娶媳妇积累资金或借此偿还娶儿媳妇欠下的债务。

第三，男女比例失调。"妇女不当谋士，火塘不搭桥梁"，彝族重男轻女观念严重，在农村普遍存在着婚龄男女青年比例失调的现象，甚至出现为了结婚几家人相互抢着出高价彩礼的现象，从而导致高价婚姻聘金。

第四，相互攀比现象严重。在农村，"要面子""想长脸"是村民的普遍心态。婚姻聘金不单纯是金钱，从另外一个角度来讲是象征着一个家族的地位和彝家女子的形象。嫁女儿不收彩礼就意味着女儿不值钱，只有收了才体面，而且收得越高身价也越高，面子便也越大。一部分嫁女儿的人家看到别人要了彩礼，就想着自己不要，面子上过不去，也怕别人说自己家的女儿有毛病，因此彩礼居高不下。

第五，恶性循环。一些深受高额彩礼之害的家庭，不得不寄希望于通过回收高额彩礼来减少经济损失。一些"有子无女""多子少女"家庭想方设法超生女儿，用女儿出嫁的彩礼换回迎娶儿媳的彩礼，层层转嫁经济负担。

第六，百姓养老隐忧。虽然目前农村群众已经有了各种养老保障，社会养老的基本面也在不断扩大，但对许多贫困偏远山区而言，社会养老美景一时难以实现，"养儿防老"观念仍根植于广大百姓的思想意识中。一些"有女无子"家庭只有考虑通过"存钱防老"的方式来解决后顾之忧，在其女儿出嫁时也会想尽办法索要高额彩礼。

第七，哄抬彩礼。在农村普遍存在一些依靠给人说媒赚钱的职业红娘（夫嘎），他们每撮合成一对后，都会按照一定比例抽取酬劳，一般婚介的中介费为彩礼的5%~

10%，其在介绍婚姻时往往会故意抬高婚事彩礼金额，抽取更高的酬劳，对高价婚姻起到了推波助澜的作用。

三、彝族高价婚姻造成的影响

第一，贫困问题积重难返。多年来，在党中央国务院、省委省政府、州委州政府的关心支持下，在社会各界的倾心倾力帮助和全州广大干部群众的共同努力下，布拖县扶贫攻坚成效明显，但高额彩礼却加速蚕食着通过艰苦努力取得的扶贫成果。自古以来彝族就遵循"父欠子债，娶妻买房；子欠父债，养老送终"的传统习俗，为了支付高价的彩礼，许多本已脱贫或致富的家庭再次返贫；一些经济条件较差的农村贫困家庭，特别是一些连基本生活开支都依赖政府救济的家庭，只得四处举债，甚至卖房、卖地、卖林权，贫困程度不断加重加深。有些群众甚至顶着背负高额利息的压力，采取借用民间高利贷等形式来支付彩礼。

第二，自我发展能力难以提升。许多家庭为了高价彩礼倾尽毕生财力，限制了生产发展、自我"造血"和子女教育等方面的资金投入，无力开展创业创新，严重制约着地方经济社会的持续健康发展。

第三，农村"剩男剩女"不断增加。受高额彩礼和农村女性外出务工等因素的影响，许多经济条件并不宽裕的家庭都存在"有儿难娶"的现象，"农村剩男"数量不断增长；受转嫁彩礼的影响，一些离了婚的女性身价越来越高，让男方家庭无法承担，女方只能孤身在家，有的甚至独守终老。农村"剩男"增多，打架斗殴、杀人放火、吸毒贩毒、贩卖妇女等各种社会犯罪增加。部分农村"剩男"生活孤寂、意志消沉，劳动能力无法得到充分发挥，农业生产能力逐步下降，农村经济基础逐步削弱。

第四，社会矛盾隐患突出。因婚事彩礼协商不成、离婚退婚彩礼退赔不成所引发的家支家族矛盾时常出现，因此导致一些"亲家"变成"仇家"，甚至引发了一些聚众滋事、家支械斗等恶性事件。男方婚前因支付高额彩礼欠下的巨额债务，需要男女双方婚后共同偿还，也导致家庭生活不幸福、不和谐，矛盾冲突不断。

第五，破旧立新严重受阻。受高额彩礼不良风气的影响，部分地方拜金主义、金钱至上思想盛行，社会主义文明新风推行受阻。广大彝族适婚男女青年普遍存在较大的心理压力，贫困家庭子女"怕恋恐婚"现象较为普遍，严重妨碍婚姻自由。由于婚姻中的金钱交易，已婚女性即使对婚姻不满，迫于高额赔偿压力，也只能默默忍受，助长了婚姻家庭中的大男子主义，导致彝族家庭男女地位的不平等。

四、彝族高价婚姻的改进措施

第一，加强教育，打牢基础。布拖县教育落后，有些封建思想观念根深蒂固。一些有守旧观念的父母认为，从小含辛茹苦将孩子养大，收点彩礼理所应当；有些文化素质低的子女会认为，自古以来婚姻大事都是父母之命、媒妁之言，自己无权干涉。要想改变这样的错误观念，关键还在宣传教育。子女方面，要在学校学会用法律武器保护自己，如婚姻自由、男女平等等思想；家长方面，政府司法、计卫等相关部门要各负其责，加强宣传和引导，努力改变现状；"夫嘎"方面，由民政、妇联等部门机构定期对他们进行法规培训和职业道德素质教育，探索设立统一合理的农村婚介收费标准，促进民间"夫嘎"行业自律，坚决打击哄抬彩礼行为。

第二，依靠法律，制度保障。以新《婚姻法》为依靠，加大《婚姻法》内容的执行力度，完善婚姻登记制度，规范结婚、离婚办理程序，充分发挥离婚调解职能作用，依法坚决打击低龄婚育现象和干涉婚姻自由、买卖婚姻、婚姻诈骗行为，对因高额彩礼婚姻引发的案件，严肃认真查处，严格落实相应处罚措施，对高婚姻聘金进行限制。县委政府要根据省、州相关文件规定精神，因地制宜研究制定本地实施细则。各乡（镇）、村（社区）进一步把县上的实施细则具体规定细化落实到《村规民约》《居民公约》中，使其成为村（居）民自治的重要内容。创立民间管理协会，依据当地居民收入水平，科学、合理、分类确定婚嫁彩礼，确保婚嫁彩礼与当地经济发展水平相适应。县委政府必须重视，层层落实责任，加强监督力度，全面落实领导干部重大事项报告制度，并将落实改进高价婚姻工作与公务人员职务晋升、责任金等实行挂钩。对农村高价婚姻现象，要密切结合户口登记、准生证发放及低保、社保、退耕还林、粮食直补和贫困救济政策享受等工作的开展。

第三，取其精华，去其糟粕。彝族婚俗是少数民族传统文化中不可或缺的重要组成部分，不应以简单粗暴的方式解决，而应在充分尊重历史、传承历史的基础上，去粗取精、去伪存真，挖掘民族文化亮点，发扬民族文化闪光点，探索老百姓喜闻乐见的方式，激励人们积极向上，推动社会跨越进步。比如，美姑县300名德古会盟，剑指高额婚嫁礼金；峨边县将彝族婚嫁彩礼事件拍成宣传片，借助现代媒体传播速度快、感染力强的优势教育群众。还可以用话剧、小品等形式，让彝族的高婚姻聘金观有所改变。结合正在开展的"彝区健康文明新生活运动"，倡导新生活，树立新观念，彻底破除落后的传统观念，使凉山彝族婚姻的发展适应时代发展的需要。要不断完善社会保障体系，让广大人民群众更好享受完善的社会保障制度红利，真正实现生男生女都一样。要加快社会主义新农村建设，帮助特殊困难群体摆脱困境，着力培育文明新风和公序良俗，共同谱写彝族婚姻史新的篇章。

德昌县农村留守儿童家庭教育存在的问题及建议①

中共德昌县委党校课题组②

德昌县是一个农业县，辖 21 个乡镇，截至 2014 年年末农村户籍人口为 18.36 万人。由于当地的工业生产还不发达，从事农业生产获得的经济效益又较低，所以大量的农村青壮年不得不背井离乡外出打工，2014 年外出务工人员就达 6.17 万人。外出打工者把自己的孩子托付给父母或其他亲戚照顾，由此，社会上便出现了一个特殊群体——留守儿童。根据 2015 年 8 月全县对农村留守儿童的建卡数据统计，全县有农村留守儿童 1 041 人。

儿童时期是一个人世界观、人生观、价值观、道德观形成的关键期，需要家长、老师耐心的教育和指导，需要全社会各界共同努力为其成长创造良好环境。但是，目前德昌县农村留守儿童家庭教育面临着诸多问题，需要社会各界共同努力，采取有力的措施解决，为儿童的健康成长创造有利的环境。

一、农村留守儿童家庭教育中的突出问题

在农村，留守儿童由于家庭教育的缺失或者不完整，存在着诸多的问题，突出表现在心理问题、思想道德问题和学习问题方面。

（一）农村留守儿童的心理问题

心理健康问题是留守儿童最容易出现的问题。由于这些孩子长期不能够与父母见面，缺少父母的直接关心、呵护和引导，没有正常交流宣泄途径，比较容易走极端，出现了寂寞空虚、无理逆反、抑郁孤僻、自卑闭锁、自暴自弃等心理现象。主要表现在以下两个方面：

1. 寂寞空虚心理。父母外出打工后，孩子大都感到家庭空落，寂寞难耐。有的留守男生周末不愿回家，或放学后不去托养家庭而在网吧、游戏机房消磨时间。还有的与社会青年鬼混，拉帮结伙，以寻求所谓的友情慰藉。大山乡的朱×现在读初中二年级。他的父母在成都打工，他和年迈的奶奶生活在一起。由于奶奶年纪大，又要忙一些农活、家务，祖孙俩很少交流沟通，朱×内心常常感到孤独，不愿和同伴玩耍，周末不想

---

① 2015 年度四川省党校系统调研课题。

② 课题负责人：张映品。课题组成员：肖雄。

回家，经常一个人去网吧玩游戏，学习成绩很差。父母的关爱和抚慰的缺失可能会驱使他们寻求同辈群体的补偿，留守儿童中早恋的比例比较大就与此有关。因为寂寞空虚，亲情缺失，加之又缺乏正确的引导，处于青春期的很多留守儿童便将情感寄托在异性朋友身上。大湾乡的刘×，现在上初中三年级。由于被寄养在舅舅家，他心里总是有寄人篱下的感觉。听学校老师说，他上课经常迟到，常违反课堂纪律，还和一个女生耍朋友。

2. 逆反心理。有一些留守儿童，特别是男孩子，总感到别人在欺负自己，心理承受能力低，与人交流时充满警惕甚至敌意。他们经常在学校打架闹事，对教师、监护人、亲友的管教和批评产生极强的逆反心理，不能与人友好相处，不服从老师管教，与老师对着干。现在上小学五年级的李×，由于父母离异，父亲长期在外打工，他和爷爷奶奶一起生活。他常感孤独和郁闷，上课不遵守纪律，爱打架，常发脾气。

（二）农村留守儿童的思想道德问题

由于留守儿童缺少来自家庭特别是父母的引导，加之生活、心理、生理等方面问题的影响，部分留守儿童在思想道德方面比非留守儿童存在更多的问题。

1. 留守儿童的道德情感缺失。道德情感是品德结构的重要组成部分，是伴随着道德认识而产生的一种内心体验。这种情感既反映了人们的道德要求，又表现出人们对客观现实是否符合自己的道德需要而产生的一种态度体验。道德情感是促使儿童把道德认识转化为道德行为的中介，是个体道德品质发展与健全人格形成的内在保证。中小学生的道德情感正处于不断的发展过程中，是进行道德教育的最佳时机。但是，由于现实的各种原因特别是缺少父母的亲情和引导，留守儿童的道德情感往往比较淡漠。课题组通过对13所学校的调查发现，有64％的老师认为父母外出打工的孩子"更难调教"。这些孩子难调教的重要原因之一，就是在情感上抵触老师和社会所倡导的优良的思想道德。

2. 留守儿童的道德意志薄弱。道德意志就是决心履行相关道德的心理状态，这是人们是否真正实行优良道德的关键。部分留守儿童由于缺少父母在道德行为方面的严格要求和部分监护人的娇惯和放纵，往往怕苦怕累、贪图安逸，有的上网成瘾不能自拔，有的在不良引诱面前无法自制。

3. 留守儿童的道德行为较差。道德行为是指一个人在道德认知、道德动机、道德情感、道德意志综合作用下表现出来的对他人和社会具有一定道德意义的实际行动，是人的思想品德的外在表现和综合反映，是对认知、情感、动机、意志的充分展示。部分留守儿童的不良道德行为主要表现在：爱撒谎、骂人；乱花钱，不知道勤俭节约；喜欢惹事，打架斗殴；不关心他人，以自我为中心；抽烟、赌博、迷恋网吧、游戏厅、歌舞厅；甚至还有少数人违法犯罪等。课题组通过对13所学校的调查发现，有71％老师认为父母外出打工后，孩子的品德差了，违反校纪的更多。

（三）农村留守儿童的学习问题

1. 留守儿童学习动机不明确或不端正。留守儿童的学习动机是很复杂的，有的为了父母，有的为了挣钱，有的为了混文凭，有的为了物质奖励，有的为了学知识。对小学生来说，其认识水平主要处于形象思维阶段，停留在生理的物质需求和心理的依恋需要上。不少留守儿童把父母的奖励作为自己学习的动力。还有一些留守儿童因为家里只有爷爷奶奶或外公外婆，代沟的存在使他们倍感孤独，而学校里有很多同龄儿童和伙伴，他们希望在学校老师和同学那里得到温暖和关怀。总之，部分留守儿童往往因缺少父母经常性的监督指导，会因为贪玩或畏惧学习困难而失去学习的动机、信心和兴趣，以至学习越来越差，有的甚至辍学。

2. 留守儿童所受的学习督导不力。部分留守儿童的自我控制能力差，学习自觉性不强，有些留守儿童还有各种学习困难，因此，除了需要学校老师的教育引导外，家长或亲人的督导也十分重要。但是，留守儿童所能受到的这方面的督导比较少。一方面父母外出务工后，除了偶尔电话、书信联系外，无法对子女进行经常性的督导；另一方面，由于不同监护人的文化水平、教育观念、时间安排、行为方式的不同，学习督导的方式、力度和效果也完全不同。父母只有一方外出打工的家庭对孩子的督导基本正常，但是，由上代监护人管理的留守儿童的学习督导情况各异，有的亲属或朋友家的学习气氛较浓，对孩子的学习要求比较严，这就加强了对学习过程的督导，而有的上代监护人有做不完的事情，不但不对孩子的学习进行督导，反而让孩子承担许多繁重的事务，影响了孩子的学习。隔代监护人往往年龄偏大，身体虚弱，没有精力管理孩子的学习，而且大多数隔代监护人没有文化知识，根本无法对孩子进行学习监督和指导。因此，他们只管孩子吃饱穿暖，学习方面的事只能由学校管，自己想管也力不从心。总之，父母都外出务工的儿童所受到的学习督导肯定要比父母在身边的儿童督导少得多。

3. 留守儿童学习环境差。父母外出对于留守儿童的学习环境有很大影响。总体来看，很多留守儿童的学习环境还是较差的。如，部分留守儿童学习时间减少，自己要洗衣服、做饭、干农活等，这占去了不少时间。有的留守儿童由于监护人监护不力，加之自控能力差，在放学后的课余时间里，往往受到各种社会不良环境的影响，参加各种不良活动，从而影响学习。中小学生都是未成年人，父母是他们法定的监护人。法定监护人缺失后，他们的行为往往无法受到应有的约束。课余时间是由孩子自由支配的，他们的活动自由度很大，学习则被抛到了九霄云外，网吧、游戏厅、录像厅就成了一些留守儿童玩耍的主要场所。在这样的环境中，儿童难以有比较充分的时间来学习。

4. 留守儿童学习成绩差。在农村，留守儿童委托监护人或者因文化水平低，或者因事务繁忙，往往无法给予留守儿童学习上的帮助，留守儿童在学习上遇到了困难，向委托监护人求得帮助的比例很低。这使得部分留守儿童的学习问题比较严重，学习成绩有不同程度的下降。据学校老师反映，留守学生中差生占的比例很高。父母外出务工对年幼儿童的学习有明显的不利影响。

上述这些农村留守儿童家庭教育中的突出问题，严重影响着留守儿童的健康成长，使其心理扭曲、道德淡漠和智力发育迟缓，有的甚至违法犯罪，成为"问题儿童"，给社会造成了危害。

二、农村留守儿童家庭教育中的突出问题的成因分析

农村留守儿童问题实际上也是"三农"问题的具体表现，其根源在于当地落后的经济社会发展水平和城乡二元结构的基本体制矛盾。外出务工的农民一般是不可能把子女带到身边的。他们本身工作不稳定，城乡隔离的户籍制度、教育制度，城市高昂的生活成本和教育成本是横亘在农民工及其子女面前的难以逾越的鸿沟。国家政策、社会环境、家庭内部和学校教育等不利于留守儿童健康成长的因素，直接推动了"留守儿童"这一群体的产生和相应教育问题的出现。

（一）国家政策因素

尽管我国已经建立了有关保障公民受教育权的法律体系和相应的教育法律制度，随着教育经费和教育设施投入的加强，公民接受良好教育的受教育权正在逐步落实，但制度保障的不完善和物质保障的不充分以及相关具体政策的不到位等问题还客观存在，对农村儿童义务教育的保障还远远不够。

从制度层面上来讲，前几年，城市对于流动人口子女入学的限制主要体现为政府的歧视性政策，明确规定要在户籍所在地就学，城市学校可以适当收取借读费。虽然国务院办公厅转发了教育部等六部委《关于进一步做好进城务工就业农民子女义务教育工作的意见》，明确规定流动人口子女要和城市儿童一视同仁，取消借读费。但事实上城市学校政策的落实还有待完善。很多进城务工就业农民的孩子只能在简陋的农民工子弟学校就读，而这些学校的教学质量相对较差，升级考试存在问题。种种因素构成了留守儿童进城的基本制度障碍，致使部分农村儿童只能留守农村，不能享有亲情教育和完整的家庭教育。改善留守儿童的就学条件和农村中小学的办学条件，细化、完善委托监护、寄养等法律制度等，都需要政府负起责任，但现实情况是，政府还未出台专门针对保障留守儿童受教育权益的倾斜政策。

德昌县经济还比较落后，而基础教育实行"以县为主"的投资体制，乡镇中小学依然面临着巨大的经济压力，公用经费严重不足，应付日常开支捉襟见肘，只能做到"保安全、保工资、保运转"，这在很大程度上制约着教育条件和教师待遇的改善，从而影响到留守儿童的受教育水平。而教育主管部门对留守儿童的教育问题不够重视，没有采取必要措施去改善留守儿童的教育条件。农村寄宿制学校设立的数量不多且条件艰苦。基础教育综合改革的推行与大量的中小学校撤并在一定程度上给学生就读和管理带来不便，特别是幼儿园和低年级的孩子要到很远的学校上学，给留守儿童的家庭增加了不小的负担。然而大部分农村小学缺乏寄宿条件，实行寄宿制的学校条件又相当艰苦，大多数中小学都没有配备专门的生活教师，班主任老师负担极重。

（二）社会环境因素

在社会主义市场经济大潮、价值多元化的冲击下，社会上的"金钱至上""吃喝享乐""黄、赌、毒"等丑恶现象已经开始由城市向农村地区蔓延。对于自控力弱、心理

空虚寂寞、学习成绩又不理想的孩子们来说，网吧、游戏厅、录像厅等场所无疑是他们消遣时光的最佳去处。而一些网吧、游戏厅、录像厅老板受利益驱使，把这些孩子看作自己稳定的消费群体，往往给他们提供吃住玩一条龙的服务，这样极易使"留守孩子"沉溺其中不能自拔，逃学、厌学、丧失学习动力、撒谎、小偷小摸等行为就慢慢形成了。一些原来在学习、思想品德等各方面都还不错的学生，由于长期没有父母的监督，放松了对自己的要求，以致道德和守纪意识滑坡，开始逃学、旷课、不交作业，以至于沾染打架、赌博、酗酒等不良习气。他们一旦受到社会上的一些不法分子的唆使，就很容易做出违法乱纪的事情。另外还有一些留守儿童学习观念淡薄，认为读书无用，自己父母也没读什么书照样天南海北地去挣钱，将来自己一样可以走这条路。新的"读书无用论"在部分农村地区开始抬头。

（三）家庭内部因素

家庭对孩子的影响是无处不存的。家庭是社会关系再生产过程中的一个强有力的环节，它是传输价值观念、社会经验、文化习俗的中心场所之一，与学校教育、社会教育相比，有它的独特性和优越性，是其他教育形式所无法替代的，它与学校教育、社会教育一起，共同构成促进个体发展的几个基本要素之一，是个体发展过程中一个重要的因素。

家庭教育缺失是留守儿童受教育权缺损的重要因素。所谓家庭教育，即家庭中的年长成员（主要是父母）对年幼成员有目的地施加影响的过程。现代教育理论认为，家庭教育重于学校教育，家庭是孩子的第一课堂，父母是孩子的第一任老师，也是任期最长的老师，父母对孩子的教育、情感的培养、性格的养成起着至关重要的作用。父母对子女的教育主要是通过家庭互动来进行的，家庭互动是家庭教育的基本形式，家庭互动的性质、特征、结构、过程等影响了家庭教育的过程与效果。但家庭教育的不完整，使留守儿童的成长受到了很大的负面影响。主要表现在以下几个方面：

1. 亲子教育缺失的弊端。亲子教育是启蒙教育，是影响人的一生的至关重要的教育。在教养孩子的问题上，亲子关系的质量远远比某一具体的教育方法更重要，在影响家庭教育的诸多因素中，亲子关系直接决定着孩子的发展水平。良好的亲子教育氛围有利于培养出身心健康的下一代。然而，在留守家庭中，父母长期在外，平时与子女缺少沟通，疏于管教，父母与子女的关系相对疏远，亲子关系发生了消极的变化，亲子教育的功能几乎丧失，很容易对留守儿童的健康成长产生诸多不利影响。

2. 隔代监护的不妥之处。隔代监护即由祖辈爷爷、奶奶、外公、外婆抚养的监护方式。父母均外出且有爷爷奶奶或外公外婆的家庭，基本上采用这种方式。近年来农村隔代监护的规模呈增长趋势。这种监护方式对孩子的发展存在较多的弊端。由于隔代监护的主客体之间存在着一种天然的血缘、亲缘关系，隔代家庭祖辈对孙辈的溺爱大于教育，感情大于理智，对孩子的心理缺乏了解和认知，习惯用自己陈旧的观念和经验去教化孩子。农村大多数老人受教育程度不高，不懂得学习兴趣的培养，学习方法的指导，并且有时家中农活繁忙，根本没有时间对孩子的学习进行指导。即便是有时间，他们也很难和孩子有畅通的交流。祖辈教育观念、教育方式的滞后，使家庭教育的效果大打折扣。

3. 同辈或自我监护的无助表现。同辈或自我监护型即年长的孩子照顾年幼的孩子或自己照顾自己的方式。这种监护类型人数比例虽不是很大，但也有相当数量，其中小学高年级学生照顾低年级学生的不在少数。这种类型实际上是将本应由成人监护的责任交由自控能力、自我管理能力、明辨是非能力均不强的未成年人，家庭教育实际上基本处于空白状态。

（四）学校教育因素

学校是孩子接受教育的主要场所，学校教育不应仅仅停留在传授书本知识的层面，而应注重孩子在"德、智、体、美、劳"各方面的发展。学校德育环境对未成年人道德养成有着非常重要的作用。加强和改进未成年人思想道德建设，必须把改进学校教育摆在重要位置。然而，一些农村学校在未成年人思想道德教育工作中存在不区分年龄层次、不考虑未成年人认知能力，笼而统之地进行教育的现象，致使未成年人思想道德教育从内容到形式都存在盲目性和"一刀切"的问题。这容易在无形中导致留守儿童在学习、品德等方面产生差距。而对于这种差距，一些学校往往采取视而不见的态度。

学校对留守儿童的教育状况主要表现在以下三个方面：

1. 由于留守儿童家庭教育缺失，老师不能向家长了解他们的真实情况。许多孩子养成在学校欺骗老师，在家里蒙骗父母委托的监护人的习惯，使学校对他们的管理陷入尴尬的两难境地。学校在教育无效时，有的采取开除或劝其转学的办法，有的干脆放任不管，有的严厉管教，迫使其自动提出退学的要求。

2. 学校教育侧重在校时段的教学管理，难以顾及留守儿童的日常生活，与家长的沟通难以实现，加之学校的教育观念相对落后，缺乏对那些"问题留守儿童"的生活关爱和指导。

3. 农村学校师资队伍年龄日趋老化。老教师受到年龄、知识结构和教育理念的约束，轻视对留守儿童的思想教育。德昌县所有的乡镇学校都没有配备专门的心理辅导老师，留守儿童在家庭教育缺失的情况下容易形成的心理问题在学校得不到有效的解决。

三、应对农村留守儿童家庭教育问题的几点建议

教育是一个综合系统工程，需要国家、社会、学校、家庭等各方面的密切配合，各自发挥好各自的作用。

（一）政府要调整和完善政策，净化社会环境

1. 发展地方经济，增加农民就近就业的机会。德昌县是一个农业县，政府要立足本县实际，积极探索加快本县经济发展的途径，落实可持续发展战略，真正把工业强县落在实处。充分发挥本地区产业发展的比较优势，走适合本县产业发展的路子。加快小城镇建设，推进工业化和城市化进程，增加农民群众在本地的就业机会。继续加大对农业和农民的扶持力度，落实好"工业反哺农业、城市支持农村"政策，促进农民增收，

让农民在当地就业致富，这样就能有效地减少留守儿童的数量，让留守儿童在完整的家庭教育环境下成长。

2. 保障农民工子女的受教育权益。按户籍就地入学是造成农村留守儿童家庭教育缺失的一个重要原因。城乡壁垒的种种限制使进城农民工无法把子女带在身边，导致大量儿童只得留守在家。笔者建议：

第一，改革依附在户籍制度之上的义务教育入学政策。"依户籍地就近入学"是妨碍农民工子女进入城市公立学校上学的直接原因，改"依户籍地就近入学"为"依居住地入学"，使外出父母能够把孩子带在身边并能接受良好的学校教育。建立农民工子女入学的"绿色通道"，切实取消农民工子女进城读书所需要缴纳的借读费、赞助费等不合理的费用，降低农民工子弟学校的创建门槛。政府应采取各种优惠政策鼓励私人创办民工子弟学校，给予一定的补助，并使其与周边公立学校共享教育资源。

第二，加大对农村学校的建设投入力度，增加农村寄宿制学校的数量并改善其住宿条件。从全面推行均衡教育的需要出发，把教育资源的优化整合与校点布局调整结合起来，要充分考虑农村孩子的上学需求，在农村居民集中的村庄办好幼儿园和低年级教学点，不要一味地撤校并校；根据学校住宿条件、生活条件和交通条件等情况为农村留守儿童提供良好的成长环境，让留守儿童在老师、同学群体中成长，以弥补缺失的家庭教育。

第三，加强各部门的配合。留守儿童教育管理需要多部门的配合，齐抓共管。县关工委要动员社会各界共同参与到关爱留守儿童的行动中来，县劳动和社会保障局要加强对农村富余劳动力转移的指导和维权，团县委要积极动员和组织青年志愿者帮扶留守儿童，县妇联要认真开展"春蕾行动""共享蓝天行动"，政法委、公安局要加大对学校周边的网吧、游戏厅、录像厅的整治力度，广播电视局要积极宣传报道留守儿童教育管理方面的先进典型，县财政局要积极配合做好学校布局调整、寄宿制学校建设工作，民政局要加大对特困留守儿童的救助工作。特别是关工委、老干局要积极动员，牵头组织参与关爱留守儿童的结对帮扶工作。同时，学校要积极同乡镇、村组和社区联系，整合关爱留守儿童的力量，营造共同关爱留守儿童的良好氛围。

（二）留守儿童家长应重视监护人的选择和亲情沟通

良好的家庭教育是儿童健康成长的重要基础。留守儿童家长应该树立正确的教育观，明确自己监护的任务和责任，促进孩子的健康成长。

1. 重视监护人的选择。因为经济问题而外出务工的家庭，父母尽量留下一方照顾孩子，特别是孩子上学期间，应保证对孩子学习和生活情况的管理，保持家庭教育的存在和影响力。如果父母一定要双双外出务工，则要考虑到受托人是否有责任感，能否做好孩子的监护工作，孩子所处的环境是否适宜学习和生活，并经常保持联系，及时了解孩子的情况。

2. 重视与留守儿童的亲情沟通。父母不在身边的留守儿童是一群"情感饥渴"的孩子，他们非常渴望与父母的情感交流和沟通。因此，父母要通过多种方式，经常与孩子沟通，让孩子感受到父爱母爱。为此，父母需要做到的是：第一，要明确监护权中的教育职责，提高监护意识和责任感。对被监护人进行教育是监护权的重要组成部分，父母应意识到自己的责任和义务。有些父母为了生活，为了子女将来的生活，为了儿女受到更好的教育，被迫辗转他乡，在这种情况下应尽可能地创造条件将子女带在身边，如确实无法带到身边的，应鼓励一人外出，留一人在家照看孩子的学习和生活，尽量保持家庭教育的存在和完整。第二，父母应加强与子女的沟通。在交流过程中，除了问及学习、身体状况等内容外，多倾听子女的心声，体会子女内心、情感的变化，详细了解子女的渴望和要求。鼓励孩子以自己喜爱的方式向父母表达自己的生活感受，以便父母及时了解子女的成长，并及时进行引导。

（三）学校应该加强教育创新，探索新的教育方式方法

传统的学校教育功能单一，重视传授基础知识，培养基本能力，学校管理以教学管理为中心。在新形势下，学校教育应该坚持"德、智、体、美、劳"五育并举，突出德育的首要地位，抓住教学这个主要环节，兼顾其他方面，完善学校的教育管理功能，力求教育创新。为此，学校应该做好以下五个方面的工作：

1. 开设心理健康教育课，开展丰富的课外娱乐活动。学校在为学生提供知识教育的同时，还要关注他们的心理健康，因此学校应当配备心理教育教师，开设心理健康课，成立心理咨询室，订阅心理健康教育教材或报刊，加强心理健康教育。与此同时，学校还应该重视学生的课余生活，培养健康的兴趣爱好，开展丰富多彩的文娱、体育和社会实践活动，如演讲、书法、美术、读书比赛、参观访问等。

2. 加强学校的德育工作。德育工作是学校的重要工作，它体现国家对未来人才的政治要求和社会主义学校的办学方向。但是长期以来，受片面追求升学率的观念的影响，学校往往以智育为中心，在很大程度上忽视了德育工作。留守儿童更容易受社会环境的不良影响，更容易犯错误。因此，学校必须担负起对留守儿童进行思想政治教育的责任。学校应该加强对政教处或德育处的机构设置、人员配备、制度建设和考核管理，通过多种形式的教育活动，保证对学生的思想政治教育落到实处，明确德育在学校教育工作中的首要地位，并把法制教育、心理健康教育与之联系起来，互相补充，以提高教育的实效性。

3. 建立专门档案，提高留守儿童监护质量。学校要全面掌握每一个留守儿童的实际情况，在数量上确保"一个都不能少"，在内容上确保全面掌握每一个留守儿童家庭状况、思想表现、学业成绩、日常行为、监护状况等，以便对留守儿童进行有针对性的教育管理。在此基础上，建立健全留守儿童档案，其内容应包括留守儿童的基本情况及监护状况：家长姓名、家庭详细住址、留守原因、家长务工详细地址、联系电话；监护人的详细地址、与留守儿童的关系、联系电话、身体状况、年龄等。通过档案的建立，能够方便学校和留守儿童的监护人及时了解学生的情况，并保持联系沟通。

4. 加强学校和留守儿童监护人的互动交流。老师要定期对心理或人格有问题的学生进行家访，向监护人反映留守儿童在校学习表现，并了解其在家的学习情况，解答监护人在教育中存在的困惑，帮助监护人教育管理留守儿童。通过举办培训班、座谈会等形式，组织有经验的教师给留守儿童的监护人讲解，使他们转变思想观念和教育方式，

提高教育和监护水平。

5. 加强学校后勤管理，保障留守儿童安全。在寄宿制条件下，学校后勤部门从原来的单纯为教学服务发展到还要为学生的生活、安全服务，学校后勤的责任比以前更大了，事务更多了。如何做好"服务育人"工作成了摆在学校管理者面前的重要问题。在这种情况下，为确保留守儿童的安全，学校必须建立相关后勤管理的岗位责任制，并加强对学生的安全教育、法制教育，增强其明辨是非的能力。

我们相信，通过国家、社会、家庭和学校的互相配合、共同努力，只要方法得当，措施具体得力，这些问题是一定能够得到有效解决的。留守儿童同其他非留守儿童一样，是中华民族的未来，国家的希望，更是农村贫困地区未来的建设者。他们能否健康成长不仅涉及千家万户的幸福，更关系着全民族素质的提高，关系着党和国家事业的可持续发展。农村留守儿童家庭教育问题是我国农村劳动力转移过程中必然出现的社会问题，在较长的时间里，农村外出务工的群体还将继续扩大，农村留守儿童还会更多。如何解决农村留守儿童家庭教育及与此相关的各种问题，应该引起党和政府及社会、家庭和学校的关注。社会各界应该高度重视并采取切实措施来解决农村留守儿童的教育问题，确保留守儿童健康成长。

凉山少数民族地区优秀年轻干部人才培养
选拔工作的调查与思考
——以甘洛县为例[①]

中共甘洛县委党校课题组[②]

党的十八大报告指出，全面建成小康社会、夺取中国特色社会主义新胜利，需要我们源源不断地培养大批中国特色社会主义事业的可靠接班人。党的十八届三中全会提出"深化干部人事制度改革"，作为干部人事制度改革的重要内容，培养选拔年轻干部是一项战略性、基础性的工作。在新的历史时期，深入研究民族地区培养选拔优秀年轻干部人才工作，事关民族地区党的事业的薪火相传，事关民族地区的长治久安，事关民族地区与全国同步建成小康社会，对于以高素质干部队伍带领民族地区人民协调推进"四个全面"战略布局具有十分重要的现实意义。

一、甘洛县开展培养选拔优秀年轻干部人才工作的主要做法

甘洛县地处四川盆地南缘向云贵高原过渡的地带，全为山地，岭高谷深，隶属于四川省凉山彝族自治州，素有凉山"北大门"之称，全县面积2 156平方千米，辖28个乡镇、229个行政村（居委会），县境内居住着彝、汉、藏等14个民族，其中彝族占总人口的75.12%，甘洛县是一个以彝族为主的少数民族聚居县，同时是国家扶贫开发工作重点县。近年来，甘洛县以"优秀年轻干部人才递进培养计划"（以下简称"递进培养计划"）为总揽，搭建年轻干部成长平台，加强"六支"人才队伍建设，出台新规细化考核办法，健全完善干部考核评价工作机制，在培养选拔优秀年轻干部人才工作方面进行有益探索和创新实践，积累有效经验，为少数民族地区做好优秀年轻干部的培养选拔工作做出了榜样。

（一）以"递进培养计划"为总揽，着力推进优秀年轻干部培养选拔工作

凉山州于2013年底开始实施"递进培养计划"。甘洛县党委政府高度重视培养选拔优秀年轻干部人才工作，以"递进培养计划"为总揽，大力推进优秀年轻干部培养选拔工作，取得了阶段性成效。甘洛县结合实际，于2013年底制定了《甘洛县面向全社会

---

① 2015年四川省党校系统调研课题。
② 课题负责人：王珊。课题组成员：范君华。

公开遴选优秀干部和人才工作 2013 年度工作方案》《关于推荐 2013 年度优秀干部和人才培养对象的通知》两份文件，确立甘洛县优秀年轻干部人才培养目标，计划从 2013 年至 2018 年，分期递进培养优秀年轻干部人才 350 名。"递进培养计划"采取"公开遴选""集中培训""实践锻炼""择优任用"，层层筛选、培养、锻炼，至 2014 年底已完成培养选拔优秀年轻干部人才 181 名。

1. "三步差额"层层遴选，建立优秀年轻干部人才培养库

甘洛县采取"基层差额推荐上报""实地调研测试""无领导小组面试"的"三步差额"遴选方式，建立起首批优秀年轻干部人才培养库。具体做法：

一是基层差额推荐上报，扩大遴选视野。制定下发《关于推荐 2013 年度优秀干部和人才培养对象的通知》《关于推荐 2014 年度优秀干部和人才培养对象的通知》，将推荐范围及对象、资格条件和岗位要求、工作要求和纪律要求告知社会，加大干部群众参与人才遴选推荐的知晓率、参与率。乡镇党委、县直各部门党组织采取无记名投票推荐和谈话推荐相结合的方式差额推荐上报初步人选，县人才遴选领导小组办公室根据遴选资格条件和培养对象的总体结构要求，对推荐的人选进行资格审查，最终确定合格初步人选。

二是实地调研测试，重点考察调研分析能力。结合遴选岗位要求和工作实际，精心组织资格审查合格初步人选到甘洛县经济项目建设一线"新锐电源瓶有限责任公司"、现代农业生产一线"彝家山寨苦荞茶生产公司"以及社会建设管理一线"县政务中心"等企事业单位开展实地调研。调研结束后，由参测人员随机抽选试题，集中限时撰写调研报告，重点考察年轻干部人才发现问题、分析问题、解决问题的能力，随后组织多名各类专家人才进行评审，确定进入面试环节优秀干部人才。

三是无领导小组讨论面试，考准考实综合素质。根据培养需求，成立面试评审小组和监督小组，将在实地调研测试中确定的优秀年轻干部人才按培养层次分为正、副科级 2 个面试组进行面试。通过封闭出题、随机抽题、随机组合面试组和评委组等方式，最终筛选出培养对象，为下一步集中培训分层建立优秀年轻干部人才库打下良好基础。

2. 依托党校高校集中培训，全面提升培养对象综合素质

甘洛县依托县委党校、凉山州委党校培训主阵地以及四川大学等高等院校，创新培训理念，改进培训模式，从严管理学员，全面提升培养对象综合素质。

一是开展针对性分类设计培训课程。在州委党校和高校培训期间，培养对象按照党政综合、经济金融、规划建设、社会建设、科教文卫、农业农村采取"1+6"分类培养，既保障理论学习、党性锻炼不松劲，也充分兼顾工作实践的具体需求。

二是采取全新培训模式。开设学员论坛，鼓励学员通过文稿和交流发言形成讨论，营造浓厚学习氛围；搭建课外活动载体，鼓励学员强健体魄、陶冶情操，养成良好的生活习惯；搭建开放工作平台，由班委成员牵头，充分发现和挖掘学员特点，在文体活动组织、户外拓展训练、论坛交流讨论、集体就餐组织等方面让学员充分发挥作用，让培养对象达到"多层面、多角度、全方位"的锻炼。

三是从严管理培训对象。在县委党校培训期间，严格执行《关于进一步加强党校

（行政学校）学员管理的规定》中的"六项制度"和"四个不准"，形成了良好校风、学风。在州委党校培训期间，严格实行学员量化考核管理、军事化管理。在高校和党校集中培训期间，甘洛县委组织部安排专人全程跟班从严管理，全面了解学员情况，定量定性进行考核鉴定。

3. 重视调查研究和实践锻炼，提升培养对象基层工作能力

甘洛县"递进培养计划"第三环节采取调查研究与实践锻炼相结合的方式进行，让培养对象在基层工作实践中继承和发扬理论联系实际、密切联系群众的优良作风，提升其调研水平和基层工作能力。甘洛县结合工业集中区海棠镇产业园区的工作进度，于2014年9月将38名2013年度的培养对象组成11个工作组。每个组3~5人，确定1名副科级领导干部为组长，调查研究的时间为5~15天。根据选派的区域分为海棠产业园区工作组和后进村整治工作组，分组制定不同调研工作内容，取得了一定工作实效。

（二）搭建四大成长平台，引领优秀年轻干部人才健康成长

甘洛县把培养优秀年轻干部人才作为干部队伍建设基础战略性工作，积极搭建四大平台，让优秀年轻干部人才经受锻炼、健康成长。

一是搭建教育培训平台，在理论武装中提升素质。依托甘洛县委党校，采取集中轮训、专题辅导、研讨交流等形式，分期分批开展教育培训，全面提高年轻干部政治理论素养，同时加强法律法规、社会管理、项目建设、公文写作等方面知识培训，不断提升工作水平。

二是搭建轮岗交流平台，在不同岗位中丰富阅历。把长期在县直机关或同一岗位工作的优秀年轻干部，有计划地安排到系统内部不同岗位、乡镇或其他部门；把长期在基层工作的优秀年轻干部选拔到机关综合、协调事务性强的岗位，实现年轻干部的交流互动和多岗位锻炼。2014年选派13名科级领导干部和37名乡镇干部、县级机关干部开展"双向交流"锻炼。

三是搭建联乡驻村平台，在艰苦环境中磨炼意志。坚持县乡联动、密切配合，实行干部联乡驻村制度。2015年7月，从递进培养对象及后备干部中选派机关优秀干部共210名到村担任第一书记，建立驻村工作队28个，打通联系服务群众"最后一千米"，帮助年轻干部人才在加强农村基层组织建设、带领农民在脱贫致富过程中加快成长步伐。

四是搭建中心工作平台，在项目推进中实现蜕变。坚持在急难险重、中心工作中培养锻炼年轻干部，将遴选出的优秀年轻干部派驻到河东新区建设、教育实践活动、海棠产业园区等中心工作中，让年轻干部在急难险重环境中接受锻炼，在项目推进中实现蜕变。

（三）注重问题导向，开展"三联三建"，加强"六支"人才队伍建设

甘洛县在2014年开展党的群众路线教育实践活动中，根据征求意见中"联系专家不紧密、人才工作信息不畅、专业技术人才作用发挥不充分"等问题，组织开展"三联三建"工作，促使组织部门引"才气"接"地气"，实现组织工作与人才工作的无缝

对接。

一是县级领导联系专家，建模范"人才之家"。建立县级领导教育实践活动联系点制度，32 名县级领导每人联系 2 名各类高层次人才代表，加强日常沟通，听取人才管理、人才培养、人才选拔方面的意见建议，积极解决各类人才在工作、生活等方面遇到的问题。

二是人才办联合业务部门，建信息"绿色通道"。针对全县人才分布广、工作量大面广、县人才办工作力量不足、信息不通畅的问题，认真履行组织部门牵头抓总职责，人才办与全县 28 个乡镇、78 个县直部门建立了人才工作联络员制度，进一步理顺工作机制，建立起上下贯通、左右协调的工作格局，实现"六支"人才队伍全覆盖、工作情况及时通报、人才信息便捷畅通，建立起人才工作信息传递的"绿色通道"。

三是专业技术人才联合基层单位，建传帮带"培养链条"。针对专业技术人才作用发挥不充分、服务基层不到位、联系群众不紧密的问题，按照"双向选择、部门协调"的原则，在充分考虑实际需求和个人意愿的基础上，组建由 30 余名各类人才组成的专家服务团，明确联系方式、工作要求、工作职责、督查考核等，到各乡镇、县级各单位进行教育教学、医疗卫生、农业种植等专业服务，传帮带专业技术骨干，建立起专业技术人才传帮带"培养链条"。

（四）进一步健全完善干部选拔考核评价工作机制

一是细化考核操作，考核方式更加科学。"递进培养计划"中调查研究阶段考核采取定量与定性相结合方式，并实行奖励加分和倒扣分制度，考核方式更加科学，可操作性强。定量考核分共性指标和个性指标两类。共性指标坚持日常考核、群众参评和服务对象反评，包括驻点考勤情况、工作日志记录情况和讲党课或政策宣讲听众满意度；个性指标针对不同工作组，侧重点有所不同。定性考核坚持多级组织考核，根据驻点干部在调查研究阶段的综合表现情况，分乡镇党委、驻点村党组织和组织部门带队干部三个层面对驻点干部进行考核评价。调研阶段考核实行奖励加分和倒扣分制度。通过动态、多层次和贴身紧逼式的考核激励，激发了年轻干部勤政务实、竞相争先的工作激情。

二是出台新规突出中心，考核导向更加鲜明。2014 年 2 月，甘洛县出台《参与三区三业开发建设干部考核办法（试行）》，把重大重点工程建设项目作为锤炼、检验、考察、识别、使用干部的主战场和主阵地，进一步树立"重视基层、关注基层""以发展论英雄、凭实绩用干部"的选人用人导向。选拔 20 余名综合素质高、有发展潜力的年轻干部，到河东新区和工业园区参与征地拆迁、水电路改造等重大重点工作一线进行培养锻炼。引导优秀年轻干部在基层发展中多做打基础、利长远、惠民生的工作。

三是注重考核结果运用，合理使用优秀年轻干部。甘洛县把考察考核情况作为科级班子调整配备、干部选拔任用、年度考核等次确定和奖惩的重要依据。将在重点项目开发建设中表现优秀、业绩突出的干部及时列入后备干部进行专门培养，并适时提拔重用。已有 35 名政法系统优秀干部通过"六步法"干部选拔方式选配到科级领导干部岗位。

二、甘洛县优秀年轻干部人才培养选拔工作中存在的突出问题及原因分析

随着干部人事制度改革的深入推进，甘洛县优秀年轻干部人才的培养选拔工作也在不断创新完善，但由于历史背景、地理环境等复杂原因，凉山少数民族地区的发展相对落后，干部队伍建设存在特殊性，加之新时期对少数民族干部队伍建设提出更高要求，甘洛县优秀年轻干部人才培养选拔工作存在以下几个亟待解决的突出问题。

（一）干部人才队伍基础薄弱

甘洛县干部队伍老化，年轻干部总量不足，高学历、高技术的人才短缺给年轻干部人才选拔和培养带来严峻挑战，具体表现在：一是干部队伍老化，年轻干部总量不足。2013 年甘洛县制定了 350 名优秀年轻干部人才的培养计划，但由于干部队伍老化的因素，2013 年底全县符合资格条件（原则上在 30 岁左右，1980 年 1 月 1 日以后出生）的干部人才仅 155 名，年轻干部总量严重不足。二是高学历干部人才少。公务员队伍中具有研究生学历的 18 人，占 1.70％；事业单位工作人员具有研究生学历的 2 人，占 0.06％。三是年轻干部人才中，具有中、高职称的比例较小。35 岁及以下年轻干部人才具有高级职称的为 0 人，具有中级职称的 58 人，占 6.0％。

（二）思想认识滞后，有偏差

当前，仍有不少领导干部在选拔培养优秀年轻干部人才的思想认识上存在一些障碍和误区。一是人才观念陈旧。个别单位和领导没有充分认识到人才资源的重要性，没有从战略高度把握优秀年轻干部人才培养选拔工作，以人为本、尊重人才、鼓励人才干事业、支持人才干成事业的观念比较淡薄，不在意年轻干部人才的去留，"政策留人、事业留人、感情留人、待遇留人"观念没有得到足够重视，仍旧存在"任人唯顺，任人唯亲"的旧观念；有些单位本位倾向明显，考虑自身利益较多，舍不得将能够独当一面、潜在能力强的优秀年轻干部人才放出去，缺乏大局意识和"将合适的人安排在合适的岗位，实现人尽其才，才尽其用"的观念。二是存在求全责备的思想。年轻干部由于刚参加工作，工作中难免犯错误，有的领导干部不能及时引导鞭策，习惯于将年轻干部与老干部比经验；当前，社会舆论比以往更加关注年轻干部人才的选拔使用，公众时常用"显微镜"心态放大年轻干部缺点，质疑否定培养选拔任用对象的真才实学。三是论资排辈，平衡照顾的思想仍然存在。有的领导认为年轻干部年纪轻，选拔机会多，理应优先考虑年纪大、资历老的同志，在选拔干部上存在平衡照顾的现象；有的担心年轻干部经验不足、不够成熟，挑不起重担，不敢放手任用年轻干部。

（三）培训培养存在薄弱点

近年来，甘洛县在干部教育培训、培养方面做了大量工作，取得了明显成效，但以更高标准衡量此项工作，仍然存在薄弱点。一是对培训结果使用不够重视。甘洛县在干

部培训中严格执行"六项制度"和"四个不准",从严管理、从严考核,学风良好,但对培训结果使用不够注重,学员对学习培训结果及评价存在无所谓态度,培训有效性不能得到充分发挥。二是实践锻炼存在"走过场"之嫌。甘洛县为增强年轻干部实践能力和基层工作经验,分派年轻干部在急难险重的关键岗位和一线环境中接受锻炼。由于工作关系、工资关系没有完全转给基层,有些年轻干部到基层锻炼,名单下去了人还在机关或人下去了甩手不做事,有"镀金"走过场之嫌,没有发挥"蹲苗"的作用。三是培训培养实效性和针对性不强。甘洛县对年轻后备干部的培养方式主要是理论业务素质培训和实践锻炼两种形式,无论是依托党校高校的理论业务素质培训,还是上下挂职、内部交流的实践锻炼,均存在实效性和针对性普遍不够强的问题,较少根据年轻后备干部的工作成长经历、业务专长及发展趋势来设计合理化个性化的培养计划和培养渠道,尤其缺乏后续跟踪培养措施。

(四)体制机制不够健全

体制机制不健全是制约优秀年轻干部人才培养选拔工作的重要因素。一是进出口流通不畅,备用脱节。一方面各单位内部严控编制,"能者上、平者让、庸者下"的机制没有真正建立,编制职位紧张无空缺,造成富余人员下不去,急缺人才进不来的现象,虽然建立了后备干部机制,但往往是备用"两张皮",脱节较严重。另一方面干部人才市场机制不健全。由于计划经济体制下形成的人才壁垒尚未打破,市场配置干部人才的机制还未形成,存在着企业单位人员不能进事业单位、事业单位人员不能进行政机关等限制,造成优秀年轻干部人才闲置和浪费并存的现象。二是缺乏选拔任用责任机制。过去对单位一把手和领导班子的年度考核与提拔考核中缺少培养选拔年轻干部人才方面的考核内容,单位一把手在对任期内如何发现、培养、任用优秀年轻干部人才的问题上缺乏内在动力和外在压力,在培养选拔年轻干部人才的问题上还没有形成一级抓一级、下级对上级负责、一把手负主要责任的责任机制。

三、凉山少数民族地区加强和改进优秀年轻干部人才培养选拔工作的对策和建议

凉山少数民族地区加强和改进培养选拔优秀年轻干部人才工作,应紧扣时代要求,坚持党管干部的原则,从少数民族地区现实出发,坚持以"五好干部"标准识人用人,遵循年轻干部成长规律,改进创新培养选拔方式,建立科学的培养选拔机制,努力建设一支高素质的优秀年轻干部人才队伍,促进民族地区经济和社会可持续发展。

(一)转变更新思想观念

思想是行动的先导和动力,做好优秀年轻干部人才培养选拔工作首先要树立与时俱进的人才观和科学的选人用人观念。一是在全社会树立"尊重劳动、尊重知识、尊重人才、尊重创造"的人才观。充分认识人才已成为生产活动中最宝贵最重要的资源,是经济发展和社会进步最具革命性的推动力量,随着经济全球化发展,人才越来越成为决定

性因素。从战略高度把握规划优秀年轻干部人才培养选拔工作，克服"任人唯顺，任人唯亲"的旧观念。二是引导领导干部用客观发展的眼光看待年轻干部。"识人看大节，用人看主流、看发展"，正确引导在工作中有过错失误的年轻干部，客观分析问题原因，提出建设性意见帮助其健康的成长；对有潜力、看得准的年轻干部要敢于压担子，有计划地放到重要岗位上锻炼，多给他们创造成长进步的机会。三是在干部队伍中树立竞争择优的观念。打破"论资排辈"、照顾人情的选人用人观，提倡优胜劣汰、公平竞争，引入竞争机制，营造公开平等、择优任用的用人环境，充分信任通过公平竞争走上领导管理岗位的年轻干部人才，在干部队伍中树立竞争择优的观念。

（二）坚持在实践中培养锻炼，不断增强实践锻炼的实效性

"宝剑锋从磨砺出，梅花香自苦寒来"，基层实践是培养锻炼年轻干部的"练兵场""大熔炉"，应根据年轻干部成长的需求和特点，创新拓展年轻干部实践锻炼的方法途径，努力使年轻干部在实践中增加阅历、增强本领。一是继续注重一线磨炼。根据年轻干部的个性特点、专业特长，选派年轻干部赴维稳、信访、项目推进等急难险重的一线关键岗位进行压担锻炼，切实提高年轻干部驾驭复杂局面、解决实际问题的能力。二是加大上挂下派力度。建议由凉山州统筹协调，将州内各县市优秀年轻干部人才培养对象中特别优秀、发展潜力大的，安排到州级部门或经济发达地区进行上挂实践锻炼，进一步帮助年轻干部扩大知识面、拓宽思路，提高从全局角度思考问题、宏观决策的能力；选派机关年轻干部到乡镇（街道）、村（社区）等基层单位挂职锻炼，通过农村锻炼接地气，掌握做群众工作的方法和本领，推动农村经济社会发展；农村基层年轻干部侧重到上级机关挂职锻炼，提高岗位适应能力。三是不断增强实践锻炼的实效性。为防止实践锻炼"走过场"，增强实践锻炼实效性，派出单位要应全力支持年轻干部挂职锻炼，对派出干部不再安排其他事务，建议在挂职锻炼期间把工作关系、工资关系完全转移到接收单位，日常管理和年度考核权力下放到挂职单位，挂职期满由接收单位做出客观公正的工作鉴定抄送派出单位。

（三）探索并遵循干部成长规律，突出个性化培养

培养选拔年轻干部人才是一项事关长远的战略性任务，要立足长远抓规划，科学制定符合年轻干部人才成长发展规律的合理培养目标。一是科学制定长远规划。结合凉山州经济社会发展实际，立足下一届领导班子换届配备的需求，科学制定与优化干部队伍总体结构相适应的年轻干部人才队伍建设规划，合理设置各级领导班子中年轻干部人才的配备数量，形成科学长远的培养选拔、管理使用的工作目标和措施办法。二是畅通进出口，强化源头建设。着眼于干部梯次配备，抓好人才储备工作，拓宽选人用人视野，畅通年轻干部来源渠道。对专业性较强的岗位，打破身份、行业、地域壁垒，面向社会优秀人才公开招聘并探索试行聘任制，吸纳更多优秀年轻人才进入干部队伍。三是探索并遵循干部成长规律，突出个性化培养。加强对优秀年轻干部人才成长规律的科学分析，根据年轻干部人才的知识结构、成长经历、个性特长等特点，精心设计年轻干部的成长规划，确定培养方向，对培养的目标、期限做出个性设计，确保年轻干部人才通过

差异化培养措施在最适合的岗位上成长为行家里手。

（四）进一步建立健全优秀年轻干部人才培养选拔机制

选拔培养的制度要精细化、具体化，可操作、可判断，做到各种考量因素、指标分配具有科学依据，这样才能保证选出来的年轻干部人才货真价实。一是健全年轻干部选拔培养责任机制。把培养选拔年轻干部人才工作列入各级党组织和领导干部的任期目标和年度考核内容，建立一把手总负责，层层抓落实的工作机制，增强培养选拔年轻干部人才责任感。二是健全完善科学的考核评价机制。优秀干部在大是大非面前能够头脑清楚、立场坚定，要能充分理解中央的良苦用心和我国发展面临的艰巨任务，有担当意识。进一步改进和完善干部考核评价体系，要坚持"德才兼备，以德为先"的原则，制定切实可行的以实绩为核心，包括德、能、勤、绩、廉各个方面在内的评价标准，加强年轻干部人才的全面考核。三是建立健全严格的监督管理机制。年轻干部健康成长既需要干部自身的努力，也需要组织严格管理和监督。坚持从严管理与关心关爱相结合，建立年轻干部人才思想政治状况定期分析制度，定期对年轻干部的思想、工作状况进行调查分析，有针对性地进行思想教育，使年轻干部能够自觉坚持批评和自我批评，端正思想，正确对待和处理各种问题。不断扩大干部工作民主化程度，探索年轻干部日常表现纪实制度，开展年轻干部生活圈、社交圈等"八小时"以外生活作风考察，让群众评价干部、监督干部，把群众的意见作为干部选拔评价的重要参考。四是探索健全破格提拔机制。围绕深化干部人事制度改革，积极探索健全年轻干部人才破格提拔机制，为年轻干部脱颖而出搭建平台，畅通渠道。年轻干部人才的选拔提用要坚持"既要坚持标准，又要不拘一格"，既要有必要台阶又不能唯台阶，遵循《干部任用条例》的基本原则，创新年轻干部选拔程序，探索建立破格提拔制度，给有真才实学、敢闯敢干、干出实绩的优秀年轻干部搭好平台。

对甘洛县党风廉政建设和反腐败工作取得成效与社会评价形成反差的调查与思考[①]

中共甘洛县委党校课题组[②]

甘洛县位于四川省西南部、凉山彝族自治州北部，素有凉山"北大门"之称，全县面积2 156平方千米，辖 28 个乡镇、229 个行政村（居委会），境内居住着彝、汉、藏等14 个民族，总人口 22.44 万人，农村人口 20.81 万人，其中少数民族人口占总人口的76.40%，是一个以彝族为主的少数民族聚居县和国家扶贫开发工作重点县。2015 年是全面深化改革的关键一年、全面依法治国的开局之年、全面从严治党的强化之年，面对新形势、新任务，甘洛县的党风廉政建设和反腐败工作在取得现有成绩的基础上，理应继续巩固成果，进一步把问题找准、把困难估足，切实增强工作的预见性和主动性，努力提高社会评价满意度，不断取得党风廉政建设和反腐败工作的丰硕成果。

一、甘洛县党风廉政建设和反腐败工作的基本情况

（一）全面落实党风廉政建设责任制工作

2014 年，甘洛县委常委会 12 次、县政府常务会 10 次专题研究党风廉政建设有关工作，下发有关文件 11 个，及时解决反腐倡廉建设中的重点、难点问题，有力地推动各项工作落实。县委书记、县长切实履行党风廉政建设第一责任人的职责，做到逢会必讲、常抓不懈、带头作廉政承诺、带头讲廉政党课、带头对下级领导干部进行廉政谈话、带头参加下级领导班子民主生活会、带头深入各地各部门检查指导党风廉政建设，督促全面落实责任制。县委、县政府其他领导同志认真履行"一岗双责"，对分管系统（单位）党风廉政建设工作及时做出安排部署。真正形成党委统一领导、班子齐抓共管的工作格局。例如，制定《2014 年党风廉政建设和反腐败工作意见》，确立自上而下逐级负责的责任机制，做到目标任务、责任主体、工作措施"三落实"；坚持一年一考核、一表彰、一追究的工作制度。2014 年，县委对 8 个先进单位进行了表彰奖励，对 5 名乡科级领导干部进行了责任追究。

---

① 2015 年度四川省党校系统调研课题。
② 课题负责人：周姝君。课题组成员：朱盛华。

（二）全面落实中央"八项规定"和省州"十项"规定

一是改进工作调研。中央八项规定出台以来，甘洛县的领导干部深入基层，累计开展各类调研活动3 400余次，撰写调研报告59篇，形成重要意见建议300余条，为群众解难事、办实事近540件。二是精简会议文件。严格审定各类会议活动，严格控制各类文件和简报，两办下发各类文件和召开全县性会议与2014年相比明显下降。三是强化督促检查。由县纪委监察局组织相关部门开展干部"走读"、不作为、慢作为、乱作为、"瞎大胆"、慵懒散专项督查和明察暗访；组织全县480多名科级以上干部做出"八个带头"和拒收红包不送礼金公开承诺，4 300多名干部签订《严守工作纪律 杜绝"走读"行为承诺书》，7 700多名党员做出作风建设公开整改承诺。四是建立健全婚丧喜庆报告制度，严格执行《甘洛县关于严格规范领导干部操办婚丧喜庆事宜暂行规定》。自"八项规定"出台以来，约谈相关人员360余人次，提醒告诫500余人；查处走读脱岗干部13人，查处3起违规操办婚丧喜事案；给予违反中央"八项规定"的9名干部党纪政纪处分、3名科级干部免职处理。

（三）认真开展专项整治

把深化正风肃纪工作贯穿"党的群众路线教育实践"活动全过程，以反对"四风"为重点，深入开展专项整治。一是扎实做好停止新建楼堂馆所和办公用房清理工作。对查出的涉及19个单位，57套、2 428平方米超标配置办公用房问题进行了整改，腾出44间办公用房进行合规合理调配，解决了9个单位办公用房不足和多个单位无办公场所问题；对瞒报、漏报和自纠不及时的2个单位主要负责人进行了诫勉谈话。二是重大节假日、重要节点开展廉政提醒和明察暗访。2014年发送廉政短信40 200条，印发节日督查简报12期，进行明察暗访12次。三是开展清理在编不在岗"吃空饷"人员工作。县人力资源和社会保障局清理辞退了县卫生局1名长期不在岗职工。四是开展"三公"经费专项整治。2014年财政拨款"三公"经费总支出2 553万元，较上年同期减少299万元，减幅10.5%，"三公经费"实际支出在规定比例内下降，无因公出国（境）支出。

（四）注重惩防体系建设

1. 加大惩处力度，以零容忍态度惩治腐败。2014年，县纪委监察局共受理信访举报69件，上级转办41件，初核线索77件，立案51件，结案51件，给予党纪政纪处分60人，为国家和集体挽回经济损失100万余元；县检察机关共受理贪污贿赂、渎职侵权案件线索2件，立案、侦查终结、移送起诉2件，为国家和集体挽回经济损失10万余元。

2. 狠抓廉政教育，筑牢拒腐防变思想防线。（1）将反腐倡廉教育纳入党员干部教育培训全过程，坚持"一把手"上党课制度，并对新提拔乡科级领导干部实施任前谈话、廉政知识测试和签订任职廉政承诺书。（2）在甘洛县有线电视台《廉政时空》栏目，每周播放1次廉政工作动态、反腐倡廉工作成效，每月播放1次教育警示片，着力提升广大干部群众的关注度。（3）认真做好甘洛县党政网、政府门户网、外宣网《党风廉政建设》专题栏目信息管理工作，同步进行宣传报道反腐倡廉政策规定、工作动态及取得的成效。（4）突出典型案例警示教育，组织全县各级领导干部、职工观看《四风之害》和《阳光下的黑幕》等警示教育片，发放《领导干部廉洁从政道德启示录》等警示教育读本，组织召开全县各级领导干部和重点岗位工作人员警示教育大会，通报本县内违反党纪法规和中央八项规定的典型案例11起，用身边的事教育身边的人，引导全县各级干部廉洁从政，警钟长鸣，防微杜渐。

3. 狠抓效能建设，创优经济发展环境。（1）切实加强行政效能电子监察。运用视频监察、数据监察等有效手段开展电子监察工作，及时发现和纠正违反行政效能建设规定的问题。（2）认真受理行政效能投诉案件，2014年共接受投诉5件，按照"分级负责，归口办理"原则，转有关部门处理1件、中心协调处理4件，回告结果5件，投诉人对处理结果表示满意。（3）扎实推进县级部门和乡镇电子政务外网二期工程建设和行政审批电子监察系统建设，实现县级政务部门覆盖率100％、乡镇覆盖率71.4％。（4）全力推进行政权力依法规范公开运行，组织全县32个涉及行政权力清理规范的单位完成3 334项行政权力的风险点、监察点审批和行权风险、监察设置。（5）强化机关行政效能监察，开展"庸、懒、散"治理和"三个推进"进展情况专项监察，开展城乡环境综合治理效能督查等等。

综上所述，党的十八大以来，甘洛县坚决贯彻落实从严管党治党责任，从严从实组织开展党的群众路线教育实践活动，突出正风肃纪，高悬反腐利剑，注重源头治本，形成"抓作风、惩贪腐"的新变化、新气象。种种努力得到凉山州委、州纪委的充分肯定，2014年甘洛县荣获"凉山州案件查办与反腐倡廉宣教工作第二和第三名"，为推动形成良好政治生态做出了积极贡献。但同时存在党风廉政建设和反腐败工作社会满意度调查指数排位在全省全州靠后的突出问题，2014年调查指数排位虽然在全省从2013年第178位上升到173位，但在全省全州范围排名仍然靠后，与党风廉政建设和反腐败工作取得的成效形成反差。

二、甘洛县党风廉政建设和反腐败工作取得的成效与社会评价形成反差原因分析

党风廉政建设社会评价工作是四川省委、省政府为促进党风廉政建设责任制落实，科学研判全省党风廉政建设和反腐败工作形势，准确评价全省反腐倡廉建设成效，发现和纠正工作中存在的突出问题，督促各地、各部门和各级领导切实按照"一岗双责"要求，认真落实党风廉政建设"两个责任"而开展的一项长期性工作。该项工作由省党风廉政建设责任制领导小组于每年年中、年末分别对全省21个市（州）、183个县（市、区）党委和政府领导班子抓党风廉政建设情况各开展一次社会评价。从2012年开始以来，全省各县（市、区）开展效果参差不齐，有工作成效明显但社会评价较好的，有工作成效不明显社会评价较差的，还有工作成效明显社会评价较差的几种情况。甘洛县属于典型的工作成效明显社会评价较差的情况，课题组深入机关、乡镇、农村，进村入户

进行大量调查，综合研判分析原因如下。

（一）党风廉政建设和反腐败工作宣传缺乏系统性和广泛性

社会公众对党风廉政建设和反腐败工作取得成效的认知片面性与党风廉政建设和反腐败工作宣传缺乏系统性、广泛性息息相关。课题组调查得知，尽管甘洛县党风廉政建设和反腐败做了大量宣传工作，但宣传缺乏系统性和广泛性。比如，甘洛县有线电视台《廉政时空》栏目每周播放1次廉政工作动态、反腐倡廉工作成效，每月播放1次教育警示片。但作为提升广大干部群众关注度的抓手，有线电视台大约只能覆盖全县17%左右（县城及周边）的干部群众，广大农村不具备收看有线电视的条件。又比如，甘洛县党政网、政府门户网、外宣网《党风廉政建设》专题栏目同步进行宣传报道反腐倡廉政策规定、工作动态及取得的成效，其覆盖的范围也只能在城镇。还比如，对新提拔乡科级领导干部实施任前谈话、廉政知识测试和签订任职廉政承诺书，组织全县各级领导干部、职工观看《四风之害》和《阳光下的黑幕》等警示教育片，发放《领导干部廉洁从政道德启示录》等警示教育读本，组织召开全县各级领导干部和重点岗位工作人员警示教育大会等均在有限范围。从以上事例可以看出，甘洛县党风廉政建设和反腐败工作宣传不全面、不系统，"大宣讲"工作机制不完善，尤其在农村没有完全建设并运用好党风廉政建设和反腐败工作宣传平台，宣传载体不多，方式不灵活，宣传工作机制越到基层越不完善。比如，在推进党务公开、政务公开和村务公开工作中，"三公开"是群众了解党风廉政建设和反腐败工作情况的一个平台，但由于公开的信息内容不全，公开的时间没有保障，其透明度不高，影响力不大，还给群众的监督落下"把柄"。宣传方式单一，没有做到全方位、立体式宣传，氛围不够，特别是企业人员、基层党员群众对甘洛县党风廉政建设和反腐败工作的知晓度不够高。

（二）存在参与测评的特定人员将矛盾带入社会评价工作问题

在党风廉政建设社会评价工作开展过程中，部分干部、群众、企业员工等并不会针对党风廉政建设和反腐败工作取得的成效而进行客观评价。比如有的干部因提拔重用不如意，有的群众因自己的需求暂时得不到解决，有的企业员工因经济收入低有不满情绪等，都会借用党风廉政建设社会评价测评的机会，发发牢骚，故意把分数打低一点，泄泄愤，消消气，存在将个人情绪带入社会评价工作的问题。

（三）被调查少数民族群众文化水平低，甚至没有文化

社会评价民意调查委托省统计局社情民意调查中心，采用计算机辅助电话调查系统在县（市、区）居民电话黄页中随机抽取手机或座机号码拨打的方式，对当地党委、政府抓党风廉政建设情况进行评价，然后按比例算出评价得分。虽然调查过程在省纪委的监督下，抽调专门人员进行电话拨打，全程录音保存，无人为操作空间，做到了客观公正，但随机性较强。在民族地区，被抽到的少数民族群众普遍文化水平低，有的甚至没有文化，加之对"什么是社会评价工作""为什么要进行社会评价工作""怎样进行社会评价工作"缺乏正确的认识和理解，根本不知道如何回答。对历时5~10分钟的15个

问题的民意调查更是手足无措，很难做出客观公正的评价，在很大程度上影响到少数民族地区县（市、区）社会评价工作的最后得分。

三、做好甘洛县党风廉政建设社会评价工作的对策及建议

中共中央、国务院《关于实行党风廉政建设责任制的规定》明确要求，要建立党风廉政建设社会评价机制，动员和组织群众有序参与，广泛接受监督。四川2012年立足实际出台了《关于开展党风廉政建设社会评价工作的意见》，探索建立起了省、市、县三级同步的党风廉政建设社会评价体系，设计出了一套相对科学完备、具有较强可操作性的评价指标。评价指标体系设置了重视度、遏制度、廉洁度、信心度4个一级指标和15个二级指标，各县（市、区）进行了不同程度的实践，取得了不同程度的成效。为了更好地推进党风廉政建设社会评价工作，本课题组对甘洛县进行了深入的调查，客观的分析，提出以下做好甘洛县党风廉政建设社会评价工作的对策及建议。

（一）持续深入推进党风廉政建设和反腐败工作，以实际成果取信于民

根据调查，甘洛县党委政府无论是落实党风廉政建设责任制，还是落实中央"八项规定"、省州"十项"规定，无论是开展专项整治，还是加强惩防体系建设，成效是明显的，得到了上级党委政府的充分肯定。课题组认为，尽管甘洛县党风廉政建设和反腐败工作在一段时间内，还未完全得到全县广大干部群众的积极支持、主动参与和客观公正的评价，但必须充分认识党风廉政建设和反腐败工作的实际成效是获得广大干部群众认可、提高社会评价工作满意度的真正内因，这就需要一如既往持续深入地推进党风廉政建设和反腐败工作，以实实在在的成果取信于民，在此基础上找出社会评价工作中存在的问题，分析问题原因，找出解决问题的具体办法，不断提高群众满意度，进一步巩固党风廉政建设和反腐败工作成果。

（二）加强组织领导，强化宣传系统性广泛性，确保纵向到底、横向到边

党风廉政建设和反腐败社会评价工作是一项涉及单位广、参与对象多、操作程序复杂的系统性工作，需要各级各单位共同参与，协调配合，必须加强组织领导，强化宣传系统性广泛性，确保纵向到底、横向到边。

1. 在县委党风廉政建设社会评价工作领导小组的领导下，各部门、各乡镇、各村组要按照县委统一部署，精心研究制定工作方案，把责任细化到人，确保工作纵向到底。

2. 广泛发动横向到边。县直部门要求到科室到人，乡镇要求到村到组到户，运用召开各级各类动员会、座谈会和开展民情"大走访"活动，发放《甘洛县党风廉政建设社会评价宣传提纲》等相关宣传资料，真心诚意地征求群众对党风廉政建设的意见建议，引导群众有序参与和监督党风廉政建设。

3. 强化宣传的系统性广泛性。各部门、各乡镇要充分利用电视、广播、网络、标语、短信、宣传栏、液晶屏等渠道向社会进行大力宣传，把甘洛县责任制落实情况、查

办案件情况、效能建设情况、贯彻八项规定情况、为民办实事情况等，向社会进行客观公正的宣传，让群众及时知晓、积极支持、主动参与。

（三）运用"木桶效应"原理，做到科学应对，努力提高社会评价工作的群众满意度

从以往的同类调查测评来看，大多数被调查人都能做出正常、积极的评价，调查结果的好坏往往取决于负面评价的多少，木桶效应明显。采取对不同类别群众进行反复测评演练，根据测评结果，运用"木桶效应"原理，排查短板、减少短板，是做好党风廉政建设社会评价工作的办法。

1. 注重沟通。在民意调查的实践中，群众一般都是按照自身的认知和心理感受来回答相关问题，因此加强与参加测评人员的沟通非常重要。注重上下沟通、横向沟通，通过自己影响身边的人，促使亲朋好友做出正常、积极的评价。

2. 积极引导。积极引导群众在接受访问的时候准确表述，认为是 10 分的就说 10 分，认为是 6 分就说 6 分，切忌使用"还行""还好"等模糊语言，以免误导调查员，直接影响调查成绩。

3. 根据测评结果，运用"木桶效应"原理，排查短板、减少短板。在排查短板、减少短板过程中，特别注重化解特定人员的矛盾，通过耐心细致有效的沟通来增进感情、消除分歧、赢得理解，最终获得满意的测评结果。

会东县乡镇综合性文化服务中心建设的调研[①]

中共会东县委党校课题组[②]

文化是一个民族的精神和灵魂，是国家发展和民族振兴的强大力量。文化建设不仅是促进经济社会发展的重要手段，而且是全面建成小康社会的重要目标和重要内容。乡镇综合性文化服务中心是农村公共文化服务体系的重要组成部分，是开展农村文化娱乐、科技普及、技能培训等活动和提升农民文化素质、促进农村精神文明建设、维护农村和谐稳定的基础平台，是连接县文化部门与乡（镇）村（社、社区）的桥梁和纽带，在传播优秀文化，凝聚发展正能量中具有承上启下的作用。

会东县地处四川省最南端，山高路险，交通不便。全县面积3 227平方千米，人口423 745人，其中农业人口393 683人（占总人口的 92.9％），属典型的山区农业县，辖区内 20 个乡镇均分布在大山之中，最远的乡镇离县城要 5～6 小时的车程。由于会东县地理环境相对闭塞，不利于现代思想文化观念的传播，因此，加强农村思想文化阵地建设，充分发挥乡镇综合文化服务中心的桥梁和纽带作用，对于大力提高县域内群众现代文明意识具有十分重要的意义。

一、会东县乡镇综合性文化服务中心建设的基本情况

较长一段时期以来，由于缺乏专业管理人员和经费保障，乡镇综合文化服务中心（以前称为乡镇文化站）由基层党委政府代管，基本上处于"有名无实"状态。党的十八大以来，县委、县政府高度重视县级文化设施和乡镇综合性文化服务中心建设，基本实现了"县有图书馆、文化馆，乡镇有综合性文化服务中心、村有文化活动室"的建设目标，设施条件也大为改善。

（一）硬件建设的情况

截至 2014 年年底，会东县利用中央财政下拨和地方配套资金建设完成了 47 个乡镇综合文化服务中心（2015 年 8 月，会东撤区并乡建镇工作完成，现有乡镇 20 个，原来已建成的乡镇综合性文化服务中心将进行调整）。配套建设起 73 个村级文化活动室，51个乡镇电子阅览室，318 个农家书屋，30 个乡镇社区书屋，在小坝、姜州、新街、铅锌

---

① 2015 年度四川省党校系统调研课题。
② 课题负责人：杨广忠。课题组成员：曹甲勇。

镇安装了公共读报栏。全县乡镇综合文化服务中心、农家书屋和乡镇电子阅览室基本实现全覆盖，正在加快建设村级文化活动室。

（二）队伍及制度建设的情况

2015 年 4 月 12 日，会东县文化影视新闻出版和旅游局下发《关于落实乡镇综合性文化服务中心工作人员的通知》，其中明确规定："……每个乡镇必须落实工作人员 1～2 名，人员可以是专职，也可以是兼职，报酬按规定在免费开放经费中列支。文化服务中心工作人员必须具备一定的思想政治素质，遵守工作纪律，热爱文化艺术事业，具有一定的组织号召能力，具备从事工作的身体条件……"4 月 22 日，会东县文化影视新闻出版和旅游局出台了《会东县乡镇综合性文化服务中心绩效考核办法》，明确了阵地建设、队伍建设、工作开展、考核方法等细化量分标准。8 月 22 日，中共会东县委办公室、会东县人民政府办公室印发了《会东县文化惠民扶贫专项实施方案》规定："……建立县级宣传文化单位与乡镇综合性文化服务中心、贫困村文化院坝等基层文化单位，建立长期结对帮扶关系，帮助培训基层文艺创作、活动组织策划、非遗传承和其他文艺专长人才，组建群众业余文艺队伍。组建乡土人才队伍，每年定期组织乡土人才轮训……"截至 8 月底，已确定 44 名中心工作人员和考核办法，为基层公共文化服务体系建设奠定了良好的基础。

二、会东县乡镇综合性文化服务中心建设存在的主要问题

县文化局创作并拍摄了第一套会东县广场蹢脚舞教学光碟，并在全县范围普及，每晚在仁和广场、汇金广场、城北体育公园、小河嘴公园跳广场舞的近 5 000 人。县"擦尔瓦组合"代表四川省参加了第九届中国艺术节暨文化部第十五届"大地情深"音乐比赛，演唱歌曲《朵洛荷》荣获全国群众文化最高奖——"群星奖"；舞蹈《阿妈为我做高帽》获凉山州第四届民族文化艺术节三等奖，《索玛花开遇上你》获一等奖；2015 年 6 月 11 日参加凉山州首届全民健身广场舞大赛荣获二等奖。2015 年 6 月 31 日至 7 月 1 日成功举办了会东县全民健身广场蹢脚舞大赛，10 个乡镇代表队、6 个县级机关代表队参加，每队由 40 人组成，设二等奖 2 个，三等奖 11 个。

县级文化活动开展为乡镇文化活动的开展起到了较好的带动作用，但与县级文化活动开展相比，乡镇综合性文化服务中心因建设规划、管理、使用、体制机制等因素制约，其在传播文化正能量中的"桥梁纽带"作用未能发挥出来：乡镇文化活动缺乏常态化，民间文化没有得到较好的展示和利用，群众积极性没有充分调动起来。

（一）存在的主要问题

课题组采取与文化部门座谈，深入乡镇、村走访群众的调查方式，抽样调查与随机问卷调查相结合的调查方法，发放问卷 160 份，认真梳理问卷结果，发现目前会东县乡镇综合性文化服务中心建设工作存在以下几个问题：

1. 一些乡镇综合性文化服务中心建设缺乏科学规划，建设与管理使用脱节，存在

"重建设、轻管理""重硬件、轻软件"的现象，造成资源浪费。比如有的文化站选址不合理，建在偏僻的地方，水、电、路的配套设施不完善，不利于活动的开展。由于缺乏资金和管理人员，文化设施和图书室不能定时开放，文化设施形同虚设，无法发挥作用。

2. 管理体制不顺，文化主体意识不强。乡镇综合性文化服务中心由乡镇政府负责管理，县文化主管部门仅仅行使业务指导职能。在这种体制下，一是文化服务中心的建设与资金投入与乡镇政府对文化工作的重视程度密切相关，投与不投、投多投少则直接取决于政府主要领导，具有很大的随意性，不少乡镇存在着文化建设经费时增时减的情况，大部分乡镇未把农村文化活动经费纳入乡镇财政预算，没有一个长远的通盘考虑；二是文化部门的权力和责任存在脱节，文化部门在基层公共文化建设工作中责任重大，但在资金分配、人员配置等方面话语权有限，实际管理手段有限；三是文化干部编制被占用、人员被挪用现象很难避免；四是个别文化服务中心仅仅满足于完成领导交办的活动任务，缺乏创新、文化主体意识不强。

3. 基层公共文化产品的需求和供给存在脱节现象，文化机构提供的文化产品和服务还不能完全满足人民群众对文化多样性的需求。一是应付性的活动多，缺乏常态化的开展；二是活动重形式的多，对群众实际需要把握不准、针对性不强、"含金量"不足；三是没有地方特色，不接地气和群众参与程度不高。

4. 文化人才匮乏。各乡镇确定的综合性文化服务中心人员 44 人中，大专 26 人，本科 10 人，但都不是文化专业人员；最大年龄 58 岁，最小 24 岁，30 岁以上的占 59.1%，整体年龄偏大。缺少必要的专业知识，组织农民开展文化活动力不从心。

5. 文化活动形式单一，群众参与度不高。实行联产承包责任制以来，农村经济发生了很大变化，一家一户的生产方式在客观上造成人际疏远，集体生产时田间地头的即兴文化活动基本没有了，有一定文化的青壮年大多外出打工，有能力的农民文化活动领头人越来越少，农民参与文化活动的积极性不高。农民主动组织开展文化活动的意识和动力不足，农村文化活动主要靠相关部门的文化下乡，加之地方文化部门受人员、资金等制约，还没有形成文化下乡制度，致使文化活动创新乏力，活动形式单一。

（二）存在问题的原因分析

1. 基层文化发展基础薄弱，历史欠账较多。由于会东县经济基础比较薄弱，在文化设施建设方面投入不足。

2. 部分基层党委政府和文化主管部门领导主观认识不到位。乡镇综合性文化服务中心修好后委托乡镇管理，但没有委托书、责任制；文化服务中心实际上是有名无实，处于有平台无人管，有设备无作用的状态。

3. 机构变动频繁，活动的开展受到影响。文化主管部门最早是文化局，2008 年文化局和体育局合并为文体局，2013 年文体局分为文化局和体育局，2015 年文化局又和广电、影视、新闻、出版等局合并。2015 年 8 月撤区并乡建镇工作结束，原有的九区一镇 52 个乡镇合并为 20 个乡镇。机构的变动影响职能部门在管理上的调整和乡镇综合性文化服务中心的整合，客观上阻碍了乡镇综合性文化服务中心的工作开展和职能的发挥。

4. 工作人员缺乏，很多工作难以规范化、常态化开展。以前的乡镇文化工作人员不同程度地存在职能异化，缺位现象突出。以现选配的 44 人为例，其中教师 2 人，大学生村干部 5 人，村社干部 5 人，乡镇工作人员 32 人，乡镇综合文化服务中心专职工作人员仅 6 人。

三、会东县乡镇综合性文化服务中心建设的对策建议

调查结果显示，基层群众非常希望开展各种丰富的文化活动。杜绝农村中的封建迷信活动和赌博现象，需要文化正能量去占领农村阵地。课题组认为，要以不断满足基层人民群众的基本公共文化需求为导向，以文化惠民为重点，加强制度建设，不断提高基层公共文化服务保障能力，促进基层文化设施的建设和管理协调发展，加强设备的管理和使用，调动各方面的积极性，使文化活动制度化、规范化。

（一）提高思想认识，把乡镇综合性文化服务中心建设摆在更加突出的位置

要从推动文化大发展大繁荣，提高国家文化软实力的高度，充分认识乡镇综合性文化服务中心建设的重要性和必要性，真正将乡镇综合性文化服务中心建设纳入全面建设小康社会的总体框架和经济社会发展规划，推动乡镇综合性文化服务中心体系建设取得新进展。认真按照县委、县政府提出的"三年集中攻坚、一年巩固提升"的要求，坚持文化惠民扶贫行动分三步走目标不动摇：确保到 2016 年，完成贫困地区文化基础设施建设任务 50%，公共文化服务供给能力明显加强，各类文体活动广泛开展，人民群众精神文化生活面貌极大改善，文化惠民扶贫集中攻坚取得关键突破；到 2017 年，完成贫困地区文化基础设施建成任务 90%，现代公共文化服务体系建设达到国家规定标准，人民群众对公共文化服务的需求基本满足，文化惠民扶贫集中攻坚任务全面完成；到 2018 年，通过精准滴灌、查漏补缺、提档升级，实现县、乡、村三级文化设施全覆盖，即县有文化馆、图书馆，乡有乡镇综合性文化服务中心，村有文化室、农家书屋。做到"书报全民读、演出人人看、电视户户通、广播村村响、电影月月放"，实现全县乡镇乡镇综合性文化服务中心、农家书屋和乡镇电子阅览室、村级文化活动室全覆盖。文化惠民扶贫工作成效进一步巩固提升，人民群众基本文化权益保障基础不断夯实，人民群众精神文化需求有效满足，公民文明素质和社会文明程度显著提升。

（二）进一步完善乡镇综合性文化服务中心设施

针对文化设施老化陈旧问题，要加快改造步伐，使其具备基本功能；针对个别建设标准偏低的问题，要进一步加大投入，查漏补缺、提档升级，确保文化活动能正常开展；针对多数农村文化活动场所缺失的问题，要借鉴部分地区先进经验，整合各种资源，构建起功能完善、配套设施完备的集文化、广播电影电视、体育等功能于一体的综合性群众文化服务中心。

（三）深化体制改革，完善运行机制

工程建设难，工程建成后的管理、使用更难，如何保证长期优质地服务于民，关键是要建立起一套长期有效的管理机制。要以制度的形式明确乡镇综合性文化服务中心的建设、文化机构的定位、文化投入的保障、文化活动的开展等相关内容，明确各乡镇在公共文化服务体系建设中的权力、责任和义务，明确县文化部门与相关部门的职责分工等。

1. 乡镇综合性文化服务中心应由乡镇政府负责，党委则从文化的舆论导向上进行把关，强化文化主管部门对乡镇综合性文化服务中心的业务指导，在人员的配备、调任上，文化主管部门应具有建议权。

2. 规范投入机制。要把乡镇综合性文化服务中心建设纳入公共文化服务体系建设的范畴予以专项投入，充分发挥政府公共财政的主导作用，进一步加大投入，制定相关优惠政策，鼓励社会力量参与农村文化建设。

3. 探索将乡镇综合性文化服务中心办公经费纳入乡镇财政预算，并在财力许可的情况下，逐步加大财政保障力度，进一步推进乡镇综合性文化服务中心的可持续发展。

4. 积极探索深化乡镇综合性文化服务中心体制改革，由县文化局对乡镇综合性文化服务中心进行垂直管理，并按照乡镇人口规模的大小和文化服务中心建设的实际需要确定机构编制，明确乡镇综合性文化服务中心工作人员的岗位职责，解决无人干事的问题。

5. 认真按照《会东县乡镇综合文化服务中心绩效考核办法》把各项措施落到实处。建立服务项目公示制度，定期开展检查督导工作，推动综合性文化服务中心建设的规范化、制度化。

（四）丰富群众所需文化产品，充分发挥乡镇综合性文化服务中心平台作用

创新活动形式，丰富群众文化生活。对每年各类文化下乡活动要进行科学规划、合理安排，要根据时代的特点和农民群众的需求进行适当调剂，要不断创作农民群众喜闻乐见、催人向上的文艺作品，统筹安排，真正让文化惠民工程惠及群众；扶持发展农民演艺团体，积极挖掘本地文化艺术资源，着力发展农村特色文化，鼓励农民自编自演，参与到弘扬时代主旋律和丰富农村文化生活的公益性活动中去，做到既体现时代朝气又接地气。

1. 注重培育亮点。傈僳族的嘎且且撒勒舞是会东县各族群众喜闻乐见的民族舞蹈，它集健身和娱乐于一体，如今跳嘎且且撒勒舞已经成为会东县的大众文化娱乐方式，是会东县节庆活动、群众广场文化活动的重要内容。应注重传统民俗文化活动与时尚元素相结合，在保持其民俗特色风格的同时，注重充实内容，创新形式，赋予时代性、教育性，努力把这一非物质文化遗产打造成会东的文化名片，使其成为乡镇综合性文化服务中心组织开展群众性文化活动的重要内容，增加群众的参与度。

2. 因地制宜，突出特点。充分发挥重点乡镇、特色文化的辐射作用，以点带面。比如，对塘淌镇的地方"小调"等，加以保护和发扬，使之由粗放型活动方式向精品型

活动方式转化；将几个乡、镇所拥有的相同类型文化资源集中到一起，精心打造，实现文化的优化组合和资源共享。

3. 发掘村民的艺术创作热情，让村民成为文化的欣赏者和创作者。会东民间素有自编自唱的传统和习俗，农民编唱的山歌"高粱开花十三节，这届中央太给力，反腐倡廉民心向，群众路线作风实""太阳出来天下明，官僚主义害死人，当官要学焦裕禄，鞠躬尽瘁留英明"等，既接地气又充满文化正能量，集教育性、娱乐性于一体，是乡镇文化的基础、源泉、魅力和动力所在。在开展乡镇文化活动中，要注意保护他们的创作热情，鼓励他们创作出更多更好的作品，让正能量文化占领农村文化市场。

4. 把"送文化下乡"与"种文化在乡"相结合。以点燃群众参与文化活动的激情为送文化下乡的思考点，把宣传教育和文化艺术活动、娱乐活动、体育活动相结合，寓教于乐，让更多的农村群众参与。针对基层群众的文化活动习惯，利用传统节庆和地方特色活动，开展群众喜闻乐见的文化活动，提高服务的针对性和满意度。

（五）加强文化队伍建设

1. 要切实保证乡镇综合性文化服务中心人员应有的编制，确保专人专职专用，杜绝随意挪用。要贯彻落实中宣部、中编办等六部委《关于加强地方县级和城乡基层宣传文化队伍建设的若干意见》的精神，明确核定乡镇综合性文化服务中心人员编制，确保每个乡镇综合性文化服务中心配备不少于 2 个的人员编制，落实工资，稳定基层文化队伍。

2. 引入竞争机制，积极引进具有文艺特长、热爱文化事业的专业人才充实队伍。可根据实际情况，发展农村编外文化队伍，发动当地有文化热情的"农村文化带头人"参与到乡镇文化工作中，重点扶持乡土文化能人、民间文化传承人，建立相应的补贴和激励制度，增强基层文化工作的活力。

3. 对乡镇综合性文化服务中心人员逐步建立"准入"机制。对新进文化站人员的学历、年龄，特别是业务、特长技能要设置硬性规定，经考核合格后持证上岗。要抓紧建立推行职业资格制度。文化机构从业人员要通过文化行政部门或委托的有关部门组织的相应考试、考核，取得职业资格和岗位培训证书才能上岗。推行人员聘用制和岗位目标责任制，逐步打破人员"能进不能出，干好干坏一个样"的局面，促进基层公共文化服务人才资源合理配置和流动。

4. 建立县级宣传文化单位与乡镇综合性文化服务中心、贫困村文化院坝等基层文化单位的长期结对帮扶关系。一是帮助培训基层文艺创作、活动组织策划、非遗传承和其他文艺专长人才，组建群众业余文艺队伍，每年定期组织乡土人才轮训。二是要加强对现有乡镇综合性文化服务中心工作人员的教育和培训，定期举办培训班，提高他们的政治和业务素质。三是加大对民办文艺团体的指导和培训，鼓励引导他们开展群众喜闻乐见的文艺活动，逐步建立起一支适应新形势下的文化工作需求、具有较高业务水平、年龄结构合理、公办民办互为补充的基层文化队伍。

雷波构建金沙江河谷沿江"百里绿色 经济长廊"的调研①

中共雷波县委党校课题组②

金沙江河谷沿江"百里绿色经济长廊"是重要的绿色生态工程，是结合水电开发而实施的区域经济-生态项目。本课题以构建"雷波金沙江河谷沿江'百里绿色经济长廊'"为出发点和落脚点，比较分析了雷波县建立"百里绿色经济长廊"的有利因素和面临困境，提出了现实路径和基本对策，为推动雷波县域经济的转型发展、创新发展、可持续发展、绿色发展提供一定的借鉴和参考。

雷波县位居四川省西南边缘、凉山彝族自治州东部、金沙江下游北岸的凉山东大门，全县面积2 932平方千米，最高海拔4 076米，年平均气温14℃，山地面积占84%，属典型的亚热带山地立体气候，下辖48个乡（镇）、281个村、9个社区居委会，总人口25.6万，其中以彝族为主体的少数民族占53%，农业人口占80%以上。地处两省（川、滇）四市州（四川宜宾市、乐山市、凉山州和云南昭通市）七县（四川美姑、昭觉、金阳、马边、屏山和云南永善、绥江）结合部，是攀西战略资源创新开发实验区与成渝经济圈的重要连接点，规划定位为金沙江下游沿江经济带的区域中心城市，处于川滇咽喉地带，是攀西地区通江达海到边的桥头堡和黄金走廊。县内拥有水能、矿产、森林、旅游、农副特产、港口岸线六大资源优势，金沙江过境雷波135千米，沿江河谷干热地带独特的光热、土壤、气候条件使其流域出产丰富、产品独特。雷波又是金沙江水电梯级开发的重要基地，拥有向家坝、溪洛渡两座特大电站，库区河谷地带得天独厚的条件为雷波构建金沙江河谷沿江"百里绿色经济长廊"带来千载难逢的良机。

一、构建雷波金沙江河谷沿江"百里绿色经济长廊"的重大意义

党的十八大指出，要坚持节约资源和保护环境的基本国策，把生态文明放在突出的战略位置，融入经济、政治、文化、社会建设的各个方面和全过程，协同推进新型工业化、信息化、城镇化、农业现代化和绿色化，大力推进绿色发展、循环发展、低碳发展，使蓝天常在、青山常在、绿水常在，实现中华民族的永续发展。国家《西部大开发"十二五"规划》强调，要把深入实施西部大开发战略放在区域发展总体战略优先位置，

---

① 2015年度四川省系统党校调研课题。
② 课题负责人：吴顺贤。课题组成员：王昌惠、张大勇、杨跃珑。

继续从财政、税收、投资、金融、产业、土地、价格、生态补偿、人才、帮扶十个方面，给予西部地区特殊优惠政策支持，促进西部地区经济社会实现又好又快发展。2015年四川省召开的县域经济工作会议，把雷波定义为全省生态保育区，凉山州经济工作会议又把雷波确定为加快发展区，这为雷波县域经济加快发展、绿色发展、创新发展带来了新的机遇，也提出了新的要求。

雷波县委政府确立了"工业强县、农业立县、旅游兴县、城建亮县、民生和县"的五大发展战略和建设凉山东部经济发展高地的目标定位，这一战略和目标直接关系着雷波2020年与全州、全省同步全面建成小康社会的实现。雷波是典型的传统农业县，又是国家级扶贫工作重点县，具有大力发展特色农业的丰富条件和资源禀赋。县委县政府在"农业立县"战略的基调上，具体细化了发展农业"四带"经济的战略举措，金沙江流经雷波15个乡镇，过境135千米，海拔800米以下的河谷地带具有大力发展农业特色产业的优越条件，大凉山雷波特色农产品系列享誉川、滇、渝地区，对雷波建设凉山东部经济发展高地和助农增收具有重要支柱作用，雷波特色农业产业已具雏形，但在适度规模、结构调整、产品深加工、宣传促销等环节还有许多工作要做。充分利用溪洛渡、向家坝两座电站库区蓄水形成的高峡平湖，打造雷波金沙江河谷沿江"百里绿色经济长廊"对雷波"农业立县"和"134"发展战略①及库区生态修复、发挥长江上游生态屏障作用，对推进雷波县域经济跨越发展、全域发展、可持续发展、创新发展具有重要战略意义。

（一）新常态下雷波县域经济提质增效、提速增量的创新之举

雷波地处金沙江下游沿江地区的中心地带，是国家重要的"生态功能保育区"和长江上游重要的"绿色生态屏障"。国家制定的《乌蒙山片区区域发展与扶贫攻坚规划（2011—2020年）》和四川省制定的《金沙江下游沿江经济带规划（2012—2020年）》也把雷波纳入规划范围，并将其确定为金沙江下游沿江经济带的区域性中心城市。2015年四川省召开的县域经济工作会议对全省县域经济工作做出的重要部署，把雷波确定为全省生态功能区，凉山州经济工作会议又把雷波确定为加快发展区，这是雷波面临的双重叠加的发展机遇。作为地处边远的少数民族杂居县、国家级扶贫开发工作重点县、国家巨型水电工程溪洛渡和向家坝水电站的库区移民县、乌蒙山片区区域发展规划县、金沙江下游沿江经济带规划县、"中国优质脐橙第一县"，雷波应抓住区位独特、资源富集、机遇叠加、前景美好的后发优势，挖掘发展潜力、赢得发展先机，充分利用金沙江河谷得天独厚的优越条件和地域相对优势，积极探索县域经济发展新思路。构建沿江河谷"百里绿色经济长廊"是新常态下雷波县域经济"双提升"的创新发展之举。

（二）打造凉山东部经济发展高地、提升经济核心竞争力的保障之要

县委、县政府立足县情，以科学发展为主题，以加快转变经济发展方式为主线，抢

---

① 依托一江（金沙江），开发三河（溜筒河、西苏角河、西宁河），发展四带（沿江综合农业开发带、二半山多种经营带、高山林草畜牧业带、西宁河及马湖周边的温湿区域生态林草畜牧业带）经济。

抓新一轮西部大开发、省委省政府"一个意见、两个规划"等重大机遇，按照"彝区门户、川滇咽喉、黄金走廊、崛起腹地"的目标定位，围绕打造凉山东部经济发展高地，大力推进"工业强县、农业立县、城建亮县、旅游兴县、民生和县"的发展战略，坚持"一主、三化、三加强"发展取向，坚持优势资源开发与保护并重，着力提速增量、提质增效，坚持"两化"互动、"三化"联动，大力实施"134"发展战略，主动融入、有效对接成渝经济区、川南经济圈和攀西战略资源开发试验区，以"一枢纽五基地①"着力打造百亿级水电、百亿级磷化工、十亿级矿冶、十亿级绿色特色产业和五亿级旅游五大产业集群，构建多点多极支撑格局，强力推进凉山东部经济发展高地建设。在此背景下，着力发挥县域地域优势，构建雷波金沙江沿江河谷"百里绿色经济长廊"是建设凉山东部经济发展高地、提升县域经济核心竞争力的强力支撑和要素保障。

（三）创新发展、加快发展，实现2020与全州、全省同步小康的关键之棋

2015年中央一号文件指出，中国要强，农业必须强；中国要富，农民必须富；中国要美，农村必须美！党的十八大提出了全面建成小康社会"五位一体"的战略部署。小康不小康，关键看老乡，没有农业的发展，就没有整个县域经济的健康发展。雷波是国家扶贫工作重点县，一方面，资源富集、区位凸显、后发潜力巨大等因素形成的比较优势极为显著；另一方面，生态环境十分脆弱、基础设施建设严重滞后、资金技术人才非常缺乏等因素造成的发展困境极为严峻，雷波的比较优势未能转化为发展优势，更未能提升为发展强势，雷波县城镇化率还不到40%。因此，加快县域经济的持续发展、绿色发展、创新发展迫在眉睫。在这个意义上来说，构建金沙江沿江河谷"百里绿色经济长廊"是雷波能否实现2020年与全省、全州全面同步小康的重要途径和关键之棋。

（四）加强向家坝、溪洛渡库区生态修复，构建长江上游生态屏障的务实之策

雷波是国家巨型水电工程溪洛渡和向家坝水电站的库区移民县、国家"长江中上游防护林体系建设"工程重点县。2013年，国家巨型水电工程向家坝、溪洛渡两座电站已先后拉闸蓄水发电，巨型电站、高峡平湖这个雷波几代人的梦想已变成现实，给雷波的发展带来了前所未有的机遇。当前雷波正处于加快发展的黄金期、机遇期和跨越发展的关键期、裂变期。雷波是向家坝特别是溪洛渡电站的主要库区之一，由于电站水库的建设，加之县域内溜筒河、西苏角河、西宁河、柑子河等流域小水电的梯级开发和县境内矿产品的开发，原本生态就比较脆弱的金沙江两岸的水汶、地质、生态系统受到了一定的冲击。因此，构建金沙江沿江河谷"百里绿色经济长廊"，充分利用沿江地缘优势，加快库区植被恢复，增强创新发展理念、绿色发展理念、生态经济理念，在保护中发展，在开发中恢复，让资源得到高效利用、生态环境受到严格保护。这既是县域经济又好又快发展、科学发展、可持续发展的关键出路，也是延长向家坝、溪洛渡电站库区寿

---

① 金沙江流域经济带的重要枢纽。水电产业基地、中国西部最大的磷化工基地、金沙江流域水运枢纽基地、特色农产品深加工基地、川滇原生态旅游基地。

命，构建长江中上游、金沙江下游生态屏障的务实之策。

（五）确保雷波全面完成精准扶贫

按照中央"四个全面"的战略布局、扶贫开发工作总体思路和省、州、县委《关于集中力量打赢扶贫开发攻坚战确保同步全面建成小康社会的决定》，到 2020 年要全面消除绝对贫困，扶贫攻坚重点在农村、难点在贫困地区，雷波属于国家级扶贫工作重点县，全县农村"总量大、程度深"的特点依然突出，截至 2014 年年底，雷波尚有 171 个村、10 749 户、39 393 名农村绝对贫困人口，这是摆在全县各族干部群众面前的一块"硬骨头"，是全县 2020 年全面同步小康的"拦路虎"。省委"五个一批"、州委"七个一批"都将"特色产业发展一批"作为精准扶贫的重要举措之一。雷波借助大小凉山综合扶贫、彝家新寨建设、精准扶贫等契机，用好用足用活政策和项目，加快发展特色农业产业，充分利用金沙江河谷干热地带大力发展生态、绿色、安全的特色农业产业，发挥比较优势。

二、打造雷波金沙江河谷沿江"百里绿色经济长廊"的有利条件及困难分析

（一）有利因素

1. 雷波拥有构建"百里绿色经济长廊"的多重政策机遇。一是方针优势：党的十八大将生态文明列入全面建成小康社会"五位一体"的战略布局及省委十届六次全会精神。二是机遇优势：新一轮"西部大开发"及国家退耕还林还草、天然林保护工程等机遇；三是区域优势：国家关于长江经济带座谈会议精神及四川省长江流域经济发展规划等机遇；省委经济工作会议把雷波确定为全省生态功能保育区，州委把雷波确定为加快发展区。四是定位优势：四川省金沙江下游沿江经济带把雷波定位为区域性中心城市。五是规划优势：国家乌蒙山片区区域发展与扶贫攻坚规划将雷波纳入规划区，四川省制定的《金沙江下游沿江经济带规划（2012—2020 年）》也把雷波纳入规划区并将其确定为金沙江下游沿江经济带的区域性中心城市。六是扶贫优势：中纪委监察部和国土资源部开发司对雷波实行定点帮扶；省委省政府一个意见三个规划及川委厅〔2011〕52 号解决雷波综合扶贫紧迫问题方案；国家实施精准扶贫及省委十届六次全会、州委七届七次全会。各种利好政策叠加，给雷波构建金沙江沿江河谷"百里绿色经济长廊"带来全方位的发展机遇。

2. 雷波金沙江河谷地区具有独特的发展绿色生态积极的区位优势。雷波是攀西战略资源创新开发试验区、成渝经济区与川南经济圈重要交融点和联结点，世界级水利水电工程向家坝、溪洛渡水电站先后建成投产，进一步凸显了雷波作为凉山东大门的门户地位和凉山东部交通枢纽、攀西地区通江达海桥头堡的区位优势。随着"三横四纵"县内交通网络的不断完善，凉山港雷波港区通航以及成丽高速、宜攀高速、宜西铁路的建成，雷波到成都、重庆的交通耗时可缩短为 2 个半小时，到宜宾只需 1 个小时，雷波将

融入川南经济圈和成都"两小时经济圈"，铁、公、机、水"四位一体"立体交通网络，为雷波构建金沙江河谷"百里绿色经济长廊"带来了可遇不可求的区位优势。

3. 雷波拥有项目发展的资源优势。一是生态气候资源。雷波金沙江河谷的气温、日照、干湿度、土壤等条件有利于构建金沙江河谷沿江"百里绿色经济长廊"。二是县域内有天然林148万亩、竹林120万亩、天然草场131万亩、可发展优质脐橙10万亩、青花椒20万亩，核桃35万亩，森林覆盖率达42.4%，是大熊猫在世界上最南端的栖息地。三是港口岸线资源。金沙江流经县域135千米，凉山港雷波港区十大码头将陆续建成，借助长江经济带上升为国家战略的东风，雷波发展水陆联运、临江临港经济和航运物流可谓占尽"天时、地利、人和"。四是旅游资源。县内旅游资源品种多、组合优、开发潜力大。自然旅游资源有马湖省级风景名胜区、麻咪泽省级自然保护区、西部沟、20万亩的阿合哈洛大草原和金沙江大峡谷；人文旅游资源有多姿多彩的彝族民歌文化和三国孟获文化；人造旅游景观有僰人悬棺、彝族向天圆坟及向家坝、溪洛渡电站库区蓄水后所形成的"高峡平湖"，这是发展县域生态绿色经济的最大资源优势。

4. 金沙江河谷地区具有构建"百里绿色经济长廊"的产业优势。雷波县是典型山地农业县，属亚热带山地立体气候，四季分明，垂直变化明显，多年平均气温14℃，无霜期270天，降水量830.1毫米，日照861.9小时。境内最低海拔380米，最高海拔4 076.5米。特殊的光热资源、气候、土壤条件使得雷波物产丰富，最著名的九大特色农副产品脐橙、茶叶、竹笋、核桃、莼菜、树莓、青花椒、白魔芋、芭蕉芋猪已初具规模，并成功打出了大凉山雷波特色系列农产品这一响亮品牌。其中，截至2014年，全县脐橙种植面积达50 000亩，产量7 000吨，产值10 000万元，形成了以纽荷尔、奈维林娜和21世纪为主栽品种，早中晚熟品种合理搭配的较大规模优质脐橙种植基地；青花椒种植面积达204 457亩，总产量2 160吨，产值17 280万元；核桃种植面积347 040亩，产量7 820吨，产值12 394万元，基本形成规模化种植、专业化生产和产业化经营的初步格局；茶叶、莼菜、竹笋、芭蕉芋猪、白魔芋、马铃薯、核桃等也具备一定规模和产值。截至2014年，一二三产业结构调整为18.4∶63.2∶18.28，结构矛盾得到有效缓解，产业日趋合理。

5. 雷波构建金沙江河谷沿江"百里绿色经济长廊"的后发潜力巨大。一是随着交通、水利、能源、通讯等基础设施建设和新型工业化、新型城镇化建设步伐加快，投资总量变大、增长速度变快，拉动内需强势增长，对雷波承接产业链条、加速产业转型升级都带来了前所未有的发展契机；二是雷波着力打造金沙江下游沿江经济区域中心城市，即将成为四川特色农产品生产基地、川滇结合部的旅游集散地和川西南、滇东北重要的区域性物流中心；三是全县城镇化率为25.6%，虽然存在基础落后、资金不足等劣势，但同时具有生态良好、可塑性强的比较优势，拉动消费、带动投资、发展民营经济有较大发展空间。

（二）困难分析

如前所述，虽然雷波金沙江河谷地区具有构建"百里绿色经济长廊"的先决条件和后发优势，但也存在不少困难和挑战。

1. 基础设施落后，思想观念滞后。雷波属于凉山民族杂居县，经济发展程度不高，交通、通讯、能源、农业生产条件等基础设施建设较为落后，老百姓思想意识滞后。雷波属于国家扶贫工作重点县，千百年来形成的河谷文化和山地文化意识禁锢了干部群众的开放和创新思想，"养牛为耕田，养猪为过年，养鸡为换盐"的小农经济思想在老百姓中还普遍存在，个别地区"等靠要"思想还比较盛行。

2. 金沙江河谷地区大多属于生态脆弱地带。雷波为典型的山地县，山地面积占全县面积的 83.8%，其中海拔 1 000 米至 3 500 米的中高山地带占 76%，河谷低台仅占 10.6%，全县 25 度坡地占总面积的 46.5%。山体陡峭，深沟峡谷形成很多峭壁，加之对森林的过度采伐，泥石流、山体滑坡的自然灾害易发频发，县域内水土流失面积为 964.94 平方千米，占全县面积的 32.3%，其中轻度水土流失面积为 673.34 平方千米，中度水土流失面积为 262.66 平方千米，强烈水土流失面积为 20.21 平方千米，剧烈水土流失面积为 8.73 平方千米，生态环境非常脆弱。随着向家坝特别是溪洛渡电站形成天然库区，金沙江河谷原有地貌、地质、植被和沿江生态环境也会受到一定的影响。

3. 县域经济不强，自身造血功能不足，市场化发育程度不高。雷波已步入加快发展、追赶跨越的黄金机遇期，全县各级干部和 26 万各族群众要以强烈的进取意识、机遇意识、责任意识，抢机遇，谋规划，强基础，兴产业，突旅游，畅港口，提规模，调结构，奋起直追，加快发展，着力构建雷波金沙江河谷沿江"百里绿色经济长廊"，努力在全州发展的大格局中率先突破、进位升级。

三、打造雷波金沙江河谷沿江"百里绿色经济长廊"的现实路径探析

雷波已步入加快发展、追赶跨越的黄金机遇期，全县各级干部和 26 万各族群众要以强烈的进取意识、机遇意识、责任意识，抢机遇，谋规划，强基础，兴产业，突旅游，畅港口，提规模，调结构，奋起直追，加快发展，着力构建雷波金沙江河谷沿江"百里绿色经济长廊"，努力在全州发展的大格局中率先突破、进位升级。

（一）抢先机，赢机遇

构建雷波金沙江河谷沿江"百里绿色经济长廊"是雷波县域经济科学发展的必由之路。全县各级干部群众要紧紧抓住十八大关于生态文明建设的战略布局，国家新一轮西部大开发及国家退耕还林、天然林保护工程等机遇，如国家关于长江经济带座谈会议精神及四川省金沙江流域经济发展规划、中纪委监察部机关和国土资源部开发司定点帮扶规划、国家乌蒙山片区区域发展与扶贫攻坚规划、省委省政府一个意见三个规划及川委厅〔2011〕52 号解决雷波综合扶贫紧迫问题方案、省州经济工作会议对雷波确双重定位、国家省州精准扶贫攻坚决定等各种利好政策机遇等，紧紧抓住川滇经济走廊和雷波建设金沙江下游经济圈中心城市的区位优势，增强机遇意识、责任意识、进取意识、发展意识，紧紧抓住全州交通大会战、产业转型升级大会战、旅游开发大会战、精准扶贫大会战带来的发展机遇，以时不我待、只争朝夕的进取精神，激发干事创业的激情，为 2020 年与全州、全省、全国全面同步小康奠定坚实的基础。

（二）重规划，谋长远

规划是一个地区较长时间内长远性、系统性、全局性、战略性、方向性、概括性、的发展定位和规范。在经济新常态下，雷波"十三五"发展规划和县域经济的发展规划应按照党的十八大关于生态文明建设的布局，以国家《西部大开发"十二五"规划》、国家《乌蒙山片区区域发展与扶贫攻坚规划（2011—2020 年）》以及《中共四川省委、四川省人民政府关于加快推进彝区跨越式发展的意见》《四川省人民政府关于重新印发大小凉山综合扶贫开发规划总体思路和 10 个专题方案的通知》、四川省《金沙江下游沿江经济带规划（2012—2020 年）》、省州县域经济工作会议精神等为指导，以富民强县为目标，以构建、发展生态型县域经济为先导。

从全县区域实际出发，按照建设金沙江下游经济圈中心城市的定位和"川滇咽喉、彝区门户、黄金走廊、崛起腹地"的区位优势，选准主导产业，挖掘潜力产业，全域统筹，科学谋划，以编制出符合县情实际、既立足当前、又着眼长远的《雷波县"十三五"发展规划》《生态型县域经济发展规划》及构建雷波金沙江河谷沿江"百里绿色经济长廊"的区域性规划。一分规划九分落实，在一定时间和空间范围内，规划一经制定后就要持之以恒，不能朝令夕改，不因换届和县上主要领导的变更而改变，一届接着一届干，否则，再完美的规划也只能是一张图纸，空中楼阁。

（三）强基础，固生态

构建金沙江河谷沿江"百里绿色经济长廊"是一项长久的系统的综合工程。雷波属于金沙江水电梯级开发向家坝、溪洛渡巨型电站的核心库区，随着两座电站的修建和蓄水发电，县内基础设施建设得到了极大的改善，但部分乡镇特别沿江河谷地区依然滞后，严重阻碍了县域经济的发展。完善、完备、高质量、高水平的基础设施，是构建金沙江河谷沿江"百里绿色经济长廊"坚实保障。

应积极构建和完善"一主四纵二横"综合交通干线网络。"一主"指沿金沙江主通道：宜宾至攀枝花沿江高速或高等级公路的规划建设，宜宾至攀枝花铁路的规划建设，溪洛渡至宜宾三级或四级航道的整治，溪洛渡至攀枝花通航航道的规划建设；"四纵"指西昌经攀枝花、昆明至大理，自贡经宜宾至昭通，乐山经宜宾至贵州，乐山至会东和会理至昆明高速公路通道或铁路通道的完善或规划建设；"二横"指昭通经攀枝花至丽江、昭通经西昌至云南香格里拉高速公路通道或铁路通道的建设或规划建设。积极推动雷波磷化工产业园区货运码头和主城区客货运码头及向家坝、溪洛渡、白鹤滩、乌东德作业区水运枢纽和港口的规划和建设。以此加快推进金沙江下游沿江地区"铁、公、机、水"一体化立体骨干交通网络的建设进程，尽快实现此地区与成渝经济区、川南经济区、滇中经济区、黔中经济区等重要经济区的综合运输骨干网络的连接，为金沙江下游沿江经济带提质提速发展奠定坚实基础。另一方面，要不断完善县域内城乡交通、电力、通讯等基础设施，重点抓好县乡村三级公路的通达通畅建设，实现水、电、路、通讯、广电等设施全覆盖，破解基础设施建设的制约瓶颈，夯实发展基础，同时要按照绿色发展、可持续发展的理念，加强河谷地带特别是库区生态环境的修复，巩固完善生态基础，推动县域经济向生态型经济转变，实现永续发展。

（四）借东风，突旅游

旅游被称为无烟工业，是民族地区欠发达县发展县域经济的强力支撑，雷波有着丰富的旅游资源和民族文化资源，地处川南旅游和滇西北旅游大环线。应借助凉山大兴旅游、全域旅游的强劲东风，按照县委政府确定的旅游兴县战略，充分利用县内旅游资源，抓好马湖国家 4A 级景区创建工作，主动出击，协调好与川南、滇西北旅游大环线的联姻工作，大力发展旅游产业，促进第三产业发展，从而促进县域经济结构的调整。

一是按照"巨型工程观光、湖光山色览胜、三国文化寻踪、旅游休闲度假目的地"的发展定位，抓好省级风景名胜区——马湖、溪洛渡电站巨型工程库区的旅游开发；二是加强麻咪泽省级自然保护区、阿合哈洛草原的生态保护规划和旅游开发；三是递进开发西部沟、214 生态旅游；四是大力发展金沙江沿江河谷乡村旅游；五是打造"领略大坝雄姿、畅游金江峡谷、饱览湖光山色、体验风情文化、观光西宁生态、避暑度假休闲"旅游精品项目；六是大力挖掘、开发、培育彝族毕摩文化、民歌文化、节庆文化、服饰文化、饮食文化、孟获文化等民族文化品牌。

以特色为亮点，以产业为支撑，以内联外引为纽带，以民族文化为灵魂，重点开发，梯级推进，大力发展"生态观光、民俗风情、康养度假、养生美白"的全域旅游。

（五）抓港口，兴水运

雷波是金沙江水电梯级开发的重要基地，向家坝、溪洛渡两座特大电站的蓄水发电，使库区自然形成天然良港，为雷波发展临港经济迎来了千载难逢的良机。在金沙江流经雷波县域 135 千米岸线上，凉山港雷波港区规划在建的有 8 个作业区、10 个码头，主要以化工、矿产等大宗货物运输为主，兼顾发展现代旅游业和港口物流运输业等。

作为地处金沙江—长江水运出川通道运输节点的凉山港区，雷波港无疑将成为连接金沙江、雅砻江、大渡河、岷江进而贯通长江港的桥头堡，成为川西南、滇东北重要物资集散地，成为通往长江经济带的重要内河运输通道，成为推动县域经济社会持续快速发展的重要支撑。要顺势借助这一重大契机，把雷波港口建设成为现代物流和综合交通枢纽的基地，发挥雷波港在金沙江下游港区所处的"枢纽"和"桥头堡"地位作用，为雷波经济的转型升级和"双提升"奠定坚实基础。随着向家坝、溪洛渡梯级电站的蓄水发电，库区航运条件得到了极大的改善，长江黄金水道上延全雷波，实现了金沙江干流与长江干流航运一体化，不仅为雷波县提供了东向出海水路大通道，而且通过金沙江沿线港口、港口物流园区和港站节点由跨江铁路、公路主通道向南北辐射，提高了以金沙江航运为主通道的综合交通枢纽带的地位，雷波港的通道作用将得到淋漓极致的发挥。

加快雷波港的开发建设，推进金沙江航运发展，对促进金沙江流域优势资源开发、完善金沙江流域综合交通运输体系、服务流域经济发展将发挥重要的作用，同时也将对加强金沙江流域与长江中下游的开发合作，实现金沙江—长江航运对接，资源优势互补和互利双赢具有重要的战略意义。围绕建设西部物流中心，依托出海出省干道以及综合运输网络、中心城市、国家和省级开发区，规划建设物流功能区、物流园区、物流配送中心，大力发展第三方物流，发展集装箱运输业，积极推行"大通关"，提高物流信息化水平。

（六）兴产业，调结构

县域内金沙江沿江河谷地区，农业产业结构还比较单一且粗放，要把握新常态下县域经济谋划决策，大力推进"两化互动、三化联动、四化同步（农业现代化、新型城镇化、新型工业化、信息化同步发展）、产业结构升级"，积极修复溪洛渡、向家坝两座国家巨型电站库区生态，大力发展现代农业，实现由单纯的农作物生产向农产品加工和流通及休闲服务业等领域交融发展，促进产业转型升级。按照规划统筹、产业统筹的要求，实现转型发展、特色发展和绿色发展。

一是积极开展"省级生态县"创建，推进沿江地区省级生态乡镇和州级生态村、生态家园建设。二是突出抓好新村建设，按照"五新一体"（新村、新居、新产业、新农民、新生活）统一规划，扎实推进彝家新寨建设，设计上突出民俗风情、川滇风格，注入民族元素、山水元素、川滇民居元素，着力打造看得见山、望得见水、记得住乡愁的微田园，生态化山水宜居幸福新村。三是继续实施天然林保护、退耕还林还草、污染治理、水土流失治理、国土综合治理、城乡环境卫生和村容村貌整治。四是紧紧抓住省委把雷波纳入"生态保育区"和凉山州把雷波确定为"加快发展区"的双重机遇，储备好项目库，力争挤入国家和省州"盘子"，把金沙江沿江河谷建成既是金山银水更是青山绿水的经济长廊。抓住雷波"十三五"期间金沙江干热河谷生态治理项目——向家坝库区海拔381米以上复建损毁地段2 000亩、溪洛渡库区海拔601米以上复建损毁地段16 300亩共18 300亩实施治理，大力发展脐橙、青花椒等支柱产业，实现生态功能和经济功能双重目标。五是按照县委县政府农业"四带"（河谷、二半山、高山、温室地区）经济布局，充分利用县域内一山分四季，十里不同天的气候、光热、干湿条件，在河谷地区大力发展石榴、桂圆、荔枝、血橙、杂交柑橘、甜樱桃、树莓、梨子等小水果产业；在海拔800米以上地区规划发展核桃、板栗、茶业等产业。六是在省道307和县道、通乡、通村公路沿线全线栽种桂花树，这既可以提高森林覆盖率、绿化率、涵养水分，又为公路增设了一道独特的旅游风景，还可以借此发展加工业，和县内瓦岗白酒联姻，生产雷波特有"桂花酒"，产生经济效应。七是充分利用县内9大优势农特产资源大力发展农副产品加工业，着力提升农业附加值。"从卖原料到卖产品再到卖服务"，带动第三产业发展。八是充分利用库区优势和河谷特点，大力发展体验式乡村旅游，积极开发农家乐、田园游和沿江地区休闲观光农业，使金沙江河谷地区实现"四变"，即农区变景区、农民变市民、劳动变运动、产品变礼品，并将旅游服务业发展融入现代农业发展，充分利用沿江产业为基础形成的生态、文化及自然资源等优势，突出发展休闲观光农业、体验旅游农业、现代农业物流和地产农业，促进一三产业良性互动，大幅度提升农业附加值，让农民分享三产带来的红利。

（七）上规模，提档次

雷波金沙江河谷沿江地区属于典型的小农经济模式，在经济新常态下，必须加快由粗放型增长向集约型增长转变，逐步实现由资源促动、投资拉动向创新驱动转变。激发内生动力，深化农村土地经营权改革，加快农村土地确权颁证，推进土地所有权、承包权、经营权分立，在农民自愿自主的基础上，通过引进龙头企业、建立专业合作社、培养种养大户等，采取自主开发、股份合作、土地租赁、资源入股等方式，加快土地经营权流转，发展规模化、集约化、现代化农业，真正实现产业化发展、规模化经营、集约化增长、信息化管理、网络化营销，提升经济发展的质量和档次。

（八）重宣传，抓营销

雷波金沙江沿江河谷拥有独特的农产品、丰富的矿产、富饶的水电、稀有的中药材和全域的旅游资源，但这些优势资源目前还处于"养在深闺人未识"的状态。随着雷波经济的飞速发展，应将雷波这些资源优势、产品优势宣传出去，打好营销战略，要充分利用"中国优质脐橙第一县""中国彝族民歌之乡""四川有机食品认证县""大凉山优质农产品"等品牌，加大宣传力度，重视营销策略，采取"互联网＋"的模式，运用信息、现代物流、网络等传媒，把雷波特色产品、优势资源宣传出去，推销出去，变资源、产品优势为产业优势、经济优势，实现县域经济的良性发展、循环发展，真正构建起金沙江河谷"百里绿色经济长廊"，为县域经济的全域发展插上腾飞的翅膀。

在经济新常态下，国家宏观经济由高速发展转为中高速发展的换挡期，但作为国家扶贫工作重点县，又是边远地区民族欠发达县的雷波，经济不仅不能减档，更应该提速发展、创新发展，加快进入凉山经济发展快车道。为此，构建雷波金沙江河谷"百里绿色经济长廊"意义深远，前景广阔，机遇与挑战并存，希望和困难同在。全县各级干部群众应未雨绸缪，审时度势，立足县情，科学谋划，策马扬鞭，奋起直追，按照确定的思路、选定的路径，为县域经济的超常规发展、科学发展努力拼搏，为抒写"中国梦·美丽雷波篇"做出贡献。

充分发挥"家支调解"积极作用 有效推进 雷波法治社会建设进程[①]

中共雷波县委党校课题组[②]

党的十八届四中全会通过《中共中央关于全面推进依法治国重大问题的决定》，要求加快建设社会主义法治国家。然而，法治不是狭隘的"国家立法"之治，它需要多层次、多领域的依法治理。深化基层组织和部门、行业依法治理，支持各类社会主体自我约束、自我管理。发挥市民公约、乡规民约、行业规章、团体章程等社会规范在社会治理中的积极作用。在凉山彝族自治州，"家支调解"往往能够填补法治的不足。对"家支调解"应当取其精华、去其糟粕，充分发挥家支调解的教化作用，挖掘其规范社会治理的现代价值，在依法治国的大框架下，重新整合人与人之间的活动与交往，强化社会主义核心价值观的认同。

一、凉山彝族传统家支观念概况及其演变

凉山彝族在奴隶社会时期普遍存在家支组织。"家支"是汉语的习惯称谓，彝语中与之相应的词是"此威"，意为"同祖先的兄弟"。家支是原始氏族组织在社会制度下的蜕变，形式上还保留着许多氏族组织的传统特点。

凉山彝族各等级中，所有诺伙（包括兹伙）都有家支，并居于统治地位，习惯上称为"黑彝家支"。曲诺和部分安家也有家支，但分别隶属于各黑彝家支，习惯上称为"白彝家支"。处于社会最底层的汉根安家呷西是没有家支的。社会各等级的人都是一定家支的成员，或在一定家支的统辖之下。家支涉及社会成员的政治、经济、日常生活等各个领域，有无家支或属于什么等级的家支，决定了各社会成员在凉山奴隶社会中所处的地位。

（一）家支的构成和特点

家支是父系血缘集团，它是以父子连名的谱系为链条贯串起来的。按血缘关系的亲疏，家支可以分为若干大支和小支（房），小支下是一夫一妻制的个体家庭。随着人口的增加和繁衍，家支内的个体家庭可发展为房，房可发展为支，支可发展为新的家支。

---

① 2015 年度四川省党校系统调研课题。
② 课题负责人：苏军。

为了整个等级和家支的利益,家支对个人和个体家庭有一定的约束力,但家支成员间没有统治隶属关系。家支有自己的姓氏,彝语称为"措西"。黑彝家支的姓氏一般以一共同的男性祖先的名字或某一有关的地名命名,如阿侯家、阿陆家、尔恩家等是以祖先的名字为家支姓氏;八且家、俫米家、吉狄家等是以地名为家支姓氏。白彝家支的姓氏除了用祖先名字和某一地名命名外,还沿用兹伙、诺伙主子的姓氏,如沙马家、马海家等;也有在自己家支姓氏前冠以主子家支姓氏的,如沙马曲比家、吴奇曲比家、阿卓吉比家等。

凉山彝族的每个家支都有父子连名的谱系,这个家支谱系彝语称为"措此",意为人的世代。每个男性成员的全名,都包含家支的姓氏、父名和本名,如阿侯·吉哈·鲁木子,阿侯是家支姓氏,吉哈是父名,鲁木子是本名。家支成员从小就要接受家支谱系的教育,成年后必须熟背自己的家支谱系,要准确无误地指出自己在家支谱系中所处的地位。只有这样,外出时才能证明自己的身份,取信于他人,从而受到尊敬和保护;否则,就要受到社会和家人的歧视,甚至被视为"外人"而沦为奴隶。中华人民共和国成立前,许多素不相识的人,往往就是通过背诵自己的家支谱系而建立起家门或亲戚关系。

中华人民共和国成立前,凉山地区分布着近 100 个黑彝家支,其中男性成员在千人以上的有 10 个左右。历史上,黑彝家支都有一个比较固定和完整的聚居地区。从总体上看,曲涅系的黑彝家支多分布在凉山西部,古侯系的黑彝家支多分布在凉山东北部、东部和南部。中华人民共和国成立前凉山地区有近 200 个白彝家支,它们地域上没有一定的界限,这是因为白彝家支成员是被统治的,同一家支的成员分散隶属于几个黑彝家支的统治之下。

家支没有常设的机构,但每个家支都有数目不等的头人。头人有两种,即"德古"和"苏依"。"德古"意为善于辞令的尊者,"苏依"意为替大家办事的尊者。一般"德古"比"苏依"更有威望和影响。彝族谚语说:"彝区的德古,汉区的官员。""德古"和"苏依"的产生既非选举,也非任命,他们是因为见识广,阅历深,熟悉习惯法,善于排难解纷和维护家支利益,而被拥戴出来的领袖。"德古"和"苏依"不仅没有固定的俸禄,没有高居于一般成员之上的特权和强制力量,而且他们的地位不是世袭的。倘若在调解纠纷中,头人有一两次显出"偏袒不公",就会失去社会威望,自然就失去了头人的地位。

在凉山彝族社会中,家支既是血缘集团,也是社会组织的基本单位。家支的重大事务,非"德古"和"苏依"单独能解决的则由家支会议决定。家支会议彝语称为"此威蒙格",它是在家支成员被杀、被卖、家支土地被侵占等重大问题发生时召开的,主要是统一协调家支成员的利益,决定是否打冤家、赔人命等重大问题。会议由家支头人主持,与会的全体家支成员均可发表意见。当发生争执时,头人或有经验老人的意见往往起决定性的作用。黑彝家支的会议,白彝男子也可参加,有"体面"的白彝头人的意见也起一定的作用。家支会议一般有固定的地点,但没有一定的会期,凡经议决的事项,大家均能遵行。

（二）家支的社会作用

彝族家支在政治、经济、军事等领域都起着决定性的作用。处于统治地位的兹伙、诺伙等级，为了巩固和加强对曲诺、安家和呷西等级的剥削压迫，把自己的家支组织变成了奴役被统治等级的统治工具。而被统治的曲诺、安家等级，为了自己的利益，也利用家支组织为反抗兹伙、诺伙等级的剥削压迫进行斗争。各等级的家支，在组织结构、传统习惯等方面大体一致，但是，不同等级的家支组织在其社会作用和性质上表现出很大的不同。

作为统治工具，黑彝家支在土司制度衰落、中央王朝的地方政权名存实亡、政令不行的情况下，起到了一定的奴隶制政权的作用。黑彝家支是通过执行社会习惯法来进行统治的。习惯法是凉山彝族奴隶社会不成文的法律，它是黑彝奴隶主统治意志的集中表现，是家支头人解决社会矛盾、维护奴隶制度的根据。彝族谚语说："老虎靠牙齿，老鹰靠爪子，彝人靠家支。"这句谚语贴切地反映了家支是黑彝奴隶主等级特权的保障和依恃的力量。

黑彝家支的对内职能主要表现在：（1）黑彝家支维护黑彝贵族血统的纯净和等级特权，镇压奴隶及其他劳动人民的反抗斗争。（2）黑彝家支保障黑彝贵族对白彝的剥削。（3）黑彝家支维护和巩固自身的团结，限制内部纠纷的扩大，强化本阶级的统治力量。

黑彝家支对外的职能主要表现在：（1）组织家支力量向外掠夺奴隶、土地及其他财物或抵抗他人的掠夺。（2）黑彝家支往往采取联合行动，镇压大规模的奴隶起义和抵御外来民族的进犯。

在凉山彝族奴隶社会里，由于白彝家支成员处于被统治的地位，白彝家支在其社会作用上表现了两重性。一方面，白彝家支在保护成员的生命财产、经济互助、维护内部团结等方面有积极作用，白彝家支也是所属成员反抗黑彝奴隶主压迫奴役的有力武器。这主要表现在：（1）曲诺、安家利用家支组织，迫使黑彝主子在人身权利上不敢轻易出卖和杀害他们。（2）曲诺、安家利用家支组织，迫使黑彝主子在经济剥削上让步。（3）曲诺、安家利用家支关系组织武装起义。凉山近代几次大规模的奴隶起义，都是曲诺、安家通过家支组织发动的。另一方面，白彝家支在一定程度上又配合了黑彝家支的统治，成为黑彝奴隶主压迫和奴役被统治阶级的辅助工具。如黑彝主子对所属奴隶和其他劳动人民的各种摊派、索赔命价、叫人打冤家、追回逃跑奴隶等，都是通过白彝家支来进行的，白彝家支头人则是具体的执行者和监督者。因此，谚语说："白彝的德古、黑彝的木可（管事）。"处于社会最底层的汉根安家呷西是没有家支组织的，他们受黑彝家支或白彝家支统治，成为被剥削和压迫者，被视为牲口随意买卖和杀戮。

（三）中华人民共和国成立后彝族家支概况及其演变

中华人民共和国成立后，彝族家支最大的特点是消灭了等级制度，黑彝家支、白彝家支平起平坐，不再是统治与被统治关系。1955 年，凉山彝族地区开始进行民主改革，在统战政策和民族政策执行中，当地政府重用彝族家支头人，尊重彝族传统文化，将国家法律与彝族传统习惯法相结合，在家支头人、民间调解员的配合下，为彝族人民调解了许多历史上遗留下来的疑难纠纷，受到彝民的普遍欢迎。但后来农村实行合作化、公社化，"国家权力有意识地用生产队建制来切割宗族联络，用新生力量去制约传统力量"。在以阶级斗争为纲的政治高压下，人们不敢再有家支组织了。随着基层行政组织的建立和巩固，社会控制不断强化，家支头人失去了往日的威望，已无权监督并执行家支规章制度。人们生产生活中的一切事务均由村、大队、公社、区等基层组织出面处理，家支失去了其决定一切的作用，不再是维系彝族社会的支柱。

改革开放以后，凉山彝族地区的家支聚会开始恢复，并很快活跃起来。无论是农村还是城镇，都出现了形式多样、规模不等的家支活动。在中国共产党的领导下，在国家宪法和法律、法规框架下，彝族各个家支开始用法律解决对内、对外的矛盾。"家支调解"由熟悉国家法律法规政策和彝族习惯法及民族风俗的家支头人进行，他们精通彝族历史、人文，能运用习惯法及判例调解纠纷，能正确引导彝族村民依法讲家支、依法开展家支活动。"家支调解"在彝族地区，特别是在彝族农村，切切实实地解决了许多实际问题，有一定的积极意义，作为政府的辅助管理是起到了很大作用的。

彝族各个家支还制定了互助协会章程。如：认真贯彻落实党的方针政策，遵守国家法律、法规和政策规章，遵守社会公德。不炫耀家族势力，不参加任何黑社会组织和不法团体。尊重知识、尊重人才，努力发家致富，精诚团结，一家有难，家族内八方支援帮忙，互相关心，互相爱护，互相帮助，互相监督，互相制约，努力提高全族人民的物质文明和精神文明的水平。家族选出德高望重的人作为协会会长，设有班子成员（副会长、秘书长、会计、出纳）等帮助管理内部事宜，制定家族规章制度，建立财务制度，出台家族互助项目和标准。

凉山彝族的家支是彝族传统文化在现代社会中的延续。虽然国家在彝族自治州建立了县、乡、村各级政府管理，但民间传承下来的父系血缘制度内部管理却一直存在并有了与时俱进的变化，无论是在农村还是在城镇，家支组织的主要目的都是更好地增强家支成员之间的凝聚力，相互帮助。

二、"家支调解"在"依法治县"中的必要性和重要性

近年来，随着改革开放的深入，凉山彝族聚居区因各种原因引发的社会矛盾不断增多，群体性事件时有发生。在改革开放搞活经济的年代，由于各种利益关系的冲突，社会团体之间和团体成员之间经常发生死人纠纷、盗窃纠纷、债务纠纷、邻里纠纷、山林地界纠纷、家庭内部琐事纠纷、企业法人与民工之间的工伤事故与工资拖欠方面的纠纷、矿山与周围村民的纠纷、工程建设的拆迁和移民补偿纠纷等，各种矛盾越来越尖锐，群体性闹事、群体性械斗、上访甚至越级上访到省城到北京等现象严重阻碍了经济和社会的全面发展，影响了改革开放的进程，从而引起党中央和各地党委政府的高度重视。

凉山彝族聚居区化解矛盾的方法有：一是司法诉讼渠道（刑事和民事诉讼），二是行政调解渠道，三是民间调解渠道（包括官方调解组织渠道和民间调解渠道，也就是运用习惯法进行调解）。凉山彝族是一个具有悠久历史和灿烂文化的古老民族，在漫长的

岁月中，彝族人民逐步形成了独特的法律文化传统。凉山彝族习惯法源远流长，体系完备，内容详细周全，富有民族特色。运用习惯法调解纠纷，是凉山彝族人民从古至今延续千百年的纠纷解决方式。在凉山彝区，活跃着一种被称作"德古"的特殊群体，他们是家支的头人，是习惯法的熟识者与传播者，也是民间的纠纷调解者，是彝人心目中的"权威"。在凉山彝族自治州，"家支调解"是极为普遍的现象。家支是凉山彝族社会的基本政治单位，在彝族社会中具有极为重要的地位和功能，具有培养社会角色、凝聚家支力量和传承彝族文化的功能，对凉山彝族的社会和谐、民族发展、经济繁荣发挥着举足轻重的作用。

（一）家支的凝聚力和权威性决定了它在"依法治县"中的必要性和重要性

凉山地区地广人稀，自然条件十分艰苦，自然灾害频繁，为抵御自然灾害和外敌入侵，彝族先民早就形成了以父系直系血亲为纽带的血亲组织家支。彝族谚语云"不能不有的是家支，不能不养的是牛羊，不能不吃的是粮食""莫要毁坏家支，家支是势力的后盾。若毁坏了家支，会成为无家之人，犹如捻线离毛线团，谨防流浪到汉区"。习惯法在家支内部的管理相当严格，严禁伤害家支利益，严禁内部成员互相伤害以及内部乱婚，家支内部不论贫富一律平等，开除家支则是最为严厉的处罚。"猴子靠树林，彝人靠家支。"传统意义上的家支带有很强的阶级统治色彩，其组织和制度是建立在奴隶制等级关系之上的，即使在经过民主改革和一系列制度改革之后，它的思想基础、旧有的狭隘的等级观念和家支观念仍然残留在人们的头脑中，也遗留在德古的思想意识和日常的事务处理过程中。在当时的社会背景下，以血缘关系为基础的家支既执行着政权组织的职能，又是彝区主要的社会组织管理形式，是支撑该社会的重要支柱之一。德古不仅是家支制度的维护者，还是彝族地区公共事务的管理者、协调者，整个地区的社会公共事务的处理基本上都是通过他们以及其他头人得以实现。

"民族是人们在历史上形成的一个有共同语言、共同地域、共同经济生活以及表现于共同文化上的共同心理素质的稳定的共同体。"当然，众多民族的风俗习惯之间蕴涵着一些共同的原则或合理性，但是任何一个社会都不可能只有一个行为准则。所谓"十里不同风，百里不同俗"也表现了民间习惯法根植于乡间，有着不可摧毁的生命力。在偏远山区，特别是彝族聚居地区，在发生民间纠纷时，90%以上群众不愿意到法院"打官司"进行调解处理，而是自己请家支头人"德古"，按照在彝族中约定俗成的"习惯法"进行调解，对达成一致的调解结果，由当事人双方口头约定即可，决不反悔。究其原因：一是彝族村民国家法律意识淡薄，传统习惯法则根深蒂固，因而对传统习惯法的信赖超过国家法律；二是法院及现行法规受诉权自由限制，不能主动干预民商事纠纷、强制诉讼；三是德古调解方式不受地域限制，方式灵活简便、了结矛盾纠纷及时、成本低、方便群众，省时省力、零申诉与零执行申请，公信力强。

（二）"家支调解"及时、方便群众、成本低等优势，确立了它在"依法治县"中的显著地位

调解是指在民事诉讼中，人民法院审判人员对双方当事人进行说服劝导，促使其就

民事争议自愿协商，达成协议，从而解决纠纷的活动。从民事审判"十六字"方针的"调解为主"到《民事诉讼法（试行）》中"着重调解"再到现行《民事诉讼法》的"自愿、合法调解"的立法演变过程，可以看出：在审判实务中，调解保持着极高的结案率，在基层法院的实务工作中发挥着非常重要的作用。而在现代社会中，诉讼的剧增和程序的日趋复杂化使有限的司法资源不堪重负，诉讼时间长、成本高等固有的弊端使普通百姓不愿到法院"打官司"，降低了司法在民众中的威信。近些年来，人民群众抱怨较多的是，与司法成本提高相伴随的却是司法效率的下降。司法机关进行司法活动的直接经费每年都在递增，甚至超过同期财政增长速度；社会、单位、个人等参与、配合司法活动的付出（包括时间、金钱、精力等方面）也在逐年增多，在一些个案上表现比较突出，而且增长速度惊人。许多单位和个人不愿与司法机关打交道，是因为从立案到答辩，再从举证责任期到开庭时间的选定，都需要一个法定的漫长过程，与之打交道的成本确实太高，金钱上花不起，时间上赔不起。

比较而言，彝族"家支调解"具有明显优势。一方面，"家支调解"成本低、见效快，零申诉与零执行申请让老百姓多了诉讼渠道。通过调解后要赔偿的金额，家族的成员还要筹钱帮助（违法乱纪的，家族不筹钱），让老百姓更愿意接受，所以有"德古是和平使者"一说。家支制定的互助协会章程如精诚团结、一家有难家族内八方支援帮忙等，体现出家支已成为家族成员的势力后盾。"一切法律之中最重要的法律既不是铭刻在大理石上，也不是铭刻在铜表上，而是铭刻在人民的内心里。"如果"家支调解"运用的彝族习惯法，没有真实反映老百姓的共同意愿，不能切实维护群众的合法权益，甚至脱离生产生活实际，那么就难以在老百姓中形成权威性规范，难以在实际生产生活中发挥应有的作用。"家支调解"发挥作用是因为它遵从社情民意，才能内化为人们的行为准则，发挥其积极的教化、规范、引导、评价作用。"知屋漏者在宇下，知政失者在草野"，以百姓利益为中心开展工作，顺应他们的意愿，事业就会发达。

另一方面，"家支调解"方式不受地域限制，方式灵活简便，使凉山彝族人民乐于接受。从前述家支的概况可见，一个家支可以分支到云、贵、川，可以从省城覆盖到乡村，不论在哪里出现了矛盾，都可以由家支出面调解，无论多远都能随请随到。彝族地区由于根深蒂固的面子观念，因为丢了面子而服毒、上吊、跳崖、跳水等自杀现象普遍。例如：雷波县瓦岗中心乡一位上街赶集的老百姓阿且，在商店打酒喝酒钱不够，被销售员数落几句，他认为丢了面子喝农药自杀，以死证明清白。还比如，化解婆媳关系、解决邻里纠纷、开展环境治理、建设基础设施等，此类案件司法机关无法受理，但家支会出面，通过"德古"沿用习惯法为死者亲人和亲戚讨回公道，赔礼道歉、赔偿经济损失，协议达成后请毕摩先生打鸡念咒语，各方当事人从此不得提及此事。这种方式灵活简便，当事人各方乐于接受。很多时候由国家公职人员出面调解的矛盾，往往因不熟悉民族习惯，还有语言不通的障碍，当事人不理解、不买账，导致无处下手。这些纠纷虽然由小事引起，但若得不到及时解决，就有可能矛盾激化酿成严重的后果。因此通过"家支调解"及时疏导、化解各类民间纠纷，对凉山彝族聚居区的社会稳定就显得十分重要。

"家支调解"的优势也可以从西宁工委辖区德古矛盾纠纷调解处情况表中窥见一斑。

表1　西宁辖区（2007—2010）德古调解纠纷一览表

年度	调解各类民事纠纷				涉及标的额			收取调解费用			
	合计（件）	调解成功（件）	未成功（件）	占百分比（%）	标的额（元）	兑现金额（元）	占百分比（%）	件数	金额（元）	占百分比（%）	垫支情况
2007	126	98	28	77.7	1 279 459.78	548 959.78	42.9				
2008	2 229	212	17	97.5	6 270 400.00	1 830 000.00	29.2	102	24 275	1.33	3 240
2009	2241	241	0	100	6 074 200.00	2 313 027.00	37.9	449	23 375	1.01	
2010年3月前	773	72	1	98.5	2 368 850.00	637 785.00	26.9	332	5 895	0.92	

从表1中可以看出，在2008—2010年"德古"成功调解的525起民间纠纷中，收费案件仅有183起，约占调解总数的35%。雷波县在2014年通过"家支调解"等形式成功化解2 579件矛盾。

习近平总书记在2014年1月7日中央政法工作会议上强调，绝不允许对群众的报警求助置之不理，绝不允许让普通群众打不起官司，绝不允许滥用权力侵犯群众合法权益，绝不允许执法犯法造成冤假错案。自提出依法治国十余年来，废止劳教场所、废除遣送制度、推行行政许可条例、颁布《物权法》……一桩桩、一件件从保障人的基本权利做起、从维护人的尊严做起，彰显出"以人为本"的法治精神，"以人为本"也正是依法治国的核心所在。彝族"家支调解"以扎根基层、分布广泛、方便快捷、不伤感情等特点，站在了化解矛盾纠纷的"第一道防线"上，让人得到最好的生存和发展环境，实现了"以人为本""以人民为中心"的价值关怀。

（三）彝族"家支调解"的习惯法与现行法无大的冲突，为"依法治县"提供了基础条件

彝族习惯法以调解为主要形式和手段，以平息纠纷为主要目的，故彝族习惯法中关于调解制度、调解程序方面的内容是非常详细的，并因此形成了丰富的彝族民间调解文化。而人民法院、司法局从"德古"中选聘的特邀人民陪审员和特邀人民调解员，所依据的习惯法从程序到实体内容基本符合现行法的基本原则。

从程序上看，习惯法充分体现平等协商。民间纠纷从提起到双方对调解主体"德古"的选择，其前提都是自由、自愿、协商一致的。调处主体一经选定，双方当事人及其家支代理人，均按习惯服从和严格遵守"德古"的调处方案及按步骤进行（包括日期、地点的选定、证据的提供、公示等）。"德古"依据彝族习惯法和历史判例，采取面对面或背对背的形式，其程序首先是进行各种调查，在查实事实的基础上多次分别与当事人双方接洽商谈，然后依据事实、政策、法律并结合民族特点，站在客观、公正的立场，支持合理要求，劝说放弃不合理要求，采取说服、劝告、教育、宣传法规政策的方法让纠纷双方尽量达成一致，最后再按彝族习惯及历史判例与双方当事人的家族中有威望的代表约定时间、地点进行协商调解，达成口头协议。如果经反复调解，双方当事人仍不听"德古"意见，达不成调解协议，调解人即宣布调解失败，让当事人双方另请名

望更高的"德古"来重新进行调处（这种情况很少出现）。一旦达成了调解，败诉一方在给付赔偿的时候必须宰羊给所有参与调解的人吃，整个调解活动方才宣告结束。这样做有其深刻含义，彝族民间调解一般是"口头协议"而无书面调解书，为避免口说无凭，则通过败诉方宰羊行为再次证明双方当事人就调解内容达成一致，因而它是达成调解协议的一个必经程序。整个彝族民间纠纷的调解，很少出现久调不决与调解后又反悔的情况。因为"德古"一旦调解成功，执行的责任当即就自然转给了家支代理人，一般情况下当事人都会立即兑现各自义务；若赔偿金额过大，当事人难以承担，其义务也就自然地由其家支成员共同承担；这种家支成员的共同承担，有时甚至会出现跨县、州向其同家支成员进行募集、兑现义务的情况。故而在彝区，经"德古"调解的纠纷处理结果，除极为特殊的不可抗力原因外，极少出现不服调解的"申诉"和"执行难"的问题。

从实体上看，习惯法始终贯穿公平、自愿、协商一致与权利义务相一致的原则。彝族习惯法较之世界其他民族的成文法和习惯法，其系统性和完整性是毫不逊色的。尤其突出的是，彝族习惯法以调解为主要形式和手段，以平息纠纷为主要目的，其中关于调解原则、制度、程序方面的内容详尽，形成了丰富的彝族民间调解文化。以继承为例：动产一般归女儿，不动产一般归儿子；其中房屋归幼子，父母的养老送终也由幼子承担；继承中承认代位继承与遗产份额保留。由于上述继承制度相当完整，从民国至今，大小凉山彝区无一件因抚养、收养、赡养及继承案件诉讼到法院，这不能不说是一个奇迹。最为难得的是彝族习惯法中对不当得利、无因管理的规定与现代民法原则完全相符，它在倡导善良、公平与良好民族风俗的同时，还切实维护老人、妇女、儿童、残弱者利益；传统道德对不赡养老人和不抚养下一代视为大逆不道，违者无任何抗辩权；在伤害赔偿中，凡属成年男女间的纠纷，不论原因、结果如何，习惯法都以切实维护妇女权益为其基本准则。所以说，彝族"家支调解"的习惯法从程序到实体与现行法无大的冲突，为"依法治县"提供了基础条件。

三、只能在法治框架下构建"家法"，"家支调解"不可大于国法

凉山彝族地区"家支调解"的宗旨是，家族矛盾触犯法律的不能通过"家支调解"，只能诉诸法律。只能在法治框架下构建"家法"，"家支调解"不可大于国法。彝族习惯法是彝族地区在长期的历史发展中沉积、累积，以语言（口传）方式传承下的规则和行为规范，是目前彝族在调处自己内部（彝族各家支派系之间）矛盾的重要依据、规则和行为规范，是我国习惯法的重要组成部分，对当今彝族地区仍然有重大深远影响。

（一）彝族习惯法与国家法的关系

1. 从形成的渊源角度看。彝族习惯法是彝族在奴隶社会长期历史生活中积累而形成的，具有浓厚的旧社会（奴隶社会）等级制度，把人为分成三、六、九等，同时彝族习惯法是通过言语（口传）方式代代传承的（传男不传女），极少部分是以书面方式传承。所以适用习惯法时，因地区、经济等差异以及使用该习惯法人的个人理解的不同，从而导致适用标准及结果不同。国家法是经过国家最高权力机关或者经最高权力机关授

权的部门，依法制定并以书面形式记载的一系列法律法规和政策。

2. 从性质上看。彝族习惯法因其形成和所调整对象的原因，按等级分门别类地进行制定使用和调整，导致习惯法在彝族内部使用时不具有平等性、普遍性、广泛性。比如，从古至今彝族的习惯法中早已按社会等级将习惯法分成"诺获"和"曲获"两种，因其形成和制定的原因，在彝族内部进行调处纠纷（民事、商事、刑事）时，无法体现和实现在习惯法面前人人平等。从人的地位、经济等方面就已经确定了调处纠纷所使用的根本标准不同，从而导致处理结果的不平等性。而国家法律是从宪法上确定了法律面前人人平等。彝族民间"德古"在适用习惯法调处矛盾纠纷时，一般以之前调解处理过的类似（相同）案例，作重要调处参照依据而进行解决，相当于现代英美法系中的判例法，而我国国家法是大陆法系。

（二）从立法、司法角度使彝族习惯法与国家法之间进行对接互补的问题

从根本上废除陈旧落后体现等级制度部分的民族习惯法，规范确定彝族内部在习惯法和法律面前人人平等的最根本目的，才谈得上彝族地区实现社会主义法治。彝族因其长期历史原因，形成了各历史阶段适合本民族的习惯法。目前，应当高度重视从立法、司法等角度使彝族习惯法与国家法之间进行对接互补。

1. 立法方面。首先分片区（先以乡、镇为单位，后以县为单位）以书面方式，从各家支派系区域范围内收集汇总当地习惯法的具体内容和实施情况，由州彝学会组织，从婚姻（彝族中绝大部分纠纷都因婚姻纠纷引起民事和刑事责任）、民事、商事、刑事、婚丧嫁娶铺张浪费等方面，进行认真梳理和研究。废除部分陈旧落后并与我国法律法规政策有明显冲突的习惯法；对部分虽然没有明显和我国法律法规政策相冲突和抵触的习惯法，要正确引导和规范其内容合法性、可操作性和持续性；对具有积极保护本民族合法权益，有助于本民族平等、公平、公正、安定、团结、和谐、健康发展的，且未与我国法律法规政策相冲突和抵触的习惯法，要加以肯定和发扬。然后汇总编辑成册（习惯总法），经自治州最高权力机关——人民代表大会会议通过，以自治条例性质确定，再依据该习惯总法按各区域彝族特点，制定适宜本区域彝族的习惯总法实施细则。

2. 司法方面。彝族习惯总法立法及实施细则制定后，通过认真培训"德古"，使其掌握该习惯总法内容及本区域实施细则，引导这些民间调解员在国家法的框架下，依据该习惯总法在自愿、公平、平等、协商一致的前提下达成调解协议内容结案。最后通过向辖区人民法院申请确认该调解协议书的法律效力，使其可申请国家强制权力来维护协议权利一方的合法权益，达成习惯法与国家法的通力合作，保障国家法和习惯法的强制性和权威性。

当今社会主义法治建设的使命以及各彝族家支内部、派系之间的安定、和谐、健康等发展的要求，迫切需要规范和制定彝族习惯总法来弥补社会主义法制领域的不足，实现民族区域民族内部矛盾纠纷充分合法自治调处的目的。凉山彝族习惯法应按照科学、严谨、全面等要求，制定统一习惯规范，作为国家法的有益补充，服务于彝族人民，服务于依法治国依法治县的历史使命。

规范乡规民约，推进依法治县
——以冕宁县为例①

中共冕宁县委党校课题组②

本文所说的"乡规民约"特指村规民约，即村民共同制定的行为规范。它是村民自我教育、自我管理的有效形式，对法律法规的实施起辅助作用，可推进依法治县。但是这种作用的发挥，必须以其同法律法规相一致。然而现实中，村规民约不规范、存在与法律法规不完全一致甚至相抵触的情况，这制约了它对法律法规的辅助作用、对依法治县的推进作用。为此，课题组以冕宁县为样本，通过到该县民政局等部门查阅资料，到乡镇、村、组与当地干部和村民座谈，力图摸清目前村规民约的基本情况，特别是村规民约不规范的情况，就如何规范村规民约、推进依法治县提出建议。

一、基本情况

冕宁县属革命老区，1935 年 5 月红军长征曾经过此地，红军长征十大事件之一——著名的"彝海结盟"就发生于此。该县现有人口 39.6 万，面积 4 400 多平方千米，除汉族外，还生活着彝、藏、蒙、回等少数民族，是典型的民族杂居县。冕宁县下辖 38 个乡镇，224 个行政村，8 个社区。课题组在其中的 4 镇 1 乡（漫水湾镇、城厢镇、河边镇、彝海镇、宏模乡），选取 10 个行政村进行了调查，村规民约基本情况汇总如表 1：

表 1　村规民约基本情况表

乡镇、村 / 涉及领域		社会治安	村风民俗	邻里关系	婚姻家庭	安全管理
漫水湾镇	西河村	1. 村民之间团结友爱，和睦相处，不打架斗殴，不酗酒滋事，严禁造谣惑众、搬弄是非 2. 每个村民都要学法、守法，自觉维护法律尊严，积极同一切违法犯罪行为做斗争	1. 提倡社会主义精神文明，移风易俗，反对封建迷信及其他不文明行为，树立良好的民风、村风 2. 红白喜事的管理，喜事新办，丧事从俭，村民过世村两委给予慰问	1. 村民之间要互尊、互爱、互助，和睦相处，建立良好的邻里关系 2. 在生产、生活、社会交往过程中，应遵循平等、自愿、互惠互利原则，发扬社会主义新风尚	1. 遵循婚姻自由、男女平等、一夫一妻的原则，建立团结和谐的家庭关系 2. 自觉遵守计划生育法律、法规、政策，提倡优生优育，严禁无计划生育或超生	1. 加强野外用火管理，严防山火发生 2. 家庭用火做到人离火灭，严禁将易燃易爆物品堆放户内，定期检查、排除各种火灾隐患

① 2015 年度四川省党校系统调研课题。
② 课题负责人：邱宁。课题组成员：杨天全。

续表 1

乡镇、村		社会治安	村风民俗	邻里关系	婚姻家庭	安全管理
						涉及领域
漫水湾镇	西河村	3. 自觉维护社会秩序和公共安全，不扰乱公共秩序 4. 爱护公共财产，不得损坏水利、道路交通、供电、通讯、生产等公共设施 5. 严禁偷盗、敲诈，严禁赌博、严禁替罪犯藏匿赃物 6. 严禁非法限制他人人身自由或非法侵犯他人住宅，不准隐匿、毁弃、私拆他人邮件 7. 严禁私自砍伐国家、集体或他人的林木，严禁损害他人庄稼、瓜果及其他农作物，加强牲畜看管，严禁放养猪牛羊狗等 8. 对违反上述治安条款者，触犯法律法规的，报送司法机关处理。尚未触犯刑律和治安处罚条例的，由村委会批评教育，责令改正	3. 不请神弄鬼或装神弄鬼，不搞封建迷信活动，不听、看、传播淫秽书刊、音像，不参加邪教组织 4. 搞好村庄公共卫生及时清除杂物、污水、污泥等垃圾。不得在道路上堆晒粮食、杂物、柴草、粪土等，做到村容村貌整洁，户户家庭卫生干净 5. 村民建房应服从村庄建设规划，经村委会和上级有关部门批准，统一安排，不扩占、不超高，不得违反规划或损害四邻利益。拆旧翻新应事先申请，须经村委会同意并上报批准后方可，违反村庄规划应主动退让 6. 村内重大事宜实行一事一议，召开村民大会以举手表决方式通过；村务、财务每季度进行公示，实行公开透明操作 7. 积极参加有益的文体活动，提倡见义勇为，伸张正义 8. 关心教育事业，热爱学校，尊重老师，关心学生，提倡学习科学文化知识，对村内贫困学生村委会给予无偿资助上学 9. 对违反上述规定的给予批评教育，出具检讨书，严重的在村内通报并交上级部门处理	3. 邻里纠纷应本着团结友爱、大事化小、小事化了、公平、公正的原则协商解决，各村民小组协商达不成共识的可申请村调解委员会调解，如果双方仍有异议的逐级反映，不得以牙还牙，以暴制暴 4. 违反上述规定的给予批评教育，出具检讨书，情节严重的在村范围内给予通报并交上级有关部门处理	3. 婚姻大事本人做主，反对包办干涉，男女青年结婚必须符合法定结婚年龄要求 4. 夫妻地位平等，共同承担家务劳动，共同管理家庭财产，反对家庭暴力 5. 子女应尽赡养老人的义务，严禁虐待老人 6. 违反上述规定的给予批评教育，出具检讨书，情节严重的在村范围内通报并交上级有关部门处理	3. 对村内、户内电线要定期检查，损坏的要及时修理更新，严禁乱拉乱接电线 4. 加强村民尤其是少年儿童安全用火用电知识宣传教育，提高全体村民消防安全知识水平和意识 5. 对违反上述条款者，触犯法律法规的，报送司法机关处理。尚未触犯刑律和治安处罚条例的，由村委会批评教育，责令改正

续表1

乡镇、村	涉及领域	社会治安	村风民俗	邻里关系	婚姻家庭	安全管理
城厢镇	大垭口村	与西河村相比，多出以下内容：1. 不吸毒、贩毒，不走私贩私 2. 严禁非法生产、运输、储存和买卖爆炸物品；经销烟花爆竹等易燃易爆物品须经公安机关等有关部门批准。不得私藏枪支弹药，拾得枪支弹药、爆炸物品要及时上缴公安机关 3. 不调戏妇女 4. 遵守户口管理制度，出生、死亡要及时申报和注销 与西河村相比，少了以下内容：无西河村的"7""8"两条	与西河村相比，多出以下内容：1. 杜绝举办迎学酒、乔迁酒、生日酒 2. 不搞宗派和宗族活动，反对家族主义 3. 村民应积极支持两委的各项工作 4. 本村土地不得买卖或转让给盲流户。5. 婚嫁礼节性彩礼不得超过9.8万元；葬礼用餐，宰牛祭牛不得超过3头 与西河村相比，少了以下内容：1. 村民过世村两委给予慰问 2. 不请神弄鬼或装神弄鬼，不搞封建迷信活动 3. 对村内贫困学生村委会给予无偿资助上学 4. 无西河村的"9"条。	无西河村的"4"条	与西河村相比，多出以下内容：父母应承担未成年子女的抚养教育义务，不准虐待子女，不准使中小学生中途辍学 与西河村相比，少了以下内容：1. 子女应尽赡养老人的义务，严禁虐待老人 2. 无西河村的"6"条	无西河村的"2""4""5"条
宏模乡	文家屯村	与西河村相比，多出以下内容：1. 遵守交通规则，自觉做到不超载、不超速、不无证驾驶和酒后驾驶，严禁非法运营，如有违反后果自负 2. 不制毒、吸毒、贩毒 3. 严禁越级上访、无理缠访，违者按信访条例追究责任 与西河村相比，少了以下内容：无西河村"1""5""6"条	与西河村相比，多出以下内容：1. 本村党员、村组干部如有婚丧嫁娶之事，应向乡纪委书面申请报备 2. 本村村民严禁将房屋、土地出售给外来户，村组不得办理任何入户手续，望广大村民互相监督 与西河村相比，少了以下内容：无西河村的"2""3""5""7""8"条	与西河村相同	与西河村相比，多出以下内容：父母应尽抚养教育子女的义务 与西河村相比，少了以下内容：无西河村的"1""3""4"条	与西河村相同

89

续表1

乡镇、村 涉及领域		社会治安	村风民俗	邻里关系	婚姻家庭	安全管理
河边镇	桂花村	与文家屯村相同	与西河村相比，多出以下内容：禁止挖掘机、装载机下河，非法挖沙采石、取土等行为，如有非法下河挖沙采石者处2000至20000元罚款 与西河村相比，少了以下内容：无西河村"2""3""5""7""8"条	与西河村相同	与文家屯村相同	与西河村相同
	新安村	与桂花村相同	与桂花村相同	与桂花村相同	与桂花村相同	与桂花村相同
	蛟龙村	与桂花村相同	与桂花村相同	与桂花村相同	与桂花村相同	与桂花村相同
	胜阳村	与桂花村相同	与桂花村相同	与桂花村相同	与桂花村相同	与桂花村相同
彝海镇	彝海村	与西河村相比，少了以下内容：无西河村的"6""7"条	与西河村相比，多了以下内容：婚嫁礼节性彩礼不得超过9.8万元，超出的由村委会没收超出部分金额。葬礼用餐，宰杀牛不得超过5头。每超一头罚款0.5万元，发得款项用于村委会帮扶资金 与西河村相比，少了以下内容：1.无西河村规定的"村民过世村两委给予慰问" 2.无西河村的"5""6""7""8"条	与西河村相比，少了以下内容：无西河村的"4"条	与西河村相比，多了以下内容：父母应尽抚养教育未成年子女的义务，禁止歧视、虐待、遗弃女婴，破除生男才能传宗接代的陋习 与西河村相比，少了以下内容：无西河村的"6"条	与西河村相比，少了以下内容：无西河村的"5"条

涉及领域 / 乡镇、村						
彝海镇	盐井村	与西河村相比，多了以下内容： 1. 严禁单位和个人非法制造、买卖、私藏管制刀具、火枪等凶器和危险品；严禁吸毒、贩毒 2. 严格执行信访条例，不得违法违规上访 3. 凡符合服兵役条件的本村村民，都有服兵役的义务 与西河村相比，少了以下内容： 1. 严禁敲诈，严禁替罪犯藏匿赃物 2. 不准隐匿、毁弃、私拆他人邮件 3. 严禁损害他人庄稼，加强牲畜看管 4. 无西河村的"1""2"条	与西河村相比，多出内容与彝海村相同 与西河村相比，少了以下内容： 1. 无"村民过世村两委给予慰问" 2. 无西河村的"5""7""8"条	与西河村相比，少了以下内容：无西河村的"1""2"条	与西河村相比，多了以下内容： 1. 法定监护人应保证子女接受9年义务教育 2. 任何人不得剥夺已婚女子的合法继承权。丧偶女子有继承遗产和带户再婚的权利 与西河村相比，少了以下内容：无西河村的"1""3"条	与西河村相比，少了以下内容：无西河村的"2""3""4"条
	勒帕村	1. 凡故意毁坏、盗窃、偷摸集体和个人财物者，除追究回原物外，处罚200至500元。夜间出动偷摸者加倍处罚 2. 凡是聚众闹事，煽动宗派纠纷，故意殴打他人造成直接损伤的，除赔偿医疗费外，损失和损坏财物，除依法追究责任和照价赔偿外，并处罚款500至2 000元 3. 不准猪牛羊鸡鸭等牲畜糟蹋集体和个人农作物。违者，除赔偿损失外，罚款50至100元 4. 对于有病的牲畜不准出卖，病死牲畜要深埋村外。否则，每户罚款200元 5. 凡擅自盗伐集体和个人林木者，罚被盗伐林木价值的2至5倍；夜间盗伐者，加倍处罚	1. 婚嫁礼节性彩礼不得超过9.8万元，超过的由村委会没收超出部分金额。葬礼用餐，宰杀牛不得超过5头。每超一头罚款0.5万元，用于村委会帮扶资金 2. 提倡讲文明树新风，尊师重教，美化村容，开展文体活动，抵制反动、淫秽书画影音 3. 保护村容清洁卫生，不准在村里巷道、公路和村内公共场所等堆放猪牛栏肥，违者除限期清除外，罚款50至100元	无	无	1. 不准擅自私接电线，由此造成的故障和损失，除照价赔偿外，另处罚款100至200元 2. 护林防火，人人有责。发现野外火源，村民要在第一时间向村两委报告 3. 村民野外用火发生火灾损失的，除应赔偿经济损失外，视情节轻重追究法律责任

以上汇总情况表明：

（1）10个行政村的《村规民约》，内容涉及五大领域，即社会治安、村风民俗、邻里关系、婚姻家庭、用水用电用火安全及其管理。其中社会治安含信访，村风民俗含婚嫁葬礼约定、房地管理、环卫，邻里关系含邻里交往原则、邻里纠纷处理，婚姻家庭含婚姻原则、家庭关系、计划生育等。

（2）10个行政村中，彝海镇的彝海、盐井、勒帕3个村是民族（彝族）聚居村，其余7个村为非民族聚居村，两类行政村村规民约具有各自特点。彝族聚居村对婚嫁礼节性彩礼最高金额（9.8万元）有严格限定，并对丧葬用餐宰牛最高头数（5头）有严格限定。非民族聚居村则对村民建房、维修房屋及土地房屋转让有严格约定，并对村民信访，特别是越级上访有严格约定。

（3）这些村规民约对于下述法律法规具有辅助作用：《社会治安管理处罚条例》《信访条例》《兵役法》《环保法》《四川省城乡环境综合治理条例》《土地管理法》《城乡规划法》《森林法》《森林法实施条例》《道路交通安全法》《婚姻法》《动物防疫法》《人口与计划生育法》《四川省人口与计划生育条例》《义务教育法》《消防法》《电力设施保护条例》《公路安全保护条例》《四川省水利工程管理条例》《四川省通信设施保护规定》等。

二、不规范情况

从10个行政村的村规民约情况汇总表中可以看出，总体上村规民约对法律法规具有辅助作用，但同时还存在着制约这种作用发挥的不规范情况：

（1）一些村规民约条款结构不完整，只有主张没有措施。结构完整的村规民约条款应有两个部分，第一是提倡什么或反对什么，第二是违反者怎样处理惩戒或模范执行者如何鼓励褒奖的措施。前者是村规民约条款的主体，是后者的基础；后者是对前者的落实，是前者的保障。没有前者就谈不上后者，没有后者前者就无法落实，二者构成结构完整的村规民约条款。在调研中笔者发现，村规民约条款存在有主张而无落实措施的问题，如大垭口村全部村规民约条款均是如此，这就使其村规民约条款乃至整个村规民约不具有实效性，无法发挥其对法律法规的辅助作用。

（2）有的村的村规民约条款中关于处理惩戒的规定，其合法性存疑，主要表现为处理惩戒依据的合法性存在问题，或执法主体合法性存在问题。如勒帕村关于社会治安领域的全部（5条）条款，关于村风民俗领域的"1""3"条款，关于安全管理领域的"1"条款就存在这样的问题，这制约了村规民约辅助法律法规作用的发挥。

（3）少数村的村规民约涉及领域不全，存在某些领域为空白的问题。如勒帕村，其村规民约在邻里关系和婚姻家庭两大领域均为空白，没有覆盖这两大领域，致使该村村规民约在这些领域对法律法规的辅助作用为零。

（4）少数村村规民约的部分条款的主张欠妥。如大垭口村村规民约条款主张的"本村土地不得买卖或转让给盲流户"，文家屯村村规民约条款主张的"我村村民严禁出售房屋、土地给外来户"，这两种主张在城镇化已成为潮流的今天就显得很不适宜。

（5）村规民约条款措施部分只有惩戒没有鼓励。所调查的 10 个行政村村规民约条款措施部分只有对违反者怎样处理惩戒的规定，没有对模范执行者如何鼓励褒奖的规定，措施只有惩罚没有奖励，这也制约了村规民约辅助法律法规作用的发挥。

（6）一些村的村规民约雷同，如河边镇 4 个村的村规民约完全相同，说明了这些村村规民约制定不规范，没有经过村民充分民主讨论，出于少数人包办，其针对性和实效性令人怀疑。

三、规范化的建议

针对以上不规范情况，结合冕宁县情，我们提出以下建议：

（1）村规民约条款有主张无措施的要加入关于措施方面的内容，使每一条款既有主张，又有措施，结构完整具有实效性，能够发挥对法律法规的辅助作用。

（2）条款措施不能只有惩戒而无褒奖，适宜褒奖的要有这方面的规定，使村规民约辅助法律法规的作用得到更好实现。

（3）条款中惩戒罚款的规定要慎重，无合法依据或执法主体不合法的惩戒罚款规定应改正，使村规民约与法律法规相一致，才能起到辅助作用。

（4）条款中与现行法律法规或党的方针政策不一致的主张应改正，使村规民约辅助法律法规的作用得以发挥。

（5）推进村规民约全领域覆盖，消除未覆盖的空白领域，充分发挥其对法律法规的辅助作用。

（6）对于条款雷同甚至于全文完全相同的村规民约，要规范制定，返回各村经查明充分民主讨论，重新制定，以增强其针对性和实效性，使其能对法律法规的实施起辅助作用。

（7）建议县级主管部门（民政部门）牵头，依靠乡镇党委政府，在现有村规民约基础上，针对存在的不规范问题，指导村民完善村规民约，发挥其对依法治县、依法治村的积极推进作用。

冕宁县安宁河流域源头的生态保护现状调查报告[①]

中共冕宁县委党校课题组[②]

安宁河属长江上游水系，全长 337 余千米，支流 59 条，流域面积11 150平方千米。安宁河谷大平原，是川南地区最大的平原、四川第二大平原。流域区内土地肥沃、光热资源好，矿产资源、水利资源丰富。由于安宁河的特殊地理位置，区域内得天独秀的自然地理及资源条件，它不仅是凉山州、攀枝花市而且也是四川省的聚宝盆。然而，目前整个安宁河流域生态环境脆弱，有些地方植被稀疏，甚至成为光秃秃的山丘。仅西昌市水土流失面积就达1 109.57公顷，西昌市城区及邛海周边的飞播林，目前已损失近四分之一；个别地方工业布局的不合理，企业及城镇居民废水、垃圾的乱排乱放，使安宁河水受到不同程度的污染，局部流域重金属元素超标。众所周知，经济发展与环境保护存在着密切的关系，既相互制约又相互促进，面对严峻的现实，我们要转变观念实现科学发展，抓好安宁河谷"龙头"的环境保护，加快安宁河谷生态文明建设，其生态环境质量的好坏、生态文明程度的高低，直接关系到整个安宁河谷生态环境保护和生态文明建设，关系到"建设美丽富饶文明和谐的安宁河谷"战略的推进。

一、安宁河流域源头的生态情况

安宁河，汉代称为孙水，晋代称白沙江，唐代称长江水，其北源称长河。因元代有泸沽治所，故又名泸沽水，明代称宁远河，清代始名安宁河。它是凉山的母亲河，是雅砻江下游左岸最大支流，是凉山境内工农业生产最发达的地区。它源于横断山脉小相岭之阳糯雪山与菩萨岗，主峰海拔4 552米。流域地处雅砻江以东，位于东经 101°51′～102°48′、北纬 26°38′～28°53′之间。东以小相岭、螺髻山、龙帚山为界，西与雅砻江相接，北以小相岭为界，南以鲁南山为界。东源苗冲河（原名柯别河），西源北茎河，两源在冕宁县大桥镇处汇合后始称安宁河。流域面积11 150平方千米，安宁河全长 337 千米，凉山境内长 222 千米，水面平均宽 73 米。干流长 303 千米，落差 936 米。安宁河在攀枝花市境内流域面积为1 368平方千米。安宁河流域形状呈带状，流经冕宁、西昌、德昌 3 县市及攀枝花市的米易县，于米易县安宁乡湾滩汇入雅砻江。

安宁河水量丰沛，径流主要是降水和地下水补给，时空变化规律同降水基本一致，

---

① 2015 年度四川省党校系统调研课题。
② 课题负责人：马玉兰。课题组成员：李燕。

其主要特征是：年际变化不大，年内分配极不均匀，径流深由北向南递减，出界处多年平均流量217秒立方米，径流量69.1亿立方米。主要支流有18条，其中流域面积大于500平方千米的有4条，即孙水河、海河、茨达河、锦川河。流域面积小于500平方千米、大于100平方千米的河流14条。干支流多以直角交汇，形成典型的羽状水系。孙水河汇口以上为上游段，大桥至安宁桥为峡谷区，安宁桥至泸沽以宽谷为主，间有盆地；孙水河至锦川河口为中游段，多为宽谷，谷宽为2～5千米，以西昌段为最宽，可达8～12千米，河床有浅滩沙洲；锦川河口以下为下游段，河谷宽窄相间，有少数间盆地。

安宁河沿途纳入支流较多。较大支流有孙水河（流域面积1 618平方千米）、海河、锦川河、茨达河等。流域面积500平方千米以上的支流中，除茨达河在右岸注入外，余皆在左岸。该河上段为冕宁安宁桥以上，河谷以宽谷为主，间有盆地。中段安宁桥至德昌黄水塘，长约135千米，河谷全为宽谷，地势平坦，阡陌纵横，是凉山彝族自治州最重要的农业区。河床多有浅滩、心滩、沙洲。安宁河洪水灾害主要集中在泸沽至西昌一带。下段黄水塘至河口，长约120千米，河谷宽窄相间，水流曲折。

安宁河贯穿的西昌工业基地又是凉山彝族自治州的农业区，开发任务以发展灌溉、减轻洪水灾害、保证工业及城市生活供水为主。已建成的大桥水库是以农业灌溉用水、城乡生活用水、工业供水、防洪、生态保护用水为主，结合发电、水产养殖、旅游等综合利用的大型准公益性水利工程，是目前凉山州建成的唯一一座大型水库，蓄水量6.7亿方。水库区域山清水秀，风景优美，大桥水库兼顾发电、防洪、水源保护、旅游等综合效益。

近年来由于工业、农业、经济和人们生活活动的加剧，随着经济社会的发展，各类建设项目大量增加，导致生态恶化、水质污染等一系列环境问题出现，已威胁到人民群众饮水安全和健康生活。主要污染源有工业污染物、生活污染源、农业污染源等。面对这些新的挑战，必须采取相应的对策和措施，经济的发展不能以牺牲环境为代价，发展经济应与保护环境同步，把良好的环境作为社会发展的重要指标，保护与改善环境，做到人与自然和谐相处。冕宁县水土流失面广量大，流失的水土作为载体在输送大量泥沙的同时，也向江河湖泊输送了大量有机物质、化肥、农药和生活垃圾等污染物。冕宁水环境质量有下降的趋势。在当前各地城市河流"有河皆浊，有水皆污"的大背景下，安宁河也遭到污染。环境保护治理工作是贯彻落实科学发展观、构建和谐社会的重要举措，是优化发展环境、改善人居环境的惠民工程，关系群众的安全和健康，关系本地形象和竞争力。

确保安宁河流域的水质安全，对凉山农业、工业、地表水和地下水源保护、群众的生产生活乃至长江水质都具有重要的意义。安宁河流域沿线有大量工业企业，污染源状况不容乐观，必须引起高度重视，目前安宁河流域主要污染源企业近50家，特别是重金属污染、稀土和金属矿洗选如镉、铅、汞、氟化物等特征性污染。目前凉山州受污染的耕地约有37.5万亩，多数集中在安宁河流域，每年因重金属污染造成直接经济损失超过4 500万元。土壤污染问题已成为威胁农产品安全、制约村民致富的因素之一。

二、安宁河流域源头存在的环境问题

因各种污染，安宁河水质大不如前，与真正的绿水长流有不小差距。农村大量使用的化肥、农药，在地表径流和地面水的作用下，进入境内的河流、湖泊，加上有的工业污染源没有得到治理，城镇用水量增加而形成生活污水俱增，未经处理排入水体，使水体受到不同程度的污染。水体总氮总磷有超标现象，大桥水库、安宁河98%的总氮总磷来自地面水。安宁河在冕宁县境内的两个监测断面点位粪大肠菌群超标，牦牛坪选矿废水污染问题和尾沙堆放问题十分突出，在一定程度上存在着"产品流出，污染留下，财富流出，贫困留下"的发展困境。

安宁河流域还是泥石流多发区，1990—2005年共发生泥石流灾害29次，境内降雨分布不均，暴雨引发山洪、泥石流等灾害，继而引起水土流失，给冕宁县造成了很大影响，制约了社会经济的良性发展。

1. 大桥水库存在水源污染情况。大桥水库位于大桥镇，大桥镇有8个行政村，人口16 398人，1991年因为修建水库进行了移民，但是有些移民因为离不开故土，又再次回迁。水库周围的农家乐和村民们的生活污水全部排入水库，库区周围还有几家淀粉厂和一家鱼类养殖厂，其污水和鱼饵等也排入水库。大桥镇目前发展安宁湖旅游，游客也带来一些垃圾。

2. 安宁河沿河污水问题比较严重。多数地方没有污水处理设施，目前只有县城和漫水湾在建污水处理厂。冕宁县城的生活污水处理厂于2014年建成，污水收集管网覆盖率比较低，2014年上半年处于试运行阶段，但进水量不足，达不到试运行验收的进水量要求，冕宁县人民政府已组织各有关部门，全力推进县城城市污水管网的建设和完善，预计2015年12月底才能抢通。2014年《省责任书》项目漫水湾镇污水处理站，由于多方面原因，致使工程进度滞后，还没有形成减排量。

2005年以前垃圾堆放场位于城厢镇茶约村，是临时堆放场，没有五防渗漏等措施，后在林里乡丰收村神仙沟新建垃圾填埋场，服务年限为2008—2022年。冕宁县道路机械化清扫率比较低，有些乡镇垃圾露天堆放或者随风飘舞，没有做无害化处理。

3. 冕宁县安宁河上游重金属污染区域综合整治工程2015年无法完成建设。粗放型工业生产和高投入高排放，造成环境质量下降。首先是牦牛坪稀土矿区一期工程恢复重建存在的问题。在牦牛坪矿区修建的水泥坝在2014年"7.17"山洪泥石流灾害发生后，四川省检查院在2015年3月对该项目介入调查，根据省检察院委托的四川省安全生产监督管理局（四川煤矿安全监察局）安全技术中心的质量鉴定意见，该项目可行性研究报告及实施方案设计依据及参数不全，缺相关河堤水文及地质灾害危险性评估、行洪论证与河势稳定评价报告等资料，设计成果的基础资料不全，设计内容和深度不够，设计成果未完全达到《堤防工程设计规范》与《水工挡土墙设计规范》等相关规范规定的要求。由于以上各种原因，要待省州明确项目责任后，再按照国家建设项目相关规定进一步完善恢复重建工程的《行洪论证报告》《地质灾害风险性评估》等相关手续，重新设计、重新建设。其次是二期工程建设存在的问题。二期工程实施区域的环境状况与《实施方案》制定时发生了较大变化，且其建设内容与四川江铜稀土有限责任公司的"四川冕宁牦牛坪稀土矿矿山环境恢复治理项目"重合，二期工程"牦牛坪矿区废渣污染综合整治工程"和四川江铜稀土有限责任公司整个矿山环境治理方案对接优化，《实施方案》已逐级转报省环保厅，待审查批复后实施。二期工程只属于"四川冕宁牦牛坪稀土矿矿山环境恢复治理项目"的一小部分，为确保治理工程的统一性和完整性，达到预期治理效果，冕宁县环保局建议二期工程由四川江铜稀土有限责任公司统一组织实施，但是目前还没有启动。

4. 固体废弃物处理存在问题。冕宁县工业固体废弃物较多，综合利用率不高，造成新的污染，如牦牛坪矿山、后山滑石矿、泸沽铁矿等。生活垃圾的无害化处理尚未完全解决，水电的开发和公路建设废渣、废石无序堆放等问题仍然存在，现有工业区防治污染的设施严重滞后。

5. 农业面源污染严重。养殖园区集约化程度不高，畜禽粪便未经处理，污染比较严重，农业园区基础设施不完善，尚未形成循环经济。

6. 南河的治理存在问题。目前在县城段沿河修筑了堤坝。但是由于牦牛坪矿区的水土流失问题没有得到根本解决，南河重金属污染超标，早年在南河边建成的稀土洗选厂建设也不合理，废水全部排入南河。县城及沿河的生活垃圾、废水、化肥、农药等随着地表径流未经处理就排入河道的问题比较严重。

7. 孙水河的生态问题由来已久。孙水河发源于昭觉县泥地乡，流经喜德县的 8 个乡镇，于冕宁县泸沽镇注入安宁河干流，河道全长 95.2 千米，其中在喜德县境内河道长 70.19 千米。由于人口增多，土地无序开发，森林破坏、植被破坏等多种原因，加之早年因为建了泸沽铁矿，河水常年呈现为铁锈色，水土流失比较严重。最近 10 年，孙水河洪灾造成的直接经济损失高达 4 520 万元，平均两三年就要发生一次特大洪灾，特别是 2012 年 8 月 31 日，因连续强降雨，孙水河河水暴涨，河水水位越来越高，夹杂着大量泥沙乱石，最大流量达到 2 400 立方米每秒，洪峰猛烈、水势猛涨，洪峰退后初步统计，喜德县受灾群众达 98 000 余人，房屋被淹 7 000 余户，冲毁房屋 126 间，冲毁道路 26 千米、桥梁 9 座。冕宁县泸沽老桥被冲毁，防洪堤冲毁 2 000 多米，造成冕宁县 21 个乡镇、58 255 人受灾、69 352 万元直接经济损失，还造成 1 名群众死亡，参与救援的 2 名武警战士牺牲、1 人失踪。

喜德县米市水库位于孙水河上游，对整个安宁河流域的防洪、灌溉和供水起着关键作用，关系着喜德、冕宁、西昌、德昌和米易等县市发展。从 20 世纪 50 年代开始，米市水库建设就提上日程，可是到目前，米市水库依然未进入项目的实质性阶段。长期以来孙水河流域的森林植被遭受严重破坏，水土流失严重。雅砻江流域 80% 的泥沙来源于安宁河流域，安宁河流域 80% 的泥沙来自孙水河，大量的泥沙加剧了安宁河流域的洪水灾害，可以说，孙水河不治，安宁河不安。

孙水河治理的关键在米市水库，米市水库一旦建成，不但可以弥补控制性水库工程的不足，减轻喜德县城、冕宁泸沽镇、西昌城区和安宁河沿线的防洪压力，还可以与大桥水库联合操作，共同削减干流洪峰作用，米市水库的建设及相应的造林水土保持工程可以改善孙水河上游区域的生态环境，减少水土流失。但是初步估计修建的静态总投资要 10.5 亿元，出于生态效应的长远考虑，凉山州对喜德县有个明确要求，即米市水库的修建和孙水河的水能开发必须捆绑发展。捆绑发展的回报周期更长、回报率更低、经济效益非常低，米市水库的建设主要体现为生态效益，经济效益并不明显，因而各方企业都觉得搞这样的投资不划算。开发商普遍对孙水河水能开发更感兴趣，对必须捆绑建设的米市水库缺乏热情，且仅完成项目前期工作，就需要预计 1 亿元的投入，如果没有政府主导资金介入，企业投资缺乏撬动，即使签约，最终也会出现履约困难的情景。目前该水库已被纳入《西南五省区抗旱水源规划》，但要进入国家"十三五"规划，任务还很艰巨，道路还很漫长。

8. 沿河干支流垃圾问题严重。沿河而建的一些小型工厂的废弃物全部倾倒入河，还有一些建筑垃圾也偷偷倒入河边。如冕宁漫水湾供水中心为保护渠道内的水质和水环境，投入资金 120 万余元，分别在冕宁县漫水湾闸首、漫水湾电厂、西昌市理经堡闸房、西河泄水闸、攀钢钒钛基地分水闸等渠道沿线安装了 8 台捞渣机。除此之外，该公司还在冕宁杠河、西昌深沟桥、石花园、团结水库、大烂坝和德昌鹿厂沟 6 处倒虹管的进口安设了 6 道拦污栅，并在理经堡、攀钢西昌钒钛基地等地修建垃圾填埋池，将收集的垃圾、漂浮物进行填埋或焚烧处理，捞出垃圾做无害化处理，每年处理垃圾 100 多吨，处理费用约 20 万元。同时，大桥公司还定期印制宣传单向渠道沿线的各乡镇、村、组、村民、单位发放，呼吁群众不要向渠道内随意倾倒垃圾。

三、安宁河流域源头生态环境保护建议

要想搞好安宁河流域源头的生态环境保护，不是一个或者几个单位的事，它是一项系统工程，涉及工业、农业、社会、生态等各方面，需要全社会加以高度重视。通过调研，我们提出一些措施和建议：

（一）落实生态建设规划

冕宁县政府委托四川农业大学资源环境学院编制的《冕宁生态县建设规划（2007—2020 年）》，以防治环境污染，建设健康生态系统定位，生态县建设工作为主要内容。此规划包括全县 38 个乡镇，以 2006 年为基准年，规划期分两个大的阶段。第一阶段是 2007—2015 年省级生态县达标阶段，第二阶段是 2016—2020 年国家级生态县达标阶段。以国家环保部生态县建设指标体系为标准，结合冕宁实际确定了经济发展、环境保护、社会进步三个方面共 34 个指标，构成冕宁生态县建设的指标体系。全县划分为三个区域：重点开发区、限制开发区、禁止开发区。重点开发区集中在东南部，工业限制开发区在安宁河流域、雅砻江流域以及冕宁县规划城区，工业禁止开发区是彝海、卫星发射基地、灵山寺景区、冶勒自然保护区等区域。稀土工业采选区集中在牦牛坪矿区，稀土深加工区集中在复兴镇工业园区和漫水湾稀土新材料工业园区，工业园区建设实行一体化管理，即废弃物一体化回收。

2008 年，中国水电顾问集团华东勘测设计研究院编制的《安宁河流域水污染防治规划》通过专家评审，以安宁河流域水环境质量改善为目标，以全面达到水环境功能区

划水质要求、确保安宁河流域水环境安全、促进流域内经济社会持续发展为目标，以确保流域内地表水环境质量达标为主线，以产业结构调整、清洁生产、总量控制为根本措施，以城镇生活污水、垃圾处理、工业污染治理、农村水源污染治理、集约化养殖污染治理和达标排放为重点，把流域内水污染防治与区域开发、产业结构调整、基础设施建设和生态环境保护与建设有机结合起来，统筹规划，突出重点，分期实施，实现流域内水环境质量达标和生态环境持续改善，实现安宁河流域经济、社会环境和谐共处和协调发展。2014年5月23日，凉山州人民政府批准同意将大桥水库作为西昌备用饮用水源地，已完成《凉山彝族自治州大桥水库水源地环境保护规划工作大纲》，但目前大桥水库水源地保护措施尚未全面展开落实。

（二）加强环境保护制度建设

1. 加强环境宣传教育。认真组织职工和企业、群众、学生对新环保法的学习和培训，开展送科技下乡、"六五"环境日宣传等环保宣传教育活动，不断提高各界的环境保护意识，增强群众珍惜环境、保护环境的意识，培养人们保护水源、共同维护生态环境清洁的意识，形成全社会参与水土保持、保护环境的氛围。

2. 建立健全管理协调机制。水环境综合整治工作包括植树造林、防洪排涝、污水截流、水质监控以及日常管理等方方面面，需要水利、建设、环保、林业等相关部门及各相关乡镇的相互配合与大力支持，同时也与沿河各县市的配合有关。目前的整治工作主要集中在环保、水利等主管部门，难免势单力薄。应成立水环境综合治理领导小组，由各相关部门单位组成，明确各自职责，明确工作计划和任务，相互配合，齐抓共管。

3. 加强建设项目管理工作。加大新、改、扩建项目的环境管理力度，实现污染的源头控制，积极开展县域重大规划和项目的环保协调服务工作，促进地方发展。要严格执行安宁河流域矿产资源开发的准入制度。安宁河流域矿产资源丰富，但是对一切私挖滥采破坏矿产资源和生态环境的不法行为，要坚决从重、从严打击，对已经开发和正在开发的矿山应进行严格管理，要禁止矿渣、污水、废水等的随意排放。

4. 加强环境监测和监察执法工作。全面开展县域环境监测，完成县环境监测站达标工作和空气自动站的验收、启用，为全县环境污染的监管和控制提供可靠监测数据。加大县域环境监管执法力度，预防环境污染事故发生，切实维护环境安全；畅通环境信访渠道，加强环境信访处置，维护社会稳定；加强排污费的征收，以收费促管理。

（三）强化生态环境保护工作

1. 严禁退林还地。安宁河流域的开发建设应科学规划，严格实施，绝对不能对已退耕还林的山地、林地等进行复耕、复种，也不能开垦对生态环境有保护作用的"荒地""荒滩"。

2. 提高植被覆盖率。安宁河流域（凉山段）从冕宁的大桥水库汇水盆地到德昌的永郎部分区段植被稀疏，森林覆盖率还不高。因此，应进一步加强植树造林活动，相关县市应根据安宁河流域开发的总体规划，不但要因地制宜种植水果类经济林，还要大量种植常绿的乔木及观赏林等，逐渐提高植被覆盖率，不但可以减少水土流失，而且美化了环境。

3. 适度开发流域内水利资源。安宁河流域水利资源丰富，水电开发的潜力较大，经济效益显著。但在进行水电开发时，不能无节制地对流域内支流进行全流域的梯级式开发，应控制小水电的开发力度，要充分考虑流域地质环境、生态环境的承载能力，不能竭泽而渔，要改变"不能让水白白流淌，应最大限度的开发利用"的错误观念，这是因为水电开发造成的原生态环境和水环境的破坏是难以恢复的，水的流淌既是生态资源的存在形式，也是在维护着生态环境。

流域内由于砂石过度开采，资源逐步枯竭，生态环境也受到了影响，还出现了地下水位快速下降、河堤及田块坍塌等问题。西昌市政府也将砂石生产行业转型升级列入西昌产业发展的重要事项。自 2014 年起政府工作人员深入安宁河沿岸进行宣传和调查，对砂石量不足且加工合同已经到期的砂石生产点执行关停措施，直到 2016 年全面关闭所有采砂场。同时西昌市将积极与重钢西昌矿业有限公司合作，充分利用表外矿细碎后制造建筑用砂，以实现节能降耗和污染减排目标，全面让砂石行业转型。2014 年在太和工业园区，占地面积 60 亩的表外矿和废石综合回收利用项目一期工程正在进行最后的收尾工作，这套设备一年能够处理表外矿、废石 200 万吨，可以回收有价值的矿石 72 万吨，同时生产出符合建筑用标准的砂石料 114 万吨。2015 年，重钢集团西昌矿业还将投入 4.5 亿元进行废石抛尾综合利用项目二期建设，于 2016 年投入使用。两期废石抛尾综合利用项目建成使用后，每年能够为西昌市提供 700 万吨的建筑用砂石，充分满足市场的需求。

4. 建立安宁河流域生态补偿机制。按照"谁开发、谁保护，谁破坏、谁恢复，谁受益、谁补偿"的原则，明确界定环境保护与恢复责任，依法征收水资源费、排污费、水土保持费、环境恢复费等，逐步建立起生态补偿机制。同时，应该加快省级生态乡镇、州级生态村、县级生态家园创建和饮用水源地立标工作，确保冕宁生态建设任务的完成。

（四）加大节能减排力度

1. 严禁工业污染。凉山州的大部分冶金、化工、食品、药品等工矿企业都分布在安宁河流域区。应进一步加强这些工业企业的管理，使这类企业合法、规范生产经营。要求一切从事生产加工有废气、废水、废物排放的企业，必须具备废气回收处理系统，完善废水、废物处理设施，明确规定相关企业污染物排放标准，要求选矿、冶金、化工、饮品、食品、药品等企业尽量做到污水、废水、废气的全部回收利用。

2. 完成冕宁县安宁河上游重金属污染区域综合整治工程。冕宁县环保局等多家单位一直在积极争取上级支持，加快工程实施进度，全力推进冕宁县安宁河上游重金属污染区域综合整治工程"一期工程"的恢复重建；力争取得省环保厅批复，将二期工程纳入四川江铜稀土有限责任公司的"四川冕宁牦牛坪稀土矿矿山环境恢复治理项目"，由江铜稀土有限责任公司统一组织实施。加强主要污染物减排工作。认真分解落实减排目标任务，积极发挥结构减排、工程减排、监管减排三大措施，确保建成的生活污水处理厂（站）正常稳定运行，全力推进减排工作，完成减排任务。

3. 进一步加强城乡居民的生产、生活垃圾管理。安宁河流域城镇分布密集，人口众多，应严格管理、科学处理城乡居民的生产、生活垃圾、污水、废水，杜绝各类垃圾（特别是建筑垃圾）及未经处理的污水、废水直接排入安宁河。加强水源保护，以水源为中心构筑"生态修复、生态治理、生态保护"三道防线，实施污水、垃圾、厕所、环境、河道同步治理。有效地防止面源污染物进入水体，保护水源，净化水质，加快污水截流管网建设。

一是考虑到安宁河水质生活污染比重较大的实际情况，加大生活用水特别是餐饮及休闲服务业用水中水污染治理成本在总水价中的比重，通过提高使用成本，提倡节约用水，控制水资源使用和生活污水排放总量。二是加快城区污水截流管网改造。按照城区管网改造规划，逐步健全污水截流管网，实施雨污分流，确保工业和生活污水不排入城区河道，全部进入污水处理厂，努力增加城市污水处理率。三是重点加强污水排放监控。加强对列入淘汰目录中污染水环境的设备、工艺的监管，对违法违规建设不符合国家产业政策的化工、印染等严重污染水环境的生产项目，及时责令停业、关闭或搬迁。注重以水定项目、定地点、定发展，实施水环境保护一票否决。同时继续推进产业结构的战略性调整。四是加大现有污染企业的治污力度。严格污染企业设备淘汰制度，定期检查、公布污染企业被限制或禁止生产的生产工艺及设备的使用期限，加大对严重超标排放污染企业的监管和查处力度，对污染严重的企业要下决心"关、停、并、转"，从严控制安宁河沿岸工业企业的污染排放总量。

总之，如果没有安宁河，就没有四川的第二大平原，随着社会的进步和生态与环境保护工作力度的加大，水污染将得到有效控制，水质将得到改善。关键是政府如何控制区域内企业和沿河两岸居民尽量减少污染物（如工业废水、生活污水和垃圾等）的排放，不要使安宁河成为纳污河，进而影响到冕宁县和全国同步小康的发展。

木里县干部培训与藏区稳定情况调研①

中共木里县委党校课题组②

大力加强干部教育培训工作，是党中央站在全局战略的高度，在干部队伍建设方面做出的一项重大决策，是实现全面建设小康社会宏伟目标的重要保证，是提高党的执政能力的迫切需要。凉山州木里藏族自治县是全国仅有的两个藏族自治县之一，是四川省唯一的藏族自治县，是"全国最稳定的藏区之一"。近年来，木里县干部教育培训工作在县委、县政府的正确领导下，在州委组织部的精心指导下，结合木里藏区实际，以大幅度提高干部人才队伍素质为目标，全力推进大规模干部人才培训工作。通过整合利用各种教育培训资源，藏区干部队伍的素质和能力有了显著提高，但在提高干部教育培训工作的针对性和实效性、强化知行合一、解决"两面人"方面还存在一些亟待解决的问题。

一、木里藏族自治县基本情况

木里藏族自治县是一个以藏族为自治民族，包括彝、汉、蒙古、纳西等21个民族的自治县，是全国仅有的两个藏族自治县之一，是四川省唯一的藏族自治县。地处青藏高原和云贵高原结合部，是横断山脉在四川境内最为典型的地带，地质、地貌复杂，地形为沟壑纵横、切蚀深刻的侵蚀高原，是青藏高原地质结构最复杂、环境最恶劣的地段之一。全县面积13 252平方千米，占凉山州总面积的22％，居全省第三位。全县辖29个乡镇，9个牧场，113个行政村，603个村民小组，其中面积在1 000平方千米以上的乡镇有3个，500平方千米以上的乡镇有7个。2014年末全县总人口为138 788人，藏族占32.8％。全县平均海拔3 100米，境内最高海拔5 958米，最低海拔1 470米，相对高差4 488米，大部分乡镇政府所在地海拔在3 000米以上。木里藏族自治县东临冕宁、九龙县，南连盐源、宁蒗、玉龙县，西接稻城、香格里拉县，北通理塘、雅江、康定县。由于特殊的地理、历史和宗教等原因，特别是木里与云南藏区和甘孜藏区紧密相连的特殊地缘结构，木里藏区与西藏和康巴藏区联系紧密，成为四川乃至全国藏区的重要组成部分，在藏区中具有较大的影响和较为鲜明的特点。

---

① 2015年度四川省党校系统调研课题。
② 课题负责人：李宁。

二、藏区干部教育培训工作中面临的挑战和问题

（一）多元多样多变价值观念冲击、信息轰炸与民族地区干部教育培训阵地、手段、内容单一的矛盾

木里由于特殊的地理、历史和宗教等原因，是四川乃至全国藏区的重要组成部分，在藏区中具有较大的影响。随着国际国内形势深刻变化，加上移动互联网的迅速普及，思想文化领域交流交融交锋更加频繁。外有各种观点、声音通过手机软件迅速传播，康巴藏区等周边地区少数极端分子、分裂势力觊觎；内有传统家支（家族）传统观念影响和不同民族、不同文化、不同信仰不断碰撞，对藏区干部教育培训提出新的更高要求。而目前木里境内干部教育培训阵地只有县委党校（行政学校），在职职工 16 人，其中专职教师 8 人，虽然 2013 年 11 月新教学大楼及设施投入使用，但因本地师资力量薄弱、教学设施落后，使用率不高。仅靠现有阵地、人员，及时应对各种新思潮、新观点、新情况，压力与挑战同在。

（二）资源开发和重大工程建设力度加大与民族地区干部教育培训师资、科目、班次缺乏的矛盾

木里是资源大县，近年来，随着境内锦屏一级水电站、卡拉水电站、杨房沟水电站、孟底沟水电站等水电开发龙头工程相继立项、开发，木里大力实施"生态立县、旅游兴县、交通活县、农业稳县、工业强县"五大发展战略，藏区干部工作内容由单一化向多元化转变，由保稳定向求发展、促和谐、保稳定多元化发展，项目管理、土地协调、农赔登记、移民搬迁等新增工作对藏区干部教育培训提出新的更高要求。而现有师资队伍中，有专职教师 8 人，其中高级职称 3 人，中级职称 3 人，初级职称 2 人，文化程度普遍偏低，7 名专职教师为中专学历，只有 1 名教师为大学学历。依靠现有阵地和人员及时更新教学内容、提高教学针对性，压力与挑战同在。

（三）地域辽阔加之实现追赶跨越发展全面同步小康目标对建设高素质干部队伍巨大需求与民族地区干部教育培训时间、财力、层次单薄的矛盾

木里县是国家扶贫开发工作重点县，实现全面同步小康目标任务十分艰巨。全县 32 名县处级以上领导干部中，全日制大学毕业的 4 人，占 12.5%；460 名科级领导干部中，全日制大学毕业的仅有 20 人，占 4.35%。木里也是幅员大县，占凉山州总面积的 22%，居全省第三位，全县 29 个乡镇，大约平均 467 平方千米才设有一个乡镇，干部教育培训阵地服务半径过大；尚有 35.4% 村道路未达到通达标准，多数乡镇道路晴通雨阻，集中培训交通不便，这对藏区干部教育培训提出了新的更高要求。2014 年，全县干部教育培训经费为 140 万元，按在本县党校培训人均 400 元/天标准计算，一期 100 人参训 5 天，只够 7 次培训，培训率仅为 18.3%。依靠现有财力和现实条件全面加强教育培训、迅速提升干部素质，适应跨越发展要求，压力与挑战同在。

三、木里县干部培训工作的主要做法及成效

（一）针对藏区干部队伍数量多、分布广、集中教育培训不容易的问题，专门设立手机"移动党校"，不断增强藏区干部教育培训的时效性

把"凉山党建"互联网站、"先锋凉山"微信、手机短信平台等多种信息发布平台打包集成为"党群通"手机客户端，专门开设"移动党校"模块，一部手机就是一个课堂，党员干部可以随时随地自主选学、在线培训，及时应对各种新思潮、新观点，迅速巩固思想阵地，持续提高理论素养和服务群众的本领。目前，全县492名科级以上领导干部已经全部开通手机"党群通"，累计在线学习1 000余人次。

（二）针对多元多样多变价值观念冲击的问题，突出思想政治教育，采取感恩教育、典型引路等形式，不断增强藏区干部教育培训的政治性

在培训内容上始终突出思想政治教育，坚持把党性教育和道德建设作为必修课，结合藏区实际，深入开展革命传统教育、正面典型教育和警示教育，引导干部牢固树立正确的世界观、权力观、事业观，坚决感党恩、听党话、跟党走，坚决不做"两面人"。2013年以来，全县已开展向藏区改革发展主战场、扶贫攻坚第一线和维护稳定最前沿涌现出的王顺友、仁青偏初、王偏初、宋衍荣等先进典型学习教育宣讲9场次，教育培训党员干部2 500余人次，没有出现一个"两面人"领导干部。

（三）针对现有阵地落后、师资薄弱、经费不足的问题，整合资源，采取"请进来""送出去"方式，不断增强藏区干部教育培训的专业性

把社会经济发展、重大项目建设和党委、政府中心工作中存在的重点、难点、热点问题作为培训内容，按需"请教""送教"。2013年以来，依托浙江、攀枝花、西昌等援藏平台，先后邀请省级机关党校、州委党校、西昌学院、省农科院、成都中医药大学的教授，以及攀枝花市农业、旅游、建设、教育、卫生等部门的老师20多批次专程到木里举办专题讲座、实地培训，参训干部达2 000多人次。组织科级以上领导干部分3批次共210多人赴井冈山江西干部学院开展为期一周的专题培训，正科级以上领导干部分2批次共120余人赴苏州市农村干部学院开展为期一周的专题培训；组织基层干部分2批次115人赴西昌学院进行为期1个月的文秘专题培训；组织优秀年轻干部人才递进培养对象50人赴电子科技大学参加为期6天的专题培训。

（四）针对藏区地域辽阔、交通不便，集中教育培训困难的问题，采取"送教下乡""母语教学"的方式，不断增强藏区干部教育培训的实效性

根据藏区实际，聘请3种方言区6位精通"双语"的老师编写教材10 000册，制作光碟3 000张，扎实开展"双语培训"。根据不同方言的分布情况，将教材、光碟发放给基层干部学习，不断提高藏区干部与当地群众的沟通交流能力。同时，创建马背（摩

托）宣讲队 151 支，今年以来深入乡镇、牧场、村组进行现场教学 162 场次，受众达 7 000 余人次。

通过教育培训，全县广大党员干部杜绝做"两面人"。通过在干部培训课程中设置藏区民俗文化、理想信念教育等课程，引导全县广大党员干部正确处理日常民族生活习俗与宗教活动的关系，不准在信仰上持双重标准，不准在现实中参与任何形式的宗教宣扬，不准支持和组织参与任何形式的非法宗教活动，不准对党的民族宗教政策发出噪音，不准做对民族团结不利的事情，不准做宗教思想的"传播机"，不准当宗教活动的"主导者"，不准在信仰上有"双标准"，不准对民族政策"发噪音"，不准做有损民族团结的"糟糕事"，牢牢抓住干部队伍这个关键，杜绝藏区干部做"两面人"。

木里"六个坚持""四个牢牢抓住"的民族地区长足发展长治久安的基本经验，先后得到俞正声主席、王东明书记、范锐平部长等中央、省委领导批示肯定，受到中央党校专家学者的关注和好评，被新华社誉为"木里经验"。其背后折射出的是藏区干部队伍坚决听党话、跟党走，不做"两面人"的忠诚坦荡，也是藏区干部队伍教育培训成果的良好展示。

对木里县农村电力建设的调研[①]

中共木里县委党校课题组[②]

电力是经济和社会发展的重要基础，也是现代文明和小康生活的重要标志。木里县农村人口占全县总人口的 80% 以上，藏区稳定主要在农村，全面建成小康社会难点也在农村。木里县从 1999 年开始大力实施农村电力建设，其中包括农网建设与改造和无电地区电力建设。农村电力建设给藏区农牧民带来了福音，将让无电地区老百姓彻底告别"松明火把"的日子，它是党和政府的"民生工程"和"惠民工程"，是减轻农民负担，提高农牧民群众生产、生活水平和促进农村电气化事业发展的重大举措。对于开拓农村消费市场，改善民生，促进农村经济社会协调发展，改善边远藏区农牧民生产、生活条件，脱贫致富奔小康，实现木里藏区跨越式发展与全国同步建成小康社会和长治久安具有十分重要的意义。

一、木里县基本概况

木里藏族自治县是一个以藏族为自治民族，包括彝、汉、蒙古、纳西等二十一个民族的自治县，是全国仅有的两个藏族自治县之一，是四川省唯一的藏族自治县。全县面积 13 252 平方千米，占全州总面积的 22%，是四川面积最大的县之一。全县辖 29 个乡镇，9 个牧场，112 个行政村，603 个村民小组。2014 年全县总人口 13.8 万人，农村人口 12 万人。木里藏族自治县位于四川省西南面凉山州西北面，多山区，幅员辽阔，境内河流密布，水能资源十分丰富，流量丰沛稳定，有较大的开发前景。由于历史和地理的原因，再加上长期以来投入严重不足，经济社会发展水平还比较落后，1994 年被确定为国定贫困县，2001 年被确定为国家扶贫工作重点县。

2000 年前，全县共有小水电站 2 座，总装机容量 8 460 千瓦，35 千伏线路 11 千米，10 千伏线路 55.77 千米，35 千伏变电容一座容量 9 000 千伏安，0.4 千伏线路 90 千米，电网设备陈旧，年久失修，供电可靠性差，电能质量不能保证，严重影响了工农业生产发展。县内广大的农村和牧场，受自然环境条件制约，农村贫困面大，农民收入少，无力对用电进行投资，造成农村电网覆盖面小的现状。原有 3 个乡的 10 千伏配电线路，经 1998 年洪水摧毁，无法恢复供电。所以，全县 90% 以上农、牧地区属于无电区。

---

① 2015 年度四川省党校系统调研课题。
② 课题负责人：王顺康。课题组成员：董艳。

1999年后，国家投入大量资金，对木里县实施农网建设与改造工程和无电地区电力建设工程。木里县抓住机遇，积极引进投资企业，大力开发水电。如今木里县境内建成投产发电水电站 10 座、总装机 938.08 万千瓦，在建水电站 16 座、总装机 186.76 万千瓦，无电地区电力建设到 2014 年底已完成 75％以上，无电地区老百姓将彻底告别"松明火把"的日子，农牧民生活走进电器化时代，全县呈现出社会大局稳定、经济发展良好的态势。2014 年全县地区生产总值完成 27.2 亿元，城镇居民人均可支配收入 21 986元，农村居民人均收入 5 960元，人民生活水平不断提高，正朝着全面小康社会迈进。

二、农村电力投资建设完成情况

农村电力建设包括两个部分，一是农网建设与改造，二是无电地区电力建设。

（一）农网建设与改造工程实施完成情况

国家给木里县农网建设与改造计划投资 3 387万元和农网完善资金 1 237万元，于1999 年至 2010 年完成工程项目及投资。

木里县在 1999 年 11 月至 2003 年 8 月之间，用一二期农网资本 3 387万元和 251 万元农网完善资金，架设了木里至盐源 110 千伏输电线路 80.056 千米，羊棚子电站至红科 35KV 变电站 4.5 千米，木里县城、乔瓦镇、李子坪、项脚、列瓦、芽祖、下麦地六个乡镇以及木里大寺新建 10 千伏高压线路 36 条 122.624 千米；新建和改造 0.4/0.23千伏低压配电线路 412.609 千米；新建和改造变电台区 84 台/9 510千伏安。受益村 16个 6 430户。

2004 年至 2010 年木里县电力公司，利用农网完善资金 893 万元，新建六个"送电到乡电站"及 西秋乡"光伏电站"10 千伏送电线路 10 条 78.578 千米，0.40/0.23 千伏低压配电线路 100.332 千米，变电台区 23 台/740 千伏安。受益村 13 个 1 163户。同时，利用农网完善资金 96 万元，还对沙湾、俅波、牦牛坪、桃巴、后所、查布朗、麦日、东朗 8 个乡镇原来用木电杆架设的 10KV 及 0.40−0.23KV 线路 16.81 千米及容量120KVA3 个变压器台区进行改造，降低了线路的安全隐患。

（二）无电地区电力建设项目投资建设完成情况

无电地区电力建设从 2013 年开始全面实施，无电地区电力建设项目包括电网延伸工程和光伏电工程（太阳能）。

2013 年国网四川省电力公司计划投资 7.53 亿元建设木里无电地区电力电网延伸工程。其中，投资 21 117万元建后所、克尔、白碉、宁朗、俄亚、唐央 6 个 35KV 输变电工程，由国网四川省电力公司凉山供电公司实施管理；投资 54 066.92万元建 10KV 及以下建设项目共计 77 个，涉及 22 个乡镇，74 个行政村，解决 15 629户用电问题，其中新建 10KV 线路 980.24 千米，变压器台区 480 台，低压线路 2 057.73千米，由木里县电力公司配合凉山供电公司实施管理。至 2014 年底 10KV 线路已完成 755.733 千米，完成率 77.21 ％；低压线路应完成 2 057.72千米，现已完成 1 650.609千米，完成率

80.22%；配电台区应完成 480 个，现已完成 295 个，完成率 61.46%；户表安装应完成 15 602 户，现已完成 8 727 户，完成率 55.94%。光伏工程投资 3 984 万元。光伏工程涉及 9 个乡，5 个牧，解决 3 852 户用电。以上项目到 2014 年底已完成工程总量的 75% 以上。

三、农村电力建设的成效

（一）改善了我县农村电网布局不合理的状况

农网建设与改造架通了木里水电资源开发的有力高速通道，建起了木里县至盐源县 110 千伏送电线路，解决了木里县孤网运行的历史，增强了木里电力抗御自然灾害的能力，加上 35 千伏线路的改造，使地方电网的布局结构更为合理，电网电能的可靠性、稳定性进一步提高，通过对 10 千伏、0.4 千伏的建设与改造，改变了线径小、供电半径大、线损大的状况，这次农网建设与改造工程，严格按照农网改造 10 千伏线路供电半径不超过 15 千米，0.4 千伏线路供电半径不超过 5 千米的原则实施，并留有 5～10 年的发展余地。

（二）规范了城乡供电管理体制

对农电管理做到了"三公开""四到户""五统一"的规范管理，服务质量得到了较大改变。农村电压稳定、连续可靠，电能质量得到明显改善，农村各种安全用电事故极大地减少了。

（三）扩大了用电量，促进了农村消费市场

农网改造后农户入户电价 0.45 元/度，比网改前平均降低 0.25 元/度，减轻了农民的负担，农村用电积极性空前高涨。无电地区的电力建设大大增加了用电户，无电时代已将成过去，电视机、电冰箱、收音机、电脑、电炊用具进入千家万户，使封闭的藏乡进入了现代文明，扩大了农村用电市场。

（四）推动农村经济快速发展，促进藏区奔小康

农村电力的建设，为农村社会经济发展创造了条件，减轻了农牧民为了上山砍柴的负担，可以抽出大量时间发展生产、外出打工，促进农村各种加工业蓬勃发展，带动农村旅游业、服务业的兴起，有力地推进了农村经济发展，改善农村投资环境，农牧民的收入不断增加，2014 年农民人均纯收入 5 960 元，比上年增长 20%。农村电力的建设为广大农牧民脱贫致富奔小康奠定了坚实的基础。比如，地处海拔 4 000 米的长海子景区，通电后有几家牧民办起了藏家乐，生意很红火。

（五）生活水平显著提高，促进藏区和谐稳定

农村电力的建设，解决了 27 000 多户农牧民生活用电的问题，彻底改变了"松明火把"的日子。农村实现了电器化，凡是通电的地方农牧民都买了电视机、电饭煲，还有

的买了电冰箱、洗衣机和电脑，农牧民的生活水平和生活质量大大提高，他们从心眼里感谢共产党，感谢人民政府，服从党的领导，从根本上抵御了"达赖集团"分离思想的侵蚀。农村发生了翻天覆地的变化，农牧民兄弟有了奔头，农牧民安居乐业，和谐相处，农村得到了稳定和繁荣，木里县成为全国最稳定的藏区。

（六）为实施"以电代柴"，确保"天保"工程奠定了坚实基础

农村电力的建设，电炊用具大量进入农家，改变了昔日靠柴火煮饭的现象，树木、植被得到了有效的保护，昔日的荒山重新变为绿坡，为长江流域生态保护做出了贡献。

四、农村电力建设中存在的问题及原因

农村电力的建设为农村经济的发展、农牧民生活水平的提高、保护生态环境、促进藏区稳定和跨越式发展奔小康起了重要的作用。但也存在一些问题。这些问题既有主观的，也有客观的，既有当前的，也有历史的。

（一）农网建设与改造资金严重不足

由于各种原因，木里县电力基础建设非常落后，无电区多、面积广，2003 年虽然完成了 3 387 万元的农网工程项目，但尚有 60％的地区未进行农网改造，特别是居住边远的少数民族地区。这些地区要求参加农网建设的呼声非常强烈。后来木里县虽然利用农网完善资金解决了一部分地区的通电，但是还有许多无电地区的农牧民仍然过着"松明火把"的日子。直到 2013 年国家投入 8 个亿对木里全面实施无电地区电力建设，农牧民才看到了希望。

（二）工程建设进度慢

木里县崇山峻岭，森林密布，无电地区位置偏远，交通不便，施工环境恶劣。一是有的未通电地区海拔在 3 500 米以上，架设线路需要翻越高山，施工材料、设备运输靠人背、马驮，架线非常困难。二是部分施工地段因洪水、泥石流、滑坡等自然灾害导致道路损毁，项目被迫停工。公司虽与政府多方面进行了积极协调，但目前仍有部分道路未得到修复，施工单位无法进场作业。三是林木砍伐手续审批复杂，虽经省公司和州公司多次与相关职能部门协调，但因木里县 10 千伏及以下项目林木砍伐量巨大，需国家林业局审批，造成各施工点至今还未办理完成相关砍伐手续，影响工程进度。

（三）电网管理难度大

山大人稀，管理区域大；山区海拔高，雨、雪相对频繁，导致线路损坏大；山多树多障碍多，线路巷道清理维护难度大。这些大大增加了管理人数和维护费用。

（四）农村偷电、私拉乱接现象仍然存在

一方面因地广人稀，电力部门人力少，不可能面面俱到，监管力度有限。另一方面

电力部门制度不健全，没有硬性措施来管理农村偷电现象。

（五）农电工和光伏电维修人员紧缺

农电资产分布较为分散，运维及抄表收费困难且成本较高。无电项目完工后，公司所属农村电网覆盖24个乡（镇）、87个行政村，供电面积9000平方千米。目前公司农电工仅30名，人均运维面积达到30平方千米，远远不能满足农村电网正常运行维护需求。

（六）农网设备及运行指标较低

无电项目完成后，公司10kV及以下线路将达到3 886.09千米，线路供电半径长，农村线损高，供电可靠率、电压合格率较低。以上这些存在的问题有待于我们去克服和解决。

五、对策与建议

1. 加快建设速度，让无电地区尽快亮起来。木里县无电地区多，经过十多年的建设解决了75%以上的农牧民的用电问题，但还有25%的无电地区没有通电，他们非常渴望早日通电。因此，施工单位应和各乡村通力合作，和有关部门作好协调，克服困难，加快建设，尽快让无电地区亮起来。

2. 各村配置一名农电工，负责一般线路的检查、维修和清理路障工作，减轻电力部门的工作压力。光伏电地区也要配备一定的技术人员，避免施工队一走就停电的现象。

3. 建立健全电力监管制度，加大电力违法行为的执法力度。目前，由于电力部门管理制度不够健全，存在检查与执法脱节和监管不力的问题，建议在农村实行农电员承包制，负责监管和解决电力违法行为。

4. 加大《电力法》的宣传力度，争取各乡村的支持。一是加强村级组织对农村电网巷道清障的协调配合工作，保证输电线路畅通无阻；二是争取乡（镇）政府对电网保护工作的重视，齐抓共管，确保电网电力设施完好无损；三是提高农牧民的法律意识、安全意识、大局意识、道德意识，杜绝或减少私拉乱接盗电现象。

5. 加强学习培训，提高农电工素质。提高农电工素质是农村电力管理工作的主要任务，电力部门要给予高度重视，定期对农电工进行培训，提高农电工业务素质和工作责任心。只有提高电管人员群体素质和责任心，才能把这项"民生工程""惠民工程"真正落到实处，确保农村供电质量和电价政策的正确执行。

宁南县彝家新村新寨建设情况的调查与分析[①]

中共宁南县委党校课题组[②]

党的十八届三中全会提出"促进城镇化和新农村建设协调推进",这是加快现代化建设、城镇化建设和惠民政策的新举措,也为宁南县加快彝族乡镇经济社会发展提供了新的机遇。依据中央的这一精神,为加快城乡一体化发展,推进城镇化建设,从 2012 年开始,宁南县在高二半山 9 个彝族乡镇加紧实施新农村建设,采取集中新建彝家新寨和旧房改造建设彝家新寨两种模式,以改变彝族同胞的居住环境和条件,推动移风易俗的发展,让彝族同胞尽可能地参与到现代化建设中,也尽可能地分享到改革开放的成果。为此,课题组对宁南县近年来彝家新村新寨建设(又称民族团结新村)实施情况进行了全面系统的调查,先后到宁南县民宗扶贫移民局,以及彝家新村新寨建设的海子乡中坪村、六铁乡增建村、新建乡光明村、梁子乡元宝村、骑骡沟乡果木村进行了实地调查研究,并与当地乡、村、社干部及彝族社员群众就建设彝家新村新寨的感受和看法进行了访谈。

一、宁南县彝家新村新寨建设的政策依据和前提条件

(一)政策依据

1. 党的十八大对扶贫开发提出了更新更高的要求。党的十八大报告对扶贫开发做出了"三个一"的战略部署,即一个"加大":加大对革命老区、民族地区、边疆地区、贫困地区扶持力度;一个"推进":深入推进新农村建设和扶贫开发;一个"减少":扶贫对象大幅减少。这对打好新一轮扶贫开发攻坚战进一步指明了前进的方向,描绘了新的蓝图,提出了新的要求。这为宁南县推进彝家新村新寨建设确定了具体目标。

2. 2010 年四川省出台"一个意见、两个规划"。"一个意见、两个规划"明确提出凉山跨越式发展的总体要求、基本原则、发展目标、工作重点、政策措施,科学制定了凉山全域、全程、全面小康的"路线图""时间表"和"任务书"。它明确了凉山跨越式发展的工作重点是突出改善民生、基础设施建设、特色产业发展、精神文明建设四大重点,努力实现经济增长、生活宽裕、生态良好、社会稳定、文明进步的统一,建成我省

---

① 2015 年度四川省党校系统调研课题。
② 课题负责人:李宁。

南向大通道交通枢纽和重要经济走廊、城乡统筹发展的创新区、"三化"联动的示范区、民族地区现代文明生活方式的模范区、西部最佳阳光休闲度假旅游目的地，建成美丽富饶文明和谐新凉山。这为宁南县推进彝家新村新寨建设提供了政策依据。

3. 省民族地区经济开发领导小组决定实施民族团结新村建设工程。为推进民族地区社会主义新农村建设，省民族地区经济开发领导小组结合民族地区实际，以区域农牧业经济发展为中心，以增进民族团结为主线，以突出民族特色为重点，以民族地区新农村建设为目标，在民族地区创建一批民族团结和谐、经济跨越发展、社会长治久安的示范新村。这一决定为宁南县实施彝家新村新寨建设指明了方向。

4. 民族团结新村建设是凉山州实施"两化"互动、"三化"联动的重要抓手。实施民族团结新村建设项目是我州全面贯彻省委、省政府加快"两化互动"，全面推进"共同团结奋斗、共同繁荣发展"主题实践活动，深入推进民族团结进步创建工作的重要抓手。宁南县县委、县政府高度重视民族团结新村建设项目，始终坚持"着眼生态文化，着力产业提升，注重农民增收，创建团结新村"原则，不断总结经验、创新观念，夯实举措，致力于民族团结新村的建设。这为宁南县推进彝家新村新寨建设提供了新的契机。

（二）前提条件

1. 独特的地理区位。宁南县位于凉山州东南部，面积 1 667 平方千米，全县 70% 的土地是山区，处于金沙江干热河谷，境内高山林立，沟壑纵横，山高坡陡。山体自东向西北逐渐增高，形成了西北高、东南低的地势，最高海拔 3 920 米，最低海拔 585 米。全县有 25 个乡镇，总人口 19.3 万余人，其中彝族乡 9 个，辖 41 个行政村，彝族人口 4.8 万余人。

2. 彝族群众经济收入增加。随着蚕桑、烤烟、林业、畜牧、冬季马铃薯五大富民产业的发展，宁南县农村居民人均纯收入 2012 年为 7 千多元，到 2014 年已达 10 123 元。彝族群众经济收入增加为彝家新村新寨的建设提供了先决条件。

3. 彝族群众整体素质的提高。随着改革的深化、经济的增长、教育的发展以及宁南县委、政府对教育投入的加大，彝族群众受教育机会增多和受教育程度提高，加上彝族群众外出务工人数的增加，他们的眼界得到了拓宽，其对住房条件的要求更高了。

4. 公路交通的发展为宁南县彝家新村新寨的建设提供了前提条件。宁南县委、政府对县域内的交通发展提出了三个百分之百的要求，从而使全县的 9 个彝族乡镇的通乡油路已实现乡乡通，41 个彝族村的通村公路已达到村村通，入户路的硬化要建成户户通。

二、宁南县彝家新村新寨的建设的实施情况

（一）资金来源

1. 资金筹措机制。在资金投入上，我们始终坚持政府引导、群众参与、资金统筹、

捆绑使用，自力更生为主、国家补助为辅、集中资金办大事的原则，实行国家扶持一点、部门整合一点、群众自筹一点的"3个一点"资金投入机制。

2. 资金监管原则。按照"渠道不乱，用途不变，统筹安排，捆绑使用，各记其功"的原则，严格执行两项资金使用管理办法，县、乡两级成立项目资金监管领导小组，切实加强项目建设资金的管理；建立资金专户，实行专户管理、专款专用、封闭运行，严格执行项目资金公示制、县级报账制、采购制、评审制、招投标制、审计制，加强项目资金规范使用的监督管理；严格项目资金的使用方向和范围，切实抓好项目资金使用环节的督查力度，确保项目资金安全运行，坚决杜绝挤占、挪用、截留、冒领以及其他违规使用资金的现象发生，使项目资金真正用到了民族地区群众身上。

3. 资金筹措规程。以海子乡中坪村彝家新寨建设资金筹措为例，该村彝家新寨建设项目整合投入各类资金2 458万元，其中省财政资金160万元，县财政配套资金320万元，行业部门整合资金1 303万元，群众自筹及投劳折资投入669万元。集中新建户户均投入资金23.7万元，其中农户自筹18.7万元。

（二）主要内容

1. 彝家新村新寨建设的规划和设计。采取科学规划，合理布局的原则，并提出了五个要求。一是严格按照"民族团结进步新村暨彝家新寨"示范项目建设标准，统一规划、统一标准、统一培训、统一实施、统一管理、统一验收的"六统一"要求进行实际操作，合理布局，做到因山就势、错落有致、美观大方，突出地方区域特色和彝族文化元素。二是结合新农村建设以及城乡环境综合整治，达到"生产发展、生活宽裕、乡风文明、村容整洁、管理民主"的新农村要求，对项目区山、水、田、林、路进行统一规划，突出人与自然和谐，打造独具特色、基础设施完善、村庄环境整洁、生活风尚文明、民主法制进步、社会安定有序的民族团结示范新村。三是集中新建的彝家主居房建设要参照《农村民宅抗震构造详图》（SG618－1－4）及《四川省农村居住建筑抗震构造图集》（DBJT20－63），充分考虑防震抗灾因素，因地制宜选择采用砖混结构（红砖钢筋结构）、全框架结构或半框架结构进行建设，具体建设要求按我县城建、质监部门的行业标准进行，并充分征求彝族群众的意见，使修建出来的房屋布局要达到错落有致的效果。四是新修建的彝家新房，每户建筑面积均在175平方米左右，按照一楼一底设计，配套厨房、厕所、畜圈、蚕房、沼气、院坝等，做到室内外地皮、檐坎栏脚硬化，突出新颖、别致的特点。五是入户道路方便适用，便于生产、生活，户户用上安全卫生的自来水，户户保证照明用电，户户用上沼气和太阳能热水器等新型清洁能源，突出实用的原则。

2、彝家新村新寨的集中新建。由县、乡、村统一选点，按照规划、设计统一施工。从2012年到2015年，宁南县在海子乡中坪村、六铁乡增建村、新建乡光明村、梁子乡元宝村、骑骡沟乡果木村共集中新建彝家新村新寨130户，每户房屋建筑面积均在175平方米左右。

3、彝家新村新寨建设的风貌打造。按照统一规划和设计，主要改造原有住房的外貌。从2012年到2015年，宁南县在海子乡中坪村、六铁乡增建村、新建乡光明村、梁子乡元宝村、骑骡沟乡果木村改扩建及风貌塑造 912 户。

4. 彝家新村新寨的配套设施建设。从 2012 年到 2015 年，宁南县在海子乡中坪村、八铁乡增建村、新建乡光明村、梁子乡元宝村、骑骡沟乡果木村修建通村油路及进村入户水泥路，改造输电线路，安装人畜饮水管道，并配套完善供电、供水设施；实施"五大富民工程"，改造烟区主干渠，建设现代烟草农业基地，优质蚕桑基地，核桃种植基地，这些项目的实施将切实改善彝区群众生产生活条件，促进了当地的经济社会发展。

（三）组织管理

为组织实施好"民族团结新村"建设工程项目，宁南县委、县政府领导高度重视，明确把"民族团结新村"项目作为县级各相关部门和项目乡党委、政府践行群众路线，为民办实事、好事的重要内容，切实加强领导，精心安排落实。

1. 高度重视，建立健全项目领导机构。成立了由政府县长亲任组长，分管副县长为副组长，及相关部门主要领导为成员的项目实施领导小组，在项目乡又成立由党政"一把手"任组长的"民族团结新村"建设工作领导机构，切实加强对该项工作的组织领导，形成各级党政"一把手"负总责，分管领导亲自带头抓、有关人员抓落实的项目建设工作运行机制。

2. 明确责任，层层签订目标考核责任书。一是明确县扶贫两资办为监管责任单位，负责项目的规划、协调、组织和监督；项目乡为实施责任单位，负责具体组织实施项目；县财政局负责资金筹措和监管。二是县对乡、乡对村、村对组逐级签订"民族团结新村"建设工程目标考核责任书，形成一级抓一级、层层抓落实的民族团结新村建设工作目标管理激励机制，促使各级领导、干部真正带着感情、带着责任、带着智慧、带着好的工作方式方法去抓"民族团结新村"建设工程项目。

3. 强化措施，严格项目资金监管。按照"渠道不乱，用途不变，统筹安排，捆绑使用，各记其功"原则，严格执行资金使用管理办法。一是坚持资金跟着项目走，实行项目资金专储制、预算制、公示制、审计制、政府采购制和县级报账制。二是坚持大宗物资政府采购和项目建设招投标制，严格项目资金公示、公告制，让群众享有充分的知情权、监督权、参与权。三是坚持绩效评估制，坚持纪检、监察、审计提前介入制，有效防止项目资金的"跑、冒、滴、漏、贪、挪、挤、占"行为现象发生，保证资金投入建设，发挥社会效益。

4. 完善制度，加强项目后期管理。项目建设完成后，对项目村基础设施、公共服务设施等建立相应的后期管理和维护制度，办理好产权移交，完善管护机制，加强后期管理，保障项目建设效益的持续发挥，促进民族团结新村社会经济的可持续发展。

（四）取得的成绩

2012 年以来，宁南县委、县政府根据州委、州政府关于彝家新村新寨建设的安排部署，以科学发展、加快发展为指导，按照因地制宜、分类指导、统筹规划、稳步推进、示范引领的要求，坚持"产村相融、成片推进、方便耕作、适度集中"的原则，以配套打造"微田园"建设、促进群众增收为目标，着力改善民族地区群众生产生活条件，提升自我发展能力，结合全县新农村建设和统筹城乡发展战略，扎实推进、科学规划，多渠道整合投入资金7990余万元，其中省财政资金补助770万元，县财政配套910万元，行业部门整融合投入3605万元，农户自筹及投工投劳投入2705万元，组织实施了海子乡中坪村、六铁乡增建村、新建乡光明村、骑骡沟果木村、梁子乡元宝村等5个村1062户彝家新寨暨民族团结新村建设示范点。项目完成住房改造1042户，其中完成集中新建点4个，新建住房130户，改扩建及风貌塑造912户；完成通村油路及进村入户水泥路51.8千米，改造输电线路10千米，安装人畜饮水管道24.7千米，并配套完善供电、供水设施；实施"五大富民工程"，改造烟区主干渠50千米，建设现代烟草农业基地8000亩，优质蚕桑基地2000亩，种植核桃5000余亩。彝家新村新寨建设项目的实施，切实改善了彝区群众生产生活条件，促进了彝族地区经济社会的发展。

三、宁南县彝家新村新寨建设中存在的问题

1. 彝族群众自筹资金困难。随着宁南县五大富民工程的深入发展，彝族群众的经济收入也在不断增加。但是，由于彝族同胞生活习惯、文化素养、统筹能力等都存在一定的不足，加之少数民族聚居地大多是偏僻、边远、贫穷的山区，自然条件差，交通不便，通讯落后，信息闭塞，村内基础设施薄弱，经济发展后劲不足，至今还有不少村组"水、电、路"三不通或即便通也质量特差，难以发挥效益，"瓶颈"制约因素多且突出，需对全村的"山、水、田、林、路"进行综合治理。因此，当彝家新村新寨建设需要交纳个人部分的资金时，有一部分社员群众仍然感到有困难。

2. 项目补助标准偏低，导致建设标准过低。全县民族地区少数民族行政村41个，村平均有200户左右农户，如海子乡增建村305户1428人，属于我县内条件相对较好的一个民族村，但村内群众大多数仍属贫困户，住房破旧，而且无床、无厨、无厕，村里无一条水泥路、一个垃圾池，环境脏、乱、差，村民仅有的年收入只能维持自身生存。据调查，建设一个120平方米的红砖瓦房，加生产用房，需要10~15万元左右，而国家户均补助1.5~2万元，不足部分尚需农户自筹，由于农户自身的贫困而无能力自筹投入，村寨难以得到彻底改造，建设标准很低，项目目标难以实现。

3. 国家专项扶持项目少。由于宁南未被纳入《大小凉山综合扶贫规划》、乌蒙山规划、高原藏区规划，县内民族地区、贫困地区几乎享受不到扶贫优惠政策待遇，特别是近几年来每年只有1个扶贫项目，少数民族地区群众最拥护、最满意、最盼望的三州开发资金"民族团结新村""产业化"等项目，几年才扶持1个，项目覆盖面太小，不能完全适应新形势发展的需要。

4. 基础设施建设不配套。民族地区特别是少数民族贫困地区村内各项基础设施建设严重滞后，民族团结新村建设虽然使广大农民的居住条件有了极大的改善，但由于国家没有其他专项资金扶持，项目区的路、水、电、社区服务功能等基础设施不能配套实施，贫困群众的生产生活条件难有大的提高。

5. 特色产业发展仍然缓慢。国家虽然对基础设施方面的扶贫投入力度进一步加大，促进了村内生产、生活条件的改善，但在农牧业特色产业化专项资金扶持，促使贫困群

众尽快实现粮增产、钱增收方面的投入力度不足，二者间有失均衡，一定程度上也影响了不少贫苦群众早日实现经济上的脱贫。

四、对宁南县建设彝家新村新寨的建议

1. 希望省、州两资部门加大三州开发资金项目投入。"民族团结进步新村暨彝家新寨"项目实施以来，深受干部群众好评，不少民族村积极要求立项，希望省两资部门每年安排县1~2个民族团结新村项目，同时提高补助标准，减轻群众建房负担和建房债务。真正实现产村相融、成片推进，新村建设与产业发展共同推进，山、水、田、林、路综合治理目标。

2. 希望进一步加大产业扶持力度。2011年实施小流域现代农牧业增收工程蚕桑产业化项目实施后，项目受益区养蚕户已见成效，实现了增收目标，2012年以来未安排产业化项目，为使项目得到持续发展，希望省两资部门每年继续为宁南县安排1~2个产业化扶持项目，进一步完善产业基础设施配套建设，改善种养殖业条件，提高管理水平，保障农民持续稳定增产增收。

3. 希望加大"四小工程"（小路、小水、小桥、小能源）扶持力度。三州开发资金"四小工程"项目在我县实施以来，解决了民族地区群众最现实、最直接的困难，发挥了最大效益，深受广大干部群众好评。由于宁南县未被纳入《大小凉山综合扶贫规划》、乌蒙山规划、高原藏区规划，希望省两资部门在去年安排项目的基础上每年增加安排3~5个"四小工程"项目，使县内民族地区各村住房难、用水难、用电难、行路难问题逐步得到解决，让彝族群众真正享受到新村、新寨、新家的幸福。

凉山州农村信用社支持地方经济发展的调查与思考[①]

中共普格县委党校课题组[②]

自党的十六大以来，中央连续制定和实施了一系列强有力的政策、措施，以促进农村经济的快速发展。党的十八届三中全会后紧接着召开的中央经济工作会议、农村经济工作会议和城镇化工作会议，国家都从宏观方面纲领性地勾勒出了今后经济改革的方向，明确提出了要深化金融体制改革，建立普惠金融，解决中小企业融资难问题，要千方百计支持实体经济发展。在此新形势下，作为地方金融主力军的农村信用社，积极地将金融资源普及"三农"，惠及"中小"，促进全州经济健康快速发展，是贯彻落实党的十八届三中全会精神，认真践行中央、省、州经济工作会议精神的积极表现。

长期以来，凉山州农村信用社始终坚持立足"三农"，服务"中小"的宗旨，走在支持地方经济工作发展的最前沿，对凉山州的经济发展与社会稳定做出了重大贡献，被凉山民众赞为"凉山人民自己的银行"。发展至今，凉山州农村信用社在支持地方经济发展取得一定成绩的同时，也还存在着一些问题。在当前的新形势下，如何更好地发挥凉山州农村信用社支持地方经济发展的作用，促进全州经济提速增量、提质增效，已成一个全新的、亟待研究的课题。

一、凉山农村信用社支持地方经济发展的现状

（一）凉山经济基本情况

凉山州的二元经济明显，安宁河流域的经济基础产业相对较好，安宁河流域以外的12个县则是典型以农牧业为主的山区少数民族聚居县。全州农业久负盛名，出产丰富，是粮、油、烤烟、蚕茧、林果、药材的生产基地。石榴、脐橙、苹果、烤烟、蚕茧等以优质闻名。山区畜牧业也有良好发展前景，牛、羊等养殖收入是农牧民经济收入的重要组成部分。因地理环境、交通条件、信息物流落后等先天制约，全州二、三产业发展困难、滞后，占全州经济的比重不突出，三农经济长期是全州经济的重要组成部分。农业基础薄弱，农村发展滞后，农民增收困难，解决农业、农村和农民问题一直是全州工作

---

① 2015 年度四川省党校系统调研课题。
② 课题负责人：谢玲霞。课题组成员：张振忠、吉克么阿作。

的重中之重。

（二）凉山经济发展对金融的需求

从 2014 年开始，凉山受整体经济下行的影响逐渐明显，大中型企业艰难度日，小微企业更是举步维艰，目前全州资源型企业几乎处于停产状态，房企开始降价出量，商贸企业举步维艰，旅游产业也不能独善其身，各行各业都在重组和洗牌，经济将长期处于冬季。受经济下行影响相对较小的是"三农"经济。但"三农"经济的发展速度却没有跟上发展的步伐，相对滞后，主要受自然、政策、资金、成本、流通体制机制等因素的影响，其中，资金成本的不足是最主要的因素，掣肘发展。因此，如果能从资金层面解决"三农"的有效需求，做到及时投入、低成本投入、安全投入，则能在"三农"经济乃至凉山经济发展上发挥巨大的推动作用。全州 17 个县市每年或每个生产周期的"三农"资金需求非常巨大，但单靠"三农"主体或企业自筹无疑是杯水车薪。因此必须从体制、机制甚至法制方面给金融机构提供良好的外界环境，让金融机构的信贷资金能够放心投入、风险可控、有利可图，才能从根本上解决"三农"及中小微企业的资金缺口，促进经济发展。

（三）凉山金融的现状及发展趋势

1. 凉山金融的发展现状。安宁河流域的金融机构较多，特别是西昌市金融机构有12 家之多，竞争最为激烈。在凉山所有的金融机构中又以农业银行的规模最为庞大（体现在存款和贷款余额方面），村镇银行的发展最为迅速，城市商业银行和邮政银行的竞争最为激烈。2001 年前，随着金融体制改革的逐步深化，国有商业银行逐步退出县域领域。目前，安宁河流域以外的县均只有农业银行、农村信用社和邮政银行三家金融机构。数据表明，"四大行"对凉山农村经济的扶持力度已大大削弱，支持凉山州农村经济发展的重任，长期以来一直落在农村信用社的肩上。2000 年以来，农村信用社的贷款余额和比重在所有金融机构贷款中不断上升，每年贷款投放额在不断提高。截至2015 年 6 月末，凉山州金融机构各项存款1 285 亿元，其中农业银行 469 亿元，存款总量位居第一位；信用社 330 亿元，存款总量位居第二位；城市商业银行 168 亿元，存款总量位居第三位；邮政银行 91 亿元，存款总量位居第四位；村镇银行 27 亿元，存款总量位居第八。全州金融机构贷款余额 685 亿元，农业银行余额 180 亿元，贷款总量位居第一；信用社余额 173 亿元，贷款总量位居第二；邮政银行余额 13 亿元，贷款总量位居第八；城市商业银行 90 亿元，贷款总量位居第四；村镇银行 15 亿元，贷款总量位居第七。今年上半年全州金融机构净投放贷款 30 亿元，其中农村信用社净发放 12 亿元，发放量和增量居全州第一；城市商业银行净发放 5.1 亿元，居贷款净发放的第三位；农业银行净发放 0.2 亿元，居贷款净发放的第十一位，发放量和增量几乎全州最低；邮政银行净发放 1.2 亿元，居贷款净发放的第七位。从累放贷款额度看，农村信用社今年上半年累放 89 亿元，其中涉农贷款 39 亿元，占农村信用社上半年投放量的 44％。从数据可以看出，凉山农村信用社在支持全州经济发展过程中起到了支柱性作用。

2. 凉山金融的发展趋势。当前，所有的金融机构都备受互联网金融的"入侵"，竞争变得更加激烈。面对互联网金融的出现,商业银行在巩固原有大量高端客户的基础上,通过金融服务向互联网的方向转变,顺应了发展的潮流。而现在青年群体已逐渐成为家庭和社会的经济支柱,更能适应网络带来的金融服务,并且其他商业银行的结算优势远超农村信用社,直接导致大量的青年客户成为商业银行的既有客户。邮政银行在大力挖掘农村信用社客户资源的同时,也正在向互联网方向努力,角逐当前和未来潜在的优质客户。农村信用社因为职能职责定位的原因,服务的大多是最基层的农村客户群体,同时由于现金业务量非常巨大,信用社还被迫开放更多的网点,招收更多的一线门柜服务人员,导致近年的经营成本直线上升。可喜的是,农村信用社已对这个竞争的隐患有了清醒的认识,管理正逐步走向精细化,结算渠道在不断完善和提升,服务方式也在原有的基础上逐步向网上银行和手机银行等发展,努力缩小服务差距。据调查,今年在州政府相关部门的领导和支持下,正在西昌和盐源试点电商平台业务,对平台上下游业务业已逐步介入。总之,在现有的金融机构中,由于随着经济周期的下行,竞争愈加激烈,金融发展速度逐渐变慢,利润率将变得更低,风险没有减缓趋势,其他金融机构支持县域经济的力度不大,农村信用社将必然成为继续支持地方经济的排头兵。

(四)农村信用社是支持地方经济发展的金融主体

由于金融机构是企业,其逐利的本性使之从风险控制、服务成本、市场定位和发展战略等多个维度综合考虑,总体上对"三农"和小微企业的服务是浅尝辄止。而农村信用社从成立至今,始终面向和服务于广大的中小企业、农村市场和农业经济。农村信用社每年的涉农贷款投放都占据了人民银行下达的信贷投放规模(即"合议度")的绝大部分,在地方经济发展方面做出了应有贡献。

据统计,2014年全州88.22%的"三农"贷款、86%的个体工商户贷款、83%的中小企业贷款、100%的生源地助学贷款、94.4%的新农村建设贷款、96%的彝家新寨贷款均由信用社发放,全州除部分城镇居民低保以外的各类惠农补贴业务全部由农村信用社代理兑付。另据近五年统计,农村信用社当年涉农贷款投放分别占其当年贷款总额的70.22%、81.36%、76.36%、89.71%、93.40%,这些数据说明农村信用社的职能定位是服务"三农"和小微企业,是支持地方经济发展的主力军。

(五)农村信用社支持地方经济发展的主要方式

1. 小额农户信用贷款是解决农户融资需求的主要方式。凉山州农村信用社从2002年起推出小额农户信用贷款这个信贷品种,以其灵活、便捷的管理方式,对农户的生产、生活、消费、多种经营等领域进行了大力扶持,成为农村家喻户晓、深受农民欢迎的金融服务品牌。历经十余年的实践,农户和农村信用社均已建立了深厚的情谊,信用社对信用户、信用组、信用村进行了大力支持,深得农户青睐。目前,凉山州农村信用社每年的贷款发生额(发放和收回额)累计近300亿元,贷款余额有30余亿元,在全省金融机构的支农贷款中居前三位。这个品种的资金支持额度从几千元到几万元不等,个别信用度和经营项目特别好的农户,单户最高授信可达10至20万元不等的信贷额度,能普遍满足一般农用生产生活所需,基本上解决了农民贷款难的问题,但不能满足部分大额生产资金和消费资金需求。比如，近几年农村信用社全力支持全州发展烤烟这一富农产业，全州烤烟年产值已达 30 余亿元，其中每年烟农生产资金需求的 90％以上是由农村信用社贷款提供。

2. 担保贷款主要倾向于解决农户、城镇居民和企业大额融资需求为主。因为客户群体的普遍高风险性，信用社信贷资金发放更多的是从风险管控的角度出发，通过提供抵质押物担保的形式发放。这种方式的优点是不受额度的限制，风险容易掌控，能够一次性解决项目所需资金，但是由于要具有价值稳定、不易贬值且风险可控和相对容易变现的资产才能充当抵质押物，对经营主体的抵押资产范围进行了限制。因此，在经营主体发展的初期往往由于没有大量符合抵质押条件的资产，而不具备支持条件。

3. 小微企业贷款是以项目融资的方式支持实体经济，兼具信用和担保方式发放。凉山数量众多的中小型企业因为风险不易管控的原因很难得到信贷资金支持，其他银行只是解决了部分小微企业贷款需求。全州小微企业的这部分资金需求缺口绝大部分是由农村信用社进行支持，支持范围遍及各个行业，支持地域涉及全州各个角落，支持的额度从 5 万元至 1 000 万元不等。由于农村信用社的客户经理配置数量不够和专业素质的欠缺，加之风险因素的不确定性，特别是受目前整体经济低迷的影响，支持中小企业的信贷资金管理难度较大，风险较高，资金综合回报率较低，成为名副其实的鸡肋。

二、凉山农村信用社支持地方经济发展中存在的主要问题

金融机构在支持地方经济发展时始终都要在法律合规、信贷规模、风险控制、利润等多个维度进行权衡和抉择，将资金投向限制在风险相对可控、金额相对较小、利润可观、生产周期较短的传统行业，而对那些潜在行业、资金缺口较大、风险不易把控的新兴项目则予毫不犹豫地放弃。因为农村信用社的职能定位不同，在经营过程中始终以普惠型金融业务为主，甚至在一定程度上担任政策性银行的角色，为一方的金融稳定与和谐发展做出贡献。从农村信用社代理政府部门兑付绝对数量的农户低保、五保、粮食补贴、良种补贴、生猪繁殖补贴、甚至代理国家进行粮食储备收购等，可以看出农村信用社的金融角色多样化、服务成本高企化、客户层次低端化的特点。针对农村信用社的特点，笔者通过对凉山州的部分企业、政府部门和工作人员、农户和信用社职工等进行较为详细的调查以及对网点的实地观察对比发现，目前凉山州农村信用社在支持地方经济发展过程中主要还存在以下几个方面的问题。

（一）社会信用环境欠佳

由于农村信用社被赋予复杂的政策性职能角色，加之社会信用环境不佳，不良贷款较多，让农村信用社对支持地方经济工作心有余悸。

1、农村信用社曾经的政策性职能角色易让人产生误解。查阅农村信用社的社志，可以看出，在农村信用社发展的历史长河中，职能角色定位相当丰富：建社初期（20世纪 50 年代末至 60 年代初）曾经是村社的会计角色，在六七十年代充当过乡政府的财经部门角色，八九十年代为响应政府支持专项生产而不遗余力，在 2000 年前的信用社

经营频繁受到政府干预，严重脱离企业本质，这种职能定位的长期不准确，自主经营的管理原则长期被干扰，容易误导借款户认为贷款资金是国家政策性、扶贫性资助的款项，可以不用归还。至今都还常有贷款被借款户遗忘的情况发生。

2、对逃废债务打击力度较弱，震慑效果不够。长期以来，社会信用观念淡漠，执政和执法主体未引起重视，很多借款户有意逃债，拒不归还贷款资金，信用社依法维权处于尴尬境地，部分信贷人员因担心追究贷款责任而产生了"怕贷、惜贷"思想。据调查，有一部分农户或企业在贷款即将到期或面临农村信用社催收时却选择外出打工、搬迁或让企业破产的方式逃债，致使信用社不良贷款居高不下。根据信用社统计，截至2014年年底，全州有各类借款的在外打工人员（或搬迁失联人员）约1.04万户（笔），其中就有近0.87万人拖欠农村信用社的贷款本金或利息。

（二）经营环境欠佳

经营环境欠佳主要体现在农村信用社的各项扶持政策的顶层设计不够健全，具体表现在以下几个方面：

1. 税收方面。目前，对中小金融机构（含农村信用社）实行的所得税是按照农户小额贷款利息收入的90％计入应纳税所得额，营业税从2014年至今年底减按3％计征。税赋相对较重。

2. 存款组织方面。一方面是近年来，影子银行也正在成为资金池的抽水机，它们主要是直接或间接以高息回报的方式，吸引个人甚至企业的富裕资金投入到影子银行，然后将资金投入到利润率更加丰厚的行业，造成农村信用社的存款快速流失。这些影子银行对地方经济发展的支持微乎其微，但却极大地削弱了农村信用社支持地方经济的资金后盾。另一方面是组织存款倍受歧视，凉山州农村信用社从1996年与凉山州农行脱离行政隶属关系以来，人们对农村信用社的歧视心理一直没有完全消除，很多单位系统内部都曾明文规定资金不能在信用社存管，资金账户的开户审批权必须要经省、州主管部门批准或公司总部授权，甚至涉农资金也是如此，从而导致农村信用社吸收存款困难，低成本资金占比较低，存款市场份额的占有量不高。而推向信用社最多的是最低端的农户代理业务。这部分客户严重占领了农村信用社的柜台资源，却对农村信用社毫无市场利益。

3. 业务考核方面。监管机构要求重点发放涉农贷款，但在考核上缺乏激励机制，这必然引导资金流向非农业部门；对于农业贷款，也没有考虑设计免责条款，与非农业贷款一样实行贷款"终身责任追究制"，给农贷人员很大压力，在一定程度上挫伤了他们的放贷积极性，致使部分农贷人员出现不想贷也不敢贷的现象。

4. 涉农贷款的风险补偿方面。农业产业是弱质产业，更易受政策因素和自然灾害等影响，抗风险能力先天较弱，伴随涉农贷款风险大，营销成本高，缺少担保，也没有政策性和商业性风险补偿或不良资产剥离渠道，由此产生的风险由农村信用社独自承担，导致不良贷款自然积累，使农村信用社在涉农贷款的风险和收益上很不对称，风险随着支持力度加大而逐渐放大，甚至达到监管红线。长此以往，必将严重影响到农村信用社的生存发展与支持地方经济发展的后劲。

在对凉山州农村信用社部分职工进行调查时，员工们普遍认为：一是"三农"和涉农企业大多不具备合格的担保条件，而按照相关规定，只能依赖抵押和担保抵御风险，致使"三农"和涉农企业因担保不足无法获贷。二是农业的政策性保险业务尚处于起步和探索阶段，保险覆盖面较窄，保险品种较少，保费较高，参保意愿较低。三是全州农业、林业、牧业大多还处在"靠天吃饭"状态，收成无法保障。农户的个人经营能力和诚信度难以掌控，投放贷款的风险较大，致使农村信用社无法按需向农户发放贷款，这就导致资金问题始终成为发展的桎梏，严重阻碍着经济的发展。

（三）涉农贷款产品少

"三农"和涉农企业融资时最缺的是抵质押物品。"三农"和涉农企业拥有的主要是土地、宅基地、房屋、林权等，但目前这些资产抵押不仅需要配套完善信用社内部管理办法，甚至还需要政府管理部门建立完善与农村产权相关的确权、登记、评估、交易流转等中介服务和市场机制，才能实现如土地经营权抵押、宅基地抵押、林权抵押或小型科技企业股权质押等抵质押方式，促使涉农贷款有效深入铺开。同时，凉山州的农民专业合作社、行业协会等中介组织发展步伐也相对缓慢，协会的机制建设也不够健全透明，导致金融机构与协会和农户之间没有合适的信息与信用平台，既增加了金融机构的管控风险，也把农户排斥在金融体系之外。

三、凉山农村信用社支持地方经济发展的几点建议

近年来，全州的"三农"和中小企业资金需求巨大，除自身筹集和政策扶持解决部分以外，依靠农村信用社提供信贷资金支持也是常见的解决对策。但结合实际调查分析，笔者认为要使农村信用社更好地促进地方经济又好又快的发展，就该在农村信用社提升管理和服务水平等内生机制的同时，为其提供必需的外部支持环境，否则农村信用社不敢"放胆"涉足"三农"和小微企业，不能充分满足地方经济发展的资金需求。

（一）打造良好的金融生态环境，解决农村信用社支持地方经济发展的后顾之忧

良好的金融生态环境是农村信用社放心支持经济发展的最佳保障。只有党委政府高度意识到改善金融生态环境对增加信贷投入、促进本地经济可持续发展的重要意义，把争取金融支持的重点放在主动地、超前地改善金融生态环境上，主动发挥领导和推动作用，各级政府和有关部门共同努力，齐抓共管，形成协调联动的工作机制，共同改善和提升金融生态环境，才能解决信用社支持地方经济发展的后顾之忧。针对凉山州农村信用社的现实困难，主要应在组织存款、清收不良贷款、营造诚信环境等方面采取有效措施帮助农村信用社。

1. 深化和巩固实施"诚信凉山"品牌战略建设工作。关于"诚信凉山"品牌的打造，州委州政府于2010年8月在全州全面启动了为期3年的建设工作，全州的此项工作也取得了一定成效。但是结合凉山州的实际，应该持续深入打造政府信用、企业信用

和个人信用，为"诚信凉山"品牌战略提升，继续主动出击。

一是重塑"诚实守信"的社会信用价值观念。通过政府和相关部门主导各种形式的宣传教育，让"守信光荣、守信实惠"的观念深入人心，把强化信用意识作为精神文明建设的一项基础工作，加强全民信用教育，强化道德约束，提高信用水平和信用素质。

二是深入开展信用创建工作。要在全州范围内加强各种形式（进入学校、进入会议、进入工作与生活的各个领域等）的诚信宣传教育。要与地方政府密切联系，继续深入开展和推进"信用户""信用村""信用镇"创建与评定工作，努力提高社会公众信用意识，全面形成守信实惠与失信惩戒的氛围，要为信用社乃至所有金融机构放心发放贷款支持地方经济建设创造有利的信用环境。

三是强化信用惩戒力度。加大对不讲信用、破坏信用行为的单位、企业和个人的惩戒力度，有效防范金融风险。首先，由党委政府牵头采取"三停五不"等党纪、政纪、法律等手段强化清收政府部门和公职人员不良贷款，引导并督促欠贷的政府部门（含村、组名义借款和私贷公用不良借款）和公职人员制订还款计划，及时清偿欠款，维护政府信用，提升党委政府公信力。从2011年至今，州委州政府即牵头在全州范围内持续开展整治政府部门和公职人员不良贷款的专项清收行动。凉山州由县政府金融办和纪委共同牵头组织清收，累计收回政府部门和公职人员的不良借款4 349万元。目前，政府部门和公职人员所欠不良借款余额分别为1 509万元和2 112万元，甚至有一部分是领导干部欠款，从一个角度讲，这种欠贷不还的歪风邪气严重影响着部分党委政府和领导干部的形象，同时也阻碍信用创建工作的提升。其次，形成工商、司法等有关部门联手的依法收贷工作机制，严厉打击恶意逃废金融债务的企业和个人。加大金融纠纷案件的审理、执行力度，建立灵活的追索机制，提高金融纠纷案件的审结和执行率，合力整治社会信用秩序，切实维护信用社的合法债权。2015年，凉山州中级人民法院在征信建设上迈出了有力的一步，即是将长期欠债不还、恶意逃废债务的企业和个人在网络上、微信上、地方报刊上进行了公示催告，对逃废债务的主体进行制裁。这是一种创新和尝试，是提升金融生态环境的有效手段。

四是加强征信体系建设。实现企业、自然人、农户、个体工商户之间，工商税务与执法部门之间的信用信息数据采集、录入更新力度和数据信用的开放共享程度，建立和完善多种形式的信用征信和评价体系，形成信贷征信机构与社会征信机构并存的征信综合评价指标，有效解决农村信用社在信贷投放和管理过程中信用信息缺乏和不对称的问题，要让综合评价出的客户信用等级真正成为信用社对贷款申请人评级授信的重要指标之一，切实帮助信用社做好贷款决策，预防信用社信贷资金的潜在风险。

2.提供配套的法制环境。完善法制环境不仅体现在帮助农村信用社审查、保全和强化执行清收不良借款案件方面，也体现在解决农户通过土地承包权、经营权和房屋进行大额资金融资方面。政府和法制部门要积极向上级呼吁，及时修改相关法律法规，及时对广大农村资产——土地、宅基地和房屋进行确权认证，以及完善相关的评估机构和流转市场，解决农村抵押物担保难、登记难问题，排除农村信用社对农村抵押物的风险担忧。

3.营造公平竞争环境。政府及相关部门要采取实际行动营造公平竞争环境，不能只是把支持农村信用社放在口头上，而把信用社支持地方经济发展放在政治高度上，这种不公平不对称的待遇，必然会严重挫伤农村信用社支持地方经济的积极性和主动性。应把农村信用社当作企业来对待，要像关心重点企业、关心骨干企业一样给予应有的关心与支持，在防范农村信用社信贷风险的前提下，组织农村信用社与企业召开洽谈会等有效对接形式，达到政、社、企、农四方共赢。通过建立涉农贷款保险制度，设立或引入不以营利为目的政策性保险机构，为涉农贷款提供保险业务。相关主管部门要考虑农村信用社长期在支持凉山州的烤烟和蚕桑及果蔬项目发展上承担的风险，以及切实方便农户和中小企业等客观影响，全力支持农村信用社深入做好配套服务工作，充分发挥信用社已经掌握的数据信息优势，有的放矢，重点推进。引入其他金融机构参与信贷融资的竞争，可以让企业和农户在融资成本、融资效率方面受益，但也分流了农村信用社的客户市场。因此，在引入其他金融机构参与产业项目融资时，应以农村信用社优先，毕竟农村信用社在培育项目的过程中曾经付出过高昂的成本和承担着巨大的风险，而不宜轻易换客易主，要在持久共赢的基础上促进凉山经济又好又快地发展。

一是要取消存款歧视性政策，涉农资金交由农村信用社托管。存款是支持地方经济的源头活水，打造公平的竞争环境就必须打破存款歧视的政策壁垒，对涉农的农、林、牧、渔、以工代赈等方面的预算内和预算外资金，由农村信用社托管，壮大农村信用社的资金实力，才有利于农村信用社降低资金组织成本，激励农村信用社积极支持地方经济发展，让资金直接便利地用在"三农"上。或按照对"三农"的贡献程度匹配涉农资金，防止因歧视性政策导致农村信用社无信贷资金资源，对支持地方经济有心无力。

二是要遏制农村资金外流，拓宽信贷支农资金的来源。目前，商业银行吸收的农村存款占据了绝对的市场份额，这部分资金被吸收为存款后，没有流回农村，而是以贷款、信托或融资理财等方式大量流入了城市甚至流出了四川。造成本来就资金匮乏的农村资金大量流失，急需大量资金投入的农村经济，发展更加困难。因此，政府应该要求其他银行吸收的存款应至少按照一定比例转存给农村信用社，由其统一安排在农村使用。

三是要完善政策设计，确保落实到位。建议在降低所得税、营业税税率的基础上，逐步取消农村信用社在支农方面的营业税。近两年，国家财政对涉农贷款按照月均余额的一定比例给予补贴，对服务金融空白乡镇按照网点数量进行定额补贴，就是一种鼓励支持和引导，但就目前的经济形势，应该加大补贴力度，刺激金融机构提高支持意愿。

（二）内强管理，外树形象，为继续深入支持地方经济发展和实现自身发展提升内生环境

凉山农村信用社必须高度树立竞争意识，深度挖掘客户群体，创新服务产品，加强基础设施建设、内部风险控制、安全防范、结算手段、服务态度等方面的管理，积极参与地方经济建设，敢于担当地方银行的角色，全面加强宣传，提升正面形象。

1. 改变服务观念，全面覆盖服务区域。由于其他金融机构退出农村市场，乡镇和行政村组的金融服务几乎都由农村信用社全面负责。信用社必须改变服务观念淡薄、服务质量不高、服务产品单一的落后现状，要进一步以立足"三农"和服务"中小"为宗

旨，坚持构建"基础金融不出乡镇、综合金融不出片区"的服务体系，力争扫除乡镇和主要行政村的金融服务空白区域。通过进一步拓宽农村电子化服务渠道，在有物理网点的乡镇全面布放 ATM 机和 POS 机，开通网上银行、手机银行和电话银行等电子银行服务体系，架通农户、企业和信用社的服务快速通道，推广 EPOS 等助农终端，让信用社的服务全覆盖。

2. 创新服务方式和服务产品。对前期的金融服务空白乡镇和行政村要尽量成立物理网点服务机构，或者采取定时定点开展流动服务的方式进行服务。在服务产品上要结合当前国家和省、州对"三农"的支持意见和凉山州的实际，创新推出林权抵押、探索土地承包经营权、宅基地使用权和农房抵押贷款，全面支持农村青年、妇女和党员、失地农民及大学生的创业贷款。对小微企业及其产业供应链建立专门的服务机构，做到不拖延贷款，不变相收费，不浮动或少浮动借款利率。

3. 拓宽思路，进一步延伸小额信用贷款工作。近十余年来，农村信用社的农户小额信用贷款品牌得到了明显提升，但代价相当沉重：这个贷款产品的不良率年均在10％左右，不良贷款余额一直居高不下，贷款质量十余年没有得到明显提升，甚至有下滑的趋势。这个不争的事实，说明"三农"市场是一个高风险低回报的市场，说明全州的金融生态环境没有得到明显提升。这个高风险市场让金融机构踌躇不前，至少"四大行"暂时不会染指，那就需要农村信用社主动调整，主动迎合市场需求，进一步延伸小额信用贷款的服务深度。

一是要延伸贷款对象。延伸小额信用贷款服务范围，就是要将信贷对象由过去的种养殖户延伸到现在从事或服务于第二、三产业的所有农户和城镇个体工商户乃至中小微企业，使更多的农民、个体户和小微企业形成以"三农"为主体的上中下游的产业供应服务链，受益于小额信用贷款。这部分客户相较于单纯的种养殖农户，融资能力更强，更能有效稀释和缓冲信用风险，提高信贷服务工作效率。据悉，这种信贷创新方式在宁南县就得到广泛复制运用，被大量地运用到解决城镇居民和个体工商户的融资需求上来。通过创新，宁南县信用社把小额信用贷款业务做大做深，有效地实现了双赢。

二是要重新调查授信。据调查，农村信用社在广泛铺开农户小额信用贷款时进行过农户信用普查和建档后，就几乎没有对农户进行过再次调查，每年只是根据原有的信贷档案进行授信和审批。其实，农户的经营状况、贷款额度、贷款期限和风险缓冲能力等方面都已发生变化，小额信贷产品只有贴近需求和跟进市场进行重新调查和建档，重新根据需要进行授信和放款，才能有效降低贷款风险，巩固客户，提高效益。具体而言，就是要将小额信用贷款最高授信额度根据重新调查的情况进行授信调整，即在原先的基础上根据实际情况增加或削减授信额度。而且对种、养、加工、个体等特色大户，要从过去的1万元扩大到5至10万元或者20万元，期限可以根据生产经营周期和还款来源具体确定，一定程度上允许贷款跨年度使用，延长使用期限，要让他们在守信实惠方面做好充分的带动作用。

4. 突出重点，做好信贷资金的有效投放。凉山州的重点产业项目主要有优质烟叶、蚕桑生产、旅游开发以及新型城镇化的配套建设项目等，抓住了重点支持项目也即抓住了凉山州经济发展的中枢，既能实现资金的安全投放也能紧扣全州经济发展的脉搏。

一是重点支持全州烤烟、蚕桑及果蔬等特色农业的发展。积极与政府及烟叶管理部门、烟草公司、蚕茧公司和果蔬协会等相关部门沟通，形成重点支持的农业产业化项目，研究确定支持其发展的总体思路和工作措施，大胆创新贴近各县产业化经营的信贷产品，满足重点项目和特色经济发展的需要，在这个过程中，还可以将项目资金与存贷款进行以贷养存、以存定价的融合，也可考虑实行资金担保、风险补偿和贴息等方式助推产业项目顺利开展。

二是继续大力助推旅游经济的发展，努力实现旅游强州目标。旅游经济已成为凉山经济发展的重要推手之一。多年来，凉山州农村信用社在支持打造凉山州螺髻山温泉、螺髻山4A级景区、大槽河温泉瀑布、邛海湿地、盐源泸沽湖、灵山寺的基础建设及配套开发等方面率先介入并全力以赴，为助推凉山旅游的发展贡献出力量。下一步，凉山州的景区景点深入开发建设过程同样也需要农村信用社的助力，这需要信用社在经营管理层面的高瞻远瞩，更需要政府和相关部门营造良好的金融生态环境，引导农村信用社主动大胆介入，实现政府、开发公司和信用社的互利共赢。

三是支持农业基础设施建设和农业机械化发展。现在，通过各级政府部门的大力投资改造，全州的梯田或不规则旱地已基本改造为成片连块的规范化土地，水利沟渠、机耕道路等基础设施已基本就绪，土地的抗灾能力和再生产能力明显增强。即将迎来的土地资源流转和开发高潮必然需要大量的信贷资金注入，这无疑是下一次全面铺开贷款的着力点和经济创收的增长点。

四是支持推进新农村建设和失地农民创业等工作。积极支持集体、个人、企业等投资主体，以多种形式参与新农村建设和失地农民创业、高山移民工作。特别是旅游景点（如恢复邛海湿地的失地农民等）的移民新村建设和配套服务，及时解决他们的生产、创业、建房、教育等信贷资金需求，把企业社会责任和业务发展充分结合起来。

五是抓好龙头典型，促进全州经济工作以点带面。要支持现代农业建设。以高产、优质、高效、生态、安全为目标，加强对农业科研和技术推广项目的支持力度，推进农业标准化生产，不断提高农业科技创新和转化能力。比如加强支持富有特色的大凉山片区的畜牧和马铃薯生产、西昌的葡萄和会理的樱桃石榴农业生态观光园、盐源苹果和辣椒、宁南蚕桑产业等，这些产业项目发展方向明确，但还亟须政策和资金支持，信用社可研究具体贷款品种进行支持。要支持有技术、有市场、有效益、守信用的涉农企业或其他中小企业，带动主导产业、优势产业发展，发挥企业在经济发展中的支柱和主渠道作用。

六是支持新型城镇化建设工作。凉山新型城镇化建设，走的是具有凉山特色的形态适宜、产城融合、城乡一体、集约高效的新型城镇化道路，城镇化打造将主要体现在城郊和中心乡镇的统一规划建设上，主要体现在对不适合居住和生活的高山地区农民移民工作上，以及对农民集中安置后的教育、医疗、文化和经济需求上。待政府指导意见和细则出台后，就要尽快完善信贷合作担保和补偿机制、开发合适的贷款产品，加大各类借款主体信贷资金投入，从多个角度解决城镇化建设的信贷需求。同时，要让农村信用社在支持过程中既要有理有据，又要有力有序，做到风险可控，操作便捷。

西昌邛海湿地生态效益发挥的对策调研[①]

中共西昌市委党校课题组[②]

湿地是指天然或人工形成的沼泽地等带有静止或流动水体的成片浅水区，包括在低潮时水深不超过 6 米的水域。湿地作为地球三大生态系统之一，在涵养水源、蓄洪防旱、降解污染、调节气候、补充地下水、控制土壤侵蚀等方面起到重要作用，被称为"天然水库""天然物种库"和"鸟类乐园"。湿地通过多种植物和微生物吸收、过滤、化学分解与合成，把人类排入河湖的有毒害物质转化为无毒害物质甚至是有益物质，因此，湿地又被称为"淡水之源"。在城市的周边利用江河湖泊，构建城市湿地公园，对于改善城市生态状态、涵养城市水源、保护生物多样性方面具有积极作用，并为城市居民提供休闲、观光、游憩的场所。湿地生态系统所提供的生态效益，正在被越来越多的人认识和了解。

一、邛海湿地的生态恢复现状

（一）湿地生态效益发挥的通常做法

1. 评价标准

（1）能否为城市居民生产生活提供充足、优质的水源，即是否能满足城市的用水需求；（2）是否能够为城市提供较好的防洪、排涝体系；（3）是否能够调节区域气候，降低城市热岛效应，从而提高城市的生态环境质量；（4）是否能够为动植物，尤其是具有较高生态价值的本地物种提供独特的生境栖息地，为生物多样性提供支持；（5）是否能够为城市居民提供休闲娱乐场所，丰富居民的精神生活，为城市的精神文明建设提供支持。

2. 修复策略

城市湿地生态系统的结构是其健康状态的基础，健康状态决定其生态服务功能的体现或缺失。"十五"期间国家高新技术资源环境领域设立了 11 个城市水专项，其核心理念是城市水环境质量改善与生态修复，其基本途径是源头截污、过程去污和末端修复。

[①] 2015 年度四川省党校系统调研课题。

[②] 课题负责人：董萍。课题组成员：李玲、刘雅林、郝萍、苗晓建。

具体的重建方案包括以下 10 个方面：（1）通过开凿水道、疏浚等方式连接城市内的零散湿地，增强城市内部湿地板块的连接度；（2）退建还水，尽可能地增加湿地的面积；（3）对可能影响水质的污染进行处理，建设污水处理厂等设施，污水排放必须达标；（4）增加植被覆盖度，起到涵养水源和吸收土壤污染物的作用；（5）在湿地范围内及周边地区增加种植去污能力强的挺水、浮水植物，优化水质；（6）投放适当的动物，包括滤食性鱼类和一些营养等级较高的动物，增加食物网的复杂程度，提高物种多样性；（7）修建生态型水利工程，增加城市湿地水源；（8）建立健全城市湿地保护的政策法规，从法制的角度解决城市湿地的修复和维护问题；（9）建设和构造示范性的城市湿地，并以此作为基本点进行宣传教育工作，将城市湿地建设的整体概念灌输到市民心中，让市民共同关心城市湿地的建设和维护；（10）城市湿地，特别是人工湿地，要有定期的维护措施，保障湿地功能的正常发挥，同时应建立独立的城市湿地监察机构，对城市湿地的状况进行定期不定期的独立监测，并提交可靠的监测报告，根据报告和专家意见逐步完善城市湿地建设体系。

（二）邛海湿地生态建设的现状

1. 历史情况

高原湖泊邛海是四川省境内第二大淡水湖，目前湖面面积 31 平方千米，流域面积 307 平方千米，属近郊型半封闭湖泊，是西昌城区 40 余万各族群众的饮用水源地，是城市周边弥足珍贵的自然湿地。

20 世纪 60 年代以来，邛海生态环境持续恶化，主要表现在五个方面：一是水质急剧恶化。因生态环境破坏严重，部分区域水质呈现富营养化趋势，水质一度从Ⅱ类降至Ⅲ类，1996 年 4 月甚至发生了"水华"现象，严重威胁饮用水安全。二是水域面积锐减。因围海造田、围海造塘、填海造房和水土流失，邛海面积从 34 平方千米降至不足 27 平方千米，邛海生态系统自我调控能力削弱，稳定性和有序性降低，对流域生态环境安全产生严重威胁。三是面源污染突出。沿湖村居民农田面源和散户畜禽污染负荷大，成为流域污染的主要来源。四是水土流失严重。泥沙淤积突出，导致邛海湖容减少，邛海最大水深由 20 世纪 50 年代的 34 米，淤积到 18 米，库容由 3.2 亿立方米减少至 2.93 亿立方米。五是生态环境保护压力巨大。随着西昌城市和旅游业快速发展，邛海逐渐由城郊湖泊向城市湖泊转变，加重了邛海湖盆区湿地生态环境保护压力。邛海生态环境保护刻不容缓。

2. 立法保障

1997 年，经四川省人大常委会批准，《凉山彝族自治州邛海保护条例》正式颁布实施。该条例成为全国少数民族地区第一部生态环境保护的地方性法规，它的颁布实施为西昌市依法治湖和保护邛海流域生态环境提供了强有力的法律支持。目前，新修订的《凉山彝族自治州邛海保护条例》（以下简称《条例》）已于 2015 年 2 月 13 日召开的凉山州第十届人民代表大会第五次会议上审议通过。新《条例》呈现了三个方面的变化：首先是特别强调邛海全面实行全流域保护，将整个邛海流域纳入保护范围，从根本上保障邛海流域生态保护和治理目标的实现。并坚持从严保护的原则，明确规定了相关的环境指标；实行区域保护，按不同的区域、功能类型确定不同的保护范围和保护方法。其次是保留了原《条例》行之有效的规定，并将邛海保护实践中的成功经验上升为法律规范。第三是在创新保护管理机制上做了说明，强调建立邛海流域生态环境保护补偿机制；实行流域管理与行政区域管理相结合的邛海及其流域保护管理体制；加强邛海流域生态环境建设和保护，实行邛海流域生态环境保护目标责任制；加强流域的规划和管理，突出流域生态恢复建设。

3. 坚持保护优先

确立了邛海保护"一退、二调、三保"的重大战略。一退：邛海湖滨缓冲带范围及其临近的村落内，退出所有产生污染并对邛海构成威胁的经济社会活动；对湖泊生态保护区实施整体搬迁，实施退塘还湖、退田还湖、退房还湖工程。二调：通过产业结构调整，最大限度地削减入湖污染负荷。三保：对入湖河流实施综合治理，对环湖生活污水实施截污治理，取缔机动船只，对流域内的山区和半山区，实施天然林保护、退耕还林还草，减少水土流失。

4. 科学规划

为确保在经济发展的同时，环境保护与经济发展相协调，进一步保护邛海，控制和减少污染，造福子孙后代。2002 年，西昌市人民政府成立了邛海总体规划领导小组，委托云南省环境科学研究所完成《邛海流域环境规划》（2005—2015 年）编制工作，经过一年多的工作完成了邛海湖滨带恢复与建设、邛海流域森林生态建设等十四个子规划。对城市发展的重心进行了调整，将原规划的"东拓（邛海湖盆）西进"的城市发展布局调整为重点向西发展，限制向东发展。在城市东部规划预留出 20 余万平方千米作为生态田园区用地，扩大邛海东北岸湿地恢复面积，增加 600～1 000 米宽的邛海湿地恢复拓展带，留足生态发展空间。通过采取切实可行的措施，统一规划、分步实施，控制邛海生态环境日趋恶化的势头，恢复和改善邛海生态环境，基本形成人与自然和谐相处的、以保护邛海水质及生态平衡为核心的生态功能保护区。

5. 打赢七场硬仗

邛海湿地恢复是邛海生态环境保护的必然选择，2009 年，凉山州委、州政府做出恢复琼海湿地、建设现代化生态田园西昌的总体部署，西昌市委市政府坚持把邛海作为全市的核心生态资源，先后投入资金 40 亿元，打好"七场攻坚硬仗"，系统实施邛海流域生态治理，持之以恒推进邛海生态保护。一是彻底清除邛海网箱养鱼以及吊脚楼，二是拆除邛海保护区违章建筑，三是整治规范邛海周边经营性场所，四是启动邛海截污管网建设，五是启动湿地恢复工程，六是依法搬迁邛海周边村民，七是整治邛海非法运营游船。

6. 湿地建设

邛海湿地恢复建设总面积达 2 万亩，聘请中规院、上海同济规划设计院进行湿地专项规划，共分六期实施：一期为观鸟岛湿地、二期为梦里水乡湿地、三期为烟雨鹭洲湿地、四期为西波鹤影湿地、五期为邛海东北岸的四季花海湿地、六期为邛海南岸的梦回田园湿地。目前，六期湿地已经全面建成，邛海水域面积恢复至38平方千米以上，成为全国最大、最美的城市湿地。基本情况如下：

邛海湿地一期（观鸟岛）。观鸟岛湿地公园位于邛海西北岸，南及邛海宾馆北门，北达小海湿地，东括邛海岸线大片土地和湿地。建设总投资1 468万元（不含征地拆迁费），占地面积约450亩。该期湿地就地取景、依势造型、零距离亲水，形成2.1千米海岸线湿地，具有亚热带风情区、海门桥渔人海湾区、生命之源区、祈福灵核心区、柳荫垂纶观鸟区五大功能区。

邛海湿地二期（梦里水乡）。梦里水乡湿地南起小海湿地，北至海河，东连邛海岸线，西至滨海路，占地面积2 600亩，总投资1.65亿元（其中征地拆迁1.1亿元，恢复工程直接投资约5 500万元），该期湿地主要包括生态防护林步行游览带、湿地水上游览观光带、植物园湿地区、白鹭滩水生植物观赏区和自然湿地修复区等"二带三区"，自然湿地恢复区占总面积的80%以上。

邛海湿地三期（烟雨鹭州）。烟雨鹭州湿地位于市区东南部，地处邛海北岸，南临海河入海口，西靠观海桥，北沿规划环海步道，东接新沙滩，占地面积3 530亩，总投资10.5亿元（其中征地拆迁、安置资金6.5亿元，工程建设资金4亿元）。该期湿地以我国南方鸟类栖息地重建为特色，突出生态教育、生态旅游、生物多样性保护、水环境保护等多种功能，将城市与邛海的距离缩短至1千米，是罕见的城中次生湿地。

邛海湿地四期（西波鹤影）。西波鹤影湿地南起邛海湾，北至邛海公园，东连邛海岸线，西至108国道，占地面积1 750亩，总投资2.6亿元（其中征地拆迁资金2亿元，恢复工程投资6 000万元），该期湿地集游览观光、休闲度假、健身体验、感悟文化、品味生活等功能为一体，充分展现"显山露水、突出生态、具有田园特色"的邛海风貌，把整个邛海西岸连接成一条充满活力的绿色景观链和生态动感走廊。

邛海湿地五期（四季花海）。四季花海湿地位于邛海东北岸，西起小渔村景点（与邛海湿地三期相连接），东至现状环海路，北至规划环湖路以北的林带边缘，南至青龙寺以南900米（与邛海湿地六期相连接），规划面积约8 340亩，概算总投资约15.60亿元。该期湿地将以邛海高原淡水湖泊自然湿地修复为立足点，以河口水土保持、生物多样性保护为特色，遵循国际重要湿地标准，以花为媒、以花点睛，在邛海东岸构筑起一条立体的生态保护屏障。

邛海湿地六期（梦回田园）。梦回田园湿地位于邛海南岸，东西长约6千米，西起海南乡缸窑村（邛海湾酒店），东至海南乡核桃村（张家果园），南以环湖路为界，规划面积约4 000亩，概算总投资约14亿元。该期湿地将按照"两轴、三带、六大旅游节点、六大现代农业种植示范区"布景，通过恢复滨水天然湿地，保留和改造农耕湿地等措施，建设高原淡水湖泊湿地修复和珍稀鱼类、鸟类栖息地重建的典范，打造湿地生态旅游精品景点、现代农业种植示范窗口。

通过历届西昌市政府的不懈努力和琼海湿地恢复工程的实施，邛海生态环境得到较大恢复，生态效益、经济效益和社会效益初步显现。

二、邛海湿地生态效益与经济效益、社会效益的相互影响和促进

(一) 效益的显现

1. 生态效益。一是生态环境明显改善。邛海水域面积从 2006 年不足 27 平方千米恢复到 31 平方千米，2014 年五期、六期湿地建成后，恢复到 20 世纪 60 年代的 34 平方千米。经长期监测，湖水水质从Ⅲ类全面恢复并稳定在Ⅱ类，邛海区域空气质量和噪音监测均达到国家一级标准。二是生物多样性得以恢复。通过西昌学院和四川省林科院开展的邛海生物多样性调查，邛海水域及湿地范围共有维管植物 89 科 203 属 291 种、浮游动物 19 科 32 种、底栖动物 15 科 29 种、两栖动物 5 科 9 种、爬行动物 7 科 12 种；鱼类 6 科 20 种，其中土著鱼类 10 种，邛海红鲌、邛海白鱼和邛海鲤 3 种鱼为邛海特有种；鸟类 17 科 62 种，其中有"水上大熊猫"之称的中华秋沙鸭以及红嘴鸥、红头潜鸭、琵嘴鸭等 23 种珍稀鸟类被列入世界自然保护联盟（IUCN）国际鸟类红皮书。

2. 社会效益。一是社会各界高度评价。原国务院总理温家宝，原全国政协主席贾庆林，原国务院副总理回良玉，中央政治局委员、书记处书记、中宣部部长刘奇葆，中共四川省委书记王东明等领导视察西昌时，对邛海湿地恢复工程给予了高度评价。国家林业局将 2014 年长江湿地保护网络年会放在西昌召开。二是生态搬迁群众安居乐业。精心打造了位于城市、邛泸景区双核心区，集居住、旅游、商务功能为一体的湿地生态搬迁安置小区——海门渔村。位于小区商业街区的凉山南红玛瑙城闻名全国，各地商家纷至沓来。湿地公园为生态搬迁群众提供驾驶、协管、船工、保安、保洁、绿化等就业岗位 1 000 多个，经营摊位 400 余个，妥善解决了群众就业和发展问题。三是全民参与氛围蔚然形成。通过多种形式的宣传、引导，特别是近几年来邛海生态的恢复，西昌人居环境大大改善，城市知名度、美誉度不断提升，保护好邛海、建设恢复邛海湿地成为州市各族群众的共识。

3. 经济效益。邛海湿地旅游品牌魅力的日益彰显，极大增强了西昌旅游的吸引力。2012 年，邛泸景区接待游客 1 133 万人次，五年增长 4.3 倍，实现旅游收入 14.23 亿元，五年增长 2.6 倍。2015 年 1 至 11 月，全市接待游客 1 570 余万人次，同比增长 18%；实现旅游收入 95.40 亿元，同比增长 25%。2015 年 10 月、12 月，第四届中国国际自驾游交易博览会、四川省重点旅游项目推进现场会分别在西昌召开。西昌旅游实现了"三个明显转变"：一是沿湖村居民生产生活方式明显转变，旅游从业人员大幅增加。湿地周边农民实现绿色转型，由原来种地、养鱼、打鱼为主转变为以从事旅游产业为主。二是邛泸景区旅游产品明显转变，旅游基础设施更加完善，自行车骑游、休闲品茗、渔家文化体验、游船等旅游产品更加丰富。西昌市还精心打造了位于城市、邛泸景区双核心区，集居住、旅游、商务功能为一体的湿地生态搬迁安置小区——海门渔村。位于海门渔村商业街区的凉山南红玛瑙城闻名全国，各地商家纷至沓来，盘活了安置小区旅游经济。三是游客旅游方式明显转变，旅游结构更加优化。西昌已从传统意义上的过境游向旅游目的地转变，成为周边地区游客的集散地。

（二）生态效益、经济效益、社会效益的相互促进形成良好的品牌效应

坚持把品牌建设、文化提升融入湿地保护、建设的全过程，倾力打造国际重要湿地文化交流中心。邛海湿地先后获得四川省湿地公园、"四川省风景名胜区十大最美景点"和"十大最佳资源保护景点"等称号。2015 年，又获"国家生态示范教育基地""中国最佳野生鸟类观赏地""国家生态旅游示范区"等殊荣。目前，邛海湿地创建"国际重要湿地""国家湿地公园""中国最具潜力森林旅游景区"等品牌工作正有序推进。同时，邛海湿地恢复工程的实施极大优化和改善了城市生态人居环境，西昌成为国家西部地区生态文明示范工程试点市，并成功创建为国家级森林城市、省级生态市、省级环境保护模范城市，2015 年 9 月，又被全球网民推选为"最生态中国名城"。万达、保利、碧桂园等国内知名企业和邛海湾柏栎、美丽阳光、格兰云天、四海等一批五星级大酒店纷纷落户西昌。

三、西昌邛海湿地发挥生态效益存在的制约因素

总体来说，邛海湿地的建设为西昌市的生态建设发挥了良好的生态效益、经济效益和社会效益，也取得了一定的品牌效益，但同国际、国建设管理先进的城市湿地相比还存在差距，邛海湿地保护建设存在的制约因素和问题依然突出，主要表现在以下几个方面。

（一）资源利用与保护矛盾日益凸显

西昌市具有丰富的自然和文化资源，距西昌城区 5 千米的邛海—泸山景区山与水完美结合，人文与自然有机相融，是人们休闲旅游的绝佳胜地。随着邛海湿地"六期"建设的完工，邛海湿地成为中国生物多样性保护的关键地区，保持邛海湿地良好的生态环境成为西昌市生态文明建设的关键。然而，在开发保护西昌市优质的自然和文化资源的过程中，却存在着生态环境负荷与生态环境保护的矛盾。

目前，西昌市大部分旅游景点并不对游客的数量进行限制，每到旅游旺季，游客数量与环境容量之间的矛盾十分突出，加之缺乏相应的长效应对机制，致使游人严重超过景区的生态负荷，不利于生态环境保护和旅游资源的永续利用，旅游承载力（即旅游生态环境容量）理论应用的迫切性十分突出。比如每年的"火把节""春节"期间，到西昌市旅游休闲的人数剧增，通往景区的各路口人满为患，大大超过西昌市风景区的承载力，由于游客的素质参差不齐，景区环境不同程度地遭到破坏。

（二）统筹管理机制有待深化完善

西昌市邛海湿地保护管理开发利用工作缺乏良好的协调机制。目前西昌市湿地建设和保护工作由多个部门负责，各自为政现象依然存在。不同部门在湿地保护、建设和开发利用上目标不同、利益不同，湿地生态系统的经济功能和生态服务功能得不到有效发挥。

（三）科学研究和技术支撑体系落后

一是还未形成较为完善的湿地资源调查和监测体系。污染监测布点的数量、测定的时间等方面都未能达到要求。二是湿地监测体系不统一。各管理部门监测需求、监测体系、监测标准不统一，数据难以实现共享。各部门之间也缺乏资料共享机制。三是缺乏湿地效益评价指标体系，对湿地功能效益的评价缺乏系统、科学的研究，对湿地的开发和土地用途改变缺乏评价机制。

（四）资金投入依然不足，融资渠道不畅

近几年来，邛海湿地建设主要是以政府主导的开发模式，建设资金主要源于财政投入，政府财政负担很大。邛海湿地未来可持续的保护需要大量的资金投入，在保护区建设、污水治理、湿地监测、湿地研究、人员培训、队伍建设等方面都需要专项资金保障，否则工作难以深度开展。目前，在这方面还未形成完善的资金供给机制。

四、对策建议

坚持可持续发展、保护与发展协调统一、因地制宜、合理布局、突出重点的原则，着力构建、完善我市湿地建设、管理、保护体系。

（一）强化部门协调和管理体系

1. 构建市级协调管理体系，建立"西昌市湿地建设、保护和管理联席会议制度"的机构，由市领导担任会议召集人，成员单位包括市林业和园林局、发改委、财政局、国土房管局、水务局、农业局、环保局、旅游局和法制办等部门，为湿地管理建立沟通和信息共享平台。

2. 提高湿地管理综合水平。加强湿地精细化管理，提高湿地资源的附加值；根据湿地的区位、范围大小及重要程度建立保护站和保护点，形成完善的湿地保护管理网络；建立健全湿地资源可持续开发利用的环境影响评价体系和管理评价制度。

3. 强化配套服务建设。完善湿地公园的交通系统建设，充分利用现有的资源，构建多元化的交通网络。比如，充分发挥南沙湿地公园水系网络优势，通过轮渡服务，连接南沙天后宫成熟的交通配套，既把南沙湿地和天后宫连成一片，发挥集聚优势，又能解决南沙湿地公园服务配套不足的问题。

（二）完善政策法制体系

结合实际，推进湿地保护立法，制定并实施湿地保护条例，以立法方式保障邛海湿地的建设和管理。加强执法力度，严格执法。通过法律和经济手段，制裁侵占和不合理利用湿地资源的行为，打击破坏湿地资源的违法、犯罪活动；建立联合执法和执法监督的体制。建立对威胁湿地生态系统活动的限制性政策和有利于湿地资源保护活动的鼓励性政策。

（三）建立完善邛海湿地生态效益补偿机制

城市湿地公园建设是一项公益事业，一旦以营利为目的就容易沦为短视的装饰性工程。因此需要政府以投资为主导，以长远的目光进行建设，同时也可以适当引入企业资金建设，形成多样的运营方式。邛海湿地可采用"政府管理、市场主体、企业运作"的新模式，盘活景区资源，增加景区收入，使景区保护与利用步入良性循环。

建立多元化融资机制。一是将湿地保护纳入年度财政预算和生态环境建设规划专项资金。加大对湿地生态环境保护科研投入。二是积极争取纳入全国湿地生态效益补偿试点单位。三是引入市场机制，探索多种模式拓展融资渠道。四是进一步理顺湿地公园的管理体制，从粗放型管理模式向精细化管理模式转变，从行政管理模式向企业管理模式转变。

完善经济激励政策。鼓励节约开发利用湿地资源，对湿地保护工程建设在投资、信贷、立项、技术等方面给予政策优惠和支持。完善生态补偿机制，以生态补偿制度限制湿地开发和利用。加强专项资金的使用管理，切实保证项目资金科学、安全运行。

（四）建设科学的邛海湿地生态效益监测评价体系

加强对湿地的科学研究。建立湿地质量、功能和效益评价指标体系，建立完善湿地保护与合理利用的技术推广管理机制和组织体系，开展湿地保护、湿地资源合理利用、湿地综合管理等方面的技术推广与交流。

对少数民族地区幼儿教育现状的调查与思考①

中共喜德县委党校课题组②

当前我国幼儿教育受投入不足、资源短缺、城乡发展不平衡等因素的影响，这些因素长期制约我国学前教育的健康发展，农村学前教育的发展与基础教育的快速发展相比极不协调，已经很难满足群众日益增长的教育需要。幼儿教育不仅为人的终身发展奠定良好基础，还有利于缩小社会贫富差距、提高义务教育质量、促进社会和谐稳定。农村幼儿教育发展严重滞后的矛盾日益突出，直接影响农村义务教育质量的全面提高，社会反响十分强烈，成为摆在大众面前的一个新课题。课题组就目前喜德县农村幼儿教育工作面临的种种难题、存在的新问题及今后如何进一步加强教育的建设与发展，对该县农村幼儿教育现状进行调查，并对当前和今后农村幼儿教育问题做了一些有益的思考，意欲通过对农村幼儿教育的现状分析，为今后的教育工作者提供更多的研究空间。

一、喜德县农村幼儿教育现状调查

喜德县结合自身实际，在农村幼儿教育上，对以前的传统工作方法进行了调整，以前主要是通过小学举办附设学前班的形式开展学前教育，主要满足学前一年的需求。而现在是通过新建乡镇幼儿园、举办村级幼教点让4~6周岁幼儿入园的形式开办学前教育，加快全县村级学前教育的健康发展。

截至目前，我们可以根据相关数据，一目了然地看到自2014年以来农村幼儿教育的变化。喜德县共有24个乡镇、170个行政村，3个社区，229 690人，公办幼儿园2所，民办幼儿园8所，3~5周岁适龄幼儿数11 897人，在园幼儿数2 409人，学前三年毛入园率20.25％；3~6周岁适龄幼儿数16 219，学前班幼儿数4 813人，学前教育毛入园率44.53％；2015年，公办幼儿园已增加至7所，民办幼儿园8所，3~5周岁适龄幼儿数12 387人，在园幼儿数预计达到7 740人，学前三年毛入园率62.48％；3~6周岁适龄幼儿数16 514，预计学前班幼儿数4 127人，学前教育毛入园率71.86％。

在当地教育局的规划中，2016年，该县将积极落实《凉山州学前教育"百乡千村"工程》，拟规划建设135个村级幼儿教学点，拟招收7 547名幼儿，争取学前教育毛入学率达到83％，到2016年底，在园幼儿约达到1.059万人，新增在园幼儿4 530人，学前

---

① 2015年度四川省党校系统调研课题。

② 课题组负责人：曾昱。课题组成员：马久格、汪恩珍。

三年入园率达到65％，学前一年入园率达到85％。城乡幼儿园数量明显增加，总数达到35所（其中公办园25所、民办园10所），基本实现幼儿入园率达到省平均水平的目标。大力提高乡镇中心幼儿园覆盖率。新建校舍10 200平方米，活动场地6 360平方米，购置设施设备11套，图书31 800本。有6％以上的幼儿园达到县级以上示范性幼儿园办园标准。加大师资队伍的力量，争取在园教师623人（公办园565人、民办园58人），其中新增教师518人，师生比达到1∶17。力求为喜德的农村幼儿教育翻开新篇章。

二、对少数民族地区农村幼儿教育问题的分析

近年来，国家对义务教育的投入逐年增加，我国的教育水平得到了全面的发展，家长对孩子的教育也越来越重视，农村中小学与城市中小学的差距在不断缩小，有效地促进了教育的公平。但农村与城市教育的不均衡性表现还较为突出，特别是农村的幼儿教育表现出严重的滞后性。我国幼儿教育事业的重点和难点在农村，这就要求全社会都应重视农村幼儿教育事业的发展。就国家级贫困县的喜德而言，主要体现在以下几方面：

（一）留守儿童增多，家庭教育薄弱，语言表达能力低

喜德全县229 690人，彝族人口占90.82％，农村人口居多，大部分家长的文化程度较低，加之忙于工作和农活，无暇顾及孩子的教育问题。加上有些家庭经济条件差，阻碍供孩子上幼儿园的积极性，因此，不能很好地配合幼儿园（班）进行教育活动。

一方面，因生活所迫，多数家长必须到城市打工赚钱，这样导致出现大量留守儿童，这些孩子大多是由爷爷、奶奶来带，而多数的老人一方面不识字，另一方面思想跟不上时代，认为孩子还小，不用那么早读书，有的甚至因为溺爱孩子，怕孩子在幼儿园会受欺负，因而不让孩子读书。时间一长，孩子的智力就不能得到开发，独立性也差，加上语言环境差，一些孩子到6、7岁了，还不会说汉语，不会讲普通话，甚至有的连普通话都听不懂，而孩子在家里，爷爷、奶奶又不会教。长此以往，孩子的语言表达能力也就得不到提高。

（二）生源大幅度减少与师资力量薄弱导致教学质量不能得到保证

随着时代的转变，多数家长不再在家务农，而是到城市打工，有大量的农民工子女随父母进城，农村的留守儿童越来越少，农村幼教班级规模也逐渐变小，甚至出现了一个老师带几个幼儿的情况，这也影响了教育的投入及教师教学的积极性。加上现在农村幼儿教育的薄弱，多数农村幼儿教师都是民办教师，这样一来，教师的专业素质低，经验又不足，教师之间缺乏竞争意识。而且，包班现象经常出现，教师没有充足的时间备课，教学质量难以得到保证。因此，许多外出打工的家长，即使生活再辛苦，也要把自己的孩子送到自己打工的城市上私立幼儿园，而不愿意把孩子留在农村就读。久而久之，恶性循环，农村学校的生源也就越来越少。

（三）农村幼教的"小学化"倾向

目前，农村的幼儿园多为民办，多数幼儿园（班）作息制度同小学一样，教学课时过多，课时过长。加上家长强烈要求幼儿要会念儿歌、会写字、会计算，有而甚至要求老师教 20 以内或 100 以内的加减法，因此也就出现了幼儿园的教学内容多偏重于读、写、算，从而形成幼儿园教学"小学化"的倾向。这样就剥夺了幼儿童年游戏快乐的权利，而且容易形成一些不规范的读、写姿势，有的甚至因为从小小班就开始写字，而造成手指变形，这样的习惯一旦形成，在以后的学习中便很难矫正。这一做法在严重违背幼儿身心发展规律、不利于幼儿全面和谐发展的同时，也阻碍着农村幼儿教育事业的健康发展。但是如果不这样做，有些家长会认为："你们幼儿园的老师不会教，孩子学半年、一年了，都还不会写字。"

（四）农村幼儿"托管化"现象突出

较多的农村家长碍于农活繁忙，将部分两岁左右的幼儿送入民办幼儿园，幼儿年龄参差不齐，而且，一些民办幼儿园没有注重幼儿行为习惯的培养、智力潜能的开发，所以，部分农村民办幼儿园基本等同于一般性的幼儿托管所。

（五）农村幼教经费不足

经费不足导致从事幼儿教育的配套设备不足，难以满足儿童正常活动、教学的需要。没有场地，没有器械，没有教具，教师上课无教学挂图，小朋友没有动手操作的学具，更缺乏开启孩子智力的游戏场所和设备。学前教育家福禄培尔说："在游戏中培养幼儿是一切教育的开端。"中外教育心理学家一致认为，游戏是开发孩子智力和培养孩子社会角色的早期有效的措施。可是，在经济较为落后的民族地区的农村，这些都无力做到。

三、民族地区农村幼儿教育的对策思考

我们需要进一步提高认识，强化各级政府发展幼儿教育的责任，加大对农村幼儿教育的投入，尤其是要加快发展农村幼儿教育事业。所以，喜德县已拟定农村幼教发展的总体目标：用 3 年左右的时间，建立以"政府主导、社会参与、公小民办并举"的办园体制，推动城乡同步发展，充分调动各方面积极性，扩大学前教育资源，基本构建起覆盖城乡、布局合理、符合市情、充满活力的学前教育公共服务体系；加强学前教育管理，坚持科学育儿，遵循幼儿身心发展规律，全面提高学前教育质量。据此，我们提出以下对策与思考。

（一）加大宣传力度，促进家庭教育，让幼教意识扎根于家长的思想中

家庭是孩子的第一所学校，家长是孩子的第一位老师。家庭教育是学前教育的重要组成部分。调查显示，家长的文化程度越高，对孩子的教育越规范，越有利于孩子的学

前教育。家长的文化水平是孩子获得家庭教育知识的重要基础，要普及高质量的家庭教育，首先要提高家长文化水平，特别要提高农村女性的文化水平。因为在教养孩子的过程中，母亲担当着主要的任务，母亲掌握教养知识的多少，是保证孩子健康成长的重要条件。因此要逐步提高农村女性的知识水平，就得做到大力的宣传和培训。据了解，喜德县冕山镇、光明镇等农村公办幼儿园的老师，每次开学前，都将广泛开展农村幼儿教育宣传活动，以口口相传的讲述，让宣传深入人心。

（二）加快园所建设，扩大学前教育资源

1. 加大政府投入，大力发展公办幼儿园，提供"广覆盖、保基本、有质量"的学前教育公共服务。县城按照每3万常住人口建设1所不少于9个班建制的公办幼儿园标准，新建、改建、扩建一批安全、适用的公办幼儿园。县城幼儿园建设要充分考虑进城务工人员随迁子女入园需求，多渠道发展公办园资源。通过补助办园经费等优惠政策，支持街道、农村集体举办幼儿园；盘活资源举办一批公办园；充分利用中小学布局调整后的富余教育资源和其他富余公共资源，优先改建成幼儿园；鼓励优质公办幼儿园通过举办分园或合作办园的方式扩大公办资源。

要把发展学前教育作为社会主义新农村建设的重要内容，将幼儿园作为新农村公共服务设施统一规划，优先建设，加快发展。地方政府要加大对农村学前教育的投入，通过实施国家推进农村学前教育项目等，按照每个乡镇至少办好1所公办中心幼儿园的标准，新建、改建、扩建一批乡镇公办中心园。同时通过独立办园、联办园、校中园、幼教点、幼教班，配备专职巡回指导教师等多种形式，大力发展村级学前教育，逐步完善县、乡（镇）、村学前教育网络。改善农村幼儿园保教条件，配备基本的保教设施、玩教具、幼儿读物等。创造更多更好条件，着力保障留守儿童入园。

2. 积极扶持民办园发展。通过保证合理用地、减免税费等方式，积极鼓励非公资本进入学前教育领域。地方政府应当保证民办幼儿园合理用地，对新建、扩建的民办幼儿园提供必要的办学用地，尽可能给予优惠。

（三）加强队伍建设，提高学前教育师资素质

1. 配齐配足幼儿教师。县编制部门要会同教育、财政等部门按照省有关规定和要求，结合全县学前教育发展的需要，合理确定师生比，在2014年年底前核定并下达各地办学教育机构编制数额。至2016年，县政府将逐步按照省定的学前教育教职工编制标准，合理确定公办幼儿园教职工编制，逐步配齐配足公办学前教育机构教职工，建立正常的幼教师资补充机制，满足学前教育正常教育教学的需要。

2. 扩大幼教师资来源。健全幼儿教师资格准入制度，严把入口关。公开招聘具备条件的毕业生充实幼儿教师队伍。中小学富余教师经培训合格后可转入学前教育。转岗从事学前教育工作的中小学教师的身份和待遇依法予以保障。依托师范类高等院校和中等学校，加大在岗、转岗幼儿教师培训力度，不断提高幼儿园保教人员和新增幼儿教师的专业合格率和专科以上学历比例。

3. 加强师资培训。建立幼儿园园长和教师培训体系，满足幼儿教师多样化的学习

和发展需求。县教育行政部门要在教师培训经费中划出一定比例，专项用于公、民办幼儿教师培训。每年培训 200 名左右教师，五年内对幼儿园园长和教师完成一轮培训。通过多种途径，加强幼儿园园长和骨干教师培训，打造出一批名园长和名教师。积极实施园本培训，全面提高幼儿园保教人员的整体素质和保育教育能力。

4. 保障幼儿教师合法权益。根据省人社厅、省编办、财政厅、省教育厅等部门的规定要求，完善落实幼儿园教职工工资保障办法、专业技术职称（职务）评聘机制和社会保障政策。积极探索将农村幼儿园教师住房纳入农村中小学教职工周转房的新机制。民办幼儿园举办者要与聘用教师签订劳动合同，合理确定教师工资标准，按时足额发放教职工工资和各种津贴，依法缴纳各项社会保险费和住房公积金。

（四）加大经费投入，增强学前教育发展动力

自 2014 年起，县政府将学前教育经费列入财政预算，争取做到新增教育经费向学前教育倾斜，并根据需要设置学前教育专项经费。教育费附加和其他地方教育附加中用于学前教育的比例应不低于 2%。各级地方政府在投入上要对贫困地县和少数民族地县学前教育予以重点倾斜，并积极发展残疾儿童学前教育。要加强学前教育经费的使用和管理，提高经费使用效益。

（五）加强常规管理，提高幼儿园保教质量

1. 加强管理，规范办园行为，严格幼儿园准入制度。省教育行政部门制定各级各类幼儿园标准，县教育行政部门负责审批各类幼儿园，建立幼儿园信息管理系统，实行动态监管。完善并落实幼儿园年检制度，及时公布幼儿园信息。未取得办园许可证和未办理登记注册手续，任何单位和个人不得举办幼儿园和学前班。审批主管部门要加强对社会各类幼儿培训机构和早期教育指导机构监督管理。规范办园行为，规范幼儿园办班和审批程序，加强对幼儿园命名管理。幼儿园禁止举办学前班，县小学和乡镇政府所在地中心小学严禁举办附设幼儿园或学前班。村级学前班作为农村学前教育过渡形式要规范办班行为，逐步取消学前班，采取多种形式举办幼儿园、幼儿班。严禁将小学一年级与学前班学生混合编班。

2. 强化安全监管。地方政府要加强安全设施建设，配备保安人员，健全各项安全管理制度和安全责任制，落实各项措施，严防事故发生。各级地方政府的综治、公安、教育、卫生、食品药品监督管理等有关职能部门要按照职能分工，加强协作，加大联合检查力度，定期深入幼儿园检查，建立全覆盖的幼儿园安全防护体系，加强对安全工作的监管与指导。各幼儿园要提高安全防范意识，加强安全教育，提高幼儿自我保护意识和保护能力，加强内部监控设施建设和安全管理。幼儿所在街道、乡镇和村民委员会要共同做好幼儿园安全管理工作。

3. 规范幼儿园收费管理。物价、财政、教育部门根据城乡经济社会发展水平、办园成本和群众承受能力，按照非义务教育阶段家庭合理分担教育成本的原则，制定和调整公办幼儿园收费标准。民办幼儿园实行分类收费，对开展普惠性服务民办园，按照物价、财政、教育部门制定的指导价收费，由政府补助公用经费；其他民办园根据办学成

本合理确定收费标准，报物价和教育部门备案并公示。物价部门对民办园收费要加强审查，严格备案程序，预防和制止不合理收费。幼儿园收费坚持公示制度，接受社会监督。加强收费监管，坚决查处乱收费。

4. 坚持分类治理，妥善解决无证办园问题。教育行政部门要遵循"规范一批、整合一批、取缔一批"的整体工作思路，对目前存在的无证办园进行全面排查，加强指导，督促整改。整改期间，要保证幼儿正常接受学前教育。经整改达到相应标准的，及时为其颁发办园许可证。整改后仍不能保障幼儿安全和达到基本保育教育要求的，当地政府要依法予以取缔，并妥善分流和安置在园幼儿。

5. 坚持科学保教。各级各类幼儿园应深入贯彻国家《幼儿园工作规程》和《幼儿园教育指导纲要（试行）》，遵循幼儿身心发展规律和学习特点，面向全体幼儿，关注个体差异，坚持以游戏为基本活动，保教结合，寓教于乐，为儿童创设丰富多彩的教育环境，防止和纠正学前教育"小学化"倾向，严禁对幼儿进行汉语拼音、汉字书写、数学计算训练等，促进幼儿健康成长。加强对幼儿园玩教具、幼儿图书、教师指导用书的配备与指导。县教育行政部门要配备专兼职幼教教研人员，加强对学前教育教学的指导。要把幼儿园教育和家庭教育紧密结合，加强对家长科学育儿的教育，共同为幼儿的健康成长创造良好环境。

农村幼儿教育是我国幼儿教育的重要组成部分，特别是少数民族地区的农村幼儿教育，由于语言与日常习惯的差别，使之更具典型，没有农村幼儿教育的发展，就谈不上全面提高我国幼儿教育的整体水平。所以，请让全社会都来关注农村幼儿教育，不要让农村孩子的人生输在起跑线上！

凉山彝族习惯法的调查与思考①

中共喜德县委党校课题组②

一、彝族习惯法概述

（一）彝族习惯法的概念

少数民族习惯法，根据《牛津法律大辞典》中对习惯法的定义可理解为："人们公认并被视为具有法律约束力的一些习惯、惯例和通行的做法。"少数民族习惯法是我国习惯法的重要组成部分，它是独立于国家制定法之外，依据少数民族或民族地区的社会组织的权威而形成或约定的，主要调整该少数民族内部社会关系，具有强制性和习惯性的行为规则的总和。彝族习惯法制度十分古老，千百年来成为彝族人社会生活的制约机制和道德规范，也是维护社会政治统治的意识载体。习惯法，凉山地区彝族称为"杰伟"，是在彝族社会中具有最高权威的法律。

（二）彝族习惯法的内容

彝族习惯法是彝族人民行为规范的准则，是世代遵守的不成文法规，在当地具有非常强的法律效力，它时刻都在控制和左右着人们的言行。在彝族地区，解决纠纷必须以习惯法为依据，习惯法包括土地财产所有权、土地财产继承权、等级关系、租佃关系、债务、投保制、刑法、婚姻、司法等内容，它与彝族文化相辅相成，既受制于彝族文化、又保护彝族文化，促进凉山彝族地区社会经济的发展。

（三）彝族习惯法的意义

凉山彝族世代居住在中国四川省南部，青藏高原东缘横断山脉以北。这里是中国最大的彝族聚居区，彝族文化丰富，养育了一代又一代的彝族儿女。在 1950 年之前，凉山彝族地区是奴隶制社会，1950 年后直接进入社会主义社会，凉山彝族地区许多地方还存在着奴隶制生产关系。在这两个特殊的社会背景下，形成了与之相适应的彝族习惯法。彝族习惯法是重要的传统民族文化，同样也是彝族法律文化的重要内容。它是彝族

---

① 2015 年度四川省党校系统调研课题。
② 课题负责人：罗兰。课题组成员：克惹阿呷、付红燕。

人民在长期的历史发展过程中逐渐形成的，是彝族人民智慧的结晶。

二、当代彝族习惯法中常见的调解形式

凉山彝族习惯法是彝族地区积淀千年的法律文化的载体，它至今仍然鲜活地存在于彝族民众的法律生活之中，仍显示出广大的民众基础，拥有强大的生命力。彝族传统纠纷解决机制在当代的凉山彝族地区仍然发挥着不可替代的作用，人们仍然选择运用彝族习惯法来解决各种纠纷。凉山彝族习惯法调解分为民事调解和刑事调解。凉山彝族习惯法中，解决纠纷重民轻刑，当发生刑事案件时依然按照民事案件的处理方法来解决。在处理刑事纠纷时，彝族习惯法中没有严格的诉讼程序规定，一般由当地德高望重的"德古"、家支头人出面解决纠纷。凉山彝族地区的刑事和解可分为家支式和解、德古式调解、当地政府主持的调解三类。

（一）德古调解

"德古"是指在彝族人中有文化，品德高尚、阅历丰富、办事公正、知晓彝族习惯法，能够解决纠纷、能言思辨，在本家支乃至其他家支中享有崇高权威的智者。矛盾纠纷发生后，受害人会找到当地有威望的"德古"，向其告知受害的全部事实，并说明是何人所为。"德古"了解全部事实后，会尽快告知另一当事人，同时会和双方联系确定调解的时间和地点。"德古"调解纠纷时，秉承和国家法律一样的原则，除涉及个人隐私及家支秘密的情况外，一般是公开进行调解。"德古"审理和调解纠纷实行背靠背原则，即双方当事人不见面，由双方当事人或各自所属的家支分别向"德古"陈诉案情，"德古"会认真听取并向双方传达互相的意见。在审理与调解过程中，"德古"可以引述、宣讲习惯法或先前判例，如可引述历史典故、哲学格言或民谚教育当事人、劝说当事人。最后，"德古"会根据案情做出裁决，裁决必须要双方当事人同意接受，否则将继续进行协商。双方当事人及其家支接受裁决后，必须履行。

在今天的凉山彝区，既由于传统思想的根深蒂固，也由于人们现实的需要、利弊的权衡，德古调解依然是彝族人民解决纠纷最主要的方式。彝族习惯法并不是解决纠纷的唯一依据，凉山彝族地区的各种禁忌、常识常理以及基本的道德准则也是"德古"进行调解的依据。凉山彝族地区大多数"德古"在当地有着极高的威望，同时他们又了解当地彝族群众心中的想法，在发生纠纷时，他们及时介入，调解纠纷快速，往往能使纠纷很快解决，有利于防止事态扩大升级。同时，"德古式"调解执行率高。在双方当事人接受裁决后，"德古"有责任督促其履行，同时其家支也会帮助其履行，为案件的执行提供了很好的保障。此外，"德古"在调解纠纷时并不收取任何费用，只是由当事人负责"德古"的食宿及交通住宿费用，减轻了当事人的经济负担。正是以上原因使得"德古式"调解在凉山彝族地区被广泛运用。彝族的"德古式"调解是广泛调动各种秩序资源解决纠纷的手段，往往能在案件中获得良好的效果，而这正是强制性规范无法做到的。

不可否认的是，"德古式"调解有其一定的不足和落后性。一些国家法律严格规定

必须由国家专门机关管辖处理的案件，在凉山彝族地区也往往通过习惯法调解制度进行调解。凉山彝族习惯法重民轻刑，在发生刑事案件时，依然按照民事案件的调解方法来处理，使得一些犯罪嫌疑人逃避了刑罚，妨碍了国家法律在凉山彝族地区的施行。

例：2009 年在凉山彝族自治州喜德县尼波乡，且沙一家和罗边一家是邻居，两家因为各自的地界划分经常闹矛盾，同时且沙也经常打骂罗边。一天，且沙家无人在家，而罗边家此时亲戚众多，罗边向其亲戚诉苦，其亲戚认为且沙家太过分，必须给他一点教训，于是将且沙家的牛羊共 10 头杀死，共计人民币35 000元。发生这一系列事情之后，且沙怀疑就是罗边家做的，并不断打听消息，在确认后第一时间找到当地出名的"德古"沙马，并告知其案件发生的原因经过结果，要求沙马为他主持公道。沙马知道后，随即来到罗边家支，告知罗边家支，其已受理该案件。随后"德古"沙马来到且沙家，听取他们对于此事的意见并认真记录，随后来到罗边家听取他们的想法，并把两边的意见进行整合，选择折中的方案来对两边进行劝说。最后，在"德古"沙马的不懈努力下，最终，罗边家赔偿且沙家50 000元并向且沙家打羊用于道歉。同时，由罗边家负责"德古"调解此案以来的食宿交通费，并买酒给他喝。

（二）家支调解

所谓家支式和解，就是在刑事案件发生后，加害人与被害人并不直接进行磋商和协议，而是由双方所在的家支派出德高望重的人出面协商。先由一方开出条件，对方表示接受或不接受，然后开出新的条件，表达自己的想法，和解就在这样不断的协商中完成。当然，有时会出现这样一种情况，一方家支势力强，一方家支势力弱，但这并不影响他们协商。因为势力较弱的一方家支会寻求其他家支的帮助支持，维持双方势力平衡，促进和解的完成。

家支式和解在凉山彝族地区是仅次于"德古式"调解的第二大调解方式，其在凉山彝族地区被广泛运用。家支头人作为凉山彝族习惯法的主要调解人，他们自身的素质高，熟悉凉山彝族习惯法，且知道彝族的历史以及各种习惯，同时家族对他们极其信任。他们在调解纠纷时都会站在公平公正的立场上，如果办事不公，或者有意偏袒一方，便会失去人心，人们也就不会再信任他们，其地位也就随之丧失了。为了提升社会地位，家支头人在调解过程中，通常都能公正地对待纠纷各方，以便为化解纠纷打下良好基础。家支式和解的好处就在于解决纠纷更加快捷、更加经济。因为其省去了国家专门机关审理案件的各种程序，直接由双方进行谈判、和解，省去了很多时间。同样，采取家支式和解，不需要缴纳案件的诉讼费用，对彝族人民来说，无疑省下了一大笔费用，更加有利于案件的解决和执行。多元法律的存在使得彝族人民有了进行选择的可能性，此时他们自然会选择双方都自愿遵循的规则，选择更加有利于自己的规则。同时，凉山彝族大多生活在路程边远、交通不便的乡镇，为了更加经济地解决纠纷，往往不会通过国家专门机关来解决。凉山彝族地区的许多彝族人民不知法律的存在，不知如何运用法律来保护自己。因此，他们往往更倾向于用习惯法来解决纠纷。

但是，家支式和解也有其一定的不足之处。家支式和解只适用于等级相同的彝族家支之间，在不同等级之间则不适用，例如诺合（黑彝）、曲伙（白彝）、呷西（锅庄娃子）各等级之间内部发生纠纷时可适用，但若是不同的等级之间发生纠纷，只能借助"德古式"调解，这在一定程度上制约了家支式和解的适用范围。

例：2003年在凉山彝族自治州喜德县红莫乡，曲比××（男）酒后调戏拉马家的一妇女，恰好这一女子的哥哥拉马××在场，认为其妹妹受到了严重的污辱，必须为其妹妹报仇。因此，拉马××和在场的拉马家另外三个妇女一起，用石头砸曲比××的头部，致其昏迷。在场的其他人随后即送曲比××到凉山州第一人民医院抢救，医院证明曲比××头部受伤，属于重伤。此时，曲比家支的其他人先各自出一部分钱为曲比××垫付医药费，随后曲比家支的一群人一起来到拉马××家，要求其赔偿医药费以及道歉。拉马家支的人到医院了解伤情，并向其家属强调受害方虽然受害了，但是事情因他而起。第二天，曲比家支的人与拉马家支的人相约在喜德县城的一茶楼共同商量解决此事的方法。曲比家支的人首先提出赔偿70 000元人民币和绵羊3头。拉马家支的人认为起因在曲比家，70 000元过高，不答应。第一次磋商失败。三天后，开始第二次的磋商。此时，大家对对方的底线都有了一定的认知，商量起来也就更容易。最后，在经过一天的讨论后，选择了一个折中的方案。拉马××向曲比××赔偿50 000元和绵羊三头，并向曲比××道歉，拉马家支与曲比家支摆和头酒，以后一样还是友好的家支，把此次的事情忘记、翻篇。

《中华人民共和国刑法》第二百三十四条规定：故意伤害他人身体的，处三年以下有期徒刑、拘役或者管制。犯前款罪，致人重伤的，处三年以上十年以下有期徒刑；致人死亡或者以特别残忍手段致人重伤造成严重残疾的，处十年以上有期徒刑、无期徒刑或者死刑。本法另有规定的，依照规定。依照现行国家法律的规定，拉马××把曲比××的头部打至重伤，应该先去当地公安局报案，告知公安局刑警大队此事发生的原因、经过及结果。公安局刑警大队在经过初步的审查，符合立案条件后，应及时立案。立案后，应将犯罪嫌疑人带到公安局进行讯问，查清案情、掌握证据后，应将其移送检察院，由人民检察院对其进行审查起诉，最后再由人民法院对其进行定罪量刑。当然，拉马××可以向曲比××给予其一定的赔偿及道歉，并向法院送达谅解书，但故意伤害罪仍然成立，谅解书只是法院一个量刑的标准。因为重伤是国家公诉案件，不在和解的范围之内。

然而在现实中，此案双方当事人并未运用国家专门机关来维护自己的合法权益，而是运用习惯法中家支互相商量解决的办法，仅用赔偿这一主要方式就解决了矛盾。对当事人曲比××来说，他迫切需要的是医治自己所花的医药费及赔偿金；对拉马××来说，他希望尽快解决该纠纷，好让自己的生活恢复正常。

三、当代彝族习惯法的作用评价

（一）积极作用

最重要的法律"既不是铭刻在大理石上，也不是铭刻在铜表上，而是铭刻在公民们的内心里，它形成了国家的真正宪法，它每天都在获得新的力量。当其他的法律衰老或消亡的时候，它可以复活那些法律或代替那些法律，它可以保持一个民族的创制精神，而且可以不知不觉地以习惯的力量代替权威的力量"。凉山彝族习惯法是彝族群众在上千年的历史演变和发展中逐渐形成的，其已经成为彝族传统文化及民族法律心理的重要组成部分。同时，彝族习惯法是在彝族长期的社会生活中不断发展起来的，内容非常丰富，且历史十分悠久，它的仪式程序古朴自然，内容形式细密完善，更贴近凉山彝族地区社会成员的日常生活，这些都有利于凉山彝族地区的法制建设和当代中国的法制建设。

1. 处理案件更加便捷、更加经济

与国家法律的贯彻执行相比，由"德古"或者家支头人进行调解的彝族习惯法在凉山彝族农村运用更加普遍。其原因主要是凉山彝族地区人民居住比较分散，区域广，且大多数地方都位于偏远高寒山区，离乡镇遥远。同时，由于凉山彝族地区大多经济发展比较落后，交通不便、通讯落后，很多案件发生后村民无法在第一时间迅速报案，寻求帮助。因此，在发生纠纷后，大多数村民都会寻求当地德高望重的"德古"或者家支头人出面进行调解，以达到最快解决纠纷的目的。凉山彝族习惯法处理及时，使许多矛盾纠纷消灭在萌芽状态，防止了事态的进一步恶化。同时，运用习惯法处理案件，并不需要缴纳诉讼费用，也可省去请律师的费用，仅需要负责家支调解时的食宿费或者"德古"调解的食宿费，更加经济，也解决了大多数农村人民无钱请律师、无钱办案的困难。

2. 广泛的约束作用

凉山彝族习惯法中包含有很多的道德因素，具有广泛的约束作用，规范了凉山地区彝族人民的行为。如彝族习惯法中规定禁止偷盗他人财物，否则除返还所盗之物外还要额外赔偿牲畜并向受害人赔礼道歉；禁止打架斗殴，伤害他人生命。彝族习惯法中很多规定的内容都是与现行国家法律相一致的，且其目的都是保护彝族人民的合法权益。同时，凉山彝族习惯法的调整范围比国家法律的调整范围大，它是国家法的补充，彝族习惯法的约束力也比国家法律的约束力更强，适用范围更广。

3. 减轻了政法工作部门的压力

改革开放以来，劳务输出成为一大趋势，同样也影响着凉山彝族地区，以往凉山地区的彝族人民都过着面朝黄土背朝天的生活，没有其他的经济收入。随着经济的不断发展，越来越多的彝族人民开始走出大山，去发达地区打工挣钱，但一部分彝族青年却抵御不住"黄、赌、毒"的诱惑，开始赌博、吸毒。彝族习惯法在此时发挥了极大的作用。彝族习惯法中各个彝族家支作出规定：不准其家支成员吸毒、赌博，家支里的成员互相监督，一旦发现有人吸毒，家支会立即采取强有力的措施，将吸毒者送到偏远的山区进行戒毒，并由家支成员进行监护。各家支实施该规定以来，凉山彝族地区吸毒人数明显下降，证明该规定起到了很大的作用。同时，家支在家支大会时会进行禁止赌博及禁止违反法律的教育活动，将恶念扼杀于摇篮之中，客观上减轻了公、检、法等部门的工作压力。

（二）消极作用

在 1950 年之前，凉山彝族地区是奴隶制社会，1950 年后直接进入社会主义社会，因此凉山彝族地区许多地方还存在着奴隶制生产关系。不同的生产关系需要不同的法律来进行调整，这就是彝族习惯法在凉山彝族地区普遍适用的根本原因。但不可否认的是，彝族习惯法中的刑事调解在一定程度上相对于国家法律来说，是落后的，制约了彝族地区的发展，束缚了彝族人民。

彝族习惯法中调解处理案件时重民轻刑，即发生刑事案件时可按民事案件处理，对刑事责任人未实行严处，反而包庇其逃避法律责任。把刑事案件当作民事案件来处理，彝族习惯法更强调和解。今天，凉山彝族民间时有发生刑事案件，皆以被告向原告赔钱了事。国家法律中也有调解，且调解的方式多元化，但调解并不代表不用承担法律责任。彝族习惯法中把刑事案件当作民事案件来处理是违反了刑法中罪与刑相适应这一基本原则的，与国家法律是冲突的。时至今日，在凉山彝族民间仍然存在这一现象，对争执较大且无法进行调解的案件和在没有其他确凿证据的情况下，被怀疑人又拒绝承认其犯罪事实的疑难案件，若多次调解均无结果的，当事人大多同意通过向神灵诅咒发誓来表明自己的清白，由神灵来判定、鉴别真伪和是非曲直。国家法律的基本原则是以事实为依据，以法律为准绳，拒绝冤假错案，但彝族习惯法中的这一做法恰好是与国家法律相违背的，是不符合现有的法制精神的。

四、当代彝族习惯法的完善

（一）保护和传承

彝族习惯法是彝族传统民族文化的重要组成部分，在彝族民间长期留存，并仍在现实生活中被认可和适用，我们就应该承认它的存在价值。它既有优秀的内容，又有陈腐的因素。从前文的分析可知，彝族当代习惯法调解利大于弊，我们应该坚持扬弃的原则，保留其中好的方面，用成文法的形式来肯定它，同时摒弃落后的内容。将彝族习惯法参照国家法律进行调适，使其更符合凉山彝族地区的特殊情况。

国家法律和彝族习惯法之间固然存在冲突，但在一定程度上又相互作用、相互影响。应对习惯法中符合国家法律的部分进行借鉴和吸收，对不符合国家法律又不符合法律原理的部分予以废止，只有这样，才能更好地促进凉山彝区的发展。最后，要建立民间协调机制规范彝族习惯法的调解，使彝族当代习惯法调解更加规范化、人性化。政府应该组建一个团队，将彝族习惯法的程序、内容、形式，著名"德古"的资料、习惯法案例，用影像、图片或文字记录保存下来，让后人得以传承。

（二）防范消极作用

彝族习惯法中调解处理案件时重民轻刑，通常把刑事案件当作民事案件来处理，我们必须抑制这一现象。当地政府可组建民间调解机构，用以规范和管理彝族习惯法的调解机制，同时确定一些规则，如发生重大刑事案件时，必须交由国家专门机关立案审查，不得私自进行调解，以免部分犯罪分子逃脱法律的制裁。在轻微刑事案件及民事案件中，双方当事人可选择运用彝族习惯法或国家法律来解决纠纷，但选择彝族习惯法时必须遵守国家法律的强制性规定，不能违反国家法律的基本原则。只有先做好防范工作，才能真正带给当事人公平与正义。

（三）实现与国家法律的合理定位

国家法律是根据人民意志所设立的法，代表了最广大人民的利益，同时也是凉山彝族地区人民必须遵守的强制性规定，具有普适性，但较少考虑民族地区的特殊情况，因此不能完全适应凉山彝区（熟人社会）的需求。同样，凉山彝族地区受地形的影响，四面环山，地区封闭、交通不便，特别是在凉山彝族自治州的东部，只有一条道路可与外界相连，严重阻碍了凉山彝族地区与外界的往来交流和经济文化的发展，当地彝族人民文化教育情况严重滞后，不知道、不了解国家法律的存在及其内容，更不会运用国家法律来维护自己的合法权益。大多数彝族人民从一出生起就开始接受习惯法的教育，自觉自愿地遵守彝族习惯法。在凉山彝族地区，许多受过高等教育的彝族人在发生纠纷时，还是倾向于接受彝族习惯法。因此，必须对凉山彝族习惯法与国家法律进行整合，发挥国家法律与彝族习惯法的积极作用，促进凉山彝区的社会经济发展。

第一，凉山彝族自治州有自己独立的民族立法权，在设立新法时，可考虑吸纳彝族习惯法中有益的规定及原则，给予彝族习惯法制度上的保证。第二，在司法过程中，除办理重大刑事案件，必须严格按照国家法律执行外，办理其他案件时，可坚持从宽的政策，根据凉山彝族地区的实际情况，适当地参照彝族习惯法的有关内容及做法来处理案件，相信这样当地彝族人民也更容易接受。第三，当地政府和司法部门必须加强普法工作，多到偏远高山的彝族山寨宣传国家法律，让当地彝族人民了解国家法律，促进国家法律与彝族习惯法的融合。

对盐源县苹果产业化发展的调查与思考[①]

中共盐源县委党校课题组[②]

苹果产业是盐源县域经济中不可替代的支柱产业和农民增收的重要来源。2014 年 4 月，盐源县召开了全县苹果产业化发展工作会议，立足产业发展现状，全面谋划和部署盐源苹果产业今后的发展思路。此次会议是盐源苹果发展的转折点，是实现传统农业向现代农业转变的又一次革命，开创了盐源苹果产业化发展的新局面，具有里程碑式的作用。如何让盐源苹果这一支柱产业不断焕发活力，更好地打入国际、国内市场，是县委政府和广大果农、科技工作者所关心的问题。基于此，课题组就推动盐源苹果产业化发展这一问题作了调研。

一、盐源苹果产业化发展现状

（一）县委政府高度重视，制定产业发展规划

一是成立组织机构。成立了由县长任组长，县委、县政府分管领导为副组长，相关部门主要负责人和主产乡镇"一把手"为成员的苹果产业化发展领导小组，统一领导产业发展，并出台了《关于加快盐源苹果产业化发展的意见》。二是设立专项基金。连续5 年，每年设立1 000万元的苹果产业化发展专项基金，力争5 年内全县苹果种植面积达到 35 万亩以上，年产量达 70 万吨，年储藏能力达 20 万吨以上，年产值达 30 亿元。三是打造品牌效应。精准定位盐源苹果——"来自泸沽湖畔，离太阳最近、离城市最远"，并不断打造品牌，规范苹果包装。目前，盐源县被列为中国"国家级优质苹果标准化生产示范区"，盐源苹果成功获取国家工商总局授予的"地理标志证明商标"，连续荣获"四川省著名商标""中国驰名商标""无公害农产品产地认证书""绿色食品商标"，在2014 年农博会上还荣获"四川农业博览会金奖"；四是建立考核机制。县委、县政府把苹果产业化发展工作纳入年度目标考核，并强化督查检查，凡发现苹果产业化发展工作走过场、搞形式，干部不驻点指导督促、果园管理没有起色的，相关县级领导和部门"一把手"要予以问责。

---

① 2015 年度四川省党校系统调研课题。
② 课题负责人：殷明芳。课题组成员：曹江岚、于菲、冯晓军。

（二）产业基础基本形成，生产规模迅速扩大

盐源县于1958年开始试种苹果，1964年在民间零星种植，1974年出现小规模发展，20世纪80年代后期掀起苹果种植热潮，从1982年的5 800多亩，到1995年的12万亩，2008年的20万亩，2014年达到了27.2万亩。涌现出卫城镇大堰沟等一批苹果产值超千万元的专业村和李家顺、蔡学友等收入近百万元的苹果产业增收示范户。苹果主产地覆盖全县盐井镇、卫城镇、双河乡、干海乡、下海乡、梅雨镇、白乌镇、大河乡、棉桠乡、泸沽湖镇等十几个乡镇所辖行政区域，全县苹果规模呈逐年递增趋势，成为长江以南稀有的苹果生产区，成为低纬度地区优质苹果生产的代表。

（三）科技含量持续增加，果品质量明显提高

盐源县积极与国家苹果产业技术体系、川西高原试验站和"一院四所四校"对接，研究苹果产业的核心技术，盐源苹果管理技术水平正在由粗放型经营向精细化管理迈进。2010年10月通过国家级示范园区验收，全县已建成示范园面积达2 000亩，是国家苹果产业技术体系的重点基地县。川西南综合试验站的建立，促进了盐源县苹果的早果丰产技术、树形改良、果实套袋、铺反光膜、果园生草与覆盖、平衡施肥、病虫物理生物防治等核心关键技术得以应用推广，苹果质量逐年提高，果园效益稳步增长。

（四）产业链条逐步延伸，产业体系基本形成

随着苹果规模的不断扩大，产量的逐年增加，果品产业链条不断延伸，苹果生产由最初的单纯生产销售，衍生出包装、贮藏、营销中介、科技服务等中间环节，并逐步向果品的深加工推进，果品附加值逐步提高。目前，已建成苹果浓缩汁加工企业2家，冷藏、果品包装生产企业1家，冷链加工贮藏能力达1万吨/年，果品营销企业4家，营销中介25家，苹果专业合作社22个（省级示范社2家），营销企业在北京、成都、贵阳、重庆、浙江嘉兴等地都建立了销售窗口，盐源苹果已成功入驻成都百果鲜水果连锁、成都舞东风等大型超市，以生产、贮藏、加工、营销和科技信息服务为一体的苹果产业体系正逐步形成。

（五）经济效益逐渐提高，成为县域经济的主导产业

2014年产业基地总面积已有27.2万亩，占四川省苹果种植总面积的51%。全县果农15 588户，苹果从业人员78 000余人，占全县总人口的22.7%，2014年总产量达38万吨，总产值12.8亿元。全县农民人均苹果收入2 223元，果业从业人均收入9 692元。果品收入占到果业家庭总收入的79%以上，成为县域经济发展的主导产业。苹果产业农业投入品销售行业、包装运输行业、餐饮住宿业、劳务等，年创产值3.74亿元。

二、盐源苹果产业化发展中存在的主要问题

（一）产业化管理机构少，专业技术服务人才缺乏

盐源县政府目前仅设有苹果办管理机构，且苹果专业技术人员少，全县从事苹果方面的专业技术人员只有 6 人，个别人员已退休，多年未增加一人。各乡镇农技服务中心改制后转变了服务职能，面对 27.2 万亩的果园管理，不论是人员还是人才都是捉襟见肘，这制约了整个苹果产业的持续健康发展。

（二）生产管理水平偏低，总体效益不高

盐源苹果虽然已经过 50 多年的发展，但耕作种植方式落后，管理水平大部分仍处在传统农业阶段。苹果总产量在全国占的比重相对较少，平均单产水平低（约 1 500 千克/亩，仅为美国的 1/2，新西兰的 1/3）。优质商品果率不高（约占 50%），高档商品果率更低（约占 5%）。果产区基础配套设施条件差，抵御自然灾害（如雹灾、霜冻、干旱）的能力十分有限。

（三）产业布局不尽合理，品种结构单一

在生产布局上，果树栽植比较分散零星，没有体现适宜区的集群优势。有些地块不适宜栽植苹果，但广大农民仍建园发展；而有些地方是栽植苹果的最适宜区，却有接近一半的农户在种植粮食作物。苹果园与粮田星罗棋布，果粮交混，这与苹果生产的集约化要求相矛盾，不能按标准化统一管理。在品种结构上，仍以金冠为主，占总面积的 60% 以上，早熟苹果不足 5%，富士不足 35%，早、中、晚不同熟期优良品种搭配不合理，成熟期过于集中，造成果品采后市场销售压力大，果农"难卖"的局面。加之加工专用型品牌处于空白，不利于发展果品加工企业，造成果业发展后劲不足，应对市场的缓冲能力降低，直接制约产业效益的发挥和提高。

（四）生产管理技术难度大，影响果品质量提高

目前存在许多亟待研究解决的技术难题：苹果栽培方式落后和品种砧木结构不科学；老园、病园需更新；良种苗木繁育体系有待完善；果园土壤酸化日趋严重；制约苹果发展的两大病害——腐烂病和轮纹病的防治问题；解决灾害预防与提高授粉坐果关键技术研究示范问题；新建果园创新栽培模式研究示范、推广的问题；苹果园水肥一体化高效利用研究与示范滞后，传统施肥方式急需改变的问题；苹果采后处理新技术及冷藏技术研究的问题。

（五）社会化服务体系不健全，果农整体素质较低

果业信息网络不畅，基础设备差，捕捉信息不及时，指导性不强；中介组织、果品营销组织、果农合作组织的职能作用发挥不大，其引导、组织、宣传、自律、创新性不

强，多浮于形式和注重眼前利益，与农户、市场联结不紧密，难以形成小生产与大市场的对接，营销渠道不宽畅；果业科研专业人员少，科研经费投入不足，整体技术水平较低，学习培训与外出观摩机会很少，对新知识新技术更新不够，技术指导和督查工作跟不上；新成果新技术推广应用不够，对果农的培训工作滞后，果农整体素质较低，接受新技术的愿望与能力不强，果品生产停留在传统经验的基础上，从而制约了果品产业的高效发展。

三、盐源苹果产业化发展的对策与思考

（一）在扩大栽培面积的同时，要注重合理布局，调整品种结构

盐源苹果生产目前大多数还处于粗放型增长状态，其主要特点是通过种植规模的不断扩大来求得经济的快速增长，这种增长方式虽然使盐源县的荒山、荒坡得到了合理的开发利用，为盐源经济的增长起到了很大的作用。但是，规模的迅速扩大与管理技术、管理办法及资金投入不足的矛盾日益突出。大多数果农对苹果的生产缺乏科学的认识，只重数量不重质量，最终使苹果产量低，商品果少，经济效益差。因此，在不断扩大规模的同时，必须重新合理规划，调整品种结构，实现向经济效益型转变。一是在规划上，应根据苹果生产各区域的自然条件确定苹果栽植的品种，在盆地中部的卫城、双河、盐井的部分地区以种植早、中、晚熟鲜食品种为主，盆地边缘的双河、干海、梅雨、下海的河谷地带以种植中熟鲜食品种为主，其他地区以加工品种为主。二是在品种结构调整上，盐源县应根据社会需求和市场要求，正确评价现有苹果的特点和优势，及时考虑到品种更新换代的特点，选择或引进几个有特色的优良品种，作为盐源县苹果品种的替换产品。在引进品种中，既要考虑满足国内市场，又要考虑满足国际市场，同时还要考虑到成熟期所带来的价差特点，来确定该品种的生产规模。比如优良早熟品种，近年来无论在国际上还是国内市场上，形势都比较看好，售价也很高。而且盐源苹果的成熟期比其他苹果产地提前 20 天左右，更是很好的机会。应充分利用这一特点，在今后的品种结构调整中，以此为切入点，做到早、中、晚熟结构品种搭配合理。

（二）加大管理力度，提高管理水平，改善果品产量品质

俗话说"三分栽树、七分管理"，这是对苹果树管理生产的高度概括。就盐源县而言，苹果生产管理的总体水平与其他地区相比，差距还很大，总体的情况是单产低、质差、市场竞争力不强、果农效益不高。为此，在今后的生产中，一是加大对老劣品种果园及低产果园的改造。盐源苹果栽培历经 57 个春秋，有的果园由于栽植时间已过盛产期，逐步走向衰退，必须尽快进行改造，这是调整品种结构、优化品种组合最快捷的有效途径。对低产园，应加大投资力度，加强土肥水管理，尽快恢复树势。二是规范苗木管理。苹果苗木的优良是种植好苹果的前提，盐源苹果苗木管理始终处于混乱状态，应有一套切实可行的行业规定来约束苗木市场，由具有相关资历的科技部门来负责苗木的生产管理以及调整，限制个人的盲目引进。三是加大科技投入。"科学技术是第一生产

力"，要生产出高品质的果品，必须加大科技投入。坚决扭转高产就能高效益的落后生产观念，要变数量型生产为质量型、效益型经营。在做好常规管理的同时，引进适宜盐源苹果生产的新技术、新措施。比如大量推广冬季修剪为四季修剪，合理负载，根据当地实际情况，将疏花疏果、果实套袋（特别是红富士）、配方施肥、果园覆草以及采后分级等技术作为必需的技术措施，推广应用到生产实践中，使优质果率达到80％。

（三）推进产业化进程，建立无公害果品生产基地

盐源苹果产业发展是否持续健康稳定地增长，很大程度上取决于产业化进程。一是县政府和农业主管部门应积极转变职能方式，变上门请教为主动服务，增强服务意识，加强产前、产中、产后的服务力度，进一步加强产、供、销三者的长期协作，明确各自的责任。二是依托现有的龙头企业，鼓励更多的人参与到农业产业化中来，以市场为导向，以产品为基础，以企业为龙头，走"公司＋基地＋农户"的路子。三是大力发展贸工农、产供销一体化经营服务组织，加强服务，搞活流通，实现盐源县苹果生产产业化。四是有计划、有步骤地建立一批无公害果品生产基地，来满足现代人们对绿色安全无公害产品的追求。目前盐源县已完成绿色、有机果园示范基地建设3 000亩，完成精品示范基地2 000亩，但远远不能够满足社会市场的需求。因此，盐源县必须有计划、有步骤地建立一大批无公害果品生产基地，生产出既具有一定竞争优势，又符合现代人崇尚安全、无污染、绿色食品要求的高档果品，从而提高苹果果品的知名度。

（四）加强人才队伍建设，进一步提高果农的整体素质

盐源县财政设立1 000万元的苹果产业化发展专项基金，只是针对苹果种植、储藏、矮砧标准化示范基地建设、标准化示范基地建设、套袋、冷藏库建设进行补贴，没有提到对人才培养的经费问题。应着力解决盐源县苹果专业技术人才缺乏问题，努力提高果农的整体素质。一是县农业部门应该从农大招一些年轻的大学毕业生充实到县苹果办，经过实践锻炼再来指导苹果种植工作和技术研究。二是各乡镇应加大对苹果专业人才的培训力度，多培养一些乡土人才，负责各村苹果种植户的培训工作，培训内容应该包括栽种、水土一体化、剪枝、病虫害防治、灾害预防与提高授粉坐果率、营销、储藏等方方面面，培训对象一定要涉及全体果农。通过各种专业技术培训，逐步提高果农的整体素质。

（五）加大宣传力度，提高果品包装储藏能力

虽然盐源苹果具有多年的销售历史，且形成了许多传统的销售市场，比如国内主要销售市场有云南、贵州、四川、广西、广东、湖北、重庆、北京、上海、浙江、香港等省市大中城市，国际市场有越南、缅甸、泰国等东南亚国家。因此，在今后的苹果产业发展中，一是加大对外宣传力度。通过政府和行业协会，以及互联网这些现代的通信方式，多向外面宣传信息，从而提高盐源苹果在东南沿海及国际市场的知名度。二是发展乡村旅游业。把苹果产业与乡村旅游产业相结合，让游客体验住民居、摘苹果、品美味的快乐，使盐源苹果品牌与泸沽湖旅游品牌一样，在全国乃至世界各地都有影响力。三

是提高果品包装储藏能力。盐源县现有的优质高档果，无论从外观到口感都超过其他苹果产区的果品，但由于包装、贮藏、保鲜等产后商品化处理手段滞后，即使进入市场也不能长期热销。就盐源的新红星苹果来说，许多的客商都认为可以与美国的蛇果媲美，在口感上甚至超过美国蛇果，但为什么就无法与之抗衡呢？究其原因：一是包装不够精美，不能激发消费者的购买欲望；二是贮藏保鲜的设施差，上市时间很短，不能做到常年供应。因此，在今后苹果产业发展中，还需要加大包装的科技含量，建设一批档次高、贮藏量大的冷库，来提高苹果贮藏能力，做到均衡供应、贮藏增值。

总之，为了不断推进盐源苹果产业化的发展，必须调整品种结构，提高科技管理水平，建立无公害果品生产基地，推进果品产量品质化进程，加大宣传力度，提高产品知名度，在经济社会发展过程中产生更大的经济效益和社会效益。

越西县烤烟产业发展的调查与对策思考[①]

中共越西县委党校课题组[②]

越西县地处凉山州北部，全县面积2 256平方千米，总人口 35.26 万，彝族人口约占 72%，汉、回、藏等民族人口约占 28%，是一个以彝族为主体，彝、汉、藏、回、苗、布依等十多个民族的杂居县。辖 5 镇、35 个乡、289 个村、908 个村民小组、5 个街道居委会，有农业人口 32.39 万，占全县总人口的 91.86%，是一个传统农业大县。全县有基本烟田 20.05 万亩，年种植烤烟 4.42 万亩，年收购烟叶 13.4 万担。2014 年，全县地方财政一般预算收入 1.699 亿元，其中烟叶税 3 320 万元，占 19.54%，烤烟已成为越西农业支柱产业，在促进农民增收、增加县财政收入方面发挥着极其重要的作用。

一、越西县烤烟产业概况

自 1991 年烤烟种植引入越西后，历届县委、县政府坚定不移发展烤烟产业。在全县干部群众的共同努力下，越西烤烟产业走过了一条从无到有、从小到大、从弱到强的产业发展之路。特别是近年来，围绕"一流标准、一流质量、一流形象、一流看点"攻坚主题，科学组织、创新推动，烤烟产业取得显著成效。

（一）发展烤烟产业得天独厚的自然环境

越西县是烤烟种植的适宜区，具有发展烤烟生产独特的小区气候条件，全年无霜期为 247 天，全年≥10℃的积温为4 074.5℃，日平均气温＞20℃的持续日数为 70 天。越西县有海拔1 750米以下的越西河流域、漫滩河流域两岸及普雄河谷地带的广阔耕地，土地肥沃，共有土地面积908.91 平方千米，其中耕地面积21.546 5万亩，适宜种植烤烟的基本烟田 20.05 万亩。我县目前烟叶主产乡镇是新民、中所、瓦岩、板桥、大屯、大瑞、大花、越城、河东、丁山、西山、南箐、马拖、梅花、白果、保安、尔觉、拉普、铁西、四呷普、五里箐等 21 个乡镇、128 个村。

（二）烟叶品质好，市场前景广阔

全县近年来主要栽种品种为红大和云烟85、云烟87。2008 年 9 月，越西将 30 组

---

① 2015 年度四川省党校系统调研课题。
② 课题负责人：陈文伟。

烟叶样品送中国农业科学院烟草研究所和农业部烟草产品质量监督检测中心进行综合检验，检验综合得分为 73 分，全国各烤烟产区样品检验得分最高为 75 分。权威的检验数据表明，越西烤烟在香气质、香气量和综合内在质量指标上均在全国名列前茅，属典型的山地清甜型风格，深受国内外各卷烟工业企业的喜爱，有着广阔的市场前景。

（三）烤烟生产已具有高素质劳动者

在生产要素中，劳动者的素质至关重要。越西县文化底蕴深厚，劳动者特别是汉族聚居区的劳动者受教育的程度和综合素质较高，接受新知识、学习新技能能力强。在多年的烤烟种植中，从育苗、大田移栽到烘烤、分级扎把，广大人民群众积累了一整套丰富完善的生产技术知识，特别是密集式烤房技术的突破，充分体现了越西劳动人民的聪明才智，为烤烟生产现代化奠定了坚实基础。经过多年的不懈努力，越西县培养了一大批优秀的、经验丰富的、稳定的职业烟农，一批专业行政管理人才队伍，一批技术过硬的烟技人员队伍，为积极稳妥地推进烤烟产业化建设提供了充裕的人力和技术资源。同时，越西县建立了自上而下的网络化指挥管理体系，形成了一整套激励奖惩机制和灾害风险救助机制。

（四）烟叶生产基础设施建设稳步提升

越西县狠抓烟叶生产基础设施建设，奋力推进规模化种植、集约化经营、专业化分工、信息化管理。按照成片规划、整村推进、优化设计、综合配套的原则，突出烟水、烟路、烤房、基层站点、烟草农业机械、防雹增雨体系建设。

2005—2013 年，新建、整治渠道 212 条 169.8 千米；配套烟路 85 条 53.31 千米；新建管网 10 处、安装管道 189.83 千米，蓄水池 114 口容量 2 550 立方米；提灌站 2 座，装机 145 千瓦；完成土地整治 8 773 亩；建造"普改密"烤房 1 482 间，密集式烤房 2 193 间；建设了四个标准化烟叶收购站点；构成了由 8 门高炮和 12 副火箭炮组成的防雹增雨体系；购买了 740 台中小型旋耕机、起垄机。通过烟叶生产基础设施建设，从根本上改善了烟叶生产和大农业生产条件，夯实了越西现代烟草农业的发展基础。

（五）曲折中前进的烤烟产业发展道路

越西烤烟产业经历了从"烤烟试产县"到"烤烟主产县"、从"优质填充料"到"优质主料"、从"要我种烟"到"我要种烟"的曲折发展历程，如今烟叶已成为群众增收致富的"黄金叶"。近三年来，累计生产优质烟叶 33.66 万担，烟农收入 3.66 亿元，实现税利 2.55 亿元。烤烟产业对越西农业增效、农村富裕、农民增收起到了积极作用，也为县财政收入增长做出了重要贡献。烤烟产业已经成为全县群众增收离不得、财政税收少不得、小康建设丢不得的支柱产业。

二、当前越西烤烟产业发展面临挑战

烟草产业发展面临新常态带来的挑战。当前，烟草产业发展面临增长速度回落、烟叶库存增加、需求拐点逼近等问题，烟叶生产已进入新时期、呈现新常态。

（一）计划严控是新常态

2014 年，国家烟草局做出了"三年压库"的决策部署，明确提出了"坚守一条红线"的严格要求，全国烟叶生产工作重点转为"防过热""控总量""提质量"。2015 年是三年调控的第二年，凉山州已经取消了两万担以下的四个县烤烟种植。2016 年调控政策进一步趋紧，烟叶计划资源更加"稀缺"，走数量规模扩张的传统发展道路已经行不通了。

（二）市场导向是新常态

全国烟叶工作会议指出：以工业需求和品牌为导向，优化布局，优化资源配置，将有限的计划向优质烟区、特色烟叶倾斜。2016 年种植规模小、烟叶质量差的县，烤烟种植指标会进一步被压缩。国家烟草局已明确加大市场化配置烟叶资源力度。今后烟叶生产将进一步由市场主导，烟叶调拨逐步由卖方市场向买方市场转变，企业更加注重品牌需求、风格特色、烟叶质量，以质量和特色为焦点的烟叶市场竞争将更加激烈，只有根据企业需求生产出质量好、结构优、特色突出的烟叶，才能获得企业青睐、抢占市场份额，质量差、特色不明显的烤烟产地将面临无处卖烟的困境，进而被市场无情的淘汰。

三、越西烤烟产业发展存在的问题

越西县烤烟产业发展取得了丰硕成果，同时也存在一些不容忽视的"短板"制约烤烟产业进一步发展壮大。

（一）烤烟生产抗风险能力不足

虽然经过多年的基础设施建设，但越西农田水利设施基础依然薄弱，依然是靠天吃饭，抵抗旱涝低温等极端气候的能力明显不足。现可灌溉基本烟田 11.54 万亩，仅占全县 20.5 万亩基本烟田的 56.29％，频发的春夏连旱，影响烟苗大田移栽和烟株团棵期生长，导致烟叶减产减收。近三年来，仅有 2013 年完成烤烟收购任务，2012 年和 2014 年都因为极端天气造成烟叶减产未完成烤烟收购任务。

（二）烟叶整体质量不高

大田预整地、揭膜上厢、拔除烟杆烟根三项措施的落实不到位；油菜地栽烟太迟，基本上是在 5 月 25 日左右甚至 6 月初才栽下去，给中上部烟叶质量和产量造成较大影响；土地轮作不完全；烟农图省事，主要使用化学肥料，农家肥等有机肥的施用明显不足；现代烟叶生产技术推广有遗漏、有死角、不全面、不到位，导致烟叶质量不高，中上等烟叶和橘色烟叶比例下降，特色不明显。全县 2014 年收购的 9.41 万担烟叶，上等烟比例只占 27.40％，较全州水平低 23.92％，均价 20.68 元/公斤，较全州平均水平低

5.33 元/公斤。烟叶质量不高，是该县烤烟生产持续健康发展的最大障碍。

（三）规划面积存在浮夸虚报

部分烟农从自己的私利出发，只顾个人利益，不管国家、集体利益。在烟叶种植中部分烟农存在规划落实面积上多报少种、浮夸虚报的现象，以套取烤房和物资补贴，同时也给了烟贩子可乘之机。导致全县烟叶收购目标任务失败，完不成计划指标。

（四）烟叶收购中后期秩序比较混乱

由于烟叶收购前期卡得紧，收购标准过严，导致烟农交售烟叶积极性不高，烟叶收购数量少，不能完成预期收购目标，收购进度滞后。为改变这种状况，中后期烟叶收购标准有所放松，收购眼光波动较大，导致收购秩序混乱，关系烟、人情烟死灰复燃，严重挫伤了烟家种植烟叶的积极性。个别地区甚至有烟霸出现的苗头，这些强势人物强买强卖，甚至威胁烟叶收购人员，更有霸道者直接打骂收购人员，造成收购现场的混乱，严重影响收购秩序。

（五）干部群众积极性降低

随着城镇化建设和农业产业结构调整，中所、新民等交通条件好、水源保障好的烤烟乡镇，发展猕猴桃、玫瑰花、蔬菜等经济作物；随着劳务经济发展，部分烟农外出务工，烤烟生产面临适宜土地资源、优质劳动力资源"双流失、双不足"的困境。由于停发烤烟生产奖励，干部抓烤烟生产积极性降低、工作力度减弱。

四、推动越西烤烟产业持续稳定健康发展的对策建议

面对烟草发展新形势、新挑战，既要坚定把烤烟产业作为越西农业支柱产业的战略选择不动摇，又要进一步强化危机意识、树立质量意识，推动三个转变，实现越西烤烟产业从传统烤烟生产向现代烟草农业华丽变身。

（一）推动工作机制由激励机制向服务效能转变

1. 强化组织领导。根据越西县烤烟产业发展"5618"战略部署，即依托 20.05 万亩基本烟出，力争迪过 3 到 5 年的努力，烤烟种植规模达到 6 万亩，烟叶产量达 18 万担，着力打造越西原生态特色烟叶，抢占烟草产业新一轮改革发展新高地。制定切实可行的烤烟生产目标责任制及政策措施，研究解决工作中存在的困难和问题，支持好、协调好、服务好烤烟产业发展。健全完善党政主导、行业主抓、部门配合、烟农主体的联动生产机制，形成主要领导牵头抓、分管领导具体抓、相关部门协调抓、层层抓落实的工作格局。

2. 强化督查考核。县目督办要协助烟司、烟办进一步加大对烤烟工作的督查督办力度，对烤烟生产中存在的问题及时通报、限期整改，以严格的督查督办确保工作落到实处、取得实效。将烤烟工作情况纳入目标绩效管理，对涉及的乡镇、部门实施考核考

评，通过严格的考核考评充分调动烟区干部工作积极性。对烤烟生产先进单位、个人给予通报表扬，烤烟生产优秀干部优先提拔使用；对烤烟工作落实不力的干部予以通报批评、取消年度评优晋级资格、降级免职处分。

（二）推动发展方式由数量规模型向质量效益型转变

1. 稳定种植规模。坚守双控"红线"，落实中所、新民等片区 13 个传统乡镇烤烟生产任务，拓展顺河、普雄、书古等片区 14 个新兴烤烟乡镇烤烟生产能力，把全县烤烟种植规模稳定在 5 万亩左右，力争用 2~3 年时间发展到 6 万亩种植规模，实现烟叶产量 18 万担，进一步做大做强越西现代烟草农业。

2. 优化区域布局。自 2009 年以来，全县有万担以上乡镇 7 个，2 万担乡镇 1 个，3万担乡镇 1 个；万亩连片 1 片，5 000 亩连片 1 片，3 000 亩连片 1 片，1 000 亩连片 9 片，全部集中在越西河谷地区。但这些传统烤烟生产乡镇烤烟连作时间长，导致烟叶产量质量下降、烟株发病率升高、烟田肥力下降，既增加了烤烟生产化肥、农药和劳动力的投入，又使烟叶质量下降。所以，在中所、新民老烟区要扎实开展土地轮作，结合土地整治进行土壤改良，改善烤烟生产土壤环境，降低烟田病虫害，提高烟叶产量和质量。同时推动烤烟种植向普雄河谷地区的依洛地坝、乐青地、普雄、拉白等乡镇拓展，为越西烤烟产业持续发展奠定坚实的基础。

3. 坚持科技兴烟。不断完善烤烟生产技术推广运用平台，着力烟草科技成果转化运用，加大烟技员培训力度，提高其推广现代烟叶生产技术能力。推行标准化生产、规范化管理，抓住良种、壮苗、规范化移栽、田管、成熟采摘、科学烘烤"六个关键"，向科学管理上要质量。强化烟叶生态安全，走科技兴烟之路，持续提升烟叶质量，打造越西无污染山地清甜香烟叶品牌。

（三）推动生产方式由传统作业型向集约生产型转变

1. 培育种植大户。自 2009 年以来，越西县不断完善推广"政府引导、农民自愿、土地流转、大户承包"的土地流转模式，优化各类资源配置，实现烤烟向最适宜区、最优区集中，向种烟 20 亩以上的大户集中，向劳动者素质高、种烟积极性高、生产水平高的种烟能手集中。通过不懈努力，全县连续多年户均种烟规模 10 亩以上，规模化经营程度走在了凉山乃至全国前列。进一步深化农村土地流转，积极鼓励土地向种烟能手流转，发展适度规模经营，加快培育 20 亩以上 50 亩以下的现代职业烟农专业户，推动烟叶生产机械化作业、专业化分工和集约化经营，降低种烟成本，提高烟叶生产效率。

2. 深化合作社建设。专业合作社是促进烤烟产业换挡升级的有效服务主体，在产业发展集约化、专业化、合作化的发展道路上发挥着重要的、不可替代的作用。要用好省、州对烟叶合作社的扶持政策和资金，引导合作社规范经营，培育、扶持、发展一批为烟农提供育苗、机耕、植保、烘烤、分级等关键环节服务的示范性合作社，提高合作社推广烟草产业科技成果服务烟农能力，使之成为越西现代烟草农业发展的支撑和保障。

3. 加强烟基工程建设。积极争取烟基工程项目资金支持，加大土地整治、烟水、烟路建设力度，力争尽快启动大花水库建设，积极争取中所镇至越城镇土地整治项目建设。完善烟基工程管理制度，抓好烟基设施管护工作，提高烟基工程使用效率，提升烤烟综合生产能力和抵御自然灾害能力，夯实越西现代烟草农业发展物质基础。

4. 构建生产灾害救助机制。认真落实《凉山州烟叶生产灾害救助资金管理暂行办法》，烟草行业出资 4 元/担、县人民政府出资 4 元/担，构建烤烟生产自然灾害风险救助基金，专户管理、据实救助、滚动使用，对因冰雹、暴雨、干旱、洪水等自然灾害对烟农造成的损失进行救助，降低烟农种烟的风险，提升烟农种烟的抗风险能力。

5. 规范烟叶收购管理。烟叶收购中遵循"坚持国标、平稳收购"原则，兼顾四方特别是烟农利益；坚持标准收购，统一收购眼光，做到收购数量和质量并重，规范收购秩序，确保平稳收购。加大烟叶收购监管力度和巡视抽查力度，坚决杜绝关系烟和人情烟，严肃查处烟草收购人员在收购烟叶过程中"吃、拿、卡、要"行为；坚决杜绝压级压把等挫伤烟农积极性的行为。公安、工商、烟草专卖部门加大联合执法力度，对违纪行为给予严惩，将违法人员移交司法机关处理，严厉打击烟贩子的嚣张气焰，营造良好的烟叶收购秩序。

总之，只要越西县委、县政府谋定而动，积极主动调整烤烟工作策略，紧跟国家烟草政策和形势，按市场规律正确引导烟农主动适应市场需求，牢固树立竞争意识、危机意识、忧患意识和品牌意识；坚持科学种烟、科技兴烟，夯实基础设施建设，提高抗风险能力，努力提升烤烟品质，把烤烟产业做大做强、做出规模效益；坚持走专业化、集约化的现代烟草农业的发展道路；那么烤烟产业一定会是我县人民群众脱贫致富、走向富裕的阳光产业。

凉山州"十三五"期间养老需求与
养老产业发展的对策研究①

中共凉山州委党校课题组②

凉山彝族自治州是我国最大的彝族聚居区，境内有彝、汉、藏、蒙古、回、苗、纳西等 10 多个世居民族，是一个典型的多民族聚居区。人口统计数据显示，从 2010 年开始，凉山州已悄然进入老龄社会。老龄化社会的到来，对凉山州来讲既有挑战也有机遇。一方面，老龄化社会的到来，意味着人口红利消失，适龄劳动者将随之减少，家庭和社会用于养老的成本将不断上升；另一方面，老龄化人口的增加，也产生了更多的养老需求，为大力发展养老产业，增加服务业比重，优化产业结构提供了广阔的空间和条件。

为了获得客观真实的第一手材料，课题组到州统计局、州民政局、木里县、喜德县等部门收集相关数据，到西昌邛海国际老年社区、阆悦苑医养中心调查私营养老机构现状。制作了一份包含 31 个选择题的调查问卷表，在西昌市主要居民小区、街道、州委党校主体班及喜德县部分地区进行随机抽样调查，共发出调查问卷表 1 623 份，回收调查问卷表 1 236 份。被调查者年龄分布在 21 岁~85 岁，职业几乎涵盖了社会各个层面。

一、凉山州人口老龄化现状及十三五期间养老需求分析

（一）人口老龄化现状

近年来，凉山州已进入人口老龄化快速发展期，并呈现以下几大特点。

一是凉山州已步入老龄化社会。凉山州第六次全国人口普查公报数据显示，2010 年，全州 60 岁以上的老年人口为 47.13 万人，占常住人口的 10.4%，比 2000 年上升 2.1 个百分点；65 岁以上的老年人口为 32.18 万人，占常住人口的 7.1%，比 2000 年上升 2.13 个百分点。国际上通常把 60 岁以上人口比重达到 10% 或者 65 岁以上人口比重达 7% 作为一个国家或地区进入老龄化社会的标准。按此标准，凉山州不可避免地进入老龄化社会，面临老龄化的压力和挑战也将越来越大。截至 2013 年年底，凉山州民政局网站公布的数据显示，凉山州已有 60 周岁以上老年人 59 万，占总人口的 12.1%，60 岁以上老年人比 2000 年增加了 1.7 个百分点，人口老龄化的趋势愈加明显。

---

① 2016 年度四川省党校系统优秀调研课题。
② 课题负责人：肖平。课题组成员：万豫南、姚文兰、李连秀、李宇林。

二是凉山州各县市由于经济发展水平、生育水平和人口结构存在差异,人口老龄化的进程出现明显的差异,汉族人口较多的县市人口老龄化的速度明显快于少数民族聚居县。

安宁河沿线的县市,由于汉族人口相对较多,生育水平相对较低,因而更快进入老龄化社会。以西昌市为例,2010 年,全市 60 岁以上人口为89 569人,占总人口的12.57%,比当年全州的平均水平高出 2.17 个百分点,是全州率先进入老龄化社会的地区之一。而地处安宁河沿线的会理县,老龄化问题更为突出。会理县公安局统计资料显示,2012 年会理县 60 岁以上户籍人口为 6.94 万人,比上年增加2 204人,占总人口的15.0%,较上年上升 0.4 个百分点,比 10%老龄化标准高出 5 个百分点。而在少数民族聚居区,生育水平明显高于安宁河谷沿线地区,其人口老龄化水平也明显低于安宁河谷沿线地区。以木里县为例,2014 年年末,木里县总人口138 788人,65 岁以上老年人6 461人,仅占总人口的 4.66%,与 7%的标准相比,相差 2.34 个百分点,还未进入老龄化社会。综上不难发现,凉山州人口老龄化的区域化差异比较明显。

三是养老已成为当下多数家庭必须面对的问题。问卷显示,家里没有 65 岁以上老人的仅占调查人数的 16.78%,家里至少有 1 位 65 岁以上老人的占 83.22%,换句话说,八成以上的家庭都面临养老问题(见图 1)。

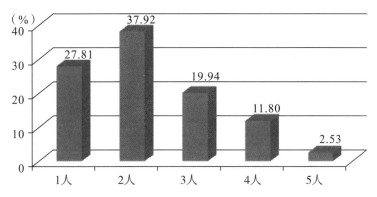

图 1 家里 65 岁及以上老人数量

(二)凉山州"十三五"期间养老需求分析

随着人口老龄化的加剧和家庭结构的演变,"十三五"期间凉山州养老需求日益凸显,基本养老需求更加迫切,并呈现出多样化的特点,主要表现在以下几个方面。

1. 养老方式需求多样化。受人们生活习惯、收入水平、家庭结构等多种因素的影响,养老方式的选择具有多样性。在问及"您喜欢怎样的养老方式"时,选择"居家养老"占 78.89%,选择"机构养老"占 13.52%,另有 7.69%的人选择"互助养老";在"居家养老"中,有49.42%的人选择"独立居住",有27.04%的人选择"与子女同住",有 2.33%的人选择由"保姆照料"养老(见图 2)。

不难发现,居家养老仍是人们愿意选择的主要养老方式。另外,随着家庭结构的变迁,家庭养老功能的弱化,入住养老机构必将成为部分老人的现实选择。"十三五"期间,对机构养老的需求将逐步上升。

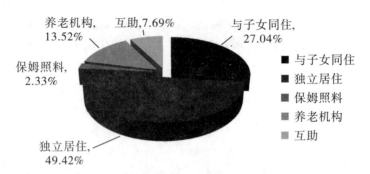

图 2　您喜欢怎样的养老方式

　　课题组在调查中发现，除了上述养老方式外，目前还出现了一种被称为"候鸟式养老"的新型养老模式。候鸟式养老是一种特殊的养老方式，即随着季节变化，像鸟儿一样选择不同的地方旅游的养老模式，这是一种建立在一定经济基础上的养老方式。候鸟式养老的最大特点是在某一时段选择在异地的养老院、老年公寓等机构生活，它集健康养老、旅游休闲、文化娱乐为一体，在游玩中健康快乐地享受晚年生活。候鸟式养老比单纯旅游或者异地购房更为经济，作为一种新型的养老方式，越来越受到人们的关注。我州西昌市由于独特的气候条件，丰富的人文、自然旅游资源，每年冬夏二季吸引了大批外地老人来此旅游养老，候鸟式养老需求旺盛。

　　2. 对医疗保健的需求较为迫切。养老不仅要解决老人最基本的衣食住行等基本需求，更重要的是提高其生活质量。对老年人来说，保证生活质量的前提是健康。在问及"您认为老年人的幸福是怎样的"时，在"身体健康、儿女孝顺、稳定的经济来源、社会和家庭的尊重"四个多选答案中，选择"身体健康"的占比最高，达 92.77%。

　　调查结果进一步证实，健康是老年人最关心的问题。老年人追求健康产生的对医疗保健的需求将不断释放，在本来医疗保健资源就比较紧缺的情况下，医疗保健资源的供需矛盾将更加突出。在医疗保健中，老年人对医疗的需求尤其突出。在问及"您认为当前中国的养老问题中最突出的问题"时，在"养老金少、养老机构少、养老机构收费高、看病难看病贵、老年人缺乏关怀"五个备选答案中，选择"看病难看病贵"的比例最高，占 81.59%。

　　在问及"您希望将来的社会能为养老提供哪些服务"时，选"医疗保险服务"的占81.12%，选"社区娱乐健身设施服务"的占 79.02%、选"精神服务"的占 73.43%、选"其他服务"的占 40.79%。五项多项选择中，选择"医疗保险服务"的比例最高。

　　3. 居家养老对社会化服务的需求强烈。与传统家庭养老相比，现代居家养老更依赖于社会化服务体系的支撑。随着独居老人、失能老人、失智老人的增多，居家养老对助餐、助洁、助卫、助医、护理陪护等需求将大为增加，对社会化养老服务提出了更高要求。

　　4. 心理需求。老年人的娱乐与精神需求同样是不可忽视的，其对社交的需求不亚于年轻人，老人们还希望养老服务提供商从心理上尊重老人、关怀老人，并提供足够的社交活动空间。

　　根据马斯洛需求层次理论，老人需要更多的公共空间、交流空间，需要更多的休闲空间和元素，需要更加完善的邻里关系和更加贴心的服务体系。

二、凉山州养老服务业的现状

为了改善凉山州长期以来社会福利机构不足、设施落后的现状,"十一五"和"十二五"期间大力推进养老机构设施建设。到目前为止,凉山州已建成 72 所养老机构,其中 67 所公办养老机构(包含农村敬老院、社会福利中心、社会福利院),主要是国家为城市"三无"人员、农村五保户、生活无着落的流浪乞讨人员等民政服务对象提供服务的兜底型福利机构,2014 年全州城乡"三无""五保"对象集中供养月人均生活费达到 400 元,供养率分别达到 31.8%和 55%;4 所民办养老机构(盛家老年公寓、西昌邛海国际老年公寓、阆悦苑医养中心、会理金尚老年公寓),共有 870 张床位,分别在西昌市和会理县,主要面向社会养老人群,目前入住老年人超过 130 人;2 个省级养老示范社区;21 个日间照料中心,269 个家村幸福院。有农村基层老年协会1 762个,县级以下老年活动中心 477 人,极大地丰富了基层老年群体的文化生活。今后五年,在政府的大力推动下,凉山州养老产业将进一步快速发展,并逐步完善社会化养老服务体系。到 2020 年,基本建成以居家养老为基础、社区为依托、机构为支撑、规模适度、覆盖城乡的养老服务体系。

三、凉山州发展养老产业面临的问题与成因分析

(一)"未富先老"的问题突出

发达国家进入老龄化社会的时候,往往已进入较高的经济发展阶段。从进入老龄化时的人均 GDP 来看,我国为2 800 美元,而按照不变价的 GDP 核算,日本的数据为15 000美元。2014 年,中国人均 GDP 已达到7 800美元左右,从凉山州的情况来看,近年来虽然人均收入增长较快,但仍低于全省和全国的平均水平。据 2015 年 2 月 10 日凉山州《政府工作报告》,2014 年我州城镇居民人均可支配收入23 609元、农民人均纯收入8 264元,分别比去年增长 8.8%、12.3%,两项指标分别是全省平均水平的96.83%、93.88%,是全国平均水平的 81.85%、84.14%(见表 1)。两项指标虽与全省平均水平较为接近,但与全国平均水平相比仍有一定差距。

表 1　2014 年城镇居民人均收入、农民人均纯收入比较

(单位:元)

地　区	城镇居民人均可支配收入	农民人均纯收入
凉山州	23 609	8 264
四川省	24 381	8 803
全国	28 844	9 822

抽样调查显示，61.83％的人月花销在1 000元以上，仍然有7.26％的人群月花销在200～500元间。此数据从表面上看只是月开支情况，但反映出用于生活支出的比例偏大，收入偏低的情况，见图3。

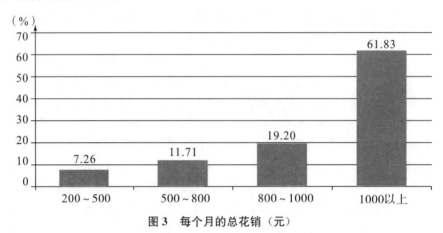

图3　每个月的总花销（元）

另外，凉山州由于历史欠账多，底子薄，不仅城乡二元差距明显，区域发展差别也较大，而且"十三五"期间仍面临消除50万贫困人口的艰巨任务。现实表明，"未富先老"的情况在我州尤为突出，无论是对于家庭还是社会，养老资金不足已成为推动养老事业健康发展的主要因素。以政府鼓励扶持民营资本进入养老产业为例，省上规定，对民办新建养老机构每张床位按1万元的标准给予一次性建设补贴，其中省级财政负担5 000元，剩下5 000元由州县财政补助。由于地方财政财力不足，许多县市一直无法将地方配套的养老建设资金落实到位，大大影响了我州养老服务体系建设和民族地区全覆盖项目的进程。凉山州经过多年的发展，社会保障已基本解决了有无问题，但社保面不够宽、社保水平低的状况在短期内很难得到根本改善。尤其农村养老保险存在的问题更为突出，广大农村老人原先没有养老金，现在逐步实现"农保"，虽然农民可以自主选择档次缴费，但由于农村经济发展水平低，农民对农村社会养老保险制度缺乏信心等原因，大多数农民投保时都选择了保费最低的每人每年100元档次投保。在不考虑通货膨胀等因素的情况下，连续缴费15年，年满60岁，每月可以领取约66元的养老金，这点钱对农民养老来说，几乎起不到什么作用。即使农民愿意以每人每年1 000元的最高标准连续投保15年，年满60岁时每月领到的养老金也只有163.93元，仍然难以起到养老保障的作用。对多数家庭而言，养老金少仍是人们关注的重要话题。

课题组调查问卷中，在被问及"您认为当今中国的养老问题中最突出的问题"（多项选择）时，选择"养老金少"的占比72.03％，在5个备选答案中占比位列第3。经济尚未发达，人口却已老化的现象反映出目前经济发展水平严重滞后于人口老龄化进程的严峻现实。由于在进入老龄化社会时人均收入较低，我州老龄人口的养老问题相比发达地区，将面临更多的问题和更大的挑战。

（二）家庭式的传统养老方式面临严峻挑战

家庭养老既是中华民族传统美德的体现，也是符合中国人传统文化习惯的养老模式。与国外居家养老相比，中国的家庭式养老主要依靠家庭自身的功能（即子女的赡养）实现养老目的，而国外的居家养老更多是依靠社会化服务来满足养老的各种需求，两者之间具有本质的区别。

在西方发达资本主义国家特别是北欧国家，由于有较高的社会福利待遇和比较完善的社会化养老制度，退休后的老人无论是选择居家养老还是选择进入社区养老院，都可以获得较好的社会化医养服务，并安度晚年。子女成年后一般不与父母共同生活，也不承担父母养老的经济责任，但有探望父母的义务。与此形成鲜明对比的是中国传统的家庭式养老，在中国的传统观念中，上了年纪之后能与子女生活在一起，儿女孝顺，"老有所依、老有所养"是一件幸福的事。"养儿防老"观念传承了几千年，儒家文化的思想也要求子女尽孝，子女负有赡养父母的义务，加之社会化养老事业发展滞后，依靠子女养老的自助式家庭养老模式成为大多数中国家庭的必然选择，凉山民族地区的养老模式也大多如此，而且随着年龄增长，家庭养老意愿越发强烈（见图4）；但伴随日益加剧的人口老龄化进程，传统的家庭养老模式的弊端日益凸显。

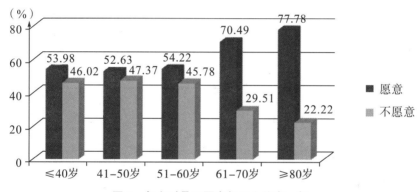

图4　年老时是否愿意与子女住在一起

从"4—2—1"家庭结构来看，今后一对独生子女夫妇在抚养1~2个子女的情况下，还要赡养4位年迈的父母。这意味着对家庭来说老年抚养比将持续上升，在老年供养需求急剧增大而家庭供养能力持续减弱的情况下，完全依靠家庭负担老年人养老责任的传统模式已难以为继。另外，随着城市化进程的不断推进和人口流动性的加大，城乡空巢老人的比例将越来越高，高龄、失能老人也将逐渐增多，家庭自助功能的缺失或弱化，导致传统的家庭式养老名存实亡。随着老人年龄的增长，身体机能的衰退，空巢老人选择家庭式养老将面临越来越大的风险。2014年，西昌市一居民小区就发生过空巢老人猝死家中，几天后才被偶然串门的亲戚发现的事件。理论和现实表明，养老已不仅是家庭成员自身的独立责任，更是一个社会问题，需要更多社会资源的投入。因此，大力支持养老产业的发展已刻不容缓。

（三）发展养老产业面临的体制性障碍

老龄产业的性质徘徊在事业和产业之间，老龄产业中的非竞争性行业和竞争性行业区分不明确，缺乏政府介入还是市场介入的边界划分。尤其在养老服务行业中，民营资本在融资服务、财政支持、土地使用、医保定点等方面先天不足，尽管政府出台了大力支持民营资本进入养老服务产业的相关优惠政策，但实践中，民营养老机构的优惠政策还存在落实难、落实不到位的现象，导致民营机构无法平等参与竞争。另外，政府职能部门在老龄产业的管理上还存在条块分割、多头管理的局面，易造成管理上的真空和职权的交叉，缺乏相互协调机制。如：养老机构由民政部门管理，医疗事业由卫生部门主管，分而治之的格局造成医疗和养老资源相互阻隔，难以做到医养融合。

（四）与居家养老配套的社会化养老服务体系尚未建立

缺乏必要的养老服务信息平台，老年人居家养老急需的家政、护理、餐饮、急救等需求难以及时得到满足，居家养老实际上仍然是"家庭养老"。

（五）养老观念跟不上时代

一是老年人及其子女传统的养老观念尚未改变，绝大部分老年人习惯于独居或空巢生活，同时，他们的子女也不愿意老人入住养老机构。另外老年人的消费观念影响老龄产业市场的形成。老年人重积累、轻消费，重子女、轻自己的传统观念很难在短期内改变，直接影响老年人的消费增长。另外，传统的"勤俭节约"思想在老年人心中根深蒂固，他们往往把有限的养老钱和房产留给子女或给第三代消费，转移了老年人的有效需求。

二是对养老机构的现状不满意，觉得还是在家养老更保险。在课题组调查问卷中被问及"您认为养老机构的缺点"时（多项选择），有超过 77% 的人认为收费高，不能承担；缺乏家庭温暖、伙食差、卫生差及易产生压抑感分别占 74.83%、41.49%、38.93% 和 69%，足以说明机构养老在人们心目中负面的东西仍然偏多，导致很多人不愿意到养老机构养老。

三是社会上对"孝"的理解存在一定的误区，认为只有对自己父母不尽孝道的人才会送父母到养老院。

四是一些职能部门和社区管理部门对开展社区养老助老服务的重要性与迫切性尚未重视。

（六）民营养老机构发展举步维艰

民营养老机构基本是自筹自办，政府给予一定的优惠措施。巨大的投资压力、高风险以及专业护理人员的缺失等，让市场前景看似广阔的社会养老产业，实践起来却举步维艰。

一是土地制约其发展。由于近年来房地产业的迅猛发展，带动了城市及周边土地的迅速升值。在城区购买土地兴建养老院的成本越来越高，新建民办养老院只能租用民房仓库、闲置房屋或者向郊区发展，存在环境差、设施陈旧简陋等问题。不仅租金高，而且租用房屋在后期的改建中也存在较大的局限性。以西昌邛海国际老年社区为例，房租一年 200 万，运营压力很大。

二是养老机构资金有限，娱乐活动太少，心理关爱匮乏，入院老人普遍感到"孤独"。低投入的养老服务机构的服务质量低下，养老服务机构减少或取消为老人们开展的集体活动，老人活动的体育娱乐设施设备缺失，老人平日的活动主要以自由外出散步、自主打麻将为主，在社区常见的早晚集体跳舞、唱歌、打拳、乐队等活动在养老院内基本无法看到，大多数失能和半失能老人只能面对天空发呆。不少老人称，他们感觉养老院只是管吃管住管洗衣服，机构及服务人员对他们精神上的关爱还不够。

三是各种优惠政策落实困难，社会力量投资养老的积极性受挫。

四是服务人员缺乏专业的系统培训，服务质量低下，影响老人的生活质量。养老机构是一个微利行业，为了节约成本支出，大多数养老服务机构采用了低工资福利待遇的方式，相关服务人员流动性大，人员素质偏低，只有极少数人员受过简单的培训，服务人员大多都是从周边临时招聘来的无法外出打工的村嫂。由于缺乏专业护理人才，老年人急需的较专业的护理需求远远不能满足，这也是相当大一部分子女不愿意将老人送到养老院的原因之一。

（七）大多数养老机构不具备医养结合的功能

养老机构在服务上已无法满足老年人"医养同步"的需求。据统计，凉山州现有的养老机构还没有一家是真正意义上的医养相结合的机构，其中部分养老机构仅有医务室，只能处理感冒之类的常见疾病，条件差的农村敬老院甚至连医务室都没有。目前正在建设的邛海国际老年服务社区就是一家发展"医养结合"模式的民办养老机构，由于所在区域"十二五"没有规划医疗机构，民办医院一直未能建成，到目前仍未实现医养结合。课题组到西昌邛海国际老年社区实地调研时，曾与一位83岁高龄的老人交谈，老人思维敏捷，身体健康。她对目前养老院的生活很满意，说："在这里我感受到了比家里更多的温暖，最大的担忧就是生病了咋办？住院了谁来照顾我？"医养分离的确已成为目前养老机构发展的瓶颈。

四、发展养老产业的对策建议

（一）发挥政府的主导作用，大力发展居家养老社会化服务

居家养老是大多数老年人首选的养老方式。居家养老服务是指以家庭为核心、以社区为依托、以专业化服务为依靠，为居住在家的老年人提供以解决日常生活困难为主要内容的社会化服务。居家养老服务的核心是服务，政府要发挥托底保障和服务型政府的作用，为老年人和服务企业做好公共服务。一是通过政策引导和资金支持，大力培育、扶持居家养老服务企业和社会组织，鼓励社会力量开展家政服务、康复护理、医疗保健、精神慰藉、紧急救助等内容的上门服务，为居家老人及时提供规范化、个性化服务。二是加强监管，不断提高服务企业和社会组织的服务质量、服务水平。三是通过政府购买服务，为困难家庭中的失能老人和80岁以上高龄老人提供居家所需的助餐、助洁、助医等服务。四是把居家养老与机构养老相结合，在社区建立集娱乐、休闲、医疗服务为一体的社区养老院或日间照料中心，为老人提供专业化的养老服务。五是在城市规划、新小区建设及老旧小区改造中应充分考虑无障碍设施的建设，让老年人的出行更

为方便、安全、省力，以提高老年人的生活质量。现在多数七层以下的居民小区，当初修建时就没有配套电梯，给居住在 3 楼以上的高龄、特别是依靠轮椅车出行的老人带来不便，有的老人一年也难外出一次；公交系统目前在设施建设上同样存在不足，很难满足依靠轮椅车外出的失能老人无障碍通行的需求。

（二）大力扶持民间资本投资兴办养老服务机构

在政府财政投入不足，公立养老机构远不能满足社会养老服务需求时，大力发展民营养老产业是我州切实解决养老难题的有效措施。

1. 切实解决养老机构发展的土地问题、落实各项优惠措施。一是在城市规划中，划定专门的养老区域，建设更多适合老年人养老的场所。二是对养老机构土地需求采取低价转让或者低价长期出租方式解决。三是将养老机构设施建设项目纳入绿色审批通道，加大规划、土地、税收、融资政策和政府固定资产投资对发展养老服务机构的支持力度。四是切实落实国家关于养老机构税收减免等方面政策。五是对养老机构用水、用电、光纤、宽带等费用按民用计费。

2. 加大对民营养老机构补贴制度，确保各项补贴制度落实到位。当初政府承诺给予的补贴，难以及时到位，导致民间资本一进入养老市场就陷入"收费高了没人来、收费低服务水平难保证"的两难境地。我们都知道，资本是逐利的，指望民间资本来做公益性的"亏本买卖"显然不现实。而如果政府的优惠政策不能及时兑现，也必然打击民间资本进军养老市场的积极性。

3. 积极探索国有资产和民营资本相结合的实现形式，大力推进公建民营养老机构的发展，鼓励社会力量参与养老事业。在养老机构建设上，单纯依靠政府或单纯依靠民资都存在较大局限性。靠政府，一是巨额的资金预算难以承受，二是公办养老机构的管理和服务质量历来备受诟病；靠民资，一方面公益性难以得到保障，另一方面服务价格势必会把一部分老年人拒之门外。所以，互取其长、互补其短的"公建民营"，是破解养老困局的可行办法。"公建民营"的益处在于：政府投资建设养老机构，保证了其公益属性；民资在经营中亦需按照政府相关管理办法进行管理，并找到较好的投资点。值得注意的是，"公"和"民"如何实现无缝对接是这个模式的关键。在实际运行中，政府虽然把经营权交给了民营单位，但对其经营管理水平和质量的监督不够。加强管理，使其在合法、有序的框架下运营，才符合政策初衷。而对民营养老机构来讲，应该摒弃"盈利至上"的商业理念，把公益性放在第一位，在尽责的同时实现合理的盈利。若民营养老机构在提高服务质量、降低收费标准上有所作为，政府还可以给予一定的补贴，以提高民资的参与热情。

实践中，在政府与民资的合作上可采取 PPP 运营模式，这是实现政府与民资合作双赢，大力推动我州康养产业发展的有效途径。西昌环境优美、气候宜人，是一座宜居的城市，具有发展康养产业的独特优势，西昌市委、市政府正在着力将西昌市打造成国内外知名的生态康养基地、特色旅游胜地，以大健康产业带动西昌经济发展。目前规划修建的多个康养项目，已成功引入 PPP 模式。以正在修建的西昌市阳光福利中心为例，该项目总投资 2.8 个亿，建设用地 64.87 亩（由西昌市政府划拨），项目统一规划，拟建床位1 500个，分两期实施；一期22.46亩，由政府自建；二期42.41亩，计划采用PPP模式运营，建设用地计划和土地供给由政府解决，建设运营由投资单位负责。建设补贴、运营补贴、税费优惠按照发展养老服务业的相关政策执行，保证政府与社会资本实现合作双赢。

（三）大力培育养老专业人才队伍和社区志愿者队伍

养老服务涉及生活照料、精神慰藉、心理调适、康复护理、临终关怀、紧急救助等方面，从业人员需具备较高的职业道德和过硬的专业技能，应尽快建立健全养老护理员职业资格认证和持证上岗制度。为此，一方面大中专院校要优化专业设置，加快相关专业的人才培养；另一方面要加强对原有非专业社工人员的教育培训，提高其素质与能力水平。此外，在社区老年服务中志愿者的作用相当重要，政府及相关部门要加大宣传和扶持力度，鼓励更多的人加入志愿者队伍。在具体做法上，可以借鉴其他地方的成功经验，成立"时间银行"，将每个志愿者每次参加义工的时间按个人账户存入"时间银行"，存入"时间银行"的累积时间作为支取标的，待年老时按自己的意愿支取时间，以获得同等时间的免费养老服务，从机制上确保更多的人员加入志愿者行列，形成"我为人人，人人为我"、助养、助老的良好社会风气。

（四）构建老年人居家呼叫服务和应急救援服务系统，形成全覆盖的社会化养老服务网络

1. 充分发挥社区服务功能，建立社区老龄人口逐年登记和定期上门随访制度，健全社区老龄人口信息档案。

2. 充分发挥政府的主导作用，鼓励支持互联网运营商或移动运营商投资兴办养老信息服务平台。这一平台将提供养老服务的社会组织如超市、家政服务机构、社区医疗机构等择优进行有效整合，并通过家庭移动终端设备与居家养老的各种需求实现无缝对接；针对特殊人群如失独家庭老人、低收入老人和失能老人免费配置"一键通"电子呼叫设备，真正实现居家呼叫服务和应急救援服务系统的全覆盖。

（五）大力推动医养融合发展

老年人是疾病多发的高危人群，他们的生理、心理特点决定了其需要消耗大量的卫生资源，而且随着人口老龄化的加速，卫生资源的消耗将会更大，并直接影响当地社会经济的发展。可以说，是否实现健康老龄化，是决定老龄化国家或地区经济可持续发展的重要因素。促进医疗卫生资源进入养老机构，实现医养结合是今后养老机构的发展方向。采取的办法有：一是支持有条件的养老机构设置医疗机构，符合条件的可申请纳入城镇职工（居民）基本医疗保险和新型农村合作医疗定点范围，将生病期的护理、床位等相关费用纳入医保报销范围内。二是依靠周边医院，直接在养老机构设立分院、医疗驻点或建立康复医疗中心。三是建立医疗机构与养老机构协作机制，为老年人开辟绿色就诊通道。

凉山州生态休闲农业情况调查①

中共凉山州委党校课题组②

生态农业与休闲农业实际上是现代农业发展的两个方向和路径。两者相辅相成，生态农业是绿色发展理念在农业方面的具体落实，休闲农业是旅游产业与农业的有机结合，是联系一、二、三产业的纽带。生态农业与休闲农业又是互相交织的，农业发展要吸引眼球和观光，必须保护生态环境，农业发展生态环境搞好了，自然就会引来关注和消费，所谓"有了梧桐树，凤凰自然来"。

2016年全国两会上，州委书记林书成提出：要将旅游业打造成凉山的第一大产业，这为生态休闲农业的发展提供了有利的政策支持和发展机遇。凉山光热、水电资源丰富，特色农业和旅游业是主打产业，加上独有的彝族人文风情，凉山大力发展生态休闲农业具有较大的优势。可以说，生态休闲农业是农业中的旅游业，也是旅游业中的农业，是两者强强联合的产业。目前凉山州仍有50多万的贫困人口生活在广大的农村地区，光靠"输血"不能解决问题，选好项目、因地制宜地发展生态休闲农业，也是精准扶贫之路上一个不错的选择。

一、凉山州生态休闲农业基本情况

凉山州被誉为"天府之国"第二粮仓，是四川省三大牧区之一，农产品具有"早、优、丰、稀、特、绿"的优势和特点，拥有"中国苦荞之都""中国茧丝之都""中国果桑之都"的美称。

（一）生态休闲农业资源得天独厚

凉山州气候类型多样，光热资源丰富，生物种类繁多，农产品价优质高。苦荞麦、石榴、青花椒产量居全国首位；烤烟、桑蚕茧、苹果、白魔芋、马铃薯产量和牛、羊存出栏数居全省第一。凉山也是全国最大的彝族聚居区，有独特的民族文化资源，每年的火把节、彝族年吸引了国内外众多游客。境内有泸山邛海等4A级景区4个，还有一些有待开发的原生态风情风貌。州内外交通方便，有青山机场、成昆铁路、雅西高速和通县油路相互交织的立体交通网络，交通动脉连接云南、贵州，是自驾旅游的必经之地。

---

① 2016年度四川省党校系统优秀调研课题。
② 课题负责人：周燕。课题组成员：马娅群、梁剑、刘宇洪、李筱堰。

州府西昌年平均气温 18℃，年光照日长达 200 天以上，是难得的阳光康养休闲度假胜地。

（二）特色农产品基地初具规模

2015 年，全州共建成现代农牧业特色产业基地 300 万亩（其中马铃薯产业基地 166 万亩）；会理、德昌、宁南三县整县推进 83.7 万亩无公害农产品产地认定；共建成 47 个规范化、标准化的现代农业万亩亿元示范区，其中蔬菜类 11 个、特色水果类 14 个、蚕桑类 9 个、花卉类 2 个。

优质特色农产品多次荣获全国、省农业博览会金奖和名优产品称号。会理石榴、盐源苹果、雷波脐橙等特色水果蔬菜成为农民增收新亮点。花卉产业后来居上，凉山州花卉产区是四川五大花卉主产区之一。目前花卉种植面积 2 万亩，花卉品种 300 多个，各类温室大棚 100 万平方米。马铃薯产业作为我州粮食生产和农村经济发展的一大支柱，面积、产量居全省第一。加工营销体系基本完善，培育和引进了豪吉集团、科兴薯业、润鑫薯业等 12 家龙头企业，建成大型加工企业 15 家、中小加工企业 119 个，鲜薯加工能力达 130 万吨以上。苦荞产业茁壮成长，全州 17 个县（市）海拔 1 700 米～3 000 米的区域都有种植苦荞麦，总产量达 12 万吨，产量约占全国 1/2，而且还有很大的发展潜力，可开发利用面积约 300 万亩。畜牧业发展势头强劲，全州注册登记畜牧企业达到 49 个，年销售畜禽产品 12.58 亿元，产品涵盖猪、牛、羊、禽、蛋、奶、蜂、兔等产业。蚕桑产业稳中有升，基本形成了蚕沙枕、蛹蛋白、绢丝、食用菌、桑叶茶、冬桑凉茶、桑葚鲜食、桑葚果汁等桑蚕附加产业发展链条。2015 年我州产茧 51 万担，连续 13 年位居全省第一。2016 年上半年产茧 9.47 万担，蚕农茧款和桑葚收入 3.12 亿万元，蚕农同比增收 4 364 万元。

（三）生态休闲农业发展呈"二元化"结构

凉山州农业人口约 450 万人，按土地二次调查面积 868 万亩计算，农民人均耕地不足 2 亩，草山面积 2 716 万亩、有宜农荒地 430 万亩，且多数为高寒山区，季节性缺水严重，每年冬春几乎都要发生旱灾。凉山州虽是资源大州，但是优质资源短缺，山林、植被破坏严重，农村生态环境污染严重。

由于地理位置、经济发展、交通状况和基础设施的差异，凉山州的社会经济、生态农业呈严重的二元结构，安宁河谷地区（四川第二大平原）的樱桃、油桃、葡萄等生态休闲农业已经走在前列，州内的著名自然人文景区也集中在西昌、德昌、冕宁、盐源、会理等县市。位于高寒山区的老凉山，大多是国家级贫困县，虽有马铃薯、苦荞等优质农作物，但生态环境破坏严重、休闲农业还未起步，一些旅游产品和项目没有得到规范的开发。

从总体上看，相比于成都平原与雅安地区，凉山州的乡村旅游和生态休闲农业发展还是比较落后的，主要表现为规模小、产量低、服务差。结合党的十八届五中全会提出的"五大发展理念"，"精准扶贫攻坚"，课题组认为，凉山州的农业只有走上生态保护和观光旅游相结合的道路，才能做大做强。

二、调查研究基本情况

（一）国内外理论依据

1. 生态休闲农业的功能和种类

生态休闲农业兴起于 19 世纪 30 年代，但在中国起步较晚，它是集观光、体验、生态保护和增进文化交流的新型农业产业模式，也是统筹城乡协调发展的快车道。生态休闲农业不仅可以延长农业产业链、改善农民住宿条件、转移富余劳动力、增加农民收入，还是一种新型的产业模式和新型的消费模式。

生态休闲农业具有七大功能：（1）经济功能：调整农业产业结构、增加农民收入、转移农村富余劳动力；（2）社会功能：增进城乡交流、缩小城乡差距、改善村容村貌；（3）教育功能：了解农耕文明、学习农业知识、体验农村生活、参与农业生产；（4）文化功能：保护传承农业文化、民风民俗、民间手艺、古村建筑；（5）环保功能：加强农业农村生态保护、打造田园山水、推广新型能源；（6）娱乐功能：提供观光、休闲、体验、娱乐、度假等场所和服务，放松心态、缓解压力。（7）养生功能：提供绿色有机农产品和蔬果、提供优美的自然环境、新鲜的空气、宁静的空间。

目前，我国生态休闲农业发展主要有 7 种模式 29 种类型（见表 1）。

表 1　我国生态休闲农业发展模式

模　式	类　型
田园农业旅游模式	田园农业游
	园林观光游
	农业科技游
	农务体验游
民俗风情旅游模式	农耕文化游
	民俗文化游
	乡土文化游
	民族文化游
农家乐旅游模式	农业观光农家乐
	民俗文化农家乐
	民居型农家乐
	休闲娱乐农家乐
	食宿接待农家乐

模　　式	类　　型
村落乡镇旅游模式	古民居和古宅院游
	民族村寨游
	古镇建筑游
	新村风貌游
休闲度假旅游模式	休闲度假村
	休闲农庄
	乡村酒店
科普教育旅游模式	农业科技教育基地
	观光休闲教育农业园
	少儿教育农业基地
	农业博览园
回归自然旅游模式	森林公园
	湿地公园
	水上乐园
	露宿营地
	自然保护区

2. 国外经典案例——日本北海道富田农场

富田农场是一家私家农场,位于富良野地区、占地 12 公顷,是北海道最有名的花田之一。园内种植物以薰衣草为主,有 150 种花卉,花期从 4 月持续到 10 月,游客络绎不绝。富田农场设计了室内休闲区、工厂参观区、田园体验区和花卉美食天堂四大功能区,每个功能区内有宾馆、商场、餐厅、香水、蒸馏等休闲旅游项目。通过花卉观光旅游延伸了产业链,生产和销售各种精油、干花、香水、食品等;不同花期交错,延长了观赏时间;免费的观光带动了购物和消费,游客可以亲自参与制作手工品、甜食。富田农场可以说是生态休闲农业中的典范。

3. 国内经典案例——北京蓝调庄园

2008 年,占地 1 000 亩的北京蓝调庄园在朝阳区金盏乡楼梓庄村启动,庄园隶属于朝阳区 CBD 板块、交通便利、土地平整。依托草莓、蓝莓等水果和温泉资源,定位于浪漫、恬静、与世无争的"蓝调"(美国一种音乐形式)生活方式,面向中高端消费者。成功开发了"私密园"温泉、"爱的伊甸园"大型自然景观、布鲁斯餐厅、蓝调派对吧、蓝莓采摘基地等项目。在建筑上采用外部古堡装饰的大棚温室,既发挥了农业种植功能,又与周围自然生态融为一体,吸引了众多游客前往休闲、观光、购物、体验、消费和拍照。

（二）高校和州级部门调研情况

课题组一行先后走访了州旅游局、州农牧局、州委政研室和西昌学院农学院，跟分管领导和专家学者进行了座谈。大家一致认为在经济转型升级和精准扶贫攻坚的大背景下，凉山州迎来了发展生态休闲农业的机遇和环境，但也存在一些困难和不足。

从2014年的统计数据来看，全州接待游客人数在21个市州中排第三，仅次于成都和乐山，但是旅游收入却排在第10位，旅游消费水平偏低。旅游产品的品牌形象和档次不够，只有4家4A级景区，无5A级景区，星级农家乐和乡村酒店也是屈指可数。游客来源地多为川渝滇，凉山成为自驾游一族通往云南的过路站而不是目的地。政府旅游投资比例偏低，缺乏国际化、网络化的宣传力度。旅游产品单一，缺少"大旅游"与"大农业"的结合，生态休闲农业体验、观光、休闲、度假的综合功能不够。

凉山州农业面临许多问题：一是农业抵御自然灾害的能力不足。二是农资产品价格上涨幅度较大，影响农民的生产积极性。三是农民素质和技能水平普遍偏低，务农人员主要是留守的"老妇幼"，有的贫困村90%的村民不懂汉语。四是农产品的产业化程度低、产业链短，一家一户的自给生产模式难以满足休闲农业的规模化和集约化要求。五是草场过度放牧，生态破坏严重。如果能够将生态农业和休闲农业发展起来，将是一个不错的利民工程。

近几年，西昌学院农学院成立了油橄榄、核桃、马铃薯的研究课题和实验室，培育了一些优良的蔬果和家禽品种，但只能在一些中小农业公司做推广和应用，或者是和州外单位合作。由于缺少资金和官方的支持，有的项目甚至停了下来。凉山州发展生态农业和休闲农业的前景是非常乐观的，政府有不可推卸的责任，做好规划和统筹，在部分发达的地区率先打造实验项目，是可以办到的。从技术层面上看，凉山州走生态保护和休闲度假的农业之路，是没有问题的。

（三）县市农业基地调研情况

1. 西昌市乡村旅游十八景

近年来，西昌依托得天独厚的自然资源和地理位置，大力推动乡村旅游发展，出台了《关于推动旅游产业转型升级的二十条实施意见》《关于发展休闲农业和乡村旅游促进农民增收的十六条意见》《西昌推进现代生态田园城市建设的目标和措施》等一系列支持乡村旅游发展的政策措施，将生态保护、旅游观光、休闲度假与扶贫开发相结合，通过乡村旅游发展带动群众增收致富，实现民族地区脱贫。西昌市成功打造出茅坡樱红、桃源农庄、荷色生香、螺岭彝风、月华油桃、西乡葡萄、兴胜草莓、礼州古镇等乡村旅游十八景，形成了"一乡一品、一村一业"的格局，常年举办乡村旅游节18个以上，旅游业与生态农业实现了有机对接。西昌的生态休闲农业已经形成了"政府主导、部门联动、协会主体、市场运作、群众参与、文化提升"的良好发展模式。

此外，西昌围绕2万亩邛海湿地，不仅重点打造了梦里水乡、梦寻花海、梦回田园三大湿地景观，还以气候和阳光为卖点，主推主题精品度假酒店、国际养老社区、木屋度假、自驾车营地四季康养休闲度假。以泸山光福寺、青龙寺为佛学研究基地，开展的参禅悟道、禅修养生、修身养性等心灵度假旅游深受中老年人喜爱。依托环湖骑游、湿地漫步、观鸟、垂钓、水上瑜伽等康体运动项目，以及环湖自行车赛、国际马拉松赛、龙舟赛、轮滑公开赛等大型赛事加大对湿地的保护和度假旅游胜地宣传。依托一年一度的国际火把节、《彝红》《阿惹妞》歌舞剧、彝族歌舞表演、奴隶博物馆等打造彝族风情浓厚的民族文化旅游。2015 年 10 月 9 日，西昌邛海旅游度假区被国家旅游局正式授予"国家级旅游度假区"称号，成为全国首批 17 个、四川省唯一的国家级旅游度假区。

2. 德昌县角半沟樱桃基地、现代光伏大棚农业

德州镇角半沟樱桃基地是县重点打造的乡村游景之一，种植面积 3 000 余亩，处于山谷地区，雨量充沛，阳光充足，具有味甜、果红、含糖高等特点。为吸引更多的游客到此旅游观光消费，县委县政府投入资金，加大基础设施建设、硬化了通村道路，加大园区绿化治理和农家乐整治提升，引进企业投资半山印象度假农庄和五牛休闲山庄，以举办"桑紫樱红、休闲田园"的乡村旅游活动，带动桑葚、核桃、葡萄和蔬菜、家禽的销售，成功完成了生态休闲农业的大转型，提升了德昌的名气，增加了农民的收入。

永郎镇现代光伏大棚农业基地是由青岛昌盛日电太阳能科技有限公司投资建设的四川首个太阳能生态农业示范基地。投资 4.6 亿元，占地面积 1 000 亩，装机容量为 20 兆瓦。光伏大棚农业有效地发挥了棚上聚热发电、棚下瓜果飘香的新型生态农业效应。目前，100 亩河坝地经整合已经完成了主体修建，种植的农作物也扩大到花卉、蔬菜、药材。

3. 越西县二十万亩油菜花基地

2010 年，越西成功举办了首届油菜花节，吸引了州内外众多游客前来观光。现在，油菜花的种植面积扩大到 25 个乡镇，产值达 1.6 亿元。这是一次传统农业向休闲农业转型的大胆尝试，此后，越西县深入挖掘文昌文化，又成功地开发了"水观音"景区和小相邻自然保护区等旅游品牌。

（四）结论

凉山州发展生态休闲农业的内外条件充足、市场前景乐观、主体意识觉醒、政策导向明晰。一是领导重视、长远布局。凉山州确立了"产业强州、生态立州、开放兴州"的三大发展战略，州委书记林书成发表"让绿水青山常驻美丽凉山"的重要讲话，确定了将旅游业作为凉山州的第一大产业，并多次召开专题会议研究部署凉山州生态农业与旅游业的发展问题。州长罗凉清、州委副书记苏嘎尔布、州委副书记陈忠义也多次在专题会议上发表了有关"生态凉山""绿色发展"的重要讲话。凉山州农牧局、政研室、林业局、环保局、旅游局、水务局、国土资源局都承担了相关的课题研究和项目推进任务。二是政策完善、制度给力。生态休闲农业已经成为绿色发展、美丽中国的必经之路，从中央到省、州都出台了相关的方针政策、措施意见，具体实施也在逐步铺开。农业部《全国休闲农业"十二五"规划》从休闲农业的发展形势、指导思想、原则、目标、主要任务、区域布局、重点工程、保障措施等六大方面全面布局了休闲农业的未来。时任四川省委书记的王东明提出了"加快从旅游资源大省向旅游强省迈进"的号

召，出台了《四川省人民政府关于加快转变农业发展方式的实施意见》，提出积极拓展农业多种功能，坚持以特色产业为基础，加快现代农业产业基地"景区化"步伐，实现产区变景区、田园变公园、产品变礼品的意见。要集中打造一批休闲农业与乡村旅游专业村、示范休闲农庄（农家）、农业主题公园、森林人家，形成一批具有影响力的精品线路、精品节会，着力打造全省花卉（果类）生态旅游节、红叶生态旅游节等节庆品牌。凉山州相继出台《凉山彝族自治州"十三五"旅游业发展规划》《中共凉山州委关于推进绿色发展建设美丽凉山的决定》《凉山州生态保护与建设（2015—2020年）推进方案》《凉山州大气污染防治行动计划实施细则》《关于实行最严格水资源管理制度的实施意见（凉府发〔2014〕17号文件）》《凉山州"1+X"生态产业发展实施方案》《水污染防治行动计划凉山州实施方案》等配套制度和措施。

三、凉山州休闲生态农业存在的问题

通过调查，课题组认为我州生态休闲农业发展形势一片大好，但是问题也有不少，主要集中在以下几个方面。

（一）生态休闲农业在旅游业中所占比例不高

据不完全统计，2014年全州旅游业增加值为98.28个亿，占地区生产总值的7.5%，2015年旅游业增加值为230个亿，占地区生产总值的17.5%，旅游业的主体地位和作用是发挥出来了，但我们仔细分析会发现，大部分的客流量集中在春节、火把节、国庆节和彝族年等黄金周，意味着大家都是奔着著名景区来的，而在14个A（2A3A4A）类景区中，只有5个是乡村旅游和休闲度假项目。另外根据过夜游客的住宿种类来看，只有2.2%的人住星级宾馆、18%的人住亲友家、79%的人住其他住宿设施（2014年）。这说明两个问题，一是凉山州星级酒店数量不多，乡村旅游的住宿档次有待提高；二是中档的农家乐、度假村、家庭旅馆很受大众的欢迎，这也是生态休闲农业基本的定位和主打。

（二）生态休闲农业规模小、数量少、区域差距大

目前，凉山州的旅游业还是集中在做大做强自然景区精品项目上，例如邛海—泸山景区、泸沽湖景区等著名景点的升级（4A升5A），乡村旅游还处于家庭式经营的初级阶段，虽然有西昌乡村十八景等休闲农业项目，但是游客接待能力有限。全州省级乡村旅游示范县只有3个，星级农家乐143家，其中5星级的只有4家。从资金安排上看，全州旅游业投资占财政支出的比例较低，3‰的州县两级旅游发展基金迟迟未建立。尽管如此，旅游发展资金也主要集中在西昌、冕宁、德昌、盐源等比较发达的县市，其次是有一定农业和旅游资源的越西、木里、普格、喜德，金阳、美姑、雷波、昭觉、布拖、甘洛、宁南等地的休闲农业基本处于未开发状态，因各县经济社会发展情况、滞后原因不相同，难以用一个标准实施。

（三）农产品产业链短、布局单一、缺乏创新

目前，我州发展较好的农业产品有马铃薯、蚕桑、石榴、烤烟等，产品销售多数都处于产品本身和初级的加工阶段。例如云南的天使土豆片成为马铃薯加工的成功产业，经过不断地改良创新，占据了零食界的半壁江山。以桑树为例，全州有3 150多亩的桑树，桑叶除了养蚕，也是很好的中药材，桑果有补肾养发功效，但挂果期短，果实不易保存，很多都坏在田里和烂在路上。如果加工成桑果饮料、果酱、干果或者果粉，可以延长产业链，减少损失。这些年，也有小型企业在开发研制石榴汁、石榴酒、桑葚汁等产品，但没有形成规模化的生产，销售市场没有打开，市场营销不够，产品质量好却没有竞争力。

（四）从业人员综合素质低、经营主体单一

不管是传统农业还是旅游服务业，从业人员的素质能力提升是相当重要的。现代旅游业消费的不仅是产品，更多的是服务和享受，生态休闲农业更是如此。从笔者随机的调查与摸底情况来看，凉山州的农业和旅游业从业人员素质普遍偏低，集中表现在专业性和服务性上。凉山本来就缺少农业技师、旅游管理、酒店管理等高精尖的人才，而这些人又主要集中在行政机关、企事业、学校等部门，理论研究多过实践操作。酒店、饭店、农庄和度假村的管理者中，懂技术又懂经营的更是少之又少。在调查中，我们了解到很多管理者意识到了自身素质和技能的不足，想提升素质和能力都只有到成都参加学习和考试，因为州内缺乏这方面的职业培训和认定。小工和服务员基本都是不经培训直接上岗，本身学历不高，主要是小学、初中毕业，还有的来自边远山区的农村，汉字都不认识。另外由于季节性的用工荒，用人成本上升（农村收种工的工资最高达100元/天，饭店的洗碗工最低也是2 000元左右/月），老板更不愿意出钱对员工进行服务礼仪、专业技能的培训。

截至2016年7月，全州在工商部门登记注册的合作社达到3 499家，家庭农场达到4 779家，但真正达到规模化经营的不足10家，主要还是以家庭为单位的生产经营模式。合作社大多也是空架子，能发挥作用的不多。另外，因为农业投资的资金周转期长、持续投入力大，有一些投资主体还在观望中。

四、凉山州发展生态休闲农业的对策和建议

综上，凉山州生态休闲农业要走综合发展之路，要与幸福美丽新村建设相结合，与精准扶贫产业发展相结合，与乡村旅游富民之路相结合，与交通水利等基础设施建设相结合。对此，就不一一展开论述，着重提出以下几个建议供大家参考。

（一）加紧制定《凉山州生态休闲农业发展规划》并不打折扣地落实

从政策层面上讲，旅游业和农业都有自己的发展规划，也涉及生态农业和休闲农业的发展和利用，但是生态休闲农业毕竟是一个涉及多部门的绿色产业，应该单独制定一

个《凉山州生态休闲农业发展规划》，县级政府也该全局考虑，制定各县的生态休闲农业发展规划。科学、合理、及时制定规划有利于突出生态休闲农业的主体地位；有利于县级地方政府在发展农业和旅游业时有一个具体的方向和依据；有利于为生态农业的发展提供土地、资金、技术和智力支持；有利于统筹配套基础设施建设和组织制度保障；有利于调动投资公司、从业人员的积极性。

（二）加快生态农业建设的制度化、规范化和科学化

1. 大力发展节水农业

凉山州虽然是水电资源大州，但是城市供水紧张、农村水源枯竭、高寒山区干旱情况严重。要严格落实《关于实行最严格水资源管理制度的实施意见》，进一步完善农田灌排设施、中小型灌渠和农田水利的建设；加大节水技术、抗旱产品和喷灌滴灌等技术推广；加大对荒山、黄坡和废弃工矿的土地利用，优选抗旱节水的农作物和林木；加大农村饮用水的标准化建设、农村污染综合治理和农业用水的补贴机制。

2. 大力发展绿色有机农业

依托农业部门、科研单位和农业生产主体，强化绿色健康观念、推广有机无毒种植技术和加强农产品质量监督，对蔬菜、果树和饲料等重要农作物实施化肥和农药零增长行动。在测土配方的基础上，积极推广科学精准施药和用药、病虫害专业化防治，高效低毒残留农药使用，大力提高绿色有机农作物在市场的占有比例。

3. 科学发展草食畜牧业

科学谋划，大力推进食草家禽标准化、规模化养殖。实施草场轮休保护制度、加大对养殖户的技术培训和扶持力度；实施牛羊圈养代替散养；以秸秆、糠皮、玉米等逐步取代草料；推广"高效种植业—生态养殖业—沼气工程—有机肥料"的循环种养农业模式。目前，凉山州已经启动了新一轮的草原生态补奖、争取中央财政对具有特殊功能和退化严重的 500 万亩草原实行了禁牧封育。

4. 大力发展农村新型能源

据了解，凉山州安宁河流域比较发达的 6 县市，农户较多采用石油、电力、煤炭等高效能源，沼气、太阳能、风能也逐步兴起，而 11 个国家贫困县的农村，主要还是使用柴火、秸秆等低效生物能源。大力发展生态农业是"功在当代、利在千秋"的大好事，各级政府应高度重视农村新型能源的开发和利用，在扶贫项目中做好总体设计，使户户通电、通水，有条件的修建沼气池和太阳能淋浴房，加大对使用新型能源的普及和补贴，减少对森林和草场的过度依赖和索取。

（三）抓好农产品品牌建设和农业基地建设

1. 做大做强"大凉山"绿色农产品品牌效益

目前"大凉山"系列农产品已逐渐走向州外，很受消费者青睐。今后的农产品要继续推进"三品一标"建设，推进无公害、绿色、有机和地理标志农产品的种植养殖和包

装销售，充分发挥"三品一标"在农产品品牌建设中的引领、消费认知、市场增值等方面的示范带动作用。农业部门要加强认证后监督和标志使用管理，对认知产品加大监督抽查和跟踪抽检力度。

2. 围绕优势产品打造生态休闲农业示范基地

整合现有水果、蔬菜、畜禽和特殊水产品牌基地，加快农村土地承包经营权的确权、办证、流转，引进"公司+协会+农户""基地+农户+电商"等多种经营模式，鼓励青年大学生参与农业创业（西昌学院在这方面做得比较好，有不少农业专业的大学生通过自己辛苦创业，已经成功转型为花卉、家禽、水产的专业户），培育生态休闲农业的多种经营主体。加强农业基地的标准化和特色化建设，围绕农产品的生产集中地开发观光、采摘、娱乐、科普、食宿等综合旅游功能。

3. 选好农业产业项目，助力精准扶贫攻坚

由于凉山州17县市条件相差甚远，既要大力发展生态休闲农业，也要因地制宜，选好产业，突出特色。《凉山彝族自治州国民经济和社会发展篇十三个五年规划纲要》中已经明确提出，大力发展"果蔬薯花药"产业。西昌、德昌、冕宁要加大同城化发展、大力推广发展生态休闲农业的档次和规模，集中力量打造2~3个精品项目，淘汰落后的低产项目、整合交叉重复项目。会理、盐源、喜德等中等县市要瞄准主打产业、做好生态休闲农业的综合功能设计，以产业发展带动旅游休闲发展。昭觉、美姑、布拖等县市，如果不具备休闲农业的开发条件，可以首先发展生态农业，利用好《凉山州"1+X"生态产业发展实施方案》等政策，大力发展核桃、油橄榄、花椒等经济林木种植，先提高农户收入和完善基础设施，为下一步休闲农业发展打好基础。

（四）加大生态休闲农业从业人员教育、培养、培训

1. 重金招纳行业高端人才

深刻认识人才资源开发的重要性，树立"人才资源是第一资源"的观念，建立特殊的人才引进计划、政策和措施。组织人事部门要制定合理的门槛和积极的奖励措施，确保各类人才引进来、用得上、留得住。

2. 分类分层免费技能培训

利用旅游人才培训年度专项资金、对现有的生态休闲农业从业人员，按照"规划层、管理层、服务层"实施分层培训；按照"农家乐、酒店业、餐饮业、观光基地、科普教育中心"等分类培训。设立州级服务行业技能鉴定考核中心，对中高层从业人员实施持证上岗管理制度，对一线服务人员进行服务礼仪和专业知识培训考核。

3. 依托高校加强科研研发和人才培养

采取与省内外高校、职高，特别是西昌学院签订战略合作协议、进行定向培养、"走出去、引进来"等方式，使农业人才和旅游人才在数量上、结构上和素质上更适合凉山生态休闲农业的发展需要，为凉山州的跨越式发展提供人力和人才保障。

（五）全面实施生态休闲农业信息化建设

1. 实施"互联网+"行动计划，促进互联网和生态休闲农业相融合

全民旅游和散客时代已经到来，据了解，有 87.6% 的游客通过互联网来获取旅游信息。要充分重视互联网和手机互联网的宣传、销售、消费模式，尽快加大我州智慧旅游的官网、微博、微信平台建设。利用"携程""去哪儿"等著名旅游网站做好凉山旅游产品项目推广，突出生态和休闲功能。加紧实施"光网凉山""三网融合""宽带乡村"建设，实现景区 Wi-Fi 全覆盖，积极参与地区之间、国际之间的交流与合作。

2. 加快发展智慧城市

加快推进"智慧凉山·云上西昌"建设，建立凉山云技术中心和灾备中心。提高核心城市综合服务能力，为生态休闲农业的发展提供交通、食宿、天气、金融、购物、投诉等一系列的周边服务产品。积极探索发展总部经济，争取一批央企、国企和跨国公司来我州成立分公司、总部、研发基地和换季办公总部。

3. 加快发展农村电子商务和现代物流业

大力推进与阿里巴巴、苏宁电器等电商巨头的合作，实施"电子商务进农村"工程。一方面改变农村农民的生活消费习惯，提高农村生活质量；另一方面带动线上线下全渠道销售，提升"大凉山"农产品在互联网的市场占有率。整合资源加快物流基础设施建设，推进省级现代化的物流试点示范区、物流枢纽、物流中心和物流重点项目建设，减少优质农产品出州、农资进州的时间与流程，降低农户和公司的运营成本。

凉山州农村义务教育精准扶贫情况研究①

中共凉山州委党校课题组②

教育是立国之本，强国之基。作为扶贫政策中的专项政策，教育精准扶贫对于解决贫困地区、民族地区、革命老区人民群众急需解决的教育困难与问题起到了十分重要的作用，使教育这项民生工程能全覆盖地惠及贫困家庭，有"雪中送炭"之功效，对于促进社会经济发展、民族团结、社会稳定均具有重要现实意义。此外，作为最根本最基础的扶贫政策，教育精准扶贫对于解决教育中的农村学前教育、职业教育、民族教育、革命老区教育等薄弱问题均发挥了重要作用，缩小了差距，提升了水平。这些项目的实施对于形成惠及全民的公平教育、提供更加丰富的优质教育、构建体系完备的终身教育体系均有重要的现实意义。

习近平总书记于2015年4月1日主持召开中央全面深化改革领导小组第十一次会议并发表讲话。会议指出，发展乡村教育，让每个乡村孩子都能接受公平、有质量的教育，阻止贫困现象代际传递，是功在当代、利在千秋的大事。要把乡村教师队伍建设摆在优先发展的战略位置，多措并举，定向施策，精准发力。

党的十八大以来，凉山州在党中央、国务院的深切关怀和省委、省政府的坚强领导下，认真贯彻党的十八大和十八届三中、四中、五中全会精神，立足凉山多民族聚居区、资源富集地区、集中连片特困区"三大特殊州情"，以脱贫奔康、富民强州为中心，着力创新驱动、转型升级、城乡统筹、追赶跨越，大力实施产业强州、生态立州、开放兴州"三大战略"，统筹推进安宁河谷地区、大凉山彝区、木里藏区"三大片区"差异化发展，全州经济平稳发展、民生持续改善、民族团结和睦、社会和谐稳定。"十二五"时期，全州经济总量、地方公共财政收入相继迈过千亿、百亿大关，均居全国30个少数民族自治州前列，地区生产总值、全社会固定资产投资年均分别增长10%、10.2%，城乡居民收入增速高于经济增速。但由于凉山是从奴隶社会"一步跨千年"进入社会主义社会的"直过区"，受自然、历史、社会等诸多因素制约，凉山州贫困人口多、贫困面大、贫困程度深，仍是全国、全省最集中连片的贫困地区之一，是全省扶贫攻坚的主战场。全州17个县市中有11个县属国家扶贫开发工作重点县，其中昭觉、布拖、普格等8个重点县已纳入国家乌蒙山片区区域发展与扶贫攻坚规划，木里县纳入四省藏区规划，盐源、甘洛2县纳入全省乌蒙山片区区域发展与扶贫攻坚规划。治贫先治愚，扶贫

---

① 2016年度四川省党校系统优秀调研课题。
② 课题负责人：李宇林。课题组成员：肖平、刘煜。

先扶志，扶贫必扶智。不论造成贫困的直接原因有哪些，精神贫困始终是主观上的首要根源。义务教育一定要搞好，让孩子们受到好的教育，不要让孩子们输在起跑线上。古人有"家贫子读书"的传统。把贫困地区孩子培养出来，这才是根本的扶贫之策。

现在，全面建成小康社会的号角已经吹响，到2020年全面建成小康社会还有不到五年时间，从目前看，我国经济总量不断扩大，中产阶层比重稳步增加，到时候可以完成主要经济指标，但要全面完成扶贫脱贫任务很不容易。扶贫工作事关全局，没有贫困地区的小康，没有贫困人口的脱贫，就没有全面建成小康社会。"十三五"时期经济社会发展，关键在于补齐"短板"，其中必须补好扶贫开发这块"短板"。据调查，截至2015年年底，凉山州尚有贫困人口38.74万，贫困村2072个、占全州行政村的55.33%。面对如此严峻的形势，党中央、国务院高度重视，国务院副总理汪洋于2016年上半年对凉山进行扶贫调研。脱贫任务迫在眉睫，群众十分关心和迫切希望解决此问题。为此，课题组就凉山州农村义务教育精准扶贫的情况开展了调查研究。

一、凉山彝族自治州农村义务教育精准扶贫实施的基本情况

2015年，州委深入学习领会中央精神，认真贯彻落实省委十届六次全会部署，召开州委七届七次全会专题部署脱贫攻坚工作，提出了"六个精准""七个一批"脱贫攻坚行动计划，出台了12个扶贫专项实施方案，形成"3+12+N"脱贫攻坚组合拳，共同构成新阶段全州脱贫攻坚的总体设计和制度安排。随后，在西昌、宁南分别召开扶贫攻坚动员会、扶贫开发攻坚推进工作现场会，并多次召开州委常委（扩大）会议，对脱贫攻坚工作进行了动员部署。此外，中央和全国扶贫开发工作会议、省委脱贫攻坚大会结束后，州上立即部署召开了脱贫攻坚决战决胜誓师大会，对打赢脱贫攻坚战进行再动员、再部署，17县市党委、政府与州委、州政府签订了脱贫攻坚责任书，明确了脱贫时间表和主要任务、举措。2月15日，成立了由州委书记、州长为"双组长"的脱贫攻坚领导小组和脱贫攻坚指挥部，脱贫攻坚指挥部下设办公室、脱贫攻坚组（10个）、保障工作组（3个）。2月16日，召开凉山州脱贫攻坚领导小组和脱贫攻坚指挥部第一次全体会议，审议通过了《凉山州脱贫攻坚领导小组议事规则》《凉山州脱贫攻坚领导小组办公室人员抽调方案》《凉山州2015年度县市领导班子和领导干部脱贫攻坚实绩考核办法》；讨论通过了《凉山州2016年度减贫目标任务计划方案》《凉山州2016年"1+X"生态产业发展方案》等。近期，州委、州政府拟将出台《凉山州县市领导班子和领导干部实绩考核办法（试行）》等，对贫困县和非贫困县市开展2015年党政领导班子和领导干部实绩考核，对驻村工作组、贫困村第一书记等进行考评考核。全州脱贫攻坚的战略地位空前突出、政策措施空前有力、社会共识空前强烈。

"十二五"以来，中央、省不断加大对凉山的支持力度，国家层面先后启动实施了乌蒙山片区和藏区区域发展与扶贫攻坚规划，批准设立了攀西国家战略资源创新开发试验区，制定出台了关于支持凉山州、怒江州、临夏州加快建设小康社会进程的《若干意见》；省委、省政府为我州量身定制了"一个意见、两个规划"，专门出台《大小凉山彝区"十项扶贫工程"总体方案》，研究制定支持大小凉山彝区扶贫攻坚17条政策。这一

系列重大决策部署，为凉山扶贫攻坚和跨越发展注入了强劲动力，我州扶贫开发也取得了阶段性成效。

在专项扶贫方面，2011—2015 年各级财政共投入扶贫资金 61.45 亿元，建成彝家新寨 1 193 个，整村推进 318 个，建设住房 99 416 户，发放彝家新生活"四件套"99 416 套。2 300 元以下贫困人口从 2010 年末的 107.67 万减少到 2015 年末的 38.74 万，减贫 68.93 万人。

在综合扶贫方面，2010—2015 年共投入资金 216.01 亿元（含农户自筹），实施大凉山综合扶贫开发项目及大凉山彝区"十项扶贫工程"，综合扶贫开发成效显著。

在社会扶贫方面，争取协调社会帮扶资金 15.37 亿元，实施彝家新寨、住房、交通、饮水、教育、卫生、产业、能源、社会事业等项目 1 435 个。2015 年"全国扶贫日"共募集定向和非定向资金 2 912.75 万元。

全州 2016 年秋季学期农村义务教育学校 2 453 所，学生 539 955 人（小学 433 182 人、初中 106 773 人），其中国家试点县学校 1 368 所，学生 249 658 人（小学 218 204 人、初中 31 454 人），省级试点县学校学校 1 085 所，学生 290 297 人（小学 214 978 人、初中 75 319 人）。

截至 2015 年 12 月底，全州各级财政学校精准扶贫资金到位 31 332.88 万元（其中中央资金 16 394 万元、省级资金 7 868 万元、州级资金 1 886 万元、县级资金 5 184.88 万元），支出资金达 17 961.30 万元（其中中央补助资金累计支出 9 287.10 万元、省级资金累计支出 3 236.98 万元、州级资金累计支出 1 833.79 万元、县级资金累计支出 3 603.43 万元）。截至 2016 年 6 月底，全州教育精准扶贫补助资金累计预拨 12 767 万元（其中中央资金 5 899 万元、省级资金 4 862 万元、州级资金 2 006 万元），支出资金累计达 12 592 万元（其中中央补助资金累计支出 6 058 万元、省级资金累计支出 2 409 万元、州级资金累计支出 1 042 万元、县级资金累计支出 3 083 万元）。

二、凉山彝族自治州农村义务教育精准扶贫实施过程中存在的问题

"十二五"期间，虽然凉山州扶贫开发工作取得了阶段性成效，但全面打赢脱贫攻坚战依然面临着不少的困难和问题，农村义务教育精准扶贫仍有较大阻力。

（一）贫困面大，贫困程度深

凉山州有 11 个国家扶贫开发工作重点县、占全省的 30.6％，集中连片贫困地区达 4.16 万平方千米、占全州总面积的 68.9％。截至 2015 年年底有 2 072 个贫困村，占全州行政村总数的 55.33％；截至 2014 年年底，有贫困人口 49.35 万、贫困发生率 11.05％，比全省高 2.95 个百分点。

（二）基础设施落后，生态环境脆弱

凉山州公路路网密度仅 42.7 千米/百平方千米，低于全省 15.7 个百分点。高速公路通车里程仅 217 千米；国省干线和农村公路等级较低，普遍弯多、坡陡、路窄，基本

上没有防护设施，安全性差、抗灾能力弱；农村公路通达通畅程度低，尚有 9 个乡、453 个建制村不通公路，199 个乡镇、2 460 个建制村不通油路（水泥路）；1 096 个村不通电，23.1 万人居住在高寒山区、严重干旱缺水地区、滑坡泥石流易发多发地区。凉山作为全国生态最脆弱的地区之一，水土流失面积达 1.6 万平方千米，占全州面积的 1/4。

（三）公共服务滞后，民生问题突出

全州民族地区社会发育程度较低，教育、卫生等社会事业发展滞后，贫困地区人均受教育年限不足 6 年，远低于全省 9 年的平均水平。学前教育入园难、普通高中教育普及率低等问题突出，截至 2015 年学前三年毛入园率为 50.73%。农村青壮年中还有相当一部分人不懂汉语，就业能力弱、创业意识差，苦熬守穷、贫困代际传递现象依然存在。医疗卫生基础条件差、专业人才匮乏，每千人卫技人员数、执业（助理）医师数、注册护士数、专业公共卫生人员数分别为 3.45 人、1.24 人、1.36 人和 0.44 人，仅占全省平均水平的 61.83%、55.86%、62.96%和 38.1%。

（四）部分村级学校基础设施薄弱、设备匮乏

基础设施薄弱。全州农村小学有 B、C 级危房 200 万多平方米，大部分都集中在村小和教学点，其中相当一部分还是 20 世纪八九十年代建设的砖木结构瓦房，建设标准低，属于 C 级危房；配套设施差，生活用房、运动场地等紧缺。如，西昌市黄水乡书夫村小学和雷波县斯古溪乡乡干沟村小学教室、教工宿舍等均为 20 世纪 80 年代建造的砖瓦房，现仍在使用。

教学设施匮乏。对比省定标准，全州边远乡镇尤其是贫困村的学校教学设施缺口很大，其中 80%以上学校教学仪器配备不完善，课堂教学基本还停留在"黑板加粉笔"的模式上。简陋的教学条件和落后的教学模式无法满足教育需求，许多家长不惜花重金将子女转入城镇学校寄宿或者租房陪读，这在无形中增加了边远村群众的教育开支，直接造成了一些贫困山村孩子的辍学。

（五）村级学校教师普遍年龄老化、结构失衡

由于农村学校尤其是边远山村学校位置偏远、工作条件较差，大部分年轻教师不愿意到村小和教学点任教。现在主要是原来民办代课转正教师，或家在本地的中年教师在支撑村级小学（教学点）的教学，这部分教师大部分年龄偏大、学历偏低、教学方法比较传统，基本为初高中学历。同时，农村边远学校教师学科结构不合理，"教非所学"问题突出，很多村小都没有专职英语教师，或由其他学科教师兼任，或由中心小学派员走教。

（六）扶贫助学政策针对性不够强、缺乏精准

现有"一免一补"、困难寄宿生补助、学生营养餐等扶贫助学政策，带有"普惠性"，缺乏精准性，有"撒胡椒面"的现象，而且标准不高，如贫困寄宿生补助，受助

率高达 30%，这其中相当一部分并不属于贫困学生或者说并不属于特别贫困学生；同时，受助面偏大导致人均受助资金偏少，不利于扶贫助学政策有效落实。

三、凉山彝族自治州农村义务教育精准扶贫实施的对策和建议

近年来，国家层面部署教育扶贫的动作不断，且一致对外释放出精准施策，旨在切实推动教育均衡发展的信号。2015 年 1 月《国家贫困地区儿童发展规划（2014—2020 年）》明确了一系列义务教育阶段扶贫政策，到 2016 年 6 月印发的《关于加快中西部教育发展的指导意见》，明确从义务教育到高等教育全过程的扶持政策，可以说，教育均衡发展、促进教育公平涉及内容众多，而教育扶贫显然是其中至关重要的一环。本课题组认为推进教育精准扶贫，特别是农村义务教育精准扶贫，主要应从以下几个方面着手：

（一）组织保障

1. 加强组织领导

教育扶贫是一项系统性的工程，涉及面广、工作难度大，各级政府要高度重视、精心谋划，主要领导负总责，分管领导具体抓，确保工作落实到位，各县（市、区）要抓紧时间制定本地教育精准扶贫实施方案；教育、扶贫移民、发改、财政、人社、民政、农粮、卫生、水利、规划、建设、林业、团委、妇联等部门要加强沟通协调，密切配合、形成合力，促进教育扶贫工作有效开展。

一是按照贫困户脱贫标准、贫困村和贫困县"摘帽"标准，做好脱贫指标测算，分解到年度，落实到县市、单位、责任人，确保 2017 年前安宁河谷的西昌、德昌、会理、会东、宁南、冕宁 6 县市贫困村、贫困人口率先脱贫，2018 年盐源、雷波、甘洛、越西、木里、喜德、普格 7 县基本消除绝对贫困、进入巩固阶段，2019 年集中力量打赢昭觉、美姑、金阳、布拖 4 县脱贫摘帽歼灭战。

二是健全精准扶贫责任、措施、资金、项目、工作"五到户"机制，先难后易、到村入户，选准最贫困的村，扶持最困难的户，办好最急需办的事，确保贫困人口优先扶持、优先受益。

三是做好精准识别数据分析工作，细化落实省"五个一批"及州"七个一批"扶贫攻坚行动计划，进一步精准到村、到户、到人。

四是研究制定驻村帮扶工作支撑政策举措，保障驻村帮扶干部必要的工作手段、工作经费和工作条件，确保驻村帮扶做实见效。

2. 强化资金保障

各地要加大对教育精准扶贫的经费投入，逐步建立以政府、企业、个人共同投入的多元投入机制。各县（市、区）政府要切实承担起本辖区教育精准扶贫的职责，在政策项目资金方面优先安排支持贫困村发展。县级财政要安排并及时拨付贫困村学校建设资金、贫困学生资助金和贫困家庭子女职业学历教育补贴等，为推进教育精准扶贫提供资

金保障。管好、用好财政专项扶贫资金，做好政策加法，把各类扶贫资源精准引导到贫困村、贫困户。健全责任、权力、任务、资金"四到县"制度，建立资金绩效考评、责任追究、投诉受理、群众监督、舆论监督等机制，完善扶贫项目公开公示公告制和资金县级财政报账制度。制定财政扶贫资金项目监管办法，界定落实各级扶贫资金项目的监管权责，加大精准扶贫审计稽查力度，发挥纪检监察、审计等部门及社会监管作用，从源头上杜绝骗取、挤占、挪用、截留、贪污扶贫资金行为，确保资金使用安全和项目效益最大化。

3. 建立信息台账

各地要在认真调研、摸清底数的基础上，建立贫困村学校基本办学条件缺口台账、贫困生的资料数据库、贫困家庭劳动力数据库，确保不漏一个贫困村、不漏一户贫困户、不漏一所学校、不漏一个贫困生，并根据实际情况进行动态管理，最大限度地发挥各种教育扶贫资源的作用，确保教育精准扶贫工作稳步实施。

4. 加强舆论引导

各地要整合宣传资源，充分利用电视、广播、报刊、手机短信、微信、手机报、宣传画、宣传横幅、板报等各种载体，依托"送政策、送温暖、送服务"工作平台，宣传好教育精准扶贫的重大意义、帮扶内容和典型事迹等，让每个贫困村、贫困户、贫困生了解帮扶政策，掌握帮扶措施。进一步统一广大干部群众思想认识，激发教育扶贫攻坚信心，形成工作合力。

5. 强化监测考核

将教育精准扶贫工作列为市政府年终考核各县（市、区）民生工程工作的重要依据，并由教育部门实施季度督查、年度监测、年终考评的工作制度，确保教育扶贫工作落到实处。

（二）政策措施

1. 着力改善办学条件，推动义务教育优质均衡发展

当前，凉山地区义务教育发展存在的主要问题是城乡教育资源配置不均衡，农村学校办学条件相对较差，小规模学校和微型学校运转困难，边远地区学生就近入学难以保证。义务教育精准扶贫要围绕这些突出问题，既要"兜底线"又要"促均衡"，推进义务教育学校标准化建设，从改善薄弱学校办学条件做起，加快缩小城乡、区域、校际差距。

第一，着力改善农村义务教育薄弱学校办学条件。扎实推进实施"全面改善贫困地区义务教育薄弱学校基本办学条件"项目，加快义务教育学校标准化建设。到2017年，使凉山地区农村学校教室、桌椅、图书、运动场地等教学设施设备满足基本教学需要，宿舍、床位、厕所、食堂、饮水等基本满足生活需要；到2020年，全面完成"改薄"任务，使凉山地区农村学校办学条件全部达到省级义务教育学校办学标准，实现县域内义务教育均衡发展的目标。

第二，保障村小和教学点基本办学需求。确保百人以下小规模学校兜底，因地制宜

保留并办好必要的村小和教学点。进一步改善边远小规模学校（含教学点）办学条件，提高公用经费保障水平。在中央和省级资金安排上给予贫困地区村小和教学点大力倾斜，不足100人的教学点按100人拨付公用经费，保证学校正常运转。完善教育资源城乡一体化配置政策，合理配置教师资源，要让城乡教师、校长合理流动和选派城市优秀教师到贫困地区支教等政策重点向贫困地区乡村小规模学校倾斜。

第三，加大力度建设一批标准化寄宿制学校。扩大寄宿制学校规模，让贫困地区学生寄宿，不仅有利于贫困地区中小学生学习、生活和成长，也有利于解决贫困地区中小学生上学远、家庭教育薄弱等问题。因此，当前要加大寄宿制学校建设的力度，扩大寄宿制学校的规模，改善寄宿制学校办学条件，确保寄宿制学校软硬件达标。要特别重视改善学生宿舍、学生餐厅、饮水条件、浴室条件和如厕环境，保证寄宿条件达标。改善高寒阴湿地区（山区、农牧区、高原）寄宿制学校取暖条件，高标准拨付取暖经费。提高家庭经济困难寄宿生生活费补助标准。建好寄宿制学校文化生活和体育活动设施，因地制宜开展形式多样的文体活动，丰富寄宿生课余生活。加强寄宿制学校管理，通过政府购买服务的方式，解决学校后勤服务人员短缺问题。特别是政府应对寄宿制学校的水费、电费、食堂宿舍人员工资等给予补贴，降低学生食宿等费用，从而减轻贫困家庭的负担。实际上这是扶贫最为有效、最可持续的途径。

第四，加快教育信息化进程。实施"贫困地区教育教学资源云覆盖计划"，将教育信息化基础设施纳入学校基本办学条件，保障经费投入。努力办好凉山地区远程教育，巩固提升"教学点数字教育资源全覆盖"成果，帮助教学点开齐开好国家规定课程，实现集中连片特困地区贫困县（市、区）和插花型贫困县（市、区）所有中小学和教学点宽带网络全覆盖，"班班通"全覆盖。推进"专递课堂""名师课堂""名校网络课堂"以及城乡"同步课堂"等资源的建设与应用，促进乡村小学和教学点共享优质教育资源，提高办学质量。

第五，探索改革义务教育学制。在保证农村小学生就近入学的基础上，聚焦推进义务教育资源结构调整与优化配置，在农村地区开展义务教育学制改革。一方面，可试行"三六"学段制，即100人及以下学校或教学点可试行义务教育"三六"学制，即在家门口的教学点或村小接受1~3年级的教育，之后到乡镇中心学校寄宿或在县城学校寄宿，完成4~9年级的教育。另一方面，也可采用"四五"学制，即在家门口的村小或教学点学习4年，从5年级起到乡镇或县城学校寄宿完成5~9年级的教育。一般来说，4年级或5年级以上的农村学生，生活已能自理，寄宿学习对他们来说应该没有问题。

2. 加强乡村教师队伍建设，提升贫困地区教师整体水平

教师是教育事业发展的基础，提高凉山地区教师队伍整体素质是推进凉山地区教育可持续发展的关键。虽然近几年凉山地区教师整体素质有了很大提高，但还存在许多问题，诸如结构性缺编严重、农村学前教育师资短缺、整体素质较低、优秀教师流失严重等，这些都是制约凉山地区教育发展的主要因素。教育精准扶贫，要把加强贫困地区教师队伍建设作为"支点工程"。

第一，精准补充贫困地区中小学师资。坚持"按需设岗、按岗招聘、精准补充"的原则，建立省级统筹规划、统一选拔、严格标准、精准招考、优中选优的贫困地区乡村

中小学教师补充机制，着力破解结构性矛盾，重点补足配齐音乐、体育、美术等紧缺学科教师。实施"精准扶贫乡村教师培养计划"，每年选拔一批家庭困难、学业优秀、有志从事乡村教育的优秀高中毕业生到师范院校就读，定向培养、协议服务。改革培养模式，精准免费培养"小学全科""中学一专多能"的乡村教师。

第二，精准培训贫困地区师资。构建乡村教师、校长专业发展支持服务体系，在加强国家和省级教师培训机构建设的同时，重点加强市县级教师培训中心建设。实施"'国培计划'精准扶贫乡村教师培训行动"，重点针对音乐、体育、美术等紧缺学科教师、双语教师和百人以下小规模学校教师开展培训，不断加强对教育局长、中小学校长和教师的培训。着力改进教师培训方式，针对贫困县乡村教师个性化培训需求，以"点菜式"培训为主，采取送培下乡、专家指导、校本研修、网络研修等多种形式，增强培训的针对性和实效性。

第三，提高贫困地区乡村教师待遇。全面落实"乡村教师支持计划"，对贫困地区乡村学校教师在生活补助、职称评聘、培训进修、评优提职等方面进行倾斜。设立边远贫困地区乡村教师特殊津贴，依据边远程度和工作量，实行差别化班主任津贴和寄宿制学校双岗教师岗位补助。积极改善乡村教师生活条件，为村小、教学点和乡村幼儿园教师建设教师周转房，把乡镇中小学、幼儿园教师住房纳入保障性住房建设计划。

第四，鼓励推广教师走教。探索在贫困县建立教育园区，按照"资源共享、联合互动、集中住宿、巡回走教"的总体思路，实行园区教师走教、校点一体化管理，实现学生不动教师动，积极破解紧缺学科教师短缺、优质师资不足、教学质量不高等难题，推动实现优质教育资源共享。

第五，开展精准扶贫挂职支教活动。选派城市中小学校长到贫困地区农村学校挂职，选派城市优秀教师到民族地区农村学校支教，组织乡镇中心幼儿园教师到贫困地区小学附设幼儿园及教学点巡回支教，选派高校优秀大学生以"顶岗实习"的形式赴民族地区教学支教。协议返聘退休特级教师、高级教师到乡村中小学和幼儿园支教讲学，并给予一定经费补助。比如，西昌市区基本上每所小学校长、部分教师都会被选派到下一级小学支教一段时间，甚至轮岗。

3. 加大对民族地区教育特殊支持，促进教育公平

凉山地区是教育精准扶贫精准脱贫的重点区域。由于经济发展落后，群众日益增强的受教育愿望不能得到较好满足；由于长期教育投入不足，教育发展历史欠账较多，教育基础相对薄弱，瓶颈性问题破解困难；"双语"教育实施过程中出现的师资短缺、教学质量不高、课程建设滞后等问题也同样十分突出。只有在凉山民族地区实施教育精准扶贫精准脱贫，加大政策倾斜力度，采取特殊支持举措，从硬件到软件全面提升，有针对性地落实好教育惠民任务，才能提高教育普及水平，让凉山地区的学生接受公平有质量的教育，缩小凉山地区教育发展与全国、全省的差距。

第一，大力发展少数民族寄宿制教育，以利于提高学龄儿童入学率和巩固率，有利于集中师资、提高教育教学质量，也利于集中力量改善办学条件和教育环境。在寄宿制学校布点上，既要考虑教育发展的需要，又要考虑人口分布、经济发展水平和办学基础方面的实际，以便于集中人、财、物，重点投入、重点建设、重点发展寄宿制学校，努

力改善寄宿制中小学办学条件和生活条件。

第二，提高凉山地区义务教育寄宿生生活费补助标准，全面实施凉山地区中小学及幼儿园营养改善计划，让学生身心健康发展。

第三，积极培育具有双语教学能力的师资，加强凉山地区中小学"双语"教师队伍建设。加大对凉山地区中小学校长和教师的培训力度。加强政策导向，抓好中小学校长到下一级地区挂职锻炼、优秀中小学和幼儿园教师到下一级地区支教、优秀大学生到下一级地区"顶岗实习"等项目，提升凉山地区教师队伍整体水平。

第四，强化对口支援，继续实施国家藏区"9+3"免费中职教育项目，吸引和鼓励社会力量参与凉山地区教育发展，在凉山地区依法依规办学。

4. 加大资助与免费力度，扩大资助帮扶政策覆盖面

对广大贫困家庭学生而言，由于家庭经济收入有限，就学带来的家庭经济负担相对较重。按照着力"全覆盖"的思路，加大教育精准扶贫资助与免费力度，加大资金投入量，扩大政策覆盖面，建立健全不让一名贫困家庭学生因贫失学的资助体系，减轻贫困家庭经济压力，让贫困学生轻装上阵，接受良好教育。因此，财政应当在学生资助方面进一步加大投入，贫困面较大的县市也应扩大覆盖范围，在范围内实施符合贫困地区、贫困家庭学生的资助政策。

第一，有针对性地完善精准扶贫免费与资助体系。应对接建档立卡的贫困户信息，精准排摸贫困家庭学生底数，完善贯通学前教育、中等职业教育、普通高中教育、高职（专科）教育、普通本科教育的贫困家庭子女免费与资助政策体系。可依据财力情况，免除（补助）在园幼儿学前教育保教费，免除建档立卡贫困家庭普通高中学生（补助）学杂费和书本费，免除中职学生学费，并为建档立卡贫困家庭中职学生发放助学金，免除建档立卡贫困家庭就读高职院校学生学费和书本费。为建档立卡贫困家庭高职（专科）、本科学生解决生源地信用助学贷款，由政府贴息，做到"应贷尽贷"，并提供勤工俭学机会。

第二，因地制宜推进"学生营养改善计划"。进一步完善体制机制，继续推进"贫困地区农村义务教育学生营养改善计划"。贫困地区幼儿健康状况不容忽视，可根据乡村幼儿园在乡村义务教育学校附设的具体情况，努力落实"贫困地区学前教育营养改善计划"，保障农村幼儿身心健康成长。及时补充食堂从业人员，改善食堂条件，制定供餐食谱，推进食堂供餐。

5. 建立健全体制机制，着力保障留守儿童健康成长

留守儿童是当前广大贫困地区农村不容忽视的庞大特殊群体，监管教育严重缺失已成为制约留守儿童有效管理、影响其身心健康成长的严重社会问题。留守儿童是农村实现可持续发展的生力军，要把扶贫工作落到实处，真正发挥扶贫的长远功能，必须把农村留守儿童纳入教育精准扶贫重要内容，以中小学校为阵地，家校联动、多方发力、综合施策、多措并举，切实构建起关爱留守儿童成长的长效机制。

第一，建立和完善留守儿童信息档案。在认真调查摸底的基础上，全面建立留守儿童档案，切实做到"一人一档一卡"，准确掌握留守儿童年龄、监护人、学习、生活状

况等基本信息，实行动态管理，有针对性地开展关爱和帮扶。

第二，强化政府主导作用。县级人民政府要落实政府责任，将关爱留守儿童列入财政预算，确保必要的经费投入。要强化控辍保学措施，督促监护人履行义务，保障适龄儿童、少年入学并完成义务教育。要加强农村寄宿制学校建设，按照适当比例配备相关的生活教师、心理辅导教师和文体老师，并将其纳入学校编制，为留守儿童提供良好的学习、生活环境。要加强"农村义务教育营养改善计划"实施工作，建立留守儿童用餐登记台账和营养状况档案，满足留守儿童用餐需求。要落实贫困家庭学生资助、教科书免费等政策，有效减轻学生学习、生活负担，确保农村留守儿童不因贫困失学。

第三，实施标准化"留守儿童之家"建设工程。依托中小学校，建立标准化"留守儿童之家"，保障基本的活动场地、文体器材、相关设备和管理人员，让有意愿的留守儿童吃住在学校，合理安排丰富多彩的活动内容和项目，科学有序地开展教育关爱活动。

第四，突出综合施策。建立学校留守儿童帮扶制度，加强对留守儿童个性化学习指导，加强思想道德、心理健康和法制安全教育；建立中小学校排查解忧制度，协调解决留守儿童生活学习实际困难；建立代理家长关爱制度，为留守儿童提供学习辅导、生活帮助和心理抚慰；建立结对帮扶机制，动员教职员工与留守儿童结成帮扶对子，从情感、生活、学业等方面给予关怀和照顾；开展"三个一"活动，每天一条短信、每周通一次电话、每月手写一封信，促进留守儿童与父母的情感交流。

西昌发展大健康产业的调查研究①

中共西昌市委党校课题组②

党的十八届五中全会将建设"健康中国"上升为国家战略。在"健康中国"背景下，大健康产业已进入了蓬勃发展期。大健康产业是指围绕与健康相关的包括疾病预防、养生保健、公共卫生服务信息平台建设、旅游养生、保健品研发销售等综合型服务产业。西昌拥有四季如春的气候、丰富的温泉、全国最大的城市湿地、多姿多彩的民族旅游文化、良好的生态环境、较完善的旅游配套设施等发展大健康产业的优势和条件，理应创出特色，抢占制高点，确立领先、优势地位。

一、西昌大健康产业基本现状

大健康产业已成为全球最大的新兴产业，相比于国际和国内发展较快的地方，西昌大健康产业还处于起步阶段，尚未形成完整、健全的产业链与产品类型标准体系，也还没有一个确切的统计标准。据调研，目前西昌与大健康有关的行业具体情况如下：

1. 健康休闲娱乐场所。目前西昌的健康休闲娱乐场所共 98 家，从业人员 900 余人，企业法人单位资产 27 237 余万元。主要分为风景区娱乐类——以邛海—泸山风景区、螺髻山仙人洞、黄联土林等为代表；休闲度假类——以火把广场、月城广场、农家乐等为代表；民族特色类——以礼州古镇、安哈镇为代表；科技旅游类——以西昌卫星发射中心为代表；文化娱乐类——以西汉土城遗址、无名汉阙、唐代白塔、南诏景庄王庙、罗罗宣慰司、清真寺、大通门等综合性文化设施为代表；宗教圣地类——以泸山光福寺、永安天主教堂为代表。

2. 药品和营养保健品生产企业。一是药品和保健品生产企业，以好医生药业集团公司为代表，共 5 家，从业人员 700 人左右，注册资金 38 232.40 万元，年收入 70 842.80 万元。二是苦荞麦产业，苦荞麦是集营养、保健、医疗于一体的粮食作物。苦荞麦产业已经成为凉山加工企业最多、加工规模最大、开发程度最高、系列产品最全、产业链条最长、市场开发最深的农产品加工行业。在凉山境内从事苦荞麦产品开发生产的企业已有近 40 家，年销售额超过 5 亿元。西昌辖区内的环太公司、正中公司已经成为全国第一和第二苦荞加工企业。

---

① 2016 年度四川省党校系统优秀调研课题。
② 课题负责人：丁良才。课题组成员：武海萍、蔡成斌。

3. 体育健身场所。西昌辖区内共有公办和民办体育健身场所 15 处。其中篮球馆 1 处（凉山民族体育场），足球场和田径运动场 1 处（凉山民族体育场），网球场 2 处（凉山民族国际网球中心、邛海宾馆网球场），游泳馆 3 处，其余均为个体健身俱乐部。

4. 康复、疗养机构。目前，西昌的社会养老服务体系建设和康养。产业发展仍然严重滞后，共有养老机构 11 个（其中乡镇敬老院 8 个，民办养老机构 3 个），在建 2 个（公办养老机构 1 个，民办养老机构 1 个），共计 13 所。其中 3 所民办养老机构（西昌邛海国际老年公寓、西昌市邦栋养老院、西昌市圣家老年服务中心）共有床位 750 个。改造建设完成的西昌观海湾阆悦苑国际颐养中心一期（民办）床位 260 个；已开工建设的西昌市阳光养老福利中心一期项目（公办）规划设计床位 700 个。

5. 医疗服务机构。西昌市辖区有各类医疗卫生机构 631 个，开设病床 5 224 张，有卫生人员 7 981 人，卫生技术人员 6 180 人。其中由省卫计委、州卫计委审批许可监管的三级、二级综合医院、专科医院 6 家。

6. 健康咨询服务、健康管理行业。健康咨询服务业刚刚起步，目前仅美年大健康 1 家于 2016 年 4 月入住西昌，投资 3 000 万元，体检营运面积 3 000 多平方米，日接纳体检流量 150~300 人次。由于传统的生活习惯，居民的体检基本都集中在一两家医院（州一医院、市医院），目前到健康机构咨询的居民较少。

二、西昌发展大健康产业的优势和机遇

西昌是除西藏和云南元谋之外日照时数最多的地区，是国内开展阳光度假的最佳地之一。西昌有较著名的国家级风景名胜区邛海—泸山风景区、螺髻山仙人洞、邛海国家湿地公园、邛海国家水利风景区。丰富多彩的旅游资源、悠久的民族文化资源、独具特色的民族医疗医药资源和生态养老养生资源、优越的光热资源和海拔、气候优势，为发展大健康产业提供了得天独厚的条件，奠定了良好的基础。

（一）得天独厚的气候资源和丰富多彩的旅游资源

西昌平均海拔 1 500 米，年平均气温 18℃，年日照时间在 2 500 小时以上。冬天不冷、夏天不热，四季如春，阳光明媚，空气清新，气候宜人，山水、湖泊、湿地、田园、森林、城市相融的人居环境。西昌月月有水果，四季有花香，是中国冬草莓之乡，中国花木之乡。近年来，西昌通过举办四川省冬季旅游发展大会，创建中国优秀旅游城市，创建四川省环境保护模范城市，创建邛海—泸山 4A 级景区，把西昌打造成为融浓郁民族风情于秀美湖光山色中的"御寒避暑胜地·休闲度假天堂"。

（二）交通基础设施日臻完善

西昌处于成都、重庆、昆明三大城市交叉辐射区域，是内陆辐射西南和东南亚的重要通道，是攀西城市群中心城市。境内铁路、公路、航空交通发达。成昆铁路纵贯全境，成昆复线铁路已开工，建成后 2.5 小时可达成都、昆明。西昌至昆明、成都高速公路已通车，5 小时即可到达。西昌至乐山、昭通、香格里拉高速即将启动。青山机场是

国内拥有一流设施的支线机场，年运送旅客量可达100万人次。已开通至成都的航空快线，已开通至昆明、重庆、广州、上海、北京的航班，即将开通至西安、珠海、沈阳等地的航班。这些都为大健康产业的发展提供有力保障。

（三）西昌具有较为成熟的旅游服务业

西昌依托独特的自然风貌、文化古迹、少数民族文化等旅游资源，经过州、市政府多年来持续不断打造，完美展现出了泸山的松风水月、邛海的恬静风雅、螺髻山的雄奇俊秀、卫星发射基地的壮观震撼、民族风情的五彩斑斓，以邛海湿地为核心的西昌邛海国家级旅游度假区，成为中国休闲度假的新热点。就大健康产业发展雏形来看，目前，西昌也出现了一些与旅游养生相关的地产，比如健康养生基地等，在这些项目中，主要是以休闲旅游、度假、餐饮等服务项目为主。

（四）丰富的凉山野生中药材

中国大健康产业联盟首席科学家张天佑教授在"凉山·西昌大健康产业研讨会"中说："现代健康产业中，在如基因诊断、免疫调节等领域中国没有话语权，只有建立在天然自然资源、中医药传统和中国养生传统等基础上的产业，才是全球独有的。"西昌是凉山州的首府所在地，以中药材为原料的制药企业均集中于此，而凉山又是名贵中药材的主产区，野生中药材天麻、黄连、细辛、附子、党参、沙参、当归、柴胡等各种中药材有2400种，在这些野生中药材中，具有开发利用价值的不在少数，许多中药材均具有纵深加工、提升产业品质和效益的潜力。木里、美姑的虫草，雷波、盐源等地的天麻，以及全州均有分布的茯苓、党参、酸梅等都是生产中药和保健品的上乘原料。

（五）享誉世界的苦荞麦产业

凉山州海拔高日照长，远离工业区和城镇生活区，污染极少、大气清新、水质良好，是优质苦荞麦的最佳生产区，常年种植面积上百万亩，可开发利用面积300万亩，发展潜力极其巨大。凉山苦荞麦含有丰富的营养和保健功能成分，其药用价值、营养价值越来越被人们重视，是开发生产保健食品、医药制品、化妆品的优良原料。

凉山州近40家苦荞加工企业都集中于西昌辖区，以环太公司、正中公司为龙头的苦荞麦加工企业，已研发出苦荞茶、苦荞粉、苦荞方便食品、芦丁香菜、苦荞生粉、苦荞麦等6大系列日用品和保健食品，形成了初具规模的凉山苦荞麦产业，苦荞产品年销售额超5亿元。

三、西昌发展大健康产业的路径选择

围绕打造"西昌阳光生态休闲、旅居度假目的地、国际健康养老胜地"的目标定位，西昌发展大健康产业应坚持有所为、有所不为，重点发展以下业态：

（一）休闲养生度假旅游业

随着人们生活水平的提高，大众旅游需求持续升温，休闲养生度假旅游已成为旅游业的重要发展方向和人们健康消费的重要方式。围绕进一步放大西昌旅游品牌效应，西昌在举办2 016四川国际文化旅游节活动中，提出了冬春阳光之旅、阳春踏青之旅、民族风情之旅、风情美食之旅四个板块，每个板块分别由文化体育主体活动、乡村旅游、特色艺术节三个方面的活动内容构成，形成了独具特色的西昌"四大板块 4×3" 旅游品牌。依托邛海、泸山、湿地、农业、美食等生态旅游资源，开发推广休闲养生度假旅游产品，加快体验性、参与性和休闲性项目建设，重点开发适宜中短期游客休闲养生居住的酒店式公寓，打造生态休闲、最美湿地、民族风情、风情美食等旅游板块，发展乡村酒店、养生湿地、休闲农庄、生态渔村、生态农家乐等新型业态，不断提升休闲养生旅游业的比重和品质。

（二）特色医疗服务业

医疗服务是大健康产业的基本内容、龙头项目。西昌发展大健康产业，医疗服务业不可或缺。西昌发展医疗服务业需要扬长补短，错位发展，以特色打造医疗服务品牌。西昌需要在深化公立医院改革、加快构建基本医疗卫生服务体系的同时，切实加强与国内外知名医学院校、医疗机构的合作，鼓励引导社会力量办医，大力发展康复医院、老年病医院、临终关怀医院、专业护理医院等紧缺型医疗服务机构和一批重点专科医院，打响西昌特色医疗服务品牌。

（三）健康管理服务业

健康管理是对健康进行全面分析、监测、评估、提供健康咨询和指导，以及对危险因素进行干预的全过程。世界卫生组织研究报告认为，人类 $1/3$ 的疾病可通过预防保健来避免，$1/3$ 的疾病可通过早期发现得到有效控制，$1/3$ 的疾病可通过信息的有效沟通提高治疗效果。西昌在健康管理服务业方面还几乎是空白。近几年，西昌在引入知名医药企业的同时，也引入了一批医疗人才和先进的医疗理念。除了于2016年入住西昌的美年大健康而外，还应积极引进一批国内外知名的专业性健康体检机构，创新服务模式和组织业态，加快健康体检专业化建设，发展针对不同群体的健康服务，重点发展亚健康人群干预、中医理疗、慢性病治理，打造健康体检、健康评估、健康咨询等全方位的健康管理服务链。

（四）做精做细苦荞和药品衍生产品

苦荞麦是目前西昌及凉山州农业中加工企业最多、加工规模最大、开发程度最高、系列产品最全、产业链条最长、市场开发最深、销售范围最广、竞争能力最强、市场前景最好的产业。同时，凉山苦荞麦种植者绝大多数是高山区的广大贫困彝族群众，苦荞麦不但是他们不可替代的粮食作物和牲畜饲料，而且是经济收入的基本来源和重要支柱，所以，开发苦荞麦产业对民族地区生存发展、扶贫攻坚、社会稳定、民族团结、社会进步等具有十分重要的意义和十分巨大的作用。

西昌现有好医生等知名企业，拥有一批知名医药产品，应引导和组织企业利用品牌效应，开发基于凉山中药材的保健食品、日化用品和个人护理用品。如好医生药业不但承担中药制剂、化药原料及制剂、保健食品的开发，而且围绕资源品种美洲大蠊、石榴、苦荞麦等进行系列品种研发，并在西昌、德昌和会理、会东建立了美洲大蠊动物药材养殖基地和银花、姜、附子等药材的示范基地。好医生药业实行了"公司＋农户＋基地＋科研单位"的产业化经营模式，从1996年以来，种植附子、大黄1万多亩，分别带动了布拖、美姑、越西等地3000多种植户致富，并带动了相关产业的发展，在凉山扶贫攻坚过程中发挥了十分巨大的作用。西昌还拥有一批传统的中医药方，可发挥中药"简、便、验、廉"和"治未病"的优势，开发推广一批膏方补品。

（五）养老服务业

西昌海拔1500米，湿度小，空气质量好，四季如春，气候宜人，日照充足，盛产蔬果。同时，凉山还有丰富的旅游资源和独特的文化环境，境内有4A级景区4个，有国家级旅游度假区邛海。随着交通的完善，旅游风景区的打造，每年都有数万名"候鸟"老人从外地到西昌过冬，具备发展大健康产业的各项优势条件。目前，以西昌邛海国际老年公寓、西昌观海湾阆悦苑国际颐养中心为代表的民间资本运营的养老服务机构已有5家。西昌还可积极引导现有养老机构与医疗机构合作共建，提升养老机构的医疗、康复、护理、保健等功能。同时，加强与国内外企业的合作，探索发展"候鸟式"养老和"虚拟养老"模式，打造集健康退休社区、活跃老人社区、养生中心、健康管理、老年专属医院、医疗康复中心等功能于一体的养老旗舰社区，并引入连锁经营模式，在市内外建设一批连锁化、品牌化的养老服务机构。

四、西昌发展大健康产业的对策建议

西昌旅游业正处在一个关键的转折时期，实现旅游业与大健康产业的融合，建设西昌阳光生态休闲、国际健康养老胜地成为西昌现代服务业发展又一新的目标。在这一目标的统领下，结合西昌阳光生态休闲发展的现状，确定其在西昌发展大健康产业过程中的主要目标是：以科学发展观为指导，将大健康产业作为推动经济持续稳定发展新的增长极，建设和完善大健康产业基础设施，使健康产业和旅游产业发展密切结合，在西昌形成大健康发展的大环境。

1. 科学定位，统筹规划。一是科学定位。立足资源，发挥优势，努力把西昌打造成生态环境优美、康养产业突出的国家级生态康养最佳目的地。二是统筹规划。依托西昌得天独厚的气候资源优势，着眼长远发展，高起点规划布局，引进知名科研院所和大专院校参与制定大健康产业发展规划，努力打造一流的最佳康养胜地。三是重点布局。以"休闲康养"为统领，把握"健康"与"养老"两大主题，以养老、养生、健康医疗与美食、健康运动与旅游六大核心领域为切入点，有机融合生态农业、金融保险、康养文化与专业培训、康养地产业与康养用品制造业等，努力打造健全的大健康产业链。四是市场推动。充分发挥市场在资源配置中的决定性作用，多渠道融资，引进大企业、大集团做大做强西昌中、高端康养产业，构建梯次配置、关联业态相融互动发展格局，加快发展西昌大健康产业。

2. 营造西昌大健康产业发展的氛围。西昌要充分利用"一座春天栖息的城市"这一张国际名片，一方面尽快制定"国际健康养老胜地"建设行动计划，统筹相关创建工作，引导全市上下树立大健康理念、开展大健康教育、提升大健康服务，为发展大健康产业完善功能、打好基础。另一方面强化大健康产业的内外宣传。进一步整合提升现有休闲度假养生旅游、四川国际文化旅游节、凉山·西昌大健康产业研讨会等平台载体，统筹市内的传统媒体与新媒体，开办大健康产业发展和"国际健康养老胜地"创建专题、专栏和频道，普及相关知识，介绍新动态和新经验。围绕西昌大健康产业发展和"国际健康养老胜地"创建，花巨资、请高人，策划好一句话、制作好一部片，大手笔在重点新闻媒体和门户网站上宣传推介，迅速提升名气、打响品牌。

3. 充分利用各种资源，开拓国内外各级市场，并根据西昌的具体情况设计差异化、独特性、有较强吸引力的休闲康养旅游产品。从传统资源观的角度来看，西昌旅游资源丰富，具有发展旅游的先天优势，休闲康养旅游的发展可以依托这些丰富的资源进行传统产品的升级和新产品的开拓。从新的资源观的角度来看，西昌同样具有发展休闲康养旅游的潜力。在今后的发展过程中，要特别注意的就是资源的淡旺季、季节的淡旺季导致的旅游淡旺季，虽然休闲康养旅游在一定程度上能够弥补这一缺陷，但是从目前的发展情况来看，淡旺季在短时间内不会改变。因此，休闲康养旅游在发展过程中应通过专项化的产品和"反季节产品""高吸引力产品"等繁荣淡季市场，使"淡季不淡"。

4. 充分发挥休闲康养旅游产业在产业融合、经济结构调整中的作用，通过休闲康养旅游的发展提高旅游业附加值，增加休闲康养旅游在旅游业发展中的份额。旅游业贯穿社会经济发展的全过程，能够提升一产、优化二产、繁荣三产，而且旅游产业关联度高，具有较强的渗透力和拉动力，对于增加就业、改善民生、提高经济发展质量、加速经济结构优化调整和经济发展方式的转变具有重要意义。休闲康养旅游依托农业、工业等资源发展在国际国内已经有很多成功的先例，这些都对其他产业的发展有明显的拉动作用。休闲康养旅游能够更好地融汇吃、住、行、游、购、娱六大旅游要素，进而增加旅游产业对经济发展的贡献率。

5. 制定康养服务业从业人员培养规划。充分利用西昌辖区现有中等职业技术学校资源，有计划地招收学生，有计划地培养现代服务业专门技术人员；同时积极与西昌学院及其他省内高校衔接，采用定向、订单等多种模式，开办康养产业高层次人才培训班，为健康、可持续的西昌大健康产业奠定坚实的人力资源基础。

6. 将休闲康养和观光旅游、度假旅游、生态旅游、乡村旅游等相结合，使之相互促进、共同发展，并最终实现西昌大健康产业的可持续发展。任何一种产业及产品都不是孤立存在的，只有将各种产品进行有效组配，才能将一个城区的整体吸引力提到最高。休闲康养旅游的发展亦是如此。实现旅游产品之间的资源和设施共享也是今后休闲康养旅游发展的捷径。而通过有效的产品设计和独特的线路组合，将各种旅游产品进行串联，充分发挥养生功能，才是养生旅游持续、快速、健康发展的长久保障。

凉山彝区"一村一幼"教育扶贫的情况调研[①]

中共凉山州委党校课题组[②]

扶贫攻坚是"十三五"规划的重中之重，是落实四个全面战略布局的关键举措。随着扶贫攻坚进入冲刺期，产业扶贫、教育扶贫、易地搬迁、保障兜底等措施需多管齐下。其中，教育扶贫是扶贫开发工作的重要组成部分，提高人口素质、引导贫困农民家庭主动发展致富，才能确保贫困人口彻底稳定消除贫困。习近平总书记指出："扶贫必扶智。让贫困地区的孩子们接受良好教育，是扶贫开发的重要任务，也是阻断贫困代际传递的重要途径。""扶贫必扶智"凸显了教育在扶贫攻坚中的重要性，决定了教育扶贫的基础性地位。教育扶贫能让贫困地区的孩子掌握知识、改变命运、造福家庭，是最有效、最直接的精准扶贫。而学前教育是国民终身学习的开端，是基础教育的"基础"，是现代国民教育体系的重要组成部分，是重要的社会公益事业，关系着学前幼儿的健康成长和千家万户的切身利益。加快发展少数民族贫困地区的学前教育，用知识拔除穷根，用教育阻断贫困，是民族贫困地区实施教育精准扶贫的关键节点，是从根本上实现贫困人口彻底稳定脱贫的重要推手。

一、凉山彝区"一村一幼"教育扶贫的基本情况

近年来，凉山彝族自治州学前教育事业得到了较快发展，普及程度逐步提高，促进了幼儿身心健康发展和基础教育整体水平的提高，在推进和谐社会构建、经济社会发展方面发挥了积极作用。但是，作为典型的集中连片特殊困难地区，学前教育仍然是凉山州基础教育最薄弱的环节，凉山州 11 个国家扶贫开发工作重点县学前教育发展严重滞后，各项指标与全州、全省平均水平差距巨大。截至 2014 年年底，在凉山州 420 所幼儿园中，农村幼儿园仅 87 所，农村幼儿人数仅占在园幼儿总数的 0.003%。学前教育是凉山州教育发展的短板，而农村学前教育则是"短板中的短板"。彝区学前教育严重滞后，村级幼儿园严重缺乏，大量的彝族儿童尤其是纯彝区的儿童，没有经过学前教育和汉语的教学和训练，小学入学前都还不能用汉语顺利地交流。一代又一代的彝族孩子所接受的义务教育水平低、质量不高，导致彝区学生辍学率较高，难以继续接受高等教育，在快速发展的社会中难以立足，导致贫困代际传递。

---

① 2016 年度四川省党校系统调研课题。
② 课题负责人：姚文兰。课题组成员：万豫南、尤初。

（一）凉山彝区"一村一幼"实施情况

凉山州在贯彻落实四川省委、省政府关于支持大小凉山彝区深入推进扶贫攻坚，加快建设全面小康社会的精准扶贫政策的过程中，精准实施教育扶贫战略，抓住机遇，加快发展学前教育，于2015年10月启动实施学前教育"一村一幼"计划，着力补齐基础教育短板，从根本上阻断贫困代际传递。

凉山州"一村一幼"计划的总体目标任务是：在全州尚未覆盖学前教育资源的行政村和人口较多、居住集中的自然村，开办幼儿教学点，着力扩大农村村级学前教育资源覆盖面，建立和完善学前教育发展长效机制，形成覆盖城乡、布局合理、能够满足学龄幼儿接受学前教育需要的办学体系，不断提升学前教育的保教质量和办学水平，保证广大农村学前幼儿接受学前教育，切实解决全州特别是彝区农村学前幼儿从母语向国家通用语言过渡障碍、初步养成健康文明生活习惯等问题，为义务教育阶段学习打下基础。共规划开办村级幼教点3 342个，覆盖全州3 417个村，园舍面积448 091平方米，开设教学班5 101个、拟招收幼儿13.6万人，选聘辅导员10 202人。"一村一幼"计划启动实施以来，按照实施进度要求，2016年春季学期结束前，村级幼教点开办率要达到规划数的80%，秋季学期末全部实施完成，到2018年，基本普及学前三年教育，毛入园率在75%以上。

自"一村一幼"计划启动以来，凉山州17个县市党委政府高度重视，认真贯彻落实州委、州政府的工作部署，科学规划、制定措施，有力推进"一村一幼"计划的实施。首先是在凉山彝区10个国贫县交通便利、条件较好的行政村、自然村启动开办一批"一村一幼"幼教点，每个县不少于10个，其余县市本着"成熟一个开办一个"的原则，基本实现全覆盖。自启动"一村一幼"计划开始，到2015年12月，凉山全州开办村级幼教点840个，招收幼儿3.88万人，选聘辅导员2 210人。至2016年6月，彝区十县共建成幼教点1 776个，开办率达到80.84%，开设班级共2 196个，开班率为63.32%，招收幼儿共74 790人。截至2016年9月，全州累计开办村级幼教点2 599个，开设教学班3 262个，招收幼儿9.9万人，选聘辅导员6 390人，幼教点开办数达到总规划数的77.8%。

（二）实施"一村一幼"采取的基本措施

凉山州充分认识实施学前教育"一村一幼"计划对扶贫攻坚和经济社会长远发展的重大意义，将办好学前教育列为重大政治任务、重大民生工程，高度重视、强化举措，出台了《中共凉山州委凉山州人民政府关于加快发展学前教育的实施意见》，明确目标任务和具体政策措施，并成立了由州委、州政府主要领导牵头的学前教育推进工作领导小组，各县市也成立了相应机构。凉山州教育局制定了《关于加快实施学前教育"一村一幼"计划的通知》，17个县市教育行政部门在党委、政府的领导下，加强与相关职能部门和乡镇党委、政府的协调配合，共同实施推进"一村一幼"计划。具体采取的措施有以下几方面：

一是合理设立村级幼儿教学点。在深入各村详细了解幼儿分布情况、年龄结构情况、入园意向等情况的基础上，进行认真统计和分析，在人口相对集中、幼儿相对充足的地方，按照"集中资源、节约成本、填补空缺、方便就近"原则，在全州尚未覆盖学前教育资源的行政村和人口较多、居住集中的自然村，设立开办幼儿教学点。原则上一个村设立一个点，每个点根据3~6周岁适龄幼儿人数，开办1至多个混龄班，每班30名左右适龄幼儿，配备2名辅导员。充分利用闲置公共资源解决校舍难题。因地制宜、整合利用农村中小学布局调整后的闲置校舍和村支部活动室、彝家新寨民俗活动场所等富余公共资源，根据"安全、实用、够用"的原则进行维修改造，在经过改造达到安全规范后，设立开办幼儿教学点。无可用公共资源或办学条件紧缺的村，通过租用民房或新建等方式解决。截至2015年12月，凉山州已开办的840个幼教点中，分别利用彝家新寨活动场所26处、村级闲置活动室470处、闲置村小校舍216所、其他公共资源128处。

二是明确村级幼教点管理主体。幼教点的管理主体为所在地的村支部、村民委员会。村支部、村民委员会负责落实幼教点场地，负责校舍维修改造，负责幼教点资产及经费管理，负责辅导员劳务用工管理，负责幼教点日常安全管理。乡镇中心校（幼儿园）负责本乡镇幼教点保教工作、常规工作的业务监督和指导。

三是统筹解决村级幼教点所需资金。"一村一幼"幼教点实行免费教育，不收取保教费，所需资金由省、州、县三级共同分担。州级负责统筹安排使用省、州资金，为每个村级幼儿教学点配备基本电教设施设备、教具玩具等。采取政府购买服务方式解决师资难题，四川省财政为凉山彝区的学前辅导员给予每人每月2000元的劳务报酬经费补助。各县市负责解决村级幼儿教学点场地、聘用、培训辅导员等工作，考虑到幼儿在校时间不少于6小时，中午在校午餐，按每生每天3元标准给予幼儿生活费补助，并补足省、州投入后的资金缺口，村级辅导员县级岗前培训经费纳入县市教师培训经费统筹解决。为解决高寒山区冬季取暖问题，州级统筹资金290多万元，对凉山州高寒山区村级幼教点1977间教室、1755间辅导员办公室安装供暖煤炉3700多个，昭觉县还自筹资金购买了120台暖气灶，确保高寒山区幼教点在园幼儿安全温暖过冬。

截至2015年年底，凉山州通过优化财政支出结构，盘活财政存量资金解决开办经费难题，各县市按不低于300万元的标准安排幼教点开办经费，共投入资金1.35亿元，用于"一村一幼"校舍维修改造、购置桌椅和教学用具等设备设施、辅导员劳务报酬、幼儿午餐等。以西昌市89个幼教点为例，截至2016年9月，"一村一幼"相关经费共投入2341.87万元（其中，省级资金163.98万元，市级资金2177.89万元），已下拨2169.26万元，含各幼教点的改造建设资金445万元、基本设施设备购置资金609.3万元、辅导员劳务费及培训费522.04万元、幼儿生活补贴246.42万元、幼教点运行经费（免保教费）257.5万元、幼教点提升经费89万元。

四是自主开发编印解决彝区学前教育双语教材难题。为解决彝区学前幼儿的"语言关"问题和养成良好行为习惯，为义务教育阶段学习打下基础，在民族聚居县及安宁河谷地区五县一市民族乡镇的村级幼儿教学点开展学前双语教育，帮助学前幼儿从母语向国家通用语言过渡并初步养成健康文明的生活习惯，实现学前教育与小学教育的有效衔接。凉山州教育局成立编委会，组织学前教育专家以解决"语言关"为重点，针对彝区学前儿童学习特点和规律，开发具有凉山民族文化特点、体现社会主义核心价值观的《学前双语教育指导用书》，编写《凉山州"一村一幼"学前教育辅导员用书》汉文版2.8万册、彝文版1.6万册，配套挂图、光碟各6 500套，并依托凉山州创业创新孵化中心开发动漫教材、手绘本、智力游戏、教学光盘等教材教具，免费提供给各幼教点使用，为开展学前双语教育提供了民族特色浓郁、操作性较强的本土教材。

五是健全幼教点管理制度。为进一步推进凉山州学前教育"一村一幼"计划顺利实施，根据《四川省幼儿园装备规范》（DB51/T 1433—2012），结合凉山州实际，凉山州教育局制定了《凉山州学前教育村级幼教点基本设施设备参考目录》《凉山州学前教育村级幼教点管理办法（试行）》《凉山州村级幼教点辅导员岗位职责（试行）》《凉山州村级幼教点辅导员日常行为规范（试行）》《凉山州村级幼教点教育教学工作制度（试行）》《凉山州村级幼教点安全工作制度（试行）》等规章制度，促进村级幼教点规范管理和正常运转。幼教点经费由所在村委会负责管理。村委会要为幼教点建立专账，独立核算，专款专用，任何单位和个人不得截留、挤占和挪用。幼儿生活费要全部用于幼儿午餐，每月向家长公布账目。辅导员伙食要与幼儿午餐严格分开。

六是开展村级幼教点辅导员的招聘、培训工作。制定《凉山州村级幼教点辅导员选聘实施方案》，由各县市教育部门组织实施辅导员选聘工作。选聘的辅导员具有高中及以上学历，身体健康，年龄在18~45岁，愿意从事学前教育工作。优先聘用学历较高、学前教育专业毕业、具有幼儿教师资格证的本村本乡人员。在彝区，选聘的辅导员应懂彝汉双语。村级幼教点聘用的辅导员，实行"先培训后上岗"，通过培训帮助辅导员掌握基本的学前教育保教知识。培训分为州、县两级，按照"分类培训、分级实施"的原则，由州级实施骨干教师培训，县级实施全员培训。培训工作采取集中面训和幼儿园实训、通识、实操、现场观摩相结合的方式完成。对培训不合格的学员，要组织参加下期培训，对连续三次培训不合格的学员，取消招聘资格，以保证辅导员的基本素质。

二、凉山彝区"一村一幼"实施过程中存在的问题困难

凉山州大力发展彝区学前教育，因地制宜实施"一村一幼"计划，结束了彝区农村没有学前教育的历史，为凉山彝区从源头上打破贫困"积累循环效应"，从根本上阻断贫困代际传递，为彝区农村孩子成长成才奠定了坚实基础。"一村一幼"迈出了彝区学前教育改革的第一步，但是，由于正处于探索阶段，存在以下问题和困难：

（一）经费保障不足

目前，凉山州"一村一幼"学前教育是在国家实行保教费减免基础上，四川省财政为彝区10县（甘洛县、越西县、喜德县、普格县、昭觉县、布拖县、美姑县、盐源县、金阳县、雷波县）解决了辅导员每人每月2 000元的劳务报酬，其余的安宁河流域五县一市（西昌市、冕宁县、德昌县、会理县、会东县、宁南县）投入资金全部由市、县财政承担，包括每个村级幼教点场地维修、基础设施建设、配套设施设备、辅导员劳务报酬、幼儿营养午餐等资金的投入，财政压力巨大。以昭觉县为例，"一村一幼"2015年

至 2016 年 9 月 2 日开办的村级幼教点有 280 个，共招收幼儿 9 313 人，选聘辅导员 595 人，除了辅导员劳务费由省财政解决以外，县级财政在财力极其困难的情况下共投入 300 余万元进行"一村一幼"的校舍维修及教学设备的购置。按义务教育营养改善计划每人每年 800 元，免保教费 700 元每年，购置教学用品等，昭觉县"一村一幼"全年正常运行需要资金约 1 600 万，这笔资金对于国家级贫困县来说相当困难，乡镇幼儿园建设、村级幼教点建设县级财政投入捉襟见肘，根本无力承受。凉山州 17 个县市中，除了西昌市财力较为雄厚以外，"一村一幼"运行所需资金对于大部分县的财政来说压力巨大，经费保障不足。

（二）部分幼教点基础设施不完备，办学条件较差

由于彝区"一村一幼"幼教点点多面广，有的处在交通不便、较为偏僻的贫困农村，存在基础设施不完备、幼教点条件不足、功能不全的现状。

一是教学用房不足，存在安全隐患。以美姑县已开办的 234 个村级幼教点为例，平均每个教学点校舍面积是 48.6 平方米，现有幼儿 8 540 人，由于教室面积不够，不能摆放午休床，可安排住宿人数为 366，仅占幼儿总数的 4.28%，绝大多数幼儿中午无条件午休。有的教室狭小，幼儿数量多，不仅无法安放午休小床，甚至无法保证教学点的正常教学活动。教学点安排在村活动室占教学点总面积的 58.8%，安排在闲置校舍的占 25.6%，租用民房的占 12.9%，其他公共闲置房的占 2.5%，其中有 5 个教学点是土墙房。房屋陈旧，有的教室地面还是泥地，坑洼不平，幼儿易磕伤，存在一定安全隐患。幼教点大多利用村委会或租民房改建，再加上有的幼教点没有围墙，没有大门，且多数较为偏僻，离农户较远，没有护校的人员，师生的人身安全和幼教点的财产安全存在隐患，已有一些幼教点教学设备、玩具被盗，存在一定的治安隐患。

二是多数幼教点无幼儿专用的厕所蹲位。幼教点大部分为村级闲置活动场所或租用民房，因此大多数厕所为旱厕。有的设在村小的幼教点虽有厕所但离教室较远，蹲位不足，更无适用于幼儿专门的蹲位，不适应幼儿生理需求，卫生条件差且不安全。

三是有的幼教点缺乏必要的基本设施设备。由于场地有限，不能安放大型户外活动玩具。有的教学点教具等配套设施设备不足，图书、玩具不齐全。大部分幼儿没有配备毛巾、口杯等用具，幼儿卫生不能保障，难以培养良好的生活习惯。

四是部分幼教点水电需求得不到保障。部分村的幼教点虽然通电但是存在电力不足的情况，无法带动微波炉、消毒柜等必要设施运转，个别的村级幼教点无生活用电。有的村水源稀缺，缺乏饮用水，又处于交通不便的边远山区，幼教点虽然配备有饮水机，但是桶装水不能送达，幼儿只能饮用当地自打的井水。

（三）大部分幼教点午餐没有保障

大部分彝区县的"一村一幼"村级幼教点不能提供午餐，不少孩子吃的食物都是早上从家里带来的，有的家长忙于农活甚至没有给孩子准备午餐，中午要么是吃自带的简单干粮，要么就是吃不上饭，幼儿营养状况令人担忧。有的幼教点是由于没有这笔经费，或属于贫困县，无力承担幼儿午餐费用，无法提供午餐；有的幼教点是由于场地有限，没有多余场地来做厨房，造成无法供餐；有的幼教点交通不便、路途遥远，送餐困难，即便是简单的蛋奶餐也没有供货商愿意送；而有的依托村小的幼教点缺水缺电，午餐由乡上统一配送餐，经过路途颠簸，午餐送达以后饭菜已经变色和变冷，卫生也不能保障；部分"一村一幼"幼教点儿童中午在教学点就餐，其资金是向儿童家长收取的费用，由幼教点统一采购解决午餐问题。但有的教学点与家长协商每天拿出4元钱解决幼儿午餐，由于每天4元钱对于有些贫困农民家庭仍是一笔不小的开支，最终协商未果，还是没能落实解决幼儿午餐。

（四）幼教点存在供求矛盾，不能满足适龄儿童的需求

据调查，截至2015年底，凉山州乡村有3至6岁学龄前儿童204 088人，乡村建有幼儿园142所，能解决农村适龄儿童64 737人的入学问题，截至2016年9月，凉山州"一村一幼"共招收了农村学龄前儿童99 254人，解决了大量的学龄前儿童入学问题，但是在村级幼教点供求矛盾仍然突出。随着"一村一幼"给彝区孩子带来的语言、行为习惯各方面的改善，以及孩子去幼儿园后减轻了家长负担，可以腾出更多的时间投入生产，增加收入，越来越多的家长希望将幼儿送入园，但迫于园区规模、师资等原因，无法满足所有学龄前幼儿需求。以西昌市四合乡为例，共有五个村，有学龄前儿童969人，其中，有户籍的学龄前儿童696人，无户籍的为273人。现有三个村建了幼教点，均设在村小，每个点有35名幼儿，共招收幼儿105名，因规模有限，幼教点并不能全面覆盖所有适龄幼儿，只能首先解决建档立卡贫困户、留守儿童、户籍人口，然后是常住人口，流动人口。为了能在进入小学前解决"语言关"，实行从大到小招生，主要针对4～6岁从未参加过学前教育的幼儿，但还有大量的幼儿不能入学，供求矛盾突出。

（五）师资匮乏，辅导员队伍不稳定

由于凉山州境内75％的地形为高原山地，许多乡村交通极为不便，而村级幼教点点多面广，有的地理位置偏远，工作条件较为艰苦，造成辅导员"招人难"。有的年轻人宁愿前往城市打工也不愿意留在边远山区担任幼儿辅导员。大部分临聘辅导员保育保教能力水平有限，现有"一村一幼"教师中，有幼师资格的辅导员不到30％，而且基本没有保、教之分，导致幼教点保教质量不高。招收的辅导员文化程度在本科及以上的极少，基本上是中专学历，还有部分初中学历。

另外，临时辅导员队伍极不稳定，造成"留人难"。辅导员工资待遇较低，每月2 000元，寒暑假两个假期没有工资，一年只有10个月的工资，无"五险一金"，且有些地方辅导员工资发放不及时。再加上辅导员属于临时聘用人员，不使用正式事业编制计划，部分辅导员考虑到自身的前途，已有辞职意向。从西昌市村级幼教点辅导员签订合同的情况来看，签合同1至3年的有75.28％，另有24.72％的辅导员没有签订合同，随时都有可能离开，导致"一村一幼"辅导员队伍易流失。

三、凉山彝区"一村一幼"教育扶贫的对策建议

在凉山彝区开展学前双语教育"一村一幼"建设，抓住了彝区长远发展的关键，是推进民族地区教育扶贫，全面提升教育发展水平，实施新农村建设的重大举措，可以说关系着凉山州集中力量打赢扶贫开发攻坚战、确保同步全面建成小康社会的大局。"一村一幼"计划自启动以来，已经有了明显的成效，但是，由于正处于探索阶段，在推进的过程中存在政策少、问题多、资金少、困难大的问题。对此，课题组提出以下对策建议。

（一）加大资金扶持力度，保障经费投入

地方政府是发展学前教育的责任主体，应高度重视"一村一幼"教育扶贫的重大意义，强化政府发展学前教育"一村一幼"的责任，加强组织领导。

一是积极争取国家和省级的专项投入，对凉山州经济相对欠发达的民族贫困县，在政策与经费上给予一定的倾斜，包括特殊的经费扶持和政策优惠，建立民族贫困地区学前教育专项资金。

二是州级财政负责统筹落实中央、省支持学前教育专项资金，建立健全经费保障机制，加大财政对"一村一幼"项目的投入，将有限的教育经费尽可能多地投入到学前教育"一村一幼"事业中。各市、县年初安排公共财政支出预算时，积极采取措施，调整支出结构，努力增加学前教育"一村一幼"经费预算，提高财政学前教育"一村一幼"项目支出占公共财政支出的比重。进一步优化财政支出结构，压缩一般性支出，向"一村一幼"倾斜，优先保障"一村一幼"的资金需求。

三是拓宽经费来源渠道，多方筹集财政性学前教育经费，保障"一村一幼"经费投入。可从本地土地出让收益中按比例计提教育资金。从当年以招标、拍卖、挂牌或者协议方式出让国家土地使用权取得的土地出让收入中，按照扣除征地和拆迁补偿、土地开发等支出后余额8％的比例，计提学前教育资金。还可从地方分成的彩票公益金中安排一定比例用于学前教育，保障"一村一幼"项目正常运作。

（二）着力改善"一村一幼"办学条件，不断提高办学效益

为了保障彝区孩子正常的教育教学活动，改善"一村一幼"教学点的办学条件迫在眉睫。应建立以各级政府投入为主，多渠道的经费筹措体制。

一方面，对条件差的村级幼教点加大投入，完善幼儿园教学设施设备，配齐图书玩具教具，按幼儿数量配齐桌椅板凳、毛巾、口杯。对于教学用房严重不足，并且确实存在安全隐患的危房、土坯房，采取改造、新建的方式，政府要加大资金投入力度，解决所需资金，同时协调城乡建设和国土资源部门以及其他相关部门落实所需用地规划、修建等工作，解决好基本的教学场地及厨房、厕所、辅导员宿舍等配套用房，满足基本的办学条件需要。

另一方面，积极吸引社会力量捐资助学。各级政府要积极宣传，通过舆论宣传引导

全社会关心支持"一村一幼"工作，通过开展送温暖、献爱心活动，大力提倡和鼓励社会各界捐资助学助教，广泛吸纳各种社会资金，形成良好的舆论氛围，进一步改善彝区村级幼教点的办学条件；另外，农村的自然材料丰富多彩，为弥补教具玩具的不足，可以根据幼儿的年龄特点和老师的特长，就地取材，形成了各具特色的创意和教学创新。比如：可以用一些废弃的报纸、挂历纸等开展剪纸、折纸活动，可以用农田里收集的玉米皮、秸秆来编成各种各样的玩具，提高孩子们的动手能力、艺术欣赏力、想象力。辅导员还可利用农村特有的自然条件，多开展一些不需借助游戏设施设备的游戏，拓展幼儿活动的形式和空间。如开展一些户外游戏、角色游戏，深入田间地头利用农作物实地教学等。

（三）多措并举，保障儿童午餐供给，促儿童健康成长

午餐对于儿童的身体发育至关重要，关系着孩子的成长发育和全面发展，切实解决部分幼教点无午餐问题，需要各级政府、家庭及社会的广泛参与，针对不能提供午餐的原因，多措并举，落实幼儿营养午餐计划。

第一，对于没有资金不能提供午餐的幼教点，建议党委、政府积极协调争取，将"营养改善计划"向彝区贫困农村学前幼儿教育延伸。目前国家推行的"农村义务教育学生营养改善计划"只针对义务教育阶段的孩子，学前儿童不在营养改善计划的范围之内。国家有关部门应出台政策，明确民族地区"一村一幼"参照义务教育标准，实施营养计划。同时，充分发挥幼儿家庭和社会的力量，即幼教点与幼儿家长协商，为保障幼儿身体健康，家长支付部分费用，通过"1+2+1"模式，即通过政府、基金会、家长等单位或团体的资金投入解决学前孩童午餐问题。另外，幼教点所在的村委会也应积极发挥作用，带领村民依托自身资源，因势利导发展产业，抓好经济发展，创收的效益拿出大部分为幼教点孩子解决午餐。

第二，对于划拨了午餐经费但没有厨房而不能供餐的幼教点，所在的乡镇、村两委应积极协调相关部门，有场地的应修建配套厨房，无场地的可以租用相邻民房作为厨房。如果资金不足，可以先搭建简易的板房予以解决。

第三，对于交通不便，牛奶蛋糕都没有商家愿意配送，而修建厨房还暂时无条件的偏远山区的幼教点，应因地制宜采取多种供餐模式。比如购买便于储存的盒装牛奶和饼干、萨其马等食物，由幼教点每天搭配一个鸡蛋给幼儿食用。也可由家长准备食物给幼儿带去幼教点，统一用微波炉加热食用。依托村小或向企业购买供餐的，路途遥远颠簸，应做好食物的保温和密封措施，争取让幼儿吃到热乎、卫生的饭菜。

第四，对于饮用水和生活用电困难的而无条件供餐的村，应优先保证幼教点的需要。政府应加大这方面的投入，协同各相关部门，兴建民族贫困村人饮工程，完善农村电网线路，彻底解决因缺水厨房不能运转，因缺电微波炉、消毒柜成摆设的情况，保障幼儿的基本生活需求，同时也以此为契机，解决困扰当地村民的实际困难。

（四）创新体制机制，解决"一村一幼"供求矛盾

创设以国家投入办园为主、社会力量办园为补充的体制机制，坚持公益性和普惠性

原则。

第一，大力推进凉山州在全州新建、改扩建 450 所规范的乡镇幼儿园"一乡一所"工程的实施，按照"建成一所，达标一所"的原则，通过新建、改扩建标准、规范的乡镇中心幼儿园，吸纳乡镇周边范围内的幼儿入学，缓解入学矛盾，同时便于对"一村一幼"村级幼教点实行常态化管理和指导，逐步提升村级幼教点质量。

第二，鼓励、支持社会力量，包括民间组织、社会团体和个人到凉山州边远乡村或需要的地方办学、助学或支教。积极出台相关配套政策，通过保证合理用地、税费减免鼓励等方式，支持社会力量办园。积极扶持民办幼儿园特别是面向大众、收费较低的普惠性民办幼儿园在有条件的行政村和自然村单独建设或联合建设标准化村级幼儿园。采取政府购买服务、减免租金、以奖代补、派驻公办教师等方式，引导和支持民办幼儿园提供普惠性服务。实行政府主导下的多方资源整合，深化改革，加快发展，构建和完善新形势下以公办学前教育机构为主体、公办民办并举的办园体制。

第三，积极争取社会慈善机构支持，弥补政府投入不足，采取"政府＋慈善机构"合作模式，发展助学形式的学前教育，通过多渠道来增加农村学前教育资源，保证农村儿童"有学上""上好学"，努力提高凉山州学前教育整体发展水平，切实满足广大农村群众送子女接受学前教育的需求。

（五）提高辅导员教师待遇，加大师资培养力度

一方面，为了保证"一村一幼"辅导员教师队伍的稳定性，吸引更多幼师投身到农村学前教育中来。第一，加强对辅导员教师管理，健全幼儿教师资格准入制度，严把入口关。规范聘用标准和程序，村委会完善与选聘上岗的辅导员签订劳务用工合同制度，杜绝已经上班但并未签订劳务用工合同协议的现象。第二，提高辅导员教师的工资水平，在保障基本工资的基础上，为辅导员落实各项社会保险，比如购买养老、医疗等基本保险。督促各县市按月兑现辅导员劳务报酬，并且按照幼儿教师的标准发放一年 12 个月的工资。第三，建立有效考核激励机制，通过考核、考察，对于在岗位上有突出贡献的幼教辅导员，给予一定金额的奖励，激发他们的工作热情。第四，编制部门根据各县市实际情况，对于"一村一幼"辅导员教师中的保教人员，逐步解决编制问题，确保农村幼儿教师不因民办、公办，不因"在编""不在编"，都能够同工同酬，保证辅导员教师队伍的稳定性。

另一方面，为了提高"一村一幼"辅导员教师队伍的水平，应加强辅导员培训力度，形成多渠道、多形式的学前教育师资培养格局，以保障农村学前教育师资的补充和提高。第一，要加强学前教育师资的在职培养及培训，采取利用寒暑假定期选送辅导员教师到县级、州级集中培训，培养幼教工作者遵循儿童身心发展特点和教育规律，树立正确的教育观，规范保教行为，科学实施保教工作，提高保教水平。第二，鼓励凉山州有条件的普通师范院校开设学前教育专业，培养中专及大专层次的幼儿师资，大量培养合格的专业性学前教育师资力量。第三，建立县、村两级幼儿园结对帮扶机制，由县级示范幼儿园的优秀教师"一对一"定点联系各村级幼儿园，采取城村联姻、结对互助、上挂下派、跟岗学习、研讨交流等形式，指导村级幼儿园教师的学前教育理论、教学内

容与形式，以城镇幼教带动农村幼教，规范和提高村幼教师的职业道德和职业技能。第四，创新农村学前教育志愿服务机制，与西昌学院、凉山民师校、西昌现代技术学校等院校合作，争取成为这些大中专院校学前教育实训基地，将待业幼师专业等大中专毕业生纳入农村学前教育志愿服务体系，在志愿者工作考核合格基础之上，按照服务年限，正式招录学前教育教师时对志愿者给予加分照顾，激发志愿者长期从事农村学前教育工作的积极性。

德昌县发展山地特色种养殖业的调查与思考[①]

中共德昌县委党校课题组[②]

一、德昌县山地农业生产现状

（一）2015 年全县农业概况

1. 农林牧渔服务业总产值（现价）达到 274 374 万元，比 2014 年增加 19 020 万元，增长 7.4%。其中：农业产值 166 077 万元，比 2014 年增加 12 692 万元，增长 8.3%；林业产值 6 628 万元，比 2014 年增加 605 万元，增长 10.1%；畜牧业产值 89 066 万元，比 2014 年增加 4 185 万元，增长 4.9%；渔业产值 8 150 万元，比 2014 年增加 1 063 万元，增长 15%；农、林、牧、渔服务业产值 4 453 万元，比 2014 年增加 475 万元，增长 11.9%。

2. 现代农业加速提升，种植业稳步发展。全年粮食作物播种面积达 16 343 公顷，比 2014 年增加 101 公顷；粮食总产 92 114 吨，比 2014 年增加 1 115 吨，增产 1.2%；其他主要农作物产量如下：油料产量 995 吨，比 2014 年增产 7.0%；烟叶产量 27.5 万担，烟农收入 3.05 亿元；新栽桑树 3 000 亩，产茧 3.52 万担、桑葚 1.51 万吨，蚕桑收入 1.45 亿元，被国家蚕学会授予"中国生态果桑之乡"称号；蔬菜复种 10.08 万亩，产值 4.06 亿元；新植核桃、板栗、花椒等经济林木 10 万亩，林果收入 3.6 亿元。累计转移输出劳动力 6.31 万人，劳务收入 9.35 亿元。创建核桃、枇杷、草莓 3 个产业科技园区；"德昌桑葚""建昌板鸭"成功创建国家地理标志保护产品。

3. 畜牧业发展加快。全年出栏肉猪 26.7 万头，下降 2.4%；羊出栏 6.91 万只，增长 5.6%；牛出栏 1.24 万头，增长 5.5%；家禽出栏 244.4 万只，增长 4.1%。全年肉类总产量 24 652 吨，增长 0.6%，其中猪肉产量 17 891 吨，下降 1.1%；羊肉产量 1 215 吨，增长 5.7%；牛肉产量 1 069 吨，增长 5.9%；家禽肉产量 4 089 吨，增长 5%；牛奶产量 129 吨，增速和 2014 年持平。

4. 渔业生产稳步增长。全年水产品产量达到 6 050 吨，增长 3.5%，为农民收入的增加提供了稳定的财源。

---

① 2016 年度四川省党校系统调研课题。
② 课题负责人：赵友俊。课题组成员：廖佳佳。

5. 农田水利建设成效显著，生产条件进一步改善。全县年末农田有效灌溉面积9 133公顷，比上年增加 268 公顷，增长 3.0%；全年化肥施用量（折纯）8 303吨；年末农业机械总动力20.5 万千瓦，较上年增长 9.5%；农村用电量为4 457万千瓦小时，增长 6.4%；全年农用塑料薄膜使用量739 吨，地膜覆盖面积11 218公顷。

尽管 2015 年德昌县的农业生产总值有所增加，农业结构略有改变，但山地农业所占比重很小，烤烟生产收入占了整个山地农业产值的 70%以上，山地林果业、高山特色养殖业所占比重小，这些都制约着德昌县 8 个少数民族乡镇的经济发展及脱贫工作的完成。

（二）山地农业发展状况

1. 比重低且结构单一。2015 年，14 个汉族乡镇平地农业产值为203 142万元，以烤烟、桑葚、草莓、蒜薹、早熟蔬菜、林果业、建昌鸭等种养殖业为主；8 个少数民族乡的高山农业产值为71 232万元，以烤烟、青椒等种植业为主，农业产业结构单一，仍然是传统意义上的老式农业，产值不高，没有比较优势，竞争力不强。这也是导致德昌县偏远地区特别是少数民族的收入普遍不高、贫困人口比例大的主要原因。

2. 德昌县的山地农业占全县农业比重少，约为 20%，但是所涉及的贫困人口却很多，2 014全县贫困户有3 900户、贫困人口9 095人、贫困村 32 个，而二半山以上的少数民族地区就占到80%以上。受地理条件的制约，加上取水困难，农业种植仍以玉米、土豆为主，经济作物以烤烟为主，玉米、土豆的产量低，干旱之年玉米的纯收入为 300元/亩、土豆 500 元/亩，烤烟略好一点，每亩收入为1 200元左右。

二、德昌县 2015 年 8 个少数民族乡种养殖业情况调查

1. 大湾乡 2015 年种植烤烟7 500亩，收购烟叶 1.96 万担，实现烟农收入2 203万元；新植核桃1 000亩，核桃种植面积突破15 000亩，投产见效的有8 000亩，2016 年实现核桃销售收入150 万元；马米村 2014 年新植的2 000亩芒果，已有部分开始初挂果。养殖业方面均是以农户散养为主，2015 年，生猪存栏4 500头，出栏9 300头，羊存栏7 200只，出栏6 100只，牛存栏2 900头，出栏 570 头，畜牧业产值约为2 200万元。

2. 马安乡 2015 年种植烤烟7 716亩，收购烟叶 2.08 万担，产值达2 342万元；林果业中全乡有7 000亩核桃，全年完成优良品种改嫁接2 000余亩，核桃产业初见成效，产值约为1 000万元，2016 年实现核桃销售收入约为 90 万元。畜牧养殖方面主要以山羊、黄牛为主，乡党委、政府引导农户发展规模化、标准化畜牧生产，2015 年新建 50 座标准化羊圈，全乡羊存栏7 196只、黄牛2 822头，畜牧产值约为 910 万元。

3. 铁炉乡 2015 年种植烤烟15 951亩，收购烟叶 4.2 万担，实现烤烟销售收入4 709万元；2016 年新植核桃3 000亩，全乡核桃种植面积达5 500亩，今年核桃收入为 75 万元。畜牧养殖方面主要以山羊为主，乡党委、政府引导农户发展规模化、标准化畜牧生产，2015 年新建 30 座标准化羊圈，全乡羊存栏5 096只。

4. 大山乡 2015 年种植烤烟4 220亩，收购烟叶 1.15 万担，实现烤烟销售收入1 291

万元；林果业很少，只种有少量的花椒；种养殖业以鸡、羊、猪为主，尽管鸡有10 877只，羊有8 716只，猪有3 123只，产值达1 700万元，但都是以农户散养为主，绝大多数为自己消费。

5. 大陆槽乡2015年烤烟产量0.7万担，实现烤烟销售收入973万元；林果业以核桃为主，2016年新植2 000亩，核桃种植面积达8 000亩，2016年核桃销售收入为209万元。畜牧业方面，全年烟地种草3 500亩，养殖业稳中有升，牛出栏850头，存栏2 300头，羊出栏4 190只，存栏9 200只，生猪出栏3 700头，存栏5 720头，全年畜牧业收入约为129.9万元，人均收入500余元。

6. 热河乡种植业以核桃、椪柑、芒果、青花椒、木瓜为主。全年种植烤烟11 370亩，收购烟叶2.77万担，实现烤烟销售收入3 107万元；已建成1 500亩的椪柑园，收入达150万元；芒果种植已达4 000亩，并于2016年新种8.7万株芒果；核桃种植达16 000亩，今年实现销售收200多万元。畜牧业生产上不断壮大，继续坚持"一猪二禽三草畜"的发展思路，以"标准化养殖，规模化经营，产业化发展"为核心，加大畜牧业生产扶持力度，加大品种改良力度，大力推广西门塔牛和"DIY"母猪养殖技术，利用"烟草配套"种植光叶紫花苕4 200亩，发展圈养草畜，牛出栏1 050头，存栏2 800头，羊出栏6 190只，存栏12 200只，生猪出栏5 700头，存栏7 720头，全年畜牧业收入约为329.9万元。

7. 南山傈僳族乡全年种植烤烟2 190亩，产烟0.57担，产值647万元；玉米、土豆种植为1 200亩，产值约为12万元；核桃种植1 300亩，2016年核桃销售收入为39万元；花椒种植800亩，产值为11万元。养殖业以鸡、羊、猪为主，全年肉类总产量为505吨；蜜蜂养殖收入约为7万元，马蜂养殖收入为4万元。

8. 金沙傈僳族乡立足光热自然资源，引导农户种植辣椒、四季豆、西瓜等蔬菜2 450亩，创产值1 280万元；科学标准化管理种植烤烟1 642亩，产烟0.9万担，收入505万元；新种植核桃1 500亩，新增板栗1 000亩，青椒800亩，林果业种植已近4 000亩，2016年林果业销售收入约为1 120万元；中药材重楼的种植为10亩，每亩重楼的收入约为6万元，傈僳族人正在走上一条野生重楼变家种的致富路。养殖业方面，在切实保护生态环境的同时，积极发展民族特色经济，把野生石蛙、野蜂、林下土鸡等特色养殖作为家庭增收项目，全乡已有野生石蛙养殖基地1个，养殖户6户，养殖大户的年收入可达8万元；全乡86名养蜂能手，带动了142户家庭养蜂创收，收入最高的家庭2万多元，最少的也有6千多元；70%以上的农户以林下土鸡养殖为抓手发展立体农业，200以下的规模养殖户有93户，200只以上的规模养殖户有21户；山羊的出栏量为5 160只，存栏量为7 200只，产值约为741万元。

三、发展特色山地种养殖业的意义

1. 2015年德昌县经济结构略有调整，一、二、三产业占GDP的比重，由上年的26.8∶44.9∶28.3发展为26.2∶43.7∶30.1。在经济新常态下，农业的发展空间特别是山地特色农业的发展前景是很乐观的。在边远的少数民族地区，在2020年之前完成全面建成小康社会的目标的难度是很大的。每年国家会有大量的扶持款项投入贫困村、贫困户，而且扶贫帮扶单位也会给予一定的资金扶持贫困村、贫困户发展特色产业。我们应抓住这次契机大力发展特色种养殖业，增加少数民族地区居民的经济收入。只有本地的特色产业发展起来了才能从根本上改变边远少数民族地区贫穷落后的面貌，才能根治贫穷，真正达到全面建成小康社会的目标。

2. 山地农产品受气候的影响大，具有很强的季节性，另外还受市场供求关系的影响，价格波动大，容易挫伤农户的积极性。在国家扶贫政策的支持下搭建电子商务平台、微商平台、网络销售平台，最大限度地避免供需关系带来的负面影响，确保山地特色种养殖业价格的稳定性和持久性，特色山地农业发展才有后劲，才有可能做到可持续发展，从根本上消除贫困户、贫困村，全面建成小康社会。

3. 山地特色林果业发展起来以后，可以加快林地承包有偿退出，加速林地的流转，让林地集中在少数能发展林果业的人手中，增加林地的利用率。也为山地特色林果业产业化、多元化发展打下良好的资源基础，从而可以大力推动少数民族经济发展，增加少数民族的可支配收入，也可让贫困户、贫困人口有工可务，让贫困人口足不出户就能挣到比外出务工更多的钱，既增加了当地少数民族的收入又增加了贫困户的经济收益，让社会更加稳定和谐。

4. 山地特色养殖业发展起来后，容易形成示范引领作用，促成规模化发展，让养殖收益最大化，全体村民均可受益。山地特色养殖业规模化发展后，可进一步发展产业合作社、"公司+农户"的养殖模式，把资金集中到少数人的手中，当地的村民可以资金、土地、劳动力、养殖所需的草料等入股，把散钱变整钱，把资金变资本，把劳动力资源变劳动力资本，也能保证合同内种植草料的种植户的最低收益。向贫困户进行政策倾斜，合作社可以将贫困户的收入（含低保收入、养老收入等）作为入股资金，帮助其管理闲钱，让贫困户也能进行分红，达到"借羊还羊"的目的，只有这样才能让贫困户有自己的收入，从根本上解决贫困，让其达到小康。

5. 发展山地特色种养殖业，让山地特色农产品产业化、规模化、多元化发展，有利于转变其生产、经营观念，吸收先进的经营理念，才能根治边远的山区。大部分的贫困人口都集中在边远的山区，一方面是因为交通闭塞，另一个方面就是大家思想落后，观念守旧，不愿也不会接受新事物。

6. 山地特色种养殖业产业化、规模化、多元化发展后，能改善当前90后新生代农民不会务农、不想务农的情况，一方面可减轻社会就业的压力，缓解社会矛盾，另一方面能减少偷盗、抢劫等犯罪行为的发生。山地特色种养殖业发展起来后，少数民族可支配收入大幅增加，有利于德昌县彝区新村的建设。山地特色种养殖业发展成型后，少数民族收入稳步增加，汉区、彝区协调发展，能从根本上解决我县的"三农"问题，率先在2017年全面脱贫，全面建成小康社会。

四、德昌山地特色种养殖业存在的问题

1. 山地特色种养殖业的核心不突出；林果业、特色养殖业规模化、品牌化、市场

化能力弱，产业化经营水平低；农业种植规模化水平低，产业化水平低。作为少数民族地区支柱产业之一的烤烟产业，由于历年来都是以单个农户生产为主，很难成片规模种植，滴灌喷灌设施几乎没有，土地轮作不到位，土地老化严重，病虫害加剧。

林果业、养殖业品牌化意识弱，抵御市场风险能力不强。每年核桃、板栗销售及相关产业年收入达1 480万元，已成为我县边远山区的新兴支柱产业。但由于核桃、板栗生产规模化、品牌化、合作化水平不高，农业产业化经营水平低，传统的小农生产占主导，散种户目光短浅。2016 年，由于引导、宣传不到位，部分核桃种植户违规使用化学剂来催化核桃脱壳，被查出化学物残留超标，损害了消费者的利益，违背了绿色农产品、绿色消费的承诺，德昌核桃一度无人购买，损害了德昌绿色品牌的良好形象，造成大量核桃滞销、跌价。核桃种植户利益受损，德昌优质无公害绿色食品这张名片也受到质疑，对德昌县做大做强无公害绿色食品造成不可估量的损失。

2. 少数民族地区专业合作组织少，经济组织服务功能不健全，农民专合组织机制、管理不规范。德昌县少数民族专业合作社数量少、规模小，寡农意识占主导，农业抗风险能力弱，专业合作经济组织服务功能不健全。缺失相应经济组织服务的功能，组织机制不健全，管理不规范。德昌县少数民族专合组织最大的弊病是制度不健全，管理不规范、不科学。没有完备的管理制度、财经制度、奖惩制度等，没有参合条件的限制，也没有规定交纳一定的资金作为保证金，农户仍然是以单干为主。部分参合农户目光短浅，为缩短农作物生长周期，过度使用农药，甚至使用违禁药品、化学剂，导致农药、化学物残留超标，严重损害了广大绿色种植户的利益，损害了德昌绿色农产品的名片。

3. 山地种植业产业链少，农产品附加值不高。山地林果业仍然以从事特色种植为主要业务，就是简单的种植、生产和销售，没有深加工的配套产业，附加值很低。以核桃产业为例，在核桃成熟后有三种销售方式。一是商贩就到种植地蹲点收购，对质量和价值没有统一的要求，包装样式五花八门，造成核桃市场混乱；二是农户自行到街上零售；三是核桃晒干后，人们把核桃仁剥出来外销。没有生产新鲜核桃汁、核桃果酱、核桃饮品等配套企业，导致德昌核桃市场竞争力不强、价格不高。而且鲜核桃在外销过程中，销量大的西昌、成都、重庆等大中城市没有设直销点，而是由商贩低价收购，高价卖出，甚至很大一部分商贩以次充好，损害了消费者的利益，损毁了德昌绿色食品的声誉。

4. 绿色养殖品牌化意识弱。德昌黄牛、德昌山羊、野生石蛙、马蜂、德昌蜂蜜都是比较有名的，享誉省内外，但都没有自己的品牌，知名度远远不及"建昌板鸭""德昌草莓""德昌蒜薹"这些名优产品，很多外地来的游客听都没听说过，更谈不上慕名来购买和消费了。

5. 特色山地种养殖业深加工，产品分级、包装、储藏等后期处理方面不到位，产业链跟不上，关联产业发展不配套。德昌有比较优势的林果业在深加工，产品分级、包装、储藏等后期处理方面不到位。以德昌芒果、热河碰柑为例，首先，没有利用好德昌芒果、热河碰柑的品牌，没有印有"德昌芒果""热河碰柑"等能体现德昌特色、山地林果产品字样的包装盒；其次，在芒果、碰柑分级、包装上处理上简单低级，在销售过程中仅仅从大小和色泽上进行简单分类，没有进行分类采摘、分类包装（如空运包装、长途汽车运输包装、托运包装等）。

德昌特色优势农产品产业链跟不上，关联产业发展不配套。德昌名优特色农产品没有统一的包装盒，没有专业的定点生产企业，农户或合作社要使用包装盒都是单独与企业联系进行少量定做，这不仅造成同一产品外包装不一样，农产品标识也不一致，很难发挥德昌名优农产品的品牌效益，还有不法商贩、目光短浅的农户购进这类外包装盒后以次充好，甚至包装销售农药残留超标的产品，损毁了德昌县绿色农产品的声誉。再有就是产、供、销脱节，特别是在销售、运输上严重滞后，销售信息不畅通、不明确；关联产业不配套或没有，后续服务跟不上。

五、大力发展山地特色农业的几点思路

（一）科学规划山区农业产业，加快农业生产转型升级

1. 因地制宜、循序渐进，搞好县域山区农业发展规划。德昌县委和政府应进一步深化思想认识，科学把握乡村的差异性和发展走势，注重规划先行、因势利导，分类施策、突出重点，体现特色、丰富多彩。在规划上要注重建设一批特色农业产业和农产品加工园区，大力开展生产管理、产后加工、品牌创建、市场开拓，加强新品种、新技术、新模式示范推广，带动高效山区林果业和养殖业的规模化发展，让农业成为有奔头的产业。搞农业不仅要有干头，还要有说头、有看头、有赚头。为此，要加大对规划内容、理念、目标、路径的宣传力度，让更多的人、更多的企业了解未来发展图景，树立投入山区农业建设发展的信心，明白农村群众将来不仅可以享受城里人那样的公共设施、公共服务，而且农村还拥有优美环境、田园风光，会成为人们向往的地方。

2. 以工业理念、工业技术发展山区种养殖业。坚持引导转变山区种养殖业生产方式，加快推进现代山区林果业、特色养殖业发展，将工业化理念应用于山区特色种养殖业发展。改造传统林果业、养殖生产方式，把工业发展的理念用于生产环节、市场流通、体制机制创新、政策配套扶持等方面，实现林果业种植、山区特色养殖规模化高效化，加快边远山区种养殖业现代化进程。

3. 着力加强人才队伍建设，推进山区产业又好又快发展。人才是推动山区产业发展关键，在坚持市场开拓，注重打造品牌的同时，也要着力加强科技人才队伍建设，注重新技术、新品种的研发和推广应用，用科技支撑山区农业发展。为此，要着力加强管理人才队伍建设，运用现代先进理念和生产方式提高山区林果业、特色养殖业经营组织化水平，充分吸纳并用好各类资本和要素，为山区特色种养殖业发展提供有力支持。同时，在提升竞争优势进程中，还要建强市场经纪人队伍，打通市场环节，拓展销售渠道，构建宽广的营销网络布局，使丰产丰收的产品变成市场热销的商品。

（二）大力推进一二三产业有效融合，不断提升农产品附加值

1. 对我县的高山特色农产品进行深加工，延伸高山农业的产业链、价值链。第一，可以有目的地引进或发展特色林果业深加工企业，如芒果、核桃、松子加工等加工企

业，可以把芒果做成芒果干、芒果汁，把核桃做成鲜饮料、核桃保健品，把松子进行包装销售等，一方面解决种植户销售的后顾之忧，另一方面延长了产业链，增加附加值的同时，扩大了就业，增加了县财政的收入，反过来也会进一步促进山地林果业的发展。第二，大力发展山区肉禽类深加工企业。把绿色养殖的山羊、猪、林子鸡、马蜂蛹等进行特色加工，如鲜肉包装、做成坛子肉、卤肉、油炸蜂蛹，再加上鲜明的有特色的外包装，在西南展销会上进行宣传，尽力争取订单，力争做到省内著名，国内知名。第三，对山区蜂蜜销售进行统一的管理。首先，统一外包装，打上"德昌蜂蜜"的字样；其次，联系大型超市，力争上架；最后，对蜂蜜的质量进行把关，对包装销售的蜂蜜进行检验，所含人体所需的矿物质不达标的禁止上市，不按规定养殖，养殖过程中弄虚作假的不予回购，并对其进行处罚，力保"德昌蜂蜜"的质量，以质量求生存，以信誉求发展。

2. 发展关联产业。可以引导发展德昌县特色农产品的外包装盒生产企业，在外包装盒上统一印上"绿色德昌""生态德昌"等字样，由政府统一管理，对其农产品严格审查，检验合格后方可使用，并进行后期管理，发现以次充好、以劣充优严重损害德昌绿色农产品形象的合作社或农户，除扣减其保证金外，坚决取缔绿色产业的牌子，5年内不得使用"绿色德昌"的包装盒。确保德昌县的绿色农业发展的良好环境。

3. 发展高山绿色名优农产品，让产品变礼品。第一重点推出德昌核桃、德昌芒果、德昌松子、德昌蜂蛹、德昌林子鸡、德昌山羊肉、德昌油坛肉等礼品，所有礼品均冠名"德昌高山礼品"，注册"德昌礼"商标，实行母子商标管理，打响"德昌礼、礼天下"品牌。第二精心设计山区林果产品的外包装盒，并严格规范管理使用，杜绝有损消费者利益的行为。第三对外宣传德昌，让更多的人了解德昌，认识德昌的山区林果产品、山区绿色生态养殖产品，让来旅游的、路过的都以带"德昌礼品"回去馈赠亲朋好友作为一种常态。第四让"德昌高山礼品"在省内大城市及重庆、昆明等地的超市上架，让更多的消费者知道"绿色德昌"，认可"德昌高山礼品"。

4. 发展休闲山地业，让山区变景区，推动全域旅游。对已有经营规模的农牧果场进行改造和旅游项目建设，使之成为一个完整意义的旅游景区（点），能完成旅游接待和服务工，将手工艺、表演、服务、生产等形式融入服务业中，形成以点带面的山区休闲农业开发设计。在道路相对畅通的德州镇角半村发展大型的樱桃农庄，春节前后可赏樱花、桃花、莉花、杏花，5月份可摘樱桃，让游客在赏花、采摘樱桃的同时可以在小山丘上进行爬山活动，既领略了赏花、摘果的乐趣，又锻炼了身体。并依托角半村冬暖夏凉的气候特点，在角半樱桃农庄修建避暑山庄，大型会议接待中心，真正把生产、服务、休闲、娱乐、康养融为一体，一年四季均可接待游客，可避免樱桃季节性失客的尴尬。还可以在麻栗镇鹿厂沟、小高镇的群英沟河流两岸大力发展林果业、特色养殖业、生态旅游业、运动休闲为一体的休闲农庄，可赏花，可摘果，可爬山进行有氧运动，也可以戏水吃烧烤、还可以避暑度假，如有喜爱的水果、禽类等礼品还可以带回送人，也可以认领一块地进行耕种，让一家三口体验农耕生活，所种蔬菜、水果在成熟的季节可以就地消费或带回，感受劳动的喜悦，这样就能留住更多的回头客。

（三）发展壮大特色优势种植业

1. 引进优质的青花椒品种种植，延长上市的时间。第一，青花椒产值高。2016年新鲜青花椒的价格是12元/斤的均价，一株中挂果的青花椒的产量是10~15斤，每亩可以种30株，一亩青花椒的产值约为4 000元。第二，青花椒的需求量大。很多省市都喜欢食用青花椒，特别是四川、重庆、云南、贵州、湖南等喜欢食用火锅美食、腊肉、鱼类的省市，目前青花椒基本上是供不应求。第三，青花椒易保存和运输。当新鲜花椒滞消或价格偏低的时候可以烘干后销售干货，一是便于保存，二是便于运输。第四，由于德昌县光热充足，昼夜温差大，所以青花椒质量优、口感好，很容易被消费者接受。青花椒种植还能为今后易地搬迁，实现"山下生活，山上生产"的生活模式打下坚实的基础。

2. 引进优质松子品种，在适合松树生长的山林种植落水松、红松。第一，松子有很好的食疗保健作用，需求逐年增加。松子不仅是美味的食物，更是食疗佳品，因而有"长寿果"之称，备受历代医家、营养学者推崇。第二，松子产值高、易包装。2015年，德昌县鲜松子的零售价在20元/斤左右，一株成年松树的松子产量在10斤上下，便于在电商平台销售。第三，落水松、红松种植便于规模化、产业化。落水松、红松易种植，管理方便，容易形成市场化发展，同时，也适合国家退耕还林政策，可享受退耕还林补助，可推动可持续发展，带动贫困户致富。

3. 热河乡、大湾乡、老碾乡、阿月乡等适宜芒果、碰柑、木爪、脐橙、黄果等热带水果种植，扩大种植有益于实现山区林果业的多元化发展、规模化发展。金沙乡等适宜重楼、天麻种植的区域应大力发展重楼、天麻等高产值的药材种植。重楼2016年的价格为200元/斤，一亩重楼的产值大约在10万元左右。由于重楼的种植周期为5年左右，所以市场对重楼的需求大，由于价格高，种植重楼还是很有前景的。

4. 控制核桃的种植规模。第一，2016年我县的核桃产量供大于求，价格偏低。未脱壳的鲜果1.2元/斤，种植户还要把核桃运到收购商手中，除去运费每斤未脱壳的鲜核桃的价格在1元左右；脱壳后的优质皮薄核桃零售价为5元/斤，远远低于2015年的9元/斤。第二，由于整个凉山州各县市这几年都在发展核桃产业，凉山州的核桃产量大量增加，远远大于需求，所以近几年都会出现核桃价格偏低或滞销的情况。第三，核桃深加工企业引进不到位，深加工模式还处于低端阶段。

（四）发展壮大特色优势养殖业

1. 利用傈僳族特有的养蜂技术，在金沙乡、南山乡大力发展蜜蜂养殖。第一，蜂蜜的养生保健作用越来越被现代人们接受。蜂蜜中的果糖和葡萄糖容易被人体吸收。同时，蜂蜜中含有的酶和矿物质，可以帮助人们提高免疫力。第二，充分发挥傈僳族人能养蜂、会养蜂的特长，让养蜂能人带动更多的人进行蜜蜂养殖。第三，成立傈僳族蜜蜂养殖协会，解决傈僳族人不会买卖的问题，乡政府和帮扶单位努力为其搭建销售平台、电商平台。第四，成立或引进蜂蜜深加工企业，增加其附加值，增加销路，促进规模化、现代化养殖。

2. 在现有野生石蛙养殖的基础上，继续扩大养殖规模。第一，石蛙体大肉多且细嫩鲜美，营养丰富，具有重要的食用、保健和药用价值，它是目前所有蛙类中最具有风味特色和营养价值的蛙种。蛙肉中含有高蛋白、葡萄糖、氨基酸、铁、钙、磷和多种维生素，脂肪、胆固醇含量很低，历来是宴席上的天然高级滋补绿色食品，被美食家誉为"百蛙之王"。第二，野生石蛙产值高，养殖有前景。2016年德昌县野生石蛙的价值为60～80元/斤，除去成本，每斤野生石蛙能赚40元左右。第三，野生石蛙需求大，销路有保障。野生蛙肉由于肉质细腻，口感好，有食补的疗效，备受消费者喜爱。加上一些火锅店大型的餐饮企业、酒店把野生石蛙作为招牌菜引入餐桌后，野生石蛙价格一路上涨，而且供不应求，现在一般的消费者还买不到。第四，金沙乡已有两户初具规模的野生石蛙养殖基地，2016年的产值为80万元。今后要充分发挥独特的野生石蛙生存的地理、水资源条件，继续扩大养殖规模或带动更多的野生石蛙养殖户。

3. 探索创新不同养殖模式，促进绿色生态养殖业提质增效。第一，探索发展"养殖大户＋农户"的养殖模式。在养殖大户成功经验的基础上，以股份的方式整合村社的资源。养殖大户提供主要的资金、技术，农户可以以资金、土地、劳动力、饲养所需的草料等入股，做大做强"养殖大户＋农户"的养殖模式，并把贫困户纳入扶持对象，以国家给予的帮扶资金、低保补助作为入股的资金，从根本上解决脱贫的问题。第二，探索"企业＋农户"的养殖模式。以德昌餐饮龙头企业"童耳朵"为平台，由"童耳朵"餐饮有限责任公司同农户签订养殖、回收合同，由企业提供幼猪仔、饲养所需的饲料，并提供专业的饲养指导员，成品猪长成后由企业以略高于市场的价格进行回收。重点把贫困户纳入养殖对象。一方面整合了社会的闲散资源，最大限度地帮扶了贫困户，另一方面还能继续做大做强"童耳朵"餐饮产业，让"童耳朵油坛肉""童耳朵板鸭""童耳朵食品"省内著名，国内知名。第三，探索成立牛、羊、猪、鸡等专业合作社，一方面在经济上给予帮助，政策上予以扶持，真正满足消费者对绿色无公害食品的迫切需要。借助于山区空气清新、水土无污染的优势，在山林中大量放养林子鸡、生态猪、山羊等易销售的家禽、牲畜，并成立产、供、销一体化的专业合作社，规模化后把贫困户纳入合作成员，帮助其脱贫致富。

甘洛县农村留守儿童教育工作现状的调查与思考[①]

中共甘洛县委党校课题组[②]

　　甘洛县位于四川省西南部，凉山彝族自治州北部，全县面积2 156平方千米，辖28个乡镇，227个行政村，3个社区居委会，居住着彝、汉、藏、回、苗等多个民族，总人口22.31万人，其中彝族人口占75.38%，是一个以彝族为主的少数民族聚居县和国家扶贫开发工作重点县。近年来，随着城市化进程的加快，外出务工青壮年日益增多。2015年甘洛县外出务工人员4.91万人，占全县劳动力资源总数的43.6%。随着大量的青壮年外出务工，留守儿童大批出现。这些留守儿童由于过早脱离父母的关爱和教育，其生活、学习和心理都受影响。本课题组对甘洛县农村留守儿童受教育状况进行调查，并就存在的问题及原因进行分析，在此基础上提出相应的对策建议。

一、甘洛县农村留守儿童受教育现状

（一）留守儿童基本情况

　　2016年上半年，甘洛县共有留守儿童2 794人。其中，五周岁（包含五周岁）以下的留守儿童782人，在留守儿童中所占比例是28%；六岁到十三岁的留守儿童1 676人，在留守儿童中所占比例为60%；十四岁到十六岁的336人，在留守儿童中所占比例为12%。

（二）留守儿童监护情况

　　留守儿童的监护方式主要分为四种，单亲监护、隔代监护、上辈监护和同辈或自我监护。就调查结果来看，由祖父母和外祖父母监护的比例为70%，父或母无监护能力的占8%（无监护能力：留守在家的父亲或母亲因重病、重残等原因丧失监护能力），由亲戚朋友代为监护的占4%，无人监护的占18%。调查结果显示，监护情况较好的留守儿童有671人，在留守儿童中所占比例为24%；监护情况一般的留守儿童1 565人，在留守儿童中所占比例为56%；监护情况差的留守儿童558人，在留守儿童中所占比例为20%。

[①] 2016年度四川省党校系统调研课题。
[②] 课题负责人：叶晓芳。课题组成员：周姝君。

（三）留守儿童受教育情况

甘洛县在读学生有29 354人，其中留守儿童2 563人（除去不在园和退学的 231 人），留守儿童在所有学生中所占比例为 8.73％。就读小学的学生有22 573人，其中留守儿童1 962人，在小学生中所占比例为 8.69％；就读初中的学生有6 781人，其中留守儿童601 人，在中学生中所占比例为 8.86％。小学留守学生占所有留守学生的比例为76.5％。目前，甘洛县有 11 所寄宿制学校。具备小学生寄宿条件的只有斯觉镇九年制学校和吉米镇九年制学校。在阿尔乡、黑马乡、新茶乡、田坝镇中心校以及吉米镇九年制学校设立有"留守学生之家"，共 5 个。在社会爱心力量支援下，设有爱心课堂 2 个，爱心多功能教室 1 个。

二、甘洛县在农村留守儿童教育工作中存在的突出问题及原因分析

（一）甘洛县农村留守儿童教育面临的突出问题

1. 安全问题。由于父母外出，监护人因年老体弱或家务繁多等原因，无法认真行使对儿童的监护权。留守儿童对社会的认识还比较肤浅，缺少自我防范意识，没有足够的自我保护能力，容易遭受到不法分子的侵害。同时，他们应对突发事件的自救能力差，也容易遭遇火灾、溺水等安全事故。留守儿童的临时监护人，特别是留守在家的祖辈也普遍缺乏安全保护意识，防范能力差，往往无力阻止留守儿童意外伤害事件的发生。

2. 学习问题。父母外出打工的家庭，多数祖辈监护人文化程度低，没有能力辅导和监督孩子的学习。因缺少有效监督，加之留守儿童自我约束和管理能力较差，部分农村留守儿童学习习惯差、学习兴趣不浓、学习成绩落后，厌学逃学、沉迷网络、自暴自弃等行为频发。甚至有部分留守学生受"打工潮"影响，从小就崇尚"打工赚钱"而产生"读书无用"的思想。比如，在甘洛县菜市场屠宰活禽的摊位上有一名 14 岁左右的宰杀鸡鸭的留守少年，曾就读于甘洛县中学校，经老师多次劝解仍坚持退学。

3. 品行问题。祖辈监管的无力与不到位，加上父母由于情感亏欠而在物质、金钱等方面的补偿行为，导致许多农村留守儿童出现不同程度的乱花钱、摆阔、浪费、攀比，以及贪图享乐、好逸恶劳等行为。同时，由于父母长期不在身边，得不到父母的关照和教育，缺乏良好的家庭管教氛围，留守儿童在行为习惯上易发生消极变化。主要表现有放任自流，不服管教，违反校纪，小偷小摸，看不良录像，同学之间拉帮结派，与社会上的混混搅在一起，抽烟、酗酒、赌博、抢劫等。近两年，甘洛县公安局每年处理的青少年违法犯罪案件都有 50 多起，其中留守儿童违法犯罪案件占到一半，记录在案的吸毒留守儿童就有 8 人。

4. 心理问题。由于父母不在身边，留守儿童长期缺乏亲情的抚慰和关怀，往往感到焦虑、紧张，缺乏安全感，人际交往能力较差；长期与父母分离，他们的性格往往变得内向、自卑、悲观、孤僻。监护人对留守儿童的心理健康问题介入较少，关注不够；

由于与监护人有心理上的距离，留守儿童遇到问题时其消极情绪往往无法及时得到排解，常常导致感情脆弱、自暴自弃、焦虑自闭、缺乏自信、悲观消极等畸形心理。

（二）农村留守儿童教育问题产生的原因

1. 农村经济发展滞后，农民家庭负担过重，农村剩余劳动力向城市（镇）转移的规模不断扩大。甘洛县是国家扶贫开发工作重点县，全县有贫困村 208 个、贫困户 9 470 户、贫困人口 40 243 人。经济社会发展滞后，吸引留下的劳动力有限。且甘洛县隶属于凉山彝族自治州，居住在边远、高寒地区的少数民族农村人口经批准可以生育第三个子女。不少彝族家庭受封建思想影响，认为子女中必须得有儿子，所以超生现象严重，有的农村家庭子女多达五六个。经济落后，生存环境差，子女数量偏多，经济负担重，迫使大量农村青壮年劳动力纷纷选择外出务工。农村剩余劳动力向城市（镇）转移的规模不断扩大。

2. 县乡政府部门缺少解决实际问题的具体措施，关爱工作趋于形式化。近几年来，甘洛县县团委、民政局、县妇联、县关工委等单位和设立在乡镇中心校的"留守学生之家"也对留守儿童做过一些相应的关爱工作，但是，由于缺少解决实际问题的具体措施，各单位对留守儿童关爱工作的权责不明晰，对留守儿童的关爱工作未能形成长效机制，尚未构建起政府、学校、家庭、社区关爱留守儿童的共建体系。留守儿童的关爱工作趋于形式化。

3. 村（社区）建设极少考虑留守儿童。村（社区）侧重经济建设，在促进就业，增加农民收入，提高农民生活水平方面高度重视，却对留守儿童缺乏必要的管理。近年来，甘洛县财政加大对村（社区）基础设施的投入，村（社区）基础设施有了很大改善，水电、道路、网络得以畅通，村容村貌得到改善，但为留守儿童服务的机构设施，比如少年儿童活动中心、留守儿童指导站等少之又少。同时，随着农村各种改革的深入发展和农民维权意识增强，村（社区）基层组织逐步健全，却唯独缺少专门服务留守儿童的组织机构。调查中还发现，大部分村（社区）的环境卫生状况差，村民的环境保护意识淡薄，预防疾病能力差。学校周围充斥着网吧和电子游戏室等。这些不良因素给留守儿童的健康成长都带来了极大的负面影响。

4. 农村学校对留守儿童全面教育的功能未全面发挥。根据调查情况，学校没有开设专门的心理课程并配备心理教师，也很少有组织、有计划地对学生进行心理教育、生存教育、安全教育和法治教育，忽略了对留守儿童的安全健康、道德素质以及心理健康教育。教师由于班级人数较多，教学任务繁重，无法做到因材施教。由于工作的繁重和条件的限制，学校老师对留守儿童的家庭背景既缺乏了解，也很少给予关爱。农村学校对留守儿童的全面教育功能没有得到充分、有效的发挥。

5. 农村家长文化素质普遍偏低，缺乏正确的家庭教育意识。在调查中，我们发现90%的留守儿童父母均是初中以下文化。很多家长缺少家庭教育意识，对自身教育孩子的重要性没有正确的认识。法律意识淡薄，不明确必须承担对子女抚养教育的法律责任。一些父母重养轻教，丢下孩子双双外出挣钱。家长对孩子的学习要求很低，长时间打工不归，对孩子不闻不问，有的甚至动员孩子外出跟随自己一起打工。学校对留守儿童的教育常常得不到监护人的配合，如家长会无人参加，学生违纪或者受到侵害后无监护人配合处理等。

6. 监护人监管不力，亲情缺失，家庭教育缺位。虽留守儿童大多有人代管，但临时监护人受年龄、文化、身体和精力等综合因素的制约，对孩子的帮助仅限于满足基本的生活需要，或者督促孩子完成作业，家庭教育基本处于空白状态。同时，调查数据显示，留守儿童的年龄主要集中在 6 至 13 岁。这是儿童心理和各种意识形态发展的关键时期，孩子的困惑、需求、交往、兴趣因家长的长期外出而缺少关注，而正处于身心迅速发展时期的中小学生，在学习和生活中，尤其是生理和心理上有太多的问题需要解决，但家庭教育的缺失使他们不能得到精神上的支持和知识上的解答。由于长期无法得到父母在思想认识及价值观念上的引导和帮助，加上有些监护人的监管不力，从而导致情感上的偏离和个性心理发展的异常。

三、对甘洛县农村留守儿童教育工作的对策和建议

2016 年 2 月国务院印发《关于加强农村留守儿童关爱保护工作的意见》，明确提出"加大教育部门和学校关爱保护力度"，对农村留守儿童教育工作赋予了新内涵，提出新要求。未成年人的教育是一项社会系统工程，需要国家、学校、家庭和社区合力构建社会支持体系，共同关注留守儿童的教育，来消解留守儿童的教育问题，解除农民工的后顾之忧，提高未来劳动者的素质，促进农村经济、社会的可持续发展。

（一）政府方面的支持

1. 县乡人民政府应进一步转变观念，变一味鼓励农民工外出务工经商为大力发展本地成规模的特色经济和劳动密集型产业，千方百计增加就业岗位，帮助更多的农村富余劳动力实现本地就业务工，从而引导农民工有序外出，有效减少农民工夫妻双双外出务工现象。从源头上解决留守儿童教育管理问题。

2. 县乡人民政府应加快寄宿制学校建设，优先满足留守儿童寄宿需求。目前，甘洛县的 11 所寄宿制学校无法满足需要寄宿就读的学生（包括留守儿童）的需求。县乡人民政府应加快寄宿制学校建设，并大力完善农村寄宿制学校的基础设施建设，从最基本的改水、建厕、建食堂和澡堂等工作做起，搞好基本生活设施配套建设，切实保障学生的基本生活。同时，配备一定数量的课桌椅、图书、实验设备和体育器械等，满足学生学习、生活和运动的需要。

3. 县乡人民政府应加强教师队伍建设。农村寄宿制学校除自身的学校教育职能之外，还承担着留守儿童家庭教育与社会教育的职能，肩负着学生学习和生活的双重任务。农村寄宿制学校的教师任务重，责任大。县乡人民政府要加强教师队伍的建设，并根据农村寄宿制学校留守儿童多、中小学生（主要是小学低年级学生）年龄小、生活自理能力差的特点，按一定比例给寄宿制学校配备专门的生活教师和适当数量的后勤人员，并对生活教师和相关后勤人员的素质提出相应的要求。

4. 县乡人民政府应进一步加大对包括农村留守儿童在内的贫困寄宿生的资助力度。

针对农村学生寄宿就读家长负担加重的实际情况，在免费义务教育全面推进的背景下，县乡人民政府应进一步加大对包括农村留守儿童在内的贫困寄宿生资助力度。明确贫困生标准，使确需资助的贫困生真正得到资助；扩大补助范围，提高补助比例；根据甘洛县实际和物价上涨的情况，适当调高补助标准；增加补助透明度，防止少数人暗箱操作，杜绝不正之风，让真正需要生活补助的贫困寄宿生享受到补助，感受到政府和社会的关爱。

（二）学校方面的支持

1. 在教学实践中积极探索和创新有关留守儿童教育和管理的新路径，充分发挥学校加强留守儿童教育和管理的主渠道作用。确立以留守儿童为本的教育理念，进行学习、生活、安全、健康、心理等多方位管理，多层次服务；教师既要承担好教师的主要责任，还要兼顾父母甚至保姆的身份。不仅要有过硬的教学业务水平，还要具备良好的师德、爱心；科学设置课程，除学校基础课程外，有组织有计划地开设道德、心理、安全、法律等方面的课程，强化素质教育。

2. 建立留守儿童档案，建立与留守儿童父母和监护人的联系卡，并确定专门的教师负责管理，及时、动态掌握留守儿童情况，发现问题及时应对。并根据留守儿童实际情况，动员组织教职工进行"一对一""一对多"的结对帮扶。教师要及时了解留守儿童的个人情况、家庭情况和学习情况；多与留守儿童谈心沟通，多鼓励其参加学校集体活动，多到其家中走访；定期与留守儿童父母、监管人联系沟通。在班级中，通过班主任、科任老师、同学等多渠道帮助留守儿童，使每个留守儿童都能得到大家的关爱帮助。

3. 尽可能地利用各种教育资源，为留守儿童的心理健康教育提供最大帮助，及早化解危机。加大教师的心理专业知识培训，针对留守儿童中普遍存在的品德行为偏差和心理障碍等问题，开设相关的心理教育课，结合德育课程，定期开展思想教育和情感教育。安排丰富多彩的讲座、主题班会、文艺、体育、科技和社会实践活动，让留守儿童在活动中融入集体，找到归属感，减少孤独感。

4. 建立并完善安全教育和各项规章管理制度，建立层级化安全工作责任制和安全工作预案，建立留守儿童突发事件的应急机制；加大留守儿童校园安全保护教育，与家庭、社区配合做好留守儿童安全防护工作；强化师生安全教育，开设安全教育课，教学生一些安全应急措施和应注意的安全问题，增强学生安全防范意识和能力。

（三）家庭方面的支持

1. 留守儿童的父母要转变思想观念。树立"父母是孩子的第一任教师"的教育责任观，明确教育子女是自己应尽的职责。要充分认识到自己的重要性，认识到教育孩子的重要性，尽力把他们带在身边，给他们一个完整的家，让他们时刻享受到父母的关爱和教育，营造一个良好的家庭教育氛围。同时，注意家庭教育方式，不溺爱孩子。当孩子做错了事要及时管教，一般情况下，不要满足孩子正常需要之外的要求，以养成孩子自我克制的习惯。

2. 不得不外出打工挣钱的家庭，父母在外出打工之前，一定要将自己在外打工的情况、联系方式等告知学校，并主动与学校加强联系，以便及时了解孩子身心发展的状况，配合、支持学校的教育工作；要加强与子女的交流和沟通，最好每周联系一次，还要经常与临时监护人保持联系，了解孩子的学习和生活情况；要利用打工的淡季，尽可能多回家与孩子团聚，做到挣钱与关心子女教育两不误，使孩子从小在被关爱的氛围和良好的心理环境与社会环境中健康成长。

（四）村（社区）方面的支持

1. 按照当前村（社区）建设与警务室合并、同址办公的要求，全面加强村（社区）治安管理，加强对留守儿童群体的村（社区）警力监护，严防拐卖引诱、人身伤害、网络游戏、非法传销等对留守儿童造成安全危害的行为。同时加强社区法律知识的宣传教育。

2. 加强村（社区）文化教育，保障留守儿童精神健康。全面加强农村网吧管理，尽快普及网络信息素养教育。严格文明上网，杜绝未成年人尤其是留守儿童进入网吧，严打网络黄色暴力，保障留守儿童身心健康。

3. 实施村（社区）关爱工程，构建留守儿童帮扶机制。由村里的老干部、老教师、老军人等组成骨干帮教队伍，从生产、生活、学习和思想多方面关心留守儿童。

少数民族地区农村留守儿童是儿童群体的重要组成部分，也是未来少数民族地区农村发展和脱贫致富的建设者，他们的健康成长涉及很多农村家庭的幸福，关联着整个民族素质的提高，因此，关爱少数民族地区农村留守儿童，解决好这一劳动力转移过程中出现的社会问题，政府、学校、家庭、社区都要担负起自己应尽的那份责任。

对甘洛县构建"基层党建＋精准扶贫"
工作新格局的调查与思考①

中共甘洛县委党校课题组②

甘洛县位于四川省西南部，凉山彝族自治州北部，全县面积2 156平方千米，辖 28 个乡镇，227 个行政村，3 个社区居委会，居住着彝、汉、藏、回、苗等多个民族，总人口 22.31 万人，其中彝族人口占 75.38％，是一个以彝族为主的少数民族聚居县和国家扶贫开发重点县。按照国家新定扶贫标准，截至 2015 年年底，甘洛县有贫困村 208 个、贫困户9 470户、贫困人口40 243人，贫困人口多、贫困程度深、贫困面大的状况尚未得到根本改变，基础设施薄弱、社会事业滞后、产业发展水平较低等问题十分突出，穷、愚、病、毒等致贫返贫原因多重叠加。按照中央、省州要求，甘洛县已明确提出 2018 年基本消除绝对贫困，208 个贫困村全部摘帽的任务。

农村基层是精准扶贫的主战场，基层党组织能否发挥作用是这场战役是否能取得胜利的关键。为此，必须进一步夯实"党执政的组织基础"，构建起"基层党建＋精准扶贫"工作新格局，确保精准扶贫工作做到哪里，基层党组织建设工作就开展到哪里，实现党的建设和精准扶贫"无缝对接""双轮驱动"。

一、构建"基层党建＋精准扶贫"工作新格局的做法和成效

甘洛县委政府始终把扶贫开发和推动发展作为"第一要务"，积极探索构建"基层党建＋精准扶贫"工作新格局，促进了精准扶贫工作和基层党建工作的良性互动、同频同振、深度融合。

（一）做好顶层设计，构建党组织精准扶贫工作体系

甘洛县先后召开县委常委会、全委会，县政府常务会议，全县扶贫攻坚动员大会、推进会议，精准识别"回头看"工作会以及"1＋X"产业发展专题会议等，认真贯彻习近平总书记关于精准扶贫新思想以及中央、省州精准扶贫工作安排部署，制定出台了《关于集中力量打赢扶贫攻坚总决战确保同步全面建成小康社会的实施意见》《贯彻〈关于创新机制扎实推进农村扶贫开发工作的意见〉实施方案》，编制完成了《甘洛县"十

---

① 2016 年度四川省党校系统调研课题。
② 课题负责人：王珊。课题组成员：范君华、叶晓芳。

三五"脱贫攻坚规划》，提出了"确保全县每年减贫10 000人以上，到2018年基本消除绝对贫困，208个村全部摘帽，到2020年实现同步全面小康"的总体目标，为甘洛县农村贫困人口"脱贫奔康"做好顶层设计，为甘洛县各级党组织明确了精准扶贫的主攻方向、基本路径、重大举措，构建了全力精准扶贫的工作体系。

（二）落实固本强基，筑牢精准扶贫组织基础

甘洛县以巩固和发展"四型"党组织建设为重点，纵深推进"四型"党组织创建、分类大提升行动，打造党员先锋示范岗818个、示范单位57个、示范团队57个、示范行业3个，全面提升基层党组织围绕中心、服务大局、狠抓落实、推动发展、维护稳定、构建和谐的能力水平，为全面打赢精准扶贫攻坚战提供坚强的基层战斗堡垒。甘洛县督促全县各级党组织把"党建主体责任落实"作为基层党组织建设的首要内容，把"精准扶贫"作为首要责任，组织507名基层党组织书记开展了抓党建、抓精准扶贫工作述职评议，建立责任清单412个、"整改台账"507个、整改措施1 770项，实行定期对账、定期督查、定期评议，使基层党建工作和精准扶贫真正成为各级党组织的"硬任务"。甘洛县着力补好软弱涣散基层党组织这一短板，全面推行"政法部门包乱村、经济部门包穷村、党政部门包难村"的有效做法，强力推进"软乡弱村"整顿，转化提升率达100％。

（三）狠抓队伍建设，建强精准扶贫干部队伍

甘洛县坚持把精准扶贫同干部队伍建设有机结合，引导广大干部深入基层，在精准扶贫第一线一心为民、干事创业、争创一流。

1. 构建干部队伍联系服务基层体系。推进"城乡共建、连心共建"，组织108个省州县机关单位党组织与208个贫困村党组织结成精准帮扶对子，组织4 400余名机关干部与1.09万贫困建卡户结成精准帮扶"亲戚"，落实2 500余名机关干部组成了208个精准扶贫驻村工作组，选派了140名农业技术人员与208个贫困村开展"一对一"技术扶贫行动，确保了每个贫困村都有1名联系领导、1个帮扶单位、1个工作组、1名"第一书记"、1名农技员、每户贫困户均有1名帮扶责任人，形成了精准扶贫集团作战的工作格局。

2. 搭建干部队伍能力素质提升平台。利用四川大学、县委党校、职业技术学校等资源，组建成立精准扶贫培训基地3个。2015年组织开展县级专题培训3期600余人次；组织130多名乡村党组织书记、第一书记、致富带头人、大学生村干部和扶贫干部赴省内外精准扶贫工作中取得成效地区考察学习、借鉴经验，全面提升精准扶贫工作能力。

3. 健全干部队伍作用发挥保障激励机制。严格实行第一书记、大学生村干部周记月考季评年度述职管理制度；出台驻村工作"六个严禁""驻村帮扶管理办法""第一书记激励约束保障""绩效考核"等18个文件，在文件中严明不准优亲厚友等"8项纪律"；建立县委大督查、约谈函询、督查召回、目标管理等"8项制度"；引入"第三方"监督指导机制，由县级相关部门组成督查组，由"两代表一委员""三群体"（优秀的农民企业家、返乡务工人员、村民代表）组成监督指导组，常态化指导监督"第一书记""驻村工作组"帮扶工作；加大激励奖励，2016 年选拔 12 名第一书记进入乡镇领导班子，评选表扬 20 名优秀第一书记，营造了比、学、赶、超的浓厚氛围。

（四）创新扶贫模式，推动基层党建与精准扶贫深度融合

甘洛县以"支部围绕产业转、党员创业示范引、群众致富跟着干"总体思路，把党支部、党员、专业合作经济组织和贫困农户的利益有机联结，推动基层党建与精准扶贫深度融合。

1. 大力培育"党员示范基地"、党员示范区、示范户，着力实现培育一个点、带动一大片的目标。截至目前，甘洛县培育"党员示范基地"5 个、党员示范区 1 个、示范户 1 160 户。

2. 采取建立党组织及选派组织员和党建工作指导员、建立联合党支部或行业党组织、建立扶贫产业党支部等方式，切实加强产业党组织建设，形成"产业发展到哪里、党组织建设就跟进到哪里"的组织格局。截至目前，甘洛县共建立产业型党支部 6 个，功能型党小组 58 个，扶持壮大"专业协会""产业合作社"共 129 个。

3. 采取发展以村两委主导的农民专业合作社等新型农业经营主体，因地制宜发展村级集体经济，实现了村集体经济从无到有。经统计，甘洛县现有 36 个村有集体经济收入，村集体经济收入达到 2 000 元～3 000 元的有 8 个，3 000 元～5 000 元的有 4 个，5 000 元及以上有 20 个。

二、构建"基层党建＋精准扶贫"工作新格局存在的困难和问题

从以上调查可以看出，甘洛县委政府构建"基层党建＋精准扶贫"工作新格局正在形成，基层党建在精准扶贫中起的作用正在显现。经过调查分析，构建"基层党建＋精准扶贫"工作新格局存在以下困难和问题。

（一）对思想观念和党建在精准扶贫工作中的重要性认识不足

甘洛县长期贫困落后，固然有其历史、自然条件原因，但更为重要的原因是贫困群众思想观念落后，村两委干部对思想观念在精准扶贫工作中的重要性认识不足，部分村级党组织对党建在精准扶贫工作中的重要作用认识不够。

1. 村两委干部对思想观念在精准扶贫工作中的重要性认识不足。在精准扶贫具体工作中，最大问题是干部急、群众不急，贫困群众"等、靠、要"思想严重，这严重影响了脱贫进度和脱贫成效。根据调查，具体开展精准扶贫工作的村两委干部对此不仅缺乏认识，而且缺乏共识。村两委干部自己不能正确转变思想观念，从而不能引导贫困群众转变思想观念。

2. 部分村级党组织对党建在精准扶贫工作中的重要作用认识不够，存在"两张皮"现象。村级党组织处于精准扶贫的主战场，村两委干部是"六个精准""五到村""六到户"等精准扶贫措施的具体执行者，这就要求村级党组织不仅要全面贯彻中央、省州县

的精准扶贫政策，而且要发挥本级党组织在精准扶贫中的重要作用。根据调查，部分村级党组织不仅对精准扶贫政策理解不深、把握不准，而且看不到"抓党建对抓发展"的重要作用，抓党建和抓发展不能统筹兼顾，抓党建和抓精准扶贫不能深度融合，不能有效实现"无缝对接""双轮驱动"，还存在"两张皮"的问题。具体表现在，有的村级党组织重经济效益、轻党建工作，导致当地发展后劲不足；部分村级党组织缺乏创新精神，不能积极探索"党建＋"发展模式，不能找准有效摘掉"贫困帽子"的发展路子等。

（二）乡村基层干部的能力素质不能完全适应新时期精准扶贫工作新要求

精准扶贫的"精"表现在目标精准、制度精确、管理精细，体现的是公共治理理念，这就对乡村基层干部的治理能力、综合素质提出了更高、更全面的要求，甘洛县乡村基层干部的能力素质不能完全适应新时期精准扶贫工作新要求。

1. 带头致富能力较差。表现在部分基层乡村干部由于文化程度普遍较低，不能完全适应市场发展致富，不能充分利用本村优势资源带领贫困群众挖掘内生动力，闯出增收致富新路，带头致富的能力较差。

2. 依法办事能力弱。甘洛县由奴隶社会直接进入社会主义社会，是以彝族为主的多民族聚居山区小县。有少数乡村基层干部治理方法陈旧，民主、法治观念淡薄，人治思维和官本位思想较严重，习惯于凭经验和个人想法作决策、下命令，习惯于"讲人情""拼家支"的工作方式，习惯于按照彝族习惯法调解利益纠纷等问题，不善于运用民主和法治的方法化解农村中的各种利益矛盾、宗族宗派矛盾和社会矛盾，依法办事能力较弱。

3. 服务群众能力不强。具体表现在部分基层乡村干部不主动深入群众访民情、解民忧，不善于运用政策化解和解决精准扶贫过程中出现的新矛盾和新问题；一部分乡村基层干部尤其村两委干部不能熟练运用计算机和信息化手段管理贫困人口和推动精准扶贫工作；极少数乡村基层干部存在以权谋私问题，比如，在初次精准识别"扶贫对象"时，没有严格按照民主评议程序，出现了按亲疏远近确定扶贫对象的现象。

（三）农业产业规模不大、效益不高，产业党组织功能不强

尽管甘洛县近年来出现了一批发展态势良好的农村产业，但从总体上看还存在产业规模不大、效益不高、党组织功能不强等亟待解决的问题，既影响了产业的做大做强，又影响了"产业党建工作"的深入推进。究其原因：

1. 产业规模不大、效益不高。甘洛县属国家级贫困县，县级财力十分有限，对农业产业投入严重不足，加之缺少融资渠道，在一定程度上制约了发展规模；据调查，甘洛县大多数农业产业尚处于原料初加工阶段，科技含量不高，机械化程度低，产业链短，在品牌创建方面力度不够，产业效益较低。

2. 产业党组织功能不强。目前大多数产业党组织为新组建，工作运行机制还不够健全，产业党组织在管理方面较粗放，缺少专业管理营销队伍，没有发挥好党组织在生产服务、组织保证、协调服务、示范引导等方面的功能。

（四）村（社区）集体经济从无到有，集体经济发展十分困难

以上调查数据显示，目前甘洛县有集体经济收入的村（社区）仅36个，占总村数的14.09％，虽然实现了村集体经济从无到有，但相当一部分村（社区）无集体经济收入。从发展条件上分析，区位优势明显的村（社区），能多渠道发展集体经济，如海棠镇正西村依靠工业园区发展多种村集体经济。区位优势不明显的村（社区），存在两种情况：一部分村基础设施落后，基础设施对发展集体经济形成"瓶颈"制约，至今没有发掘出明显的资源优势；一部分村（社区）资源优势明显，按照保护和开发并重的生态文明建设要求，村级集体经济发展十分困难。究其原因：

1. 认识不到位，思想不解放。一部分乡镇党委政府、村两委班子成员思想禁锢，对发展和壮大集体经济认识不充分，对发展集体经济顾虑重重，怕担市场风险，缺乏信心和干劲，有资源却找不到项目可做，建立了农民专业合作社又缺乏资金投入等现象。

2. 缺少懂经营、善管理的"致富和带富"能力强的"双强"型能人。

3. 在一定程度上还存在乡（镇）村（社区）干部利用手中权力低价出租集体资产的现象，存在集体资产流失问题。

（五）个别党组织存在运行不规范的问题

从甘洛县机关、乡镇基层党组织的运行情况调查看，个别党组织存在运行不规范的问题。

1. 执行党内政治生活制度不严格。表现在把党内生活制度仅限于"三会一课"，开展方式过于单一，习惯于念报纸、读文件、传达上级讲话；党内生活会上党员很少进行思想汇报，不能自觉地接受党组织的监督，变成了"特殊党员"。

2. 对中央、省州县的战略决策和部署，学习贯彻不力。表现在学习不深入、领会不深刻、执行不到位，尤其对精准扶贫相关政策的把握不准。党组织在精准扶贫实践中不能充分发挥攻坚堡垒作用。

3. 坚持民主集中制不到位。表现在重大决策、民主议事方面虽然设计了民主决策，但讨论不充分，民主发扬不充分，甚至有的党员干部把集体讨论当形式，搞个人专断、"家长制"，把个人凌驾于组织之上。

4. 党员管理不够规范。主要表现在对预备党员的教育管理不系统，对流动党员管理措施乏力，存在"重使用、轻管理"的倾向。

三、构建"基层党建＋精准扶贫"工作新格局的对策与建议

根据调查分析，甘洛县委政府对构建"基层党建＋精准扶贫"工作新格局的探索已取得一定的成效，其成功的做法和经验值得学习借鉴。本课题组主要针对甘洛县构建"基层党建＋精准扶贫"工作新格局存在的困难和问题，提出如下建议。

（一）转变思想观念，坚持"基层党建＋精准扶贫"工作思路

1. 重视"思想扶贫"。经济的贫困只是外在的表现，思想观念的贫困才是内在的根源。坚持扶贫先扶思想观念的思路，首先解决贫困群众思想观念上内在的贫困，精准扶贫工作就会事半功倍。结合甘洛县的实际情况，可采取以下措施：第一，引导村两委干部转变思想观念，做好打持久战的心理准备，采取有效措施有针对性做好贫困群众思想观念转变工作，激发脱贫内生动力，真正把"要我脱贫"变为"我要脱贫"；第二，借力"民俗活动"，传承弘扬优秀民族文化，丰富精神文化生活，提高文明素质和发展意识；第三，扎实开展"住上好房子、过上好日子、养成好习惯、形成好风气'四个好'家庭创建工作"，把"四个好"创建与发展特色产业、旅游业、文化产业相衔接，把"四个好"创建作为改善农村人居环境，促进精神文明建设，激发群众内生动力的有效载体，推动农村群众解放思想、转变观念、自立自强，提高自我发展能力，创造幸福美好新生活；第四，全面实施教育扶贫的政策和措施，从根本上阻断贫困代际传递。

2. 坚持"基层党建＋精准扶贫"的工作思路，防止"两张皮"现象发生。村级党组织可依托"流动党校""农民夜校"，组织党员干部全面系统学习中央、省州县精准扶贫政策和措施，自觉把加强基层党组织建设摆在精准扶贫的核心位置上。通过配强村级党组织班子，找准产业发展路子，抓好责任落实，坚持"基层党建＋精准扶贫"工作思路，以党建引领推动精准扶贫，以精准扶贫成效检验村级党组织建设，防止"两张皮"现象发生。

（二）加强学习型党组织建设，提升精准扶贫的能力素质

1. 抓好技能培训，增强致富能力。选取素质较高、有培训基地的"双强党员""致富能手""土专家""田秀才"作为"农民夜校"的培训户，因人施教分类学，因时施教集中学，因地施教针对学，组织党员干部和群众学习农业产业实用技能。

2. 抓好法治教育，提高依法办事能力。基层党组织可以将法治教育纳入党员干部年度学习计划，根据实际情况，每季度或每半年对党员干部进行法治专题培训，并结合领导干部上党课等工作，将法治培训由乡镇一级纵深发展至村（社区）一级，大力开展符合民族地区实际的法制宣传教育。

3. 抓好服务提升，促进干群团结。建立由村党支部为领导、党员代表、村民小组长、"家支头人"、外出务工经商人员为主体的服务队伍，主动深入村组户，调解处理群众间的矛盾纠纷和实际困难；设置村级便民服务室，完善村级便民服务室管理制度，严格执行乡村干部便民服务值班制度；严格执行"四议两公开一监督"制度；通过"农民夜校""流动党校"等途径加强精准扶贫政策学习宣传，开展计算机信息技术应用专题培训等。

（三）抓好产业党组织建设，充分发挥引领作用

1. 推进产业链党建工作，健全管理机制。打破传统党组织设置形式，大力推进产业链党建工作。从业党员达到 3 名及以上的组建成立产业型、功能型党小组。产业党

织帮助专合组织制定章程，细化工作流程，实行制度规范、管理规范、决策规范、账目规范，确保"专合组织"在党支部领导下的产业链上有序开展活动。

2. 主动引领技术培训，延伸服务链条。在产业党支部的引领下，采取"引下来讲、聚上来听、走出门看、沉下去教"等产业技术培训新模式，定期为群众举办实用技术培训，培育孵化壮大本土产业技术型人才队伍。积极寻求与电商平台合作，拓宽农产品销售渠道，统筹推进生产、培训、加工、运输和销售"五位一体"的产业链建设。

3. 统一发展定位，做好项目推荐。培育发展壮大产业是贫困群众摆脱贫困的重要途径。以产业党组织为主导，通过做强特色主导产业，搞好产业规划和布局，为贫困群众量体裁衣推荐好致富增收项目。比如以特色农家乐为突破口，为贫困群众推荐现场采摘体验以及农产品加工制作体验等"创业项目"。

（四）发展壮大村集体经济，发挥村两委的主导作用

1. 清理村级集体"三资"。村两委开展村级集体"三资"清理，全面理顺村务管理运行状态，为促进村级集体经济发展创造良好条件。

2. 拓宽发展路径，创新发展模式。因地制宜大力发展特色种养业，加快发展农产品加工营销业、农村电子商务、乡村旅游服务业，促进一、二、三产业融合发展。积极培育、发展、壮大由村两委主导的农民合作社、村级集体资产管理公司或产业发展公司等集体经济组织，通过发包、租赁、参股、联营、合资、合作等方式创新集体经济发展模式。

3. 健全村级集体经济发展机制。加强村级集体经济发展保障，健全村级集体经济发展领导小组，加快构建村级集体经济管理、服务、经营体系。健全人才保障机制、收益分配机制、监督管理机制，建立健全村级集体经济财务收入预算、民主理财、财务公开等制度。

（五）提升党组织规范化水平，充分发挥领导核心作用

1. 落实党建主体责任。坚持基层党建工作与精准扶贫紧密整合，强化党建责任落实，加强工作督促指导，跟踪了解基层党建工作推进情况和精准扶贫任务落实情况，用党建工作成效，助力推动精准扶贫。

2. 加强基层党组织建设，夯实基层基础。严肃"九个严禁、九个一律"换届纪律，以乡村换届为契机，多渠道、多形式选拔能人进村"两委"班子；规范党内政治生活，探索推行开放式、网络式等党内政治生活制度；推动贫困村活动室向党群活动综合服务中心转型升级；健全基层党建经费预算、管理、公示等制度，严格执行村（社区）党建工作经费管理办法；全面推行村干部"四明四定"考核办法，构建稳步增长的离职村干部生活补助等激励保障机制。

3. 抓好干部队伍建设。加强村干部管理，建立完善乡村干部在村、驻村、到村服务群众工作制度，持续解决联系服务群众"最后一公里"问题。认真贯彻落实《发展党员工作细则》，健全党性分析、民主评议、党内激励等制度，确保发展新党员质量。

会东县法治乡镇建设的调查研究①

中共会东县委党校课题组②

会东县总人口423 745人，其中农业人口393 683人（占总人口的92.9%），典型的农业县特点决定了法治乡镇建设工作是法治会东建设工作的重点和难点。因此，加强法治乡镇建设工作对于构建法治会东具有十分重要的意义。

会东县在法治乡镇建设工作中，针对群众喜欢赶集和辖区矛盾纠纷特点，成功探索了一个集"法律咨询、法律宣传、法律服务、法律援助"于一身的"法律诊所"，为辖区群众提供优质高效的司法服务；贴近群众，不断创新普法宣传方式，以"坝坝法治讲座"、法治文化影院、法治图书室等群众喜闻乐见的方式开展涉农普法宣传；不断健全社会矛盾纠纷化解机制，逐步完善调解、仲裁、诉讼等有机衔接的多元化纠纷解决机制，推进人民调解、行政调解、司法调解"三调联动"机制的落实；充分发挥网格员、大学生村干部等普法工作人员作用，以"小网格"推动社会大服务、大治理；以创建法治示范乡镇、社区为引领，全面推进法治乡镇建设。

一、会东县法治乡镇建设的基本情况

课题组通过两次与县法治办、县司法局座谈交流，深入20个乡镇（全县共20个乡镇）及村社（社区）实际调研，发放问卷600余份，经过对调研结果的认真梳理、分析认为：会东县法治乡镇建设扎实推进，群众的法律意识和法律素质进一步增强，乡镇干部和司法工作人员依法办事、依法行政能力明显提高，基层民主法治建设稳步推进，乡镇法治建设成效明显。

（一）典型示范引领

根据省、州安排部署，2014年会东县启动了法治示范乡镇（街道）和民主法治示范村（社区）、学法用法示范机关（单位）、依法行政示范单位、诚信守法企业等示范创建活动。自法治示范创建工作开展以来，通过健全完善相关制度、明确责任任务，大力加强全县"法治示范创建"工作。会东法治示范创建工作硕果累累，会东镇政通路社区被评为第六批"全国民主法治示范村（社区）"、姜州镇被评为"省级法治示范乡镇（街

① 2016年度四川省党校系统调研课题。
② 课题负责人：杨广忠。课题组成员：曹甲勇。

道）"、森林公安局被评为"全省森林公安机关执法示范单位"，姜州镇法治建设经验在成都召开的全省依法治理示范创建统筹推进工作会上作交流发言。会东坚持以点带面，在全县推广建立"法律诊所"、法治图书室、法治文化影院、"坝坝法治讲座"，打造"法治文化新村"，以示范创建带动基层法治建设深入开展，形成群众参与依法治县的良好氛围。

（二）抓基础强保障

依法治理工作离不开必要的保障，保障是基础、是动力、是前提。

会东县出台了《会东县深入开展示范创建活动全面推进依法治村（社区）工作实施方案》《"法律七进"工作实施方案》《重大事项决策专家咨询论证、征求公众意见及风险评估制度》《便民服务中心服务指南》《便民服务中心办事流程及廉政风险防控图》《规范性文件备案审查制度》《领导干部不干涉司法工作的纪律规定》《法治乡镇创建实施方案》等文件，为推进依法治理工作有效开展指明了方向，确保了法治建设工作各项目标任务有计划、有目标地按步骤实施。各乡镇强化落实组织保障，成立由党委书记为组长、镇长及分管领导为副组长，各部门负责人为成员的乡镇法治建设领导小组办公室，并安排1名专职人员，落实办公场地和办公设备。各个村（社区）相继成立领导小组，由党支部书记担任组长，切实承担起政治责任和领导责任，并将法治建设工作列入重要议事日程，统筹规划、整体推进、有效实施，确保各项工作落实到位。

建立乡镇党委中心组定期集体学法制度，建立健全公职人员学法用法考核制度及任期内依法行政情况考查制度，鼓励和支持党员干部利用各种途径自学法律知识，不断增强宪法意识和法治观念，坚持在宪法和法律范围内活动，提高科学执政、民主执政、依法执政的能力和水平。

强化经费保障，每年专项预算财政资金（预算费用最高的乡镇达5万元），用于依法治理工作，促进法治宣传教育工作的全面展开。

乡镇法治文化设施与全县法治文化设施建设协调推进。坚持把法治文化设施建设作为基本公共文化建设内容，着力打造"一地一品"法治文化阵地，县级重点打造法治文化公园、乡镇加强法治文化一条街建设、村（社区）加强法治文化墙建设，与省法制宣传协会深度合作，投资85万元在参鱼河镇建成小河嘴法治文化公园。目前会东已有2个法治文化公园、2个法治文化村（社区）、1个机关法治文化走廊以及22个司法行政机关直管的法治宣传栏，实现了法治文化基础设施全覆盖。

（三）创新法治宣传教育形式

一是探索建立"法律诊所"。在县委政法委、县司法局的大力支持下，结合群众喜欢赶集和辖区矛盾纠纷的特点，乡镇探索建立了一个集"法律咨询、法律宣传、法律服务、法律援助"于一身的"法律诊所"。"法律诊所"由法庭、派出所、司法所、乡镇政府工作人员组成，每逢镇上赶集日集中"坐诊"，主要以纠纷、申诉、信访为主，重点是解决各类矛盾纠纷和各类涉法涉诉问题。通过举办"法律诊所"，乡镇人民群众的法律意识和法治观念增强，既节约了行政资源，又减轻了群众盲目上访耗费的人力和物力。

二是开启法治文化影院普法新模式。以廉政文化影院为载体，在社区、村建设法治文化影院，组织广大党员干部和人民群众观看法纪教育片，把廉政文化与法治文化相结合。通过播放影院法纪教育片，加强了群众法纪规范教育，有效预防了违法犯罪，开启了会东县乡镇法制宣传新形式，进一步提升了乡镇广大党员干部和人民群众遵法守法意识。

三是持续开展"坝坝法治讲座"活动。坝坝讲座以法律服务队队员为宣传主力军，收集群众意见，提供订单式的法治讲座，每季度定期在村（社区）巡回开讲，主要讲解农村土地承包、婚姻家庭、劳动合同等与农村生产生活相关的法律法规，通过引入一些发生在群众身边的事例来讲解其中的一些法律法规及政策规定，大伙边听边看边问。截至目前，全县已开展法治宣传活动 28 场（次），刊出专题报道 20 期，开展电视讲座 45 场（次），共向群众发放法律书籍、普法资料 8 万余份，免费提供法律咨询 1 万人次，培养农村法律明白人 318 名，直接服务群众达 7 万余人，形成了横向到边、纵向到底的县乡村三级联动模式，实现了法治教育的全覆盖。

四是加强法治图书室建设。秉承"关注法治进程、惠及百姓民生"的理念，根据农民茶余饭后爱扎堆的习惯，以农家书屋为基础、"法律进农村"活动为契机，结合农村实际添置了《六五普法农民知识读本》《六五普法干部知识读本》《法律知识 100 问》《关爱明天普法先行》等方面的法律书籍，以农家书屋为载体，添购法律图书，并将图书室免费向群众开放，以供群众查阅相关法律知识。

（四）切实推进依法治理

会东县坚持把深化"法律七进"作为法治乡镇建设工作的重点工作来抓，制定乡镇"法律七进"工作实施方案，把"法律七进"与法律援助、人民调解、法律服务等工作紧密结合起来，使"法律七进"更加充满生机，更加贴近群众，更好服务民生。

一是坚持"以法治促平安，以平安见成效"，深入推进"平安乡镇"建设。将法治乡镇建设工作和平安乡镇建设相结合，整合公安、司法、工商、药监、安监、信访等部门的力量，共同构建良好的治安局面。坚持"什么犯罪突出，就有力打击什么犯罪"，对于毒品犯罪和涉爆涉枪涉黑涉恶、"两抢一盗"、拐卖妇女儿童、组织未成年人外出务工、危害食品药品安全、电信诈骗、非法集资、高利贷、地下钱庄金融等违法犯罪活动，坚持严打方针不动摇，持续开展严打整治，形成"守法者受保护、违法者受惩处"的鲜明导向，不断增强全镇群众的安全感和满意度。

二是依法治理信访秩序。全县 20 个乡镇建立起网上信访信息系统，启动视频接访建设工程，加强对缠访闹访、越级非访、以访牟利等突出问题的集中整治，大力宣传依法信访法律法规，树立"无理不能取闹、有理也应依法表达诉求"的正确导向。严格落实《信访条例》关于"属地管理、分级负责，谁主管、谁负责，依法、及时、就地解决问题与疏导教育相结合"的原则，健全依法及时就地解决群众合理诉求机制，进一步强化属地责任。对曾经越级上访和非正常上访等重点人员，明确乡镇、村、社稳控责任人，认真把握好调处、化解、信息、责任、稳控、劝返、疏导等工作环节，切实把每一个上访人员都稳控在当地。秉持"小事不出村、大事不出乡，矛盾不上交"的工作理念，县乡村坚持三级联动，以夯实基层基础、提升业务素质、强化目标管理为重点，以"四个坚持"为导向，调处各类社会矛盾纠纷 191 件，调处成功 184 件，调处成功率达96%，有力维护了基层稳定。

三是健全社会矛盾纠纷化解机制。完善调解、仲裁、诉讼等有机衔接、相互调解的多元化纠纷解决机制，推进人民调解、行政调解、司法调解"三调联动"机制，充分发挥网格员、大学生村干部等普法工作人员作用。2015 年，仅姜州镇就成功调解 120 余件矛盾纠纷案件。

四是全面推进网格化建设，以"小网格"推动社会大服务、大治理。制定了《乡镇网格化服务管理工作相关职责制度（试行）》，进一步明确各级网格机构和网格员的工作职责、基本工作要求及考核办法。择优录取 43 名网格员，并组织各类培训 10 场次 400余人次。向群众公布网格员的姓名、联系方式、工作内容、监督电话，推行网格员一日一巡，错时服务制度，初步形成"社区有网、网中有格、格中有人、人人有责"的工作格局。截至 2015 年，录入信息311 695条、办理事件9 872件。

五是加强对重点人员的稳控。对社区戒毒人员、社区矫正人员实行"两关三位周报到"制度（"两关"即社会风险调查评估关、请假关，"三位"即建立矫正档案到位、确定矫正人员到位、制定矫正方案到位，"周报告"即矫正人员每周以 QQ、电话、短信等方式汇报动态），实行特殊敏感时期"日报告"和"零报告"制度，切实做好每一个重点人员的稳控工作，有效监管矫正对象 254 人，刑释解教人员 220 人。

（五）落实依法行政

坚持"正确地做事"和"做正确的事"为导向，全面推进依法行政、法治政府建设。一是完善行政权力规范公开运行系统建设。进一步加强乡镇便民服务中心建设，逐步完善集中办理、首问责任、限时办理、责任追究运作机制，制定了《便民服务中心服务指南》《便民服务中心办事流程及廉政风险防控图》，明确了办事须知条件、政策法规依据、工作流程，权益保护等内容，从而维护群众、企业法人和其他社会组织的合法权益，并逐步将各类惠农、补贴等优惠政策纳入乡镇便民服务中心并公开规范化办理，充分发挥政务服务中心便民、利民作用。二是进一步规范行政权力和行政行为。对镇政府各行政部门的行政执法主体资格和依据进行了全面梳理，明确执法依据和执法权限，并向社会公布。这增强了机关干部依法行政的自觉性和使命感，有效地避免了行政权力滥用和行政不作为现象的发生。三是全面推进政务信息公开。依据权力清单，向社会全面公开政府职能、法律依据、职责权限、监督方式等事项。严格执行行政执法公示制度、规范性文件公开等制度，重点公开财政预算决算、"三公"经费及公共资源配置、重大建设项目批准和实施等领域政府信息，依法保障了公民知情权、参与权和监督权，提高政府工作透明度，促进依法行政。

（六）探索建立聘请乡镇（社区）法律顾问制度

让群众（社区居民）享受到聘请社区法律顾问所带来的司法便利，为干部的依法行政提供咨询，把矛盾和问题化解在基层、解决在萌芽状态。如政通路社区通过建立聘请专职法律顾问推进小区民主、法治建设，社区自2010年以来干部无违纪案件、近五年以来无重大刑事案件、近两年以来无信访案例发生。

二、会东县法治乡镇建设存在的问题

会东县法治乡镇建设取得了可喜的成绩，有力促进了法治会东建设，但也存在一些不容忽视的困难和问题亟待解决。

（一）对群众的法治教育有待加强

调研发现，近50％的群众还存在按照自己的习惯性思维办事，片面地认为"搞法治建设，这都是司法和执法部门的事，与己无关"。更有甚者，只要单位、组织依法办事，而自己往往只注重自身利益，遇事找法、解决问题靠法的观念还没有完全形成，在涉法案件中说假话、作假证等违法现象时有发生。

（二）一些乡镇法治建设工作不深入，措施不力

个别乡镇存在"工作喊在嘴上、写在材料上，没有真正落实在行动上"的现象；不了解群众需求和基层实际，方法简单，针对性不强，群众参与不足，存在应付了事的状况。

（三）法制宣传设施和平台利用不够

调研结果显示，近38％的乡镇法治长廊、展板等的使用不够常态化，内容更新不足，理论性、条款性的多，群众身边的真实案例的利用偏少；30％的乡镇法律事务所存在有牌子但无人值守的状况。

（四）乡镇法治工作队伍有待加强

一是人员不足，工作难深入。乡镇法治工作人员不足是20个乡镇存在的共同性问题。如参鱼河镇，37个村（社区），人口12万左右，司法所、派出所、法庭、镇专职工作人员不足30人；姜州镇17个村、93个社、1个社区、3个居民小组，58 000余人，司法所、派出所、法庭、镇法治工作人员不足10人，2016年上半年案件200余起，警员3人。二是协调配合机制有待完善。司法所、派出所、法庭、镇所属人员，各自兼有自己职责内的具体工作，工作任务重，衔接配合、协同作战的机制体制有待完善，工作效率有待提高。

三、加强会东法治乡镇建设的对策建议

会东是农业县，农业人口占了全县人口的极大比重，因此，法治乡镇建设成效决定着法治会东建设的进程。针对会东群众的法治意识状况和法治乡镇建设的实际，课题组

认为，应在加强基础建设、完善机制、添加措施等方面加大工作力度。

（一）加大投入

切实落实法治建设相关规定和要求，真正把法治建设经费按实际需要纳入乡镇年度财政预算，完善法治乡镇建设资金投入的常态化机制，并监督管理好资金的使用，发挥好资金的作用。

（二）加强督导，切实落实法治建设工作责任制

建立和完善领导干部带头学法用法、领导干部法律知识任职资格等长效工作机制，组织开展领导干部学法用法、执法守法情况的调研督查，全面实行领导干部述职述廉述法考评，加强乡镇法治建设工作中各部门单位协调配合，落实问责、责任追究制度，切实解决个别乡镇工作中存在的诸如"只在活动日"开展活动，工作停留在表面的问题。

（三）加强执法队伍建设，增强执法力度

建议根据人口比例、乡镇位置环境等因素，合理配置各部门工作人员，为法治建设常态化开展提供人员基础保障；严格执法力度，对不依法、违法、不履行法律责任和义务甚至抗法的人员，该训诫的训诫，该打击的打击，切实维护法治权威，营造良好的法治环境。

（四）充分发挥《村（居）规民约》的作用

各乡镇应在集聚群众智慧上进一步下功夫，不断完善《村（居）规民约》。通过实施"四议两公开一监督"和"一事一议"工作法等制度，实行村（居）务公开、制度公开、财务公开，最大限度地推动村（社区）管理民主化、透明化。凡是重大事务和与村（居）民群众切身利益相关的事项，都要按照工作法决策、实施，让群众真正当家做主，与此同时，村（社区）的工作情况要定期向村（社区）群众代表大会和议事监督委员会做出报告，并征询意见和建议，接受群众评议，以此激发村民（居民）的自我管理、自我教育、自我服务的意识，增强村民（居民）的民主观念、规则观念，构建良好的依规办事、依法办事的法治工作环境。

（五）针对乡镇及群众实际，全方位开展群众法治教育

第一，积极探索开辟村社干部法治班法治教育模式。实行学期制，采取每月定期的法律法规及其他知识的学习制度，纳入考核，增强村社干部依法依规的能力和自觉性，从而辐射和带动广大群众学法、用法。

第二，法治文化长廊、展板等法制宣传平台的内容应通俗易懂，有较强针对性的图片、手册、案例资料，增强教育效果。

第三，常态化开展好专题法制宣传日（"6·26""12·4"等）活动，普及法律知识、提供法律咨询。定期在偏远村寨放映法治教育影片，法治知识宣传（群众有奖互动参与），拓展法治教育的覆盖面，增加群众参与的热情，使乡镇法治教育更接地气，更有吸引力。

第四，充分发挥社区矫正司法功能，定期开展乡镇（或社区）社会服刑人员现身说法、公益劳动等，增强法治教育的感染力。

第五，加强乡镇与学校法治教育工作的衔接，切实落实法律进校园措施。规范法治课教学，深入开展"千校万生"禁毒防艾大培训大教育、"大手拉小手"等活动，调整充实法制副校长，做到法治教育课时、教材、师资、经费和法制副校长"五落实"，同时探索在看守所等处挂牌设立青少年法纪教育基地并发挥基地教育作用的有效路径，使法治思想、法治意识、法治知识深入学生心中。

会东县携手阿里巴巴助推农村扶贫攻坚的调查研究①

中共会东县委党校课题组②

会东县地处凉山最南端，位居川滇两省六县（区）交汇处，面积 3 227 平方千米，辖 20 个乡镇、318 个村、7 个社区，总人口 42.42 万，有汉、彝、傈僳等 17 个民族，是全国华山松第一大县、松露产量第一大县、烟叶生产第一大县，是攀西国家战略资源创新开发试验区 13 个县市之一，素有"攀西资源聚宝盆"和"川滇明珠"之美誉。2015 年 12 月 16 日，第二届世界互联网大会在浙江乌镇举行，国家主席习近平发表主旨演讲，指出"互联网＋"已上升为国家战略，成为经济转型升级的重要推力。为认真贯彻落实国务院办公厅《关于促进农村电子商务加快发展的指导意见》及省州关于落实"互联网＋"发展战略的相关要求，推进互联网与农业农村、扶贫攻坚相结合，积极培育农村电子商务市场主体，扩大电子商务在农业农村的应用，改善农村电子商务发展环境，加快电商人才培养，推动农民创业就业，开拓农村消费市场，提高农产品上行（农产品外销）能力，推进农业提档升级，带动农村扶贫开发，确保到 2020 年初步建成统一开放、竞争有序、诚信守法、安全可靠、绿色环保的农村电子商务市场体系，会东县顺应"互联网＋"发展大势，抢抓机遇，与阿里巴巴开展农村电子商务全面合作，成为阿里巴巴"农村淘宝"项目落地甘孜州、阿坝州、凉山州第一县。

一、发展现状

会东县已建成电商孵化园（包括 380 平方米的农村淘宝县级服务中心、415 平方米的电商服务中心、415 平方米的电商创客中心、450 平方米的电商培训中心）以及近 2 000平方米的物流仓储中心，确定了全县首批 32 个村级服务站点及 32 个村级服务站点合伙人，引进阿里巴巴菜鸟网络旗下一家物流公司，切实解决农村居民"买难卖难"最后一千米的问题。截至 2016 年 8 月，依托 32 个农村服务站点，已为村民采买了 1 200余万元的物资（农资农具、3C 数码、大家电以及服饰服装等），外销的农特产品（原松、开口松、松子、松花粉、林下养殖、松露、松茸、杂菌、七彩洋芋等）总金额达 100 余万。计划二期将建设 4 000 平方米的电商办公中心、2 000 平方米的农特产品展

---

① 2016 年度四川省党校系统调研课题。
② 课题负责人：杨光为。课题组成员：张天平。

示和运营中心，完成淘宝特色中国会东馆、苏宁易购中华特色馆等项目建设，打造农特产品一条街，实现创造就业岗位1 000个以上，园区网络交易额1亿元以上。

二、成效及经验

（一）领导重视

1. 亲自考察学习。由县委书记带队，县政府常务副县长及相关部门主要负责同志一行到浙江省衢州市常山县、丽水市遂昌县等地考察，了解农村淘宝、赶街及有关平台运营模式。

2. 亲自沟通洽谈。县委书记亲赴重庆、成都分别与农村淘宝川渝区总经理、四川区经理就农村淘宝项目落地会东进行沟通、洽谈，构建农村淘宝落地会东的战略合作框架。

3. 亲自研究安排。县委书记主持召开常委会议，专题听取"农村淘宝"项目推进情况汇报，就全面推动项目落地进行安排部署。

4. 亲自挂帅督战。成立由县委书记任第一组长、县长为组长的会东县电子商务工作领导小组，全面负责电子商务总体布局、指挥协调和统筹推进工作。

5. 亲自参与培训。县委书记示范带领电商办10余名骨干分三批次先后到浙江省遂昌县参加第三期农村电子商务带头人培训，到陕西省西安市参加了商务部举行的第三十期电子商务进农村对接交流会，到重庆市奉节县参加阿里巴巴集团主办的第七期"领路人互联网＋县域高级研修班"，为电商工作的持续推进提供了坚实的人才和智力支撑。

6. 亲自动员部署。召开会东县阿里巴巴农村电子商务战略合作签约仪式暨农村淘宝项目启动大会，县委书记出席会议并作动员部署讲话，同时将电商工作编入"十三五"规划现代服务业板块，纳入重点工作内容予以督查考核，将600万元经费纳入财政预算并随财力逐年增加，为借助阿里巴巴优势资源建设本土电子商务上下行基础体系奠定了坚实基础。

7. 亲自组建工作团队。抽调熟悉互联网、宣传工作以及乡村情况的工作人员10人组建"村淘"项目工作落地推进组，与阿里巴巴公司工作组一道集中办公2个月左右，重点负责县级运营中心、村组服务站点的选址、建设，多方位宣传电子商务进农村政策、农村淘宝项目、招募培训村级合伙人等工作；抽调5名熟悉相关工作的人员组建"村淘"项目日常管理办公室暨县级运营中心办公室，负责配合阿里巴巴驻会东工作组管理村淘县级运营中心、县电商孵化基地，以及村级服务站点覆盖建设等工作。

（二）搭建平台

1. 借助阿里巴巴农村淘宝项目建设上下行基础体系。历时3个月，通过与阿里巴巴集团的反复沟通、对接、洽谈，2015年12月17日，会东县人民政府与阿里巴巴集团成功签订了农村电子商务发展战略合作协议，为会东电商发展搭建了"消费品下行、农产品上行"双向流通体系，其阿里系的天猫、农村淘宝及乡甜、淘宝特色中国馆、

1688等平台，为会东农产品上行开辟了更加广阔的空间。

2. 搭建孵化培训平台壮大电商群体。一是加大电商孵化园的建设，搭建电商发展平台。通过分类培训、创业支持、资金支持等方式，利用农淘项目培育出电商人才，迅速壮大本地的电商企业集群和网店集群。二是出台更多平台服务、产品选择、数据支持等优惠措施，激励扶持中小网商发展。三是鼓励农村淘宝合伙人、大学生村干部、家庭农场主等带动群众开设网店，鼓励电子商务企业走质量品牌之路。采取引进与培育相结合，重点支持培育一批基础扎实、成长性的电子商务企业，发挥示范带头作用，引导农业生产基地、农产品加工企业、农资配送企业、物流企业应用电子商务，推动"全企入网""全民触网"，着力打造一批农村电子商务示范企业、示范网点。

（三）推进有力

1. 抓县级运营中心建设。由县规建局牵头，工业集中区管委会、发改经信局、委农办、财政局、国资办、投促商务局、科知局、农牧局、移动公司、电信公司等20多家单位负责，引进专业机构进行全面规划、设计，全新打造电商孵化园和物流仓储中心。

2. 抓村级站点选址建设。由农办、县规建局牵头，各相关部门、乡镇负责，在充分考虑选点的地域条件、辐射能力和示范效应基础上，充分整合村"两委"活动室资源，在人员聚居相对集中的村建设约30平方米左右的服务站点，由政府提供五年的房租、宽带费，阿里巴巴公司负责内部办公桌椅、电脑、电视、门头装修等设备设施，第一批32个村级服务站点与县级中心在当年4月已同步运营，其成效明显，如淌塘、发箐两个村级站点，运营两个月，营业额从10余万元攀升到20余万元。

3. 抓县乡村物流体系建设。由阿里巴巴菜鸟网络旗下"蚂蚁金服"负责落实合伙人信用审查及创业小贷，对物流进行资金补贴，开通了县城到新云、姜州、小坝，县城到堵格、新街、大桥，县城到嘎吉、乌东德、淌塘三条线路农村物流直通车，中国邮政、供销社等传统优势企业全面参与，切实解决了物流便民"最后一千米"的问题。

4. 抓宣传造势。通过在今日会东、县电视台、党政内外网、会东在线等主流媒体，通过微信、网媒等新兴媒体，通过地面推广人员进村入户，通过公路沿线公路挡墙、宣传栏、电子显示屏、广告牌、横幅等载体，投放农村群众喜闻乐见的宣传标语，让农村电商随地可见、随处可闻、家喻户晓，全力营造会东电商发展的浓厚氛围。

5. 抓合伙人招募。通过宣传、地推，截至2016年2月，有1400余名返乡务工青年、农村致富能手等完成了在线注册、在线考试和县级初试，3月底最终确定首批32个村级服务站点合伙人。

6. 抓创业人才储备。通过各种平台，完成首批淘宝合伙人初试暨电商"百村千才"创业人才选拔工作，为全县318个村农特产品上行储备人才。为推动会东农产品上行聚集了人力和资源。

三、存在问题

第一，观念意识淡薄。村民是农村电商的直接参与者，不少村民大多是留守老人和妇孺，知识文化素质低，短时间内，其主动利用电子商务的意识相当薄弱，多数人心存质疑，担心存在风险，不敢尝试，参与度较低。

第二，基础设施薄弱。实现"农产品进城，工业品下乡"需要完善相关配套设施，一是物流，阿里巴巴率先建成了 32 个农村淘宝服务站点，开通了菜鸟网络物流服务，但会东县地处偏远、农村人口分布广泛、交通建设相当滞后，农村电子商务物流配送难、农特产品进城难等问题依然存在。二是信息，全县 318 个村尚有 153 个村没有通宽带，农户与市场之间信息交换相对滞后，农民缺乏对市场信息的积极整合和分析，难以根据市场信息来有效地调整生产结构。

第三，农产品分散，品种质量参差不齐，在短期内无法解决农产品大量外销问题。农村淘宝项目前期主要是以"网货下乡"为主，这与急需解决的农产品外销问题仍有一定差距。

第四，对农产品品牌的创建与打造能力较弱。阿里巴巴自己不卖商品、也不包装商品，其旗下的天猫、淘宝、1 688 等平台都只是提供电子商务的平台服务，不能具体开展特色农产品的加工、包装等方面的业务。

第五，资金匮乏。发展电商，前期投入相对较大，不发展不行、发展慢了也不行，加之当前宏观经济下行压力持续加大，县财政压力也越来越紧张。

四、对策建议

（一）转变观念

一是提升领导干部的互联网思维，让各级领导干部认识互联网、了解农村电商、支持电商发展，改变"电子商务就是一根网线、一台电脑开网店"的"简单化"认识、"电子商务就是卖土特产品"的"片面化"认识。二是提升农业龙头企业互联网思维，让企业用互联网思维优化产品结构、加快产品营销、提高产品开发能力。三是提升电商创业者综合技能，鼓励有一定文化基础知识的青壮年回乡创业，掀起大众创业、万众创新的热潮；通过"农民夜校"，加强现代知识文化的教育和普及，提升农村居民的网络意识，在全县形成人人懂电商、人人聊电商、人人用电商的浓厚氛围。

（二）加强基础设施建设

第一，建立连通城乡的物流体系。发达的物流网络才能实现农村电商的方便、快捷。从县到村的物流受地理环境、交通条件等因素的影响，会东县引进了阿里巴巴菜鸟网络旗下一家物流公司，切实解决了农村居民"买难卖难"的问题，下一步，将重点引进物流企业，加大资金补贴，建立覆盖全县、连通城乡的物流网络，彻底解决"网货下乡、农产品进城"的"最后一千米"问题。

第二，建立覆盖全域的服务体系。建立"网货下乡、农产品进城"的双向服务体系，在县城建立1个县级服务中心，在20个乡镇所辖社区和318个村建立村级服务站点，将农村电商的服务体系建到老百姓家门口，既能让老百姓在家门口购买更多优质、便宜的商品，降低村民生产生活成本，又能让农村农特产品通过网络销往全国甚至世界各地，将农业资源优势转变为资金优势，提高村民的收入水平。

（三）建立全民创业的上行体系

推进农产品上行体系的建设，是一项系统复杂的综合性工程，不能靠一个部门、一个企业来解决，必须多管齐下、综合发力才能建成。

第一，加强农产品供应链体系建设。全力抓好标准农产品（如带QS的松子等）、非标准农产品（如土鸡蛋、水果等）的标准制定、溯源、检测、保鲜、冷链、品控等工作。以会东土鸡蛋销售为例，要规范土鸡的生长条件、记录土鸡蛋的来源，并能快速检测土鸡蛋的成分、落实土鸡蛋的保鲜措施、存储措施，确保土鸡蛋在规定时间内送达消费者。

第二，加强农产品营销体系建设。规划建设会东农特产品一条街或农特产品公共供货平台，在线上搭建一个汇集大凉山特色农产品的销售平台，依托天猫、淘宝、京东、苏宁等第三方主流平台和有赞、微店等网店集群，形成线下与线上相结合、PC端与移动端相结合、自建平台与三方平台相结合、批发分销与零售相结合，鼓励创业人员借助第三方平台搭建农产品销售网络店铺，确保在不同的平台搭建网络店铺100家以上，9月15日，会东首个电商品牌洋芋公社正式对外发布。

第三，加强农产品服务体系建设。要整合资源，用专业的人员做好专业的事，推行一站式服务、超市化服务，切实抓好包装设计、图片摄影、新媒体传播、公关策划等事务，不断提高农产品销售的服务能力。

（四）成立会东县电子商务协会

会东县电子商务协会负责帮扶会东电子商务产业的成长、组织培训、搭建技术咨询平台、整合供应商资源、组织网货，同时协助供应商（专业合作社、农户等）进行产品开发，规范电子商务的服务市场和价格等工作。搭建起生产商、供货商、电商企业、农民专合组织、家庭农场、中小卖家以及各类服务商共同交流发展、合作共赢的公共平台，建立一个集中供货平台和网络销售平台，让生产商、供货商销售有平台，中小卖家服务有保障。

（五）创建一个淘宝特色中国会东馆

清晰定位，挖掘本县特色产业，加大力度，培育互联网特色产品品牌，针对我县农特产品旅游服务等特色产业，详细制定淘宝会东馆建设定位、特色、目标及保障措施等方案。

第一，立足资源，加大农特产品开发力度。一是坚持产村相融，在"烟、桑、畜、林、果、蔬、茶"等特色产业发展上下功夫，推进特色农业规模化、规范化发展，形成"一村一品""一乡一业"的产业格局。二是强化龙头企业带动，培育、引进、壮大畜牧、林果、粮食等农副产品加工龙头企业，积极推进企业集中集约集群发展，加快建设以堵格畜牧业、小岔河农副产品加工为重点的农业特色产业园，强化科技示范区、农产品食品加工区、贸易流通区建设，大力发展农特产品精深加工，打造"农业企业引领、产业基地支撑、特色品牌突破、农村电商助力"的现代农业发展格局。

第二，加强对本土电子商务企业的支持培育。把培育本地电子商务企业作为大事来抓，既要加大电商孵化园的建设，搭建电商发展平台，又要通过创业支持、资金支持等方式，利用农淘项目培育出来的电商人才，迅速壮大本地的电商企业集群和网店集群，为下一步淘宝特色中国·会东馆的建设打下坚实的基础。

第三，统一形象，推进会东特色农产品的品牌打造。当前，会东县打造了会东松子、黑山羊、松露、会东七彩洋芋、芬柔等多个产业品牌，《舌尖上的中国Ⅱ·三餐》中推荐了大凉山的七彩洋芋（会东是主产区之一），但很多生产七彩洋芋的企业、合作社和家庭农场，有的有品牌，有的连品牌都没有，这些产品在市场上无人知晓，难以形成合力，不利于会东农业整体形象的打造，为此，会东县人民政府出台了《会东县驰（著）名商标、地理标志商标、"三品一标"奖励办法（试行）》，鼓励企业树立品牌意识、提升品牌竞争力，创建统一的区域公用品牌，覆盖农业全区域、全产业、全品类的农产品，从而带动产业和企业品牌的共同发展。

第四，提档升级，加大农特产品质量、溯源等体系建设。产品质量溯源体系建设是现代农业的重要标志，也是"互联网＋农业"发展的核心内容之一。一要依托农村电子商务发展，在农业生产、加工、流通等环节加强互联网技术应用和推广，逐步建立会东县农产品质量溯源体系。同时，也要挖潜掘力，通过电商产业发展带动其他产业，如旅游、文化等产业融合发展。二要依托大凉山农特产品市场影响力和占有率，筹建大凉山品牌网，汇集全州优质农特产品销往全国。三要充分发挥地区优势，打造会东农特产品线下体验一条街，让群众既享受网购优惠和便捷同时，又享受实体店的体验和服务。

（六）抓好资金预算

县政府承担开业一次性投入资金和年运行管理费600万元（包括县级运营中心水电费、宽带费、村服务站宽带费、培训费、宣传费、激励奖励费），并整合各类培训经费，将年度培训经费纳入财政预算。阿里巴巴公司负责县级运营中心的所有办公设备，搭建物流体系投入及农村物流补贴，承担村服务站办公设备（电脑、电视）、门头软装、合伙人业务培训、合伙人佣金、合伙人月度活动奖励、合伙人信用借贷等经费，逐年加大投入，以"农村淘宝"助推农村扶贫攻坚，按照"三年集中攻坚、一年巩固提升"要求和"七个一批"的扶贫攻坚计划，打好"3＋14"政策"组合拳"，全面推进精准扶贫工作，力争到2016年全县37个贫困村、贫困户4 156户、贫困人口14 429人基本脱贫，2017年消除绝对贫困，确保农村贫困人口2018年与全县同步提前全面建成小康。

会理县生态环境保护的调查与思考[①]

中共会理县委党校课题组[②]

加强环境保护，造福子孙后代，是贯彻党的十八大精神，全面落实经济建设、政治建设、文化建设、社会建设、生态文明建设五位一体总体布局，建设美丽中国的重要内容，是实现经济转型，加快建设资源节约型、环境友好型社会的重要抓手，更是维护人民群众切身利益，保护群众身体健康的具体体现。近年来，会理县委、县政府高度重视生态环境保护工作，以省级生态示范县创建为抓手，在推进生态建设和环境保护方面取得了一定成效。会理县地貌类型复杂，生态环境多样，土地资源、矿产资源、动植物资源、森林资源丰富如何立足于实际，大力实施"生态立县、生态强县"战略，进一步提升生态建设和环境保护质量，是摆在我们面前的重要课题。

一、会理县实施"生态立县、生态强县"战略基本情况

（一）独具特色的资源优势

会理县位于四川省最南端，地处攀西腹心地带，因"川原并会，政平颂理"而得名，古称会无、会川。会理于西汉元鼎六年（公元前111年）建县，距今已有两千多年的历史。全县面积4 527平方千米，辖6个园区、43个乡镇、303个行政村，县内有汉、彝、藏、回、傣等29个民族，总人口46万人，少数民族占总人口的16.7%。2011年，会理被国务院列为国家历史文化名城。

会理资源富集，有丰富的矿产资源、土地资源、光热资源和旅游资源，素有"攀西聚宝盆"的美誉。会理县土地及光热资源丰富，全县耕地面积105万亩，其中水田24万亩，旱地81万亩；有宜农荒地30多万亩。全县林业用地面积511.9万亩，林木蓄积量1 600多万立方米，森林覆盖率52.1%。全县年均降雨量1 211.7毫米，全年日照2 421.5小时，无霜期250天左右。全县集水面积4 244平方千米，河流总长1 000千米。会理有"矿产博物馆"的美誉，现已探明储量的金属矿、非金属矿达60多种、300多处，有大型金属矿床10个、中型矿床27个。其中，铜金属储量165万吨，占四川省总储量的88.6%；锌金属储量27.8万吨，占四川省总储量的37%；铅金属储量6.2万

---

① 2016年度四川省党校系统调研课题。

② 课题负责人：普元美。

吨，占四川省总储量的 23%；钴、铟、蛇纹石储量几乎占全省的 100%。

（二）生态县创建奠定的基础

宜人的会理，山川秀美，水碧天蓝。近几年来，会理县认真贯彻落实省委、省政府《关于建设生态省的决定》，主动从构建"生态四川""生态凉山"的大局出发，集全县之智、举全县之力，全方位做好生态环境保护工作，2015 年 12 月成功创建省级生态示范县，生态环境明显改善。

1. 生态工业健康发展。大力发展节能环保产业，投资 18 亿元的昆鹏铜业 10 万吨阳极铜项目建成投产，形成铜镍、铅锌、钒钛铁、电煤、特色农产品加工、烤烟、石榴等产业集群。同时加大节能减排力度，落实综合整治措施，狠抓主要污染物总量减排，"十二五"期间，全县规模以上企业工业废水排放量、工业烟尘排放量达标率 100%；化学需氧量、二氧化硫排放量、氨氮排放量达到国家排放指标。

2. 生态农业蓬勃发展。一是现代农业发展水平进一步提升。2015 年，全县农村用电量4 697万千瓦·时，年末农业机械总动力 30.81 万千瓦，农用塑料薄膜使用量1 648吨；全县建成无公害农产品生产基地 2 个、面积 15 万亩，绿色食品原料标准化生产基地 2 个、面积 28 万亩。二是进一步推广清洁能源生产。全县建成农村户用沼气池 4.16 万口，安装太阳能热水器 6.4 万户，使用液化气 1 万户。三是大力发展循环养殖。在农村大力推广"畜、沼、果"循环养殖模式，全县规模化养殖场配套建成沼气池5 000口，总容积 6.3 万立方米。

3. 生态旅游业快速发展。重点推进会理古城、会理会议遗址、皎平渡遗址、龙肘山自然风景区建设。会理会议遗址和皎平渡遗址景点被列入全国 100 个红色旅游景点；玉龙源度假村被评为"四川省十佳农家乐"，瀛洲园商务酒店成功创建为四星级酒店。2015 年，会理古城成功创建国家 4A 级旅游景区。2016 年以来，会理以开展节庆活动为抓手，成功举办了新春文化节、傣乡泼水节、杜鹃花节、祭龙节、端午文化节、石榴节等系列活动，实现了月月有活动的目标，接待游客 176 万人次，实现旅游收入 1.2 亿元。

4. 绿色会理建设稳步推进。累计完成成片造林 52.48 万亩，封山育林 8.39 万亩，巩固退耕还林 8.1 万亩，退耕还林配套荒山造林 10 万亩；建成以华山松为主的特色经济林 30 万亩，以印楝为主的生物农药林 6.2 万亩，以麻疯树为主的生物质能源林 42 万亩。2010 年，全县森林面积 279.75 万亩，森林蓄积量1 202万立方米，成功创建四川省绿化模范县。近年来，会理狠抓城区道路绿化，累计绿化街道 31.5 千米，植树 5.31 万株，道路绿化普及率、达标率分别为 92.1% 和 81.82%。

5. 区域环境质量明显改善。关闭了小石房铅锌矿锌焙烧车间、会理煤矸石发电有限责任公司等 12 户高污染、高能耗企业，建成县城污水处理厂及鹿厂镇等 5 个集镇污水处理工程。争取各类环保项目资金5 000余万元，先后完成了会理县矿产品有限责任公司重金属污染综合治理等工程。依法取缔土法冶炼、炼焦、造纸等高能耗、高污染的"十五小"及无证开采企业 400 余户，对通宝河 8 户企业实行了停产搬迁整治。对小黑箐乡 36 家"三无"非法小选厂、关河乡 2 家非法炼焦厂和仓田乡 2 家非法选厂依法进行了关闭。

6. 生态环境监管能力增强。投入 300 万元设立环境监测站实验室，配备车辆及应急监测设备。建成县城空气自动监测系统，县环境监察执法大队通过了国家三级标准化建设验收。严格"环保准入制度"和"三同时"制度，累计审批项目 159 个，先后开展各类环保执法检查 300 余次，开展各类环保专项行动 40 余次，对 33 户环境违法企业进行了立案查处。加强对城区环境空气质量、县境内主要流域断面和 28 个集中式饮用水源保护区的监测，发布信息 69 期，出具监测数据 6.3 万个。

（三）城乡环境综合整治取得的成效

近年来，会理县按照省州统一部署，开展宣传引导，实施处罚教育，加强督查问责，建立长效机制，集中开展城乡环境综合治理，取得了明显成效。

1. 城乡居住环境明显优化。一方面抓住"8.30"地震灾区恢复重建机遇，投资 3.3 亿元，维修加固农房 2.3 万户、重建 1.32 万户，重建城镇住房 63 户，3.63 万户灾民喜迁新居。投资 15.62 亿元，新建及维修加固学校 82 所，新建医疗机构 20 个，新改建乡镇机关用房 48 个，新建 6 条主干公路和 19 条通乡公路，建成集镇供水站 2 个、提灌站 5 座，恢复损毁林地 6.22 万亩。另一方面，加快新农村建设步伐，捆绑投入各类资金 22.4 亿元，完成新民居建设 33 219 户，新建村内道路 235 千米、通村道路 136.9 千米、通户路 423 千米、沟渠 156 千米、农村户用沼气 4 557 口，农村改厕 4 557 户，解决 6 642 人饮水困难。

2. 新型城镇化建设稳步推进。加快县城建设步伐，完善城市配套设施，完成"春天花园"小区、麒芝寓、华龙苑等房地产开发项目，建成元天街、滨河园、石榴文化广场等一批标志性建筑，县城南北街、科甲巷、东明巷、西成巷被省政府核定为全省第一批历史文化街区，会理古城荣获"四川最美丽城市——熊猫奖"，会理北街被命名为全国最美街区。2010 年以来，启动 5 000 套改善型经济适用住房建设，建成经济适用住房 482 套、廉租房 1 772 套、公租房 40 套、拆迁安置房 284 套。

3. 环保基础设施进一步完善。完善垃圾、污水处理设施，建成日处理 10 000 吨的污水处理厂 1 个，乡镇污水处理站 8 个，县城生活污水集中处理率达 90%。城区建成规范化垃圾填埋场 1 个、垃圾中转站 7 个、垃圾收集房（池）178 个，新安装垃圾分类箱 800 个，新购置清扫车、高空作业车、垃圾车等大型环卫机械，年处理填埋生活垃圾 4.9 万吨，无害化处理率达 95%。城区累计植树 5.31 万株、绿化街道 31.5 千米，设置花箱 1 613 个、县城绿地面积达 56.43 万平方米，城镇人均公共绿地面积达 10.3 平方米。

4. 城乡环境秩序得到整治。有序推进"城中村"、城乡接合部、背街小巷治理，对占道经营、车辆乱停乱放、电三轮非法营运等现象实行严管重罚；拆除各种违章建筑 230 处，加大对城区建筑工地的整治，坚决查处各种建筑乱象；对违规张贴小广告的行为给予重罚，共清除各种违规小广告 1 万余处，清理拆除破旧的或不规范的户外广告、店招店牌 300 余块。对城河近 3 千米河段进行清淤除杂，清理垃圾 250 余吨。开展爱国卫生运动，每周五组织全县各机关开展义务大扫除，清运垃圾 3.5 万余吨，消灭卫生死角 600 余处。

5. 城乡环境综合治理成效明显。建立城乡环境综合治理长效机制，把城乡环境综合整治作为全县重点工作纳入年终绩效考核，与各园区、乡镇层层签订目标责任书，项目、指标细化，层层落实责任，坚持"每月一督查，每月一排名，每月一公布"的督查制度，对未按时完成工作任务的单位及责任人予以通报批评并责令整改，确保工作有力有序推进。近年来，全县按照"村收集、乡转运、县处理"的整治要求，每年累计处理填埋生活垃圾 4.9 万吨，接收和焚烧医疗废弃物 410.88 吨。

二、会理县实施"生态立县、生态强县"战略中存在问题

近年来，会理县高度重视生态环境保护工作，相关部门整体联动，建立了相应的监管机制，落实了监管措施，加大了整治和监管力度，生态环境保护取得了一定成效，生态环境得到了明显改善。但由于历史欠账多，部分干部和群众的生态环保认识不到位，生态环境保护意识不强，生态环境保护措施执行有偏差，加之会理矿产资源丰富，矿产企业多，过去无序开采较为严重，环境监管执法还有漏洞，生态环境保护还存在一些薄弱环节，主要表现在：

一是干部群众环保意识有待加强。国家对生态环保工作高度重视，将其提升到关系到可持续发展、关系到子孙后代的生存和发展的高度，并出台了一系列强有力的措施，推进这项工作。但是，一方面部分干部群众对生态环保认识还不到位，总认为会理县山川秀美，物产丰富，无论是工业，还是农业，几乎都是传统工艺，没有多大的污染，用不着劳心费神在生态环保上花更多的精力，注入更多的资金。另一方面生态环境建设是一项长期的工作，是一项系统工程，其效果不如发展经济明显，部分干部为了在任期内出政绩，重经济轻环保，对保护环境的重要性认识不够。

二是经济社会发展对环境的压力增大。近年来，会理县乘着改革开放的东风，依托资源优势，利用国家加快发展的好政策，大力开发矿产资源、土地资源、小水电资源，矿业、能源、交通、水利等一大批项目相继上马，经济快速发展。截至 2015 年，全县有各类企业 2 613 户，其中年产值 500 万规模以上的企业 287 户。工业企业的快速发展有力地拉动了地方经济的快速增长。在经济快速发展的同时，局部地方以牺牲环境资源为代价，给环保带来了沉重的压力。会理是国家 20 个重金属污染国控重点县之一，重金属排放主要来自金属矿产资源采选、冶炼企业，全县涉重金属污染企业达 32 户，其中冶炼企业 4 户、采选企业 28 户。在全方位做好环保监测防控，落实好企业综合整治、废物利用等方面任务十分艰巨。

三是城乡面源污染不容忽视。会理县地处山区，面积达 4 527.8 平方千米，农村人口居住不集中，农村生活污水收集处理和生活垃圾收集处理点多面广，需要投入的资金巨大。集镇建成区特别是老集镇污水收集管道不健全，群众建房设计不规范，单独住户没有实现雨污分流，生活污水收集处理的难度非常大。部分村落自然环境较差，没有养成良好的卫生习惯，房前屋后垃圾遍地，粪水污水横流，脏乱差现象突出，环境卫生堪忧。会理县的矿产企业点多面广，部分企业生活污水、生活垃圾收集处理设施不健全，

制度不规范，大多数矿产企业都没有专门的生活污水和垃圾处理设施。再加上农村大量使用化肥、农药、塑料薄膜，水源、土壤里残留的有毒有害物质较多，塑料薄膜的回收不彻底，给生态环境保护留下隐患。

四是森林资源管护难度较大。由于利益的驱使，特别是在林权承包后部分群众认为自己所管护的林地上的树木就属于自己，加上全县林业部门人手有限，对森林资源的管护难度较大。近十余年来，会理县大力发展烤烟、石榴产业，很多农民毁林开荒，增加烤烟和石榴种植面积，截至2015年，全县烤烟种植面积已达25万亩，石榴种植面积已达32万亩。在烤烟烘烤季节，还有不少农民以木柴当燃料，乱砍林木。在公路改造、矿山开采、水电开发、项目建设、土地整理等项目实施过程中，群众非法占有林地、破坏森林植被、滥砍滥伐树木的现象仍时有发生。林业部门管护力量薄弱，基层干部对破坏森林的现象睁一眼闭一眼，查处整治不力，管护不力，措施不到位。

五是生态环境监管执法还不到位。由于会理县于2007年才新组建环保局，监管人员有限，专业人员不足，监管手段较为落后，企业违法成本太低，违法手段较为隐蔽，监管执法的频次不高，处罚不够，还没有对违法企业形成应有的震慑。同时，在生态环境保护上，乡镇监管责任体系还不健全，对辖区内出现的环境问题问责不到位。

六是生态环境保护宣传不到位。近年来，会理加大了生态环境保护的宣传力度，组织各级领导干部学习了新环保法，编撰印制了《环境保护工作手册》，开展了环保知识培训，对全县各乡（镇）长、县级相关部门分管领导、企业负责人进行了培训；在世界湿地日、世界地球日、世界环境日等重要时间节点，开展生态环保宣传，共分发环保宣传资料15万份，刊登环保宣传文章300余篇，设置大型户外广告宣传牌数十块，每年环保宣传投入资金达6万元以上。虽然开展了这些工作，但是部分干部对新环保法理解不深，对生态环保的认识还不到位；广大群众对生态环保相关知识了解不多，生态环保意识仍然不强，部分企业对危害生态环境严重性认识不足，在全县上下营造浓厚的环保工作氛围上还要做大量的工作。

七是生态环境保护的投入不足。近年来，会理县积极向国家、省、州争取环保整治项目，争取环保资金，"十二五"期间，会理县共投入各级各类资金5 000余万元，完成了会理县矿产品开发有限责任公司重金属污染防治工程、小石房铅锌矿重金属污染防治工程、均鹏矿业有限公司重金属污染防治工程等整治项目，关闭了会理煤矸石发电有限责任公司、湘渝冶炼厂等12户高污染、高能耗企业。由于生态建设历史欠账多，在近期内需要投入生态环境治理的资金量大。但近年来受市场和价格的影响，会理县财政增收乏力，保工资、保民生是各级政府的首要艰巨任务。虽然会理县财政每年都划拨一定的经费作为生态建设经费，但仍显得捉襟见肘，资金缺口较大。

三、有效推进"生态立县、生态强县"战略的思路和对策

会理地貌类型复杂，生态环境多样，土地资源、矿产资源、动植物资源、森林资源较为丰富，要进一步建立和完善生态环境保护机制，落实生态环境保护措施，加大生态环境保护力度，着力发展循环、低碳、绿色经济会理，让会理的天更蓝、山更青、水更

靓，可持续发展能力不断增强，本课题组认为应采取以下措施。

（一）统一思想认识，建立生态环境保护的保障体系

统一全县干部群众思想，提高其对生态环境保护的认识，认真贯彻保护环境基本国策，绝不以牺牲环境资源为代价来换取短期经济的增长，为子孙后代永续发展预留发展空间。一要强化领导，为生态环境建设提供组织保障。成立会理县生态环境保护工作领导小组，由党政主要领导和分管领导分别任组长和副组长，发改、经信、环保、国土、林业、农牧等相关部门为成员单位，形成主要领导亲自抓、具体抓，各部门齐抓共管的工作格局。二是健全环保监管责任体系，县、区、乡镇配强配齐环保专职干部，各村落实环保监管员，任务层层分解，落实责任到人头，形成从上到下的责任监管网络。三是巩固好生态建设成果，对成功创建省、州级生态乡镇、生态村、绿色社区、绿色学校、环境友好型企业、生态家园等，要继续强化管理，出经验、出特色、出亮点，发挥引领示范作用；对已建成的污水处理站、垃圾填埋场，要落实园区、乡镇具体负责，确保工作有人抓，设施有人管，确保环保设施正常运行。四是落实环境保护工作辖区责任制，对辖区内出现的环保问题实行一票否决，明确乡镇的工作职责，把环境保护工作作为对乡镇主要领导考核的主要内容及其晋升的重要依据。五是严格问责。坚持问题导向，落实工作责任，对辖区内生态环保监管不力，措施不当，处置不到位的，坚决追究相关领导及其工作人员的责任。六是加大经费投入，县财政要把生态环境保护所必需的经费纳入财政预算，乡镇污水处理站、垃圾填埋场的运行经费纳入财政预算，每年启动和实施一批保护环境工程，确保环保设施有钱建设，有经费运行，有人管理。

（二）抓好循环经济，建设清洁环保的生态经济体系

要综合利用会理得天独厚的资源优势，因势利导，以节能环保为突破口，在综合利用上下功夫，抓好绿色环保的循环经济，建设清洁环保的生态经济体系。一是以生态工业为突破口，综合利用会理现有的矿产品优势，科学规划5大工业园区和有色产业园区，重点构建昆鹏公司10万吨阳极铜、会锌公司10万吨锌冶炼、马鞍坪矿山废石综合利用、大凉山金叶废弃烟叶环保处理、鹏程废渣综合开发、武汉凯迪公司3万千瓦生物质能源等节能环保产业，实现工业经济快速增长，带动会理经济持续发展。二是大力发展生态农业。依托会理的自然资源优势，构建支柱产业体系，形成黄（烤烟）、红（石榴）、黑（猪羊）、绿（生态）四大支柱产业。在烤烟生产上，大力推广订单农业，走公司加农户道路，实现规范化种植，规模化生产，减少资源浪费；在石榴生产上，大力推广节水灌溉技术，落实好病虫害科学防治措施，减少农药残留对土地的危害；在畜禽养殖上，走集约化规模化道路，落实好环保措施，减少畜禽粪便对环境的污染。同时，加快会理无公害农产品基地、绿色食品原料标准化生产基地建设步伐，大力发展农业机械、发展农村沼气，提升现代农业发展水平。

（三）加强治理保护，建设山川秀美的生态环境体系

既要金山银山，更要绿水青山，这是当代人的梦想，是实现经济可持续发展的客观

要求，更是生态环境保护的必然选择。加强综合治理，建设秀美山川，让天更蓝，水更清，山更绿。一是加强宣传教育，认真贯彻落实保护森林资源的法律法规，增强广大群众保护森林资源的法律意识、责任意识、看齐意识，让人人都理解"既要绿水青山，又要金山银山"的真正含义，增强广大群众主动投入资源保护的主人翁意识。二是严厉打击破坏森林资源的违法犯罪行为，按照"抓源头、重防范、严打击"的思路，认真开展打击无证经营、收购、运输木材以及乱砍滥伐林木、乱捕滥猎野生动物、乱采滥挖野生植物、非法占用林地等专项行动，坚决制止毁林开垦、乱占滥挖、乱砍滥伐等违法行为，时刻保持重拳打击违法犯罪的高压态势。三是切实贯彻封山育林政策，强化林木采伐监管，严格管理木材生产计划，加强对各林区监管，及时进行伐后跟踪确认，确保不出现超指标采伐等违规采伐现象。四是狠抓生态公益林保护。落实好生态公益林管护任务，聘请专职管护人员，分片分区域实行专人管护，对全县生态公益林补偿资金发放到户清册进行新一轮的核查核实，确保管护面积到位率和补偿资金发放到位率两个100%。五是抓好成片造林工作，巩固退耕还林成果，落实退耕还林配套荒山造林政策，除抓好现有的石榴产业外，在会理北部山区大力发展华山松、花椒、核桃等经济林，在会理中部、南部大力发展以板栗、油橄榄为主的特色经济林，在会理南部干热河谷地区，抓好以印楝为主的生物农药林，以麻疯树为主的生物能源林建设，提高全县森林覆盖率。

（四）优化居住环境，建设和谐优美的生态人居体系

建设和谐优美的人居环境，是人类文明进步的标志，是城乡一体化发展的方向。优化城市建设布局，抓好城乡建设，完善城乡基础设施，建立以人为本，人与自然、人与社会和谐相处，安全、便利、舒适的生态人居体系，是广大人民群众的期盼，更是政府的职责。就会理县而言，一是要推进新型城镇化建设，紧紧围绕二级城市定位，把会理建成凉山南部区域中心城市，完成春天花园小区、麒芝寓、华龙苑等房地产开发项目，建成元天街、滨河园、石榴文化广场等一批标志性建筑，启动以县城为中心的"1+12"城镇体系建设。以提高古城环境质量为目标，完善5 000套改善型经济适用住房配套设施，完成古城一期、二期、三期治理工程，聚集人气商气，带动全县城镇化发展。二是加快新农村建设。把省级新农村示范片建成特色石榴、烤烟产业核心区，基础设施建设展示区，人居环境适宜区、科技兴农推广区、改革创新试验区，突出抓好"九改两建"工作，完成新民居建设，实现通自来水、通电、通公路、通电话、通电视、通宽带"六通"目标，确保示范片提前五至七年进入全面小康。三是加大城市公共设施建设。狠抓会理城市公用设施配套建设，滨河路北延、金带路东延、城区路网配套建设工程，增加城镇公交路线，增加公交车、出租车投放量；结合旧城改造和新城区建设，抓好城区绿化、美化、亮化工程，营造合适的居住环境。四是巩固城乡环境综合治理成果，以"五乱"治理为抓手，以"五十百千"示范工程建设为载体，搞好会理农村房屋风貌改造，依法拆除违法违章建筑，建好卫生厕所，建好垃圾收集池及垃圾转运站，抓好城乡环境卫生，提高改善城乡生态环境质量。

（五）坚持以人为本，建设文明先进的生态文化体系

生态文化是生态文明发展的基础和建设的灵魂。坚持以人为本，树立尊重自然、顺应自然、保护自然的生态文明理念，构建先进的生态文化体系，引导在全社会形成生态文明价值取向和正确健康的生产、生活、消费行为，形成人人关心、个个参与生态文明建设的氛围。就会理而言，一是倡导彝区健康文明新生活。加快推进彝区村道公路、多功能村级活动室、文化体育综合活动场、沼气池、垃圾池、"三房"改造，开展"小手拉大手"主题实践活动，教育引导青少年从小养成良好文明卫生的生活习惯，阻断不文明生活习惯代际传递。二是弘扬特色地域生态文化。注重会理特色地域文化在历史文脉中的传承作用，以满足人民群众精神需求为出发点，依托历史文化名城深厚的文化资源优势，大力实施文化强县战略，挖掘传统文化，传承民族文化，拓展地域文化，弘扬红色文化，丰富群众文化，彰显现代文化，大力推进文化惠民和文化人才工程，着力增强先进文化的凝聚力和影响力，走出具有会理特色的文化产业发展新路。三是坚定不移地实施文化强县战略，传承文脉，传播文化，传递文明，依托会理古城文化优势，挖掘文化资源，吸纳融合多元文化，繁荣文化事业，发展文化产业，创作文化精品，推动文化大县向文化强县迈进，把会理打造成特色鲜明、经济发展、文化繁荣、文明进步的文化强县。四是利用国家历史文化名城的资源优势，坚持在保护的基础上进行开发，将会理古城的保护与开发和文化产业结合起来，和发展旅游文化产业结合起来，注入文化元素，提升文化内涵，加大宣传力度，唱响国家历史文化名城品牌，扩大会理的影响力。五是依托会理浓厚的人文环境，发挥文化资源优势，因地制宜开展丰富多彩的群众文化活动。充分发挥行业和县文化管理部门、文化团体、文艺协会的作用，积极引导，精心组织，开展好各种层次的群众文化活动，丰富群众文化生活，着力培育广大群众的生态意识，营造全民共同关心参与生态保护和建设的浓厚社会氛围。

（六）强化保障能力，建设持续稳定的生态预警体系

应对严峻复杂的生态环境形势，建立健全环境监测预警体系，全面反映环境质量状况和变化趋势，努力提高环境监测整体水平，并准确预警各类环境突发事件，提高生态环境保护的科学决策能力、环境监管能力、预警应急能力、宣教引导能力、科技推动能力，是做好新时期生态环保工作的关键。一是加强生态科技保障能力建设。加大科研经费投入，建立财政科技投入稳定增长机制，确保县级财政科技投入生态环境保护增幅不低于15％；建立企业科技奖励制度，设立"会理县企业技术创新专项资金"，奖励在节能环保方面做出突出贡献的企业和个人，调动企业参与科技创新的积极性；组建"科技进步与创新课题库"，建立科技项目招投标机制；建设"科技人才库"，建立多渠道、多层面的人才培养机制。二是加强生态安全预警能力建设。从生态预警、环境预警、生物安全预警3大系统入手，建成会理地质灾害防御预警预报指挥系统、水源及大气监测网络系统、农产品质量安全检验检测系统、动植物检疫系统、农业有害生物预警系统等生态安全预警体系，抓好水土流失治理，及时发布汛期预警预报信息，预防山地泥石流和地质灾害，做好粮食果蔬和畜禽检疫，提高应急保障能力。三是加强生态环境监管能力

建设，一方面完善现有会理县环境保护局硬件配置，落实好办公场所，建设好县环境监测站，完善环境监测实验室，配备车辆及应急监测设备，备足检验检测器材、试剂、药品，满足开展环境监测的需要；另一方面，抓好环境保护队伍建设，配强配齐领导班子，解决好人员编制，引进专业技术人才，搞好监管人员培训，提高监管能力。

（七）严格执纪执法，全力构建生态环境保护体系

遵循严格保护、科学开发、创新提升、整体跨越的基本思路，以生态承载力和环境容量为约束，以产业发展的生态化改造和生态保护的产业化推进为动力，以可持续的生态安全格局为支撑，严格执纪执法，依法查处和打击环境违法企业，全力推进生态环境保护事业健康发展。

一是加快转变发展方式，从源头上减少对环境的影响。推动产业结构调整，优化产业发展方向，提高资源利用效率和综合利用水平。积极发展循环经济，制定实施循环经济推进计划，降低能耗、碳排放、地耗和水耗强度，控制能源消费总量、碳排放总量和主要污染物排放总量，严守耕地、水资源、林地、湿地等生态红线，加快完善促进循环经济发展的政策、相关标准和评价体系，把传统的、依赖资源净消耗为主的发展，转变为依靠生态资源循环利用的科学发展。

二是加大环境污染治理力度，进一步改善环境质量。以大气、水、土壤污染防治为抓手，构建改善生态环境质量的工作体系，打好大气污染防治、水环境治理和土壤污染防治等"三大战役"；坚持不懈推进节能减排，认真解决突出问题。落实国家节能行动计划，实施节能技改、建筑节能等工程，推进冶金等产业节能改造和重点园区循环化改造，加强资源的有序利用、废弃物的综合利用，大力引进节能环保产业和节能减排项目。

三是实行最严格的生态环境保护制度，切实增强生态环境监管能力。强化项目环评工作，严格审批程序，把好规划环评和建设环评关，严禁越权审批、降低环评审批等级、擅自变更等环评违规行为，守牢生态底线的第一道关口。认真研究落实资源有偿使用制度和生态补偿制度，建立完善环保监控体系和执法体系，加大生态环境执法力度，严格执行生态环境影响评价制度，加强环境突发事件应急能力建设，健全生态环境安全应急预案，完善以预防为主的环境影响评价制度。对群众反映强烈的重大环境问题，实施挂牌督办。对造成生态环境损害的责任者严格实行赔偿制度，依法追究刑事责任。

四是结合会理实际情况，组织开展生态环境专项整治活动，以"整治违法排污企业保障群众健康""涉铅行业整治""造纸行业整治""重金属污染企业专项检查"等环保专项行动为抓手，依法取缔土法冶炼、炼焦、造纸等高能耗、高污染的"十五小"及无证开采企业，集中解决一批生态环境方面的突出问题。同时强化督查督办，采取明察暗访、上下联动、集中检查与突击检查相结合的方式，开展对企业的督促检查，对存在环境问题的企业，严格依法惩处，并督促及时限期整改。

五是严肃追责问责。健全纵向到底、横向到边的生态环境监管网络，整合生态环境监管力量，落实园区、乡镇的监管责任，明确监管责任主体，落实工作责任目标，对辖区内出现的环境污染问题，按照相关法律法规严肃问责，通过强有力的工作举措，确保

生态环境安全。

（八）强化宣传培训，建立生态环境保护工作体系

全民参与是建设生态环境保护的重要基础，加强环境宣传是提升全民环境意识的重要途径。一是抓好生态环境保护的法制宣传。通过县委中心学习组、"周末大讲堂"和县委党校中青年干部培训班等，将生态环保法治教育纳入干部教育培训计划，加强对新修订的《中华人民共和国环境保护法》和《四川省党政领导干部生态环境损害责任追究实施细则（试行）》的宣传，强化各级党委、政府的生态环境和资源保护职责，给各级党政领导干部戴上了环保"紧箍"，增强各级领导干部的生态环保意识，提高领导干部运用法治思维和法治方式推动生态文明建设的能力。二是抓好新《环保法》的宣传培训，立足政府、部门和监管人员三个层面，制定多维度的培训计划，对各级政府及相关部门领导、环保系统职工开展系统培训，让政府领导层和环保干部职工深刻领会新法的指导思想和内容，并在执法实践中严格执行，为新法的实施奠定基础。三是抓好对监管对象的培训，由会理县环保局发出致全县企事业经营管理者一封信，让企事业经营管理者明白自己在环境保护中的义务，以及违法应承担的责任，让企业业主深刻理解在环境保护中的义务和权利，增强知法守法自觉性，用实际行动履行好环境保护义务。四是强化媒体宣传，在《今日会理》整版登载新法内容，并开设专栏对新法法条、亮点进行详细解读。利用会理政府门户网、官方微博、官方网站进行生态环保宣传，使广大市民更进一步认识到环境保护的重要性，营造全社会学习新法的良好氛围。五是培育和繁荣生态文化。加强生态文化理论研究，加大会理文化遗产和历史文化遗址保护，不断丰富生态文化内涵，积极构建具有会理特色的生态文化体系。组建生态环保志愿服务队，深入农村、社区、学校开展生态环保宣传活动，引导村民整治居住环境，美化村容村貌，提倡勤俭节约的低碳生活方式，倡导绿色出行；开展环境友好型社区、绿色学校、绿色家庭等群众性生态文明创建活动，推动社会各界和公众广泛参与生态文明建设，增强全民生态环保意识，营造良好的工作氛围。

金阳农村公路建设的调查与思考①

中共金阳县委党校课题组②

金阳县位于四川省西南部，凉山州东部边缘，金沙江下游北岸，与昭觉、布拖、雷波三县毗邻，与云南省永善、昭阳区、巧家隔江相望，面积1 588.23平方千米，全县总人口20.36万人，彝族占总人口的81％，是一个集少数民族地区、边远偏僻地区、贫困地区为一体的国家级贫困县，境内山高坡陡，群山连绵，山峦叠嶂，沟谷幽深，交通相对闭塞。交通落后是制约金阳农村经济发展的重要因素。加快农村公路建设，打破农村自然封闭状态，畅通农村信息和商品流通渠道，是促进金阳农村资源开发、增加农民收入、提高农民生活水平的有效途径。

一、金阳县农村公路的现状

金阳历届县委、县政府高度重视交通建设，始终坚持"金阳要发展，交通必先行"、"公路通、百业兴"的理念，带领全县各族人民经过多年的艰苦奋斗，金阳农村交通建设取得了显著成效。然而，金阳农村交通条件还难以适应经济社会发展的需要，与人民群众的需求仍然存在较大差距，金阳农村公路建设还有许多工作要做。

（一）农村公路建设得到长足发展

中华人民共和国成立以来，金阳农村公路从无到有，从少到多，从土路到油路，从通区到通乡再到通村，变化巨大。从20世纪60年代开始修建沿江公路，70年代打通第一条通乡公路，至1990年，全县建成县道3条，区乡路5条，里程227.6千米。随着国家对西部老少边区扶贫开发攻坚规划的实施，"想致富、先修路"的意识深入人心，金阳县加快了农村公路建设步伐，截至2015年年底，全县有县道3条188.825千米，乡道21条395.819千米，村道91条854.93千米，专用道路4条7.4千米。34个乡镇，通油路的乡镇24个，通畅率70.6％；全县176个建制村通公路，通达率100％，其中通油路、水泥路建制村64个，通畅率36.36％；全县34个乡镇，共有农村客运站20个，初步形成农村交通网络发展格局。金阳农村公路建设取得了长足的发展，农村交通基础设施水平、供给能力、服务质量有了较大提升，与过去相比，变化巨大。

---

① 2016年度四川省党校系统调研课题。
② 课题负责人：罗泽洪。课题组成员：袁发翠、沙古鲁日。

（二）农村公路建设与农村经济发展要求还有较大的差距

金阳县的农村公路建设取得了巨大成绩，但与发达地区相比，仍然存在着乡村交通基础薄弱、发展不均衡的问题。金阳虽有乡道21条、村道91条，但从整体情况看，农村公路技术等级低，均为四级路和等外级路，路况差、通达通畅深度不够、路网密度不高。坐落在省道、县道旁的乡镇、村组，受益于省县道的改善，交通状况明显好转，但在部分边远地区，交通"最后一千米"的瓶颈仍未解决。部分乡镇、村组的公路，耐受性弱，通行安全隐患大，时通时断，全年通畅率低，特别是有些刚修建的通村公路，一到雨季，经常出现塌方、泥石流，导致"晴天一身土、雨天一身泥"，部分高山群众"出门靠两脚、运输靠人背马驮"的现象依然存在，金阳农村公路的质量与农村经济发展要求还有较大的差距。

二、"十二五"期间，金阳农村公路建设项目推进情况

"十二五"期间，随着国家对西部老少边区扶贫开发攻坚规划的实施，金阳农村公路建设成效显著，但由于种种原因，有些建设项目滞后，上级下达的农村公路项目建设任务未能全部按时完成。

（一）金阳通乡油路建设任务及推进情况

1. 建设任务。"十二五"期间，上级下达的通乡油路建设项目，2011年为基觉、马依足、放马坪、桃坪等4个乡66.2千米，2012年为红联、德溪2个乡28.6千米，2013年为梗堡、红峰2个乡32.5千米，2014年高峰、土沟、向岭3个乡91.8千米。2015年根据省委省政府、州委州政府的要求，必须在年内启动7个未通油路乡镇的通乡油路建设，确保在2017年实现全县所有乡镇通油路100％目标。

2. 建设任务完成情况。目前，2011—2014年的通乡油路11个项目，219.1千米的建设任务已全部完成。目前，2015年启动的7个通乡油路建设，有的建设项目已经完成，有的基本完成，难度大的也已经动工建设，正在加紧施工。

（二）通村公路建设任务及项目推进情况

"十二五"期间，2011年以来下达的4个通村通达公路项目4个，在2015年上半年已全部完成；15个通村通畅公路项目，2014年底已完成7个；2015年动工的8个通村通畅公路项目，5个已经完成，2个项目已接近尾声，1个正加紧施工。

（三）农村客运站建设任务及项目推进情况

"十二五"期间，应完成乡镇客运站建设项目8个，其中2013年完成7个，2014年完成1个。8个农村客运站，有5个在2015上半年建设完成，已经验收；2个也在2015年底完工验收；1个因乡政府搬迁，需要完成场平挖填工程才动工耽误工期，目前正在建设中。

三、金阳农村公路建设中面临的困难和存在的问题

金阳农村公路建设面临许多困难，存在许多问题。金阳乡村交通基础薄弱、发展不均衡，通畅率低，部分农村公路建设项目滞后既有客观因素，也有主观原因。

（一）面临的困难

1. 地势险峻，基础薄弱，建设难度大。金阳县属于典型的高山峡谷地形，高山林立，沟壑纵横交错，境内最高海拔4 076.5米，最低海拔460米，自古以来素有"地无三分平、出门就爬坡""一山有四季，十里不同天"的说法。"蜀道难，难于上青天"在金阳得到了充分体现，过去的乡间小路大多开辟在悬崖绝壁与密林深处，险象环生。建县晚（1952年9月成立），社会发育程度低（从奴隶社会"一步跨千年"），经济发展相对滞后，自然环境和历史原因使金阳处于交通相对闭塞的状态，交通基础薄弱。金阳地势险峻，地广人稀，乡村居民居住比较分散，加大了农村公路建设的难度。

2. 资金缺口大，财力不足。国家投资与项目实际预算总投资相差甚远，严格按照施工图施工，连路基工程都无法完成。2013—2014年通村通畅水泥路102.6千米，预算总投资15 524.29万元，国家补助5 180万元，缺口10 344.29万元；通乡油路124.3千米，预算总投资48 688万元，国家补助10 880万元，缺口37 808万元，两项合计缺口48 152.29万元。金阳是边远山区少数民族聚居县，是国定贫困县。县本级财力捉襟见肘，配套用于农村公路建设的资金有限，连工程前期费和征地拆迁费的资金都难以解决。

3. 要素保障难度大，建设成本高。首先，受溪洛渡水电站金阳库区复建工程建设进度缓慢、省道208线全线改造等各种因素的影响，金阳农村公路建设急需的电力、水泥、砂石等要素保障难度大、材料转运成本增加；其次，部门对砂石地材等权属审批办理不严谨，过早地对公路沿线砂石地材权属进行审批，造成垄断经营，提高了建设成本；最后，个别工点征地拆迁问题没有妥善解决，阻工现象时有发生，造成了误工和机械的重复搬运等不必要的浪费，给施工单位增加了建设成本。

4. 人少事多，专业技术人才缺乏。金阳交通建设基础工作薄弱。作为国省县道养护单位的公路局编制89人，实有人员44人，缺编45人，实有人员无法满足公路养护和相关公路项目建设的需要。环境条件差，引进人才难，金阳县交通局仅有6名技术人员，而交通建设任务点多线长，现有的专业技术人员无法满足交通建设的工作需要。人少事多，专业技术人员严重缺乏，影响了农村公路建设。

5. 部分群众没有大局意识。部分群众小农意识严重，只顾眼前、不计长远，只考虑个人得失，不考虑整体利益，经常为征地拆迁、施工损毁等问题阻工、缠访、闹访，阻碍了农村公路建设的有序推进。

（二）存在的问题

1. 重视程度不够，放松了农村公路建设。近年来，相关部门把主要精力放在溪洛

渡水电站金阳库区迁复建工程、省道 208 线加宽改造、县城东区规划建设上，一定程度上忽视了农村公路建设，没有把农村公路建设放在"主业"位置来抓，抓大放小、使力不均；由于重视程度不够，工作信息沟通发生脱节，信息统计上报不及时、不切合实际，存在错报、漏报、不报等现象，没有及时请求上级部门解决农村公路建设中存在的困难，致使金阳农村公路建设进度滞后。

2. 部门配合协调机制不健全，推诿扯皮现象严重。交通项目建设涉及多个部门、多项工作，如发改经信部门的项目立项审批、环保部门的工程环评、水务部门的水土保持方案、国土部门的用地预审报批、乡镇的征地拆迁等，有些工作需要涉及单位自行完成，有些工作需要涉及单位联合向对应的上级部门协调解决，而在实际工作中，各单位包括乡镇都认为农村公路建设是交通部门一家的事，配合力度不够，敷衍塞责、相互推诿，没有形成有效的协同配合机制，致使项目前期要件报批缓慢、项目用地无法及时落实、阻工信访问题等得不到及时解决，造成农村公路建设项目建设滞后。

3. 养护机制不健全，公路养护力度不够。目前，金阳仅有国省道具有一定的养护经费，其余公路均无专门的养护资金，造成农村公路养护工作开展困难。责任落实不到位，本应由乡镇、村组管养的乡村公路，全部依赖县财政出资养护；养护主体不明确，有的路段目前无人管护；养护人员不足，无法满足公路养护的实际需要；缺乏专业技术指导，致使养护质量差；养护不及时，损毁面越来越大，增加了养护成本。以上诸多因素导致农村公路运输效率低、公路寿命短、安全隐患严重等问题。

4. 通村通畅公路业主管理差，质量监管不到位。通村通畅公路业主管理差，质量监管不到位，存在以下几个特别突出的问题：（1）虽有设计图，但很少有施工企业严格按图施工，所有的勘测形同虚设。（2）具有项目施工资质的企业通过招投标拿到项目后层层转包、层层截留项目款。（3）路面基础层厚度、路面宽度不足，达不到设计和规范要求，有的与设计相差甚远。（4）路面基础层强度低，水泥混凝土路面施工粗放，铺筑路面的砂石含泥量过高，出现早期开裂、断板现象。

5. 部分干部有畏难情绪，不主动作为。金阳县自中华人民共和国成立以来，长期受到党和政府的政策倾向性扶持，守着国家的转移支付资金求发展，久而久之，部分干部习惯于"等靠要"，主动结合实际推动农村公路建设的意识淡薄。部分干部存在苦熬守穷的"贫困宿命论"，抱有"三苦"地区保稳定即可的落后想法，意志衰退、精神不振。工作不主动，以文传文、以会传会，工作布置多、听汇报多，深入实际抓落实力度不够，"庸懒散浮拖"，该干的事干不好、该管的事管不了。不敢直面困难问题、不敢动真碰硬，怕字当头、闯劲不足，存在严重的畏难情绪，遇到困难问题层层上报、相互推诿，打不开农村公路建设工作局面。

四、做好金阳农村公路建设工作的思考

国家、省、州出台的一系列加快落后地区发展的优惠政策为加快金阳农村公路建设提供了诸多的政策机遇，国家实施新一轮西部大开发战略，省委省政府制定的"一个意见、两个规划"必将为加快金阳农村公路建设提供良好的政策支持。乌蒙山片区区域发

展与扶贫攻坚正式启动，四川省建设金沙江下游沿江经济带的规划，必将有力推进金阳农村公路建设进程。溪洛渡电站投产发电、白鹤滩电站开工建设，宜攀、西昭两条高速公路过境金阳，必将带动金阳农村公路建设的步伐。

加快金阳农村公路建设，是一项紧迫艰巨的任务，打好农村公路建设攻坚战是当前金阳交通战线重要工作，我们要紧紧抓住千载难逢的重大机遇，认真分析解决金阳农村公路建设存在的困难和问题，努力寻求解决办法，科学规划，全面安排部署农村公路建设，动员广大干部群众迎难而上，大打农村公路建设的攻坚战，确保金阳农村公路建设取得实效。

（一）总结和坚持成功经验

1. 做好广泛的宣传动员，奠定良好思想基础。加大宣传力度，加强舆论引导，为顺利开展金阳农村公路建设奠定了良好思想基础。"金阳经济要发展，人民群众脱贫致富奔小康，交通基础建设是关键。"充分利用广播、电视、报刊、网络、标语、宣传栏以及会议、专题讲座等多种形式，加强农村公路建设重要意义的宣传报道，让全县干部群众了解农村公路建设的必要性和迫切性，充分调动广大干部群众的积极性和主动性，在全县树立起"要想富，先修路""大路大富、小路小富、无路不富"新观念，变"要我办交通"为"我要办交通"，在全社会营造出人人关心交通建设、人人支持交通建设的大环境、大气候。

2. 争取上级的支持帮扶。抢抓机遇，争取支持，充分利用国家提供的良好各项扶贫政策，采取多样化的筹资渠道，为交通发展提供了资金保障。争取国家、省、州有关部门动真情、动真格、倾力帮扶。特别是1998年3月至2002年3月，省交通厅定点帮扶金阳，一直将金阳列为交通建设重点地区，在交通资金、物资和建设项目上给予倾斜和照顾。现在，省交通厅虽然没有定点帮扶金阳，但仍牵挂着金阳的交通建设，一如既往地给予倾斜和照顾。

3. 制定交通规划。在深入5大片区、34个乡镇实地调查研究，认真分析的基础上，金阳县委县政府立足现实，着眼长远，制定出符合金阳实际的发展规划，对全县农村公路建设做出了日程安排。金阳农村公路建设坚持长远规划和阶段性目标相结合，量力而行，量力而为，先易后难，分步推进，先通后畅，适时超前原则，把建设进度、建设质量、建设效益三者的有机统一起来。

4. 努力提高管理人员和技术人员的水平。为加强技术力量，金阳把有较强事业心和责任心的同志集中起来，举办培训班，聘请具有公路建设经验和管理经验的专家学者来授课。通过培训，提高人员的建设和管理水平，充实了金阳交通建设的技术力量。在省交通厅定点帮扶的几年间，派技术骨干到现场调研，指导金阳交通建设，创造性地开展了许多工作，在他们在指导下，金阳县的交通建设者学到了许多交通建设经验，提高了自己技术水平。

5. 动员广大群众投工投劳。受各种因素的制约，金阳农村公路建设起步晚，建设难度大，修建成本高，资金紧缺。不等不靠，不怨天尤人，突破"官办公路""独家修路""要我修路"旧机制，金阳县委县政府提出了"民工建勤，民办公助"工作思路，动员广大群众艰苦奋斗，投工投劳，用自己的双手改善自己的生产生活环境。1998 年至 2004 年是金阳农村公路建设史上速度最快，建设里程最多的时期，实现了通乡公路的目标。几年间，累计有民工 50 万人次参加农村公路建设，投工投劳总投资达 3 355 万元。

（二）重视和解决好两个问题

1. 解决好安全生产问题。金阳山高坡陡，地质结构复杂多变，农村公路蜿蜒盘旋，存在着发生塌方、滑坡、泥石流等安全隐患。在施工中，要进行全面系统的排查，对可能发生的隐患采取措施进行处置，预防事故发生，不能因公路建设工程的开挖、堵塞而发生次生安全事故。强化监督管理，注意对建设设备设施的管护保养，不能因设备设施保养不到位而发生安全事故。各施工企业在规范施工的前提下，要注意施工场地周围环境的安全，金阳的农村公路多数修建在悬崖峭壁上，各施工企业要做好施工人员的安全生产教育，保证每名工人都要熟悉施工流程、施工技艺，在工作中格外小心，随时注意滚落的石头、塌方，确保自身的安全。

2. 解决好环境保护问题。金阳农村公路的修建对植被有不同程度的破坏，对生态环境有一定的影响，容易破坏生态系统的功能结构，打破相对稳定的生态平衡。金阳的农村公路交通建设要高度重视环境保护问题，维护好金阳的青山绿水，自然景观。在建设过程中，各部门务必在规划、设计、施工、运营的全过程要考虑生态环境保护问题，将危害生态环境因素降低到最低程度。

（三）强化和做好如下工作

1. 明确目标任务，严格落实责任。农村公路建设是系统工程，金阳县农村公路建设工作领导小组要统一协调好县级联乡部门、交通局、发改经信局、财政局、国土局、环保局、水务局、公安局、乡镇、村组等有关部门工作，努力形成各单位协调配合、齐抓共管农村公路建设工作新局面。金阳农村公路建设时间紧、任务重，交通部门对项目的实施要拟出翔实的计划。项目的实施实行包干制，任务要落实到具体的单位、具体的人，做到目标明确、责任明晰。各相关部门、各相关人员要明确自己的任务，尽快行动起来，以"等不得"的紧迫感、"慢不得"的危机感、"松不得"的责任感推进农村公路建设。

2. 充实人才队伍，整合交通技术力量。金阳县交通建设项目技术人才、管理人员严重不足。县政府要协调好相关部门解决好交通局技术人员的编制问题。交通部门要积极配合县人社部门，加快专业技术人才的招聘、招引工作，充实交通建设人才队伍。整合好交通运输局和公路局现有专业技术人员，为顺利推进农村公路建设提供人才保障。

3. 营造和谐施工环境，杜绝阻工现象。处理好通乡油路建设、通村公路沿线的征地拆迁问题；及时兑现通乡油路建设项目征地补偿费，在动工前建设用地必须征用到位；抽调组织协调能力强的县、乡、村三级干部，组成农村公路建设日常工作协调小组，主动靠前，解决农村公路建设中的各种矛盾问题，杜绝阻工现象，确保农村公路建设顺畅推进。

4. 做好项目前期工作，优化施工环境。项目前期工作推进缓慢是造成项目建设滞后的主要影响因素。项目前期工作的任何一个部门的缺位或错位都会导致整个项目前期工作的贻误或返工重做。一是国土、环保、规划、发改等职能部门要共同协作，抓紧办理前期报批手续；二是要及时落实前期经费，做到专人负责，定向开支；三是拟定项目前期要件办理时间表，做到项目报批工作有条不紊。优化施工环境，县主要领导要轮流到农村公路建设现场督导检查，项目业主、施工单位、监理单位要到现场协调，及时解决难题，强化要素保障，确保项目建设顺利推进。

5. 灵活把握建设标准，不降低质量标准。金阳地处高山地区，山势陡峭、沟壑纵横、工程建设难度大、工程建设成本高。金阳农村公路建设要与金阳农村运输和经济发展水平相适应，与金阳的财力和国家补助资金额度相适应，建设标准不"一刀切"，不强求一律，一切从实际出发，灵活把握建设标准，适当简化程序，标准规范和线型选择要因地制宜，因路制宜，不搞大改大拆大建，尽量就地取材，在符合基本技术要求基础上，最大程度地节约建设资金，节约资源、节约土地，保护沿线农民群众利益。加强与设计单位的对接，量力而行，适当降低技术指标，确定符合实际要求的建设标准。适当降低建设标准，但不能降低质量标准，要把金阳农村公路建成经久耐用、经济适用的放心路。

6. 加强监督管理，确保项目建设质量。完善质量保证体系、加强质量监督，是确保农村公路长期畅通的关键。交通主管部门和乡镇要把道路建设质量作为首要目标和头等大事来抓，从严要求、从严把关。落实好质量责任制度，明确设计、施工、监理和业主责任制，做到分层管理，逐级负责，确保每条公路都能经受得起时间的考验。建立健全质量监控体系，乡镇政府自检，县交通部门抽检，做到分级管理，层层负责，尤其要加大抽检频次、质检密度，做到全方位检测，坚决杜绝检测漏洞。从严查处质量问题，如发现工程任何一个环节出现质量问题，要责令其立即进行整改，该返工的坚决返工，对整改不到位的坚决不予拨付补助资金。杜绝农村公路层层转包问题，特别是通村通畅公路坚决不允许转包，中标企业法人必须亲自组织施工，对建设项目负全责。建立现场监督台账，实行县级联乡部门、乡镇、村组人员现场监督签到制，确保农村公路建设质量、进度有人监管、有人负责。对出现的重大质量问题，要查明原因，追究相关责任人的责任。

7. 狠抓养护管理工作，提高农村公路管养水平。按"国省县道县养、乡镇配合，村组公路村养、县上指导"原则，抓好养护管理工作，有效提高农村公路管养水平，确保农村公路通畅。要完善相关手续，尽快落实养护主体，明确养护人员。严格执行养护标准，落实养护责任。严格执行补助标准，落实通乡公路养护资金。由公路局牵头定期开展对各道班公路养护情况的巡查、检查工作。将所有农村公路，特别是通村公路纳入路政管理范围，建立健全县、乡、村三级农村公路路政管理体系。乡镇、村组要发挥自力更生，艰苦奋斗，自扫、自管、自养、自绿门前路的优良传统，积极引导群众做到不但要建好自己的路，更要养好自己的路。

8. 严格监督考核，奖惩斗硬。把农村公路建设纳入年度专项目标绩效管理，年初签订任务、年终对账考核，以推动农村公路建设实绩来考核责任单位、相关干部。县交通局、乡镇、村组按属地管辖原则认真履行监督职责，按照农村公路建设安排的计划表，定期开展检查、监督工作，检查结果形成书面材料向县委、县政府报告，作为责任单位和相关干部的考核依据。县目督办严格按《关于加强农村公路建设、养护管理暨安全监管的决定》对县级相关部门的干部职工、有关的乡镇、村组干部、人员进行督查督办，兑现奖惩。

雷波培育壮大新型农业经营主体的调研①

中共雷波县委党校课题组②

培育壮大新型农业经营主体，是新型农业产业发展的必然要求，是提高农业生产效益、加快农业升级转型的必然要求，是发展壮大县域经济的必然要求，是少数民族地区助农增收、脱贫致富的重要途径。近年来，雷波农业经济取得长足发展，但新型农业经营主体刚刚起步，发展相对落后。为加快培育壮大雷波新型农业经营主体，课题组对雷波新型农业经营主体发展情况进行了深入调研，提出培育壮大新型农业经营主体的建议和对策。为本地政府在县域经济持续健康发展中提供一定的参考和借鉴，为本地区农民脱贫致富、创业增收作必要的思想指导。

一、雷波县新型农业经营主体的发展现状

根据雷波的亚热带山地立体气候特征，县委政府制定了"427"发展战略，"4"指金沙江干热河谷经济林木地带、二半山粮食家畜生产地带、高山林业畜牧业发展地带、西宁河及黄琅温湿气候竹茶产业地带等四个经济发展地带，"2"指发展四带经济所依托的退耕还林工程和农业综合开发工程，"7"指四带经济所发展的脐橙、青花椒、白魔芋、茶叶、竹笋、莼菜、畜产品等七种特色农产品。"427"发展战略是以助农增收为目的，以市场资源配置为导向，抓住脱贫攻坚的政策机遇，不断培育壮大新型农业经营主体，完善新型农业经营体系。

（一）扶持和发展产业化企业

出台扶持政策，鼓励产业化企业通过强强合作、收购控股等方式做大规模，形成集生产、加工、销售为一体的企业链。这些企业主要集中在白魔芋、茶叶、莼菜等特色农业产业。目前，全县有小微企业5家，年销售收入3 000余万元。

（二）鼓励发展专业合作社

开展农技人员驻社工作，40余名农技人员兼任专业合社辅导员，积极引导其开拓市场、发展订单农业。专业合作社主要集中在脐橙、核桃、芭蕉芋猪、小凉山土鸡等种

---

① 2016年度四川省党校系统调研课题。
② 课题负责人：张大勇。

养产业。目前，全县有专业合作社 138 个，其中国家级示范社 1 个、省级示范社 1 个、州级示范社 1 个。比较有代表性的合作社 5 个（雷波县青杠坪脐橙专业合作社、雷波县小平核桃专业合作社、雷波县南江黄羊养殖专业合作社、雷波县白岩天然核桃种植专业合作社、雷波县深发脐橙种植专业合作社），实现销售收入 1 600 万元，带动农户 8 000 余户。

（三）鼓励发展特色家庭农场

制定农场建设标准，落实信贷支持、融资财政贴息等政策，鼓励种养大户、大学毕业生和返乡农民工创办家庭农场。家庭农场主要集中在脐橙、小水果、蔬菜和芭蕉芋猪、小凉山土鸡等种养产业。目前，全县共发展家庭农场 67 户（已登记注册）。比较有代表性的有 4 家（雷波县杉树明余生态家庭农场、雷波县杉树蔡老八家庭农场、雷波县庆丰红枣农场、雷波县顺富农场）。

（四）规范社会化农业服务组织的管理

一是搭建社会化农业服务组织的合作平台。鼓励金融机构积极为社会化农业服务组织融资，鼓励发挥企业之间的层层帮带作用，政府出台优惠政策，切实解决企业融资、技术、用地等难题。二是规范管理社会化农业服务组织。加强对饲料、兽药、种子、肥料等农资经营商的督查管理。三是加强农技培训机构的管理。组织开展了多期新型职业农民、农村创业增收致富带头人的培训。四是引导村民抱团发展，做大做强脐橙、茶叶、莼菜、青花椒等九大农特产业。2015 年新型农业经营主体实现助农户均增收 650 元以上。

二、雷波县培育壮大新型农业经营主体存在的问题

雷波县新型农业经营主体的发展虽然初具雏形，但受地理环境、交通条件、科技文化、生产方式等因素的制约，雷波农牧业现代化发展水平比较滞后，尚未产生一个引领雷波特色农业现代化发展方向的企业和组织，没有形成一个比较成型的新型农业经营主体。在培育壮大新型农业经营主体上还存在不少困难和问题。

（一）新型农业经营主体的数量少、规模小、效益低

一是数量少。雷波县各种新型农业经营主体总量只有 300 余家，龙头企业基本上没有。二是经营时间短。除了肥料、饲料、农药等经营主体经营时间相对较长外，其余的新型农业经营主体都还在起步阶段。三是规模小。目前，除雷波县青杠坪脐橙专业合作社和雷波县小平核桃专业合作社有一定规模外，其他经营主体都不成规模。四是效益低。新型农业经营主体中除经营农资、饲料、脐橙、核桃的企业和生产茶叶、莼菜的企业有一定的效益外，大部分经营主体基本上没有多大的效益。有的只有登记注册或养殖圈舍等，属空壳农场和空壳合作社，没有效益甚至是严重亏损。

（二）新型农业经营主体的发展水平低、市场竞争力不强

一是经验不足。由于大部分新型农业经营主体才起步，没有现成的模式，还在探索阶段，经验积累少，抗风险能力差。二是技术落后。在种养行业，没有龙头企业提供技术支持，种养大户和家庭农场主要靠自己积累的经验进行操作。农牧局的技术人员不易请来，作用不大。一些乡镇兽医都没有，就不用说指导养殖了。三是经营运作资金紧缺。新型经营主体经营运作资金主要以自筹为主，国家给予一定的政策资金补助，政府适当给予新型农业经营主体资金扶持、税收减免、贷款优惠等。随着经营规模的扩大，新型农业经营主体需要投入大量周转资金，但其缺乏有效的抵押和保障，融资难的问题日显突出。四是品牌效应不明显。雷波虽然有很多特色农业生态产品（脐橙、核桃、芭蕉芋猪、小凉山土鸡、莼菜、茶叶等），但基本上没有形成规模化生产，也缺乏良好的市场营销运作，特色农业品牌的效益并不明显。五是市场不健全。农户、合作社、龙头企业三者之间的利益联结机制不够规范和紧密，相互之间仅仅是买卖关系，多数是以订单为桥梁的购销关系，"公司＋合作社＋农户"的利益共同体并未形成，市场风险等级高。

（三）新型农业经营主体生产发展的环境有待改善

由于交通条件、地理环境、小农意识等原因，新型农业经营主体的生产成本高。一是土地流转困难。要实施规模化经营，土地需要比较集中连片。当前土地流转只是以承包、租赁、入股等方式流转，流转的土地分散、细碎，土地成片流转较难。二是交通条件滞后。新型农业经营主体的购销运输成本增高。三是大部分村民的小农意识太浓，思想守旧，不愿与新型农业经营主体合作，难以走集约化、规模化、专业化、规范化的生产经营化模式。

（四）服务于新型农业经营主体的人才太少

一是专业技术人员少。新型农业经营主体的发展需要大量的人才，在偏远的民族地区农技员、兽医、农产品营销人才甚是匮乏。农牧局的专业技术人员也比较少，加之他们是理论多而实践少，又要指导全县的农牧业发展，对新型农业经营主体的指导和帮助有限。二是农业从业者少。随着农村劳动力的持续转移，留在农村从事农业产业的人严重呈现"三化"状况，即"高龄化、女性化、低学历化"。农村用工难请、技工难找，人才匮乏，尤其缺乏现代农业发展需要的有技术、懂经营、会管理的新型职业农民。

三、雷波县培育壮大新型农业经营主体的对策建议

根据雷波县特殊的资源优势、地理环境、人文特征和民俗特点，抓住扶贫攻坚的良好机遇，进一步深化农村经济体制改革，培育壮大以家庭农场、农民专业合作社、股份制经济组织、农业产业化企业等为主体的新型农业经营主体，课题组提出如下对策建议。

（一）培育良好的新型农业经营主体发展环境

1. 积极推进农村经济体制改革。新型农业经营主体发展的最大需要是场地（土地）。一是探索土地"三权分离"，真正放活农村土地经营权。试点探索农村土地产权交易工作和农村土地的长期租赁工作，引导农村土地逐步流向从事适度规模经营的专业大户、合作社和家庭农场。二是抓住扶贫攻坚的有利机遇，大胆探索农村经济体制改革，科学规划调整农村产业结构，做好易地搬迁工作和农村产业发展规划，大力培育新型农业经营主体。在农民迁移过程中，充分利用农村土地流转政策，最大限度走集约化、规模化、专业化发展道路，为新型农业经营主体发展提供场地。根据各村实际，既要符合民愿，又要有利于新型农业经营主体的发展。做到物尽其用，不闲置、不浪费。

2. 加快农业基础设施建设。脱贫攻坚是贫困农村改善基础设施的大好机会，水、电、路、信息等基础设施是农村经济提速的关键，也是新型农业经营主体发展的必须要素。一是修好路。"要致富，先修路"是发展经济的经验总结。贫困农村要抓住脱贫攻坚的千载良机，保质保量把路修好，千万不要搞成"豆腐渣工程"。二是规划好生产生活用水，合理使用水资源。大部分农村的水资源闲置浪费现象严重，缺乏有效整合，要根据发展新型农业经营主体的需要科学规划种植场和养殖场，合理用水。三是规范保护好电力、通信设备设施。贫困村最大的特点就是三天两头没有电，手机长期没有信号，老百姓生产生活都苦不堪言。所以，要规范电力的管理，严禁偷电、漏电现象的发生。保护好电力通信设备设施，要严防地质灾害对电力通信设备设施的损毁，严禁偷盗电力通信设备设施。

3. 培育新型农业经营主体发展的良好环境。一是要转变严重的小农意识思想形态。新型农业的显著特征就是规模化、专业化、集约化发展，但贫困村的农民小农意识太浓，害怕通过农村经济体制改革、土地流转而失去自己的生产资料，不愿意土地流转。对这样的人要加强思想教育，使其转变观念，认清形势，适应社会主义新农村的发展。二是加强社会管理。严禁新型农业发展进程中的阻工扰工现象发生，严禁对外地来的新型农业经营主体行骗，切实加强社会管理，保护新型农业经营主体的合法权益。不要让别人一说起民族地区就望而生畏。三是规范新型农业经营主体经营运作。制定行业内的统一标准和统一要求。严禁行业内的非法竞争、恶性杀价、肆意捣毁竞争对手等违法违规行为。严防以次充好、私抬物价等影响市场健康发展的现象发生。

（二）加大新型农业经营主体的扶持力度

培育壮大新型农业经营主体的关键问题是资金。一是提高融资能力。建立银行农村产权信贷机制，完善抵押资产处置机制，探索农村集体土地经营权、大型农机具、农业经营设备设施等抵押担保方式，解决融资难。二是引导民间资本发展新型农业。通过入股分红的方式，引导民间资本进入新型农业经营主体。三是探索"银行+协会"的合作模式。银行自身信贷入股，协会出场地、技术、人力等发展新型农业，以培育壮大新型农业经营主体，健全发展农业经济。四是设立新型农业经营主体发展专项资金。采取"先建后补""财政补助""财政贴息"等多种方式，鼓励和引导社会资金投入新型农业经营主体。五是加快发展特色农业保险事业。雷波县政府已颁发了《关于加快推进特色农业保险的实施意见》，对特色农业发展中的洪灾、旱灾、风灾、雪灾、雹灾、病虫害等自然灾害进行投保。重点推进优势明显、特色突出，具有一定产业规模的种植业、林业、畜牧业和渔业等产业的保险。遵循"农户合理缴费、财政适度补贴"原则，积极协调保险机构逐步提高特色农业保险保障水平，扩大保险范围和拓展保险责任，更好满足投保农户稳定收益和加快发展生产的需求。但由于宣传不到位和农户投保意识淡薄，效果不佳，还需要积极进行宣传引导，提高新型农业经营主体的抗风险能力。

（三）加强新型职业农民人才队伍建设

培育壮大新型农业经营主体要有大批热爱新型农业、懂技术、会经营的新型职业农民，要有充足的人才作为保障。一是加强新型职业农民的培训工作。政府要根据县情出台加强培育职业农民培训意见，由农办、人社、农牧、林业、财政等部门组成的职业农民培训联席会议，加强统筹协调，制定培训规划和年度培训计划，锁定培训对象，统筹安排各项培训，培训大批的新型职业农民。二是建立新型职业农民网络学习平台。农技资料和技术、专家经验等可放在网络学习平台，新型职业农民根据自身需要在网上自己学习，有疑问和技术难题可在网络、微信和电话中向专家请教。

（四）着力打造特色农业品牌，增强市场竞争力

雷波培育壮大新型农业经营主体的关键是要打造有明显特色的雷波品牌，增强市场竞争力。雷波新型农业的竞争力不强，发展相对滞后，营销市场不成熟，生产成本高。只有打好特色牌和生态牌，走特色化发展道路。雷波的青花椒、茶叶、竹笋、莼菜、芭蕉芋猪、小凉山土鸡等农产品非常具有特色，而且是天然的绿色食品，但由于商标注册、生产规模、市场营销等原因，品牌效应并不明显。政府要抓住地方特色，加强市场引导，培育壮大新型农业经营主体，大力发展特色农业，使之形成集约化、规模化、专业化、社会化生产，以降低生产成本，增强市场竞争力。

总之，政府要积极营造良好的新型农业经营主体创业发展环境；加强新型农业经营主体健康发展的要素保障；转变观念，加强培训和学习；做大做强特色农业、生态农业，着力打造特色农业品牌；走集约化、专业化、规范化、社会化生产道路。雷波若能培育壮大新型农业经营主体，就能实现真正意义上创业增收、脱贫致富，就能增强县域经济和综合实力，成为名副其实的凉山东部经济高地。

普格县商业保险市场的调查与思考①

中共普格县委党校课题组②

县域保险市场是以县城为中心，乡镇为纽带，农村为腹地的区域保险市场。积极发展县域保险市场，为县域经济提供全方位的保险保障，是商业保险支持地方经济发展、服务"三农"的重要任务和迫切需求。近年来，随着市场经济的快速发展和人民生活水平的不断提高，商业保险也日益受到普格县群众的关注。但在商业保险市场日益发展壮大的形势下，普格县商业保险市场的发展仍存在着一些问题，对其持续健康发展有不利影响。在此形势下，课题组以凉山州普格县为例，对民族地区商业保险市场展开深入调查和研究。

一、普格县商业保险市场发展概况

普格县位于凉山州东部，面积1 918平方千米，东、南、西、西北和北面分别与布拖、宁南、德昌、西昌、昭觉五县（市）相连，县城所在地普基镇距州府西昌86千米，是一个以彝族为主体，汉、回、壮、苗、布依、白、藏、蒙古等民族共同居住的少数民族聚居县。截至2015年年底，全县共有人口19.78万人，其中彝族16.53万人，占总人口的83%，农民人均可支配收入7 454元，城镇人均可支配收入21 049元，农民主要以农牧收入为主。

（一）普格保险公司及机构概况

截至2016年7月底，共有8家商业保险公司进入普格县设立分公司或营销服务部。其中，财险公司有中国财保、阳光保险、中邮保险、平安保险，寿险公司有中国人寿、泰康保险、民生保险、华夏保险。8家保险机构中，以分公司形式设立的有2家，分别为中国财保和中国人寿。全县共有保险从业人员120余人，其中，专职管理人员19人。从业人员中，从事财险人员30余人，从事寿险人员90余人。

（二）保险产品类型逐渐丰富

人寿保险产品主要包括健康保险、意外保险、分红保险。主卖险种有"康宁终身"

---

① 2016年度四川省党校系统调研课题。
② 课题负责人：谢玲霞。课题组成员：张振忠、吉克么阿作。

"防癌险""如意随行""鑫福一生""康宁宝贝""小额信用贷款人意外伤害保险""国寿观光景点娱乐场所人身意外保险""大学生村干部保险""第一书记保险""团体补充医疗保险和大病保险（与社保局联办险种）"等30多个险种。同时，人寿也经营机动车辆保险。财险公司主要经营机动车辆险、家财险、企业财产险、货运险、短期健康和意外伤害险等。财险公司还积极探索涉农保险业务。如财保公司分别推出了"惠农保险""庄稼保险""母猪保险"系列组合产品，现在全县各乡镇正在推广。

（三）公司经营管理逐渐改善

在激烈的市场竞争中，各家保险公司和保险机构不断更新经营管理理念，加强企业文化建设，建立客户回访制度，完善事前、事中、事后服务控制体系，改善内部管理，增强服务能力，逐渐赢得了客户的认可，保费收入、上缴利税逐年增长。据统计，2014年全县实现保费收入1 856.3万元；上缴利税92.8万元；2015年，全县实现保费收入2 045.8万元，上缴利税102.29万元。2016年1月至6月，全县保费收入达2 267.7万元，上缴利税113.39万元，保险深度（保费收入占地区生产总值的比重）为1.22%；保险密度（人均保费金额）为103.43元/人，已超过2015年全年保费的收入和利税。2016年1月至6月的保费收入中，财险收入1 122.7万元，占49.5%，寿险收入1 145万元，占50.5%。中国财保、中国人寿两家老牌公司虽稳居主导地位，占财产险和人寿险90.12%左右的市场份额，始终领跑全县保险市场，但也明显感觉到了来自保险市场开放的竞争压力。

（四）保险产品功能逐步加强

全县保险行业规模不断扩大，保费逐年递增，保险在参与社会体制管理、减少社会成员间的经济纠纷、完善社会保障制度、维护社会稳定等方面的作用，已开始渗透到全县经济的各个方面，其经济补偿、资金融通和社会管理功能明显提升。据统计，2014年全县各保险机构共受理理赔87起，赔款兑现89万元；2015年，全县各保险机构共受理理赔98起，赔付兑现93万元；2016年1月至6月，全县共受理理赔76起，理赔兑现71万元。普格县永安乡一农户林某，几年前购买人寿的"康宁终身"，2015年患癌症去世，按照保险合同获得理赔金额20万元；2015年，普格县荞窝镇一小额信用贷款户在新疆打工意外身亡，按照合同规定获得了5万元的赔付；2015年，购买了农商行小额信用贷款保险这款产品，洛乌沟片区、西洛片区、小兴场片区和螺髻山片区的投保人在发生意外后，都先后得到了相应的赔付金额，共计20多万元；2015年，中国人寿保险公司针对全县女性开办了关爱女性保险、大学生村官保险、第一书记业务保险业务，及时满足了全县女性、大学生村干部、第一书记等健康及意外保障的需求。2015年，普格县"5·19"特大交通事故发生后，财产保险公司积极主动介入，并按合同约定，进行顶线赔付，向出事车辆理赔86万元，为客运公司和车主减轻了压力，维护了社会稳定。

二、普格县商业保险市场发展过程中存在的问题

（一）保险宣传力度有待加强

长期以来，县、乡政府很少把商业保险工作纳入议事日程，对《保险法》等相关法律法规、保险的经济补偿、资金融通和社会管理功能等方面的宣传组织力度不够。而各保险公司和保险机构只注重对业务人员的业务培训与产品推介宣传，很少对相关法律法规、社会保障知识、案例等进行宣传。加之不少保险业务人员在进行保险展业推介时，重利益保障方面的宣传，轻风险保障功能的宣传，宣传不够准确，从而导致消费者对保险的风险防范功能认识不全、保险意识不强。广大群众的保险意识与保险业的发展态势还存在很大差距，被动接受保险活动较多，主动参与保险活动较少。

（二）保险市场竞争较为混乱

一是险种销售较为混乱。本县保险公司过去只有人保和财保两家，寿险和财险分家经营，业务单一，而现在各保险机构都是寿险和财险混合经营，寿险公司里有财险业务，财险公司里有寿险业务，保险机构名称多，产品种类也多，市场竞争激烈。二是不计风险成本低价"揽保"。有的保险公司和保险机构通过自行调节佣金或手续费，争夺保险市场，如泰康保险公司、人寿保险公司、阳光保险公司的手续费就相差近 10 个点；有的保险公司想方设法通过行政手段来干预，争夺团体险，如关爱女性健康保险就是通过本县妇联下发文件，促使每个单位为在职女职工购买健康险；学生险则通过行政指令分到各个学校；在办理小额农业贷款时，贷款责任人也要购买相应金额的人身意外险，其原因是小额农户贷款没有抵押，要防范贷款风险。这种"揽保"可能直接增大客户保险的成本，从而导致客户利益得不到保障。三是高薪招揽同业公司业务人员。随着我县保险机构的增加，全县保险业务人员需求量逐步增大，高级管理人才和手中掌握着一定客户资源的业务经理成为新保险机构争夺的重点，在高薪、高位的诱惑下，不少管理人员走马灯一样，频繁跳槽，导致保险队伍管理混乱，也直接增加了相关保险机构的人员培养和管理成本。

（三）保险业务人员素质偏低

全县 8 家保险公司和保险机构共 120 余名保险业务人员中只有 19 名专业管理人员，平均一家公司不足 3 名专业人员。据实际调查，有些保险机构只有 1 名专业管理人员，还有一些保险机构根本就没有专业的管理人员，业务人员都是从本地根据需要临时聘用的。这些现实可以反映出三个方面问题：一是全县保险从业人员中"临时就业"的现象较为普遍，队伍流动性大。各家保险机构从业人员更新换代较为频繁，营销队伍不稳定，导致队伍整体素质不高，服务断档，续保业务开展困难，投保对象"投后撤保"的现象时有发生。二是业务人员的业务知识有待加强。全县保险业务人员主要以待岗、下岗、离岗人员和机关事业单位兼职人员为主，专修保险专业的人员比较少。不少人员本

着就业和谋取"第二职业"的想法进入保险行业，对保险的相关法律法规及业务知识掌握不够，了解不准确。特别是有不少管理层人员和具体代理人员对公司推出的新产品条款理解不透，宣传解释不清，存在上下标准不一致、口径不统一的现象。三是业务人员的道德、诚信素质有亟待提高。有不少业务人员短期从业行为严重，为了达到自己的目的，利用客户对自己的信任，过分夸大产品的保障功能，没有如实告知客户限制性条款和免除责任，误导投保人做出非理性选择，为以后客户与保险公司在理赔问题上发生纠纷埋下隐患。

（四）全县涉农保险发展缓慢

普格县是农业县，农业是普格县经济的基础产业，也是弱质产业。目前农村保险保费收入增速有所加快，但覆盖面和保费收入仍处于较低水平，与农业在普格县经济中的地位以及农村人口总数极不相称。"国十条"出台后，省政府办公厅出台了《四川省人民政府关于加快发展现代保险服务业的实施意见》，实施意见第一条就提出了积极发展涉农保险。但是，普格县涉农保险特别是事关农村经济发展大局的政策性农业保险还未引起各级政府和相关保险部门的重视。目前，涉农保险也仅限于农房险、家财险、医疗、养老、人身意外伤害险等常规险种，涉及农业的只有变压器、耕牛、母猪之类的财产保险，真正为农户种植、养殖排忧解难的险种较少，或者说保险公司虽有相关的险种，但受农户经济条件、收入状况、保险意识、风险高发等因素的影响，存在"农户保不起、保险公司赔不起"的两难现象。

（五）保险行业监督管理缺失

目前保险市场的监督管理体系不完善，监管明显不到位。国家虽设立了保监会，对保险业行使监督管理职能，但保监会向下只延伸到州一级。州保监局面对庞大的保险市场，显得鞭长莫及、力不从心。普格县根本没有任何保险行业监管机构，因此对保险行业违约行为的处罚很难执行到位；个别保险公司只顾快速扩张，不顾保险的相关法律法规，违约经营时有发生，但也无人监管。

三、关于进一步加强普格县商业保险市场建设的建议

（一）强化规范正确宣传

县、乡政府和有关部门要重视保险在全县经济社会发展中的重要作用，应利用各种会议和宣传媒体广泛开展宣传，特别是要以推广农业保险的契机，引导广大参保农户正确认识涉农保险项目，通过推广农业保险促进产业发展，促进各项工作开展；要引导城镇居民或农民及农村经济组织积极参与保险，理性进行保险消费，扩大保险消费需求，从而促进拓展全县保险的潜在资源。要在扶贫攻坚中，发挥正确的保险扶贫作用。宣传、支持并引导农村保险事业的发展，发挥保险支农、助农、扶农的功能。要充分发挥各保险公司自身的作用和优势，利用地方电视、广播、报纸杂志及网络媒体，向社会公

众广泛、正确地宣传保险的重要性；各保险公司和保险机构可"抱团"宣传，避免单打独斗，降低宣传成本，强化宣传效果。但在宣传保险产品时要强调宣传的准确性和通俗性，可以通过在县域内发生的参保赔付案例进行宣传。比如，用"5·19"特大车祸赔付、小额农贷借款人意外死亡赔付、以及其他寿险和财险赔付的正面典型案例现身说法，向公众宣传保险在日常生产和生活中的重要辅助作用，增强宣传的可信度，提高全民的参保意识。各保险公司还要利用保险营销人员点多面广的优势，加大保险产品的宣传解释工作，加深人们对保险产品的了解和认识，为扩大保险市场储备客户资源。

（二）提升公司内部管理

一是要提升对全县保险业务人员的管理要求。建立并完善保险业务人员执业资格准入制度和相关管理制度。防止保险公司和保险机构为一味追求市场占有份额而盲目吸纳业务人员；还要加强从业人员岗前培训和年度后续教育及考核工作，杜绝无证上岗、考核不合格上岗的情况的发生。二是要切实加强保险行业自身的诚信建设，让参保和赔付过程更加阳光透明。切实把"诚信教育"活动作为公司"信用"建设的重要内容，杜绝误导客户、欺诈客户等违规行为；要坚持向客户发布或宣传说明投保风险、理赔范围、赔付额度等，既增强消费者的维权意识，促进理性消费，又督促保险公司树立重合同守信用的企业形象；要大力解决广大消费者在保险服务过程中反映的"重承保、轻理赔，重保前服务、轻售后服务"的焦点问题。对社会普遍关注的车险、健康险等领域，要细化理赔服务内容，明确理赔程序和时限，突出解决投诉频繁的销售误导和理赔难问题。三是要逐步建立统一、规范的保险代理人诚信记录信息库，参照银行业监督管理机构对银行金融机构实行的一般轻微违规行为处罚积分管理制度，即对保险代理人员实行轻微违规行为处罚积分管理制度，对积分达到规定的处罚标准后进行经济与行政处罚，一定要与薪酬待遇、从业资格和年度考核挂钩，与从业资格证书一同管理，对营销中存在重大违法、违规行为的，要坚决克服人情关、怕得罪人、怕惹麻烦的思想，决不姑息养奸，果断上报保险监管部门，通过监管机构的处罚惩戒实现各保险公司之间信息互通、资源共享，坚决辞退不履行如实告知义务、恶意骗取客户参保以及其他达到"退出"标准的保险代理人，并记录在案使其终身不得从事保险代理业务。四是要制定切实可行的业务操作规程。各保险公司和机构要认真研究制定业务操作规程，明确重要岗位的职责分工，实行业务流程规范化、透明化管理。要设立内部稽核审计、事后监督岗位，作好日常监督检查工作，有效降低并规避保险公司与投保人的利益风险。五是要细分市场，找准市场定位。各保险公司和保险机构要围绕全县经济社会生活的重大变化、围绕城乡居民的消费习惯和热点、围绕宏观经济政策和产业政策的调整，发挥自身优势，细化我县保险市场，选择好各自的突破口和切入点，推出个性化、差异化的保险服务项目，努力满足不同层次、不同职业、不同地区人群对保险产品多样化的需求，尽量避免同质竞争、争夺同一市场带来的不良后果。

（三）要拓宽做细保险产品

一是要创新全县保险发展思路。各保险公司和保险机构要着眼于普格县实际情况，在进一步探索开展农民医疗保险、失地农民养老保险、农村家庭财产保险、涉农企业小额保险等常规险种的同时，不断开发新的涉农保险产品，突出解决好农民群众最关心、最直接、最现实的利益问题。二是要积极参与政策性农业保险。要坚持"有效需求"的原则，确定种植业、养殖业政策性农业保险险种，特别是要尽快启动生猪保险、能繁母猪保险覆盖面业务，加大政府支持力度，建立起"政府推动、共保经营"的政策性农业保险经营体制。各级地方政府要作为农业保险发展的组织者和推动者，主动承担农业保险发展的责任，积极向省、州政府争取，落实资金支持，引导我县政策性农业保险业务尽早全面铺开。三是要把保险市场和保险服务体系真正延伸到城镇和农村，力争建立起城镇或农村保险服务体系。

（四）建立健全监督管理

一是要加强监管体系建设。建议建立州保险监管机构的派出机构，或委托州银监局对基层保险市场实施监督管理，对基层保险机构进行清理，进一步规范保险市场。二是实行行业准入管理。在机构准入方面，要争取上级保监机构和部门，根据全县经济发展水平、人均收入状况等综合指标，加强保险机构设立的可行性研究，合理控制县级保险机构数量。既要保持适度竞争所需的机构数量和发展空间，同时又要防止因机构数量过多，造成过度竞争、无序竞争而引发的不稳定因素和矛盾。在业务准入方面，要重点对投资理财类保险业务品种进行严格审核把关，要防止保险公司不计成本开展业务促销，确保保险公司稳健经营和投保人利益不受损失。三是要建立全县的景区运输车辆和长途客运集团业务公开招投标制度。交通运输企业车辆交强险、商业险宜采取招投标的方式进行采购，引导各保险公司进行理性竞争，既避免被个别保险公司长期高价垄断承保，又能避免恶性杀价揽保为公司及社会带来保障隐患。四是要严厉查处扰乱保险市场秩序的违法违纪行为。要加大对保险公司和保险机构的业务检查和违规处罚力度，严厉打击各种不正当竞争或恶性竞争行为。同时，要坚决查处行政事业单位公职人员利用职务之便，干扰保险市场的违纪违法行为，维护公平、有序的经营环境。五是引导改革业务人员的合理"福利待遇"问题。据调查，现行保险业务人员"零工资零福利"，完全依靠业绩提成的现象让多数保险业务人员深感没有职业归属感，也成为其宣传保险时采取短期利益行为的深层原因之一。经查实，保监会曾在《关于加强和完善保险营销员管理工作有关事项的通知》中强调各保险公司要改善保险业务人员收入水平和福利待遇。为稳定业务人员及提升保险服务质量，提升员工对公司的归属感和责任感，公司可以在现有佣金总支出的范围内，制定一套合理的薪酬标准和奖励制度，在保证最低基本工资、缴纳劳动法规定的社会保险费用基础上，科学制定福利待遇方案，解决保险业务人员的"急事、大事、难事"。同时，也可参照银行业机构实行员工风险保证金制度，对部分投保或理赔争议较大的险种的部分佣金实行延期支付制度，既能深化员工合规意识，督促营销人员合规营销，又能降低单位风险管控成本。

盐源县驻村"第一书记"履职情况的调研[①]

中共盐源县委党校课题组[②]

选派机关优秀干部到村任"第一书记",是深入贯彻落实习近平总书记关于精准扶贫精准脱贫战略部署的有力举措,是全面贯彻落实省委十届六次全会、州委七届七次全会、县委十三届六次全会精神,推进贫困地区精准扶贫精准脱贫的迫切需要,是密切党群干群关系的有效载体和培养锻炼干部的有效途径。"第一书记"是否尽职尽责,关系到全县所有贫困村能否顺利完成脱贫摘帽实现小康宏伟目标。

为此,课题组对盐源县驻村"第一书记"的履职情况进行深入调研。现将调研情况报告如下。

一、驻村"第一书记"工作开展情况

(一)选好配强脱贫攻坚骨干力量

为确保到 2018 年全县 122 个贫困村、9 769 户贫困户、40 315 名贫困人口全部实现脱贫。2015 年 8 月以来,全县县级各部门、企事业单位共 102 个部门有针对性地选派了综合素质高、群众基础好、农村工作经验丰富的优秀年轻干部,到建档立卡贫困村和基层党组织软弱涣散村担任"第一书记"。同时因县级机关单位人手不足,为强化结对帮扶力度,按照上级党委安排,央企选派了 1 名、省上选派了 3 名、州级机关选派了 12 名、德昌县选派了 10 名优秀年轻干部分赴盐源县各贫困村任"第一书记",配强了脱贫攻坚骨干队伍。做到了每个贫困村都有"一名联系县领导、一个帮扶部门、一支驻村工作组、一名'第一书记'、一名驻村农机员、一名帮扶责任人",实现全县所有贫困村、贫困户结对帮扶全覆盖。

据统计,此次选派 122 名驻村"第一书记",从年龄结构上看,25 岁~35 岁有 58 人,占总人数的 47.5%,36 岁~45 岁有 44 人,占总人数的 36%,45 岁~60 岁的有 17 人,占总人数的 13.9%,其中年龄最小是 25 岁,最大的 63 岁;从性别上看,男性有 112 人,女性 8 人;从文化程度上看,专科及以下学历占 53.3%,本科学历占 41%,研究生学历占 5.7%。

---

① 2016 年度四川省党校系统调研课题。
② 课题负责人:李祥。课题组成员:冯晓军、周瑞、曹江岚。

（二）驻村以来的工作成效

一年来，全县各乡镇党委、政府高度重视、精心组织，各部门（单位）整体联动、全力支持，充分发挥驻村"第一书记"自身优势，摸村情、问疾苦、讲政策、搞协调，帮助当地困难群众理清思路、谋划出路，找准"病根"，对症帮扶，取得了骄人的业绩。

据不完全统计，全县122名贫困村"第一书记"累计走访群众36 700人次，制定扶贫规划122个，完善群众需求、矛盾纠纷等台账376本。争取各类建设项目37个，新建通组公路28条108千米，桥梁12座；实施安全饮水工程78处，整治沟渠3条18千米，修建蓄水池2 000立方米，新增灌面6 000亩，改良农田4 300亩；争取教育十年行动计划资助项目4个共计350万元，受益学生7 000人；建设沼气120户，安装太阳能热水器1 200台；争取产业发展项目120个。

（三）对"第一书记"履职情况的管理监督

一是"加"担子。根据贫困村实际情况，由乡镇党委、选派单位、驻村干部和村两委共同拟定精准脱贫履职责任清单，并与"第一书记"逐一签订《驻村目标责任书》，确保责任落实。

二是"减"压力。建立驻村"第一书记"QQ群和微信群交流平台，落实县级每季度、乡镇每月召开一次交流座谈会，了解工作感受、愿望诉求，加强工作指导，及时解决问题。同时落实"第一书记"工作经费每人每年1万元、伙食补助每人每天60元，并为"第一书记"购买任职期间人身意外伤害保险，并一次性发放生活必需品购置补贴2 000元。

三是"乘"效应。建立"第一书记"履职情况"周记月考季晒年评"综合考核制度，"第一书记"每周在岗工作情况将记录在《第一书记工作手册》，供组织部调阅掌握"第一书记"工作情况。"月考"由乡镇党委负责考评，"季晒"由县委组织部、乡镇党委、村党组织按3：3：4的比例确定等次，"年评"由县委组织部、乡镇党委、村党组织和选派单位采取"四评两述"进行综合考评，考核结果与"第一书记"评先选优、提拔使用、晋升职级挂钩。

四是"除"盲区。将"第一书记"培训纳入基层组织建设"素质提升"工程，制定专题培训方案，定期邀请政策理论专家解读扶贫开发政策，组织农业技术专家、群众工作标兵等业务骨干介绍群众工作方法、基层组织建设新举措，提升"第一书记"工作能力。

二、存在的问题及原因分析

当前，全县绝大部分派驻干部能够坚守岗位，积极组织村委、党员、群众开展精准扶贫精准脱贫工作，在群众中树立了良好形象，但也存在一些不容忽视的苗头和问题。

（一）工作经验不足

"第一书记"不少是县级机关选派下来的年轻干部，存在不太了解农村特点、不太熟练农村的工作方法等问题，处理农村问题时不能得心应手，常感力不从心和经验不足。主要原因如下：一是不熟悉农村工作。农村工作涉及面广，群众素质参差不齐，问题难易千差万别。"第一书记"如果不了解农村，不熟悉农村工作，不掌握农村工作方法就无法开展农村工作。二是不了解扶贫政策。农村的各项惠民政策是基层组织开展工作的依据，也是工作的落脚点，不少"第一书记"虽然掌握有一定法律法规及政策知识，但不了解具体的农村惠民政策。三是不通晓农业知识和实用技术。"第一书记"中真正懂农机、经济管理的偏少，如果自身不掌握点农业知识和实用技术，群众就不信服，工作很难开展。

（二）思想观念扭曲

个别"第一书记"在思想上考虑个人的较多，考虑村里的较少。主要表现在：一是名利思想比较重，选派"第一书记"首先想到的是几百元的下乡补贴和工作补助。至于工作，只要不出乱子、不出娄子就行。二是畏难思想作怪。他们中有的被选派到偏远的山区，那里生活艰苦，山高路远，处理问题要跋山涉水，导致一些"第一书记"产生畏难情绪，有些工作能省就省。三是享乐主义作祟。个别"第一书记"在岗在位时间少，凡事电话联系，遥控指挥，存在脱岗、空岗现象，不主动解决村里的问题。

（三）位置摆放不正

"第一书记"是组织下派的村支部书记，必须摆正自己的位置，正确处理与当地党委、村支两委以及农民群众的关系。但是个别"第一书记"年轻气盛，自认为是单位选送、组织下派的国家干部，不愿意与困难群众打交道，认为群众没有文化、不讲卫生、蛮横不讲理，没有建立好广泛的群众基础，影响了党群干群关系，给扶贫工作带来困难。究其原因，主要是孤傲清高、公仆关系错位。

（四）创新意识不强

绝大多数"第一书记"创新意识比较强，下派至村后，能够大胆地创造性地开展工作。但是个别"第一书记"下村后，创新意识缺乏，调研不深入，帮扶计划不明确，帮扶措施不具体，在发展思路、制定村级扶贫规划等方面没有很好地发挥应有的作用。工作方法比较简单，甚至把扶贫帮困工作简单地理解为发放扶贫物资，而对出现的新情况、新问题缺乏充分的思想准备和应对措施，使工作陷入被动。

（五）社会交往狭窄

"第一书记"大部分是35岁以下的年轻人。在原单位工作资历浅，知名度不高，接触面不宽，交往范围狭窄。特别是从外县调来担任"第一书记"的优秀年轻干部，在协调各部门落实扶贫建设的资金项目上感到人微言轻，难以推动工作进展。

（六）工作劲头不足

个别"第一书记"忧心忡忡，担心下村几年，工作无成效，就得不到组织认可，更谈不上提拔。既耽误了自己的时光，又影响了自己的前程，因而工作的劲头不是很足，影响了工作的创造性和积极性。

三、对策及建议

针对当前驻村"第一书记"工作存在的困难和问题，课题组提出以下几点建议以供参考。

（一）转变思想观念

从城市到农村，从办公室到田间地头，从手握笔杆到拿起锄头，"第一书记"的生活环境和工作方式都发生了深刻变化。脚底泥巴越厚，心离群众越近。"第一书记"要及时转变思想，尽快适应新的工作环境，沉下心去，搞好调研。要经常在进村入户中、在田间地头上，摸清村情，理清思路，根据不同情况采取相应措施，多办一些群众看得见摸得着的实事、好事，多办几件群众迫切需要解决的难事、急事，让群众尽快富裕起来、快乐起来、幸福起来。

（二）创新教育培训

创新教育培训机制，邀请各级领导、专家、学者和农技专业人员，从党的政策理论、法律基础知识、基层党组织建设理论知识、现代实用技术等方面开展集中性教育培训。同时"第一书记"根据贫困村工作实际，有针对性地选择培训主题，做到缺什么学什么。也可以根据自身的不同需要、兴趣爱好、文化层次，由"第一书记"自己来选择修哪些课程，以怎样的形式来学习，比如开展公民道德、村规民约、文明新风等宣传教育活动形式来学习，最大限度地激发"第一书记"培训学习的积极性。

（三）健全工作机制

由于驻村"第一书记"的文化层次、单位性质以及工作职能不同，要想在精准扶贫精准脱贫工作卓有成效，必须实行科学管理，在工作机制上推陈出新，根据贫困村的不同实际来选派"第一书记"，提高工作质量和效率。同时要健全考核制度，制定出硬性的考核内容，采用"民考官"的方式，从村民代表、镇干部和镇领导三个层面加强对驻村干部的考核，并从新农村建设、村务财务党务公开、社会治安综合治理、村级组织建设等重点工作完成情况进行捆绑式考核，以此提高"第一书记"工作的主动性和积极性。

（四）加强工作作风

驻村"第一书记"的形象不仅代表自身素质，更体现了派出单位的形象，甚至是党委和政府的形象。"第一书记"要有脚踏实地、务实肯干的工作作风，要时时以身作则，处处带头示范，把群众的事情当成自己的事情去办。要坚持公道处事、民主理事、按章办事，既说得让群众信服，又做得让群众佩服，用心干出群众称道、组织认可的实事、好事，用真情实绩赢得群众信赖，从而提升在班子和群众中的公信力、感召力。

（五）明确岗位职责

当好驻村"第一书记"要找准自己的位置，明确自己的工作职责，搞明白组织选派"第一书记"的目的和意义。"第一书记"作为全村党员群众的"带头人""引路人"，首先就要把发展经济、脱贫致富作为自己的首要职责，增强责任意识，时刻想到担负的责任、肩负的使命，高标准、严要求，坚持在岗在位、吃住在村，狠抓落实。把群众满意作为衡量"第一书记"工作的主要标准，尊重群众，相信群众，依靠群众，了解群众的意愿，倾听他们的呼声，掌握他们的期盼，让民意在决策中唱主角，坚决克服"镀金"心理、"做客"观念和"跳板"意识，全心全意、尽职尽责。切实做到"不脱钩"，即"扶贫任务完不成不脱钩、效果不明显不脱钩、群众不满意不脱钩"，真正把精准扶贫工作落到实处。

（六）科学制定规划

驻村"第一书记"必须立足村情实际，站在全局的高度思考、研究问题，谋划、指导工作。既要紧紧抓住带有方向性、基础性、长远性的工作不放，又要找准工作的切入口和着力点，聚焦发力、精准施力，一件一件地抓好落实。从群众的现实需要出发，从未来的可持续发展出发，认真制定集体经济、特色产业、全民创业、村庄建设、环境保护、党建工作等一系列规划，努力以高起点的定位、高标准的规划、高水平的建设引领贫困村科学发展、跨越发展、和谐发展。同时要充分利用政策优势、部门优势和技术优势，协助村上盘活集体经济、培育优势产业、引进资金项目、争取政策支持、优化发展环境，想方设法帮助其发展相关产业，拉动集体收入增长，帮扶农村脱贫致富。

（七）抓好基层党建

选派到贫困村担任村党组织"第一书记"，这是加强基层组织建设的创新举措，对强化村级班子建设、推动农村科学发展有着非常重要的意义。因此，"第一书记"在村两委中一定要发挥好带头示范作用，认真组织开展支部"三会一课"，严格执行"四议两公开一监督"制度，建立健全组织生活、班子议事、民主决策等制度，着力提升抓班子带队伍的能力，加强党员干部队伍建设。在具体工作中，大事讲原则，小事讲风格，敢于担当负责，积极主动抓落实，搞好班子团结，形成工作合力，推动各项工作上新台阶。只有这样才能带强班子、带好队伍、带富群众，才能让组织放心、让党员信任、让群众满意。

脱贫攻坚工作时间紧、任务重，"第一书记"唯有尽全力履行工作职责和使命，脚踏实地抓落实、创新思路促发展，百倍努力、勇往直前，在脱贫攻坚战中发挥更大作用，才能确保到2018年全县所有贫困村实现脱贫摘帽的目标任务。

凉山民间融资问题调查及对策研究①

中共凉山州委党校课题组②

近年来，我国民间借贷历经剧烈震荡，民间融资行业市场存在的问题相继暴露。2014 年，四川出现担保公司倒闭潮。凉山的民间融资行业出现债务人"跑路"现象，民间借贷纠纷案件呈上升趋势，各县市因民间融资问题引发的群访集访事件时有发生。近年来快速发展的投融资理财信息咨询类公司在运营的过程中的违规甚至违法行为使凉山的民间融资问题显得更加突出。显现的各种问题对凉山的经济发展、金融秩序、百姓利益、社会稳定产生不良影响。民间融资存在的问题引起州委州政府的高度重视和社会的广泛关注。凉山州委党校课题组对凉山民间融资问题展开了深入细致地调研，形成了较为翔实的调查研究报告。

一、凉山民间融资的基本情况

民间融资是指出资人与受资人之间，在国家法定金融机构之外，以取得高额利息与取得资金使用权并支付约定利息为目的而采用民间借贷、民间票据融资、民间有价证券融资和社会集资等形式，暂时改变资金所有权的金融行为。

（一）凉山民间融资在需求中发展

一是需求主体。从课题组的调查情况来看，小额民间借贷主要用于婚丧嫁娶和购买生活资料，额度小，少则几百元，多则三至五万元，利率较低，期限短，多集中在经济落后的山区农村。大额民间借贷主要用于工业、商贸较发达地区的生产投资、经营性等商贸活动。

二是需求因素。从民间借贷资金的分布看，民间借贷主要集中在凉山经济比较活跃的地区，私营企业集中的煤、铁开采、铸造业种植业、养殖业等地区。

三是供给面。民间融资的发展既与资金的提供者相关，也与正规金融的发达程度有关，同时还受制于国家宏观调控政策。第一，随着经济的发展，凉山城乡居民闲置资金逐步增多，为民间融资活跃提供了资金来源。第二，基层金融机构服务面窄，信贷满足率低，为民间融资创造了较大的需求空间。由于商业银行实行信贷集中管理，基层网点

---

① 2015 年度凉山州党校系统优秀调研课题。
② 课题负责人：蔡莉英。课题组成员：胡澜、尚培霖、薛昌建、阿都建林。

大量撤并，再加上严格的贷款责任制度，基层的信贷投放受到限制，信贷满足率低。特别是宏观调控后，商业银行受政策制约，纷纷上收贷款权限，实行贷款紧缩，使得信贷资金供应骤然下降，加剧了资金紧张状况。尽管农村信用社实行了小额信用贷款等形式，加大了支农贷款的力度，但仍不能满足民间融资的活跃。第三，宏观调控进一步压缩了正规金融供给，促进了凉山民间融资的活跃。

（二）凉山民间融资的现状

1. 民间借贷方式多样化。从调查情况看，过去参与民间借贷的人大多数生活较贫困，而现在参与民间借贷的却多数为生活比较富裕的生意人和企业经营者；在农业乡镇借贷款项偏重生活消费和临时性的资金需求，在个体私营经济发达地区多用于投资办企业和经商。民间借贷形式主要有企业之间融资、企业向个人融资、工商户之间融资等四大类。

2. 民间融资注重社会关系。民间借贷主体体现了社会关系的"信息对称"性，利用民间借贷双方多数通过血缘、亲缘、地缘、业缘等社会关系媒介实现资金融通，形成了信用保证替代正规金融风险评价体系的现象。为民间借贷长盛不衰提供了特有的载体。

3. 民间融资的合法化趋势。近些年，国家和地方陆续出台了一些政策促进了民间融资市场的发展。《国务院关于鼓励和引导民间投资健康发展的若干意见》提出放宽金融机构的准入政策，降低民间投资金融服务机构的成本和风险，完善担保体系的政策措施。支持民间资本以入股方式参与商业银行的增资扩股和农村信用社、城市信用社的改制工作；鼓励民间资本发起或参与设立村镇银行、贷款公司、农村资金互助社等金融机构，放宽村镇银行或社区银行中法人银行最低出资比例的限制，适当放宽小额贷款公司单一投资者持股比例限制。

政策上的支持促进了凉山的民间融资发展，除存在于民间自然人之间的借贷外，凉山的民间融资还呈现出较强的组织特性，建立起了融资担保、小额贷款、投（融）资理财等机构。全州有 12 家担保公司，6 家分公司；16 家小贷公司。在工商管理部门登记投融资理财咨询类企业 128 户。其中法人企业 87 户、非法人分支机构 41 户，分布在 10 个县（市）中：西昌 70 户、会东 12 户、会理 11 户、冕宁 8 户、越西 7 户、德昌 5 户、盐源 5 户、喜德 4 户、宁南 3 户、普格 3 户。

二、凉山民间融资存在的问题

因课题涉猎的范围较为广泛，课题组在调研的过程中，以西昌、会理、会东、喜德四县市为调研对象，以凉山民间融资问题较为突出的投融资理财类企业作为调研重点，并对一些因民间融资引发的非法集资案件做了剖析，对存在问题及风险进行了梳理。

近年来，在民间借贷市场日趋活跃的背景下，凉山州以投（融）资理财信息咨询类公司为代表的民间融资中介迅猛发展，在工商部门注册登记数量大幅增长，营业网点显著增多，宣传广告随处可见。此类民间融资中介公司在一定程度上活跃了市场经济，但由于监管不到位，具有较大的非法集资风险。这类投融资理财信息咨询类公司本质上是中介公司，无前置许可管理部门。根据相关法律规定，此类公司仅需在工商部门注册便可营业，但其从事的融资信息中介业务涉及广大资金提供方和资金使用方，具有外部性、传染性、涉众性强的特点，其行业运行规律和风险防范要求与金融行业比较类似，却缺乏相应监督管理部门和监管措施，不利于行业风险和规范发展，极易被不法分子利用，从而引发系统性风险，对地方经济金融秩序及社会稳定造成压力。

（一）投（融）资理财公司存在的问题与隐患

1. 这类公司往往将中老年、退休职工等弱势群体和普通民众作为主要宣传对象。一些民间融资中介公司利用装修酷似银行的街边门面、商场或者居民小区，面向社会公众散发宣传单、发放礼品。如果资金链一旦断裂，造成弱势群体和广大群众资金损失，极易引发群体性上访事件，全州已发生多起群体性上访事件。

2. 设立此类公司的大多不是本地人，投资项目也往往是异地项目，一旦项目出现问题，外地老板跑路，本地集资参与人难以追讨，从而将风险处置和维稳压力留给当地政府。

3. 专业性不强。一是从业人员不专业。课题组实地走访了西昌一家公司，其负责人长期经营广告业务，获悉此类公司一赚钱就注册新的公司，并同时在9个县设立了分公司，但实际开办的业务量较小。公司员工学历较低，基本缺乏金融、法律、财会等专业知识，部分员工只有高中文化。二是经营范围不集中。上述公司除开展投融资信息咨询服务外，还从事房屋、劳务、技术信息、酒店管理、旅游管理等咨询中介服务，而该公司仅有3名从业人员，经营范围与从业人员数量明显不匹配。

4. 违规违法手段更加多样。据工商部门通报，这些理财公司有的涉嫌非法吸收公众资金，非法发放贷款，存在一定的社会隐患。同时，这类公司的风险有可能会向正规金融体系传递，影响我州的金融秩序。一方面，民间理财有"担保化"趋势，为吸引客户，很多业务都有担保公司的介入。另一方面，一些新闻报道显示，在所谓"高息"利益的诱惑下，确实存在从银行套取贷款用于投资理财的现象。一旦理财公司出现资金链问题甚至高管失联出走、携款潜逃的情况，这种风险就转嫁到担保公司和银行机构身上，进而对正规金融体系造成冲击。有的理财公司通过员工或其他个人账户来汇集资金，有的与有关企业或不符合条件的企业勾结设立虚假项目套取资金，有的假冒互联网金融等名义开展非法集资等。交易的隐蔽性更强，管理难度和司法打击难度随之加大。

5. 虚假宣传的问题比较突出。部分公司对外宣传很容易误导群众。如某公司宣传栏注有"本公司得到市委、市政府及有关部门的大力支持和肯定"等字样。同时，在对外宣传中宣称的"投资年稳定收益12%~20%"，着力宣传高收益、高稳定，未对投资风险进行提示。

6. 投资人风险较大。利息偏高，投资人面临损失的风险较大。实地走访的一家公司表示，通过融资需承担的费用包括：年息15%的资金费用、月息0.5%的信息咨询费、月息0.5%的担保费用以及较高的评估费和公证费，综合费用年化率超过25%，坏账风险较高。若无担保公司或担保公司出现偿付困难，投资者将面临较大的资金损失风险。

7. 投资者追逐高回报，风险意识薄弱。投资理财公司往往以较高的利息吸引投资者，又以矿山开采、酒店经营、房地产等项目作为借贷保障，再加上从业人员的花言巧语，极易使投资者在投资时缺乏冷静判断，不仅没有意识到高回报意味着高风险，更不会去思考这些理财公司存在的金融诈骗风险。

（二）非法集资案犯罪案例绝对数量较少，但未来呈增长态势而且复杂性加剧

一是已经法院审理的非法集资犯罪案件数量不大。2012 年至今，全州两级法院只受理并审结了非法集资类犯罪案 9 件，案件绝对数量偏少。二是未来起诉至法院的非法集资犯罪案件会大增。2014 年 2 月以来，公安机关加大了打击和处置非法集资的力度。目前为止，全州公安机关共立案查办非法集资犯罪案件 10 起，涉及集资群众 2 600 余人，涉案金额 9 亿多元人民币。至少 5 起案件已移送检察机关审查起诉，不久将诉至冕宁、昭觉、西昌、甘洛法院。同时，原来作为民事诉讼案件处理的众多债权人状告西昌市天汇海洋生物科技有限公司欠款纠纷一案，州法院将以西昌天汇海洋生物科技有限公司及其相关人员涉嫌非法集资犯罪为由，移送州公安局按非法吸收公众存款进行侦办。此案涉及受骗群众人数较多，涉案金额上亿元。三是新旧案件审理执行的难度日后将呈叠加效应。仅从州级法院前期审结的两起非法集资案件来看，后续问题仍持续发酵，挽回集资群众的损失极为困难。2012 年州法院审结的昭觉县莫某非法吸收公众存款案件，判决确认非法集资群众 1 178 人，涉及非法集资金额 5000 万余元，判决确认应退还非法集资金额 4 243 万余元，判决莫某等被告人全额退赔集资款项。但截至目前，莫某案经公安机关追赃及法院执行缴回的财产尚不足 100 万元，根本无力兑付给受害群众。为此案，受害群众已多次群访。2013 年会东法院审结的冕宁县贾某非法吸收公众存款案，判决确认非法集资群众 9 119 人，涉及非法集资的金额超过 5 亿元，判决确认应退还非法集资金额 2 亿多元。至今，贾某案有条件追回的款物价值近数千万元。从公安机关2014 年侦办结案但目前尚未起诉到法院的其他案件看，侦查阶段追缴赃款赃物的情况并不乐观。

（三）综合治理的格局尚未形成

从课题组调查的情况看，对于民间融资存在的风险与问题，政府部门有一定的认识和行动。2014 年，凉山州召开"全州民间理财类公司风险防范工作会议"，成立了民间理财类公司风险防范领导小组，出台了《凉山州人民政府办公室关于全面防范民间理财类公司风险工作的通知》（凉府办函〔2014〕211 号），明确了各县市政府和有关州级部门的职责分工，要求各相关部门履行好工作职责，相互配合、相互支持，积极稳妥化解民间理财类公司风险，共同维护凉山州的金融秩序和社会稳定大局。凉山州金融办、凉山州工商局、凉山州银监局、凉山州打击和处置非法集资工作领导小组办公室也开展了专项整治行动，并取得了阶段性成果。2015 年 8 月，四川省高级人民法院就非法集资

犯罪问题在凉山召开了专题研讨会，凉山州中级人民法院就此问题做了汇报。但部门之间、县市之间仍然缺乏有效沟通配合、相互推诿的情况时有发生，市场监督管理的长效机制尚未形成。另外，社会层面对民间融资问题缺乏正确的认识，缺乏行业自律、自治，现代的综合治理机制尚未形成。

三、对策建议

通过对凉山民间融资，尤其是民间理财类公司及非法集资案的调查与研究，课题组按照"疏堵结合，综合治理"的思路，提出以下对策建议。

（一）政府相关部门履职，建立长效的管理机制

1. 明晰工作职责，增进协作联动。州级有关部门及各县市政府要按照凉府办函〔2014〕211号文件要求，结合各地实际建立行业监管和风险防范处置工作机制，明确责任分工，将责任落实到具体领导和具体单位，做到布置、检查、督促、落实四到位；部门之间、部门与县市之间要加强协作联动，灵通情报信息，形成工作合力，切实做到"横向无缝衔接、纵向直插到底"。同时，还要将民间理财类公司的风险防范工作与非融资性担保公司清理规范、投资公司和资产管理类公司的市场监管联系起来通盘谋划，避免"按下葫芦浮起瓢"现象。

2. 注重疏堵结合，加强舆论引导。投融资理财业务以及其他涉嫌违法违规金融活动的大量出现，在一定程度上是金融体系与市场需求不适应的表现。因为在宣传舆论上，要着力增强广大群众对非法金融活动危害性的认识，强化"投资有风险、投资须谨慎、风险需自担"意识和依法维权、理性维权意识，自觉远离非法集资和其他非法金融活动。要不断净化社会和市场舆论环境，加强媒体把关，对高息揽储、高息理财等内容的各类广告实行"零容忍"、相关部门要加强对各类广告载体的监督和规范，加大查处力度。

3. 加强预警防范机制建设。相关部门对有违法经营倾向和苗头的理财类公司要加强排查，努力做到早发现、早报告、早预警、早处置，将风险消灭在萌芽状态，防患于未然，对涉众面广、影响大的典型案情，早立案、早处置。同时，处理好打击与稳定的关系，内部紧锣密鼓，加大排查和处置力度，对非法金融活动形成持续高压态势；对外营造良好社会氛围，提高群众风险识别能力和自我保护能力。提高预防和处置群体性事件的能力，维护社会稳定大局。

4. 加强行业的监督管理。一是防止规模膨胀。工商部门应对民间理财公司的登记注册采取审慎态度，查处无照经营，把总量控制在经济社会承受范围之内，待政策和法律法规完善明朗再相应处置，市场反应和行政诉讼也会倒逼政策及法律法规的适应调整。二是公益提示。政府及宣传主管部门组织主流媒体进行宣传，同时工商机关责令该类公司在其经营场所发布、在合同文书载明政策提示、风险警示，让群众正确认识投融资理财咨询行业，能够辨别依法经营和违规违法，理性合法投资，自担投资风险，避免"不找法律找政府"，甚至群访闹事。三是规范广告，工商机关严查取缔发布投资回报

率、支付方式和期限一级金融服务等与该类公司身份不相符的广告，避免误导群众。四是统一合同文本。工商机关严禁该类公司与投资群众签订借款、融资、信托等合同，严禁公司与投资群众合同约定投资回报、付息返本事项，明确投资人与项目方借贷关系不受居间公司操控，明确该类公司与投资人、与项目方的居间服务关系与服务内容。五是监控资金流向。人民银行加强对公司融资规模和资金流向的监测，督促商业银行加强对有关账户的管理，及时发现和调查可疑交易，履行反洗钱职责。六是打击违法犯罪。银监机构对非法集资放贷等违法行为进行甄别认定，及时提交公安机关打击追责，把隐患消灭在萌芽状态。七是健全社会信用体系。加强信用分类监管，完善数据库和黑名单，一处失信，处处受限，以打击故意违规、恶意违法。

（二）建立行业自律、自治的现代社会治理机制

党的十八届三中全会提出，必须着眼于维护最广大人民根本利益，最大限度增加和谐因素，增强社会发展活力，提高社会治理水平，全面推进平安中国建设，维护国家安全，确保人民安居乐业、社会安定有序。

而社会治理主体趋向多元化，过去政府一元主体变成党委、政府、社会各方、公民多个治理主体，社会各界共同参与国家事务和社会公共事务的治理。我们要充分发挥多元主体在社会治理中的重要作用，形成强大合力，解决民间融资存在的问题，化解社会矛盾。

1. 发挥行业自治、自律作用，形成公开透明的市场监管机制。为了规范发展凉山民间融资，课题组建议由各县市的工商联牵头，由投融资公司法人、自然人设立民间借贷登记服务中心，以公司的形式运营，经营范围涉及借贷信息的登记、发布、咨询等服务，规范凉山的民间借贷市场，形成民间借贷公开透明的"市场利率"。

2. 充分发挥社区在宣传群众、引导群众中的重要作用。近几年，社区作为社会整合载体和公共利益运作平台的作用日益得到重视，基层治理创新的氛围浓厚。城市里，参与民间投（融）资理财的群体有相当一部分是退休职工、普通民众，他们生活在城市的各个社区。政府管理部门应利用社区平台宣传民间融资的基本知识、相关法律法规，提升普通民众的辨别能力和风险意识，起到宣传、教育民众的作用，充分发挥社区在协同治理、激发活力方面的积极作用。

3. 创新彝区工作体制机制，坚持州县乡村四级联动、全覆盖宣传、打防治结合、全社会参与，加大彝区对民间金融问题的综合治理。在彝区，非法集资案件呈现出人多地域广、时间跨度长、民族差异、文化水平低、法律意识淡薄、经济相对落后的特点。侦办及后续追赃的难度较大、民众的损失难以挽回，因而防患于未然，利用民间的解纷资源化解社会矛盾十分重要。目前，对彝区社会治理探索中，"支部＋协会＋家支"新模式值得推广，这种模式既凸显了党委在社会治理中领导作用，又充分尊重了彝族民族文化、传统习惯，通过多方力量的整合，提升对民间金融问题动态管控能力。

（三）充分发挥公民在社会治理中的主体作用

在民间融资过程中，公民个人是行为的主体，其文化水平、法律意识、风险防控意识十分重要。构建政府引导，社会组织引领、公民参与的社会治理模式势在必行。在具体操作中，在城市社区，可以更多发挥退休领导干部、教师等具有一定文化素质和法律水平的群体在社区中的引领功能；以利益受损群众作为"反思典型"，用自身民间融资失败经历警醒其他民众；在彝区农村，发挥家支能人、"德古"及乡村致富能手在乡村治理中的重要作用，促进彝族同胞对民间融资问题形成正确认识，并提升法律理解能力，促进乡村治理现代化进程。

新型城镇化背景下少数民族农业转移 人口市民化问题研究①

中共凉山州委党校课题组②

农业转移人口市民化是中央积极稳妥推进城镇化的重大战略举措。党的十八大报告提出，有序推进农业转移人口市民化，是提高城镇化质量的核心所在，对走中国特色新型城镇化道路、推动城乡一体化、推进经济结构战略性调整和构建和谐社会，具有重大的现实意义和深远的历史意义。但推进农业转移人口市民化不是由农村户口变为城镇户口的"一化了之"，而是使农业转移人口在经济、社会、身份、文化上全面发生嬗变，能够从根本上融入城市，能够享受到城市一切公共服务和社会福利。

一、凉山少数民族农业转移人口市民化现状

发展社会学在考察现代化进程中城乡人口转移现象时提出两个经典命题，即"农村人口城市化"和"农业剩余劳动力非农化"，前者从空间上强调农村人口向城市人口的转变，后者则从职业身份上强调由农民向是非农劳动者的转变。在西方国家，这种空间上的转变通常是和职业的转变同步进行的，因而农民转变为"市民"就不存在中间环节。但是，在我国现代化进程中，城乡人口的转移并未像西方国家一样直接由"农民"转变为"市民"，而是呈现出一种迥然不同的"中国路径"，即经历了"农民→农民工→市民"。凉山的农业转移人口城市化路径同国家农业转移人口城市化路径基本相同，传统农业发展已经无法完全吸收农村富余劳动力，富余劳动力大都选择外出务工，但仅仅只有一小部分人能够在外出务工的过程中融入当地，而留下来的那部分人也基本都经历了"农民→农民工→市民"这样的演进路径。2013 年全州农村劳动力转移输出规模、劳务收入分别达到 97.98 万人和 106.22 亿元，年均分别增长 21.5％、38.3％，劳务输出不断增加，占总人口的比重约 20％。

凉山地处攀西城市群腹地，有彝、汉、藏、回、蒙古等十多个民族，是全国最大的彝族聚居区，2013 年末全州户籍总人口 506.4 万人，其中彝族人口 259.7 万人，占总人口的 51.3％。从城镇化率来看，以年末城镇常住人口占总人口的比例计算，凉山州城镇化率为 30.57％，各县市、三大区域板块间的城镇化发展极不平衡，安宁河谷地区

---

① 2015 年度凉山州党校系统优秀调研课题。
② 课题负责人：杨福灵。课题组成员：刘蜀川。

城镇化率相对较高，超过全州城镇化率平均水平的 5 个县市都处在安宁河谷地区。其中，西昌城镇化率最高，达 55.3％；东五县和木里县城镇化率大多在 20％以下，美姑最低，只有 7.9％。

非农人口城镇化率更是参差不齐。以户籍人口占比来看，凉山州城镇化率仅为 11.95％（2013 年末常住人口 458.5 万人），农业转移人口市民化率极低。17 个县市中非农人口占比最高为西昌（31.4％），其他 16 个县非农人口比重均低于 20％，其中盐源、普格、布拖、金阳、昭觉、喜德等 12 个县非农人口占比低于 10％，比重最低为美姑县（5.3％），推进农业转移人口市民化尤其是少数民族地区农业转移人口市民化任重而道远。农业转移人口能否与城市居民一样享有平等的社会保障、农业转移人口子女能否享有平等的受教育机会以及高考机会等问题直接影响到地区的经济发展以及社会稳定程度。因此，提高少数民族农业转移人口市民化程度是凉山州在推进新型城镇化进程中亟待解决的问题。

二、少数民族农业转移人口市民化的制约因素

历史、地理、经济、社会等多种因素使凉山州城市化的发展低于全国其他地区，没有达到我国城市化平均水平。制约凉山州少数民族农业转移人口市民化的因素主要有以下几方面。

（一）凉山州彝区农村青年缺少职业教育和技能培训

凉山州彝区教育相对落后，仍有一定数量的农村彝族青年不能进入职业院校或大学继续接受教育，产生大量的低水平的纯体力型新增劳动力。他们大多文化基础薄弱，缺少职业技能，普通话水平低，不具备在城市生存的能力，心理上的不自信、恋家情结等原因致使他们在家乡留守，成为新增富余劳动力。他们多是短期季节工，流动性强，收入不稳定。他们农忙时务农，农闲时在附近城镇周边打零工。受传统观念的影响，部分彝族富余劳动力不愿外出或在城镇长期工作，也不愿在城镇落户或定居。

（二）对土地的依赖性影响人口流动

部分农民对土地的依赖度高，即使有能力在城市生存发展也不愿意轻易放弃农村户籍，不愿放弃同户籍相联系的农村集体土地权益。部分农民在城市购买房屋，打工一段时间后回归家乡的现象依然存在。农民在城市的房屋空置，浪费了个人和社会资源，也阻碍了农村人口市民化进程。

（三）农村人口教育水平低、教育质量差，职业培训滞后

教育发展极不均衡，优质教育资源高度集中在少数学校，"择校热""大班额"问题突出，农村尤其是彝区的农村办学条件落后，全州有 2 071 所学校（教学点）达不到国家基本办学标准；公办学前教育资源严重不足，学前三年净入学率只有 40％。农村劳动力就业技能水平低，尤其是彝区群众受教育年限平均不足 6 年，有的甚至不懂汉语，

缺乏在城镇就业谋生的本领，制约了他们在城市的全面就业和发展。

（四）传统社会观念影响了农业转移人口

城乡二元经济和社会结构造成了城乡人口在价值观念、思维方式和生活形态方面的差异性，农民工的社会地位较低，农业转移人口很难融入城市生活，加之民族习惯、语言交际能力等因素的影响，转移到城市的农民工生存困难，实现"嵌入式"居住困难重重。城市原著居民对农民工的社会歧视、偏见和误解，加上农民工自身存在一些素质、心理问题，也影响着农业转移人口的市民化进程。

（五）区域发展不平衡严重制约了少数民族农业转移人口市民化进程

受历史、自然、社会等因素制约，凉山州发展不平衡、不协调，区域发展差异明显，地区发展不足、质量不优，区域、城乡发展不平衡，"一条腿长、一条腿短"的现象突出。安宁河流域与大小凉山彝区、木里藏区之间存在较大差距。凉山是全国贫困人口最多、贫困面最广、贫困程度最深的集中连片特困地区之一，贫困人口大都聚集在大小凉山彝区，现有国家扶贫开发工作重点县 11 个、贫困村 2 072 个、贫困人口 50.6 万。区域发展不平衡、贫困等问题都制约了少数民族农业转移人口市民化进程。

三、少数民族农业转移人口市民化的对策建议

（一）加大宣传力度，为农村富余劳动力转移，为凉山州农民市民化提供强有力的思想保证

农民就业观念落后、不愿走出家门是当前制约富余劳动力转移工作的障碍之一，各地区应充分运用各种舆论宣传手段和分级承包制，如乡、镇干部包乡驻村工作等方式，向广大农民宣传本乡本村涌现出的劳务创收典型户和国家相关政策、致富途径等，引导农民走向劳务市场，并在全州、县范围积极营造鼓励劳务创收的社会舆论氛围，帮助农民开阔视野，逐步提高认识，转变观念，增强农民走出家门的自觉性和主动性，促进农村富余劳动力转移工作的正常开展。

（二）探求有价值的凉山州少数民族职业教育发展的模式，提高劳动力素质，加快凉山城镇化的发展

1. 发展职业教育，推动凉山特别是老凉山彝区富余劳动力转移。坚持按照国务院印发的《国务院关于大力发展职业技术教育的决定》及《中华人民共和国职业教育法》等法律法规要求，从法律上、从制度上为凉山州发展职业教育提供司法保障，为凉山州职业教育发展构建良好的法律环境。

2. 实行多元职业教育投资主体，建立多元可持续的资金保障机制。凉山州少数民族贫困地区农村职业教育经费要以政府投入为主，农村职业教育的内容要取决于教育对象、家庭的需求。解决好农村职业教育师资短缺问题，做好农村职业教育，加大富余劳

动力的职业培训，提高劳动力转移速度，增加劳动力转移人次。大力加强贫困地区基础教育和职业教育，切实阻断贫困代际传递，着力补齐文化卫生短板，兜住社会保障底线，提升农业人口基本保障水平。

（三）多措并举，发展农村职业教育，提高劳动者素质

凉山州是以彝族为主的多民族聚居区，少数民族职业教育是凉山州职业教育的重要组成部分。随着凉山经济的发展，大量农村富余劳动力从农业转移到二、三产业，劳务经济得到快速发展，这也是实现劳动力资源合理配置和提高农民收入的重要途径，是城市化建设和社会主义新农村建设的基础。由于凉山州经济相对落后，要发展少数民族贫困地区的劳务经济，实现区域经济可持续发展面临诸多困境。应该把农村职业教育作为扶贫、脱贫致富的核心工作来抓，把职业教育与扶贫工作结合起来。

（四）采取措施促发展，扩大城市就业

1. 发展工业、服务业，促进农村人口向城市人口转移

冕宁、德昌重点发展稀土工业，西昌、会理、会东、甘洛重点发展钒钛、铅锌、铜镍精深加工，雷波、盐源重点发展磷、盐化工业，美姑、昭觉等县发展南红玛瑙产业，因地制宜在贫困地区布局一批水电、风电、光电项目，以工业发展来带动其他行业发展，提高就业，促进凉山州农村转移人口市民化。同时，政府要为老百姓提供更多更好的公共产品，更加注重履行好社会治理和公共服务职能。完善城乡就业服务平台，加强就业培训，努力创造更多的就业机会，统筹城乡就业。

2. 加快农业现代化步伐，促进农业人口市民化

加快凉山州农业现代化发展，积极发展特色种植业，如核桃、石榴等经济果业，不断提高亩均效益，使特色种植产业成为农民增收的支柱产业，带动农民增收致富。加大农田设施建设，提高机械化耕作，提高农业效率，将农民从土地上解放出来，从事非农产业，或转移到城市务工、定居，促进凉山州农业转移人口市民化进程。

3. 大力发展旅游业，促进农民就地转化

紧紧依托水能、矿产、农业、旅游业和民族文化五大优势特色资源，培育城镇主导产业，做到"一城镇一特色"。加快推进邛海—泸山、泸沽湖、螺髻山等龙头景区创建5A级景区，打造大凉山彝族风情体验之旅、香格里拉核心生态之旅、摩梭风情之旅、川滇文化体验之旅、高峡平湖之旅等精品旅游线路、品牌，有效带动贫困地区少数民族农业人口增收致富。对劳动密集型的产业给予相应的政策支持，着力解决市场资本投向资源型产业、劳动密集型产业发展缓慢等突出问题。在促进人口异地城镇化的同时，通过产业发展和城镇建设吸纳农村剩余劳动力，在州、县市范围内实现就业转移，争取为农民提供更多的"幸福就业"，实现更多"家门口的城镇化"。

对凉山民族地区培育新型农业经营主体
构建新型农业经营体系的调查
——以甘洛县为例①

中共甘洛县委党校课题组②

党的十八大提出，以家庭承包经营为基础，在统分结合的双重经营体制下，积极发展多种形式的规模经营，培育壮大新型农业经营主体，加快构建集约化、专业化、组织化、社会化相结合的新型农业经营体系，是推进现代农业发展的核心和基础。党的十八届三中全会进一步提出，在稳定农村土地承包关系并保持长久不变，在坚持和完善最严格的耕地保护制度前提下，赋予农民对承包地占有、使用、收益、流转及承包经营权抵押、担保权能，允许农民以承包经营权入股发展农业产业化经营；鼓励承包经营权在公开市场上向专业大户、家庭农场、农民合作社、农业企业流转，发展多种形式规模经营；鼓励农村发展合作经济，扶持发展规模化、专业化、现代化经营等措施，加快构建新型农业经营体系。在新形势下，深入贯彻落实党的十八大、十八届三中全会关于农村改革发展要求，积极培育新型农业经营主体，促进新型农业经营体系健康发展，是摆在凉山民族地区面前的一项重要而紧迫的任务。

一、甘洛县培育新型农业经营主体，构建新型农业经营体系基本情况

（一）农业及农业发展基本情况

甘洛县是一个典型的山区农业、少数民族聚居和国家扶贫开发工作重点县。全县耕地面积 20.84 万亩，林地面积 19.98 万亩，草场面积 12.65 万亩。主要农作物有玉米、水稻、小麦、马铃薯、荞麦等，经济作物有花椒、核桃、板栗、木耳等。近年来，县委、县政府高度重视特色农业产业发展，以"因地制宜、成片治理、整村推进"为思路，以"稳定增势、高位求进、加快发展"为工作基调，采取"工作到村、扶持到户"的举措，着力打好绿色牌、特色牌和生态牌，为推动农村经济社会发展注入了强劲动力。

---

① 2015 年度凉山州党校系统优秀调研课题。
② 课题负责人：朱盛华。课题组成员：赵显萍、黄伟平。

（二）培育壮大新型农业经营主体基本情况

党的十八大以来，甘洛县认真贯彻落实党的十八大、十八届三中全会精神，高度重视特色农业产业发展，积极推进农业农村改革。根据《中共中央、国务院关于全面深化农村改革加快推进农业现代化的若干意见》《中共四川省委、四川省人民政府关于深入推进农村改革加快发展现代农业的意见》《中共四川省委办公厅四川省人民政府办公厅关于印发〈关于加快构建新型农业经营体系专项改革方案〉的通知》《中共凉山州委凉山州人民政府关于深入推进农村改革加快发展现代农业的意见》等文件精神，结合甘洛实际，以放活农村土地承包经营权为重点，积极鼓励培育发展一批从事农业规模化、集约化、商品化、品牌化的新型农业经营主体，着力构建以家庭农场、农民专业合作经济组织建设为重点的新型农业经营体系建设，促进甘洛传统农业向现代农业发展的有序转变。

第一，全面启动家庭农场注册认定和试点建设工作。根据《中共凉山州委办公室凉山州人民政府办公室关于印发〈凉山州家庭农场认定登记暂行办法〉的通知》等文件精神和要求，甘洛县全面启动家庭农场注册认定工作。截至目前，甘洛县注册认定家庭农场 59 个，其中养殖农场 34 个、蔬菜水果种植农场 5 个、核桃种植农场 18 个、烤烟种植农场 2 个。

第二，大力发展专业大户。专业大户也叫种养大户，统指那些种植或养殖生产规模明显大于传统农户的专业化大户。截至目前，甘洛县累计发展专业大户 1 287 户。其中发展核桃种植大户 78 户，果蔬种植大户 52 户，出栏 20 头以上的养猪专业大户 665 户，出栏 30 只以上的养羊专业大户 432 户，出栏 5 头以上的养牛专业大户 52 户，存栏 500只以上的规模养禽大户 8 户。涉及种植业、养殖业、林果业、中药材等多个产业领域，覆盖全县 28 个乡镇。

第三，大力发展农民专业合作社。近年来，作为农业经营的新型组织模式，农民专业合作经济组织受到甘洛县广大农民群众的欢迎。为促进甘洛县农业农村持续发展以及农村土地资源等农业生产要素积极重组营造良好的客观条件，甘洛县大力发展农民专业合作社。截至目前，甘洛县累计发展农民专业合作经济组织 82 个，发展项目涉及种植业、养殖业、林果业、中药材等多个产业领域，覆盖全县 28 个乡镇、有效带动农户18 700余户。2014 年，甘洛县根据《大凉山特色产业培育工程、农业新型经营主体构建工程、产业发展服务工程领导小组关于切实抓好"三项工程"实施的通知》文件精神，积极组织各合作社申报省级财政支持建设项目，甘洛县财茂蔬菜专业合作社、新盛黄果专业合作社、鑫合林业专业合作社、永盛养殖专业合作社成功列入 2014 年省级财政支持建设项目名单，获得省上专业合作组织扶持资金 200 万元。目前，结合各专业合作社发展情况，相关部门正在制定项目发展规划和项目实施方案，指导各专业合作组织建设工作。

第四，大力扶持农业产业化龙头企业。为大力发展"大凉山"特色农产品品牌创建工作，强化龙头企业服务，增强企业自我发展能力和带动农民增收致富能力，甘洛县大力扶持农业产业化龙头企业。截至目前，在龙头企业方面，甘洛县彝家山寨农牧业科技有限公司成功创建省级重点龙头企业，彝家山寨、凉山魂酒、飞黄牧业创州级示范龙头企业。在品牌创建方面，争创国家地理标志保护产品1个，无公害农产品1个，有机食品6个。2015年一季度累计实现销售收入2 130万元，农业龙头企业销售网络进一步健全，企业自我发展能力和带动农民增收致富能力持续增强，品牌形象进一步提高。

为更好改善企业发展环境，服务龙头企业，甘洛县用好省州各项目扶持政策，为企业发展注入活力。2014年为正华核桃产业合作社争取到州级农民专业合作经济组织扶持资金5万元，为彝家山寨农牧科技公司争取信用联社贷款资金1 000万元，为凉山魂酒业有限公司从西昌商业银行协调贷款资金430万元，还就龙头企业贷款贴息向州农工委进行了申报，着力增强龙头企业自我发展能力和带动农民增收致富能力。

二、甘洛县培育新型农业经营主体，构建新型农业经营体系存在的主要问题及原因分析

从实行家庭联产承包开始，农户成为农业生产经营的主体，随着工业化、城市化的推进，农业经营逐步由单一的家庭经营向多元经营主体转变。目前，甘洛县已初步形成了家庭农场、专业大户、农民合作社、农业产业化龙头企业为支撑新型农业经营体系，新型农业经营主体呈现出多元多样的发展态势，但因为种种原因，仍然存在一些问题。

（一）家庭农场的推广进程受到诸多限制

一是传统小农意识的影响严重。部分农民坚守几亩地种植常规作物，只求能够满足日常生活需要，没有扩大生产规模的想法。农民的保守观念是家庭农场推广进程中的主要障碍。二是土地流转存在阻力。有的农民担心土地长期流转出去会丧失承包权，对土地流转持观望态度；有的农民觉得土地是自己的私有财产、命根子，再好的流转条件也不愿意流转；有的农民攀比工业征地，流转要价高，租地者无法承受；还有的农民就是不愿意流转出去。三是缺乏特色种植养殖模式和技术。在家庭农场推广的过程中，多数农民认为采取传统的模式收益较小，而搞特色种植养殖和经营又缺乏新的模式和技术，这样的担忧使得农民对家庭农场的前景缺乏信心。四是担心经营家庭农场的风险。部分农民认为一家一户的种养投入小，即便遭遇自然灾害，损失也不大，但是流转了几十亩、几百亩的土地搞家庭农场，需要投入大量的人力、财力、物力，一旦出现变故，造成的损失难以承受。

（二）专业大户的生产经营存在系列问题

一是经济效益普遍低下。主要原因在于大部分专业大户科技意识淡薄，没有特色产品、品牌产品，缺乏市场竞争力，市场价格低下。加之受地理条件限制，难以形成大规模经营。随着近年来生产资料价格逐年升高，生产成本逐年增加，而现有企业加工能力不足，农产品转化率低，挖掘不出农产品的利润潜能，又抓不住出售的好时机，导致利润下降。二是基础设施薄弱。专业大户生产点大多偏远，交通道路设施条件差和农田水利基础设施滞后，大大阻碍了其发展壮大。三是急功近利，盲目生产。大多数专业大户

仍然采取传统经营方式，科学企业化管理水平低下，发展后劲不足。没有规模化的发展思路和发展方向，经营产品没有定位和目标，多年处于试验和尝试阶段，产品一年一个样，缺乏相应的可行性市场预测、分析和研究，无法抵御自然和市场风险带来的巨大损失。

（三）农民专业合作社发育成长缓慢

一是合作社规模小、实力弱。甘洛农民专业合作社成立时间较晚，发展还处于起步阶段，发展过程中出现的资金约束、人才缺乏、管理水平低和管理方法落后等因素限制了合作社的发展壮大。二是农民参与率低、入社意愿不强、社员缺乏积极性。由于农民对合作社缺乏了解，对合作社认识和了解的片面性和局限性导致农户入社不积极；合作社的制度安排对农户缺乏吸引力，一方面有些制度和社员的期望差距太大，另一方面有些制度合作社不能很好地落实。三是农民专业合作社制度不完善、管理不规范。许多合作社没有实行民主管理，有的管理者甚至基于自身利益的考虑，做出损害合作社社员利益的事情。四是农民专业合作社运行机制不健全、发展不稳定。一方面，多数合作社的盈利分配方式使普通社员不能获得他们创造的全部价值，致使普通社员缺乏合作的动力。另一方面，由于社员、合作社联系农户、非社员农户在实际操作中界限不清晰，导致非社员农户的"搭便车"心态严重。

（四）农业产业化龙头企业发展与现实要求仍有差距

一是数量少、规模较小，辐射性较弱。甘洛县现有龙头企业的数量还不能满足构建新型农业经营体系的需要，其中绝大部分企业规模较小、档次不高，无法真正带动一批基地、带动一个产业。二是龙头企业与农户的利益联结机制不完善。农业产业化组织形式中合同契约制联结形式占了很大部分，但是还有不少"合同"仍是口头约定。由于所订合同不够规范，单方毁约的成本很低，龙头企业和农户出于自身利益的考虑，不执行合同的情况时有发生。产品不好卖时，龙头企业压价收购或者不予收购，把市场风险转嫁给农户；产品好卖时，农户则自己高价销售产品，独享生产利润。毁约造成的卖难买难已成为农业产业化发展的重要障碍。三是部分经营者素质不高。部分龙头企业的经营者由于文化素质较差，小农意识较浓，市场开拓意识不强。有些农民企业家经营决策的随意性较大，内部管理水平不高，不能适应农业产业化发展要求，尚不能完全承担带动一方经济发展、带动农民增收的重任。四是龙头企业科技贡献率较低。由于甘洛县农业企业主要以中小型为主，难以引进先进的科学技术，加上资金、人力的限制，也无法进行技术上的创新，加工水平和科技装备与同等行业先进水平比有较大差距，导致生产出的产品多是初级产品，精深产品很少。

三、加快推进凉山民族地区培育新型农业经营主体构建新型农业经营体系的对策建议

在当前和今后一个时期，凉山民族地区必须紧紧围绕州委、州政府提出的"深入实

施大凉山特色农产品品牌发展战略",积极培育家庭农场、专业大户,发展农民合作社,做大做强农业产业化龙头企业,实现多元化、多形式发展,加快构建集约化、专业化、组织化、社会化相结合的新型农业经营体系。

（一）完善土地承包政策,加强土地流转服务

为使新型经营主体获得稳定而有保障的土地使用权,根据《中共中央、国务院关于全面深化农村改革加快推进农业现代化的若干意见》《中共四川省委办公厅四川省人民政府办公厅关于印发〈关于加快构建新型农业经营体系专项改革方案〉的通知》《中共凉山州委凉山州人民政府关于深入推进农村改革加快发展现代农业的意见》等文件精神,结合凉山实际,进一步制定可操作性较强的《凉山州培育新型农业经营主体构建新型农业经营体系实施方案》,在方案中为使新型经营主体获得稳定而有保障的土地使用权,需要进一步完善相关制度和政策安排。一是明晰农民土地权益,做好确权工作。二是加强土地流转服务和管理。健全完善土地流转服务中心,为土地流转创造良好的环境和平台。三是完善利益分配机制。鼓励转入土地的新型经营主体与转出土地的农户建立稳定合理的利益联结机制,稳定土地流转关系,保护双方合法权益。四是研究解决农业生产性建设用地问题。

（二）加快培育各类新型农业经营主体

加快培育新型农业经营主体,使其成为产权清晰、机制灵活、运行规范、管理民主的市场主体,这是构建新型农业经营体系的关键。一是大力发展专业大户和家庭农场。积极营造支持专业大户和家庭农场发展的政策氛围和舆论环境,探索不同生产领域专业大户、家庭农场的认定标准。规范组织管理体制,引导新型农业经营主体朝着产业基地化、生产标准化、管理组织化、产品品牌化、销售市场化、产销效益化方向发展。二是加快发展农民合作社。鼓励农民兴办专业合作和股份合作等多元化、多类型合作社,引导发展农民专业合作社联合社,扩大农村土地整理、农业综合开发、农田水利建设、农技推广等涉农项目由合作社承担的规模。深入推进示范社建设行动,促进合作社规范化建设。三是做大做强农业产业化龙头企业。鼓励发展混合所有制农业产业化龙头企业,推动集群发展。引导龙头企业大力推广"公司+合作社+农户""股份制公司+农户入股"等新的农业产业化模式,推动龙头企业与专业合作社深度融合,完善利益联结关系。四是加快新型农业经营主体人才培养。积极开展针对农民专业合作组织、家庭农场、养殖大户、农家乐、农业服务组织骨干等各类人员培训。引导和鼓励"农民企业家""返乡农民工""创业大学生"等群体到农业领域大显身手,成为新型农业经营主体骨干,让农业成为有奔头的产业,让农民成为体面的职业,让农村成为安居乐业的美丽家园。

（三）加快构建新型的多元农业社会化服务体系

新型的多元农业社会化服务体系,是加快构建新型农业经营体系不可或缺的要素。一是加强金融支持和加大农村金融改革创新。政府协调金融部门对新型农业生产经营主

体发展给予金融支持，并给予利率优惠；增设新型农业经营主体发展专项资金，完善奖励机制，奖励支持新型农业经营主体发展，逐步提高奖励标准和扩大奖励范围；推动完善农业政策性保险，逐步增加保险品种和扩大覆盖面，提高财政保费补贴比例，简化理赔手续，提升对农业生产经营的保障支撑水平。加大农村金融改革创新，突破阻碍农村金融发展的制度性瓶颈。发展新型农村合作金融，推动农村资金互助组织发展，创新农村贷款担保抵押方式，切实解决新型农业经营主体的资金难题。二是培育新型农业服务组织。引导和支持专业协会、农业科技服务公司、农业产业化龙头企业等参与社会化服务，开展农技推广、农机作业、抗旱排涝、统防统治、产品营销、农资配送、信息提供等各项生产性服务，满足不同农业经营主体对社会化服务的需求。三是建立新型农业科技服务体系。比如，搭建以农业专家大院为核心、以农业科技服务团队为推广纽带、以农民专业合作社为应用载体、以成果应用价值为目标的四大农业科技服务平台，初步形成农业科技成果转化、推广、应用和价值体现为一体的新型农业科技服务体系；以农业科技团队为纽带，搭建农业科技成果推广平台；以土地股份合作社为载体，搭建农业科技成果应用平台；以成果应用为目标，搭建农业科技成果价值体现平台。四是加大农业品牌培育和保护力度。打造农产品加工、种植业品牌，支持新型农业经营主体实施品牌战略，带动农产品质量提档升级。

会理县益门镇魏家沟村村务民主管理调研①

中共会理县委党校课题组②

党的十八大报告指出:"要健全基层党组织领导的充满活力的基层群众自治机制,以扩大有序参与、推进信息公开、加强议事协商、强化权力监督为重点,拓宽范围和途径,丰富内容和形式,保障人民享有更多更切实的民主权利。"2015 年中央一号文件明确要求创新和完善乡村治理机制,"依靠农民和基层的智慧,通过村民议事会、监事会等,引导发挥村民民主协商在乡村治理中的积极作用"。

近年来,会理县益门镇魏家沟村针对当前农村基层组织存在的诸多现实问题,以民主管村为突破口,大胆创新村级治理模式,有效破解了长期困扰村民自治的两大难题即"村委会行政化倾向"和"民主止步于选举",优化整合了农村各类资源,极大地调动了广大干部群众的积极性和创造性,有力促进了村民自治的深入发展。

一、现行村级治理普遍难题

发端于 20 世纪 80 年代初期,普遍推行于 90 年代的村民自治制度,是当今中国农村扩大基层民主和提高农村治理水平的一种基本模式。然而现实中村级自治体制大多未发挥相应功能,综合起来,主要包括两个方面的困境:

(一)村委会"行政化"倾向严重

按照《农村基层组织工作条例》规定,农村党组织是农村各种组织的领导核心。乡镇党委与村党组织是领导关系,村党组织与村委会也是领导关系。这样,乡镇村党组织之间的领导关系往往代替了乡镇政府与村委会之间的指导关系,村委会自治职能被弱化,成为乡镇职能的延伸。

村委会自治的角色和功能异化,首先与村委会扮演的双重角色有关。在现行乡村政治格局下,村民委员会不再是单纯的群众自治组织,它实际上还承担着延伸国家行政权力的功能。村委会的管理者既要扮演完成国家和政府任务的"代理人"角色,又扮演着管理本村事务、为村民提供服务的"当家人"角色。一个权力和资源都相当有限的村委会,当它耗费大量的精力来完成国家委派的任务时,还能剩下多少时间来专注于自己分

---

① 2015 年度凉山州党校系统优秀调研课题。

② 课题负责人:苏颖。课题组成员:王敏。

内的事情呢？于是，村民委员会越来越成为乡镇基层政府的附属机构。其次，取消各种税费之后，村委会成员的工资、补贴直接由政府支付，村委会成为一个政府雇佣的班子，其行政化倾向进一步增强。

村民自治多年来的"行政化"倾向使相当一部分农民认为村委会是隶属于政府的机构，不能代表农民的利益，大大降低了其组织农民以及化解基层社会矛盾的能力。因而面对集体事务、公共利益时，村民不是漠不关心，就是对立情绪严重。在出现拆迁、征地、维稳、环境保护等各种利益矛盾冲突时，村两委往往直接成为村民的对立面，难于形成有效治理。

（二）民主止步于选举，村民的参与权、决策权难于落实

村民自治包括民主选举、民主决策、民主管理、民主监督四个环节，但由于种种原因，基层民主只停留在选举层面，村民的参与权、决策权难于落实。

《村民委员会组织法》规定，村民委员会向村民会议、村民代表会议负责并报告工作。然而村民会议是由村民委员会召集的。在实际运行中，村委会或因怕麻烦不想召集，或因担心遭到反对不愿召集，或因村民代表外出打工等原因不能召集，致使村民会议在一些地方形同虚设。

村民代表会议制度是村民自治制度的重要创新。有学者认为，村民代表会议的实际影响力与作用比村民会议大，这不仅是因为村民代表在村中具有较高的威望和素质，而且他们更易具有荣誉感、成就感和责任感。然而在不少地区，村民代表会议也面临着难以产生实际效果的尴尬窘境。综合起来主要有三个方面的问题：一是村民代表的产生方式不规范，不少地区村民代表未经严格的选举程序。有的代表甚至直接由村干部指定，致使村民代表不为村民着想，而直接听命于村干部，村民自治变成村干部自治。二是由于各村民小组之间的利益差异，村民代表会议可能很难达成共识，导致村委会及村民对召开村民代表会议都失去积极性。三是村民代表会议需村委会统一组织，且各村民代表居住分散，召开会议很不方便。即便村民代表会议最后形成决议，如何执行决议仍是一个大问题。概言之，在上述情况下，行政村范围内的村民代表会议（包括各地出现的各类议事会等）很难成为村民参与村庄治理的理想平台。

如何让更多的村民有表达意见的平台，如何尊重村民不同的利益诉求、提高村民参与村域事务治理的积极性，如何让村民参与村庄治理变得便捷高效等问题就成为解决村民有效参与民主治理的关键。

会理县益门镇魏家沟村结合村情实际，不断创新和规范村级民主管理，通过村民代表特别是村民小组委员会，充分调动和发挥每一个村民的积极性和创造性，有效地解决了村民参与民主治理"最后一千米"难题，实现公共事务人人关心、人人参与、人人受益。魏家沟村级治理机制的创新，为少数民族地区加强党的基层组织建设、推进村级民主管理、促进社会和谐做出了有益的探索。

二、主要做法

魏家沟村位于益门镇东南方，距国道108有4.2千米，全村面积36.92平方千米，以山地为主，地形东高西北低，最高海拔3 000米，最低海拔1 700米。全村森林覆盖率87%，经济林木和烤烟、畜牧业是村民主要经济来源。魏家沟村属彝汉杂居村，下辖8个村民小组（其中2个彝族小组），共313户，1 289人。从2007年开始，新任村两委在镇党委的领导和支持下，逐步创新村务民主管理，工作方式上实现由包揽型、命令型向引导型、合作型的转变，充分调动了村民参与村务民主管理的积极性。其主要做法如下。

（一）严格村民代表选举

在镇党委的统一领导和监督下，由村两委召集党员、村民小组长、人大代表、党代表等召开会议，根据村民血缘关系、人际关系、居住关系等具体情况，按照每10至15户村民产生1名代表的比例，划分代表户组，由代表户组签字认可推举1名村民代表。经村组把关，由镇政府审核后，村民代表参与村组事务的管理、决策和监督，并负责对所联系的10至15户家庭进行"上情下达、下情上报"和教育管理，组织带领联户群众发展致富项目。村民代表任期3年，期满重新选举，可连选连任，如遇重大违法违纪和其他不能履职的情况，则由代表户组及时罢免和改选。鼓励党员、经济能人等参加村民代表竞选，引导推选长期在家，有议事能力，办事公道，作风正派，遵纪守法，能广泛联系村民，善于倾听群众意见和建议且有一定威信的村民作为村民代表。现全村有村民代表30人，其中妇女代表7人、彝族代表5人。

（二）规范村民代表会议制度

以村为单位，全体村民代表定期召开会议，每月召开一次，形成制度，发挥村民代表在重大村务民主决策中的"中枢"作用。会议主要听取村两委工作报告，审议表决村内重大事项，就涉及村情民意的有关问题向村组干部面对面提出质询，督促村两委制定相关措施，改进工作，抓好落实。

（三）组建村民小组委员会

村民小组委员会由该组全体村民无记名投票产生，成员一般为5名左右。村民代表大多也是小组委员会成员。村民小组委员会管理本村重大事务，对村的财务收支、款物发放、土地分包转让等享有知情权、参与权、决策权和监督权。小组委员会一般采取少数服从多数的原则，但宅基地的使用方案、土地承包流转、本组与其他村民小组之间土地使用权的兑换等涉及时间长、关系重大的事情，需经全体户主一致同意，或者2/3以上人同意，方为有效。村民小组委员会通过各种途径广泛收集民意，正确决策本村的重大事务，并及时准确地向村委会提出意见和建议。

魏家沟村村民小组长的产生方式也颇具特色。它由两轮差额选举构成，第一轮是全组成年村民无记名投票选举出得票最多者和次多者，经村选举委员会审查，作为正式候选人，再由本组村民进行第二轮投票产生。以后换届时全组村民先选出非前任村民小组长的得票最多者，再与前任村民小组长竞选。村民小组长为法人代表（有误工补贴），一般兼任出纳管钱物，是本小组委员会的召集人和主持者，其余小组委员会成员为会计、民事调解等，起相互制约作用。

（四）合理划村组权限和职能

魏家沟村在这方面做出重大创新如下：

一是完善集体经济组织的经营管理体制。将集体经济组织逐步从村委会中剥离，因地制宜设立农业经合组织或股份合作社、承包租赁等集体经济组织形式，独立地面对市场，开展经营服务活动。村两委退出对集体经济的直接干预，实现了村级自治组织社会职能与经济职能的分离。

二是对村级组织职能进行重新定位，村两委工作重心侧重于上级党委政府委派的任务，并负责协调村民小组之间的关系，提供跨越村民小组的公共产品供给。村民代表大会专注本村事务的决策与监督，执行则主要由村民小组委员会承担。这样，村两委从过去事无巨细的直接管理中彻底解脱出来，能将主要时间和精力真正用在谋大事、定方向、管规则、重引导、强监督上。

三是自治下沉，村民小组委员会成为村民自治的"主角"，这是魏家沟村村务民主管理的特色与亮点。小组委员会的产生源于2007年魏家沟村的农村低保户评定。当时按传统做法，由村民小组长提出低保名单，村两委审核通过，但此事却引起不少群众的质疑和非议。后来在重新评定中，各组群众纷纷推举他们认为有威望、办事公道的村民组成小组委员会，主持各组评定事宜。尽管前后评定的低保名单相差无几，但当时新上任的村两委班子却从中敏锐地察觉到了村务管理公开透明和还权赋能的重要性。于是各组临时性的小组委员会被保留下来且不断完善，并在以后的林地确权、灾后重建评级和动员群众参与公益建设等矛盾困难重重的重大事务中发挥了独特的难以替代的作用。

如今魏家沟村各小组委员会基本职责主要有五项：一是对所在区域的社会事务进行村民自治；二是对所在区域内的公益项目进行监督管理；三是在辖区内倡导文明新风，破除陈规陋习；四是当好村支两委与群众的连心桥；五是通过小组委员会成员带头致富，辐射带动周围群众共同富裕，促进区域协调发展。

从历史上来看，以及从现实的人际关系与社会资源来看，村民小组实际上是村庄治理最基础的单元。首先，在家庭联产承包制的背景下，土地款、补偿金等是以村民小组为单位分配发放的。一个行政村的各村民小组，分布在村内不同的方位，自然地理环境、水利条件、道路交通等都有很大的差异，因此不同的村民小组便会产生不同的公共产品要求。这些由少数，甚至是个别村民小组产生的要求，如果完全由行政村来包办，就不可避免地会产生许多矛盾。同时，各村民小组之间，水、电、路等基础设施建设的投资额可能相差数倍，在现阶段，这种差异也不能采取由行政村出面的方式强行拉平。解决这些问题的出路，就是让各村民小组间各自自主管理，行政村只在必要的时候为其提供协调帮助工作。

其次，自然村作为村民的生活共同体，有着明确的文化边界、地理边界及心理边界，在农民的生活实践中，农民关注的是本村内部与自己利益密切相关的事情，村民参与村庄治理，其边界范围也主要限于自然村内部。小组委员会这个平台让村民更方便、更有效地参与到村庄治理中，因此能实现较好的治理效果。

三、基本成效

魏家沟村充分尊重农民的民主权利，通过严格选举村民代表，做实小组委员会，激发了农民群众自我管理、自我教育、自我服务的热情，促进了农村经济社会的全面和谐发展。

（一）及时化解矛盾纠纷，有效维护了农村稳定

小组委员会成员土生土长，熟悉农村情况，了解农民需求，与村民有着密切的关系，他们在调解村民矛盾中具有天然优势。正如华中科技大学教授贺雪峰指出的那样，中国乡土社会，人们相邻而居、世代相处，村庄中"谁的才干如何，品质如何，大家都了然于心，而且清楚对方的身世、财产及亲友关系"。对于不合作或者不服气者，他们平时最服谁的话，村庄精英是心知肚明的，自然也就会发动相应的"关系人"去进行说服教育。当前农村矛盾纠纷呈现出多样化的特点，既有婚姻家庭、土地承包、邻里关系等传统表现形式，也有征地补偿款分配、公共收益的使用和分配、民主选举等新的形式。在魏家沟村村内矛盾纠纷的化解疏导过程中，村民小组委员会能及时介入，进行解释说明、批评教育，制止过激行为发生，突发和复杂的事也能迅速向上级反映，基本实现"小事不出组，大事不出村"。如 2007 年 8 月，二组一汉族村民与三组一彝族村民发生纠纷，双方各自召集几十人对峙，两个小组委员会分头介入安抚各方情绪并立即上报，村两委按彝族规矩请来双方家族长者参与和解，由于调解及时公正，有效制止了一起恶性事件的发生。长期以来因调解工作公平、合理、合法，小组委员会威望很高，其成员已成为村民首选的公证人。自从小组委员会主持自然村内的社会事务以来，魏家沟村没有发生一起群众赴省进京上访和群体性事件，也没有发生过一例刑事案件和重大治安案件，有效地维护了村民的家庭和睦与邻里团结，有力地保障了农村稳定。

（二）促进农村决策民主化、科学化，提高了村务工作的实效性

魏家沟村发挥村民代表会议和小组委员会的作用，扭转了过去村内大小事情由少数村干部专断的情况。村民可以通过代表对村务工作的事前、事中、事后进行全方位、深层次的参与和监督，实现了工作决策由"一言堂"到"群英会"、工作任务由村干部"一头热"到干部群众"两促进"的转变。魏家沟村搭建的村民小组委员会平台，让"群众有话有处说，小组有事有人管"，"村民的事村民自己说了算"，真正体现了"还权赋能"和"村民自主"，激发了基层群众参与公共事务的热情。如魏家沟村二组，林地流转有 10 余万元的现金收入，邻近厂矿用水每年又有 2 万元的水费收益，这些集体财产完全由村民选出的理财小组管理。广大农民群众的权益得到了保障、民意表达的渠道

得以畅通，提高了村务决策的科学化、民主化程度；同时，组内事务自议自决，为村级组织减少了大量事务性工作，使村两委能真正抓大事，谋发展，解难题。如二组、四组集体林地合计1 500亩，边界确权、谈判、签订合同和收益分配等重大事务均由两个小组委员会主持，村两委只提供服务和协调，最终结果群众十分满意；再如2011年村道内一段500多米水泥路修建，涉及二、三、八三个村民小组，需人均集资200元，各小组委员会分别动员，在开会后3天内就收齐了所有的集资款，这在过去是根本无法想象的。

（三）密切了党群干群关系

村民代表和小组委员会成员等骨干村民起到了桥梁和纽带作用，能够直接掌握民情，迅速反映民意，成为党组织与广大村民之间信息双向反馈的关键渠道，在上情下达、下情上传中发挥着重要的、不可替代的作用。骨干村民职能的充分发挥，使"镇—村—小组—骨干村民—村民"实现上下联动，农村民主渠道更加畅通，减少了群众与干部的对立情绪，能够较好地统一全村村民的意见；同时分解了集中在镇村两级的矛盾，从源头上减少了不稳定因素，密切了党群、干群关系，有效地促进了党的各项方针政策在农村的贯彻。以前，低保、医保、危房改造补贴等惠民政策在落实过程中，总会矛盾重重，村两委班子"跑断了腿、磨破了嘴"，但很多事情就是协调不了，处理不好。现在，关乎家家户户切身利益的事情，都要经小组委员会讨论，并在充分征求联系村民意见和建议的基础上进行投票表决，群众意见少了、气顺了，各项工作也得以顺利推进。如2012年五组村道水泥路面的拓宽，最初仅是该组镇人大代表的个别提议，经镇、村、组、家庭的及时沟通反馈，小组委员会召开群众会商议决定，全组164人每人集资300元，一周内就顺利开工，工程建设款由群众成立理财小组自己管钱管物管账，完工后节余尾款又以人均18.5元退回到每个群众的手中。

（四）促进了农村经济的快速发展

一是传统产业稳中有进。烤烟是会理农村支柱产业。2014年全村种植烤烟2 319亩，农户收入1 200多万元，比上年增长近20%。二是特色产业优势正逐步凸显。由于大量事务性工作负担的减轻，村两委有充分的时间和精力去认真思考分析传统优势和市场需求，把发展核桃种植确立为"一村一品"的主要支撑，大大增强了全村发展后劲。村、组主持荒山荒坡流转、承包1 784亩，为核桃产业的大规模发展创造了条件。村两委牵头，多次邀请中科院和省林业厅专家进行种植技术和经营指导，村核桃专业合作则提供规范性技术和销售服务，并统一申请了地方保护品牌"大凉山香酥核桃"。"香酥核桃"后来被确定为省名优产品，在全国农博会、西博会上参展，并在西博会上卖出40元一斤的高价。会理好地道农林有限公司以该村为生产基地，相继推出"珍珠核桃""花青核桃""茂甘核桃"等品牌。目前全村已种植核桃25 000亩567 000株，挂果4 000多亩，产值700多万元，预计五年内所有核桃村将进入丰产期，以最低每株产值200元估计，仅此一项全村产值即可超亿元。三是林果产业不断延伸，其他林果业蓬勃发展。华山松、梨、李、桃等产值400万元以上；各类林下作物种植方兴未艾，药材、白魔芋等产值超过 300 万元。魏家沟村注重可持续发展，村两委明文规定了每年的封山育林育期，村民也逐渐接受了"留得青山在，守住聚宝盆"的生态环保理念，农户每年仅采摘野生药材和食用菌的收益即超过 100 万元，畜牧业产值也超过 300 万元。在自己家门口就能发家致富，全村几乎无外迁户、无外出打工人员，大学毕业生也纷纷返乡就业，全国普遍的农村精英流失现象在魏家沟村得到有效遏制，进一步增强了该村发展后劲。

魏家沟村经济林果业产业不断发展，目前已有取代传统烤烟产业的趋势。2014 年全村农民收入约 3 700 万元，增速 8%，人均 2.87 万元，户均 10 万元以上。同期农民收入会理县为 11 680 元，四川省为 8 803 元，全国为 9 892 元，魏家沟村远超全县全省全国平均水平；全村现有家用和生产用车 330 多辆，户均 1 辆以上，摩托车户均 2 辆以上，成为远近闻名的富裕村。

（五）文明新风正逐步树立

村两委制定各类村规民约，倡导文明风尚，已逐渐形成依法依规治村管村的良好氛围。全村所有道路、河道、林地管理权全部承包到户，责任到人，道路清洁维护有专人管理，河道沟渠疏通有专人负责，林地防火管育有专人看护，实现了公共环境人人爱护，公益设施人人受益。厂社纠纷也得到了积极化解，如今每进驻一个企业，小组委员会都会及时成立协调小组，主动为企业排忧解难。例如，重庆第二建筑公司进场施工，在五组地界丢失一根价值 300 余元的水管，协调小组查找未果，发动全组 164 名群众每人自愿凑钱 2 元，全额赔付给企业，企业负责人十分感动，说走遍川渝各地，从来没有遇到这么好的投资环境，公司唯有以更高的工程质量回报村民。全村村民未因用水、用地、用工等纠纷对企业出现过一例阻工事件，真正实现了厂社发展的双赢。村两委现正推动"两美一德、家教进全村"活动，提倡村民"语言美、行为美、讲道德"，提倡家庭教育功能，由村组干部带头，各户村民都要登台展现自家的家规家教，以家庭美德来促进村风民风的转变。在村、组的大力引导下，魏家沟村村民遵纪守法、家庭和睦、邻里团结、热心公益、明理谦让，村道上行人车辆相互礼让随处可见。在魏家沟村，农村常见的聚众赌博、吸毒、卖淫嫖娼等丑恶现象已完全绝迹，过去汉区婚丧嫁娶大操大办、彝区迎来送往杀牛宰羊的陈规陋习也基本消失。

四、益门镇魏家沟村村务民主管理的完善

尽管益门镇魏家沟村村务民主管理取得了较大成效，然而其现行运行机制还存在一些薄弱环节，尚有可提升的空间，主要表现在：

（一）农村基层党组织对村务决策的指导引导还有待进一步加强

自实行村务民主管理以来，魏家沟村党支部逐步实现由过去的包办代替型向核心引导型的转变，这无疑是值得充分肯定的。但基层党组织对村务决策的指导引导还有待进一步加强。对此问题，先进地区有河南邓州模式、河北青县模式和成都议事会模式等可供借鉴。邓州模式的基本程序是"四议两公开"（4+2 工作法），村级决策程序的第一

步即村党支部会提议——对村内重大事项，村党支部在广泛听取意见的基础上，集体研究提出初步意见和方案，以此确保村党支部的领导核心作用；成都村民议事会模式则由村党组织书记自动兼任村民议事会召集人，村党组织审查村组议事会的议题；青县模式将村代会作为村级运转的核心组织，党支部通过的决议以及上级党的方针政策的贯彻都要通过村代会来审议和执行，即把村党组织纳入村民自治的系统中，对村党组织提出了更高的要求，规定村支书要竞选村代会主席以实现党组织对村代会决策的领导，竞选失利的村支书引咎辞职，以此实现基层党组织转型和强化执政合法性。魏家沟村采用何种方式进一步加强村党支部对村民自治中决策环节的指导，还需要在实践中进一步探索。

（二）村民代表和小组委员会成员等骨干村民的能力素质有待进一步提高

魏家沟村村民代表参与村级事务的决策和监督，小组委员会直接进行小组事务的决策、管理和执行，他们还负有"上情下达、下情上报"和教育管理相关户组的职责，是村民自治中不折不扣的运转中枢。因此，提高骨干村民的素质和能力，成为提升村民自治水平的关键。然而在现实中，个别会忽悠的、家族家支势力大的、貌似热心实则自私的村民却容易当选。同时村民代表和小组委员会所议决的事务都是些没有什么"油水"的麻烦事，且基本不领取薪酬，主要凭借着积极性、责任心和成就感工作，其可持续性也需进一步检验和观察。为进一步提高村民自治的能力，首先应对骨干村民坚持长期大规模培训。建议将培训纳入县镇计划，提供经费保障，以镇党校、村级活动场所为主要阵地，采取外出考察学习、以会代训、远程教育等灵活多样的方式，分期分批地进行培训。一是聘请专家、领导干部等人员就法律法规、形势政策、和睦家庭、村庄发展、农民权利与责任、农技等知识和市场信息，有选择性地以专题讲座推动骨干村民观念的更新。二是要建立保障机制。给予村民代表和小组委员会成员相应的误工、通讯、交通经费补贴，为他们提供医疗、养老等基本保障，在其生产生活中遇到困难时，村两委要及时做好慰问帮扶工作，解决其后顾之忧。三是要注重精神激励。镇、村每年可进行评比活动，表彰一批骨干村民，通过各种宣传媒体或相关会议，加大对先进典型的宣传力度，及时将优秀的骨干村民发展入党。对他们真正做到政治上关心、工作上支持、生活上关照，增强整个队伍的事业心和责任感，进一步激发村民代表和小组委员会干事创业的热情。

（三）村民小组委员会的运行机制有待进一步完善

小组委员会是魏家沟村村庄治理的基础单元，是魏家沟村村务民主管理的主角，其机制的完善是进一步提高管理水平的关键。

第一，明确村组各自的经济所有权。小组委员会是自治实体，一定要真正做到账务公开，财务透明，防止小组集体财产被乱用、滥用、挪用或侵占。其实早在1995年12月31日，国务院下发的《国务院关于加强农村集体资产管理工作的通知》中就明确规定："属于组（原生产队）集体所有的资产，仍归该组成员集体所有。"因此，明晰村委会和村民小组的财产权，能在很大程度上减少村组经济纠纷、规范村组关系。

第二，加强制度建设。一是参照《村民委员会组织法》《中国共产党农村基层党组织工作条例》，制订《村民小组委员会议事规则》，明确小组委员会的工作职责、工作任务，确定工作内容、职责范围和程序要求，做到有章理事、照章办事。二是完善组务公开制度。参照村务公开的做法实行组务公开。村民小组长任期满届或届中离任要进行财务审计，审计结果公开，作为奖惩、去留和追究责任的重要依据。三是建立考核机制。镇村要根据当地的实际，制订《村民小组长考核办法》，加强对村民小组长的日常管理。实行工作业绩与补贴待遇直接挂钩，体现多劳多得、奖勤罚懒、奖优罚劣的原则，调动每个村民小组长的工作积极性。通过加强对村民小组长的管理来促进小组委员会工作水平的提高。

会理县益门镇魏家沟村结合村情实际，积极探索和创新村级民主管理，使各项工作真正做到导向合政策、程序合法规、主题合村情、决策合民意。魏家沟村级治理机制的创新，为少数民族地区加强党的基层组织建设、推进村级民主管理、促进社会和谐做出了有益的尝试，在保障农民民主权利、密切党群干群关系、提高村务决策水平、发展农村经济、树立文明新风等方面发挥了积极作用。伴随其管理制度的不断完善和运行机制的不断规范，必将为会理县乃至整个彝汉杂居地区提高农村村务管理水平提供有价值的参考和借鉴。

创新民族地区党员教育培训的内容、形式、载体和途径研究
——以冕宁县为例①

中共冕宁县委党校课题组②

从严治党靠制度也靠教育。对党员干部来说，思想上的滑坡是最严重的病变，一些干部"总开关"没拧紧，不能正确处理公和私的关系，缺乏正确的是非观、利益观、权力观、事业观，各种出轨越界在所难免。思想上松一寸，行动就会散一尺。历史经验证明，注重加强党员教育，是我党的一大优势和优良传统。正是因为我党有一支有着共同理想、目标和纪律坚强的战斗队伍，我们党才能在各个历史时期都能经受住考验，不断开创党和人民事业的新局面。课题组以冕宁县为例，对创新民族地区党员教育培训的内容、形式、载体和途径进行调研。

一、冕宁县党员教育培训的基本情况

冕宁县位于凉山彝族自治州北部，既是革命老区，又是少数民族聚居的边远山区。全县面积4 420平方千米，辖6个镇、32个乡，总人口37万人，其中少数民族14.94万人，占40.3%。目前全县共有党工委3个，党委44个，党组36个，总支8个，支部556个，党员13 771名。党员中有农牧民8 149名，公务员1 824名，事业干部1 875名，公有企业管理人员和技术人员101名，工人126名，非公企业职工140名，离退休党员901名，其他行业人员506名。其中少数民族党员4 425名，占党员总数的32%。近年来，冕宁以加强党的执政能力建设、先进性和纯洁性建设为目标，不断改进党员教育管理的方法和手段，创新活动载体和工作机制，扎实开展"四型"党组织创建活动，完善和落实"三会一课"、理论中心组学习制度、党员干部教育培训考勤制度、请销假及补课制度等，使党员的教育管理步入了制度化、规范化的轨道，为发挥党员的先锋模范作用、锤炼党员干部党性，推动全县经济社会科学发展提供了坚强的组织保证。

但是，随着经济社会的快速发展，党员队伍建设出现了一些新情况、新问题，党员教育培训工作也面临新的变化和新的挑战。

---

① 2015年度凉山州党校系统优秀调研课题。
② 课题负责人：刘建伟。课题组成员：周长虎、贾启云。

（一）农村党员培训难度加大

一是随着经济社会发展，很多农村党员外出务工，无法参加流出地党组织生活，也没能够融入流入地党组织，造成部分党员党性意识较差。二是对留守在家的农村党员进行教育，需要考虑往返路费、培训期间的食宿费、误工补贴等，教育经费短缺是一大问题。

（二）党员教育管理工作的监督不力

党员教育工作涉及面广、党员文化层次的差异性、单位一把手或是党组织书记对党员教育工作态度的不一致性、党员教育中心人员编制配置少、缺乏科学的考核标准等问题导致对党员教育工作的监督不力，形成了部署多、抓手少、效率低的工作方式。

（三）基层党员教育管理工作的认识不足

上面千条线、下面一根针，乡镇党委政府和县级部门都忙于落实各种工作，无暇顾及党员教育，对党员教育管理的方式方法一成不变，党员教育基本上以学文件、读报纸、看录像为主，采取以会代训、办班讲课等常规教育方法，缺乏活力和吸引力。

（四）党员教育管理工作的机制不够健全

一是缺乏调动党员积极性的激励机制；二是缺乏党员教育经费的保障机制；三是缺乏党员教育工作的考核评价机制。如何对党员教育管理工作进行考核评价，不同层次、不同类型的党员教育效果应该达到什么水平，如何检测，还没有一个科学的操作性强的考核标准和办法，导致一些地方党员教育管理工作干好干坏一个样、干与不干一个样。

（五）党员接受信息化教育意识较弱

部分基层党员没有意识到信息化教育的重要性。比如少数党员对"党群通"的认识存在误区，一是担心会泄露个人信息，二是怕耗费很多手机流量。这些都直接影响了共产党员微信、先锋凉山微信、凉山党群通信息平台的推广。

二、冕宁县党员教育培训的内容、形式、载体和途径的创新与实践

近几年来，冕宁围绕党的执政能力建设和先进性建设这一主线，把党员教育培训工作作为加强党建的重要抓手，坚持创新方式方法，拓展平台，丰富载体，努力提高党员教育培训水平，有力促进了少数民族地区党员队伍建设。

（一）党员教育管理工作机制不断健全完善

坚持用好的制度和机制来巩固党的基层组织，提高党员教育管理水平和质量。一是以坚持"三会一课"制度为重点，加强党员的日常管理，通过组织党员按时参加党组织生活，增强党员的党性观念、责任意识和纪律意识，增强党员自我约束、接受管理的自

觉性。县委组织部每月深入机关、农村、社区和"两新"组织对各支部组织生活制度落实情况进行督查。确保了党员教育管理各项制度的有效落实。二是坚持和完善民主评议党员制度，结合党员年终考评，各基层党组织设计科学合理的民主评议党员制度，将党员承诺内容细化量化，年终进行总结评分，加大了对党员的监督管理力度。三是实行通报制。对党员教育工作开展情况进行不定期通报，将通报情况作为评先选优的重要依据之一。

（二）利用多种教育平台，夯实党员教育培训工作基础

一是开展全县党员"流动党课"工作，加大党员教育培训力度。党校与县纪委、县委组织部、县委宣传部、县委统战部联合组成讲师团，哪里有支部哪里就有"流动党课"，哪里有党员，哪里就有党课教育。发挥党校教学资源优势，整合纪委、宣传、组织部等部门的教育功能。在少数民族乡镇党员教育培训中必要时用"双语"培训，并加入社会主义精神文明、现代礼仪和移风易俗等方面的内容，引导少数民族党员带头破除迷信、崇尚科学、养成现代文明生活方式。在常年开设"流动党课"的基础上，开展"千名党组织书记讲党课"活动，扎实推进"四型"党组织建设。二是在全县38个乡镇建立乡镇党校，充分利用乡镇党员服务中心、远程教育站点等资源，对农村党员开展教育培训。三是利用彝海结盟纪念馆、红军长征纪念馆、红色冕宁纪念馆、西昌卫星发射基地、漫水湾西河村、复兴镇建设村、冕宁县看守所等冕宁丰富的教学资源，打造"冕宁模式"的"'彝海结盟'红色党性教育"，在推进全面从严治党新常态下，抓好理想信念教育。讲党领导人民的奋斗史、创业史，讲凉山的历史变迁和改革开放以来取得的成就。让党员干部深刻领会"没有共产党就没有新中国，没有共产党就没有凉山一步跨千年，没有共产党就没有改革开放的今天"。引导党员干部坚定共产主义崇高理想，坚定中国特色社会主义事业必胜的信念；引导党员干部坚持和发扬刘伯承和小叶丹"彝海结盟"的兄弟情，搞好民族团结。教育培训以"红色经典示范引领，反面典型警示震慑"为主题，开展现场教学、体验式教学、激情教学。具体做法有"穿红军服装、走长征路线、听红色党课、讲红色故事、吃红军粗粮、演结盟剧情、唱红色歌曲、跳团结舞蹈、传结盟精神以及组织学员到看守所开展警示教育"等。通过情景模拟、现场体验等方式让学员走进血与火的年代，感同身受，从而激发干部"见贤思齐"的内生动力，让理想信念深入骨髓，矢志不移。另一方面则加强警示教育，用身边的事教育身边的人，防微杜渐，筑牢精神防线。目前已完成全县村支部书记、中青班等八期600多人次的"重走长征路、重温入党誓词"等形式多样的党性教育。四是在全县党员群众中积极推广"凉山党群通"手机信息平台、共产党员先锋凉山微信、开展"党员创业明星在乡村（社区）"的"五微"课堂。

（三）进一步明确党员教育主体责任

在党员教育责任体系建设上，县委统一领导、组织部门牵头总抓、有关部门各负其责。同时，各基层党组织也要抓好党员的教育、管理、监督和服务。实行党建目标责任制，通过细化党员教育管理各项任务，明确措施责任，把党员教育管理工作考核同各级

领导班子考核和年终实绩考核有效地结合起来，确保了党员教育管理的各项目标任务的落实。

（四）党员教育管理针对性和实效性不断提高

针对党员分布在各行各业的实际，坚持分类指导，积极为广大党员搭建平台，组织党员立足本职发挥先锋模范作用。要求各基层党组织结合党员思想实际、文化结构和经济发展需求，开展富有特色的教育管理工作，使党员教育管理贴近县委、县政府中心工作，贴近党员思想实际。在农村，将党性教育与致富创业相结合，以新农村建设为主要内容开展党员教育管理，引导党员发展特色农业，带领群众致富增收；在社区以强化服务功能、促进居民群众和谐相处、促进社区各项事业健康发展为主要内容开展党员教育管理，引导党员争做服务群众、遵纪守法、促进和谐的表率，加快文明和谐社区建设；在机关以促进作风转变、树立良好形象、提升工作业绩为主要内容进行党员教育管理；在"两新"组织以促进和谐、服务发展为主要内容进行党员教育管理，通过开展"党员示范岗"等形式的主题实践活动，进一步发挥党员传帮带作用，大力提高职工的操作技能和综合素质，提高了职工凝聚力，促进"两新"组织健康快速发展。

（五）加强远程教育站点管理，做好设备升级维护工作

根据上级统一安排和我县的具体情况，要求38个乡镇做好所辖远程教育站点的管理升级维护使用，每月集中播放远教课件、《共产党人》音像教材等，并认真填写"远程教育工作手册"，县上每年对所辖站点管理人员进行1次以上的培训。

三、做好思想教育，落实全面从严治党新要求

习近平总书记讲，基层就是基础。党的基层组织，使党能够深深扎根于人民群众之中，顺利地实现党的领导。全面落实从严治党新要求，加强民族地区党员教育培训，关键是要严格管理党员干部，尤其党员领导干部。群众都是通过身边的党组织和党员干部的作风来了解一个党，认识一个党，因此要切实加强党员干部的思想教育，引导广大党员干部提高理论水平、增强党性修养、坚定理想信念。要落实一个"廉"字，切实加大惩治和预防腐败工作力度。坚持惩防并举、标本兼治，深入抓好反腐倡廉教育，严肃党内政治生活，教育引导党员干部严格遵守党的政治纪律和政治规矩，筑牢拒腐防变的思想道德防线。而对于普通党员的教育培训也要因势利导，稳步推进。

一是实行信息化教育和乡镇党校教育相结合的方式。农村党员普遍存在外出务工率高、农忙时间长、文化水平相对较低等问题，导致农村党组织"三会一课"制度不能够保质保量地执行。鉴于农村党员的特殊性，建议采用短信、QQ群、微信等信息化方式和乡镇党校集中培训相结合的方式。

二是加大微信、"凉山党群通"等信息平台的推广运用。建议上级部门与运营商做好接洽，对共产党员微信、先锋凉山微信和党群通用得好的党员给予一定的手机流量奖励；县级各部门应该带头推广"党群通"平台，加强协作，减少工作简报、信息等纸质

文稿的上报任务，采用"党群通"平台上报，践行绿色可持续的网络工作模式。

三是创新教育手段，采取多种约束激励机制。既要注重以会代训的方式，同时还要注重培训的针对性和实效性，在培训中将学习交流、现场体验等形式结合起来，使学习达到应有的效果。要建立健全绩效考评机制和激励保障机制。通过实施目标激励、情感激励、荣誉激励和适当的物质奖励，增强党员意识、荣誉意识。同时，也要加大对不合格党员的教育处置力度，不断纯洁党员队伍。

精准扶贫背景下凉山彝区产业扶贫调研[①]

中共凉山州委党校课题组[②]

改革开放以来，中国成功走出了一条特色扶贫开发道路，使7亿多农村贫困人口成功脱贫，为全面建成小康社会打下了坚定基础。中国成为世界上减贫人口最多的国家，也是世界上率先完成联合国发展目标的国家。但是截至2014年年底，中国仍有7000多万农村贫困人口。党的十八届五中全会从实现全面建成小康社会奋斗目标出发，明确到2020年中国现行标准下农村贫困人口实现脱贫，贫困地区全部摘帽，解决区域性整体贫困。习近平总书记在中央扶贫开发工作会议上强调，脱贫攻坚战冲锋号已经吹响，要坚持精准扶贫，精准脱贫，重点解决"扶持谁""谁来扶""怎么扶"的关键问题，按照贫困地区和贫困人口的具体情况，实施"五个一批"工程，其中发展生产，通过产业扶贫帮助贫困人口脱贫致富是变输血为造血，增强贫困人口脱贫内生动力的重要手段，更是精准扶贫的有效方式。

一、调研方法

凉山州近年来在产业精准扶贫方面做出了诸多有益的尝试和创新，特别是在彝区（喜德、金阳、昭觉、美姑、布拖）产业扶贫方面亮点纷呈。为此，课题组一行赴喜德、金阳、昭觉、美姑，就产业精准扶贫进行了专题调研，通过与当地扶贫部门座谈、走访贫困户、考察产业基地等方式，对凉山彝区产业扶贫的创新做法、存在的问题以及对策建议进行了梳理。

二、凉山州州情

凉山州地处四川省西南部川滇交界处，是全国最大的彝族聚居区，在四川省具有重要的战略地位。全州面积60 423平方千米，占四川省陆地面积的12.45%，居四川省第三位。下辖17个县（市），境内有彝、汉、藏、回、蒙等14种民族，截至2013年年末全州户籍总人口506.4万人，其中彝族人口259.7万人，占总人口的51.3%。全州可大致分为三大经济区：以汉族为主体的安宁河谷地区、以彝族为主体的大凉山彝区和

[①] 2016年度凉山州党校系统优秀调研课题。
[②] 课题负责人：李连秀。课题组成员：胡澜、万豫南、肖平、蔡莉英。

以藏族为主体的木里藏区。长期以来，由于自然和历史的原因，凉山彝区区域经济基础薄弱，处于半农半牧的传统经济状态，人民群众生产生活条件落后，扶贫开发任务艰巨繁重。

近几年来，凉山的扶贫攻坚工作在产业扶贫实践中取得了一定的成绩。以贫困村为基础，连片开发，循序渐进，采取了"龙头企业联系贫困户、专业合作社联系贫困户、大户联动贫困户"的方式，以生态林业、果蔬、特色养殖等大产业为主导产业，选择具有当地特色、自然资源优势的产业作为当地的扶贫主导产业。彝区各乡镇各村选择了一至两个扶贫产业项目作为本乡镇的扶贫龙头产业，建立了至少一个连片200亩以上的扶贫产业示范基地，这些示范基地突出了当地发展特色，较好地发挥了扶贫引领和示范带动作用。每个村从乡镇主导产业中选择一个适合本村发展的产业项目作为扶贫主导项目，形成了"一乡一业、一村一品、一户参与发展一个扶贫产业项目"的整体推进产业扶贫发展格局。

当前，凉山彝区各个乡镇，村扶贫产业发展体现了集中连片、突出特色、注重扶贫、兼顾效益的特点。因地制宜，大力发展民族致富产业，采取"短、平、快"发展方式，帮助贫困户发展畜牧、特色蔬菜、烤烟等周期短、投入小、见效快的产业；同时为了确保到2020年现行标准下全州贫困人口全部脱贫，贫困县全部摘帽，凉山州通过《凉山州"1+X"生态产业发展实施方案》，方案中的"X"即核桃以外的经果林。方案明确提出，凉山州将用三年时间完成以核桃为主的生态产业基地1 500万亩建设任务，做到贫困人口全覆盖，荒山荒坡、房前屋后应栽尽栽，到2020年，全州林业部产值260亿元以上，农民人均林业收入5 000元以上。

因为凉山州地理条件差异大，各地在精准扶贫方面呈现出不同的特色，本课题组主要对针彝区（喜德、金阳、昭觉、布拖、美姑）精准产业扶贫创新中呈现的亮点进行梳理，让更多的贫困群体看到脱贫的希望，坚定脱贫的信心。

三、彝区种植业和养殖业精准扶贫的创新做法

（一）喜德县

1. 创新发展，扩大规模

由政府主导强推基地建设、标准化种植和规范化管理，全面推行"支部＋协会"发展模式，大力发展农村专业合作组织，因地制宜地发展扶贫产业。

畜牧业方面，鼓励贫困户因地制宜发展羊、牛和猪养殖业；目前从事肉羊产业的贫困户有1 903户，从事肉牛产业的贫困户有125户，从事生猪养殖业的贫困户有1 840户。

2. 种植业和养殖业"两驾马车"并驾齐驱

喜德县斯果觉村海拔2 600米以上，属于喜德的二半山地区，具有发展经济林木和养殖业的优势。斯果觉村共有210户、869人（其中贫困户有45户、109人）。45户贫困户选择了种植业和养殖业，"两驾马车"并驾齐驱。在种植业方面，配合州上的"1+

X"方案，一是启动了核桃加花椒的种植项目。目前已经在全村发放了1 500株核桃苗，开辟了1 000亩的花椒基地，预计三年后花椒成熟，45户特困户每户100株预算，人均年收入可突破2 000元。二是启动草原退牧还草工程项目。45户特困户户均投入8 000元（每户修30平方米羊圈，人工种草10亩），总投资36万元。

3. 扶贫，重在"精准"

立足贫困户实际情况，采取切实可行的扶贫项目，力求实效。喜德县冕山镇的小山村是个贫困村，全村332户、1 298人，其中建档贫困户39户、158人，全村的耕地面积只有980亩，人均不到1亩。省安监局立足小山村现有的资源优势，积极探索多元化经营项目，帮助特困群众增收。投资100万元，帮助村里建立起无公害优质肉羊养殖基地，还免费给建档贫困户每户5只羊入股养合作社，预计建档户今年户均可增收1 000元以上，明年可增收3 000元以上，他们还采取机关干部代捐的方式，引导建档贫困户饲养生态土鸡、土猪，投入2.4万元购买绿壳蛋鸡鸡苗向建档户免费发放（每户15只），预计户均增收3 000元以上。

（二）金阳

坚持"三个立足"和"五个富裕农民"发展新思路，优化高山、二半山、河谷地区"三带"立体林业经济布局，实行"政府分险担保、农户自贷自还"的种苗共同投入机制和荒山荒坡"谁种谁拥有"、承包地农民自行种植政策，发动群众栽好"三棵树"并套种魔芋和牧草、套养畜禽，实现贫困群众"上有果摘、林间有畜养、林下有芋挖、包里有钱"，确保群众过上好日子。

1. 魔芋"套种"模式成为产业增收新亮点

据调查，近年来，金阳县细化措施，精准施策，先后推广林下套种魔芋、农作物间套种魔芋两种方式，以单种、间种、套种多种方式，全力推进魔芋产业科学化、规范化、规模化发展。针对白魔芋喜阴特性，示范推广魔芋—玉米、魔芋—花椒、魔芋—经果等间、套种模式，着力提高土地利用率和复种指数，不断增强魔芋生产综合经济效益，实现最大增收。青花椒、白魔芋一直是金阳的两张名片。2014年，按照发展"青花椒树下套种白魔芋"的产业发展模式，采取"一青一白"生产方式，示范推广青花椒与白魔芋间、套种种植1万亩。2016年，该县在维护好去年林下套种的1万亩白魔芋、5 000亩花魔芋的基础上，新增规范化青花椒套种白魔芋基地1 295亩，核桃套种白魔芋基地1 405亩。据测算，林下套种魔芋平均每亩收入达到7 400元，亩增收3 350元，年增收1.05亿元，惠及全县15个乡镇、28个行政村、8 540户林农43 750人。

为确保魔芋"套种"模式取得实实在在的成效，该县在推广魔芋套种模式中，强化与西南大学的合作，特邀中国魔芋协会会长张盛林等专家指导全县白魔芋生产，引进四川蓉鼎农业科技发展有限责任公司，采取"公司+科研院校+合作社+基地+农户"的模式，开展生产、加工、销售一条龙服务，为老百姓提供种、管、收技术套餐。

"十三五"期间，该县以每年新增青花椒套种白魔芋1万亩、核桃林下套种白魔芋1万亩的速度加快发展魔芋产业，力争到2020年全县青花椒套种白魔芋10万亩、核桃林下套种白魔芋10万亩，形成低山青花椒下套种白魔芋、二半山核桃林下套种花魔芋的魔芋套种模式全覆盖，实现"树上、树下"双赢。

2. 启动"借猪还猪"项目

所谓"借猪还猪"，就是将猪借养在农户家中两年，期满后，将所借养的猪以等价物或等价钱还回来，再重新安排给其他贫困农户养殖。该项目将发放1 996头繁殖母猪、36头种公猪。这种扶贫方式，既能让贫困群众"借鸡下蛋"，增强"造血"致富功能，又能带动养猪业的发展，深受群众欢迎。9月16日，县农牧局分为数个工作组，分赴尔觉西曲木德、马依足乡唐家屋基等10余建档贫困村，为650户贫困户每户发放一头能繁殖的母猪。

3. 组织农技人员技术指导，实施高产量创建，培育示范基地

根据农时季节和产业发展，逐乡、逐村、逐个产业进行技术指导，积极引进和推广农业实用新技术和优良品种，开展农作物高产创建活动，实施"百亩核心攻关、千亩展示示范、万亩辐射带动"工程。在丙底乡打古洛村实施精准扶贫玉米高产示范片项目建设，示范种植凉单3号玉米300亩，带动全县玉米产业发展，全县玉米种面积达47 775亩，地膜覆盖种植面积28 600亩，预计产量6 800吨，产值达2 700万元；在依达村实施精准扶贫马铃薯新品种示范基地项目，种植青薯9号35亩，并通过该基地示范作用，在全县建立青薯9号示范片600亩，从而带动全县马铃薯产业发展。全县马铃薯种植面积15.55万亩，预计产量21.88万吨，产值达3.5亿，增收6 800万元。

（三）昭觉

1. 做好结构调整、科技推广、产业化经营

2016昭觉县以"绿色银行"农业产业发展模式为重点，全面铺开以核桃、花椒、白杨、华山松、索玛花等"五棵树"为主的"1＋X"林业产业发展和以户均养殖5只以上牲畜为重点的畜牧养殖，加大劳务培训，鼓励贫困群众创新创业，到2019年，生产就业致富13 218户28 612人，占贫困人口的61.58%。按照"宜农则农，宜牧则牧"的原则，抓产业扶贫。

2. 提升"造血"功能上出新招

推出"家庭＋干部＋农户"的小额信贷模式和"公司＋合作社＋农户"产业发展模式，由农户向农商行贷款购买种羊，通过县政府贴息，发展种养殖业。在新城镇、四开等公路沿线进行试点，大力发展以马铃薯、核桃、错季节果蔬、肉牛肉羊等生态农产品交易为主的电子商务，培育新的经济增长点。

（四）布拖

按照"产业兴林、林业富民"的指导思想，布拖县大力发展"三棵树"（白杨产业、青花椒产业、核桃产业）。坚持规划先行、科学布局、合理发展的基本原则，积极发展产业大乡（镇）、产业大村、产业大户并大力发展了各类产业基地。"十二五"期间，林业产值年均增长18%，农民从林业产业中获得的收入年均增长16%。

1. 苦荞种植规模不断扩大，效益不断提升

近年来，布拖按照"因地制宜、发挥优势市场导向、集中连片、专业化发展"的原则，着力打造苦荞生产示范基地，辐射带动周边适宜种植区域，扎实推进苦荞产业发展，种植规模有序扩大，效益逐年提高。2008年全县种植苦荞3 000亩，产量410万斤，实现产值800万元；苦荞走出大山，销往内地，仅北京两家直销点每年就销售760万斤苦荞，种植区农民人均增收380元；到2009年，种植苦荞4 500亩，产量600万斤，产值2 000万元以上，人均增收300元以上；2010年，布拖全县苦荞种植面积达4 040亩，预计实现销售收入2 200万元以上，种植区农民人均增收400元以上；2011年全县有1 000多户种植苦荞，总面积约1.1万亩，实现销售收入2 000万元，种植区农民人均增收1 000元以上；2015年，苦荞种植面积达到2.6万亩，预计可实现销售收入4 000万元以上，种植区农民人均增收2 000元以上。目前苦荞产量占全国50%，逐步向"中国苦荞第一县"目标迈进。通过种植苦荞，5 000多户苦荞种植户脱贫致富，苦荞种植大户吉木沙子种植苦荞9亩，亩产值达到1 200多元，人均年收入达5 000多元。

2. 积极发展产业大乡，助贫困群众增收

布拖县乐安乡坡洛村位于乐安乡东南部，地处高寒山区，平均海拔2 870米，辖4个村民小组，290户1 092人。乐安乡坡洛村第一书记多次与村"两委"座谈，制定了精准帮扶、发展思路：投放贫困户基础能繁母牛20头，种公牛2头；发展良种马铃薯种植500亩、附子种植100亩；发展"1+X"生态产业，种植华山松1 200亩、红花椒1 000亩、冷杉600亩；投入项目资金43万元，采取"支部+合作社"模式建设一个养殖专业牛合作社，解决集体经济薄弱问题，促进群众增收。

（五）美姑

以"三借三还"助推脱贫攻坚。2016年，美姑县要实现减贫人口0.9万人，68个贫困村摘帽。为了实现这个目标，美姑县以"借"为开端，以"还"为循环节点，以畜牧"双百万工程"、马铃薯产业发展指导意见、"1+X"生态产业规划为长远支撑，大力实施脱贫攻坚"三加三"战略，大力发展美姑山羊、绵羊、岩鹰鸡养殖业，广泛栽植核桃、花椒，并大力实施退耕还林等惠民工程，不断推进贫困地区向脱贫"跑步前进"。

1. 借羊还羊

为了解决百姓发展资金不足问题，改变群众"等、靠、要"的依赖思想，美姑采取"借羊还羊"的办法，在全县推进美姑黑山羊养殖产业，在适宜养殖区，由政府借三只基础母羊给养殖户，并和养殖户签订承诺书，约定这三只羊不是直接送给他们，而是政府借给他们的，不能杀了用来招待客人，不能用来搞迷信活动，必须精心饲养，三年后再返还三只母羊给政府。政府再把养殖户还回来的母羊借给其他养殖户，如此循环发展下去，不断壮大美姑县的养殖规模和效益。据了解，美姑山羊具有繁殖力高、环境适应性强、生长发育快、饲养周期短、经济效益快、市场前景好等特点，受到广大养殖农户的喜爱。

按照美姑山羊"双百万"扶贫工程的实施方案，美姑将向全县贫困户投放"借羊还

羊"基础母羊 11 232 只，公羊 534 只，力争 2018 年美姑山羊饲养量达到 100 万只，2019 年美姑山羊出栏达到 100 万只，产业收入 15 亿元以上。目前，美姑整合专项资金700 万元，在拉木阿觉乡马依村、罗布采嘎村、九口乡四俄吉村、勒品村、瓦洛村、拖木乡拖木村、牛牛坝乡米田村、洛俄依甘乡依甘村、依波沃村和龙门乡村布依洛村等地已开展"借羊还羊"项目。其中，洛俄依甘乡阿卓瓦乌村，全村共有 6 个村民小组 161户人，有建卡贫困户 26 户 86 人，到今年 8 月，该村以"借羊还羊"形式向全村 186 户农户投放 180 户农户投放 180 只基础母羊和 4 只公羊。

2. 借薯还薯

借薯还薯就是年初政府免费借给薯农每亩 500 斤的优质种薯，让老百姓种植，到年末丰收之后，薯农再将年初借的种薯归还给政府，这种做法大大提高了老百姓换种优质薯的积极性，仅 2016 年美姑县就引进青薯 9 号 950 万斤，其中甘肃定西新调青薯 9 号3 150 吨，县内调换 1 500 吨，建设马铃薯良种基地 4.3 万亩，在瓦古、子威、尔库尔合、峨曲古、尼哈、竹库、巴古、农作、合姑洛 9 个乡建设集中连片的 10 000 亩种薯基地，与种薯基地建设乡签订了马铃薯种薯回收合同。并在全县范围内实施马铃薯标准化双行垄作技术 10 万亩，推广脱毒薯 10.1 万亩，建设现代农业马铃薯产业示范基地 10.5 万亩。到 2018 年，美姑将建设 20 万亩种薯基地，促进全县高山农民依靠马铃薯生产实现精准脱贫。

3. 借枝条还枝条

美姑县自 2016 年开始，采用"借枝条还枝条"的形式，在全县开展了桃核嫁接工作，帮助群众克服了先期的投入难题，从而促进核桃产业发展。"借枝条还枝条"就是和种植户签订核桃穗条回收合同，嫁接一个芽需投入经费 3 元，其中核桃种植户自筹 1元，政府补助 2 元，由专业嫁接队伍进行嫁接，嫁接成活后达到可采枝条时，每投入一个芽农户还一枝嫁接枝条给林业部门，采集到的枝条用于其他需要嫁接的核桃树，逐年循环，逐步实现全县覆盖。据了解，美姑县二半山下的地方都适合种植核桃，计划种植核桃 85 万亩，目前已种植了 19 万亩，其中 9 万亩已经挂果，还有 10 万亩即将挂果的核桃林需要进行嫁接。由于群众没有嫁接资金，政府就启动"借枝条还枝条"的工程，帮助老百姓做好核桃嫁接工作，并以借枝条还枝条的形式完成全县所有核桃树的嫁接工作。确保全县 272 个贫困村 13 218 户贫困户户均种植核桃面积达到 5 亩以上，到 2018年形成 19 万亩优质高产的核桃产业，2019 年核桃产量达 2 亿斤，产值 10 亿元以上。

三、彝区产业扶贫中存在的问题

近年来，凉山彝区产业扶贫是凉山州扶贫攻坚的重中之重，由于种种原因，彝区产业扶贫面临许多亟待解决的问题，如自然条件差异大、基础建设薄弱、产业规模受限、扶贫资金短缺、贫困户受教育程度低、政府决策多群众意愿少、农村基层组织战斗力不强、扶贫攻坚任务重。

（一）凉山彝区产业发展处在起步阶段，产业发展水平低、市场竞争力不强

一是经验不足。由于大部分产业才起步，没有现成的模式，经验积累少，抗风险能力差。

二是技术落后。在种、养行业，没有龙头企业提供技术支持，种养大户和家庭农场主要靠自己积累的经验进行操作。很多贫困村交通不便，农牧局的技术人员难以村村俱到，即便来了也是蜻蜓点水，作用不大；一些乡镇兽医都没有，就不用说指导养殖了。

三是经营运作资金紧缺。新型经营主体的经营运作资金以自筹为主，政府适当给予新型农业经营主体资金扶持、税收减免、贷款优惠等。随着经营规模的扩大，产业经营需要大量周转资金，由于缺乏有效的抵押和保障，融资难的问题日渐突出。

四是品牌效应不明显。凉山彝区虽然有很多特色农业生态产品，但基本上没有形成规模化生产，也缺乏良好的市场营销运作，特色农业品牌的效益并不明显。

五是市场不健全。农户、合作社、龙头企业三者之间的利益联结机制不够规范和紧密，多数是以订单为桥梁的购销关系，"公司＋合作社＋农户"的利益共同体并未形成，市场风险等级高。

（二）凉山彝区传统陋习及贫困人群受教育程度低仍然是精准扶贫中的难题

凉山彝区从奴隶社会一步跨入社会主义社会，一些陋习并未因社会进步而改变，由于薄养厚葬、婚丧嫁娶铺张浪费等落后观念的影响，因婚返贫、因丧返贫的情况屡见不鲜；群众的受教育水平太低，很多青壮年没有上过学，不识字，听不懂普通话，不能用汉语进行交流，即便能外出打工，也只是干一些普通的体力活，收入难以保障，容易滋生"等、靠、要"等消极思想，扶贫难度大。以喜德县联合村为例，从整个村庄的发展历程来看，联合村致贫的原因包括多方面，如观念守旧、年老居多、劳力缺乏等。而联合村处在贫困线以下的173人中，文盲和半文盲就占了87%，小学学历占12%，初中及高中以上学历仅占1%。从近几年的发展来看，有点文化的青年人员都外出务工，留在家的都是老人和妇女儿童，而这些人无法掌握相应的产业技术，接受新事物、新技术和新变化的能力较弱。

（三）政府决策多群众意愿少

调研中，地方政府"我要你富"的意识强烈，越俎代庖替农民决定种什么、种哪里。尤其是在产业扶贫中，贫困群体本身的声音和意愿被边缘化，脱离实际的做法在基层造成一些失误和浪费。

（四）农村基层组织战斗力不强

一是由于农村工作条件艰苦、工作难度大，往往头脑灵活、懂经营、会管理的能人都自己出去发展，不愿意当本村村干部；而选上的村级领导大多年龄偏大，文化水平偏低，基层组织战斗力不强。

二是很多村社干部思想保守、观念陈旧，缺乏带头致富和带领群众致富的能力。

村、组干部自身素质不高，平时不注重理论知识和实用技能的学习，缺乏农村实用技术，视野狭窄，无法面对市场经济带来的日益激烈的竞争和层出不穷的新问题、新情况。有的村社干部思想保守，观念陈旧；有的村社干部见识短浅，信心不足；有的村社干部安于现状，进取心不强；还有的干部水平不高、能力不强，自身经济条件差，因而在群众中没有威信。

三是村社干部不敢说真话，怕得罪人，有困难不积极想办法，总是能推就推。在宣传理解政策的时候，理解不到位，经常乱宣传，不能和乡党委政府保持一致。有的干部为自己的亲戚谋利益，得罪了人；有的干部喜欢当老好人、遇事推诿、和稀泥。可见"给钱给物不如给个好支部"，不少彝区深陷贫困，与这些地区基层组织软弱涣散，缺乏号召力密切相关。

（五）自然条件差，基础设施落后

凉山彝族人口分布多在偏远山区，尽管耕地面积大，但大多数处于二半山区的旱地，以传统农业、畜牧业和养殖业为主。由于基础设施落后、土地贫瘠，老百姓只能靠天吃饭，期盼雨水充沛，庄稼丰收。科技文化落后、产业结构单一、公共服务不完善等因素，使凉山彝族地区人均收入离脱贫线仍有较大差距。

四、对策和建议

（一）转变思想观念，提高村民自我发展能力

政府在投入大量人力、物力、财力进行产业扶贫的同时，应加速培训适应本地发展的乡土人才，形成脱贫致富、稳定发展的人力支撑。通过宣传教育、定期开展各种有针对性的培训，邀请不同产业的技术人员授课答疑，宣传普及各种农业科技知识，激发培养农民学习和致富的热情。针对不同文化层次、不同经济条件的农户，采取各不相同的产业发展导向，从而使农民能够积极主动地投入生产发展，对自身贫困状况进行准确定位评价，自觉思考并采取切实可行的产业发展方式。

（二）加快基础设施建设，切实促进产业发展

加大基础设施建设资金投入，创新资金运管机制，建立逐年财政专项扶贫资金增长机制，引导资金向贫困地区、贫困人口倾斜。集中人力、物力、财力，统筹各类资源，优先解决贫困地区道路不畅通、农田水利设施老化、电力质量不高、信息化落后等突出问题。为加快产业发展，提升产品质量和综合效益提供保障。

（三）健全农村土地流转机制，为规模化经营创造条件

在编制土地利用总体规划时要对扶贫产业基地和企业用地统筹考虑、合理安排，同时，完善农村土地经营权流转制度，依法鼓励多种形式的土地使用权流转，将那些农村闲置土地、经营管理不善、利用效益低的土地流转到产业经营大户手中，促进农业资源

向龙头企业聚集，便于农户以土地使用权的形式入股参与农业产业化经营，连片开发土地资源，实现土地资源利用效益的最大化，为大规模产业扶贫开发奠定基础。

（四）加大贫困农民的产业技能培训

有针对性的加强彝区贫困农民的产业技能培训，提高彝区农民文化素质、科学技能、市场经营风险意识等综合素质，为提高产业精准扶贫奠定良好的基础。建立健全技术服务推广与培训体系，采取科技专家下乡、开展科普专题讲座等多种形式培训农户，着力培养彝区贫困地区农村特色产业示范带头人、科技种植养殖能手，全面推广农业先进实用技术和良种良法，为扶贫开发提供智力支持，着力提高贫困地区农户的自我发展能力。

（五）大力发展扶贫小额贷款

充分发挥农村信用社和村镇银行的作用和优势，为建档立卡贫困户提供 3 年期以上，3 万~5 万元，执行基准利率，无抵押、无担保的小额信用贷款，并由财政扶贫资金全额贴息，支持建档立卡贫困户发展特色优势产业。

（六）构建开放性的产业扶贫平台

许多扶贫专家认为，在产业扶贫中，企业、大户、农民更接地气，应由他们决定或商量发展什么产业，政府着力在构建产业链、完善基础设施、提升贫困群体能力等方面提供公共服务。同时，通过建立政府、企业、社会组织（家支协会）、贫困群体等主体平等参与和协同行动机制，让产业扶贫决策更加科学和更具合理性。

（七）因地制宜探索"保险＋产业扶贫"的新模式

针对目前我国涉农保险严重欠缺，贫困户发展产业存在较大的风险等问题，政府、商业保险机构、企业等利益相关方，需创新思维，合力构建"保险＋产业扶贫"新模式。保险机构可根据贫困地区地域特色和产业发展特点，积极推出大众农产品产量保险、收入保险、气象指数保险、价格指数保险等各类产品，并积极构建"保险＋银行＋政府"的多方信贷风险分担补偿机制，全力解决产业扶贫保险缺位等问题。

（八）充分发挥基层政府引导功能，带领群众打赢脱贫攻坚战

基层政府直接面对贫困群体，他们能否充分发挥引导功能直接关系到扶贫效果的好坏，因此要根据本地区贫困特点制定切实可行的扶贫政策。要发挥政府职能，加强对基础设施的投入，在种植业和养殖业上运用科学技术，宜地制宜，提高贫困人口的自我发展能力。在贫困村，基层政府可牵头成立扶贫工作小组，负责编制本村扶贫开发规划，本村农业技术的推广及培训，本村社会物资的捐赠等。

凉山州电子商务发展现状的调查与思考①

中共凉山州委党校课题组②

一、凉山州电商扶贫条件分析

（一）凉山州介绍

凉山是全国最大的彝族聚居区，也是攀西国家战略资源创新开发试验区的核心区，自古以来就是通往祖国西南边陲的重要通道、古代"南方丝绸之路"和"茶马古道"的必经之地，是举行"彝海结盟"的红色土地。

凉山州有闻名天下的水能资源、得天独厚的矿产资源、丰富多样的农业资源、绚丽多彩的旅游资源、独具魅力的民族文化资源。总体上，全州地区生产总值、地方公共财政收入位居全国 30 个少数民族自治州前列，正成为西部民族地区开放合作新高地。但由于凉山地形地貌的特殊性，以及基础设施和公共服务的滞后，凉山州依然有 11 个国家级贫困县，48.7 万贫困人口。

2011 年，四川省委省政府制定出台了"一个意见、三个规划"，将大小凉山作为一个整体进行扶贫攻坚。2012 年，四川省启动实施"四大片区扶贫攻坚行动"，大小凉山彝区同高原藏区、秦巴山区、乌蒙山区成为四川脱贫攻坚主要战场，稳定解决"四大片区"扶贫对象的温饱问题、尽快实现脱贫致富成为省委省政府的首要任务。

为了保证大小凉山彝区贫困群众在 2020 年与全国同步进入小康社会，2014 年，四川省针对大小凉山彝区 13 个县（区）出台了《大小凉山彝区"十项扶贫工程"总体方案》，"十项扶贫工程"包括彝家新寨建设、乡村道路畅通、农田水利建设、教育扶贫提升、职业技术培训、特色产业培育、农业新型经营主体构建、产业发展服务、卫生健康改善和现代文明普及。2015 年，省委省政府再度加码，出台《关于支持大小凉山彝区深入推进扶贫攻坚加快建设全面小康社会进程的意见》，从加大财政支持、基础设施建设、改善居住条件、加快教育发展、加大国土政策支持、加强禁毒防艾工作、建立对口帮扶机制 7 个方面，制定了 17 条具体支持政策措施，进一步强化大小凉山彝区的造血功能。

---

① 2016 年度凉山州党校系统优秀调研课题。
② 课题负责人：尤初。课题组成员：薛昌建、姚文兰、陈星仪、邓敏、程力岩。

（二）产业条件

农村"上行"电子商务的发展一定要依托具有竞争力的本地产业。从各地农村电商标杆案例上看，义乌青岩刘村、陇南成县等地区的电商基于已有的优势产业继续发展，红河元阳、丽水遂昌地区的电子商务则大力提升改造本地产业，徐州沙集则走了一条"无中生有"之路，创造了一个优势产业。

从凉山州实际情况看，凉山州拥有丰富多样的农业资源，但产业化程度还比较低；拥有绚丽多彩的旅游资源，但旅游产业尚处于起步阶段；拥有独具魅力的民族文化资源，但商业化水平比较低。

1. 农业产业

从气候上看，凉山州属于亚热带季风气候区，夏季气候凉爽，冬季日照充足，年均日照1 800～2 600小时，是比较宜居的地区。年均气温10℃～20℃，年均降水1 100毫米，无霜期220～360天。另外，凉山州的昼夜温差大，白天有利于植物的光合作用，晚上有利于营养物质的积累。多日照、雨热同季、昼夜温差大的气候特征，有利于农作物生长发育。凉山的水果果蜜含量高，口感好，盐源苹果、雷波脐橙、会理石榴享誉全国。

另外，州内气候差异大，作物品类丰富。安宁河谷地区和金沙江沿岸气候温热，芒果、优质蔬菜等作物生长旺盛。盐源县、木里县、昭觉县、布拖县等地气候相对寒冷，高原性作物广泛分布，苦荞、燕麦等高山原生态作物种植面积大。

从土地资源上看，凉山州地域广阔，州内土地总面积9 017.2万亩，其中耕地765.76万亩，林地5 044.47万亩，牧草地2 045.01万亩，园地48.73万亩，水域114.6万亩。全州人均占有土地22.5亩，是全国人均土地的2倍，其中人均耕地1.95亩，高于全国平均水平。

从农产品品质上看，凉山州的工业发展落后，环境污染少，农业耕作模式相对传统，绿色无公害农产品种植面积大。在大城市人口注重生活质量，高品质农产品消费能力提升的形势下，绿色农业有着巨大的发展机遇。

从农业产业化水平上看，近年来，凉山州立足温光资源优势、立体气候特征，以创建"大凉山"特色农产品品牌为抓手，紧紧围绕苦荞麦、马铃薯、烤烟、蚕桑、蔬菜、水果、花椒和畜牧等特色优势产业，加快"十大"特色农业产业基地建设。在西昌市、会理县、会东县、德昌县、宁南县等相对富裕的县，农业产业化水平有了一定提升，但是产业链条不够长，广域消费市场与凉山之间的农产品流通不够通畅。在昭觉、布拖、美姑等大部分贫困县，农业产业化水平低，农业资源没有得到有效开发。

2. 旅游产业

凉山州旅游资源丰富，享有自然风光好、民族风情浓、红色文化精等多重美誉。泸沽湖、邛海、马湖等天然湖泊景观，螺髻山、泸山、大风顶、小相岭等名山景观，金沙江峡谷、雅砻江峡谷、大渡河峡谷等峡谷景观和溶洞、奇石、土林等景观，共同构成凉山州绚丽多彩的自然景观。彝族文化中的火把节文化、歌舞文化、饮食文化及毕摩文化独具特色。红军长征过凉山，也留下了彝海结盟遗址、红军长征纪念馆、皎平渡旧址、会理会议遗址等众多红色旅游资源。尽管凉山州的旅游业发展迅猛，但其气候宜居、资源丰富的优势没有完全发挥，旅游业发展的深度和广度都不够。

（三）电商基础设施

电子商务发展的两个前提条件是物流的通畅和互联网的普及。一直以来落后的交通是凉山发展的瓶颈，也是电商普及的障碍。近年来，国家对凉山基础设施进行了大力投资，安宁河沿线县市的交通网络逐渐成形，与内地的差距不断缩小，相应的物流体系逐步建立。11个贫困县的交通发展也在加速推进，"一轮两推"已经成功收官，《大小凉山地区2016—2018年公路水路交通建设推进方案》陆续施行。根据规划，2016年底前实现凉山州100%的村通达、2017年底前实现100%的乡镇通畅、2019年上半年前实现100%的建制村通硬化路，到2020年基本形成横贯东西南北、贯穿金沙江走廊的高速公路大通道主骨架，实现每个县市至少有三个以上国省道出口通道。届时，凉山州电子商务的物流基础将基本建立，城乡之间的双向流通体系将更加完善。互联网基础设施方面，目前，凉山州光纤镇的覆盖率达到95%，光缆村覆盖率40%以上，建立了良好的网络服务支撑。未来五年，凉山州继续实施"宽带乡村"工程，大力推动贫困地区光网建设，到2020年，实现所有行政村互联网覆盖率100%。

二、凉山州电商扶贫现状分析

（一）电商扶贫推进体系

虽然凉山州拥有丰富多样的农业资源、绚丽多彩的旅游资源、独具魅力的民族文化资源，但其在整个国家发展格局中处于边缘化位置。在互联网主流化发展的浪潮下，凉山州将电子商务为代表的"互联网＋"作为重要发展方向，以求实现"弯道超车"。

新时期，凉山州党委政府将电商扶贫作为精准扶贫的重要内容，通过电子商务激发贫困地区的活力，将凉山的优势资源推向全国甚至全世界的广域市场，变资源为财富，并通过电子商务带动凉山州农业和旅游业的提质升级，带动贫困人口脱贫奔康。凉山州的电商扶贫初步形成了推进体系。

1. 领导管理体系

（1）领导机构

州级层面，成立了凉山州促进电子商务发展工作领导小组和凉山州电子商务进农村工作领导小组，县市层面也成立电子商务发展工作领导小组和电子商务进农村工作领导小组。制定出台了《促进电子商务健康快速发展的实施意见》《凉山州电子商务精准扶贫的工作方案》等文件，明确了财政、税收、融资、用地、人才等方面的一系列支持措施。

（2）管理机构

管理机制上采用政府与协会共同管理的模式。州层面，在凉山州商务局成立电商科，负责全州电子商务的发展推进工作。成立电子商务协会，负责对电商相关企业和个人提供技术指导、技能培训和电商咨询服务。各县市的商务局成立电商工作小组，负责电商服务中心的建设及农村电商的推进工作。西昌、会理等电商相对成熟县市成立了电商协会。

2. 集群式发展模式

（1）建设各级电子商务公共服务平台

成立了凉山州电子商务公共服务中心，建成州级农村电子商务综合服务平台集贸网并上线运营，推动 17 县市建立县级电子商务服务中心。

（2）建设各级电商园区

大凉山电子商务产业园投入运营，入驻园区的州内外电商、生产加工及服务企业达 50 余家，入住率达 95％以上。会理、会东等县市电商园区已开园运营。

（3）设立州外特色产品销售体验中心

大凉山特色产品销售体验中心（成都）、"阿斯牛牛大凉山春天工社"（成都）已投入运营，深圳、广州、珠海等地的大凉山特色农产品销售体验中心正在谋划推进。

（4）设立跨境电商体验点

与成都跨境电商产业园、四川易欧蓉国际贸易公司、法冰力（四川）贸易有限公司等三户跨境电商企业建立合作关系，并设立实体体验店。

3. 四级农村电商服务体系

凉山州正在实现"州有平台、县有中心、乡有站所、村有站点"目标，完善四级农村电商服务体系功能及配套设施。盐源县和雷波县申报成为国家电子商务进农村综合示范县，布拖县已成功申报为国家电商扶贫试点县，全州电子商务进农村工作已全面铺开，截至 2016 年，全州基本建成 10 个县级电商服务中心，212 个乡镇（村）级服务点。

4. 电商统计体系

推进与四川省电子商务大数据中心合作设计"凉山州电子商务统计管理系统"，建立健全电子商务统计工作机制，加强电子商务企业统计基础建设、企业入库和经营活动统计等，建立县市电子商务工作考核评价体系。加强对电子商务企业信息统计和数据采集，定期发布电子商务分析报告，为政府决策提供依据。

（二）电商扶贫进展

1. 总体进展

凉山州的电子商务起步较晚，根据州商务局的数据，2011 年全州电商交易额才 1 000 多万元。受政府的强力推动，近几年凉山州的电子商务发展迅速。2015 年，电子商务交易额达 38.69 亿元、增长 157.9％，电子商务网络零售额达 15.12 亿元、增长 260％，增速位于全省前列。各县市的网购逐步兴起，"草根"网商和电商企业数量不断增多，特别是基础设施相对完善、具备一定的电商产业基础的地区电子商务发展迅速。

从各县的发展情况看，凉山州电子商务的发展具有明显的梯队特征。第一梯队西昌市、德昌县、甘洛县、会理县、宁南县、冕宁县、普格县、会东县、越西县的网商指数和网购指数都有一定的基础。第二梯队盐源县、木里县、雷波县、喜德县、金阳县、昭觉县、美姑县、布拖县的网购指数几乎为 0，见表 1。

课题组调研发现，各县市网购人群都相当认可电子商务，电商给了他们更多的购物选择，且购物成本比实体店低。网上购物能够提高他们的生活质量，降低生产生活成本，是有效的减贫措施。草根网商和电商企业对凉山州的电子商务发展前景普遍看好，电子商务提供了就业机会和创收机会，尽管目前依靠电子商务发家致富的人群不多，但是网商的经营业绩基本上都在改善。电子商务从业者基本都认同电商扶贫是行之有效的减贫手段，都欢迎政府的电商扶贫政策。

表 1 凉山州各县市电商指数[①]

县市	电商发展指数	网商指数	网购指数	全国排名	省内排名
西昌	7.394	4.451	10.337	215	4
德昌	3.839	3.023	4.654	1 043	47
甘洛	3.548	5.014	2.082	1 166	58
会理	3.538	2.782	4.295	1 172	60
宁南	3.018	1.583	4.453	1 381	82
冕宁	2.69	1.896	3.484	1 510	92
普格	2.454	3.096	1.813	1 578	99
会东	2.154	1.397	2.911	1 657	108
越西	1.95	1.847	2.053	1 703	110
盐源	1.413	0	2.825	1 794	119
木里	1.287	0.035	2.539	1 816	120
雷波	1.245	0	2.49	1 827	121
喜德	0.898	0	1.797	1 875	127
金阳	0.837	0	1.674	1 885	128
昭觉	0.703	0	1.406	1 897	130
美姑	0.659	0	1.319	1 901	131
布拖	0.504	0.011	0.997	1 916	132

2. 农村电商"下行"

农村电商"下行"指消费品、农业生产资料等工业品通过互联网销售到农村的商品流通方式。凉山州的农村电商"下行"最先始于自发的农村网购，目前主要交易额也是通过自发网购行为完成。自 2015 年 8 月凉山州开始建设"州有平台、县有中心、乡有

---

① 注：数据来源于阿里巴巴电子商务发展指数 2014 年年度数据

站所、村有站点"，通过政府的推动将电子商务推广到偏远乡村。2015 年 12 月，会东县与阿里巴巴集团签署战略合作协议，并在 2016 年 4 月，会东农村淘宝投入运营。不同于自发的网购行为，有行政推动的农村电商呈现出不同的发展特征。

（1）自发的农村电商"下行"

根据课题组的调研，目前凉山州自发网购的主要的人群以年轻人为主，80 后、90 后居多，主要网购品类为服装鞋帽、数码产品、家用电器、农资农具、交通工具等。农村网购的最主要原因为商品的丰富和价格的低廉。以下摘录课题组的两份最有代表性的访谈记录：

> 小邓，24 岁，家住会东县城边的金家垮子，早些年在东部打工，2014 年回家生小孩。她和朋友们都很喜欢网购，经常网购的品类为服装鞋帽和数码产品，有时候也网购一些化妆品和婴幼儿用品。她的网购理由为"很多好商品在会东县城买不到，而且县城里的价格太高，网购能够省钱"。她经常网购的平台为淘宝和京东，在淘宝买服装鞋帽，在京东买数码产品，有时候也在唯品会买些化妆品。

> 小罗是宁南县松新镇人，31 岁，高中毕业，在家里种蚕桑，有时候也做点小生意。他在 2012 年开始网购，数码产品、家电都全部依靠网购，有时候也在网商购买一些服装鞋帽以及耕地机等农用机械。2016 年 4 月，他在网上买了一辆三轮摩托，价格比松新镇实体店里便宜接近 1 000 元。他的主要网购平台是天猫和京东，他可以熟练使用支付宝，手头资金都放在余额宝。家里其他人想买东西，有时也让他网购。

尽管近几年凉山州自发网购交易额增长迅速，但是由于物流的局限，最贫困的山区群众不能分享电子商务的红利。目前，顺丰、中通等物流配送公司的服务网点只能覆盖到镇一级，离城镇相对比较远、交通不发达的高山贫困地区商品配送特别困难，物流是高山地区农村电商"下行"发展的最大瓶颈。中通快递是凉山州最大的快递公司之一，但其服务网点只能覆盖各县市中心镇和西昌周边几个镇，大部分农村地区没有覆盖，其他快递公司的网点分布与中通相似。

（2）行政推动的农村电商"下行"

2015 年 8 月，凉山州电子商务进农村以"州有平台、县有中心、乡有站所、村有站点"的四级服务体系为抓手推开，各县积极推进。截至 2016 年 6 月，全州建成 10 个县级电商服务中心，212 个乡镇（村）级服务点。盐源县和雷波县申报成为国家电子商务进农村综合示范县，布拖县已成功申报为国家电商扶贫试点县。从农村电商"下行"发展情况看，有政府单方面推动的电商进农村四级服务体系与政府和阿里巴巴共同推动的"农村淘宝"两种模式。

政府单方面推动的电商进农村四级服务体系中，乡站所和村站点的主要作用是为偏远地区农民提供代买代卖、缴费、金融等电子商务服务。从课题组调研情况来看，乡镇（村）级服务点主要由本地商务提供电脑并装修门面，将其转变为电子商务的乡村服务点。各县的网点建设速度较快，但从实际情形看，没有真正产生的电商推广效益，课题组调研的 7 个服务点几乎没有电商交易。其原因主要为：第一，建设了乡村网点，但乡村物流没有跟上；第二，没有强大的平台生态作为支撑，农户自发网购与通过服务网点网购没有差别；第三，重数量不重效益，网点的推动依靠行政指令，没有效益指标考核。

2016年4月投入运营的会东县"农村淘宝"项目，由会东县地方政府和阿里巴巴共同推动，采用阿里巴巴相对比较成熟的"农村淘宝"模式。据课题组的调研，会东县的"农村淘宝"是比较成功的农村电商"下行"模式。"农村淘宝"与区域政府合作，并依托阿里巴巴完整的电商生态开展业务。县级运营中心的职能为拓展村级服务站、商品中转、电商培训等；村级网店的功能为提供代买代卖服务、购票缴费服务、农资服务及金融服务等；县村之间的物流服务由阿里体系内的菜鸟物流合作商提供，菜鸟物流对初期的配送服务予以一定的补贴。背后的阿里支撑体系包括商品交易平台农村淘宝网、天猫网等，支付服务系统支付宝，提高物流服务的菜鸟物流，提供培训的淘宝大学，提供大数据服务的阿里云等。

政府单方面推动的电商进农村四级服务体系与政府和阿里巴巴共同推动的"农村淘宝"相比，可以发现"农村淘宝"具有多方面的优势：第一，"农村淘宝"有阿里巴巴电商平台、支付、培训、大数据、物流等完备的电商生态做支撑，政府单方面推动的电商进农村只有网点没有生态；第二，"农村淘宝"网点比较集中，在会东县设立了32个农村网点，以会东县运营中心作为物流、培训等支撑，政府单方推动的网点设立太分散，缺乏县级、州级运营中心的支撑；第三，政府单方面推动的网点的电商运营能力差，会东"农村淘宝"32个合伙人是从1000多位报名者中筛选而出，合伙人有电商思维、学习能力强、在当地农村有资源和影响力，阿里巴巴也经常对他们进行培训。

会东"农村淘宝"自2016年4月上线至今，已经累计实现了2100万元交易量，为当地农民减支420万。会东"农村淘宝"在2016年双十一当天交易量破100万，是四川省第八个破百万县域。

> 会东县姜州乡的"农村淘宝"网点由一对夫妇经营，他们有10多年电脑、数码产品的销售经验，熟悉电子商务。应聘为姜州乡"农村淘宝"合伙人后，在108国道旁开了农村淘宝网点，服务整个姜州乡。夫妻俩依靠熟人关系推广"农村淘宝"，周边村民对网购接受度越来越高，电子产品、家用电器、服装鞋帽、农用机械、交通工具等都通过"农村淘宝"购买，目前小小的网点月销售额能够达到12万元。通过淘宝的补贴，网点能够给他们带来每月6000元左右的收入。

"农村淘宝"网点的功能不断丰富，由代买代卖服务、购票缴费服务等基础服务逐渐扩展到远程医疗、远程教育。目前，很多村民看病不去医院，到"农村淘宝"网点，通过远程视频的方式看病，网络另一端的专家医生做出诊断之后，再去药店拿药，看病成本降低了，在线医生的诊断水平也高于乡镇医生的水平。在假期，周边村组将学龄儿童集中到村淘网点，进行免费的网络英语培训，目前已经举办过两期。村组干部看到村淘网点的人气比村组活动室还旺，干脆把本村的农村书屋办到村淘网点，周边村民想看书借书直接来村淘网店。

会东县姜州乡的农村淘宝用事实证明了，电子商务不仅能够通过"下行"减少村民的生活生产成本，通过"上行"增加村民的收入，还能够让村民享受更好的医疗、更好的教育，从而缩小城乡之间的公共服务差距，是一种有效的扶贫措施。

3. 农村电商"上行"

农村电商上行指农村生产的农产品和乡镇生产的工业品通过网络销售到城市的商品流通方式。最近几年，随着电子商务的主流化发展，凉山州的会理石榴、盐源苹果、雷波脐橙等特色水果，苦荞茶、牦牛肉干等深加工农产品，以及民族服饰、彝族漆器、南红玛瑙等特色服饰和工艺品均开始在网络上销售。根据课题组的调研，从销量上看，每年的网络销量都在快速增长，全国各地消费者对凉山州特色产品认可度较高。根据产品销售平台的不同，可以将"上行"的农村电商分为大平台型和自建平台型。

（1）大平台型

大平台包括淘宝网、天猫商城、京东商城、苏宁云商及微信微商等，卖家包括凉山州本地草根网商、农业食品企业及外地网商。大平台有稳定的客流和成熟的商业模式，是目前凉山州特色商品的主要网络销售渠道。

近几年涌现的凉山州本地草根网商数量不断增大，课题组将其分为四类：农民变网商型、回乡创业型、商贩上线型、外地就业型。农民变网商型指本地农民、农业专业合作社管理人员、村组干部等人通过网络销售自产的特色产品。这类人群掌握着优质货源，但是缺乏电子商务经营能力和消费市场把握能力。回乡创业型指的是接受过高等教育或是有大城市工作经历的人回凉山州创业，并利用互联网销售凉山州的特色产品。这类人熟悉凉山州，学习和创新能力强，能够将凉山州的资源和大城市的市场联系起来。商贩上线型指的是在线下经营特色产品的批发零售商贩，通过互联网销售线下自营产品。根据课题组的调研，目前有很多凉山州各类批发市场流通商和各县市水果零售商尝试通过网络销售特色产品。外地就业型指的是从凉山州走出去，在外地大城市拥有稳定的职业，并通过网络销售凉山州特色产品的人。这类人在大城市有一定的人际网络，同时也熟悉凉山州，他们主要以微商的形式在朋友圈销售家乡特产。

除了草根网商，凉山本地的农业食品企业纷纷触网，环太苦荞茶、正中食品、四川思奇香食品、四川三匠苦荞科技等企业纷纷在天猫、京东上销售凉山州的加工食品。凉山州的苦荞茶已经享誉全国，每年还有新产品推出，通过多个企业的线上线下同步发力，拉动凉山农业的发展，推动农民的脱贫致富。同时，外地网商也将注意力转向凉山州，销售凉山州的产品。

李某是90后女孩，大学毕业后在成都某大型丰田4S店工作，熟悉大城市的消费习惯和现代商业运作模式。最近几年，由于家庭原因辞职回到凉山州某个职业技术学校当教师。2016年4月，开始尝试用业余时间做微商，快速搭建起一个全部由年轻人组成的5人团队。她到处主动去认识电商能人，学习他们的经验，并加入了一个微商群。这个微商群主要做生鲜食品，群里成员每人都有自己货源资源和市场资源，他们用一种创新众筹模式在群成员之间进行合作。当有一个好产品出来的时候，由某群成员作为该产品项目的负责人，负责产品的电商化开发及物流配送的事项，由群里群策群力策划宣传方案。而参与该项目的人每人自愿出5 000元钱作为众筹资金，最后获得会员优惠进货价在自己渠道售卖。2016年，李某负责了会理石榴项目。她的团队重点开发会理软籽石榴，注册了"软妹籽"品牌，并通过微商圈朋友的渠道售卖。几个月下来，"软妹籽"的销量非常理想，有时候日订单能够达到700，短短几个月销售20 000单，预计销售60吨石榴。

（2）自建平台型

自建平台型指不依靠大型电商平台，而由自身建设销售平台的电子商务模式。凉山州建设了集贸网、凉山特产网、正中商城、彝家优品、山里淘、爱淘凉山、源鲜生、我来我往等10多个独具特色的本土电子商务平台。但是电子商务具有明显的"网络效应"，即大平台吸引用户成本低，小平台吸引用户成本高，凉山州的电商平台建设容易，真正吸引用户购买难。目前，凉山州在10多个电商平台的销量都不够理想，课题组没有发现有哪个自建平台是能够盈利的。

（三）电商扶贫成效

总体上看，根据州商务局的数据，2015年，电子商务网络零售额只有15.12亿元。凉山州的电子商务尚处于起步阶段，"下行""上行"的交易额都还不高，未来的发展空间巨大。另外，绝大部分偏远山区的贫困人口还没有从电商中受益，随着电商生态的不断成熟，电子商务的扶贫效益更加明显。

课题组对网购用户的采访，电商带来的益处主要表现在：第一，电子商务增多了农村群众的消费选择，减少了消费开支。例如会东县的卢先生用850元买了一台微耕机，比小镇上1 200块的微耕机还好用，他已经习惯网络消费，交话费、转账支付都不用跑小镇，省时省力。第二，电子商务加快了科技在农村的传播。例如会理县某核桃合作社的负责人小何做核桃生意，以前找不到合适的核桃脱皮机，一直请人给核桃脱皮，成本在0.5元一斤。今年通过朋友介绍网购了山东的一台核桃脱皮机，以前用20人才能剥完的核桃用机器只需要3个人，成本降到了0.1元一斤以下。

电商可以为农民增收。2015年，会理县的软籽石榴园地收购价只有7元一斤，电子商务带动了软籽石榴的热销，2016年软籽石榴的园地收购价在10元以上。2016年，盐源苹果的线下销售不好，园地收购价只有1.7元/斤左右，好苹果也卖不出好价格。但是网络销售依然火爆，微商在农户手中收购优质苹果，园地收购价能够达到3元每斤，让优质苹果卖出了高价。

电商可以为贫困地区青年提供就业。电子商务的兴起，让年轻人有了低成本创业的机会，安宁河沿线各县都能找到成功的微商故事。会东县32位"农村淘宝"合伙人的收入基本都在4 000元每月左右，业绩好的能够挣到6 000元每月。

前文提到，电子商务还能够带动远程教育、远程医疗在农村的普及，缩小城乡之间的公共服务差距。

（四）电商扶贫面临的问题

1. 电商扶贫路径不科学

凉山州电商扶贫路径选择存在不符合电商发展规律的问题。第一，重"上行"，轻

"下行"。从全国的发展经验看，"下行"电商与"上行"电商都有扶贫效益，大部分地区都是在"下行"电商比较普及的基础上发展"上行"电商。凉山州部分县市忽视"下行"电商的发展，将资源过度向"上行"电商倾斜。第二，政策"一刀切"的问题。凉山州各个县市的电商基础不同，各县市的电商工作重点应该不同，但是目前凉山州要求所有县市建设县级服务中心、乡（镇）站所及村级站点，导致部分县的电商服务中心闲置、村级网点没有发挥应有作用。第三，重企业，轻草根网商。目前凉山州大力扶持州内自建平台的电商企业，对草根网商的扶持力度不够。但从标杆案例的经验看，真正推动电商发展的是年轻人主导的草根网商，大部分综合型自建平台都会失败。第四，重实体建设，轻软件建设。政府的资源投入和工作重心放在州县乡村四级电商扶贫硬件体系的建设上，对产业链的塑造、服务体系的培育、人才的培养、市场环境的维护等软件建设重视度不够。

2. 电商产业链低效

汪向东教授认为好农品不等于好网货，好网货不等于好销售，好销售不等于好体验，只有让消费者得到好体验的电子商务才算成功。凉山州有众多的优质农产品和特色工艺品，但是农户、农业专业合作社等主体的网货开发能力弱给农产品的线上销售带来不便。此外，众多"草根网商"的电商运营能力有待加强，产品的好销售、消费者的好体验目标难以达成。产品端面临销售难问题，销售端面临成本高问题，再加上产品端和销售端之间的协作效率低，导致整个电商产业链的运作效率低。

3. 电商生态不完善

交通不发达是制约凉山州电商发展的一大瓶颈，木里、盐源、雷波、美姑、布拖等县的交通发展严重滞后；互联网普及度不够高，特别是贫困地区网民数量少，难以直接参与电子商务产业。在电商服务方面，物流配送、宣传推广、包装仓储、认证溯源等电商服务市场主体发育不健全，电商经营成本高。在商业环境方面，社会信用体系不健全、商业创新缺少、投融资环境不够好等因素导致电商发展的困难。

4. 电商人才缺乏

引领电子商务创新驱动发展的企业家队伍和创业群体规模较小，既掌握信息技术又熟悉市场运作的复合型人才和创业型人才相对缺乏。引进与培养远不能跟上需求发展的速度，预计"十二五"期间的初级电子商务人才缺口将有1万人左右，中高级电子商务专业人才缺口3 000人以上，这严重制约了凉山州电子商务发展。

5. 品牌与标准建设欠缺

农产品缺乏标准化体系。"大凉山"农产品大多未能统一加工、销售，标准化程度较低，未能形成规模生产和销售。"大凉山"农产品大多没有取得食品质量安全市场准入标志（"QS"标志），容易引起质量纠纷。

三、凉山州电商扶贫对策建议

（一）电商扶贫为精准扶贫的重要内容

从徐州沙集镇、陇南成县、红河元阳县、丽水遂昌县等区域电商法发展案例看，农村电子商务是推动偏远农村跨越式发展、实现贫困群众脱贫致富的有效手段。在课题组走访的西昌市、盐源县、会理县、会东县等地区也已经出现依靠电商脱贫的现实案例。

农村电子商务的扶贫效益主要表现在：第一，农村电商"下行"弥补了偏远农村商品流通体系的不足，丰富了农民对消费品、农资农机等方面的购买选择，降低了农民的生产生活成本，有助于农户减支脱贫；第二，农村电商"上行"让农村的优势资源与全国的广域市场连接，激活农村生产要素，有助于农民增收脱贫；第三，农村电子商务的发展为贫困地区提供了低成本的创业就业机会，拓宽了贫困地区年轻人的致富途径；第四，农村电商使先进理念和先进技术进入农村，提升农业的生产力水平；第五，农村电商加快了城乡之间的信息流动，使得农业的产销对接流畅精准。

在电商主流化发展的趋势下，课题组建议凉山州将农村电子商务放在全州精准扶贫工作体系中的重要位置，将电商扶贫定位为精准扶贫的重要内容。在政策制定上，给电商扶贫更大的政策空间，在扶贫的规划、项目安排上，重点支持电商发展；在工作推进上，在州、县、乡（镇）、村各层级形成稳定的推进机制，在尊重电商发展规律的前提下，充分发挥各级政府的作用，引导凉山州农村电商有序发展。

（二）构建电商生态，改变凉山贫困面貌

1. "下行"电商与"上行"电商协同发展

"下行"电商的扶贫效益与"上行"电商的扶贫效益同等重要，"下行"与"上行"之间要做到互相促进、协同发展。课题组建议凉山州的电商生态建设要做到"上行""下行"并重，打破凉山州与全国广域市场的货物、信息、资金、技术、人才等的双向流动屏障，让凉山州融入全球化的分工协作体系。

2. 本地资源与外部市场双轮驱动

目前凉山州的电商发展局限于资源思维，即基于凉山州已有的资源和已有的产业来规划电商生态的建设。课题组建议，凉山州的电商生态建设要遵循电子商务的发展规律，变资源驱动为资源与市场双轮驱动，即结合本地资源和外部市场需求两个方面去建设电商生态。

3. 县域电商"梯队化"推进

课题组建议，在凉山州 17 个县市的县域电商推进中实行"梯队化"发展，避免各县简单依靠行政指令进行"一刀切"式地推进。根据县域电商发展的四个阶段性特征进行针对性的政策推进。西昌、德昌、甘洛、会理、会东等县域拥有一定的产业支撑、农村电子商务有了一定的普及、网商群体基本形成规模，这些县域同步推进"下行"电商

和"上行"电商，并完善电商服务体系，逐步完善县域电商生态。布拖、美姑、昭觉、金阳、喜得等县域的电商基础薄弱，应该以交通物流设施的完善、农村互联网的普及、产业的培育、网商群体的培养、"下行"电商的推广等工作为重心，电商基础建设为前期工作重点。

（三）完善电商扶贫支撑体系

1. 优化网络交易通道体系

目前，全国综合型电商平台竞争格局基本确定，阿里系、京东系、苏宁系之外，很难再出现综合型平台；微商的兴起创造了一种新的有效网络交易通道，微商已经成为特色产品销售的新通道；另外，云农场、易果生鲜等垂直型电商的发展形势良好，也是涉农产品交易的有效通道。

课题组建议，凉山州的网络交易通道建设应该由自上而下和自下而上两种方式同时发力。政府寻求与契合本地需求的平台合作，以自上而下的方式构建顺畅的网络交易通道；同时鼓励各类网商与各种类型的平台合作，以自下而上的方式构建交易通道；另外，减少对缺乏竞争力的本地综合型平台的扶持。

2. 构建覆盖到村的电商服务体系

农村电子商务不同于城市电子商务，农村的电子商务服务体系基本上处于空白状态，没有政府的推动很难自发形成。目前从全国的发展情况看，具有大型电商生态支撑、有地方政府行政支持的政府与电商企业合作构建电商服务体系模式更加容易成功。课题组建议，减少政府单方面依靠行政指令推动的农村电商服务体系的建设，大力推广"农村淘宝"为代表的政府与电商企业协同推进的农村电商服务体系模式。

3. 培育网商群体

农村电子商务的发展核心在人，凉山州电商群体的数量和质量都不够是电商发展的一大瓶颈。课题组建议凉山州鼓励涉农企业、农业合作社等组织电商化转型，鼓励返乡大学生、返乡农民工、大学生村干部等人群依靠电子商务创业，同时鼓励州外有资源、有渠道的网商售卖凉山特色产品，州内外草根网商的集体发力，带动贫困人口脱贫致富。

4. 强化电商产业链

电商扶贫的目标是将农村贫困人群与广域大市场连接，使得货物、资金、信息、技术、人才等要素在城乡之间双向高效流通，其前提是要构建"下行""上行"高效的产业链支撑体系。课题组建议：第一，凉山州大力推进通信基础设施、交通基础设施的建设，将移动互联网为代表的通信网络覆盖到贫困地区，降低商品进城入村的流通成本；第二，在贫困地区大力培育专业合作社、家庭农场、农业企业等新型农业主体，推进贫困地区农业产业化；第三，以电商协会等形式，促进产品端主体与销售端主体之间的合作，使得涉农企业、合作社和农户专注于产品的开发，网商群体专注于产品的推广销售；第四，引导州内外网商间的合作，使其产生规模效应，降低各环节的成本；第五，由政府和电商协会协作，推进凉山特色产品的标准化生产和凉山特色产品品牌的建立。

5. 构建政府、协会及市场主体之间的良性协作体系

凉山州的电商扶贫基础薄弱，不能只靠政府的单方面推动，也不能只靠企业和个人的野蛮生长，而是需要政府、行业协会、市场主体的协同合作。由政府提供良好的硬件和软件环境，规范引导协会和市场主体的良性发展；由行业协会整合资源，实现集群化发展；由市场主体开发产品，提供服务，拓宽贫困人群的脱贫致富渠道。

凉山贫困地区典型现象调查研究[①]

中共凉山州委党校课题组[②]

打赢脱贫攻坚战是中央着眼全局做出的重大战略部署，是全面建成小康社会最艰巨的任务。习近平总书记说过："彝族兄弟对中国革命是有重要贡献的，要继续加强政策支持，加大工作力度，确保彝区与全国全省同步实现全面小康。"省委、省政府将凉山作为四川扶贫开发工作的重中之重，省委书记王东明多次深入大凉山腹心地带进行调研，连续两年在凉山主持召开专题会议研究部署。全面打赢脱贫攻坚战，需要对贫困的病症和病因进行精准把脉，做到对症下药、精准扶贫。为此，课题组深入彝区农村基层，走村串户，进行实地调研。

为了确切掌握彝区贫困状况，课题组特意选择了彝族聚居腹心地带的昭觉、布拖、普格、美姑、越西、喜德、金阳 7 个县当中最边远（路途最遥远，与外界很少接触）、最艰苦（群众生产生活条件最差）、最贫困（深度或极度贫困）的 21 个村，进行为期 1 个月左右的驻点调查。采取入户调查、影像记录等方法，共入户调查贫困户 105 户、563 人，填写贫困村、贫困户调查表 80 份，拍摄实境照片 390 张，收集影像资料素材时长 10 小时，对贫困户家庭人员构成、住房条件、家电家具、土地产出、畜禽饲养、收入支出、用水用电、上学就医等情况进行了详细了解和梳理汇总。

一、贫困地区贫困村的基本现状

从调查情况来看，所有调查村基本处于赤贫状态，属原始的贫困、全面的贫困、综合的贫困，主要有以下明显特点。

（一）生产生活方式处于原始落后状态

各村农作物以玉米、马铃薯、荞麦为主，绝大多数地方沿用着"广种薄收、粗放经营、靠天吃饭"的原始落后生产方式，"种一片坡、收一筐筐"。昭觉县调查的三个村，马铃薯亩产量均在 1 000 公斤以下，玉米、荞麦亩产量都在 250 公斤以下；受访的 10 户贫困户，2015 年荞麦人均产值 50.6 元，马铃薯人均产值 166.8 元，玉米人均产值 8.33 元。当地群众至今仍延续着原始落后的生活方式，95% 以上的住房是土木结构的土坯

[①] 2016 年度凉山州党校系统优秀调研课题。

[②] 课题负责人：代诗韵。课题组成员：张亮、马尚萍、周燕、杨福灵、陈星仪。

房、木板房或茅草房，房屋破旧、低矮、窄小，不通风、不透光，无窗户、无开间，饮食起居都以"三锅庄"为中心，日为炊饮之所，夜为卧歇之地；几乎所有农户家中都没有厕所，有的甚至人畜混居一室。越西县洛木村受访的 9 户贫困户，户均住房面积仅 35 平方米；全县的调查村中 70% 以上农户未实现人畜分居。同时，群众住房安全问题也令人担忧。此次调查的所有贫困村中，D 级危房户有 49 户，占 47%，其中美姑县沙马乃拖村、喜德县红莫村、越西县叶租村、金阳县古恩村、普格县依乌村，5 个村 35 户农户住房均属 D 级危房，群众为自身无力改造住房感到无奈，强烈期盼政府加快投入实施易地移民搬迁和新村新寨建设。

（二）群众衣食用行处于困窘艰难境地

群众"衣不蔽体，食不果腹"的现象虽得到改变，但仍然未摆脱"种地为糊口，出行全靠走"的贫穷常态。调查受访的 105 户贫困户中，90% 以上的群众一年到头只穿一套衣服（冬天加一件羊毛披毡御寒），日常以食用玉米、土豆和圆根酸菜为主，一般只有在婚丧嫁娶的时候和彝族火把节、彝历新年、汉族春节等节庆期间才能吃到肉，家庭经济收入只能基本保障生产生活；绝大多数农户家中只有简易的木床、储粮柜、自制木凳等家具，电视机普及率不足 10%，洗衣机、电冰箱、固定电话、电脑普及率几乎为零。此次调查的 21 个村中，有 11 个村不通公路，21 个村民小组中，有 12 个不通公路，其余村、组虽修通了路，但基本都是泥土路、毛坯路，路况极差，通而不畅；所有村均不通客运班车，生产生活物资基本靠人背马驮。昭觉县支尔莫乡说注村，10 多千米的通村山路不仅蜿蜒崎岖、极度难行，而且还有一段路是"挂"在山上的"天梯"（由三幅长 10～30 米、用钢筋加固的木梯搭建），群众出入村庄极其困难；金阳县谷德乡稳觉村，连接村外的唯一通道是修建在悬崖峭壁上不足 50 厘米宽的水渠，群众外出往返需 8 个多小时，且稍不留神就可能掉下悬崖；布拖县所有行政村的通村公路通达率为 98%，通畅率仅为 33%。长年居住在贫困山区的群众对"要致富先修路"有着更为深刻的感受。

（三）公共服务保障处于薄弱空白地带

边远贫困山区普遍存在着用水难、用电难、看病难等问题。有的村虽实施了安全饮水工程，但受水源不足等影响，供水时断时续；有的村虽采用了光伏供电，但电力质量不高，蓄电时间短，只能保障基本的照明用电。21 个典型贫困调查村中，存在饮水安全问题的共 50 户、占 47%，饮水困难的共 45 户、占 44%，未通生活用电的有 31 户、占 30%，只有 60 户通广播电视、43 户能用手机上网。同时，乡村医疗保障水平低，村一级基本没有医疗网点，群众患病往往是小病"拖"、大病"养"，最后小病拖成大病、因病致贫。喜德县红莫镇红莫村，村上无卫生室，也无执业（助理）医师，村民生病只能到乡卫生院或县人民医院医治，因病致贫返贫现象较为突出，调研组入户调研的 12 户贫困户中因病致贫的就有 8 户、占 66.7%。此外，此次调查的 21 个村中，有吸毒人员的村 8 个、占 38%，有艾滋病感染者的村 9 个、占 42.8%，毒品和艾滋病问题正在向边远贫困山区蔓延。

二、造成贫困的主要原因

地处边远地区的村子之所以长期处于贫困状态，是受自然条件、历史原因、社会问题、能力素质等因素的综合制约和影响所致，主要归结于以下几方面。

(一) 自然条件制约，是边远地区致贫的客观原因

21个贫困村均分布在自然环境恶劣、生存资源匮乏的边远河谷地区和高二半山区及高寒山区，平均海拔2 200米左右，最高海拔3 800米，山高、谷深、坡陡，农业基础条件薄弱，生产水平落后，耕地复种指数小、单位面积产量低，加之雹灾、洪灾、旱灾、泥石流、病虫害等自然灾害频繁，群众脱贫致富难度非常大。金阳县寨子乡古恩村，平均海拔2 300米，耕地面积1 025亩，全村92户415人，人均耕地面积仅有2.46亩，全村所有的土地都在山坡上，大部分为25度以上的坡耕地，有的甚至超过50度，耕作难度相当大。2015年依莫合乡古梯村因玉米授粉时遭受风灾，亩产由1 000斤左右骤降至300斤，减产十分严重。同时，绝大多数贫困村离县城、乡镇都较远，基础设施建设投入要高其他地区2倍以上，国家补助标准远远不够建设成本所需，教育、卫生、交通、水利、电力、通讯等基建项目难以落实。布拖县俄里坪乡海特苦村不通公路，从外面运进一包20元的水泥成本将增加6倍；此次调查的21个村，自然村到行政村、行政村到乡 (镇) 政府未通公路里程达950多千米，平均每千米通村公路投资为70万，国家的补助标准为每千米35~50万 (未纳入乌蒙山片区规划前为20万/千米)，缺口资金近3亿元，群众无力自筹，通村公路项目落地难，路不通、通行难的问题未得到有效解决，严重制约了当地经济社会发展和群众脱贫致富。

(二) 陈旧观念束缚，是边远地区致贫的主观原因

受自给自足、偏远闭塞经济社会形态的长期影响，大多数贫困群众存在温饱第一的消费观、重义轻利的伦理观、崇拜鬼神的文化观，"养牛为耕田，养猪为过年、养羊为御寒、养鸡为换盐巴钱"的轻商观念、"以酒当茶、杀牲待客、好要面子"的传统习俗和"薄养厚葬、高额彩礼、相互攀比"等陈规陋习根深蒂固，畸形消费给边远民族地区群众带来难以摆脱的沉重经济包袱。金阳县谷德乡稳觉村，部分村民全年家庭收入的90%都用在了婚丧嫁娶上，有的农户甚至一年的收入还不够支出丧葬婚俗费用，贫困户陈留体家2015年家庭收入仅8 000余元，但因其岳父去世和妻弟结婚两项支出就花费4万余元，负债3万余元。喜德县热柯依达乡石洛村，全村常住人口143户、521人，均为彝族，每户人家每年至少要请祭师"毕摩"进行2次以上的法事活动，一次一只羊或一头猪，还有烟酒及"毕摩"礼钱，支出至少在1 000元以上，其中尔苦组贫困户吉布杰哈家，2015年一年举行"毕摩"法事就花费了13 000元，而全年家庭毛收入仅8 815元，家庭经济入不敷出。同时，边远贫困山区群众受"重男轻女""多子多福"等落后思想影响，超生现象比较严重和普遍。昭觉县支尔莫乡说注村，受访贫困户中有一户有7个孩子；喜德县尼坡镇尼觉村，受访的5户贫困户中有4户超生，最多的超生了3

孩；金阳县谷德乡稳觉村，全村每户农户平均有 4 个孩子。这种"越穷越生、越生越穷"的怪象，严重加大了贫困家庭脱贫致富的难度。

（三）内生动力缺失，是边远地区致贫的主要原因

大凉山彝区、木里藏区是从奴隶社会、封建农奴制社会"一步跨千年"进入社会主义社会的"直过区"，社会发育程度低，教育事业发展滞后，特别是地处边远山区的彝族聚居村，群众受教育年限短、文化程度不高、劳动技能单一，不少群众不懂汉语，适龄儿童入学率、巩固率较低，新增劳动力中的文盲、半文盲人数还在不断增加，贫困代际传递尚未阻断。此次入户调查的 563 人中，初中及以上毕业的不足 10%，具备基本汉语听说能力的人数不足 50%，15 岁以上人口平均受教育年限不足 3 年，远低于全省 9 年的平均水平，绝大多数劳动力都只掌握简单、原始的农业和畜牧业生产技能；此次调查的 21 个村中，共有 3~6 岁学龄前幼儿 65 人、九年义务教育适龄儿童 115 人，由于家庭贫困、教学点未全覆盖、交通不便、上学距离远等多方面原因，入学人数分别只有 40 人和 95 人。同时，由于边远贫困地区长期处于"你穷我穷大家穷"的整体贫困状态，群众普遍抱有因循保守、听天由命、安于现状的心态，这种心态不仅抹杀了他们穷则思变、不甘人后、拼搏进取的性格品质，也滋生了他们"等靠要"的依赖思想，甚至使他们失去了生活的目标。在金阳县谷德乡稳觉村，调查组刚一进村就有村民迫不及待地问，国家是不是又要扶持我们？这次是给钱还是给什么？可见，自身脱贫能力不足，自我发展信心缺失，也是边远贫困地区群众走不出"因为贫穷，所以贫穷"怪圈的主要原因。

三、脱贫攻坚的对策建议

（一）突出精神扶贫，在解决思想贫困观念落后上精准发力

扶贫先扶志，坚持转变思想观念与解决突出问题并重，从思想上彻底打破贫困宿命，以主观努力弥补客观的不足，用现代文明荡涤陈规陋习。

一要大力倡导养成现代文明风尚。深化彝区健康文明新生活运动，持续开展婚丧嫁娶高额礼金和铺张浪费问题专项治理，以生活方式转变倒逼生产方式变革，教育引导群众改变席地而卧、裹毡而眠、人畜混居、高额彩礼、厚葬薄养等陈规陋习，摒弃"多子多福""贩毒致富""患艾获保"等畸形观念，树立清洁卫生、厚养薄葬、勤俭持家、注重积累、勤劳致富等新观念，依靠自己的双手改变落后面貌、实现脱贫致富、创造美好生活。

二要最大限度地减少新增贫困人口。宣传教育、政策利导、问责追责等多措并举，注重完善计生奖励机制，将资金安排与控制人口增长效果挂钩，着力"刷新"群众生育观念，严控超生多生，推进优生优育，提高出生人口素质，打破贫困地区"越穷越生、越生越穷"的恶性循环。

三要铲除因毒因艾致贫返贫土壤，着力"堵通道、抓管控、防新增"，始终保持对

毒品犯罪严打高压态势，大力推广"支部＋干部包户＋家族禁毒协会下的十户联保"、民俗禁毒等禁毒模式，广泛开展"一人吸毒、祸害三代"警示教育，切实增强群众识毒、防毒、拒毒的思想自觉和行动自觉；加大救助帮扶力度，有效防止艾滋病患者弃医、失联、脱管，强行落实婚前婚检、监测检测等措施，严控艾滋病性途径传播和血源传播，有效预防和阻断母婴传播，确保实现新生儿"零艾滋"，全力遏制艾滋病疫情蔓延。

（二）突出造血扶贫，在帮助群众脱贫致富上精准发力

把民族教育作为脱贫攻坚的治本之策，把新村新寨作为脱贫攻坚的重要载体，把产业富民作为脱贫攻坚的核心支撑，在"造血"式扶贫上下功夫、求实效，确保贫困群众稳定脱贫、及早致富。

一要提高贫困群众致富本领。坚持教育优先发展战略，大力发展学前教育，科学规划布局农村幼儿园（幼教点），通过"双语"教育解决"语言关"问题，不让贫困家庭孩子输在起跑线上；稳步实施民族地区 15 年免费教育，严格落实"七长"责任制，织牢织密"控辍保学"责任网络，切实扩大寄宿制教育规模，实现距离学校 2.5 千米以上的学生全部寄宿就读，最大限度地让贫困学生都能接受法定教育；扎实推进"9＋3"免费职教，依托驻村干部、农业专家、种养大户大力开展实用技术和职业技能培训，力争为每一户贫困家庭培养一名技能型人才。同时，加快发展医疗卫生事业，确保乡镇卫生院、村卫生室标准化建设全部达标，提高大病报销比例，扩大救助覆盖范围，对贫困人口大病实行分类救治和先诊疗后付费的结算机制，切实减轻贫困群众看病负担。

二要改善贫困群众居住条件。扎实推进新村新寨建设，坚持新村、新居、新产业、新农民、新生活"五新同步"，着力抓好彝家新寨，确保建成一片新村、实现一村脱贫、带动整村致富；全面实施农村危房改造，统筹安排农村危房改造计划和补助资金，重点向边远贫困地区倾斜，通过提高补助标准、开展信贷贴息试点等方式，重点支持贫困户危房改造；深入开展以脏乱差治理、人畜分离、垃圾污水处理等为重点的农村环境综合整治，打造整洁优美的村容村貌。

三要抓好贫困群众易地搬迁。注重科学统一规划，按照政府主导、群众自愿、积极稳妥的原则，采取集中安置、集镇安置、产业园区安置和分散安置、进城居住、支持外迁等方式，对生态保护区、地质灾害多发区和基础设施建设等扶贫成本过高、"一方水土养不活一方人"的贫困农户进行易地扶贫搬迁，合理确定搬迁补助标准，切实解决其宅基地、基本口粮田等问题，制定落实"户籍管理、医疗保障、公共服务""建房、生产、创业贴息贷款支持"和"基础设施建设扶持""产业发展扶持"等扶持政策，妥善处理"自主搬迁"问题，确保搬迁对象搬得出、稳得住、能致富、不走回头路。

四要拓宽贫困群众增收渠道。大力发展富民产业，充分整合信贷扶贫、互助资金、产业补助等各类产业扶持资金，推广"企业＋协会＋农户＋基地"产业发展模式，扶持贫困户发展规模化种养业，增加贫困群众经营性收入；大力发展集体经济，积极培育农民合作社、家庭农场、龙头企业等新型农业经营主体，健全完善利益联结机制，鼓励贫困群众以土地承包经营权、宅基地使用权、林权、劳动力等生产要素入股，增加贫困群

众财产性收入；大力发展劳务经济，强化劳务培训输出机构、劳务中介组织建设，采取"劳务经纪人＋劳务派遣公司＋用工企业"等模式开展订单输出培训，力争每一户贫困户都有一名务工人员，让更多贫困群众"组团"打工，切实增加贫困群众工资性收入。

（三）突出基础扶贫，在增强自我发展能力上精准发力

以改善贫困地区群众生产生活条件为重点，着力解决群众最难最急最盼问题，有针对性地打通贫困地区"最后一千米"，切实增强贫困地区自我发展能力。

一要推进乡村道路交通建设。大力争取项目资金支持，取消或减少地方配套，加快实施通乡油路及通村通达通畅工程，畅通"毛细血管"，打通断头路、修建便民桥，从根本上改变贫困地区"出行难、行路难、运输难"状况，以交通提速推动扶贫攻坚提速；加大乡村公路管护投入，完善乡村公路管护机制，吸纳农村低收入人口参与乡村公路管护，既畅通扶贫路，也为贫困群众拓展增收路；大力发展通道经济，紧紧围绕产业发展规划建设交通路网，以交通建设带动特色种养殖、农产品深加工、客货运输、特色旅游等产业蓬勃发展，拉动新村新寨、农田水利、电力通信等基础设施建设，帮助贫困地区群众走上发展路、致富路、小康路。

二要提高用水用电和信息保障水平。把解决农村群众安全饮水、无电人口用电问题作为一项硬任务，让群众尽早喝上放心水、用上优质电。大力实施饮水安全巩固提升工程，构建精准到户的饮水安全保障体系，提高集中供水率、自来水普及率、水质合格率。大力推进贫困地区重大水利工程、"五小"水利工程等项目建设，切实改变农业生产"靠天吃饭"现状。大力推进农村电网升级改造、光伏工程和县域电网同网同价，彻底消除无电户，逐步实现供电服务均等化。加快推进"三网"融合，基本实现行政村广电网、互联网全覆盖，加快空白乡镇邮政所补建，提高固定宽带家庭普及率。

三要健全农村社保安全网。立足扩面提标，进一步完善提升以农村最低生活保障、新型农村合作医疗、新型农村社会养老保障三项制度为核心，以五保供养、临时救助、社会福利和慈善事业为重点的农村社会保障体系，实现农村社会保障全覆盖；强化低保政策兜底，对丧失劳动能力、无法通过产业扶持和就业帮助实现脱贫的特困家庭，通过纳入低保体系实施政策性兜底扶贫。

四要着力加强农村基层组织建设。开展分类大提升行动，持续整顿软弱涣散基层党组织，选好配强村"两委"班子，突出抓好村带头人和党员队伍建设，积极探索强村带弱村、富村带穷村、驻村帮扶单位与贫困村联建党支部等办法，着力提高贫困村党组织的创造力、凝聚力、战斗力，切实把贫困村党组织建成带领贫困群众脱贫致富的坚强战斗堡垒。

顺势而为 大力发展康养产业

——西昌市康养产业发展调研[①]

中共西昌市委党校课题组[②]

老龄化问题是当前我国面临的一个现实问题，随着人口老龄化速度越来越快，我国养老市场也越来越大，养老行业将成为一项重要产业。西昌市作为中国西部最大的彝族自治州凉山州的州府所在地，地处攀西开发中心，拥有四季如春的气候、诱人的阳光、丰富的温泉资源、全国最大的城市湿地、多姿多彩的民族旅游文化、良好的生态环境、较完善的旅游配套设施等得天独厚的康养资源优势。如何把健康养老业发展好，不仅仅是应对不断增长的养老服务业需求，更是拉动西昌消费、扩大就业、改善民生、转变经济发展方式等的重大举措。

一、西昌市发展康养产业的意义及优势分析

（一）西昌市发展康养产业的意义

1. 适应老龄化趋势的现实需求

第六次全国人口普查和四川省老龄办《四川未来30年人口老龄化预测》数据显示，中国正跑步进入人口老龄化社会，2015年底我国老年人口将达到2.21亿，占总人口的16%。同样西昌市老年人口也呈现数量大、老龄化快、高龄化的特点。截至2014年年底，西昌市60岁及以上的老年人约110 837余人，约占全市总人口的16.97%，已大大超过了全国平均水平（全国比例为14.9%）；随着老龄化社会的到来和现代社会节奏的加快，健康养老、健康养生已成为人们的迫切需要，康养服务将成为市场刚需，发展潜力巨大。为西昌市康养产业发展提供了强劲的人口支撑和巨大的市场需求，加快发展康养产业势在必行。

2. 西昌市转变经济发展方式，推动产业结构优化升级的客观选择

随着中国工业化和城镇化步伐加快，环境污染、生态恶化等一系列问题也集中暴露出来，经济转型发展已成为国家战略。近年来，西昌市实现了经济的跨越发展，但西昌市目前的产业结构矛盾也在突显，农业基础较薄弱，工业发展领域呈现"量少质弱"状

---

① 2016年度凉山州党校系统优秀调研课题。
② 课题负责人：董萍。课题组成员：李玲、刘雅林。

况，第三产业发展滞后；未来 5~10 年是西昌市工业化、城市化快速推进的时期，工业总量的增长、基础工业的扩大、能源需求的增加、城市化水平提高等，都会带来新的环境污染和生态压力。要缓和经济发展与资源、环境的矛盾，需要通过生态市的建设，在更高层次上进行产业结构调整，推动产业结构优化升降，避免或减轻经济活动对自然生态环境的过载压力。

康养是健康养老的统称，康养产业是指以康养活动为中心形成的综合性产业，包括直接或间接为其提供文化、信息、人力、物力、财力、智力等物质或非物质服务与支持的行业和部门。康养产业覆盖面广、产业链长，涵盖了医保、医疗、医药、养老服务以及养老设施、养老设备等一系列领域，是现代服务业的重要组成部分，康养产业作为环保、生态产业，是转型升级的朝阳产业。因而选择发展康养产业对于避免或减轻经济发展对生态环境的冲击和破坏，实现经济、社会发展与生态环境保护"双赢"具有非常重要的意义。可以说整合西昌市的优势资源，加快发展康养产业是西昌市转变经济发展方式，推动产业结构优化升级的客观选择。

3. 改善和保障民生的重要举措

随着经济的发展，健康养老的民生愿望强烈刺激着康养产业的发展，进而带动康养用品及其服务、健身、医疗、旅游、金融、地产等行业加快发展。为社会提供多样化、多层次的康养服务，既极大提升人民群众的民生福祉，又有效扩大内需、增加就业、推动经济转型升级，利国利民。

（二）西昌市加快发展康养产业的优势分析

西昌市是我国西部最大的彝族自治州凉山州的州府，地处攀西开发中心，是攀西地区的政治、经济、文化及交通中心，川滇结合处的重要城市，是四川打造的攀西城市群中的核心力量。拥有四季如春的气候、诱人的阳光、丰富的温泉、全国最大的城市湿地、多姿多彩的民族旅游文化、良好的生态环境、较完善的旅游配套设施等得天独厚的康养资源优势。

1. 独具优势的康养自然资源

西昌市位于川西高原的安宁河平原（四川第二大平原）腹地，面积 2 657 平方千米，辖 37 个乡镇、6 个街道办事处，有彝、汉、回、藏等 36 个民族，总人口 75 万。地理坐标在东经 101°46′~102°45′，北纬 27°38′~28°10′ 之间，南北最长约 20 千米，东西最宽约 43 千米，与昭觉县、普格县、德昌县、盐源县、冕宁县、喜德县接壤。西昌市位于横断山东缘，地貌以高原山地为主，间夹断陷河谷平原和山间盆地。其中川西高原部分平均海拔 1 500 米~2 500 米，海拔最高位于东部边缘的螺髻山脊，高达 4 182 米，最低位置为西南端雅砻江河谷，安宁河贯穿全境，海拔 1 160 米，相对高差 3 032 米，城区城中心海拔高度为 1 538 米，形成七分山地三分坝，坝内八分土地二分水的比例状态。市域国土总面积 26 万公顷，其中山地面积 18.2 万公顷，占总面积的 83.3%；丘陵占 0.2%；河谷平坝和盆地占 16.4%。全市森林覆盖率为 33.4%，其中城市森林覆盖率为 85%。独特的地理环境，为西昌康养事业的发展提供了良好的自然条件。

（1）优美的康养生态环境

独特的地理位置造就了西昌良好的自然生态环境，西昌境内有以邛海风景区、泸山风景区、螺髻山风景区为代表的生态环境；有以黄联土林、安哈仙人洞为代表的地质环境；有著名的西昌卫星发射中心（这是全国唯一对游人开放的军商两用卫星发射中心）等。其中西昌邛海—泸山景区，位于西昌市城区东南。邛海是四川省第二大淡水湖，古称邛池，海拔约1 510米，由断裂构造形成，作西北—东南向延伸，平面呈葫芦状。湖面 29 平方千米，平均水深 14 米，最深处 34 米，蓄水 3.2 亿立方米。盛产鱼虾 30 多种，是四川著名天然渔场，年最高捕鱼量达 750 多吨，大虾 20 多吨。湖区还有天鹅、白鹤、鸳鸯等 10 多种动物。邛海水温适宜，是四川理想的水上运动场，四川省航海俱乐部即设于此。湖滨广种稻麦和蔬菜。湖西有拔地而起，翠峰挺秀的泸山，海拔达2 817米。有汉柏、唐柏和明桂等稀有古树以及光福寺、蒙段寺、三教庵、祖师殿等庙观。泸山和邛海遥相呼应，是四川具有特色的自然风景区之一，由于毗邻市区邛海对西昌市气候环境的调节、生态建设，乃至市民的生产、生活都起着至关重要的作用，是西昌市民的"生命湖"；同时，邛海作为 4A 级风景名胜区具有较高的旅游经济价值。为了更好地保护邛海，西昌市根据规划分六期建成了以邛海为中心的邛海湿地，总面积近 2 万亩，成为全国最大的城市湿地。目前，邛海湿地已经显示出它的生态价值和经济价值，已成为四川的生态康养品牌。邛海湿地周边的宾馆、酒店和农家乐每年接待大量成渝等地"候鸟式"老人消夏暖冬康养。

（2）宜人的康养气候资源

西昌属亚热带高原季风气候区。主要气候特征如下：

一是冬暖夏凉、四季如春。西昌夏半年受西南和东南暖湿季风控制，降水集中，盛夏不热，夏秋温凉湿润。冬半年受极地大陆气团影响，冬暖十分显著，形成"冬无严寒春温高，夏无酷暑秋凉早"的气候特点。气温年较差小，日较差大，年均气温为 17℃，年平均气温变幅仅为 13℃，是全国年均气温变幅最小的地区之一。

二是雨量充沛、降雨集中。西昌降雨集中，5 至 10 月的降水量占全年的 92%，雨季夜雨率高，夜雨量占全年雨量的 75% 左右，平均降雨1 013.1毫米。常常是夜间雷电交加，天亮以后雨过天晴，空气特别清新宜人。

三是四季不明显，日照充足。西昌年平均温度 17.2℃，"冬无严寒、夏无酷暑"。年均日照2 431.4小时，年日照天数 243 天，夏季阳光和煦无曝晒，冬季阳光温暖时数高。冬春时节常常是天高气爽，白天风和日丽，夜晚清风皓月，故有"一座春天栖息的城市""月城"等美称。

四是山地立体气候明显、气候类型多样。西昌地处高原，垂直地带突出，海拔高差大，气温随海拔增高而下降，海拔每上升 100 米，气温约下降 0.6℃，活动积温递减 282℃，无霜期递减 12 天。境内的高山岭谷，根据山形不同坡向大体可划分为 6 个气候带：1 200~1 300米相当于南亚热带气候；1 300~1 800米 为中亚热带；1 800~2 100米为北亚热带；2 100~2 500米为南温带；2 500~3 000米为中温带；3 000米以上为北温带。正因为气候资源的多样，因此有利于各种气候带的作物生长。

西昌独特的气候，特别是如春的四季，充足的光照让人体感觉特别的舒适，成为人们御寒避暑的理想胜地，常年适合旅游。同时，西昌的山体气候明显，还可以让人们体验"十里不同天"的气候，非常适合发展康养产业。

（3）洁净的空气资源及水资源

西昌空气质量达到二级标准，主要污染物可吸入颗粒物、二氧化硫、二氧化氮总体保持稳定达标，环境空气质量均达到国家《空气环境质量标准》（GB 3 095－1 996）二级标准。地表水环境质量稳定达标。安宁河干流水质良好，西昌市城区控制断面阿七大桥为Ⅲ类水质，安宁河昔街大桥断面为Ⅱ类水质，河流断面达标率为100%。邛海主要监测断面水质均稳定达标。城市集中式饮用水源地水质总体较好，常年全时段稳定达标。西昌市青龙寺、关坝堰、二水厂3个取水点饮用水监测断面的各项监测因子全部达标。城市声环境质量维持在较好水平。声环境质量持续好转，区域声环境质量保持在较好水平，交通噪声污染有所下降，城市功能区声质量指标总体保持良好。

总体来看，西昌的生态环境质量位居四川省前列，生态质量持续优良。2010年凉山州生态环境状况指数为78.83，达到"优"级。其中生物丰度指数为99.95，植被覆盖指数为104.17，水网密度指数为45.89，土地退化指数为78.92，环境质量指数为94.55。西昌和木里2县（市）生态环境质量为优，其余15个县的生态环境质量全部为良。

2. 丰富的康养物产资源

西昌有得天独厚的气候和生态环境，物产特别丰富。这些优势为西昌市康养产业的发展提供了坚实的物质基础。

（1）丰富的野生物产资源

西昌市生长在林间林下的野生植物种类繁多，资源丰富，共有233科、532属、2 000余种。有国家第一批珍稀保护植物30余种，如攀枝花苏铁、棕背杜鹃、西康玉兰等。从山谷到山顶，有热带的香蕉、剑麻，也有亚热带的攀枝花、仙人掌，温带的松、栎，寒温带的冷云杉。

（2）丰富的农产品资源

西昌市位于川西高原的安宁河平原（四川第二大平原）腹地，肥沃的土地、气候等资源使西昌的粮食、蔬菜、瓜果等农产品都非常丰富，且品质优良。西昌市整合各乡镇资源，已在黄联、礼州等乡镇建立优质石榴基地3 100万亩；全年蔬菜种植10.5万亩，总产量29.4万吨，销售收入1.45亿元，其中洋葱3.8万亩；产蚕2.01万担，农民收入1 350万元；实际烤烟面积1.57万亩，产烟4.41万担；魔芋采挖500亩。全市努力培育蔬、果、花、烟、桑等五大特色农业。在13个民族乡镇，种植西昌农科所高原站的优质荞麦新品种，配套绿色食品生产技术，建立优质荞麦基地。

同时，西昌市对部分农副产品如荞麦食品、薯类食品、魔芋食品等进行深加工，加快当地的经济发展。如以飞月实业公司为龙头，带动全市实现年产荞麦系列产品2 500吨的产业链；以豪吉集团为龙头，对薯类进行深加工，生产精淀粉、精粉丝、方便系列、调味系列食品，实现年总产22万多吨的生产能力；以市农委农业局牵头，实现魔芋的深加工，年产650吨魔芋食品。

（3）丰富的渔业资源

渔业是西昌市大农业中稳步快速发展的产业。全市现有鱼类86种，其中省保鱼类20种，主要分布在安宁河、邛海和雅砻江。每年全市水产品1.25万吨左右，全市人均水产品占有量达42斤，居全省第一位。西昌已成为省州渔业重点县（市）和凉山州最大的商品鱼基地。全市在稳步发展传统水产品生产的同时，大力发展名特优新水产品，如河蟹、青虾、罗氏沼虾、罗非鱼、虹鳟、丁桂、南美对虾等。

3. 独具魅力异彩纷呈的康养旅游文体资源

西昌地处四川省五大旅游区之一的"攀西阳光度假旅游区"，当地生态环境非常好，被称为"航天城""太阳城""月亮城""小春城"。西昌的康养体育运动资源丰富，既有在2008年奥运会蜚声中外的四川邛海水上运动学校、全国帆板后备人才基地，又有备受国内外广泛关注的西昌邛海湿地国际马拉松赛，还有湿地体育运动步道等，是四季体育运动与康养的尚佳之地。

4. 独具特色的康养产业基础

绿色生态的康养美食。"大凉山"品牌特色食品誉满神州，绿色生态果品四季飘香，原生态的康养美食远近闻名。西昌拥有快速便捷的康养通道，境内西昌青山机场、成昆铁路复线、高速公路等交通网络四通八达。凉山州还有初具规模的康养医护条件，现有三级医院4个，其中二级甲等以上综合性医院等都设有康复医学科；长于养生保健的彝医药备受青睐，目前正规划建设四川省首家彝医院；全州新建和改造3 830张民办养老床位项目已全面启动，位于邛海湿地景区的老年国际社区已成为凉山康养产业的名片。

5. 不断发展的康养交通区位优势

西昌是川滇的交通要道，成昆铁路、214省道、成昆高速公路让西昌连接着昆明、攀枝花、成都等重要城市，如今即将建成的成昆铁路复线沿安宁河南北纵贯全境，使西昌的交通更加便捷，京昆高速纵贯全境，至成都、昆明、乐山高速已全线通车；成昆铁路复线建设已经启动，2020年西昌到成都和昆明均只需两个半小时；航线开通至北京、上海、广州等9个城市，连接东西，贯通南北，辐射西南和东南亚，西昌成为"一带一路"上重要的节点门户城市。

6. 难得的康养政策机遇

2013年以来，国务院先后出台相关指导性文件，把康养产业确定为国家支柱型战略产业，形成国家对康养产业政策的顶层设计；2014年省政府把康养产业确定为五个新兴先导型服务业之一，并明确了任务和政策措施，加大了工作力度；2014年7月州政府出台了《关于鼓励民间资本兴办社会化养老服务机构的实施意见》，明确了指导思想和六项鼓励优惠政策等，为加快凉山康养产业发展提供了政策支持，并已将康养产业纳入凉山"十三五"规划加快发展。

可见，西昌市既有发展康养产业所依赖的生态环境和自然资源基础，又有深厚的人文底蕴和区位交通优势，更有广阔的市场需求和政策支撑。西昌成为全国县域经济科学发展十大范例城市、中国优秀旅游城市、中国旅游最令人向往的地方、中国最值得去的十座小城市、中国水生态文明城市、国家级森林城市、全国生态城市、国家卫生城市、国家食品安全示范市、国家生态旅游示范区、国家级旅游度假区、国家环保科普基地。因此，大力发展西昌康养产业有很大的可行性，并将实现生态、经济、社会三大效益的有机结合。

二、西昌市康养产业发展现状

（一）社会养老方面

西昌市已进入高度老龄化城市行列。养老人员主要由以下人群组成：西昌本身的养老人群，凉山州各县退休养老人群，在西昌创业发展、打工定居的养老人群，以及主要来自成渝地区的"候鸟式"养老人群。

截至 2014 年年底，全市总人口 65.29 万余人，60 岁及以上的老年人约 110 837 余人（其中农村"五保户"1 046 人，城镇"三无"人员 81 人），约占全市总人口的 16.97%。加上来自其他地方的养老群体，在西昌养老的老年群体已大大超过了全国平均水平（全国比例为 14.9%）。

目前，西昌市共有养老机构 11 个（其中乡镇敬老院 8 个，民办养老机构 3 个），在建 2 个（其中公办养老机构 1 个，民办养老机构 1 个），共计 13 所。创建了 1 个省级社会化养老示范社区——西昌市北城街道办事处大通门社区，建设了礼州镇陈远村、裕隆回族乡星宿村、新村街道办事处海河社区、北城街道办事处大通门社区、东城街道办事处春城社区等 13 个城乡社区日间照料中心，建设了 60 个农村村级老年活动中心。

其中，礼州镇敬老院、太和镇敬老院、安宁镇敬老院、西溪乡敬老院、大兴乡敬老院、巴汝乡敬老院、樟木箐乡敬老院等农村敬老院，主要为城镇"三无"人员、农村"五保户"、生活无着落的流浪乞讨人员等民政服务对象提供服务，现集中供养农村"五保户"70 人；3 所民办养老机构（西昌邛海国际老年公寓、西昌市邦栋养老院、西昌市圣家老年服务中心）共有床位 750 个。

即将开工建设的西昌市阳光养老福利中心一期项目（公办）规划设计床位 700 个；改造建设初步完成的西昌市观海湾阆悦苑国际颐养中心一期（民办）设计床位约 325 个。

（二）医疗服务方面

截至 2013 年年末，西昌共有医院、卫生院 61 个，床位 4 910 张，卫生技术人员 4 686 人，其中医生 1 570 人。西昌共有卫生防疫、防治机构 4 个，卫生技术人员 242 人。妇幼保健机构 2 个，卫生技术人员 219 人。西昌 37 个乡镇共有乡镇卫生院 37 个，床位 482 张，卫生技术人员 414 人。有 369 个村医疗点，乡村医生 440 人。

2014 年，西昌在降低就医成本方面力度加大。在全方位深化医改之时，基层医疗机构全部实行基本药物制度，公立医院取消"以药补医"。同时，全州强化了县乡村一体化管理和运行机制，推进了乡村两级标准化建设，落实了基层卫生人员县管乡用、乡聘村用、绩效考核等管理措施，着力解决了基层群众难以就近看病和很难治得好病的问题，并实施了城乡对口支援、区域协作、远程和巡回医疗服务等，努力争取让城乡居民在乡镇、村社也能得到就近的医疗卫生服务，享受到县医院甚至更高级别医院医生的服务。

2015年，西昌市着力推行分级诊疗制度，逐步建立"基层首诊、双向转诊、急慢分治、上下联动"的就医制度，形成"小病在基层，大病到医院、康复回社区"的就医格局，并加大了农民医疗互助共济的新型农村合作医疗制度的覆盖范围。

（三）休闲旅游方面

西昌承载丝路花雨，以泸山的松风水月，邛海的恬静风雅，螺髻山的雄奇俊秀，卫星发射的壮观震撼，民族风情的五彩斑斓，不断拓展着"天南胜境"的内涵，乡村"十八景""民族风情生态旅游长廊"活力绽放。以邛海湿地为核心的西昌邛海国家级旅游度假区，成为中国休闲度假的新热点。2015年邛海—泸山景区成功创建为国家旅游度假区，景区愈发美丽迷人，通过举办火把节、礼州庙会、新春游园舞龙大赛、乡村旅游节等节庆活动，西昌成为"每地都是景，每地都是活动"的城市，吸引了更多省内外游客。据统计仅2016年一季度全市共接待游客475.71万人次，同比增长5.63%，实现旅游收入50.32亿元人民币，同比增长23.97%。

（四）体育事业方面

走进西昌，每天清晨跑步、舞剑、打太极、练柔球、做健身操的人群随处可见，每天傍晚各个广场上的"达体舞"和健身舞形成了城市里一道亮丽的风景线；如今，在西昌登泸山、骑自行车环游邛海等体育项目已经成了广大群众健身的新时尚……

随着西昌市经济社会的不断发展，近年来西昌市群众性体育内容丰富、形式规范，业余体育培训事业发展迅速，学生身体素质明显提高，民族民俗体育亮点纷呈，竞技体育成绩斐然，活动内容不断丰富。春节健身秧歌、腰鼓比赛，"三八"节家庭趣味体育活动比赛，清明节徒步比赛，五一节达体舞大赛及乡镇职工篮球运动会，端午节龙舟大赛，火把节彝族式摔跤擂台赛、环邛海自行车赛、暑假足球联赛、职工游泳比赛、国庆桥牌、象棋比赛，彝族年环海马拉松比赛，登山比赛、中小学生田径运动会、少数民族篮球运动会等节庆体育活动已成为西昌市的传统体育赛事。

在体育设施不断完善，群众健身意识不断增强、参与热情不断提高的基础上，西昌市结合旅游业的快速发展，积极探索体育活动与旅游业相结合的新思路，促进群众性体育在内容和形式上进一步升级，着力打造"健身休闲生态旅游"品牌，不仅有效地将休闲运动体育与旅游业发展集合，拉动旅游消费，提高了人民健康指数，提升了城市品位，也使西昌市具备了举办高水平体育赛事的能力。

（五）健康休闲养老方面

西昌优美的环境、洁净的空气、冬暖夏凉的气候，以及配套设施的不断完善和旅游服务的升级，令西昌旅游人气居高不下。据统计，2015年，西昌共接待游客2 015万人次，实现旅游总收入151.15亿元；旅游业总收入占GDP的比重，从2010年的22%，上升至 2015 年的 35％。选择到西昌过冬的老人，被称为"候鸟"老人。西昌冬季温暖的气候，对老年人常见的哮喘、风湿等慢性疾病有显著缓解作用，不少老人到此一住就是几个月。据不完全统计，2015 年以来，每年在西昌过冬的"候鸟"老人都超过 2 万人。

依托得天独厚的优越自然条件，西昌提出了打造康养之都的目标。目前，西昌建成城乡社区日间照料中心 13 个，创建省级养老示范社区一个。建设了包括"西昌邛海国际老年公寓""西昌市观海湾阆悦苑国际颐养中心"等多个集健康养老、康复医疗、休闲度假为一体的示范性医养结合健康养老服务机构。同时，西昌市委、市政府还在西昌新区规划建设一所集健康养老、康复医疗、老年教育、文化娱乐等多功能为一体的综合性康养机构，预计于 2017 年 6 月全面建成投入使用。

西昌还将通过举行"大健康产业发展研讨会"，将旅游、节庆活动、体育赛事等与大健康产业有机结合，探索出一条独具特色的康养产业发展道路，着力打造"西昌国际健康养老胜地""中国长寿之乡"等品牌。

三、西昌市健康养老养生产业发展的主要问题

西昌市健康养老产业起步晚，起点低，加之受土地、资金、信息、人才等因素的影响，社会养老服务体系建设和康养产业发展仍然滞后。

（一）健康养生产业规模不大

西昌市健康养生产业没有形成规模，对经济的拉动作用不明显。全市健康产业占服务业比重仅为 4.2％，健康服务业与健康制造业比重严重失调。

（二）健康服务业与旅游业结合不够

西昌市拥有较多健康养生内涵的旅游资源，但这些资源未能有效开发成养生、养老、疗养、保健、康复等服务项目。没有依托良好的生态旅游资源，建立高端的疗养基地、养老基地等。

（三）养老服务水平有待进一步提高

按照乡镇街道、社区分别建成 1 个社区居家养老服务中心或 1 个综合性老年福利或养老服务中心的要求，西昌市养老机构数量缺口较大。公立养老机构服务能力不强，运转经费不足，没有特护工作人员，服务质量和办院水平有待进一步提高。

（四）社会力量和资金参与养老服务产业不强

养老服务业是一项公益性事业，有很强的社会福利性质，属于微利性行业。虽然养老服务需求市场潜力很大，但由于老年人的收入相对不高，即使社会提供了相应的服务产品，他们也因购买能力有限而放弃购买相关的服务产品、社会投资兴办养老服务业面临一定的风险和挑战。

（五）养老服务行业无法吸引高素质的从业人员

目前的养老服务机构从业人员基本是 40 岁到 50 岁，由于养老服务人员待遇低，年轻人、有专业知识的人员和高学历的人员不愿涉足养老服务行业。

（六）农村养老服务工作难以破题

西昌市农村老龄化程度明显高于城区，农村老年人的养老问题更为突出，加之农村老年人收入偏低、居住分散、空巢化严重，村级集体经济普遍薄弱，养老服务在农村难以形成规模，农村养老问题难以通过市场手段得到解决。

（七）用地瓶颈制约严重，养老机构发展困难

缺乏养老机构设施建设用地专项规划。现行城镇土地总体规划中尚未有养老建设用地专项规划，导致现有民办养老机构拿地难，即使勉强拿到地，用地手续也很难完善。划拨用地政策可操作性不强，基本没有得到有效执行。

（八）医疗卫生事业发展不均衡

存在城乡卫生资源配置不合理、中高级医疗技术人员缺乏等问题，中高端医疗保健服务、高技术含量医疗需求则难以满足。特别是疾病预防、健康维持等健康促进和提升类的医疗保健力量相对薄弱。

四、西昌市发展健康养老产业发展的建议

（一）提高认识，加强领导

建立健全"加快发展以西昌为中心的凉山康养产业"组织领导机构，实行"一把手工程"，将民政、发改、规划建设、国土、旅游、卫生、招商等部门纳入组织架构，明确工作职责，努力形成主要领导负总责、分管领导具体抓、职能部门分工合作的工作局面。进一步提高认识，把发展现代康养服务业作为促进经济转型发展、富民惠民的战略举措和全面建成小康社会的重要内容来抓。

（二）政府主导，抓好顶层设计

西昌市发展康养产业意义重大、资源优势突出、发展空间广阔。西昌市康养产业跨越发展需要突出政府主导，做好顶层设计。建议抓紧出台《关于加快发展健康养老养生产业的实施意见》，全面谋划健康养老养生产业发展的目标内容和具体举措，为健康养老养生产业的发展指明方向。相关业务部门进一步加大对健康养老养生产业发展的工作指导和调度。建立信息共享平台，构建健康养老养生产业的沟通交流机制。加快健康养老养生产业的技术支撑，建立健康养老养生系统平台，开发运用居家养老、机构养老呼叫系统，在广大群众中普及养老养生知识、产品。

1. 科学定位

要立足西昌康养资源，结合西昌的自然和人文资源优势，把握健康和养老双核驱动内涵，融合休闲度假、生态养生、民俗体验、体育健身等凉山特色要素，以养老、养生、医疗、体育、旅游五大核心领域为切入点进行战略定位、形象定位和功能定位。努力把西昌打造成生态环境优美、康养产业突出的国家级生态康养最佳目的地。

2. 统筹规划

依托西昌康养资源优势，着眼长远发展，高起点规划布局，引进知名科研院所和大专院校参与制定康养产业发展规划。在规划中要充分衔接，避免规划冲突。发展康养产业涉及众多部门和相关县市，为避免部门规划与康养产业发展规划冲突，应由发改部门牵头，及时召集协调会议，与国土、交通、卫生、教育等部门对接。

3. 重点布局

以"生态康养"为统领，把握"健康"与"养老"两大主题，以养老、养生、健康医疗与美食、健康运动与旅游六大核心领域为切入点，有机融合生态农业、金融保险、康养文化与专业培训、康养地产业与康养用品制造业等，努力打造健全的康养产业链。

4. 市场推动

充分发挥市场在资源配置中的决定性作用，多渠道融资，引进大企业、大集团，做大做强凉山中、高端康养产业，构建梯次配置、关联业态相融互动发展格局，加快发展西昌康养产业。

5. 突出土地规划，强化要素保障

在规划制定中，将土地规划制定摆在突出位置，建议规划建设部门在充分调研基础上，在西昌市城东片区的高枧、川兴和海南等生态适宜区域选点布局，合理规划康养产业发展园区，推进康养产业集群化发展；同时，州国土部门进一步加大统筹力度，加强与省国土资源厅的衔接，把西昌市康养产业发展所需土地作为民生重点项目来报件；积极引导投资者，采用租赁西昌市集中回迁安置房等多种方式，化解土地紧缺问题。

6. 突出政府主导

西昌市康养产业的发展要以政府为主导制定符合西昌康养产业发展的政策保障。一是积极争取上级政策支持。立足凉山州作为全国最大彝族聚居区的政策优势和西昌作为攀西城市群发展重要区域的区位优势，将发西昌康养产业作为经济社会发展的重要增长极，争取国家和省、州级相关部门加大对西昌市康养事业发展支持力度。二是科学制定差异化的招商优惠政策。建议尽快制定《西昌市养老健康服务业实施方案》，在已制定凉山州《关于鼓励民间资本兴办社会化养老服务机构的实施意见》的基础上，进一步优化康养产业发展招商政策，在不突破原有招商政策框架的前提下，给予投资康养产业的企业和个人以最大政策支持，按投资规模有差异地制定优惠条件，对在发展康养事业中所涉及的医疗卫生、体育、旅游体系建设给予大力支持，落实市场准入和财政扶持、用地及水电气等要素保障，创新投融资方式（稳妥引入政府和社会资本合作的PPP模式）和税费减免等优惠政策。三是积极转变政府职能。以构建服务型政府为重点，进一步打破部门、行业、区域垄断，加大招商选资和服务协调力度，着力引进有实力、有信誉的企业集团，在项目立项、土地审批、工程建设等环节全程做好服务，营造一个有利于发展凉山康养产业的政策、体制和社会环境。充分发挥市场在资源配置中的决定性作用，调动企业和民营资本进入康养服务业，加快发展一批中高端服务机构，形成梯次配置，既加大政府投入，完善以家庭养老、社区养老为重点的基本养老服务体系，又鼓励、支持发展中高端康养服务产业，满足不同人群的实际需求。

（三）优化发展西昌市康养产业空间布局

第一，促进多产业融合发展。根据西昌发展规划，基于西昌交通基础设施、产业发展布局、旅游产业发展格局，建议建立发展以西昌为中心的康养产业综合实验区，促进康养产业与旅游、体育、卫生等产业深度融合，提升康养产业综合服务水平。

第二，夯实产业发展环境基础。自然资源和生态环境是西昌市康养产业发展独一无二的优势，建议进一步强化环保治理力度，坚持西昌市"现代生态田园城市"的发展定位和发展路径不动摇，加强对西昌市空气、扬尘、水源、土壤污染的防治力度，同时强化环保约束，禁止环境污染型、生态破坏型企业入驻；加大治安整治力度，创新社会管理，提高社会治安满意度；加快推进"交通大会战"，畅通各县与西昌市的连接道路，缩短道路里程，便于整合各县自然旅游资源、农特优势产品，既服务于以西昌为中心的康养产业发展，又充分发挥辐射带动作用，加快各县自身建设。

（四）加大康养产业项目的政策扶持力度

建议为健康养老养生项目审批开辟绿色通道，建立行政审批一站式快捷服务通道，涉及健康产业的相关审批快速决策快速审批，提升行政服务水平，同时在政策和资金方面给予大力支持；鼓励发展健康产业新技术、新业务、新模式，对中小企业给予银行贷款政策支持和税费减免优惠；鼓励参加健康产业相关展会，对企业参加展会给予展位费用补贴、新闻宣传等方面的支持；政府采购项目优先采用本地企业的产品及服务。

（五）加快融资平台建设

发展健康养老养生服务产业需要大量的资金投入，需逐步建立多元化的资金投入机制，各级财政预算要逐步增加投入，福彩公益金、残联基金、体彩资金都要确保一定比例用于养老养生服务事业，同时鼓励社会各界及企业积极捐助和参与健康养老养生产业。

（六）打造产业品牌

一是加快提升健康养老养生产业服务水平。以老年人需求为导向，在家政服务方面提供人性化、个性化、高品质、高品位服务，为其量身定制送餐、绿色食品供应、生活照料、专业护理等订单式、保姆式服务。二是加快配套健康养老养生产业服务项目。突出重点区域和行业，明确发展优势和重点，引进融合高端健康服务、康复疗养、休闲度假、绿色人居于一体的大型生态健康养老养生城项目，打造模式多样、特色鲜明的健康养老养生园区。三是加快引进健康养老养生产业服务机构。引导房地产企业采取引进合作伙伴、房产返租等形式，完善健康养老养生配套服务设施，打造健康养老养生型社区。

（七）加快养老养生与文化旅游融合

一是充分利用西昌市丰富旅游资源，并根据各养老群体的具体情况设计差异化、独特性、有较强吸引力的养生旅游产品。二是充分发挥养生旅游产业在产业融合、经济结构调整中的作用，通过养生旅游的发展提高旅游业附加值，增加养生旅游在旅游业发展中的份额。三是充分挖掘西昌市底蕴深厚的文化资源，以养生文化支撑健康养生产业发展。

（八）加强人才队伍培养

人才是健康养老养生产业发展的关键，目前，有健康养老养生技能的人才极为匮乏，建议把健康养老养生高层次人才纳入西昌市人才引进工程内容，大力引进健康养老养生产业高级管理人才、研发人才和专业技师，按照有关规定享受优惠政策。大力发展健康养老养生产业人才职业教育培训，鼓励职业技术院校与高端培训机构合作，引进名师名家，开设相关专业课程，培训健康养老养生产业专业人才。积极与医学院校开展合作，争取设立培养高层次健康养生医务、护理人员专业机构，建设健康养生经营管理、服务人员培训及实训基地。

充分利用现有中等职业技术学校资源，有计划地招收学生，有计划地培养现代服务业专门技术人员；同时积极与西昌学院及其他省内高校衔接，采用定向、订单等多种模式，开办康养产业高层次人才培训班，为健康、可持续地发展以西昌为中心的凉山康养产业奠定坚实的人力资源基础。

对县域电子商务发展的调查研究

——以会理县为例①

中共会理县委党校课题组②

党的十八届五中全会提出，要实施"互联网＋"行动计划，发展分享经济，实施国家大数据战略。可以预见，在"十三五"时期县域电商将迅速发展并对县域经济产生一定的推动作用。会理县有着优质的农特产品，会理所产"青皮软籽石榴"享誉海内外，荣获国家农业博览会金奖，获国家农业部无公害绿色食品证书。如何让会理石榴等农特产品进入电商行业，进而发展县域电商值得探讨。

近年来，会理县抢抓机遇，加大投入，将电子商务作为经济转型升级、促进县域经济快速发展的重要抓手，着力打造会理县电子商务产业集聚区和"大众创业、万众创新"孵化基地，逐步推进乡级服务站和村级服务点建设。随着各项工作的深入开展，传统企业与电子商务的合作更加紧密，全县电子商务工作呈现出起步良好、进展有序、发展较快的强劲态势。但在推进过程中存在政府角色定位较模糊、发展模式不清晰、电商人才缺乏等问题，针对上述问题，本文拟就如何推进县域电子商务发展提供一些参考意见。

一、会理县电子商务工作开展情况

（一）明确目标，深入规划

近年来，国家高度重视电子商务的发展，各级部门先后出台了加快电子商务产业发展的政策。会理县结合县域实际，及时出台了《关于促进电子商务健康快速发展的实施意见》（会委发〔2016〕4号），指导全县电子商务发展，明确今后会理电子商务的发展战略是"123456"，即建成1个电子商务服务中心；解决工业产品卖贵、农业产品进城卖难2个问题；实现推动创新创业、促进产品升级、加快脱贫奔小康3个目标；落实一位领导抓一家电商经营主体、一个部门办成一件电商发展实事、一个乡镇培育一个电商畅销精品、一个村社培养一名电商经营人才4项措施；完成打造一个电商交易集群、培育电商畅销拳头产品、建设百个电商服务乡村站点、扶优千家电商网商经营主体、培养

---

① 2016年度凉山州党校系统优秀调研课题。
② 课题负责人：周雪娟。

万名电商从业人员5大任务；提供入园孵化免费政策、创新创业鼓励政策、网销业绩奖励政策、物流仓储补贴政策、人才引进支持政策和网商融资贴息政策6项政策。

2015年，县政府将电子商务发展列入全县稳增长的十九项措施之一，确定在电商人才培训、投资者创业、电商企业发展等方面给予政策支持、资金扶持和奖励，助推全县电子商务发展。截至2015年12月，会理县实现电子商务交易额1.7亿元，其中农村电子商务交易额8 235万元，占比48.5%，跨境交易额700万元，从事农村电子商务的各类企业58家，从业人数1 200余人。

县委、县政府明确提出，截至2017年底，全县电子商务交易额力争突破10亿元，基本实现县境内"全范围、全行业、全领域"应用电子商务，促进网络与实体经济深度融合，形成发展水平显著提升，应用领域充分扩展，交易金额快速增长的新局面。

（二）打造电子商务产业园，建设电商发展平台

2015年县政府出资租赁建筑面积3 200平方米的房屋兴建"会理县电子商务园"，园区位于会理县九榜物流中心的核心区域。2016年4月20日已建成开园，是全州首个县级电子商务园。园区设有特色产品展示厅、创客空间、电商培训中心、商务洽谈室、创业孵化基地、网上营销培训中心6大功能区，能够为50家电商企业和100名电商从业人员提供培训和孵化场所。园区1楼由主展厅、会议室、创客空间几部分组成，特色产品展厅用于展示会理县"名、优、特"工业产品、农业产品和旅游文化产品等，有智慧工业、特色农业、现代服务业、红色文化等几个板块；2楼、3楼为孵化企业区；4楼为大学生村干部、青年创业者孵化区。

为推动园区的健康发展，县政府通过购买服务的方式，聘请了专家服务团队和管理服务团队，打造"一站式"产业链接管理服务，帮助中小网商快速成长，为电子商务产业发展提供全方位支撑，推进全县电子商务发展。园区实行滚动式管理，进驻的企业在专家团队和服务团队的培训指导下在园内进行孵化，由服务团队进行考核，在一定时限内未达到相应业绩的企业或个人迁出园区。

目前，已有43户电商企业、近百名电商从业人员入驻园区，他们从事业务范围包括农特产品交易、电子商务服务、商贸、餐饮、物流、旅游服务等行业，入驻园区企业已有17家在淘宝上开设网店，其中达到4钻的2家、1钻的2家、3星以上的7家。开园至今，销售甜杏2万余斤、李子30万斤、芒果50万斤、石榴80万斤。预计到2020年，电子商务保障体系更加健全、配套服务更加完善，电子商务在各领域得到普遍应用，会理县电子商务园交易额将超过30亿元。

（三）因地制宜，开展电子商务进农村试点

会理是四川省现代农业建设重点县，是全国产粮大县、黑山羊养殖基地、全国农业标准化优质示范县、全省现代畜牧业重点培育县，有30多种名优农特产品，产业基础雄厚，为电子商务发展奠定了坚实的基础；会理旅游资源丰富，文化源远流长，是国家历史文化名城，会理古城被评为4A级景区，境内有红军长征巧渡金沙江遗址、会理会议遗址，是全国100个红色旅游景点之一，被列入全国30条红色旅游精品线名录；会

理特有的绿陶，是全国非物质文化遗产。在物流通道方面，现会理 48 个乡 303 个行政村建成通村公路1 237千米，2016 年年底可完成通乡公路建设；建成物流园区 4 个，不断壮大万顷、恒鲜等物流龙头企业，申通、圆通、韵达等 17 家快递公司已入驻会理，布局网点 128 个；有万村千乡农家店 130 个，完成经营服务网点建设 339 个。

2015 年，会理县被列为凉山州 5 个电子商务进农村试点县之一。现已建成老街乡、果元乡、南阁乡、彰冠镇 4 个试点乡级服务站，三元村、星星村、黄虎村等 6 个村级服务点。示范站（点）的确立做到了五个结合：一是与特色支柱产业（石榴）、新兴产业（茭白）发展相结合；二是与农产品交易、批发市场、冷链物流和新农村建设相结合；三是与当地的特色农产品，即一村一品（花红梨）产业发展相结合；四是与乡村旅游相结合；五是与现有的农村商业点（店商）相结合。村级示范点还注重与学校、集市和当地群众聚集活动场所相结合，运营示范站点的参与者还有大学生村干部、返乡创业者等。自试点建立以来，积极推动茭白、石榴、花红梨营销，2016 年，4 个乡级服务站和 6 个服务点共销售茭白 2 万吨，石榴 20 万吨以上，带动当地群众人均增收 300 元左右。

（四）抓好人才培训，夯实电子商务人才基础

2015 年至 2016 年，会理政府邀请万企共赢商学院、四川派克网络科技公司的专业教师到会理举办电子商务培训，对西部计划志愿者、大学生村干部、返乡创业青年人、农业生产加工企业负责人、农业专业合作社负责人、家庭农场负责人、在县内已从事电子商务的经营者和有意从事电子商务的人员开展培训，共计培训 14 期1 938人次。

培训的主要内容为"互联网＋农村""互联网＋农产品""互联网＋旅游"，围绕电商运营基础、店铺设计装修、如何做好电商客服等方面从理论知识讲解、现场操作演示、师生互动释疑等展开培训。通过培训，让参加培训的学员了解电子商务发展现状及趋势、传统农业及农业企业转型、农村电子商务开展等相关知识。

二、会理县电子商务发展存在的问题

（一）县域电商人才缺乏

电子商务是新行业、新产业，如果领导干部和管理部门的工作人员知识储备不够，难以指导产业发展。为促进电子商务产业稳步发展，目前会理县聘请了两支服务团队对电子商务产业园进行管理，但电子商务主管部门的工作人员没有这方面的管理知识，要做好管理工作难度很大。

另外，县域发展电子商务面临着人才短缺的问题，主要体现在运营、设计、营销等岗位。根据调查，会理县大部分的电商都表示缺乏运营推广和美工设计的人才，也有电商表示缺乏具有数据分析能力的人才，这也说明数据在电子商务中的重要性。此外电商对客服和物流仓储人才的需求也比较大。人才缺乏的原因主要有两个，一是大部分的县域还没有建立具体的电子商务人才培训体系，而且县域对大城市的电子商务人才没有吸引力。二是人才培养需要一定的周期，所以县域电子商务人才缺乏的情况在短时间内很

难改善，在未来五年之内，县域电子商务都会面临着人才短缺的问题。

（二）电子商务园经费缺乏

2014 年 8 月以来，县农办、县投促商务局、县科知局等单位根据县委、县政府的安排开始筹建电子商务园，各单位通过向上争取和单位业务经费垫支，筹集了园区一年的房屋租赁费和装修费，商务园后续房屋租赁费、运行费及聘请两个服务团队的经费已向县政府专题报告，但还未批复。因此至今两个服务团队的合作协议还未签订，双方的责、权、利还未明确，考核办法也未制定，这影响了园区的正常运转。

（三）电商发展基础比较薄弱

一是县域产品质量监管有待加强。本土企业提供的加工农特产品不同程度地存在"生产许可""包装标识""溯源监测"等方面的问题，与国家食品安全和质量监管的相关规定有差距。目前仅针对石榴这一支柱产业制定了生产标准，健全了从石榴种植、管理到采收入库的全程标准化生产技术体系，建立了"县质检站＋乡镇质监服务站＋合作社监测点"的石榴质量监管体系，在 22 个石榴专合社建成了质量安全二维码防伪追溯系统和农业技术推广体系。但其他农特产品存在质量监管不规范等问题，这些问题若得不到重视和及时处理，将影响会理县电子商务的可持续发展。

二是作为电子商务进农村的先决实施条件，物流配送起着至关重要的作用，会理县现有的物流配送体系不能满足当下电子商务的快速发展。例如，农村基础建设方面，现有邮政支局（所）13 个、乡镇邮政代办所 51 户，有汽车邮路 5 条、摩托车邮路 35 条、自行车邮路 35 条，已实现乡乡通邮。2015 年实现邮件到村 100％、到户 20％，已做到村村通邮，但到户率较低。全县除邮政外还拥有申通、圆通、中通、顺丰、韵达等其他快递公司共 17 家，120 个网点布局，但乡镇网点偏远。由于会理位于西南横断山脉东北部，青藏高原东南边缘，距离昆明、攀枝花、西昌等中心城市较远，而且会理境内山峦起伏，河流纵横，山高坡陡，地形复杂，已经形成的区、乡、村公路运输网络存在等级低、里程长、养护能力弱的状况，区位优势和交通优势相对较弱，物流成本相对较高，基础设施的落后制约了会理经济的发展，也极大地制约了电子商务的发展。

三是全县已建成并投入使用的冷藏气调库 22 000 吨，但不能满足农产品冷库贮藏的需要。农产品在电商行业被称为"非标产品"，不好卖，尤其是生鲜产品，任何一个环节不"冷"就会导致农产品腐烂掉。因此，要建立大型物流集散中心、冷链仓储中心，使农产品产出即能运走，产出即能保鲜，促进高效、便捷、快速的物流通道的建立，延长农产品的储藏时间，更好地满足社会需求。

（四）电子商务产业集聚区建设相对滞后

会理县虽然建立了电子商务园作为县级电子商务服务中心，并逐步推开乡镇服务站和村级服务点建设，但园区基础设施建设还不够健全，相关的仓储、物流等配套体系还不完善，服务中心和站点还相对分散，建设推进还相对迟缓，没有形成电子商务产业集聚区核心板块，缺少具有影响力的电商巨头、龙头企业，也缺少优秀的服务商。其实，县域地区电商薄弱的原因就是缺乏服务商。服务商是靠给企业提供电商服务而发展的，一个县里本来就没有几家电商企业，又怎能养大服务商呢？所以县域做电商，需要大量优秀服务商，使本县能够融入全国的电商生态圈。

（五）农民自身文化水平和理念落后

近年来，会理经济取得长足发展，连续九年被评为全省少数民族地区先进县，连续六年进入西部百强县行列，成为全省少数民族地区中经济发展较快的县之一，但也存在经济发展不平衡等问题。在发展电子商务方面，由于农民受教育平均水平比较低，在对计算机的操作应用方面心有余而力不足，截至2015年12月，会理县农民网民约占网民总数的17.8%，约7万人，移动客户端约为27.1%，约11.3万人，大大低于全国平均水平（全国农民网民占网民总数的27%）；加之电子商务平台交易还有其必要的程序，很多农民都望而生畏；在理念上，大多数农民对于电子商务这种依靠虚拟网络来进行交易的方式并不十分信任。此外，由于乡镇的经济发展水平低，大部分农村子女为了生计选择去大城市打工，所以留下来的都是些老人小孩，他们仍然过着传统的农民生活，习惯于面对面的交易，连电脑、互联网、电子商务这些现代科技是什么都不知道，更别说是通过网络进行交易了。

三、对策建议

（一）强化组织领导，明确政府角色定位

按照《中共会理县委 会理县人民政府关于促进电子商务健康快速发展的实施意见》（会委发〔2016〕4号）确定的发展目标，细化工作措施，加大政策支持，完善支撑体系。建议由县委办或县政府办牵头成立电商办，电商办负责统筹各相关单位定期召开协调会，按照工作职责，共同承担电子商务发展工作任务，逐步健全电子商务发展促进机制。各相关部门应当根据自己的职责分工，出台具体配套支持政策，促进电子商务统筹协调发展。发展县域电商，关键需要凝聚政府力量，把电商发展作为"一把手工程"，上下同心，才能克服千难万险取到真经。

在促进电商发展上，本课题组认为政府的主要作用在于提供基础设施，并在遵循市场法则、确保公平竞争的前提下，吸引更多的社会资本进入。首先，要提供便捷的交通保障。会理县的山地约占40%、丘陵约占50%、平坝约占10%，给物流发展带来极大的困难。农村路网工程是制约农村电子商务发展的重要因素。2015年底，全县41个乡镇建成通乡水泥路，道路通畅率85%，目前还有7个乡镇未建成通乡水泥路，因此，政府应采取政策扶持等手段，加快三级道路的建设，构建良好的交通网络，提供便捷的交通保障，从而全面完善辖区村村通建设，创建良好的交通环境体系。其次，要加强仓储物流、快递配送等配套设施建设，优化物流公共配送中心、中转分拨场站、社区集散网点等物流设施的规划布局，促进运输、货运、仓储、加工、整理、装卸、配送等物流基本功能的有机整合，加快城乡配送一体化进程，提高电商发展能力。目前，可以依托

邮政、快递、供销社等物流企业构建县、乡镇、自然村三级物流配送体系，灵活运用多种物流方式解决"最后一千米"中阻碍农村物流发展的现实困难。最后，要整合会理在线、大会理网、会理电商网、会理县微光电子商务有限公司等一批集销售、服务于一体的电子商务平台，建立一个有影响力的本土电商平台，将会理电子商务做大做强。

（二）积极争取支持，加强宣传引导

在积极争取上级支持的基础上，县财政应预算安排适当的电子商务发展资金，整合引导国家、省、州各类资金，开展电子商务集聚区建设、电子商务人才培训、电子商务统计监测等工作。一是加强宣传引导，让电商氛围"火"起来。充分利用报纸、刊物、电视、广播和各种微平台等多种渠道，密集宣传电商发展的意义和作用，支持和服务电商发展的激励政策等，让电商发展的市场氛围"火"起来。二是要加大对小微企业和创业者的资金扶持，以中小企业信用体系建设为基础，由政府与银行共同建立风险资金池，充分运用银行"助保贷"，提高中小微企业信贷审批和放贷效率，为小微企业"输氧输血"。三是积极改善电子商务发展氛围，引进专业人才，开展多种形式的培训工作，带动会理县的农村电子商务普及与发展，实现地方、企业和个人的三赢。如前所述，会理农民受教育平均水平比较低，其接受教育的程度不及城市人口，而且在农村以老人和孩子居多，在实际操作中有着诸多困难，不利于农村电子商务的普及。而城市中电子商务专业人才不愿深入农村基层，从而造成农村缺乏掌握电子商务技能的人员，对会理县农村电子商务的发展形成了一定的阻碍。为此，要营造良好的电商创业氛围，大力培养一批具有实际操作能力的专业人员，带动周围群众积极开展电子商务特色农产品的运作。四是建立监测和统计电子商务网络购销数据系统，拓展信息获取渠道，做好电子商务统计信息发布工作，真实科学地反映会理电子商务发展情况，为县委、县政府决策提供科学依据。

（三）健全园区管理体制，强化电商协会职能

一要明确管理团队的工作职责，将电商运营交由管理服务团队，严格按照考核指标体系，督促开展人员培训、指导网店开设、提高销售额度等，真正促进入园企业实现线上线下相结合。二要明确专家团队的工作职能，由专家团队协助做好全县电子商务相关产业发展规划，积极支持指导电商企业和创业者开展电商运营，引进电子商务外部资源，协助开展国家、省、州级电子商务项目申报工作，打造会理电商精品品牌。三要强化电商协会的职能作用，建议将会理县电子商务园交由会理县电子商务协会采取企业运营模式进行管理，减轻政府购买服务的财政压力。

（四）引进知名电商平台，打造"会理模式"

2016年，县级相关部门通过实地考察和与"乐村淘"相关负责人合作洽谈，初步形成了会理县"乐村淘"电子商务推进规划，力争实现"乐村淘"项目落户会理，打造"会理模式"，以先进典型经验促进会理县电子商务"弯道超车"。

如前所述，会理县有着良好的基础条件，"乐村淘"落户会理可以助推会理经济社

会健康发展。相比京东主要推进工业品下乡，"乐村淘"是一家典型的农村电商平台，既能将工业产品推进农村，又能把农特产品推向城市，开展工业产品下行，农特产品上行，针对会理雄厚的产业基础和丰富的农特产品资源，"乐村淘"更有利于推广会理农特产品，打造会理电商品牌，帮助农民增收致富。"乐村淘"将建立县级数据监测统计中心，及时反映当地网络销售数据，反映县域消费者的网购情况和农产品销售情况，有利于本县自营终端，更能为县委、县政府开展电商工作决策提供科学依据和数据支撑。在县级财政收入上，"乐村淘"通过打造县域网站，可将县域内城镇及农村网络销售和购物产生的税收留在当地财政，为当地创造财政收入。引进该平台，仅需提供900平方米的县级体验馆，乡村级站点建设、人才培训、物流仓储等由"乐村淘"全程参与并提供完善方案，这种合作方式借鉴了其他县市成功的经验，少走弯路绕路，并且能降低政府财政投入。同时，"乐村淘"致力于服务广大农民，能够真正打通贫困地区农产品销售渠道，解决"富饶但贫困"的现状，为精准扶贫开辟一条新的路子，实现脱贫摘帽。

（五）加强产品质量体系建设，打造"会理石榴"等系列品牌

要建立农产品质量控制和溯源机制，持续推进农产品溯源体系建设，在二维码标识建设的基础上，积极推动国家物联网标识管理与公共服务平台建设。引导和协助企业在产品的"生产许可""包装标识""溯源监测"上加大投入，推动农业产业化和信息化发展，实现"生产过程有记录、记录信息可查询、流通去向可跟踪、主体责任可追究、问题产品能召回、质量安全有保障"的目标，促进农业加快转型升级，维护会理电商信誉，保障消费者权益。例如，会理县是世界闻名的石榴之乡，从长远来说，可以围绕石榴开展深度加工，开发出石榴汁、石榴酒等深加工产品，也可以通过互联网将会理石榴及其深加工产品推向国际市场。但是通过与国外企业的深度接触，其产品质量体系建设要求很高，这倒逼我们的企业必须有完善的深加工体系、严格的质量保证体系、完整的产品可追溯体系、健全的产品标准化体系等，这样才能具备发展跨境电子商务的条件。

同时，积极打造"会理石榴""会理黑山羊""会理古城"等区域公共品牌，通过电子商务手段，推动品牌产品上线。例如，有专家建议建立运营"会理石榴"公众号，即以会理知名特产"会理石榴"作为突破口，运营公众平台，达到品牌连接用户、彻底解决特色农产品销售的问题，改善民生。如果会理石榴公众平台达到1亿的粉丝，这将是会理政府最大的财富政绩，从而实现县域互联网平台最大的价值。

此外，建议政府引进一家品牌设计公司，把会理县已取得的地标品牌实行市场化、商业化运作。围绕农业、餐饮、文化、旅游等区域公共品牌培养一批本土电商企业和畅销产品，扶持龙头企业，迅速提高品牌知名度，推动电商企业规模化、集聚化发展，力争做到创一个名牌，兴一个企业，带动一个行业乃至一个地区经济的发展。

（六）加大电商人才培养力度，推动县域电子商务的普及化

发展县域电商，固然需要将农民手中的农产品和其他产品以更好的价格、更快的速度售卖出去，但更大的价值在于让广大的农村有更多掌握电子商务运作的人和群体。因此，要充分发挥政府引导作用，实施"万人培训"计划，争取在三年之内培训万名电商

人才，将电商人才"走出去"和"引进来"有机结合，不断发展壮大电商产业。一是以电商协会为依托，以沙龙、论坛、培训等形式，开展电子商务业务知识、运营管理、孵化发展等培训，挖掘会理电商发展潜能，组织引导电商从业者抱团发展，同时大力鼓励、扶持和引导社会力量参与电商发展人才队伍建设。二是充分发挥电商专家的作用，结合会理产业特色，指导会理电商企业、创客制定发展规划，加强宣传营销，在经营实践中培养人才。三是做好电商扶贫工作，充分利用会理县和相关企业、高校、地区的合作关系，大力开展电商人才培训，对县级部门、各乡镇副科级以上领导干部，村组干部以及全县 58 个贫困村第一书记开展电子商务培训，让农特产品走上网络，走出会理，实现全县全领域开展电子商务工作，通过"电子商务＋农业"促进会理经济转型发展。

冕宁县农村基层党组织在脱贫攻坚中的地位和作用情况调研①

中共冕宁县委党校课题组②

党的基层组织是党在社会基层中的战斗堡垒，是党的全部工作和战斗力的基础。农村基层党组织是农村各种组织和各项工作的领导核心，是党在农村全部工作和战斗力的基础。加强和改进农村基层党组织建设，充分发挥村级党组织的作用，使村级党组织在农村真正成为科学发展观的推动者和实践者，是摆在各级党组织面前的一个重大问题。我国是一个人口大国，百分之八十的人口都在农村，农村基层党组织处在农村社会生活第一线，是党在农村全部工作的基础和核心，它直接面向群众，同农民群众接触最多、联系最广，是农村群众认识党、了解党的窗口，是党和国家各项方针、政策能否落实，如何落实的关键。农村发展的快与慢，农村的稳定与否，农村基层党组织起着至关重要的作用。落实中央精准扶贫工作，最终要靠农村基层党组织来贯彻。因此加强农村基层党组织建设更具有特殊的意义。

农村基层党组织只有通过加强自身建设，增强凝聚力，提升战斗力，才能在群众中树立良好的形象，才能够在全面建成小康社会的新形势下，带领群众脱贫致富，发展农村经济，建设社会主义新农村，力争在 2020 年全面建成小康社会。笔者拟结合冕宁县实际，就冕宁县农村党组织在脱贫攻坚中如何发挥作用，通过到组织部门、乡镇、农村个别访谈、实地走访、发放问卷等形式，重点调研冕宁县基层党组织建设现状、基层党员干部作用发挥情况和存在的突出问题。

一、冕宁县农村基层党组织的现状

截至 2015 年 12 月 31 日，冕宁县有党员 14 109 名，其中乡镇、建制村党员 10 712 人，建制村党员 8 514 人。全县党支部 608 个，其中建制村党组织 223 个，社区党组织 8 个，目前只有惠安乡稗子前村没有党支部。

从乡（镇）和建制村党员年龄构成上看，60 岁以上党员有 3 194 人；建制村党员 8 514 人，建制村 60 岁以上党员有 2 864 人；学历在大专及以上的乡（镇）和建制村党员有 2 412 人，其中中专 998 人，高中、中技 1 187 人，初中及以下 6 115 人，建制村大专

---

① 2016 年度凉山州党校系统优秀调研课题。
② 课题负责人：马玉兰。课题组成员：李燕。

及以上学历的人有 456 人，中专 806 人，高中、中技 1 150 人，初中及以下 6 102 人。乡（镇）和建制村女党员 2 125 人。农村专业技术协会中党员 2 名。

在基层党组织建设方面，第一，冕宁县委认真落实党建工作责任制，把党建工作与经济社会发展同部署，严格执行党建工作目标管理责任制。第二，深化四型党组织建设，把全县 608 个基层党组织划分为农村、社区、机关、"两新"组织等七个领域，分类细化创建方案、创建标准和考评流程，2015 年全县四型党组织创建达到 95%，解决民生难题 700 余件。第三，持续整顿软弱涣散基层党组织，明确 24 名县级领导定点联系，直接指导 34 个软弱涣散基层党组织，调整软弱涣散村党支部书记 3 名，帮助后进党支部制定并落实整顿措施 74 条，2015 年投入 17 万元对全县 24 个软弱涣散基层党组织远程教育站点进行升级维护。第四，选拔下派优秀干部、后备干部到 41 个贫困村任"第一书记"，必须脱产驻村，还推荐 20 名优秀干部到凉山州聚居县驻村挂职，签订目标责任书，制定严格的考核办法，"第一书记"在村任职期间各项待遇不受影响，表现优秀的可优先提拔使用，落实每年 5 000 元工作经费，2 000 元生活用品补助，驻村期间每天 60 元生活补贴、艰苦边远地区津贴和办理人身意外伤害险等保障。第五，进一步深化"苏施"（在彝语里是"优秀青年人才"的意思）党支部规范化建设，2015 年"苏施"支部发展党员 91 名，突出发挥好"苏施"党支部五大职能作用，12 名县委常委和 5 名组织部部务会成员每人指导一个"苏施"党支部，将 38 个乡镇"苏施"党支部书记调整为党委书记直接担任，由"苏施"党支部统筹农村党员发展、流动党员管理、后备干部管理培养考核、乡镇"两新"组织党建等工作，全县 40 个"苏施"党支部均配备规范的专门办公室，统一上墙悬挂"235"工作流程图。第六，举办乡村流动党课 6 场次，邀请党校、农业、畜牧业等专家，培训人员 600 多人。

2014 年全县投入党建工作经费 5 000 余万元，将每人 20 元党员教育培训经费、工资总额 2% 的机关党建工作经费纳入县级财政预算，新建改造 41 个活动场所，将村（社区）工作经费提高到 2 万元。2015 年提高到 3 万元，全面落实社区 10 万元、村 5 万元服务群众专项资金，并且出台文件落实村（社区）干部经济报酬正常增长、村干部两险、社区和大学生村干部五险、离职村"三职"干部生活补助和困难救济机制。

2016 年"七一"获得表彰的县级先进党组织 64 个，其中农村先进支部 29 个。获得凉山州先进基层党组织表彰的有泸沽镇东北社区党支部，泽远乡八一村党支部。获得省委表彰的有彝海"苏施"党支部。全年处置不合格党员 19 名。

二、冕宁县农村基层党组织存在的问题

当前冕宁农村基层组织建设面临着不少新的情况和问题，由于历史原因和地缘特征，冕宁经济发展滞后，目前还有 41 个贫困村，贫困人数 20 428 人，特别是泸宁、里庄、拖乌三大片区是冕宁贫困人口最多，社会发育不充分，贫困面最广、贫困程度最深的集中特困地区，至今还有 11 938 人没有摆脱贫困，各项建设相对滞后，制约了基层组织正常开展工作，导致农村基层组织领导核心作用难以有效发挥。

（一）农村基层干部思想观念相对封闭落后

农村基层干部接受培训教育机会少，到外地参观考察学习机会不多，思想观念落后。对基层干部培训教育经费不足，培训教育力度不够，现代教育培训手段缺乏，教学方式仍然停留在传统的讲授式教学方式上，教学手段单一、陈旧，导致基层干部开展工作中存在"能力不适应、素质不适应"等问题，具体表现在思想保守，观念陈旧，求稳怕乱，不干事不出错，干事越多错误越多，因而安于现状。近几年来，虽然各级党委政府逐年加大了对干部教育培训经费的投入，但从实际情况来看，随着培训任务加大，各级财力比较困难，导致许多培训经费难以落实和解决，完成大规模教育培训村级干部任务还有较大的难度。近些年主要是培训乡镇干部力度比较大，而专门针对村级干部的培训很少。

（二）宗教、家族势力对基层影响较大

一方面基层群众信教盛行，宗教对政治、经济、文化产生着深刻的影响，本地区社会形态一步跨千年，但是老百姓的思想不可能在短时间就得到改变，民族和宗教问题在加强基层组织建设中是必须正视的问题。另一方面，农村存在发展党员"家族化"，选举村干部"平衡化"的问题，致使一些基层干部害怕得罪人，瞻前顾后、不敢大胆开展工作。

（三）农村发展党员难度大，总体素质偏低

农村青年大多数常年外出打工，对党的认识模糊，认为入党没有多大好处，还要交党费，受组织管束，甚至有些村民因为超生被开除党籍，导致部分村级组织培养入党积极分子工作出现"真空""断档"，农村党员干部队伍后继乏人的问题越来越突出。近年来随着农村劳务产业的迅猛发展，农村剩余劳动力尤其是青壮年劳动力以务工的形式向城市大量转移。大量农村外出务工人员长期处于分散、流动状态，地方组织无法管理，导致农村基层组织中，党员难发展，村干部难选，村务难管。一些村部分村干部也外出务工或者直接住在城里，成为"走读"干部，导致村级班子不稳定，干部队伍青黄不接，选拔村干部范围受限，成了"矮子里面拔高个"，党员干部队伍素质偏低，创造力、战斗力和凝聚力不强。基层党员队伍结构不合理，年龄偏大、文化偏低、观念陈旧、整体素质不高，自身脱贫致富能力弱，更难发挥带头致富和带领群众致富的作用。

（四）模范带头少，服务意识淡薄，脱离人民群众

随着市场经济竞争的日趋激烈，农村经济迎来了发展的新机遇与新挑战，不少农村基层党组织班子缺乏市场意识、机遇意识、竞争意识，自身致富和带领群众致富能力弱，缺乏应有的个人魅力和号召凝聚力，不能起到模范带头作用。对于如何适应市场经济、促进农村发展生产、优化农业产业结构、走科技兴农的路子，推进农业产业化的办法不多，思想不够解放，习惯按部就班，墨守成规，缺乏主动性和开拓创新精神。一些地方的农村基层组织，仍然沿用计划经济时期那种简单粗暴、行政命令等"家长"式的

工作方法，"老办法不顶用，新办法不会用，硬办法不敢用，软办法不管用"，往往造成事倍功半。有的基层党组织干部随着市场经济负面效应的冲击，在拜金主义和享乐主义的影响下，宗旨淡化，观念扭曲，逐渐丧失了政治热情和前进的动力，思想空虚，幻想暴富，农村基层党组织干部思想状况的不纯影响了他们的服务热情，导致脱离人民群众，造成干群关系紧张。

（五）部分支村两委关系不和

一是书记、主任"两层皮"现象。支部和村委会各行其是，各干各的工作，互相扯皮，形成"两套人马"，严重影响班子的协调和稳定。二是有的村党支部过分强调领导地位，包揽村委会的事务。有的村委会过分强调自治，与村支部比高低、争权利，和党支部相互对立，互不买账。两委会没能处理好支部领导与村委会自治的关系，既影响了工作的开展，同时也削弱了党支部的领导核心地位。三是全局观念差，服务意识薄。有的村干部是靠家族势力当选的，有的是靠自己的经济实力当选的，农村中这种情况还比较普遍，所以工作中缺乏全局观念，不是为全体村民服务，而是为个人、亲戚利益服务，为家族利益服务。更有甚者，班子搞内耗，支书告村主任，村主任告支书，相互拆台，严重影响了社会稳定，更加不可能促进经济发展。

（六）集体经济薄弱，制约职能发挥

农村税费改革的实施，在很大程度上减轻了农民的负担，但由于一些配套改革措施没有到位，出现了一些新的问题和矛盾，如乡镇债务负担普遍较重、村级集体经济薄弱、村级组织运转资金缺口较大，致使农村基层党组织建设工作缺乏经费来源，影响到农村基层党组织工作的开展和新农村建设的推进。近年来，对农村基层党建工作的投入明显增多，但距离建设社会主义新农村还有一定的差距，这从很大程度上制约着农村基层党组织职能的充分发挥。

（七）部分乡镇干部缺乏工作积极性

一是乡镇干部流动慢。有些干部在乡镇一待就是几年甚至十几年，长期的固定环境容易导致干部思想消极，得过且过，进取意识逐渐消磨。同时因为人情关系，在工作中处理矛盾纠纷时难免带有感情，顾虑重重，矛盾不好化解，工作局面不好打开。二是一般干部管理难。机构改革之后，乡镇机关干部在编制"只减不增"的思想支配下，不求进取，只图守业，不谋发展，只求安稳；应付思想严重，工作热情不高，主动性不强，见工作就躲，见难题就绕。三是激励机制不完善。受经济社会影响，部分乡镇干部不再满足于自己的工资收入，而把主要心思用于经商或其他事情上，认为自己富裕最重要，导致乡镇干部工作积极性不高，事业心不强。

三、加强冕宁县农村基层党组织建设的一些思考

火车跑得快，全靠车头带。精准扶贫工作抓得实不实、到不到位，领导班子起着关

键作用。冕宁县坚持把整顿软弱涣散党组织和基层党组织带头人队伍建设作为基层党建的重中之重，使基层党组织成为脱贫攻坚的前沿阵地。

农村基层党组织是我国党和政府联系群众的桥梁和纽带，农村基层组织建设是一项牵涉面广、工作量大、复杂艰巨的系统工程。而准确把握农村基层组织建设规律，全面分析和掌握基层组织建设状况，深入进行调查研究，抓住主要矛盾，突出关键环节，统筹考虑，标本兼治，是应对农村党建工作面临的新形势、促进农村基层组织建设健康发展的关键所在。因此，必须正视农村基层党组织建设中存在的问题，笔者认为可以从以下几方面切实加强农村基层组织建设。

（一）完善干部管理，提高整体素质

农村基层党组织是党在农村的全部工作和战斗力的基础，是农村工作的"前沿指挥部"，在农村建设的全局中，必须首先把农村基层党组织这个"前沿指挥部"建设好，着力建设一支顺民心、聚民力、带民富的高素质村级党员干部队伍，适应农村新形势、新任务的要求。一是积极推进村干部职业化管理，进一步明确村干部任用条件和职数，规范村干部选拔任用和教育管理办法，明确村干部待遇，建立健全村干部养老保险制度，形成村干部进、管、出配套管理机制，推行村干部报酬待遇绩效化，提高工资待遇。二是抓好村干部的教育培训，提高村干部的思想政治素质、科技文化素质和解决农村各种矛盾的能力。三是推行目标管理责任制，完善监督，重奖严惩，制定明确的工作目标，严格考核。

（二）加强"两委"建设，发挥战斗堡垒作用

要进一步厘清村支两委的关系，形成村支两委高度统一，合作共事，共谋发展的良好氛围。解决好村民自治条件下党支部所面临的问题，更好地发挥党支部的作用。一是明确工作职责。制定村民自治工作的实施细则，细化村支部、村民委各自的职责范围，使村"两委"的日常工作及各项活动走入正规化轨道，避免工作中撞车现象的发生。二是改进基层党组织的领导方式。由管琐事向管大事转变，由简单的行政命令手段向依靠法律手段转变，使村党支部从日常事务中解脱出来，把主要精力用于谋划全村经济和社会事业的发展、重大问题的把握和决策，用于对村民自治的领导和指导。三是健全决策程序。在农村行政命令与村民自治的交替、转轨时期，村民素质不高，"自我管理、自我教育、自我服务"的能力不强，面对这种实际状况，必须加强对村民自治的领导，健全决策程序，以保证村党支部领导核心作用的发挥和村民自治的健康运作。

（三）整顿后进组织，增强服务意识

大多数农村基层党组织在农村全面推进小康社会建设中能够发挥先锋模范作用，并且还涌现出了一批无私奉献、全心全意为人民服务的优秀基层党员。但是对于那些软弱涣散、缺乏服务意识、拜金主义和享乐主义严重的基层党组织，应进行重点整顿，强化责任。抓好农村基层党组织的制度建设和法纪监督，对于腐败分子要坚决清除，赢得广大党员群众的信赖和支持，把广大干部群众凝聚在党组织的周围。转变工作职能，提高

服务意识，要善于掌握市场的主动权，及时有效地为农民群众提供科技、信息等系统化服务，改变过去那种命令式的工作方法，只有这样才能密切党群、干群关系，增强农村基层党组织的战斗力和凝聚力。

（四）改善党员结构，强化激励机制

发展农村新党员，改善党员队伍结构目前显得比较迫切，我们应该注重质量而不是数量，要拓宽选人视野，加强党员队伍建设；加大力度在 80 后、90 后青年农民中培养和发展党员，尤其是加大对回乡就业的大中专毕业生的培养力度；积极运用现代信息技术教育管理党员，努力破解流动党员管理的难题，发挥农村老党员、老干部、老模范的作用；将那些素质高、致富能力强的优秀人才选拔进基层党组织班子，并注意抓好年轻干部的培养工作，让那些政治觉悟高、工作经验较丰富的老支部书记与年轻干部结成对子，工作中交任务、压担子，手把手地搞好培养和引导，以逐步改善基层党组织班子结构，努力建设一支精干高效的干部队伍。同时也要适当提高村干部报酬，激发干部工作热情。基层党组织支部书记责任最重，事务最多，应该适当增加补贴，并且要增加干部报酬与完成工作任务挂钩的比例，进一步激发村干部工作的积极性。

（五）发展集体经济，加大投入力度

村级集体经济既是村级财力的主要来源，也是农村基层党组织发挥领导核心作用的物质基础。要把发展集体经济作为建设社会主义新农村的一项重要任务来抓，拓宽工作思路，探索符合本地实际的发展道路，寻找集体经济新的增长点。大力推进农村经济结构的调整，一是解放思想，树立敢想、敢闯、敢干的观念，选准一条符合实际的发展路子，利用多种形式大力开展农村集体经济。二是突出重点，培养一批具有较强影响力的发展典型，把党组织的凝聚力牢牢构筑在发展集体经济上，做到乡镇有典型村，村有典型党员能人，这些典型得到了广大群众的认可，也起到了良好的示范作用，其影响力远远超过了任何说教。三是努力寻找党建工作与经济工作的最佳结合点，在农村党组织中，广泛开展"帮扶""共建"等活动，培养更多的带头致富和带领群众致富的党员能人。

（六）加快干部流动，激发干事创业热情

一是建立干部教育轮训机制。以党校培训、外出学习等为手段，动员和组织干部参加各类培训，同时实施轮训，加强乡镇、农村干部培训的针对性和有效性，切实提高基层干部政治理论素质和新形势下做好农村工作的本领。二是完善乡镇干部交流机制。出台乡镇干部交流办法，实施干部交流意向调查，有针对性分批次的实施交流，激发干部活力。三是优化干部提拔机制。对于工作踏实、成绩突出、品行兼优的优秀乡镇干部、第一书记、村干部，要及时提拔重用，以充分调动其干事创业积极性。

（七）积极宣传扶贫开发工作中涌现出来的先进典型

把远程教育网络作为典型宣传的平台，在农村基层党组织远程教育网络开设党建工作与扶贫开发的专门栏目,拓展典型宣传的广度和深度。如大桥镇巴甫村"第一书记"刘贤平同志把开展党建工作、激活人心作为甩掉贫困村帽子的抓手。创新制定第一书记"五议法"议事规则,即第一书记提议、村支委会动议、村"两委"合议、党员大会审议、村民大会决议,决议结果及实施过程向全体村民进行公开公示。健全村级民主管理、议事决策等制度,组建由村党员、干部、家支代表等15人组成的理财小组及"两务"监督小组,全程参与扶贫项目资金管理。注重党员素质教育和发展新党员,他自己出资制作了31个胸卡,要求全村干部、党员必须佩戴胸牌,亮明身份,带头当好表率。通过辛苦工作,支部班子建设取得实效,精神面貌明显转变,党员队伍建设也有了显著加强。才半年时间该村党支部新增2名正式党员,1名预备党员,2名入党积极分子,还有3人向党组织递交了入党申请书。此外重新精准识别了贫困户25户115人,逐户挂上《巴甫村建卡贫困户》标志牌,并整理帮扶台账和信息汇编成《巴甫村脱贫攻坚信息册》。组织25户建卡户从2016年1月起开展脱贫致富大比赛活动,针对贫困户的家庭卫生;饲养规模、数量;种植面积、产量;外出打工收入多少等,每月逐项检查打分、评比,标星定级张榜公布,汇总评选优秀家庭。他自己掏钱购买太阳能、电磁炉、电饭煲等作为奖品,奖励优秀家庭。2016年7月已对上半年获奖贫困群众进行了颁奖。带领村党支部制定了长短结合的产业发展规划,以发展核桃、附子种植,生猪养殖等山地种养业为主;把打造安宁河源头巴甫生态鸡品牌作为短平快项目,协调资金解决了巴甫村行路难的问题,修建好村卫生室、公共厕所、移动基站等一批基础设施,极大地方便了村民的生产生活。村民纷纷赞道:"刘书记,工作好,他来了以后,村里卫生好了,习惯改变了,连公路都修好了,我们真的对他很服气。"可以说刘贤平同志以实际行动诠释了一个共产党员的理想信念。

总之,精准扶贫是一项艰苦卓绝的工作,无法毕其功于一役。习近平总书记强调"落实责任,精准扶贫,充分发挥基层党组织的战斗堡垒作用,全力打好扶贫开发攻坚战"。基层党组织和广大党员干部要进一步增强群众观点,转变工作作风,想群众之所想、急群众之所急,想方设法解决好当前群众生产生活中最迫切的困难和问题,真正把村级党组织建设成为带领群众脱贫致富的有效组织力量。

在脚踏实地的认真开展之后,更要杜绝反复致贫、越扶越贫等情况的出现。作为基层的战斗堡垒,农村基层党支部要积极跟踪贫困户的脱贫进展,调研现有项目帮扶的效果,收集贫困户脱贫的主要原因,整理村组脱贫的先进经验,总结村中贫困户不能脱贫的主要原因,反思现有帮扶可能存在不足的地方,积极为村、乡、市、州脱贫攻坚工作提供参考,为下一步的脱贫工作调整提供方向。在此过程中,村党支部要充分发挥作用,积极有所作为,只有将工作扎扎实实做起来,才能真正让党和国家的扶贫政策在基层站得住脚跟,才能带领群众尤其是贫困户脱贫奔小康。

凉山经济发展中的稳增长与调结构研究①

中共凉山州委党校课题组②

一、凉山州"十一五"时期经济高速发展及其原因分析

（一）凉山州"十一五"时期经济高速发展

"十一五"时期（2006—2010年）凉山州成为四川省地区生产总值增速最快的地区，年均增长率达到15.5%，2010年的地区生产总值增速达到17.5%，如图1所示。

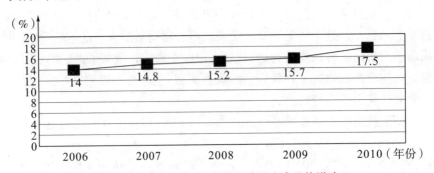

图1 凉山州"十一五"期间地区生产总值增速

"十一五"期间，凉山地区人均地区生产总值由2006年的8 200元提高到2010年的17 564元，年均增速为14.7%。

"十一五"期间，凉山州三次产业结构比重由2006年的28.4：39.9：31.7调整到2010年的21.9：47.3：30.8，第一产业比重不断下降，二、三产业比重不断增加（如图2所示），但第一产业仍占较大比重。同期，四川省三产比重由"十一五"初的18.4：43.4：38.2调整到了"十一五"末的14.4：50.5：35.1，而全国则由期初的11.1：48.0：40.9调整到期末的10.1：46.8：43.1。

---

① 2015年度凉山州决策咨询委员会调研课题。
② 课题负责人：刘蜀川。课题组成员：郭勋、杨福灵。

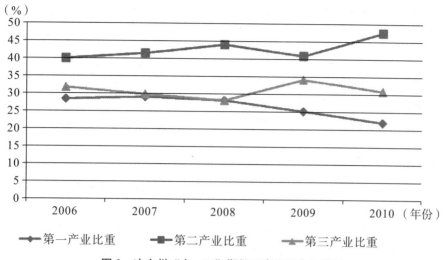

图2 凉山州"十一五"期间三产比重变化情况

"十一五"期间,全社会固定资产投资总额不断增加,从"十一五"开局之年的185亿元增加到2010年的660.51亿元,年均增速为37%,最高增速达到57.9%(如图3所示)。

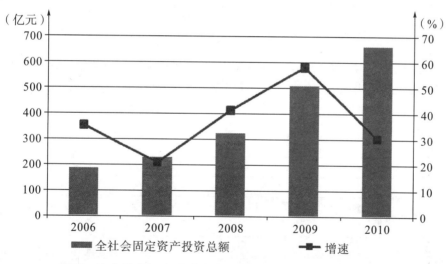

图3 凉山州"十一五"期间全社会固定资产投资总额及增速

(二)高速发展的原因分析

凉山经济发展历来谈不上出口导向,拉动经济的三驾马车中主要靠投资和消费,而这之中投资又是关键。

从投资方面来看,在进入21世纪的10多年来,经济发展对能源、资源的迫切需要,催生凉山经济进入了一个投资发展的快速增长期。以能源投资为例,2000年夏季华东、广东、北京、天津、河南南部一些城市已经出现缺电现象,2001年夏季缺电现象进一步扩大,2002年全国开始大面积停电,河北、内蒙古、山西、上海、浙江、江苏、河南、四川、重庆、广东、贵州、宁夏 12 个省、市、区出现拉闸限电现象，2003 年云南、甘肃、青海等地区限电，也就是说，全国已有一半省份缺电。2004 年缺电省份扩大到 24 个，就连号称"中国水电第一大省"的四川省也开始从华北地区买电救急。能源的紧缺为凉山水电的开发带来了历史性机遇。

矿产资源的开发也是如此，凉山州已发现的矿种有 103 种，产地 1 860 余处（含伴生 380 处）。四川省的富铁矿、稀土矿相对集中分布于凉山州，特别是稀土储量、产量均占全国第二。钒钛磁铁矿（包括钒、钛）、铜矿、铅锌矿等在四川省乃至西部和全国均占有重要地位。国家从 1999 年开始实施西部大开发战略，其原因是 20 世纪末我国开始逐步进入到重化工业阶段，对矿产资源的需求越来越突出，催生了凉山矿产资源的大开发，也带来了凉山"十一五"期间年均 37% 的投资增速。

从消费方面来看，改革开放以来，我国居民收入与消费水平不断提高，居民消费结构转换和消费需求扩张成为我国经济高速增长的主要动力。特别是进入 21 世纪，居民消费需求对国民经济发展的影响不断增大，汽车和住房消费大大拉动了凉山经济的发展。

二、凉山州"十二五"时期经济发展逐步放缓

（一）地区生产总值增速放缓

进入"十二五"时期（2011—2015 年），凉山州地区生产总值增速逐年下滑。2011 年为 15.2%，2012 年为 13.8%，2013 年为 10.2%，2014 年为 8.5%，每年以两个百分点的速度下滑（如图 4 所示）。

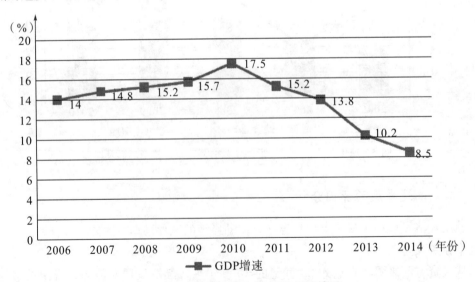

图 4　2006 年以来凉山州 GDP 增速情况

进入 2015 年，形势更加严峻。1 至 9 月全州地区生产总值增长 0.6%，增速创历史新低。工业增速大幅下滑，1 至 9 月规上工业增加值下降 7.9%。

（二）固定资产投资增长放缓

过去十年，凉山州经济的高速增长主要靠投资拉动，凉山州经济下行的一个重要因素就是投资乏力。2015年1至9月固定资产投资比去年下降2.5%。

从图5可以看出，凉山州近几年的固定资产投资在下滑，对经济增长的拉动力下降。

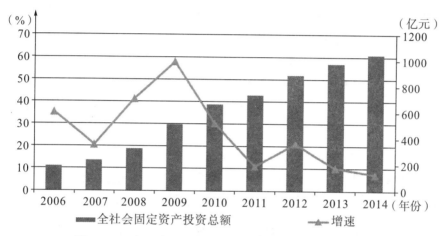

图5 　2006年以来凉山州全社会固定资产投资总额及增速

从凉山州的投资结构可以看出，在总投资中占比很高的水电投资，由于在建的大项目趋近尾声而新建的大项目开工不足，投资一路下滑；矿产投资受国际大宗商品价格低迷和国内产能过剩的双重影响，出现了较为明显的断崖式下跌；基础设施主要由凉山州各级政府主导，但政府支出受困于财政收入下降和地方债务压力加大，在国家对地方债务设限、融资成本高、企业债务增加引发银行惜贷等因素的影响下，政府的投资受到很大的制约；新增项目中，有带动性的项目不多，招商引资项目库中符合最新产业政策的不多。

（三）财政收入增长放缓

在企业亏损比较集中的地区，政府财政收入状况也在变差（如图6所示）。凉山州2015年1至9月地方公共财政收入71.8亿元，比2014年同期下降11.0%。

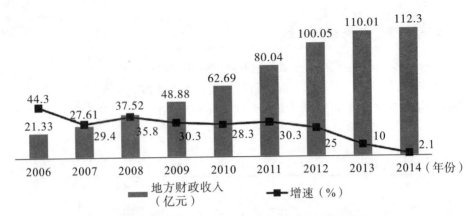

图 6 2006 年以来凉山州地方财政收入总量及增速

（四）规模以上工业企业状况不佳，产值、效益全面下滑

目前中国重化工业的高速发展已经结束，国际大宗商品中有色金属、铁矿石、钢铁、煤炭等价格还在降低。凉山州主要工业产品如粗钢、生铁、水泥、铜、铅锌等未来几年市场前景并不乐观，主要工业企业盈利水平在下降，企业的亏损面在扩大。

（五）居民消费、居民收入和农民收入增长较为稳定

消费对经济的稳定具有非常重要的作用。2014 年，凉山州实现社会消费品零售总额 428.15 亿元，同比增长 12.8%，其中限额以上企业（单位）消费品零售额 146.8 亿元，同比增长 16.5%。分地区来看：城镇市场实现零售额 328.54 亿元，同比增长 13%，乡村市场实现零售额 99.61 亿元，增长 11.9%，城镇市场高于乡村市场 1.1 个百分点。分行业来看：批发零售业消费稳步增长，完成社会消费品零售额 360.01 亿元，同比增长 13.0%，占社会消费品零售总额的 84.1%，居消费品市场的主导地位；住宿和餐饮业完成社会消费品零售额 68.14 亿元，同比增长 11.6%。

三、经济放缓的原因分析

（一）需求方面的原因

从西方国家的经济发展历史来看，都有一个从轻工业向重化工业发展的阶段，在进入重化工业发展阶段后，对资源、能源的需求大幅提升，然而一旦进入重化工业发展阶段的后期，对资源的消耗将不断下降。从这一宏观视角出发来分析当前的中国经济，中国在 21 世纪后进入了重化工业发展阶段，形成了对资源、能源的巨大需求。但是自2008 年金融危机以来，中国的房地产发展逐步进入了停滞期，同时，近年来汽车市场的火爆场面逐渐冷却，由此拉动的重化工业发展逐步进入尾声。凉山州工业的大幅下降就是在这样的大背景下产生的。

就凉山州各县市自身来看，房地产也面临一个转折。

从全州房地产投资来看，2006—2013 年经历了快速增长，到"十二五"时期，房地产投资增速逐年放缓，并呈现负增长的趋势（如图 7 所示）。

数据显示，西昌市的商品房均价在 2006 年 10 月时为每平方米 2 100 多元，在"十一五"期间价格升至最高点后价格出现了小幅下降，目前均价在 7 000 元左右，大量的商品房库存有待消化。许多县的房地产开发更是出现饱和状态。

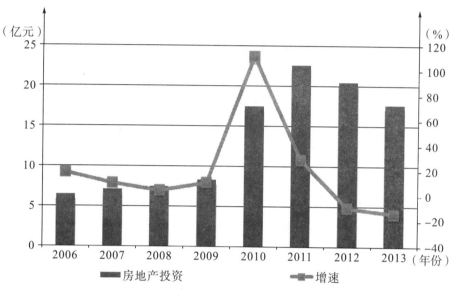

图 7　2006—2013 年凉山州房地产投资额及增长情况

（二）供给方面的原因

从资金的供给来看，中小企业融资难，许多中小企业难以从银行融资，而社会融资利息极高，企业难以承受。

从供电方面来看，不少企业反映电价过高，加大了企业的成本，在市场本身十分疲软的情况下，电价过高对企业无疑是雪上加霜。

（三）产业结构方面的原因

凉山州 345 家规模以上工业企业几乎全部是资源型企业，凉山州在全省排得上号的优势行业则全部为资源性行业，这是多年来立足资源发展的成就，同时也是经济新常态下迈不开腿的包袱。凉山州主要工业产品大多为初级产品，产业链短、新技术应用程度不高、附加值低、市场竞争力不足，多年来依靠人（人才和一般劳动力）、财（资金）、物（自然资源和土地）的大规模投入，在"天时、地利、人和"条件下，发展非常迅猛。但是在我国经济进入新常态后，资源型产业发展就面临异常严峻的形势。

由于退出机制不健全，"僵尸企业"僵而不死，产业和企业转型升级双双迟缓。一方面，由于资源性产业是资金密集型和劳动密集型产业，建设周期长，以大中型企业为主要组成部分，退出壁垒高，同时从业人员众多，知识水平低，知识结构单一，退出资源型产业后向其他产业转移的难度较大；另一方面，资源型企业在一个地区内往往形成相对独立的系统，具有一定的稳定性，难以在短时期进行企业体制转变的突破。

（四）其他原因

当然也要看到，当前经济增速回落，还受到世界经济复苏总体缓慢、劳动力成本上升等因素影响。经济增长进入结构转型阶段，经济增速必然下降。从国际经济演变趋势来看，当一个国家的经济经过较长时间高速增长后，几乎无一例外地出现增长速度的自然回落，回落幅度在 30%～40%之间。但从当前凉山经济走势看，经济增长的下滑已超出了正常区间，必须采取一系列措施稳增长。

四、稳增长、调结构，促进凉山经济平稳健康发展

（一）促进建筑业健康发展

目前房地产出现总体过剩的状况，但从西昌的情况来看，房地产的发展仍有一定的空间，关键是要调整商品房的供给结构。西昌由于特殊的气候条件，冬暖夏凉，适合人们特别是老年人居住，开发有较高档次的、针对高收入群体的商品房仍有一定的发展空间。

（二）大力发展服务业

发展服务业有利于扩大内需和促进就业。加快发展服务业，不仅能更好地扩大消费需求，满足生产和生活需要，而且能有效扩大就业。中国服务业的就业人数只占劳动力总量的 34%，相比之下，马来西亚占到 60%，美国则占 81%。从中国目前所处的发展阶段来看，服务业的就业人数本来应该占到劳动力总数的一半左右。

作为西南地区最大的彝族聚居区，凉山州旅游资源极其丰富，现有 10 个风景名胜区、代表性景区景点 160 多个。其中国家级风景名胜区 2 个（泸沽湖风景名胜区和邛海—螺髻山风景名胜区）；省级风景名胜区 2 个（马湖和彝海），国家级自然保护区 1 个（美姑大风顶自然保护区），省级自然保护区 1 个（冕宁冶勒自然保护区）；省级历史文化名城两座（西昌和会理）；还有"彝海结盟"、西昌地震碑林等省级文物保护单位 11处。除了这些重要景区景点之外，凉山州还有高山峡谷、雪山冰川、江河瀑布、原始森林、瀑布温泉、奇特洞穴等自然旅游资源，享誉世界的卫星发射基地，风格独特的彝族历史博物馆等人文旅游资源，以上资源对凉山州旅游经济发展有极其重要的促进作用。凉山州要挖掘旅游资源，并对凉山旅游资源进行重新定位和包装，整合旅游产业链，做大旅游产业圈，促进包括旅游业在内的服务业的快速发展。

（三）稳住基建投资

在如今房地产投资增幅不断下降、制造业投资短期难有突破的背景下，稳住基建投资无疑是避免经济断崖式下跌，实现经济增长和就业目标的关键支柱。

根据国家统计局数据，截至 2014 年上半年，我国基建投资增长 22.9%，在其带动

下，尽管房地产和制造业投资显出颓势，我国固定资产投资仍增长了 17.3%，增速仅略低于发改委年初制定的 17.5% 的增长目标，基建投资稳增长的作用明显显现。

西部地区基础建设相对落后，凉山要抓住这次难得的机会，利用好国家给予的各种扶持，让基础设施建设再上一个台阶，同时对引领凉山经济的发展起到积极的促进作用。

（四）把改革作为稳增长的持续动力

稳增长不是单纯拉高经济增速，而是托底经济、为改革创造环境。改革是中国经济发展的最大红利，是经济发展的活力之源。当前，面对制约经济持续健康发展的诸多问题，只有通过深化改革，才可以打破利益固化藩篱，破除体制机制障碍，进一步解放生产力，为稳增长、调结构注入新的动力。第一，要坚定不移地推进国有企业改革与发展，完善国有企业治理结构，理顺国有资本流动机制，提升国有企业自主创新能力，同时，大力发展民营经济，提升民营经济综合实力。第二，要坚持"开放兴州"战略理念不动摇，始终把招商选资、招大引强作为经济工作的生命线，大力推进开放合作。坚持把凉山放在经济全球化的大趋势中去谋划，充分利用我州烟草、花卉等优势资源，加强多方位的合作；同时，坚持把区域合作作为发展开放型经济的重要平台，推进资源共享、产业共建、市场共育，加强同成都、攀枝花、宜宾等周边城市的合作。着力招大引强，立足五大资源优势，紧紧抓住"攀西战略资源创新开发试验区"建设和新一轮西部大开发等重大机遇，抓住国家"把西部建设成国家能源基地、资源深加工基地、装备制造业基地、战略性产业基地"等战略契机，围绕水电开发、钒钛稀土、铜镍铅锌和特色农产品加工等优势产业，招大引强，大力承接产业转移，并不断向精加工和深加工迈进。第三，要着力解决企业融资难问题，各金融机构要对有市场、有效益、有信誉的中小企业给予重点支持，围绕中小企业生产经营和资金需求状况，改善信贷管理机制，积极争取信贷权限，创新金融产品，简化贷款手续，为企业提供优质高效的信贷服务，帮助企业拓宽融资渠道，有效降低企业负担。第四，政府要抓好对困难企业的"扶危解困"工作，重点在帮扶那些产品有销路、有自主品牌、有技术革新能力的暂时困难企业；对企业的主动"去产能、去库存"行为要给予理解和支持，不能用行政命令强迫他们复工；对停产企业，"停产不停服务"；对破产企业，做好企业职工安置工作，维护社会稳定；进一步优化企业办事的政务环境，为产业结构调整创造良好的政府环境。

（五）新型城镇化建设推动凉山经济健康发展

作为典型的集中连片特困地区，凉山州必须紧紧抓住未来城镇化快速发展的历史机遇，采取超常举措，保持城镇化率快于全国、全省的增长速度，着力提高城镇化质量，努力走出一条经济文化繁荣、公共服务健全、生态环境优美、人与自然和谐的民族地区新型城镇化道路。要以县城为支撑，建设相互协调发展的城镇组群，加强城镇之间的分工协作，统筹区域内资源开发、产业布局和基础设施建设。以基础设施和民生设施建设为载体，完善城镇化发展的外部支撑，增强城镇竞争力。加快交通、通讯、电力、水利等区域性基础设施建设，增强对外开放度，减少城镇间的交流时间和成本。改善居住、教育、文化、卫生和环境等民生条件，促进基本公共服务均等化，提高居民受教育程度和创新人才培养水平，积极推进城镇主要设施指标达到全国平均水平。完善新型城镇化发展的软硬环境，增强凉山城镇发展质量和竞争力。城镇化率的稳步提高，既带动城镇固定资产投资，同时随着农村转移人口融入城市、享受市民权利，也将带动消费需求的大幅增长。

（六）不断调整产业结构

经济发展的过程就是一个经济结构不断调整优化的过程。世界经济发展实践证明，产业结构的优化和调整能够促进经济总量的增长。目前我国、我省经济结构很不合理，第一产业比重大，多为劳动密集型产业；第二产业内部结构严重不合理，制造业比重偏高，轻工业产能严重过剩，加工工业低水平重复建设、产能落后、研发能力不足；第三产业占比偏低，内部结构不合理。而发达国家的产业结构早已调整到位，产业国际竞争力较强。

统计显示，2014 年我国第三产业增加值增长 8.1％，快于第二产业的 7.3％，也快于第一产业的 4.1％，服务业的比重提高到 48.2％，继 2013 年之后，第三产业增加值再次超过第二产业。但是，与发达国家和一些发展中国家相比，我国的服务业产值还比较低，发展比较滞后，制约了产业结构的转型。

（七）大力实施精准扶贫

精准扶贫的提出标志着扶贫攻坚工程到了一个新的阶段。对凉山 50 多万贫困人口脱贫而言，精准扶贫是一次难得的历史机遇。精准扶贫政策如能顺利实施，不仅将会激发部分最贫困人口的消费热情，还会通过凉山州广大农村的产业发展、基础设施建设等项目实施助推凉山州经济的稳定发展。

驻村"第一书记"推进凉山州彝区贫困村基层治理现代化的有效性研究①

中共凉山州委党校课题组②

一、凉山州彝区贫困村基层治理的现状

为了能更好把握"精准扶贫"进程中凉山州彝区农村基层治理现状,课题组选择了昭觉、布拖、美姑彝族聚居县的一些贫困村,进行了实地考察调研,并与驻村"第一书记"、村干部、村民、乡镇领导、相关部门人员进行了交流、访谈。同时,在当地条件允许的范围内,发放了50份随机调查问卷(因彝族村民大多不识汉字,对村民均采用提问式调查),进行了小规模的实证调查。从调查和了解的情况来看,这些贫困村普遍存在着"思想贫困""作风贫困"及治理能力和治理方式的贫困等突出问题。

(一)基层党组织力量薄弱,无法有效实现在社会治理中总揽全局、协调各方的作用

从调研的情况看,彝区村支书的文化水平普遍低下。布拖县有村支部书记190人,小学以下学历79人,占41.6%,初中学历89人,占46.8%,高中以上学历只占11.6%;美姑县有村支书265人,小学以下学历160人,占60%,初中学历65人,占24.5%,高中以上学历只占15.5%;昭觉县的情况也基本类似。课题组在调查中还发现,在彝区一些地方,基层干部家支观念重,少数村党支部不发展新党员,为了"保位子"只发展三亲六戚入党,贫困村普遍存在党员人数少的情况。优秀青年、优秀人才入党难,党员队伍年龄老化是彝区贫困村的常态,导致基层党组织思想僵化现象突出,化解社会矛盾能力不足,缺乏引领农民脱贫致富奔小康的本领,而且还导致村级干部选任难等问题。农村基层党组织力量的薄弱,体现不出党组织在农村社会治理中的核心地位,无法有效实现在社会治理中总揽全局、协调各方的作用。

(二)在彝区乡镇统管下的村两委治理,矛盾凸显

第一,由于村支部和村委会因权力来源不同,按照"谁授权,对谁负责"的政治学

---

① 2016年度凉山州决策咨询委员会调研课题。

② 课题负责人:蔡莉英。课题组成员:兰荣、胡澜、袁恩远、尚培霖、杨福灵。

原理，村两委经常会产生分歧和冲突，甚至彼此互不买账，形成内耗。第二，一些村干部能力素质差，民主意识薄弱，民主作风欠缺。我们所调研的贫困村，在"精准扶贫"贫困户的识别中都存在将一些"关系户"确定为贫困户的情况，引起群众的不满。第三，村务工作监督不到位。一些村干部仍然存在"家长制"作风，凭主观意志、人情关系办事，在生产和村务管理过程中，涉及群众切身利益的事项，不按规定召开党员、群众会议，不按照制度程序办事，提议决策不民主，村务管理执行不透明，过程结果不公开，缺乏有力有效的监督。部分村的账务不进行公开，有的村公开的账目不清，数目不明，致使部分群众对村务工作不知晓、不理解、不支持，即使村干部为村民办了好事，也常常被误解，导致干群感情生疏、情绪对立。第四，由于缺乏紧密的利害关系，又存在着利益连接的组织断层，村民们感觉不到村级事务与自己的关切度，缺少参与治理的积极性和热情，村民自治形同虚设，出现不少农村基层组织弱化、村民自治虚化、管理自由松散、农民脱贫困难、农村维稳难的社会治理方面的矛盾与问题。

（三）农民作为彝区农村社会生产生活的主体，未能在社会治理及"精准扶贫"战略实施中发挥主体作用

一方面，改革开放后，农村实行家庭联产承包责任制，农村生产经营转换为以家庭为单位，分散经营。这种分产为户的做法，切断了农村基层组织与村民联系的桥梁，造成了农户之间、农户与政府之间的联系松散，也使农村处于松散状态。同时伴随着大规模向城镇和非农业转移，部分村庄出现"空心化"现象，相当一部分的家庭和个体长期游离于组织之外。另一方面，凉山彝区多年来一直是国家重点扶贫对象，尽管在扶贫的历史进程中，政府在扶贫模式与手段上也促进了由"输血"到"造血"的转变，现实中，许多彝民依然存在较为浓厚的"等、靠、要"思想，无法将自身摆放在贫困治理主体位置上。

（四）家支力量强势渗透在乡村政治中

家支组织曾经一度被简单而武断地确认为是"野蛮、落后"的同义词，政府也取缔了家支在凉山彝区社会生活中的合法性。从表面看，集体分配的制度似乎切断了家支在彝区的维系，但是，事实上，"家支"组织在特定历史发展背景中成为彝族人难以割舍的情怀，这也解释了为何在经历了人民公社化的短暂沉寂后，家支组织雨后春笋般重新出现在彝区的社会生活中，并由暗处逐渐走向明处。村级干部选举、精准扶贫、禁毒防艾、移民搬迁、维护权益、社会稳定等方面均能看到家支组织的影响力。家支组织利用传统权威性，利用彝族人尊崇家支、服从家支和敬畏家支的文化心理，在教育家支成员、宣传执行国家政策、维护彝区和谐稳定等各方面，起到了十分重要的作用。

基层党组织薄弱，村民自治组织又存在着自身制度性困境，家支组织的客观存在与强力渗透成为凉山彝区农村基层治理中无法回避的问题。推进凉山彝区农村基层治理现代化，成为当前的一项重要任务，课题组以选派驻村"第一书记"这一贫困治理新模式为研究对象，对其在推进凉山彝区农村基层治理现代化进程中的作用进行实证分析与研究，为凉山彝区精准脱贫提供可以复制推广的现实版本。

二、驻村"第一书记"推进凉山州彝区贫困村基层治理现代化有效性实证分析

驻村"第一书记"作为一种干部挂职的创新载体和贫困治理新模式，既能促进干部成长，又能推动农村社会发展。该项研究则是从推进农村基层治理现代化的角度分析论证它的有效性。本文主要从治理主体、治理理念、治理方式三个维度进行评价。

（一）驻村"第一书记"的嵌入，构建了凉山彝区贫困农村现代化的多元主体共治框架体系

2014 年，李克强总理在《政府工作报告》中首次提出"推进社会治理创新，注重运用法治方式，实行多元主体共同治理"，这是我国实践经验的总结和新要求，也是改革的新境界。

构建凉山彝区贫困村多元主体共治框架体系既符合我国现阶段经济社会的发展要求和基本国情，又在社会治理主体等方面体现了善治的基本取向。在过去的研究中，学者从整合利用彝区民间资源，激发彝民内生动力与活力的角度，依托乡村治理的理论，提出了凉山彝区农村基层治理的框架体系，即"村两委＋家支"多元主体共治模式，并从实践与理论层面寻求到它的有效性及合理性。随着研究的深入，学者又发现了这一模式在运行中存在一定的问题，而这与农村发展的不平衡和文化差异相关。凉山彝区是一个生产力发展较低的地区，彝区民众的政治、教育、文化水平较低，这就决定了村民自治所发挥的效能极其有限，在我国，同乡村社会相比，以政府为主的国家力量拥有体制和资源优势，掌握着农村社会发展的话语权，不论从国家现代化的角度，还是从精准扶贫的角度，现阶段政府力量的介入成了现实选择。向贫困村派驻党支部"第一书记"，为农村发展提供了新动力，是变革农村上层建筑的一种方式，也是加强基层组织建设的制度创新实验。而从社会治理的角度而言，"村两委＋家支＋驻村'第一书记'"也构建了凉山彝区贫困农村现代化的多元主体共治的框架体系。

（二）驻村"第一书记"在贫困治理中体现了民主公正、保障权益的价值诉求

在精准扶贫的推进过程中，能否在贫困人口的精准甄别上做到公正、公平，保障贫困人口合理的利益诉求，确保贫困地区、贫困人口的精准脱贫，需要制度设计和改变旧有的治理方式，摒弃原有执政模式中存在的主观、不民主的坏作风，真正体现民主、公正，权利保障的现代治理价值诉求。

布拖县九都乡九都村和安洛古村的驻村"第一书记"在精准识别贫困户的过程中，按照"两公示一公告"工作步骤，亲身入户走访农户和村民，并依照州县精准识别"回头看"的工作要求，对一些基于家支情结的"人情户""关系户"进行了重新识别与更换，九都村更换贫困建卡户 7 户，安洛古村更换贫困建卡户 1 户，金曲地莫村更换贫困建卡户 3 户，这些做法保障了贫困人口的根本利益。

另一方面，驻村"第一书记"还协调村两委班子，把落实"四议两公开一监督"的工作法放在重要位置，并主持选拔敢于担当的村干部作为监督委员组成村监督委员会，对村级事务公开工作进行监督，对每一笔划拨的扶贫款项进行公开。驻村"第一书记"还协助村委会召开村民大会，宣讲中央、省、州、县重大决策部署，把最新惠农政策向村民讲清楚、说明白。九都村和安洛村的"第一书记"还督促村两委设立调解室，利用彝族民间调解资源"德古"，对家庭矛盾、群众纠纷进行调解，促进了彝家村寨的和谐稳定。同时，还积极协助落实村民自治，尤其是把脱贫攻坚、禁毒防艾与村民自治结合起来，九都村、安洛古村村民都签订了《村民产业发展自治公约》《村民禁毒自治公约》。村民的自我管理、自我教育、自我服务意识得到增强。

（三）驻村"第一书记"在贫困治理手段上采取了多元化的治理方式，促进了彝区贫困村基层治理向现代治理的转化

扶贫工程是一项基层治理现代化的工程，多元主体共治是前提和条件，政府不再是唯一的扶贫主体。在治贫过程中，驻村"第一书记"积极协调多方力量，共同服务于"扶贫攻坚"战略计划。昭觉县博洛乡金曲地莫村驻村"第一书记"联系江苏企业家爱心协会、成都火炬印务锦城文化、成都信息工程学院、成都迈克生物公司、大爱凉山爱心协会等对社会力量向贫困村学校、学生捐助价值250万元的物资，并在昭觉中学、凉山民族中学、西昌六中、西昌一中举行"中国梦、学子梦"我的大学梦活动，让获得资助的学生感受到社会的温暖，让回报社会、感恩社会的真情在学生心中滋长。

在扶贫举措上驻村"第一书记"进一步采取专项扶贫、金融扶贫、产业扶贫、文化扶贫、教育扶贫等多元化的扶贫形式。金曲地莫村"第一书记"争取到专项资金128万元，解决了村民行路难、饮水难的问题；安洛古村"第一书记"协调水务局更换老旧引水管，解决全村人畜饮水和核桃等产业发展用水问题。同时，农行布拖县支行牵头对安洛古村建档立卡贫困户在种植业和养殖业上给予贷款支持，在核定的额度和期限内发放"免担保、免抵押"贷款，政府通过贴息、风险补偿等措施降低贷款风险。立足实际，按照"一村一品"产业培育要求，金曲地莫村"第一书记"聘请专家对当地的土壤、气候、水质进行分析论证，确立了巩固提升马铃薯、苦荞、燕麦等原始产业、积极推进山茱萸特色种植项目，大力发展花椒产业的发展思路。除此，驻村"第一书记"还认真落实农村广播电视户户通、实施彝家新寨村级广播、村文化院坝等工程建设。通过人事局、劳务开发办公室开展外出务工人员培训，增加务工性收入。联系科技局开展"9+3"免费教育，培养一批懂技术和相关法律的年轻劳动力，努力实现就业一个脱贫一家的目标。利用中心校资源，开办农民学校，对全村18~55岁村民进行普通话、务工技能、种植养殖技能培训。通过劳务经纪人、村庄能人、订单培训等模式，有计划地输出建卡贫困户。多元化的扶贫方式为贫困村的脱贫提供了坚强的保障。

实践证明，作为一种贫困治理的新模式，驻村"第一书记"在推进凉山彝区农村基层治理现代化的进程中效果是显著的，取得的经验是值得推广的。

三、促进驻村"第一书记"贫困治理模式创新发展的思考和建议

驻村"第一书记"在乡村贫困治理中发挥了重要作用,但实现乡村善治的道路还很长。现阶段需要完善"第一书记"制度,完善政府主导的乡村治理模式,加强基层党组织建设,强化党对农村社会的领导,通过变革农村政治、经济、社会、文化结构,促进和激发乡村建设内生力量,以期实现凉山彝区农村全方位的善治。

(一)整合扶贫财政资金,为驻村"第一书记"提供治理资源

调研中发现,驻村"第一书记"因行业背景、组织支持、个人能力等多种因素,协调到贫困村的资金、物质、项目有很大的区别,这直接影响到"第一书记"工作的开展和扶贫的成效。基于此,我们提出"拼盘式"整合扶贫财政资金的理念,制定出台《关于统筹相关财政资金支持驻村第一书记开展帮扶工作的意见》,对现行中央和省级层面出台的农村产业发展、基础设施建设、公共服务体系涉农资金进行整合,向派驻村倾斜,并编写《涉农项目资金申报指南》,对资金使用范畴、申报流程和受理单位予以明确,第一书记可以根据贫困村的实际情况进行申报。这样既解决了第一书记工作的后顾之忧,也可防止贫困地区的分化与贫困问题的深化。

(二)开展金融扶贫,为"第一书记"提供资金支持

项目问题归根到底还是资金问题,"第一书记"底气足不足,和能够掌握的资金有直接关系,但是只带着资金到村,仍然属于一种传统的"输血"模式,并不能从根本上解决农村贫困问题。探索金融扶贫,通过金融政策支农惠农,完善农村金融体系,为"造血"提供造血干细胞,这才是金融扶贫的本质要求。一是在农村推行农村小额贴息贷款政策,加大对农村创业人员的扶持力度,进而加大对农村专业合作社、家庭农场等新型经营主体的帮扶力度。二是切实发挥农村资金互助社作用。无论是自发成立的互助资金组织还是政府扶贫资金增股成立的互助组织,都具有资金周转快、使用效益高、扶贫效果显著等特点,对于引导改善农村产业结构同样具有积极作用。要明确农村资金互助社在农村金融体制中的作用,对其运行机制加强管理,完善相关法律制度,切实解决老百姓借款难的问题。三是提升以银行为主体的金融机构支农水平。银行作为主要力量,尤其是农村信用社、邮政储蓄等基层网点较多,承担支农惠农政策较重的涉农金融主体,通过发挥金融的政策性导向作用,鼓励商业性金融机构创新与农相关的金融产品的推出。

(三)建立长效机制,为驻村"第一书记"提供制度保障

自中华人民共和国成立以来,就存在干部挂职制度,不同的历史时期表现形式不同,承担的使命和任务也不尽相同。驻村"第一书记"作为一种挂职锻炼的重要方式及贫困治理的新模式在推动农村发展,对全面建成小康社会具有重要作用。一是要着眼于全面建成小康社会的定位,从顶层设计的角度,从价值意义、人员选派、管理考核、绩

效评估、问题措施等各个方面进行总结回顾，形成既具有理论价值又具有可操作性的制度。二是从基层需求的角度，完善"第一书记"的培养、选拔、锻炼机制。结合凉山的实际，可以适当扩大州直部门选派比例，并争取更多省直单位人员支持，同时还要广泛吸引社会各界力量参与扶贫工作，引导各类企业、社会团体、公益性组织以各种形式参与扶贫工作，通过建立长效工作机制，共享信息资源、形成工作合力，促进扶贫开发工作全面"开花"，处处"结果"；除考虑政治素质、业务能力和年龄结构，还应考虑派出人员的彝语水平、民族融合能力，并适当增加彝族干部比例，让具有浓厚家族情怀的彝族精英有更多更好的机会为凉山彝区的精准脱贫服务。三是突出激励保障机制。进一步完善《第一书记激励保障措施》，对于评选出来的优秀典型及组织已经提拔任用的"第一书记"，通过报刊、广播、电视网络进行大力宣传，激发驻村"第一书记"的自豪感，增强社会的认同度和支持度，让驻村"第一书记"真正成为一种年轻干部向往的品牌。

（四）以党建为抓手引领"村两委＋家支＋驻村第一书记"治理模式的创新发展

家支治理是一种内生模式，能激发彝民的内生动力和活力，然而这种以血缘关系为纽带的初级社会群体形式，如果没有外力的作用，是很难推进自身治理现代化的。驻村"第一书记"正好发挥其优势和作用，以党建为抓手牵引彝区农村基层治理逐步实现传统与现代的融合。一是加强对"村两委"成员的培养和教育，提高他们理性处理家支问题的能力。积极发展优秀青年入党，改变基层党组织年龄结构，提升能力与素质。二是把扶贫攻坚与基层党组织建设、全面从严治党结合起来，改变软懒散及家支利益为大的不良作风及导向。三是重视民间组织领头人和乡土人才的培养，以合体制的规范引领自治行为。发挥好族长、"毕摩"、"德古"、"苏易"等民间领头人改造本族群习性的带动优势，在彝区基层设立乡土人才开发服务中心和工作站，注重抓好典型引路，以点带面开展工作，推进乡土人才作用的发挥，促进乡村自主治理。

基于区域经济学视角的凉山新型城乡
形态构建研究[①]

中共凉山州委党校课题组[②]

新型城乡形态本质上是新型城乡关系的表现形式，是一定地域范围内城乡融合、一体化发展过程中的外在表现形式。马克思在《资本论》中指出："一切发达的、以商品交换为媒介的分工的基础，都是城乡的分离。可以说，社会的全部经济史，都概括为这种对立的运动。"马克思、恩格斯在肯定城乡分离是劳动分工的合理性、必然性和历史进步性的同时，进一步指出"城乡关系的面貌一改变，整个社会的面貌也跟着改变"。因此，作为某种文明载体的新型城乡形态，是在对于一系列城乡关系的把握和处理中生成的。

经过多年的改革开放，我国大多数地区已全面进入由计划经济体制向市场经济体制加速转型、传统农业社会向现代工业社会加速转变、城乡功能加速转型时期，城乡形态问题突出：城市空间无序蔓延；城市职能过于集中，缺乏有机疏解；农村经济的内涵和外延大大增扩，农村人口的从业结构和生活方式亟待改变。现有的城乡规模和形态不能支撑起这种转型，必须构建一种新型的城乡形态。

现实、理论和时代背景下的新型城乡形态构建，要处理好三重关系：一是产业空间内现代工业、传统农业和新兴服务业的协同发展，二是地域空间内发达城市和落后乡村的一体发展，三是经济活动与地域空间的相互支撑。以"两个趋向"重要论断为指引，现代工业用装备技术和资金等积极反哺农业，农业以原料和劳动力等为现代服务业提供强有力支撑，产业互惠互利协调发展；城市以信息、人才等辐射乡村，乡村用市场、环境等服务城市，城乡发展统筹规划，现代城市、城市郊区和新农村一体化发展；构建城乡产业链促进产业发展与地域载体有机耦合。

凉山州是由奴隶社会进入社会主义社会的"直过区"，经过几十年的发展，区域发展不平衡、二元经济特征明显、基础条件薄弱、社会事业发展滞后等问题不断加剧。城市职能过于集中，缺乏有机疏解；农村经济内涵和外延不断扩大，农村人口的从业结构和生活方式亟待改变。西昌"一城独大"、安宁河谷"一谷支撑"的状况长期存在，贫困面广、人口多、程度深的现状没有根本改善，现有的城乡规模和形态不能完全适应经济社会发展需求，必须在充分尊重自然、历史、人文赋予的基础上，着重将自然地理风

[①] 2016 年度凉山州决策咨询委员会调研课题。

[②] 课题负责人：杨福灵。课题组成员：刘蜀川、阿苦日歪、代诗韵。

貌、人文历史传统、民族文化特色结合在一起，构建地域特色鲜明的新型城乡形态。

一、新型城乡形态的科学内涵

现阶段，学界对新型城乡形态的内涵尚未形成统一认识。张建华把新型城乡形态理解为新的城乡连接方式和互动机制，认为新型城乡形态就是突破了计划经济时代城乡界限截然分明的二元结构形态，城乡生产和生活需要的要素和物品由政府配给转变为按照市场原则配置，导致城乡经济结构、物质形态和公共服务发生变化，产生的新的城乡联结方式和互动机制；并认为新型城乡形态具有就业以非农为主、专业化分工与集聚、物质和生活条件显著改善、农与非农的双重角色这几个结构特征。四川省社会科学院课题组从成都实际出发定义新型城乡形态："新型城乡形态是生产力发展到一定阶段的历史性趋势，它主要是针对城乡在经济社会发展中存在的二元隔离状态提出来的，是在新的宏观背景和生产力高度发达条件下使城乡之间通过资源和生产要素的自由流动，相互协作，优势互补，以城带乡，以乡促城，实现城市与乡村在经济、社会、环境、文化等方面协调发展的一个过程，最终构建一个城市是现代化城市、农村是现代化农村，现代城市与现代农村和谐相融、历史文化与现代文明交相辉映的新型的网络式空间结构的城乡形态。"该定义强调新型城乡形态是一种网络式空间结构的城乡形态，具有城乡地位平等、城乡开放互通、城乡互补互促、城乡共同进步等特征。戴宾主要从空间的角度定义："新型城乡形态是一定地域范围内城乡功能融合、一体发展的空间表现形式，是建立在城乡协调、一体发展基础上的城市与乡村聚落在空间上的外在表现形式与内部有机组织状态"。

"新型城乡形态"这个名词首次出现是在《成都市统筹城乡综合配套改革试验总体方案》中，并因此成为一些学者的研究对象。课题组认为"新型城乡形态"的"新"是一个动态的过程，现在认为的"新"也许在数年之后会成为阻碍更新城乡形态发展的障碍。所以，要说明"新"的特征和内涵，就需要设定特定的历史阶段。因此，本文认为新型城乡形态本质上是新型城乡关系的表现形式，是指城市和乡村作为一个统一的整体，通过要素的自由流动和人为协调，突破二元结构，形成的高效有序、社会公平、生态良好的空间系统，并且农村是城市化进程中的新农村、城市是推动农村发展的城市。

新型城乡形态包括新型城乡社会形态和新型城乡空间形态。其中，新型城乡社会形态是指城乡生活方式、文化观念和价值观念以及与此相关的社会群体、社会结构在工业化和城市化的发展下发生变革，形成城乡社会发展一体化；新型城乡空间形态是指城市和乡村两个不同特质的经济社会单元，随着城乡融合发展在空间上彼此渗透，以满足彼此对自然需求而达到的地域发展高级阶段，也就是城乡空间融合。本文主要从城乡空间形态的角度来进行新型城乡形态的构建。

新型城乡形态的构建是一个长期的动态发展过程，是城市与乡村在经济社会、文化教育、城乡建设、政策体制等方面一体发展与融合前进的过程。不同历史发展阶段的城乡形态是不同的。以苏南地区为例，"苏南模式"是在二元结构经济社会背景下的乡村发展道路，历经了 20 世纪 80 年代的辉煌，但是在 20 世纪 90 年代中期以后，随着国内外经济形式的变化，"苏南模式"陷入困境，出现了"新苏南模式"。从"苏南模式"到"新苏南模式"，乡村发展的核心驱动力由乡村以集体经济向外贸经济、民资经济转变；发展的空间由以村镇为主体转向以各级工业园为主体；从乡村内发型发展格局向城乡一体发展格局转变；空间形态由乡村均衡化向城镇极化转变。苏南发展由乡村为主导的发展模式逐渐演变为以城市为主导的区域城乡发展模式。此外，研究新型城乡形态，还应注意地域性，因为即便在同样的历史发展阶段，每个地区受各自自然资源条件、区位条件、历史传统、文化等差异的影响，对构建新型城乡形态的道路选择也有不同。

二、凉山州城乡关系发展现状

"十二五"期间，全州经济社会快速发展，到 2015 年全州地区生产总值排名全省 21 个地市（州）第 10 位，城乡居民人均收入比从 2011 年的 3.1：1 下降到 2015 年的 2.6：1，城乡之间收入差距不断缩小，城乡基础设施建设力度在不断加大。但区域发展不平衡、城乡二元结构突出等问题没有得到根本改变，城市不能很好地发挥其集聚效应和扩散效应，城市与乡村在经济空间上处于相对分离状态。

（一）区域发展不平衡

2015 年，全州实现地区生产总值1 314.8亿元，西昌市实现地区生产总值 426.5 亿元，占全州地区生产总值的 32.4%；安宁河谷六县市地区生产总值 959.1 亿元，占全州地区生产总值的比重高达 72.9%。长期以来，西昌"一城独大"、安宁河谷"一谷支撑"的局面没有得到根本改变。

（二）城乡发展不平衡

独特的历史原因导致凉山各县市城市发展水平较低，农村极度贫困，城市对农村的带动作用不强，农村资源不能顺畅地流通到城市，区域、城乡之间的二元壁垒长期不能打破。一是城市发展动力不够足。城市发展程度低于东部地区，对人才的吸引力不高，同时，城市发展水平不高，无法带动农村，对农村剩余劳动力没有足够吸引力和容纳能力，"引不来人""留不住人"严重制约了凉山的城市化进程；二是农村发展内生动力不够足。农业发展层次不高，农村劳动力素质不高，农民增收渠道窄，农村贫困是当前凉山农村发展面临的主要问题，走创新发展之路，发展特色县域经济，加快培育中小城市和特色小城镇，促进农产品精深加工和农村服务业发展，拓展农民增收渠道，完善农民收入增长支持政策体系，是增强农村发展内生动力的必然选择。

（三）产业发展不平衡

近年来，凉山经济快速发展，成功跻身全省"千亿 GDP"方阵，并连续几年排名前列。但长期以来，传统农业占比居高不下、第二产业过度依赖资源、第三产业发展不足等问题没有根本改变，发展方式粗放、创新能力不足等问题同样存在，导致经济发展后劲不足。一是传统农业占比居高不下。"十二五"期间，凉山农业总产值占地区生产总值的比重达到 20%，在比重过高的同时，农业产业发展对技术的应用程度不高，多是传统的农耕方式，农业科技含量较低、产量不高、收入低。二是第二产业发展过度依赖资源。凉山有丰富的水能、太阳能、矿产资源，但长期以来，第二产业发展严重依赖资源的粗放式开采，受其他地区能源资源需求度影响较大，2015 年第二产业增速仅为 0.1%。三是第三产业发展不足。凉山是全国最大的彝族聚居区，拥有丰富的自然资源、美丽的自然风光、深厚的文化底蕴，旅游产业发展潜力巨大，但与凉山丰富的旅游资源和日益增长的需求相比，仍存在着诸如旅游产品层次不高、规模不大、品种单一等亟待解决的瓶颈。产业发展的不平衡严重制约了凉山城乡关系的健康发展。

三、经济发展水平对城乡形态的影响

改革开放以来，我国经济发展迅速，城镇化水平有了很大的提高，但与发达国家相比仍然有较大差距。城乡之间的差距已经严重制约了我国经济发展，加快城乡统筹，努力提高城镇化水平是我国当前正在实施的一项重要的经济社会发展战略。

（一）经济发展水平决定城乡形态的演进

区域是城市和乡村产生与发展的基础。首先，提高区域经济发展水平不仅能为城乡提供更多的发展资源，还能为城乡提供更加广阔的销售市场，从而使城乡得到发展。其次，从经济学的角度来看，新型城乡形态是空间地域范围内的一种经济结构转换过程，即农业活动向非农活动的转换。第一产业、第二产业和第三产业分别代表着不同的经济发展水平，三者之间存在着巨大的结构效益差别，其演进顺序反映了经济发展水平的提高。产业结构的变动必然带来城乡形态的演变，城乡形态的演变要受到产业结构的不断升级的影响。而三次产业分别在不同时期成为推动城乡形态演变的主要动力的历史事实也充分说明了这一观点。最后，经济发展水平的提高必然带来人们消费结构的改变。在消费结构中，以食品等生理需求为主的消费逐渐让位于以耐用品及服务为主的消费，从而拉动非农产业的发展，有力地推动了区域城乡形态的演变，促进城乡统筹发展，带来城镇化水平的提高。

（二）经济发展水平制约城乡体系的完善

城乡体系是指在一个相对完整的区域或国家中，由不同职能、不同等级规模，联系密切、互相依存的城市和乡村的集合。其完善的过程实际上是社会分工日益深化、城乡间关系日益密切的过程。社会分工是地区经济发展水平最明显的表现，经济发展水平越高，社会分工越深化。随着社会分工的深化，区域内各城镇间联系渐趋紧密。各城镇依靠自身优势，形成各具特色、优势明显的专门化部门，从而使每个城镇都有其合理的职能和规模，整个区域的城乡规模结构与职能结构也就日趋合理，城镇空间分布也相应地由低水平的离散状态扩散到最终的高级均衡状态，从而形成一个职能分工明确、等级规模合理、空间联系密切的日益完善的城乡体系。

城乡发展事实也证明了这一点。从时间序列来看，在经济不发达的前工业化阶段，

区域经济以农业为主。区域内以小城镇、乡村为主，缺乏大中城市，没有核心城市。城镇间分工不明显，城乡体系不完整。到工业化初期阶段，由于社会分工的深化，在一些发展条件优越的地方出现了中心城市。同时城市数目比增加，城镇间横向联系加强，城镇规模开始分化。工业化成熟阶段，中心城市的扩散作用日渐增强，周边城镇得到发展，出现规模不等的次中心，城乡等级系列规模基本形成，职能分工明显，城乡体系日益合理。后工业化阶段，区域生产力逐步向均衡化发展。此时，城镇间联系密切，城市体系呈现出网络化、多中心的特征，整个区域成为一个高度发达的区域。从空间范围来看，世界上经济发展水平越高的地区，其城市体系也就越完善，其城乡形态越优化。

（三）经济发展水平决定城乡建设

构建新型城乡形态归根到底也就是城乡的建设问题。而在特定的经济发展水平下，地区所具有的人力、财力、物力等资源是有限的。因此在区域发展中，既要考虑资源的优化配置，以最小的投入谋求最大的收益，同时又要考虑资源的供给能力，确定合理的规模。因此，区域开发的规模、经济发展模式以及开发步骤等都要根据区域的经济发展水平来确定。不同的经济发展水平必然有着不同的经济发展模式与重点发展区域，资源投向地域也就有所不同。而城市在社会中日益加强的作用决定了资源将更多地投向城市，这必然带来城市建设区域尤其是城市建设的重点地区的不同，长期下去城乡之间的差距将越来越大。因此在构建新型城乡形态时，必须着眼于地区实情。

四、不同经济发展水平下新型城乡形态的构建

（一）安宁河谷地区新型城乡形态的构建

1. 安宁河谷地区城乡形态的发展现状

安宁河谷地区的经济发展已经呈现出以下几个特征：一是经济规模不断壮大，地区生产总值、地方财政一般预算收入占据全州一半以上；二是区域经济发展的整体水平和竞争能力在不断提升；三是产业结构不断优化，第一产业比例在逐渐下降，二、三产业比重不断上升；四是城乡居民生活消费水平稳步提高。安宁河谷地区6县市由于优越的区位条件以及良好的经济基础，经济状况明显好于大小凉山彝区和木里藏区11县市，也是凉山州城乡协调发展相对较好的地区。

2. 安宁河谷地区构建新型城乡形态的路径

安宁河谷地区经济社会发展条件相较于其他地区要好，资源、技术主要集中到这一区域，已初步具备工业反哺农业、城市反哺农村的条件，适宜采用"城市→农村"的发展路径来构建新型城乡形态。"城市→农村"是指根据从城市到农村的发展顺序，强调城市的主导作用，先大力发展中心城市，在中心城市达到一定实力时，依托其扩散功能，将农村的发展逐步融合到城市发展体系中（如图1所示）。由于城市对农村的辐射带动力会受到距离衰减规律的影响，所以城市对农村的辐射半径不宜过大，否则，一些

相对偏远的农村可能接受不到城市的辐射。"城市→农村"路径依赖于市场的作用，因此市场机制的完善将有助于这一进程的加快。

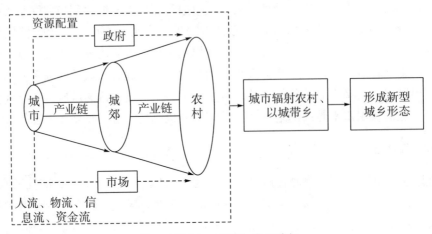

图 1　"城市→农村"发展路径

3. 安宁河谷地区新型城乡形态的构建和优化

第一，建立城乡协调发展的产业发展体系，调整农村工业布局和发展战略，实现城乡工业一体化。改革开放以来，我国乡镇企业异军突起，不仅吸纳了大量农村劳动力，增强了农村的经济实力，而且已成为推动城乡关系转变的主要力量。但是，在这种双重的工业体系格局下，乡镇企业在产业布局中表现出分散化的现象，使生产要素得不到合理配置。为此，必须进一步明确农村工业的发展方向，加大扶持力度，促进其健康发展。

第二，建立城乡协调发展的社会就业体系，公平对待农民工，逐步实现城乡劳动力与就业市场的一体化。逐步实现城乡就业和劳动力市场的一体化，不仅是增加农民收入的主要途径，也是发展要素市场和促进城乡经济协调发展的必然要求。与过去相比，现行的城镇户籍制度和就业制度已有了较大的改进，但当前农村劳动力在城镇就业仍受到很多不合理的限制。要将农民就业问题纳入整个社会的就业体系中；要进一步完善和规范对劳动力市场的管理，清理对农民进城务工的不合理限制政策，改变乱收费或重收费、轻服务的做法。

第三，建立城乡协调发展的城镇化体系，加大对户籍制度和征地制度的改革力度，使广大农民成为城市化进程的受益者。从有利于解决农民迁移、就业和利益问题的角度看，在科学规划的基础上大力推进安宁河谷地区六县市县城建设，同时促进有条件的乡镇向综合性集镇发展。促进城镇化健康发展，关键是要彻底消除体制和政策障碍，加大对户籍制度的改革力度，进一步放宽农民工及自发移民进城落户的条件。从长期看，应实行统一的居民身份证管理，允许农民自由流动和自主选择身份，这样既有利于解决城乡居民就业和待遇不平等问题，又有利于城乡经济的协调发展。

第四，建立城乡协调发展的政府管理体系，不断提高政府统筹城乡经济社会发展的水平和能力。政府的调控能力是实现新型城乡形态的重要保障，在构建新型城乡形态的过程中，政府一定要切实履行责任及义务。首先，要建立有利于城乡经济社会协调发展的政府管理体系，改变政府重城市、轻农村，重工业、轻农业，重市民、轻农民的形象。其次，要进一步加快政府职能的转变和机构调整，加强政府在经济社会发展规划、公共产品供给、转移支付、制度建设等方面的职责与功能。

（二）大小凉山彝区新型城乡形态的构建

1. 大小凉山彝区城乡形态存在的问题

大小凉山彝区10县是凉山州经济发展程度较低的地区，贫困人口多、贫困程度深、贫困面广是这一地区的主要特征，反映在城乡关系上，主要存在以下几方面的问题：

第一，自然地理条件差，生产生活条件较恶劣。大小凉山彝区含大凉山山系和小相岭地区的甘洛、越西、美姑、喜德、昭觉、雷波、金阳、布拖、普格和青藏高原东缘的盐源共10个县，这一地区地形地貌复杂，以高山、陡坡为主，气候条件恶劣，自然灾害多发，土质贫瘠，耕地产出低，灾害频繁，居民的生产生活条件差。

第二，城镇化滞后，难以带动农村地区发展。大小凉山彝区城镇化水平相对较低，吸纳农村人口的能力有限。在这一地区，作为政治行政中心的县城经济发展条件相对较好，城市的经济功能较弱，规模比较小，布局分散，城镇化水平较低。

第三，产业体系封闭落后，难以支撑城镇化。大小凉山彝区地形地貌复杂，农业耕种仍以传统的刀耕火种为主，基本不具备机械化耕作的条件，第一产业产值比重占比长期居高不下。据统计，2015年，大小凉山彝区10县，第一产业占地区生产总值的比重分别为24.7%（甘洛）、33.9%（越西）、43.2%（美姑）、34.4%（喜德）、39.3%（昭觉）、18.83%（雷波）、23%（金阳）、30.7%（布拖）、34.5%（普格）和23%（盐源）。工业发展中资源浪费、环境污染严重等问题突出。

第四，资源、环境问题突出，阻碍城乡发展。大小凉山彝区是国家重点生态功能区，这一地区主要以保护和修复生态环境、提供生态产品为首要任务。由于自然、经济、社会等诸多因素的影响，这一区域农村的年平均经济发展速度普遍较慢。这些地区农村经济发展水平低、实力弱、少数民族人口比重大，面临着发展基础起点低、经济增长乏力、资金缺乏、基础设施差、人口压力大、人口素质低、交通条件差、市场化程度较低、乡镇企业发展缓慢等诸多发展难题，发展易陷入"人口迅速增长—人口素质过低—经济发展迟缓—民族问题严峻—经济效益低下—产业结构失衡—政策决策失误—生态环境恶化"的"多米诺怪圈"。

2. 大小凉山彝区构建新型城乡形态的路径

由于大小凉山彝区城镇发展落后，没有能力带动农村地区的发展，因此适合"农村→城市"的发展路径。"农村→城市"发展路径把着眼点重点放在农村，通过改善农村面貌，壮大农村经济，缩小城乡发展层次，为城乡发展接轨创造条件，逐步实现城乡经济的有机衔接，如图2所示。这一地区农村人口庞大，分布地域广且发展落后。该路径是从农村的经济建设开始着手，适用于经济发展以政府主导为主要模式的国家或地区，要求政府具有很强的宏观调控能力。韩国和我国苏南地区的城乡发展路径就是典型的"农村→城市"路径。当时，苏南地区缺乏具有强大经济实力的中心城市，因此只能依靠在历史上有一定经济积累的乡村地区来创办乡镇企业，带动乡村工业化和小城镇建设，从而在 20 世纪 80 年代形成了独特的"苏南模式"。

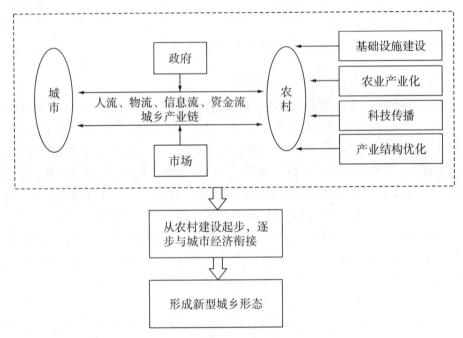

图 2　"农村→城市"发展路径

3. 大小凉山彝区新型城乡形态的构建和优化

第一，积极发展现代农业，提高农业综合生产能力。发展现代农业，必须按照高产、优质、高效、生态、安全的要求，加快转变农业发展方式，推进农业科技进步和创新，改进农业物质技术装备，健全农业产业体系，提高土地产出率、资源利用率、劳动生产率，增强农业抗风险能力、可持续发展能力。推进农业产业结构战略性调整，加快农业产业化步伐；加强农业和农村基础设施建设；着重提高农村人力资本水平，为实现农业科技创新做准备。

第二，增强农村自身发展能力，千方百计增加农民收入。欠发达地区城乡经济差距不断扩大的一大原因是农业劳动生产率低。如何通过扩大规模提高农业劳动生产率，使工农业的劳动生产率趋向相等，是缩小城乡收入差距的关键。应合理调整国民收入分配结构和政策，加大对农业的支持和保护力度，加快农村地区产业结构优化升级，最大限度实现农村劳动力的转移。

第三，加快发展县城镇和重点中心镇建设，促进城乡协调发展。要加强中心城镇基础设施建设，加大招商引资的力度，吸引区内有实力的企业前来投资，共谋发展。同时，依托各地的资源优势，进行产业布局，引导乡镇企业、民营企业向小城镇集中，实现集群式发展，以带动中心城镇第三产业的发展，提高小城镇的综合经济实力和经济功能，为农村劳动力转移提供更多的机会。

第四，加快建设特色集镇，大力发展第三产业。第三产业的发展有助于转移农村人口,提高就业率,打破城乡界限,改变各自封闭运行的状态。根据大小凉山彝区目前农村经济的体量较大、农业人口较多的特点,今后第三产业的发展方向还应立足农业,辅助农业的生产,着力加强农业产前、产中和产后的服务,积极开拓各种农副产品和农村工业品的专业市场,为农业提供优质的社会化服务。

(三)木里藏区新型城乡形态的构建

1. 木里藏区构建新型城乡形态的路径

木里藏族自治县是全国仅有的两个藏族自治县之一,是四川省唯一的藏族自治县。全县面积13 252平方千米,占凉山州总面积的22%,是四川面积最大的县之一。由于自然和历史的原因,木里县的经济社会发展程度都较低,但其具有丰富的旅游资源,是"中国香格里拉生态旅游区"的五十个重点县之一,位于生态旅游区的腹心地带,与稻城县、香格里拉县并称为"香格里拉金三角"。同时,由于受人类经济活动与外来文化干扰、影响较小,木里县的自然生态与人文习俗保存较为完整,地方民族文化特色浓郁,具有很高的旅游品位。因此,开发生态旅游和休闲度假旅游的潜力很大。因此,适合通过"城市⇄农村"发展路径,即通过大力发展第三产业,带动第一产业和第二产业的发展,促进城市和乡村共同发展、相互支撑,以加强城乡联系与互动,如图3所示。

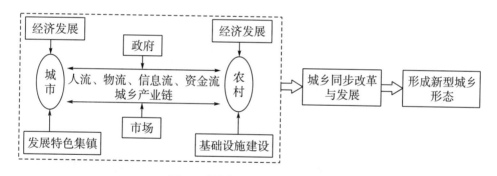

图3　"城市⇄农村"发展路径

2. 木里藏区新型城乡形态的构建和优化

第一,加强基础设施建设,提高城乡空间关联水平。首先,要实现城乡交通基础设施网络化发展。随着城乡经济交往的日益频繁,现有交通基础设施已难以满足城乡之间各类生产要素双向流动的需要,交通基础设施建设的薄弱已成为阻碍城乡互动发展的"瓶颈"。因此,当前迫切需要实施一镇一乡交通基础设施网络化发展,增强城乡交通便利度,实现城乡要素的合理流动和组合。其次,要加快农村基础设施建设。农村基础设施建设是提高城乡空间联系水平的有效载体,要加速实施乡村通达通畅工程、加强农田水利建设、加快农村饮水安全工程建设、继续推进农村电气化建设、大力提高农村信息网络化水平,建立农村公益设施管理维护的长效机制,确保投入发挥长久效益。

第二，通过发展特色集镇，带动城乡经济社会互动发展。依托藏区丰富的民族文化资源，大力培育生态旅游、文化体验、休闲度假等经济增长点，打造特色旅游集镇，盘活乡村特色旅游资源，在区域内部形成多个增长极，加大县城的经济辐射能力，带动城乡协调建设和城乡经济要素的互动发展，使劳动力、技术、信息、资金、资源等生产要素在一定范围内进行双向流动和优化配置，最终形成新型城乡形态。

后 记

　　近年来，中共凉山州委党校围绕州委政府中心工作，立足于实践探索、因地制宜、建言献策、服务地方决策的宗旨，着眼于夯实"思想库"建设的基础，牵头组织全州党校系统积极开展调研工作，取得了丰硕成果。

　　本书系凉山州党校系统 2015—2016 年完成的，包括四川省党校系统、凉山州党校系统及凉山州决策咨询委员会的调研课题成果集，内容涉及凉山州政治、经济、文化、社会、生态文明建设等多个领域。丰富的研究内容，对推进凉山州同步实现全面小康和基层实际工作有一定的参考价值。

　　本书由中共凉山州委党校（凉山行政学院）副校（院）长薛昌建、科研科科长胡澜副教授、马克思主义基本理论教研室副主任尚培霖教授担任主编，他们负责本书的策划、整理、统稿、审定及编务工作，科研科李连秀负责调研报告的收集工作。根据出版需要，并与结项证书（文件）保持一致，我们对部分调研报告的标题或正文进行了修改，对所有调研报告进行了统一的处理。由于内容宽泛、工作量大，难免有不足和疏漏，恳请调研报告作者理解、广大读者指正。

编者

2019 年 4 月 16 日